Hans Vorländer (Hrsg.)

Integration durch Verfassung

Hans Vorländer (Hrsg.)

Integration durch Verfassung

Westdeutscher Verlag

Die Deutsche Bibliothek – CIP-Einheitsaufnahme
Ein Titeldatensatz für diese Publikation ist bei
Der Deutschen Bibliothek erhältlich

Gefördert mit Mitteln der Deutschen Forschungsgemeinschaft im Rahmen des Sonderforschungsbereichs 537 der Technischen Universität Dresden.

1. Auflage März 2002

Der Westdeutsche Verlag ist ein Unternehmen der Fachverlagsgruppe BertelsmannSpringer.
www.westdeutschervlg.de

Umschlaggestaltung: Horst Dieter Bürkle, Darmstadt

Gedruckt auf säurefreiem und chlorfrei gebleichtem Papier

ISBN-13: 978-3-531-13741-4 e-ISBN-13: 978-3-322-80409-9
DOI: 10.1007/978-3-322-80409-9

Inhalt

III.
Die Verfassungsgerichtsbarkeit im Integrationsprozess
Empirische Beobachtungen

Vorwort

Die Idee zu diesem Buch geht zurück auf eine Tagung des Teilprojektes „Verfassung als institutionelle Ordnung des Politischen“ des Dresdner Sonderforschungsbereiches 537 „Institutionalität und Geschichtlichkeit“, die im Oktober 1998 stattfand. Die Tagung zum Thema „Integration durch Verfassung“ ging der Frage nach, welchen Beitrag Verfassungen zur politischen Integration moderner Gesellschaften leisten. Dabei wurde die Themenstellung in verschiedenen, theoretischen, empirischen und komparativen Anläufen angegangen und aus der Sicht verschiedener Disziplinen, des Verfassungsrechts, der Geschichtswissenschaft, der Soziologie und der Politikwissenschaft, ausgeleuchtet. Die Präsidentin des Bundesverfassungsgerichtes, Frau Professorin Jutta Limbach, nahm an der Tagung teil und hielt in den Räumen des Kulturrathauses der Stadt Dresden einen öffentlichen Vortrag. Allen Beteiligten, unter ihnen auch der sächsische Staatsminister für Wissenschaft und Kunst, Herr Professor Hans Joachim Meyer und der Rektor der Technischen Universität Dresden, Herr Professor Achim Mehlhorn, sei auch auf diesem Wege noch einmal gedankt, ebenso wie dem Sprecher des Dresdner Sonderforschungsbereiches, Herrn Professor Gert Melville, für die ideelle und finanzielle Unterstützung der Tagung durch den Sonderforschungsbereich und der Gesellschaft der Freunde und Förderer der TU Dresden für ihren finanziellen Beitrag. Ohne die großartige Hilfe der Mitarbeiterinnen und Mitarbeiter des Lehrstuhls und des Teilprojektes „Verfassung“ des Sonderforschungsbereiches wäre die Tagung nicht vorzubereiten und durchzuführen gewesen.

Bei den Beiträgen dieses Buches handelt es sich in nur zwei Fällen um die leicht überarbeitete Version des ursprünglichen Vortrags. In allen anderen Fällen sind völlig überarbeitete, erweiterte oder neue Aufsätze verfasst und in diesem Band versammelt worden. Die Beiträge von Günter Frankenberg, Jürgen Heideking, Hans-Christoph Schröder, Reinhard Blänkner, Wilhelm Hennis, Jutta Limbach und Brun-Otto Bryde gehen in ihrem Ursprung indes auf in Dresden gehaltene Vorträge zurück. Detlef Lehnert hat seinen Beitrag gänzlich neu gefasst. Hinzugekommen sind Beiträge aus dem Kontext des Dresdner Sonderforschungsbereiches und seines Teilprojektes „Verfassung als institutionelle Ordnung des Politischen“. Allen Beiträgerinnen und Beiträgern sei für Mitarbeit und Geduld Dank gesagt.

Zur redaktionellen Fertigstellung des Buches, dessen Erscheinen die Deutsche Forschungsgemeinschaft durch einen Druckkostenzuschuss ermöglichte, haben vor allem Gary S. Schaal und Steven Schäller, aber auch Dietrich Herrmann, ganz wesentlich beigetragen. Ihnen, wie wiederum Maritta Brückner, gilt großer Dank.

Dresden, im Oktober 2001 — Hans Vorländer

Integration durch Verfassung?
Die symbolische Bedeutung der Verfassung im politischen Integrationsprozess

Hans Vorländer

1 Die Verfassung im Zentrum von Politik und Gesellschaft

Dass Verfassungen eine integrative Aufgabe haben, wird kaum bestritten. Worauf aber diese Integrationsfähigkeit beruht, was ihre Grundlage, ihr Ziel und ihre Mechanismen sind, das ist gänzlich unklar. Zunächst einmal sind Verfassungen ohne Frage Spielregelwerke des Politischen. Sie treffen prozedurale und institutionelle Festlegungen für den politischen Prozess und das politische Verhalten. Als rechtlich kodifizierte Normen erhalten diese Regeln eine politische und gesellschaftliche Verbindlichkeit, sie suchen den politischen Prozess zu steuern. Insofern haben Verfassungen eine instrumentelle Funktion. Aber haben sie tatsächlich auch eine integrative Aufgabe? Können Sie ein Gemeinwesen, eine Gesellschaft zusammenhalten?

Verfassungen haben in jüngster Zeit einen deutlich sichtbaren Bedeutungszuwachs erfahren. Man muss nicht von einem „Siegeszug des Konstitutionalismus im 20. Jahrhundert"[1] sprechen, doch hat sich das auf Verfassungen beruhende Ordnungsmodell liberal-rechtsstaatlicher Demokratie seit dem Zweiten Weltkrieg zuerst in Westeuropa, vereinzelt auch, im Zuge der Dekolonisierungsprozesse, in einigen Staaten Asiens und Afrikas, dann, mit dem Ende der diktatorisch-autoritären Regime in Griechenland, Portugal und Spanien, in Südeuropa durchsetzen können. Und nach dem Zusammenbruch von Sozialismus und Kommunismus konnte sich das konstitutionelle System für die nachrevolutionären Staaten und Gesellschaften in Ost- und Mitteleuropa als ein belastbares und stabilitätsgenerierendes Modell im Transformationsprozess von autoritär-diktatorischen zu liberaldemokratischen Systemen erweisen. Diese drei Wellen von *constitution making* zeigen die bedeutende Rolle von Verfassungen bei der Konstituierung neuer politischer, demokratischer Ordnungen an. Von den ungefähr 170 heute existierenden, geschriebenen Verfassungen sind mehr als die Hälfte seit 1974 entstanden.[2] So scheint es, als komme es mehr und mehr auf die Verfassung an.

Auch über den Konstitutionsakt hinaus hat die Verfassung dort, wo sie normative Kraft entfalten konnte, an regulativer Bedeutung für die politische Entwicklung und die Institutionen des jeweiligen politischen Systems gewonnen. Verfassungen

---

1 Vgl. Vorländer/ Herrmann/ Schaal (2002).

2 Sartori (1997). Vgl. auch Howard (1993), Bellamy/ Castiglione (1996).

prägen, indem sie die Modi der politischen Willensbildung und -entscheidung festlegen, das Verhalten politischer Akteure. Da sie zugleich, nicht zuletzt über die Garantie von Grund- und Menschenrechten, die Assoziations- und Kommunikationsbedingungen der politischen Vergemeinschaftung festlegen, bestimmen Verfassungen die Räume öffentlicher Freiheit und politischer Beteiligung, genauso wie sie die Grenzen öffentlicher Macht normieren und die Sphären privater Freiheit des Bürgers garantieren. Gute Verfassungen haben eine hohe gestaltende Wirkung.

Das wird vor allem dort deutlich, wo die Verfassung selbst die Institution einer Verfassungsgerichtsbarkeit vorsieht, deren Aufgabe es ist, die Prinzipien der Verfassung zu bewahren und im Konfliktfall auch gegen widerstrebende politische Kräfte durchzusetzen. Die Verfasssungsentwicklungen der Vereinigten Staaten von Amerika und der Bundesrepublik Deutschland belegen eindrücklich den kaum zu unterschätzenden Beitrag von Verfassung und Verfassungsgerichtsbarkeit für die Entwicklung von Institutionen, politischen Handlungs- und Beteiligungsformen sowie die Durchsetzung und Geltung freiheitlicher Assoziations- und Kommunikationsverhältnisse.[3] Dabei war oft genug, vor allem in Gründungs- und Transitionsperioden, nicht nur der Widerstand von politischen Akteuren, sondern auch einer gegenläufigen, noch nicht auf freiheitlich-demokratische Verhältnisse eingestellten politischen Kultur zu überwinden.[4] Der amerikanische Supreme Court hat nachdrücklich, seit den 1950er Jahren, die Durchsetzung der Bürgerrechte auch gegenüber diskriminierten Minderheiten bewirkt, das bundesdeutsche Verfassungsgericht verhalf den freiheitlichen Grund- und Bürgerrechten nachhaltig zur Geltung, zog einen weiten, gleichwohl durch die Prinzipien wehrhafter Demokratie begrenzten, Raum legaler politischer Beteiligung und öffentlicher Meinungs- und Willensbildung und gestaltete in einzelnen Feldern – in Fällen richterlichen Aktivismus – sogar konkrete Politiken.[5] Gerade an der bundesdeutschen Verfassungsgeschichte, aber nicht nur dort, wird deutlich, dass Verfassungsgerichte bei der Etablierung, der Durchsetzung, Stabilisierung und Weiterentwicklung demokratischer Ordnungen einen entscheidenden, strukturbildenden Anteil haben können. Über die konstituierenden und regulativen Funktionen von Verfassung und Verfassungsgerichtsbarkeit ergeben sich damit integrative Wirkungen für das jeweilige politische System.

Und noch ein weiterer Aspekt rückt die Verfassung in das Zentrum von Politik und Gesellschaft und begründet die Vermutung einer spezifisch integrativen Funktion von Verfassungen. Verfassungen, so scheint es, wachsen in modernen,

---

3 Dieter Grimm (2001: 108) schreibt: „Verfassungen und Verfassungsgerichte können daher als Stabilisatoren demokratischer Systeme gar nicht hoch genug eingeschätzt werden." Vgl. für die USA im Überblick Brugger (1987), Vorländer (1987). Vgl. für die Bundesrepublik Deutschland den Beitrag von Jutta Limbach in diesem Band, Limbach (2001) und Bryde (1982), Ebsen (1985), Vorländer (1989) Guggenberger/ Würtenberger (1998), Schuppert/ Bumke (2000), Scholz (2001). Über die USA und Deutschland hinausgehend Brünneck (1994).

4 Vgl. hierzu in komparativer Perspektive den Band von Hesse/ Schuppert/ Harms (1999) und den Beitrag von Bryde in diesem Band.

5 Zur Verfassungsgerichtsbarkeit als politischer Kraft vgl. den gleichnamigen Beitrag von Häberle (1979) und zuletzt, die bundesdeutsche Diskussion kritisch aufnehmend und diskutierend, Guggenberger/ Würtenberger (1998).

differenzierten und pluralistischen Gesellschaft, die nicht mehr so ohne weiteres auf die alten ordnungsstiftenden Mächte von Religion und Transzendenz, von unhinterfragten Traditionen und Gewohnheiten zurückgreifen können, in eine Einheit oder Integration teils substituierende, teils stiftende Funktion hinein. Die – auch politisch immer wieder gestellte – Frage nach der Integrationsfähigkeit multi-ethnischer, pluri-kultureller und individualisierter Gesellschaften lässt sich dann mit Hinweis auf die Integrationskraft von Verfassungen beantworten. Verfassungen konstituieren und regulieren damit dann nicht nur eine politische Ordnung, sie sind auch in der Lage, eine in sich heterogene Gesellschaft zu integrieren. Diese Integrationsleistung ist dann keineswegs als artifizielle oder repressive Restitution verlorengegangener soziomoralischer oder völkisch-nationaler Homogenität zu verstehen, sondern als prozedurale und vorläufige Antwort auf das Faktum gesellschaftlicher Pluralität.[6] Stimmt die These, dass das Ende der großen Metanarrative der liberalen Demokratie gekommen ist (Richard Rorty), dann kann die Verfassung in diese Leerstelle eintreten und den Fluchtpunkt gesellschaftlicher und politischer Einheitsvorstellung symbolisch besetzen.[7]

Aber sind Verfassungen tatsächlich in der Lage, Gesellschaften zusammenzuhalten? Eine Hypothese, die auf die Integrationsfähigkeit von Verfassungen rekurriert, tritt in Konkurrenz zu anderen, klassisch zu nennenden Antworten auf die Integrationsfrage. Von Alexis de Tocqueville über Marx, Durkheim, Parsons und Max Weber bis zu Niklas Luhmann und Jürgen Habermas reicht das Spektrum der Antworten. Durkheim sah ein einigendes Band in der modernen Gesellschaft durch die Arbeitsteilung entstehen, wechselseitige, funktionale Abhängigkeiten und die immer noch bestehenden Bindewirkungen von Moral geben der modernen Industriegesellschaft ihren Halt.[8] Parsons zeichnete neben den Formen systemischer Integration immer auch noch die Integration durch Werte als ein Erfordernis gesellschaftlichen Zusammenhaltes aus.[9] Bei Marx sind es ökonomische Interessen, die zum einen die Gesellschaft zusammenhalten, sie andererseits aber auch in Klassen spalten. Bei Max Weber sind es Interessen und Ideen, Weltbilder und republikanischer Geist, aber auch jene Mischformen rational-legaler, charismatischer und traditionaler Herrschaft, die der Gesellschaft ihre – staatliche – Form geben.[10] Bei Habermas ist es der universalistische Diskurs, beim frühen Luhmann das Verfahren, beim späten Luhmann die Logik der systemischen Autopoiesis, die der Gesellschaft Halt geben.[11] Mit Alexis de Tocqueville lassen sich die Integrationskandida-

---

6 Vgl. Vorländer (1999a).

7 In diesem Sinne – unter Rückgriff auf Castoriadis, Lefort und Gauchet – die Arbeiten von Rödel/ Frankenberg/ Dubiel (1998), Frankenberg (1996) sowie den Beitrag von Frankenberg in diesem Band. Vgl. zu diesen Ansätzen auch die Diskussion bei Schaal, in diesem Band und die noch unveröff. Diss. von Brodocz (2000).

8 Durkheim (1973; 1977).

9 Parsons (1951; 1972). Vgl. hierzu vor allem Münch (1984).

10 Vgl. für Max Weber einerseits das bekannte „Weltbilder"-Zitat aus der Einleitung in die Wirtschaftsethik der Weltreligionen, andererseits seine Herrschaftstypologie in Wirtschaft und Gesellschaft (Weber 1988; 1972: 16ff.). Zum „republikanischen" Weber vgl. Hennis (1987).

11 Habermas (1988; 1990; 1992), Luhmann (1999).

ten in *mœurs* (Sitten, Gewohnheiten), Gesetze und natürliche, geographische und klimatische Faktoren einteilen. Daneben weiß Tocqueville auch die strukturellen Voraussetzungen eines Gemeinwesens anzugeben (Dezentralisierung, Autonomie von Gemeinden, Bürgerrechte, eine gewisse soziokulturelle Homogenität), die den Zusammenhalt einer Gesellschaft befördern, die ihre Integration nicht allein durch traditionelle Herkunftsbindungen zu verbürgen in der Lage ist.[12] Darüber hinaus kann mit dem Entstehen des modernen Nationalstaates auch von Integrationsformen gesprochen werden, die sich aus Vorstellungswelten des Nationalen ableiten.[13] Der Wirtschaftsliberalismus indes sieht die Integration allein durch die Rationalität des Marktes gewährleistet. Im Anschluss an D. Lockwood kann auch zwischen Sozial- und Systemintegration unterschieden werden.[14] Moderne Gesellschaften bestehen danach nicht nur aus funktional differenzierten Teilsystemen, sondern besitzen Räume und Handlungsfelder sowie soziomoralische Ressourcen, die zu Formen kulturell-expressiver und kommunikativ-interaktiver Integration führen können.[15]

Wie aber lässt sich in diesem Kontext Integration durch Verfassung denken? Haben Verfassungen integrative Kraft?[16] Zielt eine Integration durch Verfassung auf ein Resultat oder bezeichnet sie einen Prozess? Bedeutet Integration durch Verfassung, dass Verfassungen bereits dann integrierend wirken, wenn sie ihre instrumentelle Funktion ausüben? Oder bedarf es anderer, affektiver und kognitiver Elemente, damit Verfassungen integrierend wirken können? Bedarf es eines „Verfassungspatriotismus", damit die Verfassung eine einigende Wirkung entfalten kann?[17] Heißt Integration Übereinstimmung über Verfahren und grundlegende Wertvorstellungen und Prinzipien, oder heißt Integration Herstellung politischer, gesellschaftlicher Homogenität? Oder ist Integration mit der Aufrechterhaltung von Differenz und Konflikt vereinbar? [18] Oder sind gar Konflikte, zumindest „gehegte Konflikte", die Voraussetzung für einen Prozess der politischen Integration?[19] Trägt eine Verfassung zur funktionalen Systemintegration bei und/oder kann sie einen Beitrag für die kulturell-expressive und die kommunikativ-interaktive soziale Integration leisten? Und wer bewirkt die Integration durch Verfassung? Sind Verfassungen nicht zu ihrer Akzeptanz auf den Konsens von politischen Akteuren, von Bürgern und politischen und Funktionseliten angewiesen?[20] Und brauchen

---

12 Vgl. Tocqueville (1984), über die „Sitten" handelt Tocqueville vor allem im II. Teil des Ersten Buches von 1835 (S. 332ff., 353ff.) und dem II. Teil des Zweiten Bandes von 1840.

13 Vgl. hier nun die einschlägigen Arbeiten von Gellner (1983), Anderson (1988) und Giesen (1991) und jetzt auch Vorländer/ Herrmann (2001).

14 Vgl. Lockwood (1964). Daran hatte vor allem Habermas (1973) angeknüpft.

15 Vgl. Heitmeyer (1997a; 1997b), Peters (1993).

16 In der Literatur explizit verneint nur von Haltern (1997).

17 So Sternberger (1982a; 1982b) und Jürgen Habermas (1987). Zu den nicht unbedeutenden Unterschieden zwischen den Ansätzen Sternbergers und Habermas' vgl. Gebhardt (1999).

18 Diese Fragen nimmt vor allem Frankenberg in diesem Band auf.

19 Der Begriff „gehegte Konflikte" stammt von Simmel (1908). Vgl. zu einem dezidiert konfliktorientierten Integrationsverständnis Dubiel (1997). Ähnlich auch Frankenberg in diesem Band.

20 Zum Problem von Verfassung, Verfassungsgerichtsbarkeit und Konsens vgl. Vorländer (1981) und Schuppert/ Bumke (2000).

nicht Verfassungen, die sich prinzipiell nicht selbst exekutieren können, Akteure und Interpreten, die sie durchsetzen, anwenden und in Geltung halten?

2 Die Integrationsfrage in der Verfassungstheorie

Für die Verfassungstheorie ist die Frage nach der Integrationsfähigkeit von Verfassungen ein großes schwarzes Loch.[21] Es wird zwar immer wieder von der besonderen integrativen Funktion ausgegangen, auch die Integrationsfähigkeit als normative Erwartung gesetzt und postuliert,[22] wie auch die Integrationskraft der Verfassungsgerichtsbarkeit betont, zum Teil auch empirisch zu belegen versucht wird,[23] doch hat die Verfassungstheorie selbst weder die integrative Funktion noch die symbolische Dimension der Verfassung zu ihrem Gegenstand gemacht.[24] Das liegt in der deutschen staatsrechtlichen Tradition vor allem in der etatistischen, auf den Staat als vorausgesetzte Wirkungseinheit bezogenen Engführung von Verfassungsrecht und Verfassungstheorie begründet.[25] Dabei wurde die Verfassung als die Grund- oder Rechtsordnung des Staates begriffen, was bedeutete, die Verfassung als das Ergebnis vorausgegangener Einheitsbildung oder als das Ergebnis einer Dezision, einer einmaligen Willensentscheidung, zu denken.[26] Zudem stand die deutsche Tradition eines spezifisch positivistischen Konstitutionalismus mit seiner Emphase des Rechtsstaates und mit seiner strikten Trennung von Recht und Politik einer politisch-kulturellen Sichtweise des gesellschaftlichen und staatlichen Integra-

---

21 Haltern (1997: 40) bezeichnet die Frage, „Was nun genau eine Gesellschaft integriert", als „das große schwarze Loch jeglicher Demokratietheorie" – um dann doch einige, durchaus prominent zu nennende Ansätze, die sich mit dieser Frage auseinandersetzen, durchzumustern. Die Demokratietheorie ist, sowohl in ihren politikwissenschaftlichen wie politik- und sozialphilosophischen Varianten, durchaus mit dem Integrations- (und Konsens-) Problem vertraut. Vgl. Vorländer (1981), Schaal (2000).

22 Vgl. aus jüngster Zeit nur Grimm (2001: 36, 38, 204).

23 Vgl. mit Literaturbelegen Rossen-Stadtfeld (2000), vgl. hierzu auch die Studien im dritten Teil dieses Bandes.

24 Soweit die Integrationsdiskussion unter dem Vorzeichen der Konsensproblematik ausgetragen wurde, muss auf die verfassungs- und demokratietheoretischen Arbeiten der 1970er und 1980er Jahre verwiesen werden, vgl. nur – mit den einschlägigen Literaturverweisen – Göldner (1977), Benda (1978), Massing (1979), Vorländer (1981), Grimm (1984, 35ff.), Eisel (1986). Allerdings sind Konsens- und Integrationsdiskurse nicht identisch. Das Konsens-Problem wurde in der Phase starker parteipolitischer Polarisierung ‚entdeckt', das Integrationsproblem erfuhr seine Relevanz in Wissenschaft und öffentlichem Diskurs auf dem Hintergrund einer individualisierten und weltanschaulich-kulturell vielfältigen Gesellschaft. – Die symbolische Dimension der Verfassung ist bisher nur von Marcelo Neves (1998) aufgegriffen worden. Doch ist sein Konzept der „Symbolischen Konstitutionalisierung" zu stark auf den Aspekt der Alibi- oder Scheinkonstitutionalisierung, auf „normativ unwirksame Verfassungsgesetzgebung" verengt. Wo es um die integrative Funktion der Verfassung geht, geht es nicht um symbolische Konstitutionalisierung, sondern um konstitutionelle Symbolisierung von politisch-kulturellen Ordnungsvorstellungen. Vgl. hierzu den dritten Teil dieses einleitenden Beitrags.

25 Ähnlich argumentiert Lietzmann mit Blick auf die staatsrechtlichen und verfassungstheoretischen Voraussetzungen der Europäischen Integration, in diesem Band.

26 So vor allem Carl Schmitt in seiner 1928 erschienenen Verfassungslehre (hier 5. Aufl. 1970).

tionsprozesses und der integrativen Dimension der Verfassung nachhaltig im Wege.[27] Ausnahmen bestätigen die Regel, und sie sind vor allem, wenngleich in letzter Zeit nicht nur, dem Umfeld der Smend-Schule zuzurechnen.[28]

Rudolf Smend und Hermann Heller waren diejenigen Staats- und Verfassungsrechtler, die in der Weimarer Grundlagendiskussion das Problem von Einheit und Vielheit und damit das Problem der Integration des Gemeinwesens am deutlichsten thematisiert haben. Sie wandten sich gleichermaßen gegen den mit Kelsen identifizierten Positivismus, ohne dabei den auf die einmalige Willensentscheidung des Verfassunggebers zurückgeführten Dezisionismus Carl Schmitts zu teilen. In Kelsens „Reiner Rechtslehre" wird der Staat mit der Einheit der Rechtsordnung und diese mit der „begründenden Grundnorm" identifiziert.[29] Heller wie auch Smend wenden sich gegen diesen vermeintlichen „Normlogismus"[30] und wählen einen im weiteren Sinne „soziologischen" Ansatz,[31] der für die Integrationsproblematik deshalb von Interesse ist, weil er aus dem Faktum der politisch-sozialen Vielfalt der Gesellschaft die Funktion der Verfassung „jenseits des Positivismus" zu begründen sucht.

Bei Heller erscheint die Verfassung als eine Rechtsordnung des organisierten gesellschaftlichen Zusammenwirkens. Der Staat wird als Einheit in der Vielheit begriffen, wobei der Verfassung die entscheidende Aufgabe zukommt, den Staat als „vielheitlich bewirkt und doch einheitlich wirkend" zu konstituieren.[32] Deutlicher noch als Heller stellt Smend den Prozess der Integration in den Vordergrund seiner Staats- und Verfassungstheorie. Unter Integration versteht Smend den „grundlegenden Lebensvorgang des Staates". Der Staat ist nur, „weil und sofern er sich dauernd integriert".[33] Der Sinn des Integrationsprozesses ist „die immer neue Herstellung der Lebenstotalität des Staates".[34] Die Verfassung ist nun die Rechts-

---

27 Zu dieser spezifisch „juridischen" Konzeption des Verhältnisses von Verfassung und Integration, die von Jellinek über Kelsen, Carl Schmitt bis in die Staatsrechtslehre der Bundesrepublik Deutschland reicht, vgl. die Ausführungen und Literaturhinweise bei Frankenberg, in diesem Band.

28 Hierzu gehören vor allem die Arbeiten von Holger Ehmke, Martin Kriele, Friedrich Müller, Konrad Hesse und – in besonderem Maße – Peter Häberle und seine Beiträge zur „Verfassungslehre als Kulturwissenschaft" (1998); vgl. hierzu Vorländer (1981: 316-350). Aus den ideengeschichtlichen Traditionen des Republikanismus leiten sich neuere verfassungstheoretische Konzeptionen her, wie sie beispielsweise Frankenberg (1997) (und in diesem Band) vorgelegt hat (hierzu auch die Beiträge von Brodocz und Schaal in diesem Band). Dass diese Ansätze vor allem auf französische und anglo-amerikanische Theorietraditionen des zivilgesellschaftlichen Republikanismus zurückgreifen, kommt angesichts der etatistischen Präokkupation des deutschen Staats- und Verfassungsdenkens nicht von ungefähr. Zu diesen anderen, nicht-etatistischen Verfassungsverständnissen anglo-amerikanischer und französischer Provenienzen Vorländer (1987: 1999), Preuß (1990; 1994).

29 Kelsen (1925: 7ff., 16ff.; 1960; 1922: 4ff.).

30 Heller (1970: 194ff., 294ff.), Smend (1928: 131, 158).

31 Heller (1970: 3ff., 30ff., 48), Smend (1928: 124, 132).

32 Heller (1970: 228ff., 229).

33 Smend (1928: 127ff., 138).

34 Smend (1928: 189).

ordnung des Integrationsprozesses, in dem der Staat seine Lebenswirklichkeit hat. Die Verfassung ist Ausdruck eines Sinn- und Wertesystems, das sich zugleich in ihr und durch sie verwirklicht. Die Verfassung ist „integrierende Wirklichkeit", sie stellt die Lebensprozesse der staatlich-politischen Gemeinschaft immer wieder neu her.[35] Smend unterscheidet zwischen drei Integrationstypen, zwischen persönlicher, funktioneller und sachlicher Integration. Unter persönlicher Integration versteht er Führer, Staatshäupter, Persönlichkeiten, die die „Einheit des Staatsvolks" repräsentieren und verkörpern.[36] Funktionelle Integration meint die „Herstellung der Staatsgemeinschaft als Willensverband überhaupt". Darunter wird der gesamte Bereich der politischen Auseinandersetzung, des politischen Kampfes und der Prozeduren und Formen, in denen diese Auseinandersetzung stattfindet, gefasst.[37] Sachliche Integration kann einmal durch die Symbole von Fahnen, Wappen, dann aber auch durch „repräsentative Vorgänge" wie Zeremonien, Rituale, nationale Feste, durch alle Formen, die einen „motivierenden Erlebniszusammenhang" konstituieren und damit die „gesteigerte Integrationskraft eines symbolisierten Sachverhalts" ermöglichen, bewirkt werden.[38] Die Verfassung normiert „einzelne Seiten" dieses Integrationsprozesses, sie ist auf die „Totalität des Staates und die Totalität seines Integrationsprozesses" ausgerichtet. Vor allem ihre „sachlichen Gehalte", die Prinzipien der Staatsform, die Präambel, die Grund- und Menschenrechte, befördern diesen staatlichen Integrationsprozess.[39]

Smends Integrationsansatz ist bis heute, obwohl sich vielfach auf ihn bezogen wird, sehr umstritten geblieben. Immer wieder wird Smends Antiliberalismus, Antiparlamentarismus, seine Liebäugelei mit dem italienischen Faschismus und sein verklärter Blick auf die Bismarcksche Reichsverfassung als das Vorbild einer ihrer integrativen Aufgabe gerecht werdenden Verfassung kritisch angeführt.[40] Auch Smends Rekurs auf die Lebensphilosophie Theodor Litts, wiewohl dessen Bedeutung für Smend nicht überbewertet werden darf, wie Hennis deutlich macht, gehört dazu.[41] Alle diese Einwände laufen darauf hinaus, dass in Smends Hypostasierung der „Lebenstotalität des Staates" ein harmonistisches und inadäquat-gefährliches Integrationsverständnis zum Ausdruck kommt. Smends Leitprinzip der Integration, formuliert auf dem Hintergrund der Auflösung der Weimarer Republik, steht für die Herstellung eines „Einheitsgefüges", einer „Sinneinheit", eines „einigenden Zusammenschlusses", kurz: „für geistige Einigung".[42] Schlüsselbegriff des Integra-

---

35 Smend (1928: 187ff.).

36 Smend (1928: 145).

37 Smend (1928: 150ff.).

38 Smend (1928: 162ff.).

39 Smend (1928: 198ff., 260ff.). Smend bezeichnet im übrigen die Verfassungsgerichtsbarkeit als den „Schlussstein des Integrationssystems" (1928: 203).

40 Vgl. jetzt mit den entsprechenden Literaturreferenzen Lhotta (2000), auch schon Vorländer (1981: 287ff.). Vgl. auch die kritische Auseinandersetzung mit Smend von Lehnert, in diesem Band.

41 Vgl. Hennis, in diesem Band. Smend selbst hat den Rekurs auf Litt in seinen späteren Darstellungen zurückgenommen, vgl. Smend (1955a: 475ff.; 1955b: 482ff.).

42 Smend (1928: 120, 132, 134, 136).

tions ist die zielprägende Einheitsvorstellung der „stetigen Harmonisierung".[43] Smends Integrationsbild ist konfliktscheu, der werte- und interessenpluralen Gesellschaft wenig angemessen. Auch dort, wo Smend von der „wohltuenden Entladung von Spannungen" spricht, die „integrierender Lebensakt der Gemeinschaft" seien, bleibt Smend seinem harmonistischen Integrationsbegriff verhaftet. Denn diese Entladungen werden als „Katharsis"[44] zur Wiederherstellung der ursprünglichen Einheit begriffen, was eben nicht darauf schließen läßt, dass Smend Konflikte und Spannungen zur „Lebens"-Normalität politischer Gemeinwesen rechnet.

Gleichwohl lassen sich – trotz dieser Einwände – bei Smend Ansätze finden, die für das Verständnis der integrativen Funktion von Verfassungen hilfreich sind. Denn bei Smend wird ein kultureller Verweisungszusammenhang deutlich, der die Verfassung in den Sinn- und Wertekontext einer gegebenen politischen Kultur stellt. Smend begreift den Vorgang der – staatlichen – Integration keineswegs als einen rein technischen oder durch Rechtsregeln positivierbaren Vorgang, sondern als einen politisch-kulturellen, der auf für „gemeingültig" gehaltene Wertewelten, auch legitimatorisch, angewiesen ist. Für Smend ist eine vollständig integrierte, staatliche Gemeinschaft eine solche, die sich „integriert durch eine im Wesentlichen nicht diskutierte Welt der Werte, diese symbolisiert und repräsentiert und durch die sie eben deshalb ihrerseits legitimiert wird".[45] Wenngleich auch hier der schon kritisch erwähnte Wertemonismus, der quasi abbildhaft in der Sinneinheit des Staates, vor allem in seiner monarchischen Form, wieder durchscheint, so bleibt doch die Erkenntnis Smends bestehen, dass sich eine politische Gemeinschaft erst als eine politische konstituiert und sich ihrer selbst bewusst wird, wenn sie sich in personeller, funktionaler und sachlicher Hinsicht zu einer politischen Gemeinschaft integriert hat. Erst im Bezug auf ein Werte- und Kultursystem kann eine positive Ordnung ihre Geltung als legitim erweisen.[46] Der Sinn der politischen Ordnung erschließt sich danach erst durch den Rückbezug auf die in der politischen Kultur enthaltenen und politisch manifest werdenden Sinngehalte. Gerade die Grundrechte „proklamieren" für Smend ein bestimmtes Kultur-, ein Wertesystem, das „der Sinn des von der Verfassung konstituierten Staatslebens sein soll." Wird Smend vom Kopf auf die Füße gestellt und der Integrationsbegriff seiner „lebenstotalitären", etatistischen Engführung entkleidet, dann eröffnet Smend eine verstehende, kulturelle Perspektive, Integration durch Verfassung – anstelle von Verfassung durch Integration – denken zu können.[47] Unter diesen Voraussetzungen ist es dann auch

---

[43] Smend (1928: 175).

[44] Smend (1928: 151f.).

[45] Smend (1928: 220f.).

[46] Smend (1928: 265).

[47] Ungeklärt bleibt bei Smend indes das Verhältnis von Wertgrundlage und Willenseinheit im Prozess der Integration des Staates. Einmal, so scheint es, begreift Smend den Integrationsvorgang als einen Akt politischer Willensentscheidung. Zum anderen ist die Integration nur auf der Basis der Herstellung eines Wertekonsenses notwendig oder möglich. Hier bleibt Smend zwischen dezisionistischer und kultureller Grundlegung des staatlichen Integrationsvorgangs unentschieden. Entscheidend aber ist, dass Smend die Integration nicht als vorausgesetzte Einheit von Verfassung

möglich, die symbolische Repräsentation von kulturellen Sinngehalten und politischen Ordnungsvorstellungen mit der Institution der Verfassung und ihrer integrativen Funktion zu verbinden.

Smend selbst führt auch, wenngleich nur *en passant*, den Begriff des Symbols ein. Dort, wo er über sachliche Integration handelt, spricht er davon, dass Symbole integrierend wirken, weil sie in der Lage sind, den „Sinngehalt der Politik eines Landes anschaulich" zu machen. Der „geschichtlich-aktuelle Wertgehalt" repräsentiert sich im politischen Symbol der Fahnen, Wappen und Staatshäupter. Interessant und für die weitere Explikation des Symbolbegriffs aufschlussreich ist, dass Smend nicht nur die vergegenständlichenden und verkörpernden Symbole mit integrierender Wirkung belegt, sondern ebenfalls „repräsentative Vorgänge", wie politische Zeremonien, nationale Feste und auch andere – erinnerte und tradierte – Ereignisse und Mythen.[48] So habe beispielsweise die Schlacht bei Morgarten von 1315 den Schweizern den geschichtlichen Sinn ihres Kampfes und damit ihrer politischen Einheit ins Bewusstsein gerückt. Die dauernde Unterstreichung des revolutionären Charakters des Marschs auf Rom durch Mussolini stehe für das „symbolisierende Ereignis des Bruchs mit der alten Welt und die Inaugurierung ganz neuer staatlicher Inhalte" und bewirke darüber hinaus eine eigentümliche Integrationswirkung, „die Begründung der spezifischen faschistischen Legitimität".[49]

„Erlebnisse" haben für Smend Integrationskraft, weil sie Vorgänge und Sinngehalte symbolisch repräsentieren. Hierbei handelt es sich um die „gesteigerte Integrationskraft eines symbolisierten Sachgehaltes", die „mit besonderer Intensität erlebt wird". Darüber hinaus haben „symbolisierte Sachgehalte" auch einen Vorteil gegenüber der rational-gesetzlichen Formulierung eines Sachgehaltes, weil sie in der symbolisierten Gestalt „zugleich elastischer" sind: „einen symbolisierten Wertgehalt kann jeder so erleben, ‚wie ich ihn verstehe'."[50] Nicht die Satzung, sondern das „Erlebnis" besitzt die besondere symbolisch-integrative Wirkung.

Smend hat keine explizite Symboltheorie formuliert, seine Ausführungen bleiben akzidenziell. Gleichwohl lenkt Smend den Blick auf kulturell-expressive Formen symbolischer Repräsentation von „Sinngehalten", die politisch integrierend wirken. Dabei wäre es gänzlich verkehrt, weil die Integrationsproblematik verkennend, wenn Smends Bemerkungen mit dem Hinweis auf ihre „totalitären" Implikationen – und auch vielleicht: Intentionen – abgetan würden. Auch demokratische Ordnungen integrieren sich – auch – über andere kulturelle Mechanismen und politische Formen als nur über rational gesatzte Normen. Die Verpflichtungskraft von Verfassungen ergibt sich nicht allein – wenngleich sicher auch – aus der rational-diskursiven Überzeugungskraft von Rechtsnormen.[51] Erlebnisse und Vor-

---

und Staat, sondern als einen Prozess begreift, dessen Ergebnis indes viel offener ist, als es Smend lieb sein konnte und mit Blick auf die Weimarer Republik geboten zu sein schien.

48 Smend (1928: 162ff.)

49 Smend (1928: 163).

50 Smend (1928: 164).

51 Es wäre interessant, Ernst Cassirer und Rudolf Smend miteinander zu vergleichen. Cassirer hat mit seiner Philosophie der symbolischen Formen eine explizite Symboltheorie vorgelegt (Cassirer (1923: 994). Cassirer ist auch, im Unterschied zu Smend, ein Verfechter der republikanischen

gänge, Verkörperungen und Repräsentationen sind symbolische Vermittlungsformen politischer Ordnung, die Bindungen erzeugen und integrierende Kraft entfalten können. Wenn deshalb im Folgenden von „symbolischer Repräsentation" gesprochen wird, so sind damit die von Smend bezeichneten Symboldimensionen auch inkludiert, vor allem aber der Verweisungszusammenhang bezeichnet, der zwischen den in Verfassungen zum Ausdruck kommenden, in Rechtsformen normierten Regeln, Prinzipien und Grundrechten einerseits und den vorrechtlichen und vorkonstitutionellen gesellschaftlichen und politischen Ordnungsvorstellungen andererseits besteht, die eine spezifische politische Kultur auszeichnen und die der Verfassung erst die Geltung und Anerkennung geben, die zu ihrer funktionalen Wirksamkeit notwendig sind.

3 Die Verfassung als symbolische Ordnung – Politische Integration im Medium der Verfassung

Um eine integrative Verfassung handelt es sich dann, wenn es der Verfassung gelingt, die politischen Ordnungsvorstellungen des politischen Gemeinwesens symbolisch zum Ausdruck zu bringen. Die grundlegenden Vorstellungen über die politische Ordnung müssen mit der Verfassung identifiziert werden können. Ist dies der Fall, dann kann von einer über die Verfassung integrierten politischen Gemeinschaft, einer Verfassungsgemeinschaft, gesprochen werden.

Doch hängt der Erfolg der integrativen Leistung der Verfassung ganz wesentlich von den symbolischen Formen ab, in denen die politischen Ordnungsvorstellungen repräsentiert werden. Die symbolischen Formen, ein Begriff, der der Philosophie Ernst Cassirers entlehnt ist,[52] sind die Vermittlungsformen zwischen der politischen Kultur, in der die politischen Ordnungsvorstellungen enthalten und verhandelt werden, und der Verfassung, in der diese Ordnungsvorstellungen zu einem normative Verbindlichkeit beanspruchenden Regelwerk verdichtet werden. Die symbolischen Formen sorgen dafür, dass die Vorstellungen über die Grundlagen des Politischen zu etwas Sinnhaftem und zu etwas Gültigem verarbeitet

---

Verfassung (vgl. Cassirer 1929) und erliegt damit nicht, wie Smend, der Vorstellung einer etatistischen, „lebenstotalitären" Integration. Auch, anders als Smend, würde Cassirer Satzung und Erlebnis nicht wie Smend in eine Rangfolge ihrer Integrations- und Verpflichtungskraft bringen. Zwischen der Überzeugungskraft diskursiv begründeter, rational gesatzter Normen und der Bindungskraft anderer, ritueller oder mythischer Verhaltensformen würde für Cassirer kein Gegensatz, sondern eine komplementäre Beziehung bestehen (vgl. Habermas 2001: 62). Gerade seine Verteidigungsrede der Weimarer Republik am 11. August 1928 zum zehnjährigen Bestehen der Verfassung zeigt, wie auch Habermas Cassirer deutet, dass Cassirer selbstverständlich Verfassungsfeiern und „Zeremonien der Selbstbestätigung" einen Bindungs- und Integrationseffekt beimisst, aber zugleich damit an den rationalen Kern und die „guten Gründe" einer politischen Ordnung erinnert werden kann. Bei Habermas selbst dürfte eine Gleichrangigkeit von rational-diskursiver Überzeugungskraft und der Bindungs- und Integrationskraft symbolischer Formen auf wenig Gegenliebe stoßen. Im „Säurebad eines erbarmungslosen öffentlichen Diskurses" werden alle Formen symbolischer Darstellungen „auch noch des letzten Scheins von Naturwüchsigkeit entkleidet" (Habermas 2001: 67; 1997).

52 Cassirer (1994).

werden. Symbole lassen sich demnach keineswegs nur auf expressive oder additive Funktionen bereits konstituierter Ordnungen und ihrer institutionellen Formen reduzieren, auch nicht als Muster von Täuschungs- oder Ersatzhandlungen verstehen.[53] Symbole sind „Vehikel der Sinnbildung", sie erst geben Handlungen und Orientierungen sinnstiftende Bedeutungen. Der Sinn einer Verfassung als einer solchen symbolischen Ordnung ergibt sich nicht daraus, dass ihr eine normativ-regulative Funktion eingeschrieben ist – ein positivistischer Kurz- oder ein nominalistischer Fehlschluss[54] – sondern daraus, dass ihr herausgehobene, grundlegende Ordnungsvorstellungen zugeschrieben werden und von ihnen eine instrumentell-steuernde Funktion erwartet wird. Verfassungen sind symbolische, keine feststehenden Ordnungen,[55] sie stellen Ordnungsbehauptungen und Geltungsansprüche auf, können sie aber von sich aus nicht einlösen. Verfassungen sind auf symbolische Darstellungsformen angewiesen, die ihr Geltung, das heißt Akzeptanz und Anerkennung, verschaffen. Symbolizität und Funktionalität lassen sich deshalb nicht trennen, die Funktionalität der Verfassung liegt in ihrer symbolischen Bedeutung.

Das wird im Fall der Verfassung daran deutlich, dass die Verfassung auf einem doppelten symbolischen Verweisungszusammenhang beruht – ja, es ist gerade dieser doppelte symbolische Repräsentationsvorgang, der ihre Qualität als Verfassung, ihre Institutionalisierung als funktionell-steuerndes Regelwerk ermöglicht. Zum einen repräsentiert die Verfassung sich selbst – und zwar als auf einen Ursprungsakt zurückgehendes Dokument und als zugleich orts- und zeitunabhängiges Textsymbol. Zum anderen verweist die Verfassung auf die ihr – vertextet oder tradiert – zugeschriebenen Ordnungs- und Leitideen, die Assoziations- und

---

53 So aber Voigt (1989a: 9-37), Meyer (1989). Wegweisend für dieses Verständnis symbolischer Politik war Edelman (1964). Gegen die – falsche – Differenz von „realer" politischer Welt und der „fiktiven" Symbolwelt des Politischen Gebhardt (2001: 586f.): „alle historisch-politische Existenz des Menschen (hat) im Medium einer der jeweiligen politischen Ordnungsformen zugehörigen Symbolwelt ihre Wirklichkeit. Zweckrationale Handlungskonstellationen verdanken ihren Sinngehalt der im gesellschaftlichen Selbstverständnis beschlossenen Symbolordnung und deren ex- oder implizitem Geltungsanspruch." – Hier und im Folgenden wird der Begriff des Symbols in einem spezifisch institutionentheoretischen Zusammenhang verwendet, der v. a. dem Dresdner Sonderforschungsbereich 537 („Institutionalität und Geschichtlichkeit") zugrunde liegt. Vgl. hier vor allem den von Gert Melville (2001) im Auftrag des Sonderforschungsbereiches 537 herausgegebenen Band Institutionalität und Symbolisierung. Verstetigung kultureller Ordnungsmuster in Vergangenheit und Gegenwart. Die nachfolgenden Ausführungen verdanken sich nicht zuletzt den symboltheoretischen Überlegungen von Karl-Siegbert Rehberg (2001). Vgl. zudem Rehberg (1994), Göhler (1994), Göhler (1994a), Vorländer (1997a), Gebhardt (1995), Gebhardt (2001), Blänkner/ Jussen (1998), Blänkner, in diesem Band.

54 Beide führen zu einer – falschen – Ontologisierung der Verfassung und ihrer Geltungsansprüche. In der verfassungsjuristischen Entscheidungspraxis ist der positivistische Kurzschluss, eine Verfassung besitze, weil sie Verfassung (gleich oberste Rechtsnorm) ist, normative Kraft, eine berufsnotwendige Fiktion – was indes wiederum der Verfassung als Institution zugute kommt.

55 Analog gilt, was generell über die Institutionalität einer Ordnung gesagt werden kann: „Das Institutionelle an einer Ordnung ist die symbolische Darstellung ihrer Prinzipien und Geltungsansprüche." Vgl. das Forschungsprogramm des SFB 537 in Melville (1997: 16). Vgl. auch Rehberg (1994: 57-65) und Vorländer (1997a).

Kommunikationsregeln, die Ziele und Prozeduren der politischen Gemeinschaft.[56] Die symbolischen Formen, in denen sich diese Repräsentationsvorgänge abspielen, differieren. Symbolisierungen können sich im Vorgang der Textinterpretation genauso wie im Erlebnis eines Verfassungsfestes, der Tradierung eines Gründungsmythos oder der erfahrungsgestützten, kognitiven, habituellen und affektiven Aneignung durch Verfassungspraxen vollziehen. Immer aber ist die erfolgreiche symbolische Repräsentation der Leitideen die Möglichkeitsbedingung der instrumentellen Funktion wie der integrativen Dimension der Verfassung. Erst wenn die Verfassung durch Erlebnis, Erfahrung, Praktiken und Interpretation repräsentiert oder vergegenwärtigt werden kann, kann sie die strukturierende, handlungsleitende und gemeinschaftsstiftende Wirkung erzielen, die von ihr erwartet wird.

Dort, wo die Verfassung die Form eines schriftlichen Textdokumentes hat, scheint der symbolische Repräsentationsvorgang unmittelbar evident zu sein. Das schriftliche Dokument steht für die konstituierte Ordnung und bezieht seine Geltung als Instrument aus dem Akt seiner Stiftung. Jedoch steht das Dokument zunächst einmal auch für nichts anderes als den historischen Akt der Verfassunggebung, in dem die neue politische Ordnung gegeben wurde. Die sich über die Verfassung definierende politische Gesellschaft integriert sich über den sich im Akt der Verfassunggebung ausdrückenden gemeinsamen Willen. Die Verfassungsgemeinschaft ist hier jedoch nur eine historische, vergangene Willensgemeinschaft. Aber da der Sinn der Verfassung, die *ratio constitutionis*, ja gerade darin besteht, die durch die Verfassung begründete Ordnung auf Dauer zu stellen, muss die Geltung und die Anerkennung der durch die Verfassung repräsentierten Ordnungsvorstellungen auch jenseits des begründenden Verfassungsaktes verbürgt werden. Die Verfassung tritt aus dem Ursprungskontext heraus und verlangt nach einer orts- und zeitunabhängigen Präsenz ihres Ordnungsanspruchs. Aber auch hier reicht der dokumentarische Charakter des Textes, die Verfassung als Textsymbol, keineswegs aus. Der Inhalt der Verfassung, ihr Sinn und ihre Bedeutung im aktuell-konkreten Kontext, ist nicht unmittelbar erkenn- und anwendbar. Der Verfassung muss auf dem Wege doppelt vermittelter Repräsentanz Deutung gegeben, zugeschrieben werden, damit sie die erwartete, strukturierende und handlungsleitende Funktion erfüllen kann. Der Text bedarf mithin einer interpretatorischen Vergegenwärtigung.[57] Diese kann sowohl von seiten eines autoritativen Interpreten, zumeist einem Verfassungsgericht, als auch von seiten der wissenschaftlichen Fach- oder medialen Teilöffentlichkeit wie auch der breiten öffentlichen Meinung erfolgen. Die Rechtsprechung der Verfassungsgerichtsbarkeit, die politischen und juristischen Diskurse um die Verfassung, die veröffentlichte und die öffentliche Meinung sind dann die Medien der diskursiven Vergegenwärtigung der mit der Verfassung identifizierten Ordnungsvorstellungen. Erst im öffentlichen Diskurs der Verfas-

---

[56] Bei der Verfassungsgerichtsbarkeit potenzieren sich diese Verweisungszusammenhänge noch einmal, weil sie selbst die Verfassung repräsentiert, es dann aber auch auf die anderen Verweisungszusammenhänge zur Erfüllung der instrumentellen, rechtsprechenden Funktion ankommt.

[57] Vgl. Vorländer (2000; 2001).

sungsgemeinschaft(en) entscheidet sich, ob die Verfassung eine integrative Wirkung zu erzielen in der Lage ist.

Neben diese kommunikativ-diskursiven Formen der Herstellung von Verfassungspräsenz treten jene expressiven Formen der Vergegenwärtigung, wie sie im Gedenkcharakter von Memorialveranstaltungen und im Erlebnischarakter von „präsenzkulturellen" Inszenierungen,[58] etwa bei Konstitutionsfesten und Verfassungsumzügen,[59] zutage treten. Die Vergegenwärtigung von Gründungsmythen und Verfassungsgeschichten lassen die vergangene, abwesende Gegenwart von Verfassunggebung und Verfassungsentwicklung so erscheinen, als ob sie mit der Vergangenheit der gegenwärtigen, anwesenden Verfassung identisch wäre. Die so konstruierte Eigengeschichte der Verfassung – von der Gegenwart der Genese bis in die Gegenwart der Geltung – bildet das Reservoir zur Symbolisierung der der Verfassung zugeschriebenen Ordnungsprinzipien. Die Konstruktion einer Eigengeschichte als Sinndimension und Interpretationshorizont eröffnet der Verfassung die Möglichkeit, sich selbst zu transzendieren und für sich in ihrer jeweiligen Gegenwart die symbolische Kraft zu beanspruchen, die es ihr erlaubt, den politischen Ordnungsvorstellungen zur Darstellung zu verhelfen. Insofern ist auch hier die symbolische Repräsentation der Ordnungsvorstellungen durch die Verfassung die Möglichkeitsbedingung der instrumentellen, regulativen und der integrativen Funktion der Verfassung.

Verfassungen leben also nicht vom Text allein – ganz abgesehen davon, dass sie, wie der englische Fall zeigen wird, nicht unbedingt eines kodifizierten Textes bedürfen, um als „Verfassung" im kollektiven Bewusstsein einer Verfassungsgemeinschaft vorhanden zu sein. Vielmehr lebt die Verfassung auch – und zwar hinsichtlich ihrer Geltung als handlungsleitende Institution ganz entscheidend – von den Formen vermittelter Repräsentanz und direkter Vergegenwärtigung, in denen ihre Ordnungsprinzipien zur Darstellung gebracht und von der Gemeinschaft der Verfassungsbürger vorgestellt werden. Die Verfassungsgemeinschaft ist deshalb zuallererst eine auf symbolischen Formen beruhende Vorstellungsgemeinschaft, die die zentralen politischen Ordnungsideen mit ihrer Verfassung identifiziert. Präsenzkulturelle Formen wie das Erleben von Konstitutionsfesten und die Verkörperung der Verfassung durch die Richter der Verfassungsgerichte heben die Historizität der Verfassung, die Differenz von Vergangenheit und Gegenwart, in Kontinuitätskonstruktionen auf. Verfassungsgemeinschaften sind deshalb auch Memorial- und Erlebnisgemeinschaften, die einen Beitrag zur Integration der Bürgerschaft zu leisten vermögen. Hinzu tritt, dass soziale und politische Praxen „unter" der Verfassung, das Verhalten von politischen Akteuren, die sich an das Spielregelwerk der Verfassung halten, und die Bürger, die die in der Verfassung repräsentierten Ordnungsprinzipien in politischer Auseinandersetzung und zivilgesellschaftlichem Miteinander anerkennen, zur Aneignung der Verfassung als der gemeinsamen,

---

58 Zur Unterscheidung von Präsenz (-symbolen) und Repräsentanz (-zeichen) vgl. Rehberg (2001) und Gumbrecht (2001).

59 Vgl. zum (Gaibacher) Konstitutionsfest Blänkner, in diesem Band und Blänkner (1996), zu Verfassungsfesten Nolte (1993), vgl. auch Vorländer (1999: 65ff.).

integrativen Grundlage bürgerschaftlichen Handelns führen können. Verfassungsgemeinschaften sind deshalb auch Erfahrungsgemeinschaften, die sich auf der Basis einer eingeübten und bewährten Verfassungpraxis ausbilden.

Schließlich sind Verfassungsgemeinschaften auch und vor allem Interpretationsgemeinschaften. In diesen Interpretationsgemeinschaften werden die normativen Ordnungsvorstellungen einer Gesellschaft diskursiv – und streitig – verhandelt. Das Entscheidende dabei ist, dass ein gemeinsamer Interpretationsbezug auf ein identifizierbares, entweder in Texten verschriftlichtes oder für selbstverständlich gehaltenes oder tradiertes, nicht-kodifiziertes Ensemble von Normen, Werten und Regeln existiert. Wo die Verfassung als schriftliches Dokument vorliegt, stellen sich Interpretationsgemeinschaften als textorientierte soziale und diskursive Praktiken der kollektiven Interpretation von Normen und Ordnungen dar. Die Exegese von Verfassungstexten vollzieht sich dann in den hermeneutischen Kontexten der jeweiligen politischen Kultur, den Deutungskulturen von Medien, Eliten und Öffentlichkeiten wie in den Kulturen der sozialen Lebenswelten. Aus den – streitigen – Diskursen der Deutungskultur wie den lebensweltlichen Traditionen und Einstellungen der Sozialkultur[60] erwachsen die Sinngehalte, die der Verfassung, ihrem Text und ihren rechtlichen Normierungen, zugeschrieben werden. Diese interpretatorischen Sinngehalte können – bei identischen Textsemantiken – von Interpretationsgemeinschaft zu Interpretationsgemeinschaft, gemäß den unterschiedlichen politischen (Verfassungs-) Kulturen, aber auch den Entscheidungsalternativen im Konfliktfall, differieren.[61]

Die Interpretation ist ein politischer und sozialer Prozess,[62] er ist fließend, tendenziell unabgeschlossen und kann nur auf Zeit stillgestellt werden. Dort, wo Konflikt- und Streitentscheidungserfordernisse bestehen, da wird die Interpretation durch die *auctoritas* der zur verbindlichen Entscheidung berufenen Institution getroffen. Wo es eine Verfassungsgerichtsbarkeit gibt, da obliegt ihr die Aufgabe, eine solche Interpretation für verbindlich zu erklären.[63] Doch ist es ein Trugschluss anzunehmen, dass hiermit der potenziell infinite Interpretationsprozess zu einem definitiven Abschluss kommt. Zum einen ist die autoritative Textinterpretation von Verfassungsgerichten, wie die Empirie zeigt, keineswegs immer streitschlichtend, auch nicht immer friedensstiftend, sondern kann ihrerseits auch konfliktgenerierend wirken. Zum anderen ist es so, dass ein jeder Verfassungstext, mangels inhaltlicher Bestimmtheit, nicht nur offen für Auslegung, Fortbildung und Wandel ist, sondern dass die Verfassung in sich selbst Interpretationsspannungen birgt. Diese resultieren entweder aus dem Akt der Verfassunggebung selbst, weil sich dort unterschiedliche politische Kräfte zu einem Verfassungskompromiss zusammengefunden

---

60 Zu den Begriffen Deutungskultur (politische Vorstellungswelten) und Sozialkultur (empirische Einstellungen der Mitglieder einer politischen Gemeinschaft) vgl. Rohe (1987), Gebhardt (1987a), Vorländer (1997: 62ff.).

61 Am Beispiel des Verhältnisses von Staat und Religion, anlässlich der Auseinandersetzungen um den Kruzifix-Beschluss des Bundesverfassungsgerichtes, im deutsch-amerikanischen Vergleich Vorländer (1999a: 75-83).

62 Vgl. nur Fisher (1988).

63 Vgl. Vorländer (2001).

haben. Oder aber der Text hat sich so weit aus seiner historischen Ursprungssituation abgelöst, einen orts- und zeitunabhängigen Interpretationsraum ausgebildet, dass er in einer pluralen, heterogenen Gesellschaft mit Konkurrenzinterpretationen besetzt wird. Hier können Verfassungen komplexe „Spannungsinstitutionalisierungen“[64] entwickeln, deren Existenz die Voraussetzung ihrer institutionellen Geltung ist. Thurman Arnold hatte hier schon in den 1930er Jahren mit Blick auf die amerikanischen Verfassungsauseinandersetzungen davon gesprochen, dass es gerade Kennzeichen eines „vitalen“, integrativen Konstitutionalismus sei, dass er offen für verschiedene Deutungen und Interpretationen sei.[65] In diesem Sinne wirkt eine Verfassung, trotz und gerade wegen ihrer konfliktiven Interpretation, als symbolischer Referenzrahmen der Diskurse um die politischen Ordnungsprinzipien integrierend. Die politisch-gesellschaftliche Auseinandersetzung bedient sich einer gemeinsamen Sprache, der des Konstitutionalismus.

Auseinandersetzungen über die Verfassung können zudem selbst traditionsbildend wirken. Sie können eine Gesellschaft über die Austragung von Konflikten auf dem Boden der Verfassung integrieren. Die Verfassung wird, das lässt sich in der amerikanischen und bundesdeutschen Verfassungsgeschichte zeigen, zu einem Narrativ, zu einer „großen Erzählung“ der eigenen politischen Geschichte, die gesellschaftliche Selbstverständigung und Selbstvergewisserung ermöglicht: „The Constitution is best understood as an historically rooted tradition of theory and practice – an evolving language of politics through which Americans have learned to talk to one another in the course of the centuries-long struggle over the national identity.“[66] Dann spiegeln sich in der Verfassungsentwicklung die großen gesellschaftlichen Konflikte, die historischen Wendepunkte, Phasen des Wandels und Umbruchs des öffentlichen Wertehaushaltes und der Beziehungen zwischen den politischen und gesellschaftlichen Institutionen wider. Die Geschichte der Verfassung und ihre Interpretation wird so zu einem Spiegel der gesellschaftlichen und kulturellen Entwicklung einer politischen Gemeinschaft, sie kann zum Abbild der geschichtlichen Lernprozesse einer demokratischen Gesellschaft werden.

In der Interpretation der Verfassung durch die offene – und keineswegs geschlossene – Gesellschaft der Verfassungsinterpreten manifestieren sich die geteilten und tragenden Vorstellungen und Anschauungen ebenso wie die temporären oder kontinuierlichen Konfliktlinien. Verfassungsinterpretation wird so zu einer Selbstexplikation der in der empirischen politischen Kultur vorhandenen Vorstellungen über die Ordnungsgrundlagen der politischen Gesellschaft. Im Medium der Verfassung beschreibt sich eine Gesellschaft selbst und werden die politischen Leitideen und Geltungsansprüche verhandelt. Verfassungsdiskussionen sind dann gesellschaftliche Selbstverständigungsdiskurse. Verfassungen bilden die Foren, auf denen der Streit um Normen und für die Gemeinschaft konstitutive Werte und

---

64 Rehberg (2001: 15-16) – in einem anderen institutionentheoretischen Kontext, aber auf Verfassungen übertragbar.

65 Arnold (1937: 29). Vgl. zur Offenheit der Verfassung als Voraussetzung von Konsens und Integrationsfähigkeit Vorländer (1981: 351ff.) und Brodocz, in diesem Band.

66 Ackerman (1989: 477), vgl. hierzu und zum Folgenden auch Vorländer (1999a: 82).

Verbindlichkeiten ausgetragen werden.[67] Insofern erbringen Verfassungen für das Verständnis einer Gesellschaft von sich selbst als einer politischen Gemeinschaft kommunitäre, kulturell-expressive wie kommunikativ-interaktive Leistungen. Die Verfassung steht damit, wo sie integrative Leistungen erbringt, in einer doppelten, wechselseitigen Beziehung zur politischen Kultur der Gesellschaft. Zum einen ist sie auf die in der politischen Kultur, der Sozial- und Deutungskultur, eingelassenen Sinngehalte, den Normen, Werten und Ordnungsvorstellungen angewiesen, um anerkannt und akzeptiert zu werden. Die Öffentlichkeit, mediale Teil- und wissenschaftliche Fachöffentlichkeit, genauso wie Interessenten und Klienten müssen die Verfassung und die in ihr symbolisch repräsentierten Regeln anerkennen, damit die Verfassung ihre regulativ-instrumentelle Steuerungsfunktion erbringen kann. Verfassungen sind aber eben nicht nur Teil einer spezifischen politischen Kultur, aus der sie ihre Geltung beziehen, sie sind auch ein wichtiger Kristallisationskern der politisch-kulturellen Selbstverständigung einer Gesellschaft, wenn diese sich als Verfassungsgemeinschaft versteht.[68]

4 Verfassungskult und Verfassungspatriotismus – Die symbolische Bedeutung der Verfassung in den USA und in Deutschland

Historische Beobachtungen und komparative Analysen zeigen, dass die Integrationsfähigkeit von Verfassungen von spezifischen politischen und kulturellen Kontexten abhängig ist – wie im übrigen auch erst die „lebende" Verfassung[69] die juristisch bedeutsame „normative Kraft"[70] der Verfassung auf Dauer zu verbürgen in der Lage ist. Gerade die deutsche konstitutionelle Entwicklung des 19. Jahrhunderts, aber auch die französische Tradition bis in die 1950er Jahre[71] verdeutlichen, dass die Verfassung nur ein möglicher, kein zwingender Modus politischer Integration moderner Gesellschaften ist. Nation, Staat und Verwaltung sind in Deutschland lange Zeit, mit regionalen Ausnahmen in der Vormärz-Zeit, die vorherrschenden Integrationsmodi gewesen, so, wie in Frankreich *la grande nation* und das republikanisch-demokratische Pathos politischer Einheit, auch in Zeiten schnell wechselnder Verfassungen, den politischen Zusammenhalt der französischen Gesellschaft gewährleisteten. Die Selbstbeschreibung der politischen Gesellschaft muss sich nicht im Medium der Verfassung vollziehen, sie kann es. Nation und Staat aber waren historisch immer bedeutungsmächtige Konkurrenten.[72]

---

67 Vgl. zum Forumcharakter von Verfassungen Vorländer (1987), zur „offenen Gesellschaft der Verfassungsinterpreten" Häberle (1975).

68 Vgl. so auch Münch (1984: 311ff. (bes. 356ff., 369ff.)).

69 Sternberger (1980: 227).

70 Hesse (1978: 77ff.).

71 Henkin (1994), Preuß (1994a), Vorländer (1999: 53ff.) Neuere Entwicklungen, die die Verfassung immer mehr in das Zentrum von Politik und Gesellschaft schieben, thematisieren die Publikationen von Favoreu (1988) und Colliard/ Jegouzo (2001).

72 Aus theoretischer Perspektive Gebhardt/ Schmalz-Bruns (1994).

Wenn Integration durch Verfassung bedeutet, dass Gesellschaften sich über die Verfassung und die mit ihr verbundenen Erwartungen und Vorstellungen zu einer politischen Gemeinschaft definieren, dann ist die Verfassung eine Möglichkeitsbedingung politischer Gesellschaft. Sie ist, wie die historische Erfahrung zeigt, nicht die einzige, aber sie kann, aus historischen Gründen, guten Erfahrungen und rationalen Überzeugungen, ein sehr nachhaltig wirksames, Identität generierendes Integral moderner Gesellschaften sein. Dabei kann die integrative Leistung unterschiedlich, zweifach bewirkt sein. Verfassungen können über ihre konstitutive und regulative Funktion eine junge Demokratie in einer noch nicht gefestigten demokratischen politischen Kultur stabilisieren und, auch über die Transitions- und Implementationsphase hinaus, die weitere politisch-demokratische Entwicklung befördern.

Auf die Dauer aber kann auch diese integrative Funktion von Verfassungen nur Bestand haben, wenn die Verfassung und die durch sie konstituierte Ordnung anerkannt und freiwillig befolgt werden. In einem tradierten, durch historische Erfahrungen und kollektive Überzeugungen gefestigten demokratisch-republikanischen Kontext wird Integration durch Verfassung vornehmlich, wenngleich in Konfliktfällen nicht nur, „von unten“ erzeugt. Die Verfassung kann sich intrinsischer Geltungsmechanismen versichern. Die Verfassung steht dann für „das durch sie repräsentierte und explizierte symbolische Ensemble der politischen Kultur“[73]. Die Verfassung ist dann nicht nur als politisches Regelwerk, sondern auch als der symbolische Inbegriff der demokratisch-republikanischen Ordnung in der Bürgerschaft verankert. Die Wege und auch die Erscheinungsformen eines politisch-kulturellen Konstitutionalismus differieren. In England war zwar ein sehr hoher symbolischer Stellenwert der Verfassung zu verzeichnen, es gab aber keine Verfassung. In Deutschland kam es erst sehr spät zu Verfassungen, sie aber entfalteten keine oder nur sehr geringe symbolisch-integrative Wirkungen. Das sollte sich erst in der Bundesrepublik Deutschland ändern. Nur in den USA war die Verfassung von 1787 sehr schnell zu einem Symbol nationaler Einheit und republikanischer Selbstregierung geworden.

Dolf Sternberger hat in seinen wegweisenden Überlegungen zum Verfassungspatriotismus davon gesprochen, dass die USA durch nichts anderes geeint werden als „durch ihre Verfassung und durch die patriotischen Gefühle, die ihr, der Verfassung, entgegengebracht werden“.[74] Hans Kohn hatte schon früher in seiner Studie zum amerikanischen Nationalismus festgehalten: „The American constitution is unlike any other: It represents the lifeblood of the American nation, its supreme symbol and manifestation. It is so intimately welded with the national existence itself that the two have become inseparable.“[75] Samuel Huntington hat diese Beobachtung noch zugespitzt: „In other countries, one can abrogate the constitution without abrogating the nation. The United States does not have that

---

73 Gebhardt (1995: 14). Vgl. auch Gebhardt (2001).

74 Sternberger (1982a: 9).

75 Kohn (1957: 8).

choice."[76] In der Tat hatte die amerikanische Verfassung sehr früh den Status eines die amerikanische Nation einigenden Symbols erlangt. Bereits nach der Ratifikation setzte ein Prozess der Kanonisierung ein, der allerdings nach 1830, und dann vor allem durch den Bürgerkrieg, stillgelegt, wenngleich nicht abgebrochen wurde. Schechter konnte deshalb auch aus der Perspektive des beginnenden 20. Jahrhunderts von einem amerikanischen „Verfassungskult" sprechen, W. Y. Elliott sah noch 1967 in der Verfassung einen sozialen Mythos: „The constitution as a document always takes the form of the entire social mythology of the nation."[77]

Edward S. Corwin und Max Lerner haben in den 1930er Jahren den instrumentellen und symbolischen Stellenwert der amerikanischen Verfassung eindrücklich beschrieben, wobei sie die Stilisierung der amerikanischen Verfassung zum Symbol nationaler Einheit keineswegs unkritisch kommentierten. Sie konnten aber deutlich machen, dass es sich bei der Verfassung nicht nur um den funktionalen Mechanismus eines politischen Regelwerks handelt, sondern dass die Verfassung zu einem Symbol nationaler Einheit, zu einem „Fetisch" sozialen Zusammenhalts und zum Repräsentanten spezifischer Ordnungsvorstellungen der amerikanischen Gesellschaft geworden war: „The very definiteness with which the design for a government was set down in words on parchment was enough to command admiration and then reverence. What was wanted was a visible symbol of the things that men hold dear... They wanted a visible mark of their accomplishment: ecce signum."[78] Damit hatten sie nur beschrieben, was beispielsweise ein Richter 1791 in postulierender Absicht so formuliert hatte: „The laws and constitution of our government ought to be regarded with reverence. Man must have an idol and our political idol ought to be our constitution and laws. They, like the ark of the covenant among the Jews, ought to be sacred from all profane touch."[79]

In der Erinnerung an die Gründungsphase wird die Verfassung in den USA sakralisiert, sie bekommt eine Aura der Ehrwürdigkeit, weil sie, wie Hannah Arendt ausgeführt hat, zum Dokument der Selbstkonstituierung eines Volkes als eines politischen Körpers geworden war. Das republikanische Ethos von Selbstregierung und Freiheit wird durch das Medium des Verfassungsdokumentes zu einem konstitutiven und einigenden, gemeinschaftlichen Wertesystem, an das man erinnern und appellieren kann. Verfassungsverehrung bedeutet so in der kultisch-rituellen Transzendierung des Konstitutionsaktes zum Gründungsmythos zugleich historische Selbstvergewisserung. Im Verfassungskult vollzieht sich der permanente Prozess nationaler Identitätserzeugung, Jubiläumsfeiern der Verfassung, wie zuletzt in der Zweihundertjahrfeier, werden zu Momenten erlebbarer, kollektiver Erinnerung an die „Idee Amerika" und frischen das Bewusstsein von der Republikgründung im Zeichen eines *novus ordo saeclorum* auf. Die Verfassung, die über ihren Charakter als Dokument hinaus das Ensemble der spezifisch amerikanischen Ordnungs-

---

76 Huntington (1981: 30).

77 Schechter (1915: 713). Von „Verfassungskult" spricht übrigens auch Hannah Arendt (1986: 262). Vgl. auch Elliott (1968: 223).

78 Lerner (1937: 1299), Corwin (1936: 1082)

79 Zitiert nach Schechter (1915: 733).

vorstellungen verkörpert, wird so zu einem entscheidenden Medium sozialkultureller Integration.[80]

Dass sich dabei der Verfassungskult zu einem Verfassungsrichterkult weiterentwickeln konnte, dass nicht nur die Verfassung, sondern auch die Verfassungsrichter einen hohen symbolisch-integrativen Status besaßen, haben Corwin und Lerner bereits in den 1930er Jahren verdeutlicht. Wo die Richter des amerikanischen Supreme Court wie die Wächter im Staate Platons die normative Symbolkraft der Verfassung konservieren und dabei „explain and justify, and thereby promote the cohesiveness of our people under our constitutional system"[81], da konnte sich ein sozialkultureller Konstitutionalismus entwickeln, der die Verfassung nicht nur als Instrument, sondern auch als Symbol sozialer Integration begreift. Dass sich dieser sozialkulturelle Konstitutionalismus über Zeremonien und Rituale, durch eine republikanische Festkultur, durch eine dezidiert ‚nationale' Interpretation der Verfassung selbst vermittelt und tradiert, das haben Michael Kammen[82] und andere in empirischen Studien immer wieder belegen können. Jürgen Heideking resümiert deshalb den symbolischen Stellenwert der Verfassung in der politischen Tradition der USA: „Angesichts der zunehmenden ethnischen und religiösen Diversität der amerikanischen Bevölkerung wird die nächste Generation vermutlich noch stärker auf die stabilisierenden und integrierenden Kräfte des Konstitutionalismus angewiesen sein."[83]

Damit konnte sich das amerikanische Verfassungsexperiment, wie es lange Zeit bezeichnet wurde, als außerordentlich erfolgreich erweisen.[84] Mit Ausnahme des Bürgerkriegs von 1861-1865 war die amerikanische Verfassung von 1787/88 die Grundlage der politischen Ordnung. Hier hatten sich die Bürger Nordamerikas einen Gesellschaftsvertrag gegeben, der symbolisch die ersten Verträge und Bünde der puritanischen Einwanderer replizierte. Fast so, wie es in den Lehren vom Gesellschaftsvertrag bei Hobbes, Locke und Rousseau fingiert wurde, schlossen die Bürger 1776 und 1787/88 einen von ihrer Zustimmung getragenen Vertrag über die Grundlagen der von ihnen gemeinsam zu etablierenden politischen Ordnung. Er sollte das Versprechen der Einwanderer auf eine neue und gefestigte Basis stellen, in der Neuen Welt in Frieden, Freiheit und Verfolgung des eigenen Glücks leben zu können. Auch wenn die amerikanische Verfassung und die vom Supreme Court autorisierte Interpretation der schwarzen Bevölkerung lange Zeit die Gleichbehandlung verwehrte, war die amerikanische Verfassung vor allem von den individuellen Rechtsgarantien her zu denken. In den Augen ihrer Bürger enthielt sie immer das Versprechen auf die Wahrung unveräußerlicher Rechte, auf Gleichberechtigung und das Streben nach Glück. War die Verfassung somit in der allgemeinen Wahrnehmung ohnehin schon auf die besseren „Zukünfte" der ameri-

80 Vgl. zu diesen – zivilreligiösen – Zusammenhängen Gebhardt (1987), Levinson (1989), Vorländer (1989).

81 Swisher (1980: 71).

82 Kammen (1987).

83 Heideking, in diesem Band: 129.

84 Vgl. hierzu und zum Folgenden Vorländer (1999: 60ff.).

kanischen Gesellschaft ausgerichtet, so erwies sie sich besonders für benachteiligte Minderheiten oder im politischen Prozess nur unzureichend vertretene Gruppen und Interessen als Appellationsinstanz zur Einklagung verwehrter Rechte, wie es beispielsweise die Bürgerrechtsbewegung in der zweiten Hälfte diese Jahrhunderts tat. Der Supreme Court hielt so die Verfassungstradition lebendig und sorgte in seiner Rechtsprechung für eine symbolische Integration der amerikanischen Bürger. Politische Auseinandersetzungen wurden zudem oft auf dem Forum der Verfassung und vor den Bänken der amerikanischen Verfassungsrichter ausgetragen. Das stärkte, bei allen Konflikten über die Auslegung und Geltung einzelner Rechtsnormen, letztlich das Ansehen der Verfassung. Diese wurde zum Fundament einer ethnisch und kulturell heterogenen Einwanderergesellschaft.

Die amerikanische Entwicklung mit der überragenden Stellung der Verfassung im politischen und gesellschaftlichen Leben verdeutlicht damit das Spezifikum eines lebendigen, sozialkulturell zu nennenden Konstitutionalismus: Die Verfassung ist weit mehr als ein bloßes Organisationsstatut, sie ist Fluchtpunkt von Erwartungen und Hoffnungen, die mit einer bestimmten politischen und gesellschaftlichen Ordnung verknüpft sind und durch die Verfassung repräsentiert werden. Insofern kann eine Verfassung sowohl identitätsstiftend wie auch integrierend wirken. Ein lebendiger, von Überzeugungen und positiven Gefühlen der Bürger getragener Konstitutionalismus, den Dolf Sternberger – und später Jürgen Habermas in etwas anderer Konnotierung – „Verfassungspatriotismus"[85] genannt haben, ist deshalb eine nicht zu unterschätzende Voraussetzung für die Geltung und Stabilität einer demokratischen politischen Ordnung. Ein so verstandener kultureller, affektiv wie evaluativ verankerter Konstitutionalismus reflektiert indes weniger die Ursprungsabsichten des historischen Verfassunggebers. Er verleiht vielmehr den historischen Erfahrungen und den zeitgenössischen Erwartungen der Bürger Ausdruck, wie er auch die Verfassung im Licht dieser Erfahrungen und Entwicklungen interpretiert. Damit wird zugleich deutlich, dass auch eine geschriebene Verfassung auf den politischen und kulturellen Kontext ihrer Verlebendigung angewiesen ist, den die ungeschriebene Verfassungstradition, wie das Beispiel England zeigen wird, erst recht zu ihrer Geltung braucht.

Für die Bundesrepublik Deutschland kann der soeben am nordamerikanischen Beispiel erhobene Befund zunächst einmal bestätigt werden. Der Bundesrepublik Deutschland war es 1948/49 und danach verwehrt, ihre Integration über die Vorstellungswelt des Nationalen herzuleiten. Eine nationale Identität konnte aufgrund der Zweistaatlichkeit nicht integrierend wirken. Der Systemkonflikt mit dem DDR-Sozialismus machte hingegen einerseits den Antikommunismus zur Staatsräson, festigte andererseits aber auch die Selbstbeschreibung als liberaldemokratisches System. Da dieses durch das Grundgesetz konstituiert war, wuchs die Verfassung zwangsläufig in eine zentrale Rolle hinein. War so schon die Konstituierungsfunktion des Grundgesetzes für das politische System der Bundesrepublik Deutschland maßgeblich, so tat vor allem das Bundesverfassungsgericht ein übriges, wie auch seine Präsidentin Jutta Limbach resümiert, „dass das Grund-

[85] Vgl. Anm. 17.

gesetz konkrete Gestalt" gewinnen und „in unserem politischen Gemeinwesen Wurzeln" schlagen konnte. Insofern hat das deutsche Verfassungsgericht von Anbeginn der Tätigkeit immer wieder „die Identitätssuche der Republik auf dem Wege zu einem freiheitlich-demokratischen Rechtsstaat unterstützt".[86] Die junge Demokratie wurde stabilisiert, das Verfassungsgericht nutzte seine Autorität, wie Brun-Otto Bryde schreibt, um „die Deutschen zur Demokratie zu erziehen".[87]

Das konnte natürlich dort problematisch werden, wo das Verfassungsgericht ein „hoheitliches Integrationsmanagement"[88] betrieb. Das bundesdeutsche Verfassungsgericht hat, in der Stabilisierungsphase der vergleichsweise noch jungen zweiten deutschen Demokratie, die Formel von der „objektiven Wertordnung" geprägt und damit versucht, ein auf grundrechtlichen Werten basierendes Verständnis der Sinngehalte von freiheitlich-demokratischen Grundordnungen zu etablieren.[89] Diese, sich übrigens aus dem Smendschen Kontext herleitende Argumentationsfigur war sicherlich nützlich – und auch folgenreich – für die Implementierung und Stabilisierung der Demokratie in einer noch nicht gefestigten politischen Kultur. Jedoch kann auch kritisch argumentiert werden, dass hier noch einmal Rekurs genommen wurde auf die prä- oder extrakonstititutionelle Einheitsvorstellung von Staat und einer „zwangsweise" homogenisierten politischen Kultur. In der Normalität einer bereits stabilisierten, selbstverständlich gelebten demokratischen Ordnung dürfte indes ein solch etatistisches Wertesteuerungsmodell kaum gesellschaftliche Akzeptanz finden, womöglich gar nicht erst notwendig sein. Dort, wo die grundlegenden Normen der politischen Verfasstheit in den lebensweltlichen Traditionen verankert sind, ist ein „hoheitliches Integrationsmanagement" überflüssig, wenn nicht gar kontraproduktiv. Deshalb auch hat das deutsche Bundesverfassungsgericht in der Folge immer seltener argumentativen Rekurs auf die Figur der „objektiven Wertordnung" genommen.

Wenngleich nach dem Selbstverständnis der Verfassungsrichter die Integration nicht zur primären Aufgabe des Bundesverfassungsgerichtes gehört, vornehmlich die Verfassung zu interpretieren und anzuwenden ist,[90] ist dem Verfassungsgericht jedoch die Frage der nachhaltigen Akzeptanz seiner Rechtsprechung nicht gleichgültig. Indem Verfassungsgerichte ein hohes Institutionenvertrauen genießen, und das nicht nur in der Bundesrepublik Deutschland, trägt die Rechtsprechung nicht nur zur Akzeptanz der durch die Judikate zum Ausdruck gebrachten politischen

---

86 Vgl. Limbach, in diesem Band: 306.

87 Bryde (1999: 201). Vgl. auch den Beitrag von Bryde in diesem Band.

88 Vgl. Frankenberg, in diesem Band: 58.

89 Vgl. dazu kritisch Goerlich (1973).

90 So der – ehemalige – Bundesverfassungsrichter Dieter Grimm (1995: 10), als er dem Vorwurf zu begegnen suchte, das Bundesverfassungsgericht habe mit seiner Rechtsprechung zu den Freiheits- und Grundrechten („Soldaten sind Mörder", „Kruzifix") seine Pflicht zu einer integrativen Rechtsprechung versäumt. Dass Grimm aber sehr wohl die integrative Funktion von Verfassung und Verfassungsgerichtsbarkeit betont, hat er an anderer Stelle deutlich gemacht, vgl. die Belege in Anm. 22.

Ordnungsvorstellungen bei, sondern befördert sie auch die Integration des politischen Systems.[91]

Gleichwohl darf nicht verkannt werden, dass Verfassungsrechtsprechung auch durchaus desintegrative Wirkungen erzielen kann.[92] Aufgrund der Streitigkeit von Verfassungsrecht, die durch die Justiziabilität der Verfassung auf das politische System durchschlagen kann, werden auch Konflikte ausgelöst und politische Streitigkeiten mitunter keinesfalls befriedend und schlichtend beigelegt. Das gilt für die Rechtsprechung des Bundesverfassungsgerichtes genauso wie für die Judikatur des amerikanischen Supreme Court und anderer Verfassungsgerichte. Die Beispiele aus jüngster Zeit sind geläufig, die Entscheidungen des Bundesverfassungsgerichtes zum Kruzifix, zur Meinungsfreiheit, zum Schwangerschaftsabbruch[93] zählen hierzu genauso wie im amerikanischen Fall die immer wieder zu politischen Auseinandersetzungen führenden Entscheidungen des Supreme Court zur Rolle von Religion im öffentlichen Leben.[94] Auch die Abgrenzung von Mehrheitsrechten und Minderheitenschutz, wie sie im Fall der kanadischen Verfassungsgerichtsbarkeit bei der Föderalismus- und Sprachenfrage als Problem der Integration nationaler Minderheiten immer wieder behandelt werden,[95] gehören zu dieser Bilanz streitiger und potenziell desintegrativer Judikatur. Wenn Bryde feststellt, dass „parallel zur zunehmenden Vergerichtlichung auch die Strittigkeit von Verfassungspositionen steigt",[96] so ist damit natürlich noch nicht gesagt, dass Verfassung und Verfassungsgerichtbarkeit nicht doch, zumindest auf lange Sicht, integrierend wirken können. Streitigkeit alleine ist noch kein zureichender Indikator, um die Integrationsfähigkeit von Verfassung und Verfassungsgerichtsbarkeit in Zweifel zu ziehen. Denn denkbar ist es durchaus, dass gerade Konflikte und öffentlich ausgetragener Streit um die richtige Interpretation und Anwendung der Verfassung selber integrierend wirken können. So ließe sich auch das von Heideking formulierte Paradox erklären, dass einerseits die Verfassung zwar die multiethnische und multireligiöse Einwanderergesellschaft der USA zusammenhält, doch andererseits kaum etwas mehr zum politischen Streit und zur Parteienbildung beiträgt als die unterschiedliche Auslegung der selben Verfassung.[97]

Ganz ähnlich kann übrigens auch der paradoxe Befund der bundesdeutschen Konfliktgeschichte der 1970er Jahre interpretiert werden. In der Phase starker parteipolitischer Polarisierung um gesellschaftliche Reformvorhaben der sozial-

---

[91] Siehe den Beitrag von Jutta Limbach in diesem Band und auch Limbach (2001: 65-201). Vgl. auch Vorländer (2001) und den Beitrag von Vorländer/ Schaal in diesem Band.

[92] So sehr deutlich Bryde in seinem Beitrag dieses Bandes.

[93] Kruzifix (BVerfGE 93, 1), Soldaten sind Mörder II (BVerfGE 93, 266), Entscheidungen zum Schwangerschaftsabbruch (BVerfGE 39, 1; BVerfGE 88, 203). Eine Auflistung der besonders konfliktträchtigen Entscheidungen des Bundesverfassungsgerichtes seit 1974 findet sich in Vorländer (2001) und in diesem Band bei Vorländer/ Schaal.

[94] Vgl. hierzu den Beitrag von Herrmann in diesem Band und – im Überblick – Brugger (1987), Vorländer (1987), Burt (1992), Schwartz (1993).

[95] Vgl. den Beitrag von Messerschmidt in diesem Band.

[96] Bryde, in diesem Band: 335.

[97] Heideking, in diesem Band.

liberalen Koalition aus SPD und FDP zeigte sich ein auffallend doppeldeutiges Verhältnis der politischen Akteure zum Grundgesetz. Einerseits wurde die Verfassung parteipolitisch zu vereinnahmen gesucht, andererseits aber jede politische Position als eine genuin verfassungsgemäße zu deklarieren getrachtet. Eine jede Partei versuchte, den „Boden des Grundgesetzes" exklusiv für sich und die jeweiligen Vorhaben zu okkupieren. Dabei „scharten" sich die politischen Akteure um die Verfassung. Die Verfassung wurde zu einem Feldzeichen im (partei-)politischen Kampf. Zugleich aber war sie, da alle politischen Akteure die vermeintlich höhere Weihe der Verfassung für sich reklamierten, der gemeinsame Bezugspunkt konfliktiver Positionen.[98] Dieses – nur auf den ersten Blick – paradoxe Verhalten ließ den Eindruck entstehen, als seien die Bundesdeutschen ein „Volk von Grundgesetzbekennern", eine Ersatzlösung, wie es schien, weil es wegen des Verlustes nationalstaatlicher Einheit kaum ein an gemeinsamer politischer Identität wurzelndes Bürgerbewusstsein der Zugehörigkeit gab.[99] Doch wurde das Grundgesetz hierdurch mehr als andere Verfassungen der deutschen Geschichte zu einem Identifikationspunkt der zweiten deutschen Republik, zum Fundament der politischen Auseinandersetzung. Das Grundgesetz war letztlich zu einer integrativen Verfassung geworden.[100]

Das war insofern erstaunlich, als weder die Erinnerung an die Stiftung der Verfassung noch ein Gründungsmythos der politischen Ordnung den symbolischen Stellenwert der Verfassung hatten begründen können. Genauso wenig gab es einen „Verfassungskult", wie er sich als auratische Verehrung der Verfassung in den USA ausgebildet hatte. In der Bundesrepublik Deutschland waren es eher die politischen und zivilgesellschaftlichen Praxen, die über Jahre eine Kultur der Aneignung ausgebildet haben. Hierzu trugen die Verfassungskämpfe der 1950er Jahre um die Wiederbewaffnung, der 1960er Jahre um die Notstandsverfassung und der 1970er Jahre um die gesellschaftlichen Reformprojekte nicht unerheblich bei. Die in diesen Verfassungsauseinandersetzungen aufeinanderprallenden konfliktiven Ordnungsvorstellungen, diese konkurrierenden Sinnzuschreibungen „auf dem Boden" der Verfassung waren es gerade, die der Verfassung letztlich ihre symbolische und integrative Dimension verliehen. Die Verfassung rückte symbolisch in die Leerstelle eines unbesetzt gebliebenen identitären Zentrums der bundesrepublikani-

---

98 Das wird dokumentiert und diskutiert in Vorländer (1981: 1ff.).

99 Kielmansegg (1979: 9).

100 Was erst so richtig deutlich wurde, als im Prozess der staatlichen Vereinigung von DDR und Bundesrepublik Deutschland über eine neue, von einer verfassunggebenden Versammlung nach Artikel 146 Grundgesetz zu beschließenden Verfassung diskutiert wurde und – bis auf wenige Ausnahmen – von allen politischen und wissenschaftlichen Seiten der alten, westdeutschen Bundesrepublik am „bewährten" Grundgesetz festgehalten wurde. Vgl. hierzu Vorländer (1999: 95ff.), Vorländer (1989a); Vorländer (1992). Dieter Grimm (2001: 265) stellt rückblickend fest, dass „nach und nach ein Klima entstanden ist, in dem sich die Bundesrepublik gerade in ihrer Verfassung wiederfand. Das Grundgesetz symbolisierte in dieser Phase die erfolgreiche Überwindung des Nationalsozialismus und den Wiedereintritt Deutschlands in den Kreis der zivilisierten Völker.... Die Identifikation mit dem Grundgesetz ging so weit, dass sich am Ende sogar der Begriff des Patriotismus mit dem der Verfassung verbinden konnte. Im Verfassungspatriotismus waren sich ungeachtet ihrer sonstigen Differenzen Rechts und Links einig."

schen Gesellschaft ein. Zivilgesellschaftliche Praxen, politische Erfahrungen und streitige Interpretationen haben so schließlich zur habituellen und affektiven Aneignung der mit der Verfassung identifizierten Ordnungsprinzipien, den Institutionen, Verfahren und Werten, geführt und den bundesdeutschen Verfassungspatriotismus begründet.

Verfassungen haben in Deutschland indes nicht immer diese integrative Funktion wahrgenommen, genaugenommen wirkten Verfassungen historisch eher desintegrierend als integrierend. Blänkner zeigt mit Blick auf die Entwicklung des deutschen Vormärz, dass die Idee der Verfassung nur für einen kurzen Moment, da sie zu einem Sehnsuchtstitel des sich selbst politisch bewusst werdenden Bürgertums wurde, integrierend wirkte.[101] Und da sich auch die monarchisch-altständische Ordnung auf die Konstitutionalisierung der politischen Verhältnisse einließ, wurde die Verfassung zum – durch Konstitutionsfeste und Verfassungsumzüge bekräftigten – Symbol eines neuen bürgerschaftlichen, Freiheit sichernden und Selbstregierung intendierenden Ordnungsparadigmas. Zugleich wird durch den Bruch von 1848/49, durch die gescheiterte, revolutionäre Verfassunggebung auf Nationalstaatsebene, aber auch deutlich, dass das Symbol der Verfassung in antagonistischen Herrschafts- und Machtkontexten eher eine Leitdifferenz denn eine integrative Ordnungsvorstellung zu markieren in der Lage war.

Das gilt indes nicht so ganz für die Weimarer Reichsverfassung, obwohl dieser immer wieder das Scheitern der Weimarer Republik zugeschrieben worden ist. Sehr wohl nämlich konnte die Verfassung in ihrer Anfangsphase integrierend, nicht nur konstituierend, wirken. Die „Weimarer Koalition" war politischer Ausdruck diese Einverständnisses. Indes erwiesen sich sowohl strukturelle Spannungslagen – zwischen Präsidial- und Parlamentsdemokratie –, als auch, viel stärker noch, eine segmentierte, gespaltene politische Kultur von Vernunftsrepublikanern hier und Gegnern des Weimarer „Systems" dort, als unüberwindbares Hindernis, die integrative Wirkung der Verfassung auf Dauer stellen zu können.[102] Diese Spaltung spiegelte sich auch in der Deutung der Weimarer Verfassung und ihrer politisch-kulturellen Grundlagen durch die Staatsrechtslehre wider. Lehnert zeigt, wie die Weimarer Reichsverfassung desintegrativ, zum Symbol des Scheiterns der Republik wurde – wobei es entscheidend auf das vorgängige Verfassungsverständnis des Interpreten ankam, dabei aber die Frontlinien nicht immer ganz klar waren.[103]

5 Verfassungssymbolik ohne Verfassung – Das englische Paradox

Verdeutlicht die deutsche Verfassungsentwicklung auf zum Teil dramatische Weise die politisch-kulturellen Kontextbedingungen integrativer Verfassungsleistungen, kann für Bismarcks Verfassung des Deutschen Reiches von 1871 – ein „Luxus der

---

101 Blänkner, in diesem Band.

102 Zur deutschen Verfassungstradition vgl. im Überblick Grimm (1998), Vorländer (1999: 63ff.)

103 Vgl. Lehnert, in diesem Band. Zur Weimarer Staatsrechtslehrerdiskussion vgl. jetzt die Darstellungen von Friedrich (1997) und Stolleis (1999).

Einrichtung" des Nationalstaates[104] – gar gesagt werden, dass es auf sie und ihre integrative Funktion überhaupt nicht ankam, so lässt sich für den Fall Englands der – scheinbar – paradoxe Befund konstatieren, dass es auf die Verfassung ankommt, obwohl es, mit Ausnahme von Cromwells kurzlebigem *instrument of government*, keine – geschriebene – Verfassung gegeben hat. Die Engländer lebten immer in der Vorstellung, eine Verfassung zu haben, obwohl sie keine geschriebene Verfassung besaßen: „it is a characteristic of the British political tradition that the constitution is simply assumed to be present."[105] Diese Vorstellung geht, wie Hans-Christoph Schröder im Rückgriff auf die Arbeiten von Pocock und Burgess zeigt, bis auf das frühe 17. Jahrhundert und die Idee einer „Ancient Constitution" zurück.[106] Sie überdauerte die Jahrhunderte, überstand die Revolutionen und wirkte auch noch integrativ, als im 19. Jahrhundert die Demokratisierung des Wahlrechtes einsetzte. Erst in den Krisen zu Beginn des 20. Jahrhunderts, in den Konflikten um das People's Budget, die Parliament Bill und die Irlandfrage, erwies sich die Bindekraft der britischen Verfassung als unzureichend. Auch wenn die britische *Constitution* vielfach Unterstützung von außen erhalten hatte, im 17. Jahrhundert „durch den abschreckenden Demonstrationseffekt des Absolutismus auf dem Kontinent, im ausgehenden 18. Jahrhundert und in der ersten Hälfte des 19. Jahrhunderts durch die vor allem in Frankreich vor Augen geführte Verbindung der Verfassunggebung mit Revolution und Instabilität"[107], so bleibt das englische Phänomen einer einzigartigen, zugleich paradoxen Verfassungszentrierung ohne Verfassung bestehen.

Was den englischen Fall so erklärungsbedürftig und aufschlussreich für die Frage nach der Integrationsfähigkeit von Verfassungen macht, ist die Tatsache, dass eine Verfassung weder des Charakters eines schriftlichen Dokumentes noch des sie einsetzenden Verfassungsaktes als Gründungsmoment bedarf, um als ein Ensemble legitimer politischer Ordnungsvorstellungen anerkannt zu sein. Das ist aber nur möglich, weil die englische *Constitution* als das Symbol für eine Übereinstimmung in Grundfragen politischer Ordnung zu fungieren vermochte. In der Überzeugung, eine Verfassung zu haben, laufen zugleich die gemeinsamen Vorstellungen über die Grundlagen der politischen Ordnung zusammen. Diese Vorstellungen besitzen eine historische Dignität und Legitimität, sie sind das Ergebnis einer gemeinsamen, wenngleich konfliktreichen Geschichte. Sie werden tradiert, von den politischen Eliten in politischen Auseinandersetzungen diskursiv (weiter-)entwickelt und schichtenübergreifend akzeptiert. Die englische *Constitution* ist der symbolische Flucht- und Identifikationspunkt der gesellschaftlichen und kulturellen Ordnungsvorstellungen, von Gesetzen, Institutionen und Gewohnheiten, „derived from certain fixed principles of reason, directed to certain fixed objects of public

---

[104] Bismarck hat in seiner Rede vor dem Reichtag am 24.2.1881 den Rang der Verfassungsfrage bestimmt: „Liberale, reaktionäre, konservative Verfassung – meine Herren, ich gestehe ganz offen, das kommt mir in zweiter Linie, das ist ein Luxus der Einrichtung, der an der Zeit ist, nachdem das Haus fest gebaut dasteht." Hier zitiert nach Grimm (1990: 892).

[105] Foley (1999: 13).

[106] Vgl. Schröder, in diesem Band; Pocock (1987), Burgess (1992).

[107] Schröder, in diesem Band: 198 (Anm. 312).

good, that compose the general system, according to which the community hath agreed to be governed."[108] Wo die Verfassung als das System von als selbstverständlich angesehenen Ordnungsregeln in eine gewachsene und tradierte politische Kultur eingelassen ist, da bedarf es keines expliziten, schriftlichen Verfassungsdokumentes.

Die Verfassung wurde so zur Summe eines Arrangements von Ordnungskonventionen, deren Bindekraft keineswegs schwächer als die von schriftlich fixierten Verfassungen war. Zum einen konnte die konstitutionell nicht fixierte Form der Selbstbindung im englischen Fall „als überlegen erscheinen, da sie ‚self-control' beweist und den unausgesprochenen Selbstverständlichkeiten im Verhalten von Gentlemen entspricht".[109] Zum anderen bot die mangelnde Fixierung der Verfassung den Vorteil, dass die als Constitution angesehenen Ordnungsvorstellungen und Regelkonventionen verschieden, wenngleich in einem gemeinsamen Bezugsrahmen, interpretiert werden konnten. So lag gerade die Bindekraft der Verfassung darin, dass der streitige Diskurs um die Verfassung zur Ausbildung eines gemeinsamen konstitutionellen Idioms bei gleichzeitiger Variabilität der mit der Verfassung verbundenen Inhalte führen konnte: „Wie man sie auch auslegte, ab wann man sie datierte, und ob man sie bereits für vollkommen oder für noch unvollkommen hielt, sie lieferte ‚a language and a set of themes upon which endless variations could be played'".[110] Das gemeinsame konstitutionelle Idiom ermöglichte es, im politischen Gegner „nicht den Feind, sondern den Anderen im Zeichen der Ähnlichkeit" zu sehen.[111] Die Unbestimmtheit der Constitution bot gleichzeitig Raum für einen popularen, sozialkulturellen Konstitutionalismus. Dass die „Beschwörung der Constitution", eine Art „Konkordienformel", den Regierungen und Oberschichten auch die Möglichkeit bot, „mehrmals einen Verfassungspatriotismus zu mobilisieren, und Stabilität eher mit ideologischen als gewaltsamen Mitteln aufrechtzuerhalten",[112] ist ein – historisch zu beobachtender – Nebeneffekt des hohen symbolischen Stellenwertes von Verfassungen und als solcher auch für die USA feststellbar. Gleichwohl dürfte es zu weit gehen, mit Walter Bagehot, der die bekannte Unterscheidung von „efficient" und „dignified parts" der englischen *Constitution* eingeführt hat, die bindende und integrative Kraft der Verfassung allein aus ihrer Täuschungsfähigkeit zu erklären.[113] Gerade der englische Fall eines konstitutionellen Symbolismus ohne Konstitution macht deutlich, dass Verfassungen einen symbolischen Raum zu bezeichnen wissen, in dem mit integrierender Wirkung über die grundlegenden Ordnungsvorstellungen einer politischen Gemeinschaft verhandelt werden kann.

---

108 So Bolingbroke in seiner Schrift „Dissertation upon Parties", die aus einer 1733/34 im „Craftsman" veröffentlichten Artikelserie hervorging; zitiert nach Armitage (1997: 88). Vgl. auch Schröder, in diesem Band: 156.

109 Schröder, in diesem Band: 192.

110 Schröder, in diesem Band: 158 mit Bezug auf Collini/ Winch/ Burrow (1987: 56).

111 Schröder, in diesem Band: 178.

112 Schröder, in diesem Band: 193.

113 Vgl. Bagehot (1974); dazu Schröder, in diesem Band: 188-189.

Literatur

Ackerman, Bruce (1989): Constitutional Politics/ Constitutional Law. In: Yale Law Journal 89. 453-546

Anderson, Benedict R. (1988): Die Erfindung der Nation: Zur Erfindung eines erfolgreichen Konzepts. Frankfurt/M.: Campus

Arendt, Hannah (1986): Über die Revolution. München: Piper

Armitage, David (Hrsg.) (1997): Bolingbroke, Political Writings. Cambridge: Cambridge University Press

Arnold, Thurman W. (1938): The Folklore of Capitalism. New Haven: Yale University Press

Bagehot, Walter (1974): The English Constitution. In: The Collected Works of Walter Bagehot. Bd. 5. London: The Economist. 203-409

Bellamy, Richard/ Castiglione, Dario (Hrsg.) (1996): Constitutionalism in Transformation: European and Theoretical Perspectives. Sonderheft Political Studies 44, 3. Oxford

Benda, Ernst (1978): Konflikt und Konsens im sozialen Rechtsstaat. Köln: Arbeitgeberverband der Metallindustrie

Blänkner, Reinhard (1996): Die Idee der Verfassung in der politischen Kultur des 19. Jahrhunderts in Deutschland. In: Münkler, Herfried (Hrsg.) (1996): Bürgerreligion und Bürgertugend: Debatten über die vorpolitischen Grundlagen politischer Ordnung. Baden-Baden: Nomos. 309-341

Blänkner, Reinhard/ Jussen, Bernhard (Hrsg.) (1998): Institutionen und Ereignis: über historische Praktiken und Vorstellungen gesellschaftlichen Ordnens. Göttingen: Vandenhoeck und Ruprecht

Brodocz, André (2000): Die symbolische Dimension der Verfassung. Ein Beitrag zur Institutionentheorie. Dissertation. Technische Universität Dresden

Brugger, Winfried (1987): Grundrechte und Verfassungsgerichtsbarkeit in den Vereinigten Staaten von Amerika. Tübingen: Mohr

Brünneck, Alexander von (1994): Verfassungsgerichtsbarkeit in den westlichen Demokratien: Ein systematischer Verfassungsvergleich. Baden-Baden: Nomos

Bryde, Brun-Otto (1982): Verfassungsentwicklung: Stabilität und Dynamik im Verfassungsrecht der Bundesrepublik Deutschland. Baden-Baden: Nomos

Bryde, Brun-Otto (1999): Die Rolle der Verfassungsgerichtsbarkeit in Umbruchsituationen. In: Hesse, Joachim Jens/ Schuppert, Gunnar Folke/ Harms, Katharina (Hrsg.) (1999): Verfassungsrecht und Verfassungspolitik in Umbruchsituationen. Zur Rolle des Rechts in staatlichen Transformationsprozessen in Europa. Baden-Baden: Nomos. 197-210

Burgess, Glenn (1992): The Politics of the Ancient Constitution. An Introduction to English Political Thought, 1603-1642. Houndmills: Macmillan

Burt, Robert A. (1992): Constitution in Conflict. Cambridge, Mass./ London: Harvard University Press

Cassirer, Ernst (1929): Die Idee der republikanischen Verfassung: Rede zur Verfassungsfeier am 11. August 1928. Hamburg: Friederichsen

Cassirer, Ernst (1994): Philosophie der symbolischen Formen. Darmstadt: Wiss. Buchgesellschaft

Colliard, Jean-Claude/ Jegouzo, Yves (Hrsg.) (2001): Le nouveau constitutionnalisme. Mélanges en l'honneur de Gérard Conac. Paris: Economica

Collini, Stefan/ Winch, Donald/ Burrow, John (1987): That Noble Science of Politics. Cambridge: Cambridge University Press

Corwin, Edward S. (1936): The Constitution as Instrument and as Symbol. In: American Political Science Review 30. 1071-1085

Dubiel, Helmut (1997): Unversöhnlichkeit und Demokratie. In: Heitmeyer, Wilhelm (Hrsg.) (1997): Was hält die Gesellschaft zusammen? Bundesrepublik Deutschland: Auf dem Weg von der Konsens- zur Konfliktgesellschaft. Bd. 2. Frankfurt/M.: Suhrkamp. 425-444

Durkheim, Émile (1973): Der Selbstmord. Neuwied: Luchterhand

Durkheim, Émile (1977): Über soziale Arbeitsteilung. Frankfurt/M.: Suhrkamp

Ebsen, Ingwer (1985):Das Bundesverfassungsgericht als Element gesellschaftlicher Selbstregulierung: Eine pluralistische Theorie der Verfassungsgerichtsbarkeit im demokratischen Verfassungsstaat. Berlin: Duncker & Humblot

Edelman, Murray (1964): The Symbolic Uses of Politics. Urbana, Ill.: Univ. of Illinois Press

Eisel, Stephan (1986): Minimalkonsens und freiheitliche Demokratie. Eine Studie zur Akzeptanz der Grundlagen demokratischer Ordnung in der Bundesrepublik Deutschland. Paderborn: Schöningh

Elliott, William Y. (1968): The Constitution as the American Social Myth. In: Read, Conyers (ed.): The Constitution Reconsidered. New York: Harper & Row. 209-224

Favoreu, Louis (1988): La politique saisie par le droit. Alternances, cohabitation et Conseil constitutionnel. Paris: Economica

Fisher, Louis (1988): Constitutional Dialogues: Interpretation as Political Process. Princeton, NJ: Princeton University Press

Foley, Michael (1999): The Politics of the British Constitution. Manchester: Manchester University Press

Frankenberg, Günter (1996): Die Verfassung der Republik: Autorität und Solidarität in der Zivilgesellschaft. Baden-Baden: Nomos

Friedrich, Manfred (1997): Geschichte der deutschen Staatsrechtswissenschaft. Berlin: Duncker & Humblot.

Gebhardt, Jürgen (1987): Verfassungspatriotismus – Anmerkungen zur symbolischen Funktion der Verfassung in den USA. In: Akademie für politische Bildung (Hrsg.) (1997): Zum Staatsverständnis der Gegenwart. München: Olzog. 111-130

Gebhardt, Jürgen (1987a): Politische Kultur und Zivilreligion. In: Berg-Schlosser, Dirk/ Schissler, Jakob (Hrsg.) (1987): Politische Kultur in Deutschland, Opladen: Westdeutscher Verlag. 49-60

Gebhardt, Jürgen (1995): Die Idee der Verfassung: Symbol und Instrument. In: Kimmel, Adolf (Hrsg.) (1995): Verfassungen als Fundament und Instrument der Politik. Baden-Baden: Nomos. 9-24

Gebhardt, Jürgen (1999): Verfassung und Politische Kultur in Deutschland. In: Gebhardt, Jürgen (Hrsg.) (1999): Verfassung und Politische Kultur. Baden-Baden: Nomos. 15-32

Gebhardt, Jürgen (2001): Verfassung und Symbolizität. In: Melville, Gert (Hrsg.) (2001): Institutionalität und Symbolisierung. Verstetigung kultureller Ordnungsmuster in Vergangenheit und Gegenwart. Wien u.a.: Böhlau. 585-601.

Gebhardt, Jürgen/ Schmalz-Bruns, Rainer (Hrsg.) (1994): Demokratie, Verfassung und Nation. Die politische Integration moderner Gesellschaften. Baden-Baden: Nomos

Gellner, Ernest (1983): Nations and Nationalism. Oxford: Blackwell

Giesen, Bernhard (Hrsg.) (1991): Nationale und kulturelle Identität: Studien zur Entwicklung des kollektiven Bewußtseins in der Neuzeit. Frankfurt/M.: Suhrkamp.

Goerlich, Helmut (1973): Wertordnung und Grundgesetz. Kritik einer Argumentationsfigur des Bundesverfassungsgerichts. Baden-Baden: Nomos

Göhler. Gerhard (Hrsg.) (1994): Die Eigenart der Institutionen: Zum Profil politischer Institutionentheorie. Baden-Baden: Nomos

Göhler, Gerhard (1994a): Politische Institutionen und ihr Kontext. In: Göhler, Gerhard (Hrsg.) (1994): Die Eigenart der Institutionen: Zum Profil politischer Institutionentheorie. Baden-Baden: Nomos. 19-46

Göldner, Detlef (1977): Integration und Pluralismus im demokratischen Rechtsstaat. Bemerkungen zur Doppelfunktion von Einheit und Gegensatz im System des Bonner Grundgesetzes. Tübingen: Mohr

Grimm, Dieter (1984): Verfassungsrechtlicher Konsens und politische Polarisierung in der Bundesrepublik Deutschland. In: Haungs, Peter (Hrsg.) (1984): Verfassung und politisches System. Politische Bildung, Beiträge zur wissenschaftlichen Grundlegung und zur Unterrichtspraxis. Stuttgart: Klett. 35-42

Grimm, Dieter (1990): Verfassung, Teil II. In: Brunner, Otto/ Conze, Werner/ Koselleck, Reinhart (Hrsg.) (1990): Geschichtliche Grundbegriffe, Bd. 6. Stuttgart: Klett. 863-899

Grimm, Dieter (1995): Interview mit der Süddeutschen Zeitung vom 9.12.1995 (Nr. 284): 10

Grimm, Dieter (1998): Das Grundgesetz in der deutschen Verfassungstraditon. In: Aus Politik und Zeitgeschichte. B 16-17/1998. 3-12

Grimm, Dieter (2001): Die Verfassung und die Politik. Einsprüche in Störfällen. München: Beck

Guggenberger, Bernd/ Würtenberger, Thomas (1998): Hüter der Verfassung oder Lenker der Politik: Das Bundesverfassungsgericht im Widerstreit. Baden-Baden: Nomos

Gumbrecht, Hans U. (2001): Ten Brief Reflections on Institutions and Re/Presentation. In: Melville, Gert (Hrsg.) (2001): Institutionalität und Symbolisierung: Verstetigung kultureller Ordnungsmuster in Vergangenheit und Gegenwart. Wien u.a.: Böhlau. 69-75

Häberle, Peter (1975): Die offene Gesellschaft der Verfassungsinterpreten: Ein Beitrag zur pluralistischen und „prozessualen" Verfassungsinterpretation. In: Juristenzeitung 30 (10). 297-305

Häberle, Peter (1979): Zur Verfassungsgerichtsbarkeit als politischer Kraft. In: Häberle, Peter (Hrsg.) (1979): Kommentierte Verfassungsrechtsprechung. Königstein/Ts.: Athenaeum

Häberle, Peter (1998): Verfassungslehre als Kulturwissenschaft. 2., stark erw. Aufl. Berlin: Duncker & Humblot

Habermas, Jürgen (1973): Legitimationsprobleme im Spätkapitalismus. Frankfurt/M.: Suhrkamp

Habermas, Jürgen (1981): Theorie des kommunikativen Handelns. Frankfurt/M.: Suhrkamp

Habermas, Jürgen (1987): Eine Art Schadensabwicklung. Frankfurt/M.: Suhrkamp

Habermas, Jürgen (1990): Können komplexe Gesellschaften eine vernünftige Identität ausbilden? In: Habermas, Jürgen (Hrsg.) (1990): Zur Rekonstruktion des historischen Materialismus. Frankfurt/M.: Suhrkamp. 92-126

Habermas, Jürgen (1997): Faktizität und Geltung. Beiträge zur Diskurstheorie des Rechts und des demokratischen Rechtsstaats. Frankfurt/M.: Suhrkamp

Habermas, Jürgen (2001a): Die befreiende Kraft der symbolischen Formgebung. Ernst Cassirers humanistisches Erbe und die Bibliothek Warburg. In: Habermas, Jürgen: Vom sinnlichen Eindruck zum symbolischen Ausdruck. Frankfurt/M.: Suhrkamp. 9-40

Habermas, Jürgen (2001b): Symbolischer Ausdruck und rituelles Verhalten. Ein Rückblick auf Cassirer und Gehlen. In: Melville, Gert (Hrsg.) (2001): Institutionalität und Symbolisierung: Verstetigung kultureller Ordnungsmuster in Vergangenheit und Gegenwart. Wien u. a.: Böhlau. 53-67

Haltern, Ulrich R. (1997): Integration als Mythos: Zur Überforderung des Bundesverfassungsgerichtes. In: Jahrbuch des Öffentlichen Rechts der Gegenwart 45 (NF). 31-88

Heitmeyer, Wilhelm (1997a): Einleitung: Sind individualisierte und ethnisch-kulturell vielfältige Gesellschaften noch integrierbar? In: Heitmeyer, Wilhelm (Hrsg.) (1997): Was hält die Gesellschaft zusammen? Bundesrepublik Deutschland: Auf dem Weg von der Konsens- zur Konfliktgesellschaft. Bd. 2. Frankfurt/M.: Suhrkamp. 9-19

Heitmeyer, Wilhelm (1997b): Gibt es eine Radikalisierung des Integrationsproblems? In: Heitmeyer, Wilhelm (Hrsg.) (1997): Was hält die Gesellschaft zusammen? Bundesrepublik Deutschland: Auf dem Weg von der Konsens- zur Konfliktgesellschaft. Bd. 2. Frankfurt/M.: Suhrkamp. 23-65

Heller, Hermann (1970): Staatslehre. Leiden: Sijthoff

Henkin, Louis (1994): Revolution und Verfassungen. In: Preuß, Ulrich K. (Hrsg.) (1994): Zum Begriff der Verfassung. Frankfurt/M.: Fischer. 213-247

Hennis, Wilhelm (1987): Max Webers Fragestellung. Studien zur Biographie des Werks. Tübingen: Mohr

Hesse, Joachim Jens/ Schuppert, Gunnar Folke/ Harms, Katharina (Hrsg.) (1999): Verfassungsrecht und Verfassungspolitik in Umbruchsituationen. Zur Rolle des Rechts in staatlichen Transformationsprozessen in Europa. Baden-Baden: Nomos

Hesse, Konrad (1978): Die normative Kraft der Verfassung. In: Friedrich, Manfred (Hrsg.) (1978): Verfassung. Beiträge zur Verfassungstheorie. Darmstadt: Wiss. Buchgesellschaft. 77-98

Howard, A. E. Dick (Hrsg.) (1993): Constitution Making in Eastern Europe. Washington, D.C., Baltimore: Woodrow Wilson Center Press/ Johns Hopkins University Press

Huntington, Samuel P. (1981): American Politics: The Promise of Disharmony. Cambridge, MA: Belknap Press

Kammen, Michael (1987): A Machine That Would Go of Itself. The Constitution in American Culture. New York: Knopf

Kelsen, Hans (1922): Die soziologische und der juristische Staatsbegriff. Kritische Untersuchungen des Verhältnisses von Staat und Recht. Tübingen: Mohr

Kelsen, Hans (1925): Allgemeine Staatslehre. Berlin: Springer

Kelsen, Hans (1960): Reine Rechtslehre: Einleitung in die rechtswissenschaftliche Problematik. Wien: Deuticke

Kielmansegg, Peter Graf (1979): Ist streitbare Demokratie möglich? In: Frankfurter Allgemeine Zeitung, 2. Juni 1979. 9

Kohn, Hans (1957): American Nationalism: An Interpretative Essay. New York: Macmillan

Lerner, Max (1937): Constitution and Court as Symbols. In: Yale Law Journal 46. 1290-1319
Levinson, Sanford (1988): Constitutional Faith. Princeton, NJ: Princeton University Press
Lhotta, Roland (2000): Rudolf Smend und die Weimarer Demokratiediskussion. Integration als Philosophie des „Als-ob". In: Gusy, Christoph (Hrsg.) (2000): Demokratisches Denken in der Weimarer Republik. Baden-Baden: Nomos. 286-325
Limbach, Jutta (1999): Die Akzeptanz verfassungsgerichtlicher Entscheidungen. In: Limbach, Jutta: Im Namen des Volkes. Macht und Verantwortung der Richter. Stuttgart: Deutsche Verlagsanstalt. 165-201
Limbach, Jutta (2001): Das Bundesverfassungsgericht. München: Beck
Lockwood, David (1964): Social Integration and Systems Integration. In: Zollschan, George K./ Hirsch, Walter (Hrsg.) (1964): Exploration in Social Change. London: Routledge. 244-257
Luhmann, Niklas (1975): Legitimation durch Verfahren. Neuwied: Luchterhand
Luhmann, Niklas (1999): Die Gesellschaft der Gesellschaft. Frankfurt/M.: Suhrkamp
Massing, Peter (1979): Interesse und Konsensus: Zur Rekonstruktion und Begründung normativkritischer Elemente. Opladen: Leske+Budrich
Meyer, Thomas (1989): Von den Fallstricken der symbolischen Politik. In: Voigt, Rüdiger (Hrsg.) (1989): Politik der Symbole, Symbole der Politik. Opladen: Leske+Budrich. 39-54
Melville, Gert (Hrsg.) (1997): SFB 537 „Institutionalität und Geschichtlichkeit". Ein neuer Sonderforschungsbereich stellt sich vor. TU Dresden
Melville, Gert (Hrsg.) (2001): Institutionalität und Symbolisierung: Verstetigung kultureller Ordnungsmuster in Vergangenheit und Gegenwart. Wien u.a.: Böhlau
Münch, Richard (1984): Die Struktur der Moderne. Grundmuster und differentielle Gestaltung des institutionellen Aufbaus der modernen Gesellschaften. Frankfurt/M.: Suhrkamp
Neves, Marcelo (1998): Symbolische Konstitutionalisierung. Berlin: Duncker & Humblot
Nolte, Paul (1993): Die Badischen Verfassungsfeste im Vormärz. In: Hettling, Manfred/ Nolte, Paul (Hrsg.) (1993): Bürgerliche Feste. Symbolische Formen politischen Handelns im 19. Jahrhundert. Göttingen: Vandenhoeck & Ruprecht. 63-94
Parsons, Talcott (1951): The Social System. Glencoe, Ill.: Free Press
Parsons, Talcott (1972): Das System moderner Gesellschaften. München: Juventa
Peters, Bernhard (1993): Die Integration moderner Gesellschaften. Frankfurt/M.: Suhrkamp
Pocock, John G. A. (1987): The Ancient Constitution and the Feudal Law: A Study of English Historical Thought in the 17th Century. Cambridge: Cambridge University Press
Preuß, Ulrich K. (1990): Revolution, Fortschritt und Verfassung. Zu einem neuen Verfassungsverständnis. Berlin: Wagenbach
Preuß, Ulrich K. (Hrsg.) (1994): Zum Begriff der Verfassung. Die Ordnung des Politischen. Frankfurt/M.: Fischer
Preuß, Ulrich K. (1994a): Der Begriff der Verfassung und ihre Beziehung zur Politik. In: Preuß, Ulrich K.: Zum Begriff der Verfassung. Die Ordnung des Politischen. Frankfurt/M.: Fischer. 7-36
Rehberg, Karl-Siegbert (1994): Institutionen als symbolische Ordnungen. Leitfragen zur Theorie und Analyse institutioneller Mechanismen (TAIM). In: Göhler, Gerhard (Hrsg.) (1994): Die Eigenart der Institutionen. Zum Profil politischer Institutionentheorie. Baden-Baden: Nomos. 47-84
Rehberg, Karl-Siegbert (2001): Weltpräsenz und Verkörperung. Institutionelle Analyse und Symboltheorien – Eine Einführung in systematischer Absicht. In: Melville, Gert (Hrsg.) (2001): Institutionalität und Symbolisierung: Verstetigung kultureller Ordnungsmuster in Vergangenheit und Gegenwart. Wien u.a.: Böhlau. 3-49
Rödel, Ulrich/ Frankenberg, Günter/ Dubiel, Helmut (Hrsg.) (1998): Die demokratische Frage. Frankfurt/M.: Suhrkamp
Rohe, Karl (1987): Politische Kultur und der kulturelle Aspekt von politischer Wirklichkeit – Konzeptionelle und typologische Überlegungen zu Gegenstand und Fragestellung Politischer Kultur-Forschung. In: Berg-Schlosser, Dirk/ Schissler, Jakob (Hrsg.), Politische Kultur in Deutschland. Opladen: Westdeutscher Verlag. 39-48
Rossen-Stadtfeld, Helge (2000): Verfassungsgericht und gesellschaftliche Integration. In: Schuppert, Gunnar Folke/ Bumke, Christian (Hrsg.) (2000): Bundesverfassungsgericht und gesellschaftlicher Grundkonsens. Baden-Baden: Nomos. 169-195
Sartori, Giovanni (1997): Comparative Constitutional Engineering: An Inquiry into Structures, Incentives and Outcomes. New York: New York University Press

Schaal, Gary S. (2000): Integration durch Verfassung und Verfassungsrechtsprechung?: Über den Zusammenhang von Demokratie, Verfassung und Integration. Berlin: Duncker & Humblot
Schechter, Frank J. (1915): The Early History of the Tradition of the Constitution. In: American Political Science Review 9. 707-734
Schmitt, Carl (1970): Verfassungslehre. Berlin: Duncker & Humblot
Scholz, Rupert: (2001): 50 Jahre Bundesverfassungsgericht. In: Aus Politik und Zeitgeschichte. B 37-38/2001. 6-15
Schuppert, Gunnar Folke/ Bumke, Christian (2000): Bundesverfassungsgericht und gesellschaftlicher Grundkonsens. Baden-Baden: Nomos
Schwartz, Bernhard (1993): A History of the Supreme Court. New York: Oxford University Press
Simmel, Georg (1908): Der Streit. In: Simmel, Georg: Soziologie. Berlin: Duncker & Humblot. 186-255
Smend, Rudolf (1928): Verfassung und Verfassungsrecht. In: Smend, Rudolf (1955): Staatsrechtliche Abhandlungen. Berlin: Duncker & Humblot. 119-276
Smend, Rudolf (1955a): Integrationslehre. In: Smend, Rudolf: Staatsrechtliche Abhandlungen und andere Aufsätze. Berlin: Duncker & Humblot. 475-481
Smend, Rudolf (1955b): Integration. In: Smend, Rudolf: Staatsrechtliche Abhandlungen und andere Aufsätze. Berlin: Duncker & Humblot. 482-486
Sternberger, Dolf (1980): Staatsfreundschaft. In: Sternberger, Dolf: Staatsfreundschaft. Schriften. Bd. 4. Frankfurt/M.: Insel. 209-245
Sternberger, Dolf (1982a): Verfassungspatriotismus. In: Frankfurter Allgemeine Zeitung, 31. August 1982. 9 (wiederabgedruckt in: Sternberger, Dolf (1990): Verfassungspatriotismus. Schriften, Bd. 10. Frankfurt/M.: Insel. 13-16)
Sternberger, Dolf (1982b): Verfassungspatriotismus (Rede zur 25-Jahr-Feier der Tutzinger Akademie für politische Bildung, 1982). In: Sternberger, Dolf (1990): Verfassungspatriotismus. Schriften, Bd. 10. Frankfurt: Insel. 17-31
Stolleis, Michael (1999): Geschichte des öffentlichen Rechts in Deutschland. Dritter Band: Staats- und Verwaltungswissenschaften in Republik und Diktatur 1914-1945. München: Beck
Swisher, Carl B. (1980): The Supreme Court in Modern Role. Westport, Conn.: Greenwood
Tocqueville, Alexis de (1984): Über die Demokratie in Amerika. Hrsg. von Jacob P. Mayer in Gemeinschaft mit Theodor Eschenburg und Hans Zbinden. München: dtv
Voigt, Rüdiger (Hrsg.) (1989): Politik der Symbole, Symbole der Politik. Opladen: Leske+Budrich
Voigt, Rüdiger (1989a): Mythen, Rituale und Symbole in der Politik. In: Voigt, Rüdiger (Hrsg.): Politik der Symbole, Symbole der Politik. Opladen: Leske+Budrich
Vorländer, Hans (1981): Verfassung und Konsens: Der Streit um die Verfassung in der Grundlagen- und Grundgesetzdiskussion der Bundesrepublik Deutschland. Untersuchungen zur Konsensfunktion und Konsenschance der Verfassung in der pluralistischen und sozialstaatlichen Demokratie. Berlin: Duncker & Humblot
Vorländer, Hans (1987): Forum Americanum. Kontinuität und Legitimität der Verfassung der Vereinigten Staaten von Amerika 1787-1987. In: Jahrbuch des Öffentlichen Rechts der Gegenwart 36 (NF). 451-488
Vorländer, Hans (1989): Verfassungsverehrung in Amerika. Zum konstitutionellen Symbolismus in den USA. In: Amerikastudien 34. 69-82
Vorländer, Hans (1989a): Grundgesetzverständnis und Verfassungspolitik in der Bundesrepublik Deutschland. In: Aus Politik und Zeitgeschichte 16-17/1989. 13-24
Vorländer, Hans (1992): Die Geschichte der Bonner Republik – erfolgreich und abgeschlossen? In: Zeitschrift für Politik 39 (1). 72-85
Vorländer, Hans (1997): Hegemonialer Liberalismus. Politisches Denken und Politische Kultur in den USA 1776-1920. Frankfurt/M.: Campus
Vorländer, Hans (1997a): Verfassung als institutionelle Ordnung des Politischen. In: Melville, Gert (Hrsg.) (1997). 115-125
Vorländer, Hans (1999): Die Verfassung. Idee und Geschichte. München: Beck
Vorländer, Hans (1999a): Verfassung und politische Kultur. In: Gebhardt, Jürgen (Hrsg.) (1999): Verfassung und politische Kultur. Baden-Baden: Nomos. 75-83

Vorländer, Hans (2000): Die Suprematie der Verfassung. Über das Spannungsverhältnis von Demokratie und Konstitutionalismus. In: Leidhold, Wolfgang (Hrsg.) (2000): Politik und Politeia. Formen und Probleme politischer Ordnung. Würzburg: Königshausen & Neumann. 373-383

Vorländer, Hans (2001): Der Interpret als Souverän. In: Frankfurter Allgemeine Zeitung vom 17. April 2001. 14

Vorländer, Hans/ Herrmann, Dietrich (2001): Nationale Identität und Staatsbürgerschaft in den USA. Der Kampf um Einwanderung, Bürgerrechte und Bildung in einer multikulturellen Gesellschaft. Opladen: Leske+Budrich

Vorländer, Hans/ Herrmann, Dietrich/ Schaal, Gary S. (2002): The Triumph of Constitutionalism. In: Georgi-Findlay, Brigitte/ Mohr, Hans-Ulrich (eds.) (2002): Millenial Perpectives: Lifeworlds and Utopias. Heidelberg: Winter (i. E.)

Weber, Max (1972): Wirtschaft und Gesellschaft. Tübingen: Mohr

Weber, Max (1988): Einleitung in die Wirtschaftsethik der Weltreligionen. In: Weber, Max: Gesammelte Aufsätze zur Religionssoziologie, Band 1. Tübingen: Mohr. 237-275

I.
Verfassung und gesellschaftliche Integration

Theoretische Überlegungen

Zur Rolle der Verfassung im Prozess der Integration*

Günter Frankenberg

1 Integration und Verfassung: Vorklärungen

„Verfassung" und „Integration" verstehen sich als Begriffe nicht von selbst, insbesondere entziehen sie sich dem umgangssprachlichen Zugriff. Immerhin 121 Seiten widmete Carl Schmitt, rituell gepriesen für seine prägnanten Begriffsanalysen, allein dem „Begriff der Verfassung".[1] In der einschlägigen Literatur tauchen mannigfaltige Konnotationen von „Verfassung" auf: faktischer Zustand, Lebensordnung, Konvention, (Sozial-) Kontrakt, Text, Rechtsquelle, Normkomplex, ideale /positive Rechtsordnung, Organisationsstatut und andere mehr. Für die folgenden Überlegungen wird der Verfassungsbegriff eingeschränkt auf die normative Verfassung als verbindlich gesetztes Daseinsprogramm in Gesellschaft lebender Menschen zur Organisation ihres sozialen Verbandes (Selbstregierung) und zur Koordination sozialen Handelns und sozialer Handlungsfolgen.[2] Oder in Anspielung an eine allerdings systemtheoretisch-ironisch-etatistische Verkürzung: „Vertextung der Gesellschaft"[3]. Dieses normative Programm zur Selbsteinwirkung einer Gesellschaft wird typischer-, aber nicht notwendigerweise durch einen schriftlich fixierten, mit einem besonderen Rang[4] ausgestatteten Komplex von Normen repräsentiert (Grund- oder Verfassungsgesetz) und von juridischen und nicht-juridischen Konkretisierungs- und Revisionsdiskursen begleitet. In den Institutionen und auf den Foren von Häberles „offener Gesellschaft der Verfassungsinterpreten"[5] – ein Ensemble, das Forsthoffs Schreckbild einer „Demokratisierung der Verfassungsinterpretation"[6] entsprechen dürfte.

Die Literatur zum Begriff der „Integration" ist ebenso faszinierend wie schwer überschaubar.[7] Mit der Definition „Herstellung einer sozialen Einheit oder Ordnung" ist außer einem Missverständnis, dass nämlich Einheit gleich Ordnung sei,

---

* Eine erste Version dieses Aufsatzes erschien in Schuppert, Gunnar Folke/ Bumke, Christian (Hrsg.) 2000: Bundesverfassungsgericht und gesellschaftlicher Grundkonsens. Baden-Baden: Nomos.

1 Schmitt (1928). Vgl. auch Hesse (1993: Rn. 16ff.).

2 Ausführlicher dazu und zum folgenden Frankenberg (1996: Kap. II).

3 Von der „Vertextung des Staates" spricht Luhmann (1995: 101ff./104).

4 Zur Problematisierung der Hierarchie von Rechtsquellen unter dem Aspekt der Selbstreferenz Teubner (1989).

5 Häberle (1975: 297ff.).

6 Forsthoff (1971: 69).

7 Instruktiv aus soziologischer Sicht Peters (1993), aus politikwissenschaftlicher Sicht Gebhardt/ Schmalz-Bruns (1994) und aus philosophischer Perspektive Kymlicka (1993: 366ff.).

wenig gewonnen. Zunächst bleibt festzuhalten, dass Integration sowohl ein Prozess, nämlich das Stiften von Zusammenhalt, als auch ein Resultat (Zusammenhalt, Einheit, gelungene Vergesellschaftung, Gemeinschaft[8]) bezeichnet. Sodann ist zu klären, worauf sich Integration bezieht. Zumal im juristischen Diskurs lassen sich drei Bezugsebenen unterscheiden:[9]

(a) Soziale Integration bezeichnet einen spezifischen innergesellschaftlichen Prozess (Vergesellschaftung) und Aggregatzustand des Verhältnisses Individuum/Gesellschaft (Gemeinschaft). Soziale Integration wird nicht immer deutlich unterschieden und ist vielleicht auch nicht trennscharf unterscheidbar von der politischen Integration, die die Beziehung der Staatsbürger zu Staat/Nation anspricht. Vom BVerfG unübertroffen vorrepublikanisch ins Bild gesetzt als beamtliches „Sich-in-diesem-Staat-zu-Hause-Fühlen".[10] Mit Solidaritätsverhältnissen als Nachweis einer sozial integrierten Gesellschaft (Gesellschaft als „Gemeinschaft") und Loyalitätsbindungen als Nachweis eines politisch integrierten Gemeinwesens (Gesellschaft als „Nation", „république indivisible" oder „Volk", „einig in seinen Stämmen"[11]) ließe sich wohl eine analytische Trennung vornehmen. In der einschlägigen Literatur wird diese, vor allem von Ordnungs- und Konsenstheorien, die bei der Beschäftigung mit Staat und Verfassung überwiegen, nicht durchgehalten.[12]

(b) Mit staatsorganisatorischer Integration lässt sich die gelungene funktionelle und kompetenzielle Verschränkung der staatlichen Organe in einem gewaltenteiligen System – entweder horizontal (checks and balances; gegenseitige Organtreue) oder vertikal (Föderalismus/Unitarismus; Bundestreue) bezeichnen.

(c) Auf der zwischenstaatlichen Ebene beschäftigt sich eine stetig anwachsende Literatur mit der supranationalen bzw. der internationalen Integration (Europäische Gemeinschaft/Union, „Westintegration", „family of nations", Weltstaat).[13]

Auf allen drei Ebenen erfasst Integration eine Struktur der Wechselseitigkeit in einem Kontext der Zugehörigkeit.

Die Frage nach dem Verhältnis von Verfassung und Integration, wenn sie die Selbsteinwirkungsmöglichkeiten einer Gesellschaft vor Augen hat, zielt auf die soziale/politische Integration und differenziert zwischen einem normativen, d.h. normvermittelten, und einem funktionellen, d.h. durch Arbeits- und Aufgabenteilung vermittelten Zusammenhalt. Als Komplementärprinzipien fungieren: für normative Integration Differenz und für funktionelle Integration Subsidiarität.

Aufregend unterschiedlich sind die theoretischen Aussagen darüber, wie eine Gesellschaft sich sozial/politisch integriert bzw. sozial/politisch integriert wird.[14] In

---

8 Vgl. Riedel (1975: 801ff.).

9 Vgl. Mols (1987: 111ff.), Smend (1994: 119ff.), Korioth (1990), Oeter (1998), Behrens/Noack (1984) und Stichweh (1998: 173ff.).

10 BVerfGE 39, 334ff./349. Zur Kritik der Haus-Metapher vgl. Seifert (1974: 321ff.).

11 Vgl. Art. 2 der Französischen Verfassung von 28.9.1958 und die Präambel der Weimarer Reichsverfassung von 1919.

12 Nach Bruggers (1998: 337ff.) Klassifizierung sind diese dem „konservativen Kommunitarismus" zuzuordnen, vgl. Isensee (1987: § 13, Rn. 115f.), Krüger (1964: 232ff.), Maunz/Zippelius (1998: § 5) und Stern (1977: 64ff.).

13 Vgl. nur Delbrück (1996), Grimm (1995: 581ff.), Hobe (1998) und Schuppert (1994: 35ff.).

den beiden großtheoretischen Widerlagern von System- und Handlungstheorie werden die grundlegenden Differenzen verwaltet und wird, damit korrespondierend, sorgsam unterschieden zwischen Vorstellungen funktionaler oder systemischer Integration „hinter dem Rücken" der Akteure bzw. Mitglieder eines Sozialverbandes einerseits und normativer, motivationaler oder intentionaler Integration andererseits. Die Entscheidung für den Verfassungsbegriff als Daseinsprogramm mit aktivistischer Zumutung präjudiziert zwangsläufig eine Blickverengung auf die handlungstheoretischen Aspekte eines durch Normen oder Institutionen vermittelten Zusammenhalts. Das Verhältnis von Verfassung und Integration bezeichnet folglich die Problematik gesellschaftlicher Selbsteinwirkung. Diese betrifft allgemein die soziale und politische Integration der Mitglieder einer nationalstaatlich organisierten und politisch verfassten Gesellschaft. Beide – soziale und politische – Integration betreffen komplementär das Problem, wie sich in einer säkularisierten Gesellschaft zwischen deren Mitgliedern ein symbolisches Band herstellen lässt, das für alle einen Rahmen der Zugehörigkeit (cadre d'appartenance bzw. sense of belonging) konstituiert, der sowohl ihren mitgliedschaftlichen Status verortet wie auch ihre grundlegenden wechselseitigen Rechte und Pflichten bestimmt.

Wer diese perspektivische Engführung als überholt, da alteuropäisch zurückweist, dürfte gleichwohl bereit sein einzuräumen, dass sie den Blick schärft für eine immer noch eindrucksvolle Vielfalt bis dato angebotener Lösungen der Integrationsproblematik. Als „Agenten" der sozialen/politischen Integration kommen – unter anderen – ins Bild: göttliche Vorsehung, List der Vernunft, Logik eigendynamischer Prozesse, Evolution, Codes, Grundnorm, souveräne Dezision, Konventionen, soziale Praxis, Kontrakt/Übereinkunft, individuelle (Weber) oder potenzielle (Castoriadis) Potenzen, Netzwerke, Diskursformationen, Dispositive (Foucault), Sprachspiele, Semantiken oder Grammatiken.

Sortiert nach ihrer Relevanz für die Verfassungstheorie, ergeben sich hieraus, abgesehen von dem in einer säkularen Umwelt regressiven Rekurs auf sakrale, religiöse oder traditionale Agenturen der Integration, folgende Lösungsvorschläge:

(a) Einheitstheoretische Modelle, in denen die Verfassung als Integrationsordnung firmiert (Ordnung/Einheit durch Vertrag, Grundkonsens, Wertordnung oder Dezision, als normlogischer Stufenaufbau oder Gleichgewichtssystem), dominieren eindeutig, allerdings nicht immer theoretisch schlüssig die juridische Integrationsdiskussion und enthüllen eine kaum überraschende Vorliebe für Kooperation und Konsens gegenüber Konflikt.[15] Ein „Smend-Effekt" begünstigt ein Verständnis von Integration als eines quasi-automatischen, „aufgegebenen" Vorgangs der Einheitsbildung.[16]

---

14 Dazu Peters (1993: 11) und die Beiträge in Gebhardt/Schmalz-Bruns (1994).

15 Diese nicht unangefochten herrschende Auffassung prägt die juridische Konzeption des Verhältnisses von Verfassung und Integration: Jellinek (1914), Kelsen (1925), Schmitt (1928: 1934), Smend (1994), Kägi (1945), Hesse (1993: Rn.16ff.), Maunz/Zippelius (1998: § 17ff.), Forsthoff (1971: 11ff./25) und Dürig (1956: 117ff.). Kritisch dazu Göldner (1977), Krüger (1973: 95) und Denninger (1973: 12/26f.).

16 Smend (1994: 138-139): „Wenn alles geistige Leben Selbstgestaltung des Einzelnen und zugleich der Gemeinschaft ist...." – „Der Staat ist nur, weil und sofern er sich dauernd integriert, in und aus

(b) Differenztheoretische Modelle ordnen Integration dem (freien) Spiel der Differenzen nach oder betonen die Anerkennung von Differenz gegenüber der Herstellung von Konsens/Kooperation. Die neuere Luhmannsche Systemtheorie reformuliert den Gegensatz von Integration/Einheit und Desintegration/Differenz und ordnet Integration der Differenz von Kooperation und Konflikt über.[17] Ihre Affinität zum Ordnungsdenken (etwa: Ordnung/Einheit durch funktionale Differenzierung) offenbaren Differenztheorien bisweilen auf den zweiten Blick, zum Beispiel über die Argumentationsfigur der Entlastung oder Reduktion von Komplexität.[18]

(c) Ihrem Anspruch nach (mehr oder weniger dialektische) Spannungs- oder Konflikttheorien unternehmen den Versuch, das Integrationsproblem weder zum Einheitspol noch zum Differenzpol hin aufzulösen, sondern „spannend" zu halten. Folglich geben sie der Verfassung beides auf bzw. schreiben der Verfassung beides zu: Einheitsbildung wie auch Einhegung (=Anerkennung und Bewahrung) von konflikthafter Differenz.[19]

2 Verfassungstheorie im Geiste des Polizeirechts: Vom Konsens zur Wertordnung

2.1 Zur Unbestimmtheit der Konsenstheorien

In den Diskursen der Politikwissenschaft, Staatslehre und Verfassungstheorie führt die Frage nach dem Zusammenhalt der Gesellschaft meist zu der Antwort: Zusammenhalt wird gestiftet durch die Her- oder Bereitstellung von Konsens.[20] Durch Übereinstimmung soll also in der „Gleichheitsgesellschaft" atomisierter Individuen wie auch der „multi-ethnischen Gesellschaft" auf kulturelle Autonomie pochender Gruppen jenes symbolische Band geschmiedet werden, das Zugehörigkeit und Wechselseitigkeit sinnlich und praktisch erfahrbar macht. Freilich geben uns diese

---

den Einzelnen aufbaut – dieser dauernde Vorgang ist sein Wesen als geistig-soziale Wirklichkeit." – „Wenn das überempirisch aufgebene Wesen des Staates sein Charakter als souveräner Willensverband und seine dauernde Integration zur Wirklichkeit als solcher ist, so ist es Sache empirischer Beobachtung, die Faktoren dieser Verwirklichung aufzuzeigen." Vgl. auch den an sich Smend-kritischen Ansatz von Krüger (1973: 247ff.).

17 Luhmann (1997 Bd. II: 604).

18 Jedenfalls der frühe Luhmann (1973) definiert die Aufgabe der Verfassung als „Konvergenz von Negationsleistungen" und schreibt ihr die Reduktion von Komplexität zu. Vgl. dazu Göldner (1977: 70ff.). Zum ordnungstheoretischen Gehalt der Systemtheorie Rödel/ Dubiel/ Frankenberg (1989: Kap.V) und Frankenberg (1989: 690ff.). Dagegen freilich Luhmann (1997 Bd. 2: 604): Integration als „ein Aspekt des Umgangs mit – oder der Nutzung von – internen Unbestimmtheiten auf der Ebene des Gesamtsystems wie auf der Ebene der Teilsysteme". Integration kann als Verhältnis der Teilsysteme zueinander sowohl in der Kooperation wie im Konflikt liegen.

19 Göldner spricht, wohl unfreiwillig ironisch, von „systemtragender Divergenzpflege" (Göldner 1977: 68). Zum Versuch einer konflikttheoretischen Integrationsperspektive vgl. Frankenberg (1996: bes.. Kap. IV, VI und VII).

20 Vgl. dazu und zum folgenden Vorländer (1981: 106ff., 156ff., 275ff.) und Randelzhofer/Süß (1984).

Lehren Rätsel auf. Denn unentschieden bleibt, ob dieser Konsens oder Grundkonsens als ein Minimal- oder Maximalkonsens, ein Mehrheitskonsens oder ein „consensus omnium" (Fraenkel), ein „overlapping" (Rawls) oder „underlying consensus" (Dahl), ein substanzieller oder prozeduraler Konsens gemeint ist. Unklar bleibt auch, ob dieser Konsens präskriptiv postuliert oder deskriptiv eingeführt wird.[21]

Von der Einsicht, dass bereits in einer nicht-antagonistisch konflikthaften, gemäßigt pluralistischen Gesellschaft und erst recht in dem eingangs erwähnten Szenario einer fragmentierten, atomisierten, multi-ethnischen Gesellschaft, die in globaler Umwelt aus dem Ruder zentraler politischer Steuerung läuft, die Herstellung von Konsens an eher unwahrscheinliche Bedingungen geknüpft ist, haben sich Wissenschaft und (Rechtsprechungs-) Praxis nicht zu einer Klärung des Konsensprimats provozieren lassen. Dringend klärungsbedürftig wäre jedoch: Wie – auf welche Weise, in welchen Verfahren – kann sich Konsens einstellen oder herstellen lassen? Kann Konsens autoritativ gesetzt werden (etwa von der Verfassung, dem Verfassungsgericht, den staatlichen Organen)? Oder bildet er sich gleichsam naturwüchsig auf demokratisch-republikanische Weise in den öffentlichen Arenen heraus? Worauf erstreckt sich der Konsens? Auf bestimmte prozedurale Spielregeln, auf rationale Motive (durch Gründe generierte Zustimmung) oder auf bestimmte Inhalte/Werte? Welche Reichweite hat der angenommene (Grund-)Konsens? Ist von einer „broad area of agreement" oder nur von einem Minimalkonsens auszugehen? Wie lässt sich Konsens feststellen? Da die Quelle der Offenbarung versiegt ist, kommen immerhin noch in Betracht: Evidenzen, empirisch aufweisbares Verhalten, plausible Konsensunterstellungen oder normative Setzung. Und schließlich: Wie offen und flexibel ist ein solcher Konsens in die Zeit und Gesellschaft hinein? Wie wird ein einmal hergestellter Konsens stabilisiert, gegen Dissens verteidigt und/oder revidiert und dynamisiert?

Auf diese Fragen, die insgesamt auf die Koexistenzbedingungen einer „posttraditionalen Gemeinschaft"[22] abzielen, fehlen schlüssige Antworten von Staats- und Verfassungslehre sowie von Verfassungstheorie und -dogmatik. Wo das Rätsel herrscht, verwaltet der Glaube:[23] Sollen wir glauben, dass die Annahme eines allgemeinen integrativen Grundkonsenses, wenn schon nicht trivial, so doch für die Sphäre des Konstitutionellen als „Verfassungskonsens" evident oder unausweichlich sei? Dafür spricht, dass die bundesrepublikanische Bürgerschaft hinsichtlich des Grundgesetzes von der „Exit-Option"[24] durchweg keinen Gebrauch macht, sich weitgehend verfassungskonform verhält[25] und mit der „Voice-Option", sprich: sich

---

21 Göldner (1977), Haltern (1997: 31ff.), Scheuner (1976), Schuppert (1995: 32ff.), Thelen (1997) und aus der philosophischen Diskussion Rawls (1992: 293ff. u. 333ff.), Forst (1994: 143ff.). Vgl. auch Scharpf (1970).

22 Honneth (1993: 260ff.).

23 Schneider (1998: ZB3).

24 Grundsätzlich dazu Hirschman (1974).

25 Als nicht unproblematische Indizien dafür könnten die wenigen Verfahren gem. Art. 18 GG (Grundrechtsverwirkung) und Art. 21 II GG (Parteiverbot) sowie die mittlerweile auf Einzelfälle beschränkte Berufsverbotspraxis (polit. Treuepflicht) angesehen werden. Bei den Organisations-

durch die tätige Berufung auf grundrechtlich verbürgte Freiheit und Gleichheit, durch Annahme der „aktivistischen Zumutung“[26] oder durch Selbstverstrickung[27] in die verfassungsrechtlichen Prozeduren – von der Meinungsäußerung und Demonstration über die regelmäßige Teilnahme an Wahlen bis zur Verfassungsbeschwerde – ihre (nicht immer ungeteilte) Übereinstimmung mit der Verfassung zum Ausdruck bringt. Skepsis bleibt angebracht. Zunächst betreffen die an den allgemeinen Grundkonsens gerichteten Fragen bezüglich seines Zustandekommens und Inhalts, seiner Reichweite und Flexibilität auch einen spezifischen Verfassungskonsens. Zweitens wäre das Verhältnis zwischen Verfassungskonsens und Integrationsproblematik zu klären, wenn man sich nicht mit der vagen Behauptung begnügen will, eine Gesellschaft werde integriert bzw. integriere sich irgendwie durch Konsens, der irgendwie von der Verfassung bereitgestellt oder eingehegt werde.[28]

Bezüglich Inhalt und Reichweite eines möglichen Verfassungskonsenses gehen die Meinungen auseinander. In das Grundgesetz eingelassene Spannungen und widersprüchliche, jedenfalls nicht leicht harmonisierbare Prinzipien[29] stehen quer zur „Sehnsucht nach Synthese“[30]: Mehrheitsregel vs. Minderheitenschutz, Besitzindividualismus/Egoismus (Art. 14 I GG) vs. Altruismus (Sozialbindung gem. Art. 14 II GG), Autonomie vs. Paternalismus (Sozialstaatsprinzip), demokratische Republik (Freiheitlichkeit) vs. „abwehrbereite Demokratie“, Grundrechtsgebrauch vs. Grundrechtsmissbrauch (Art. 18 GG), Volkssouveränität vs. Menschenrechte (vgl. Art.20 II GG und Art. 1, 79 III GG), Freiheitsrechte vs. Schutzpflichten usw. Worauf genau sollte sich der Verfassungskonsens erstrecken? Auf alle genannten Ideen, Werte, Prinzipien oder Rechte? Oder auf die Menschenwürde oder Demokratie oder soziale Gerechtigkeit als Fundamentalprinzip? Das Grundgesetz und seine Exegeten, soweit sie dazu nicht schweigen, geben keine befriedigende Auskunft.

Vielleicht aus kluger Zurückhaltung. Denn selbst wenn man von Widersprüchen nicht reden mag: Für ein eindeutig übergeordnetes verfassungsrechtliches Solidaritätsprinzip oder die eindeutige Selbstverpflichtung der souveränen Rechts- und Verfassungsgenossen zur Herstellung solidarischer Verhältnisse lässt sich im Grundgesetz keine sichere Grundlage finden. Von einem in der Verfassung verankerten, substanziellen positiven Wertekonsens oder Wertekodex kann nach Auffassung der Grundgesetzeltern ebenfalls schwerlich die Rede sein. Dem Mangel ist begegnet worden mit der Unterstellung eines negativen Wertekonsenses im Sinne

---

verboten gemäß Art. 9 II GG ergibt sich freilich ein anderes Bild. Vgl. nur Leggewie/ Meier (1995) und Denninger (1977).

[26] Frankenberg (1996: 27ff. u. 64ff.).

[27] Dazu noch immer instruktiv Luhmann (1975) und Röhl (1987: 409ff.). Kritisch dazu Esser (1972).

[28] Vgl. etwa v. Gierke (1902: 27), der davon spricht, dass der staatlichen Rechtsordnung die Aufgabe zufällt, „die für das äußere und innere Verbandsleben geltenden Rechtssätze als Ausdruck der leiblich-geistigen Lebenseinheit des gesellschaftlichen Organismus zu begreifen, zu ordnen und zu entfalten“.

[29] Ähnlich Stern (1977: 109f.) und Göldner (1977).

[30] Dahrendorf (1965: 161ff./174).

der „gemeinsamen Wertvorstellungen darüber, wie eine Rechtsordnung nicht aussehen darf".[31] Allein damit ist ein substanzieller Verfassungskern als Bezugspunkt sozialer Integration kaum zu konturieren. Mit „Unrechtsabwehr" lässt sich mangels inhaltlicher Bestimmtheit und angesichts der zwangsläufig auftretenden Kontroversen über die Frage, was als „Unrecht" gelten soll, jedenfalls im nachtotalitären Zeitalter nicht jene „broad area of agreement" markieren, die eine „Gemeinschaft" herstellen und tragen könnte. Auch ein anderer Ausweichschritt greift zu kurz: Die Frage nach dem gesellschaftlichen Zusammenhang, mit der sich pluralistische, multi-ethnische Gesellschaften konfrontiert sehen, lässt sich nicht in einer „Wertegemeinschaft" Smendscher Provenienz samt den ihr vorausliegenden, von der Smend-Rezeption[32] nicht einmal anreflektierten Homogenitätsunterstellungen aufheben.

Wert- und andere Ordnungen

Also bleibt es bei dem Problem, dass reale Vielfalt die „Herstellung politischer Einheit" erforderlich macht.[33] Dieses sollte jedoch nicht, wie es häufig geschieht, mit seiner Lösung verwechselt werden. Den Schwierigkeiten, das Verhältnis von Verfassung und Integration theoretisch zu durchdringen, sind Verfassungslehre und -dogmatik auf verschiedene Weise begegnet oder ausgewichen:

(a) Problemleugnung und Kapitulation sind ebenso verbreitete wie schwer nachweisbare Reaktionsmuster.[34] Selten wird so deutlich wie von Forsthoff gesagt: „Die Verfassung hat aufgehört, ein Instrument der Einigung zu sein".[35] Häufiger wird die integrative Rolle von Verfassungen mit vornehmem Schweigen übergangen. Das mag daran liegen, dass sich im juridischen Diskurs hinsichtlich des Integrationsproblems Beruhigung ausbreitet, wenn nur die ordnungsbildende Funktion der Verfassung abgehandelt wurde. Ordnung und Zusammenhalt sind jedoch ebenso wenig identisch wie die Zwangsneurose der Ordnung und der Fetisch der Einmütigkeit.

(b) Leichter erkennbar, nicht jedoch leichter durchschaubar sind Versuche, den Komplex „Integration durch Verfassung?" aus dem rechtsnormativen Bereich auszulagern in die Sphäre vorrechtlicher Voraussetzungen. Den Status eines „Renners" nimmt die häufig zitierte Böckenförde-These ein, dass der freiheitliche Staat von Voraussetzungen lebe, die er selbst nicht garantieren könne.[36] Böckenförde spricht

---

31 Dürig in Maunz-Dürig-Herzog, Grundgesetz, Art.20, Rn.73.

32 So in Anlehnung an Smend Hesse (1993), Kägi (1961: 163f.) und Bäumlin (1965: 94ff.).

33 Erfreulich offen daher Bruggers Eingeständnis (1990: 497ff./507): „Wie viel genau an Konsens und Dissens in welchen Bereichen zur Aufrechterhaltung einer funktionierenden Ordnung notwendig ist, vermag der geläuterte Pluralismus über einige grundsätzliche Erwägungen hinaus nicht zu sagen – das bedarf näherer Untersuchung."

34 Informativ dazu Korioth (1990: 280ff.).

35 Forsthoff (1971: 72).

36 Böckenförde (1976: 42ff.) Diese These wurde von Böckenförde in einem späteren Aufsatz modifiziert (Böckenförde 1995:720ff.).

hier vorsichtig von den „inneren Regulierungskräften der Freiheit". Ein wenig versteckt und variiert findet sich diese These auch in der Maastricht-Entscheidung, in der das Bundesverfassungsgericht davon spricht: „Demokratie ... ist vom Vorhandensein bestimmter vorrechtlicher Voraussetzungen abhängig, wie einer ständigen freien Auseinandersetzung zwischen sich begegnenden sozialen Kräften, Interessen und Ideen, in der sich auch politische Ziele klären und wandeln ... und aus der heraus eine öffentliche Meinung den politischen Willen verformt".[37] Demzufolge wäre Integration kein genuines Problem von Verfassungstheorie und -lehre.[38]

(c) Neuere Beiträge zu einer demokratisch-pluralistischen Verfassungstheorie verlagern den endlosen (und nicht beendbaren) Streit um den Verfassungskonsens auf die Ebene der Verfassungsinterpretation. Damit wird der Verfassungsgerichtsbarkeit eine zentrale Rolle zugespielt – eine angesichts der „inhaltlichen Weite und Unbestimmtheit" sowie der Offenheit der Verfassung in die Zeit und Gesellschaft hinein nicht leichte Aufgabe.[39] Ob das Gericht diese Aufgabe einer „Integration durch Interpretation" mit Erfolg erledigen kann, ist hier nicht zu beantworten. In Zeiten pluralistischer Interessenkonflikte und Werteheterogenität sind die Aussichten, auch abgesehen von dem fröhlichen Methodenpluralismus, der in den verfassungsgerichtlichen Sprüchen waltet,[40] nicht günstig zu beurteilen.

(d) Nach dem Vorgang von Philosophie und Politikwissenschaft nicht überraschend kommen Versuche, einen „Bereich des Unabstimmbaren", einen „nichtkontroversen Sektor" oder „indiskutablen Grundbestand" oder „Grundwerte" auszuzeichnen[41] und den Interpretationskämpfen der „offenen Gesellschaft" wie auch den unberechenbaren verfassungsrichterlichen Vorverständnissen zu entziehen. Mit der Kritik an der Konsens-Debatte, siehe oben, ist an sich alles Wesentliche über die ohnehin politisch instrumentalisierte Grundwerte-Debatte gesagt.[42] Immerhin könnte Art. 79 III GG einen positiven Anhaltspunkt für die Auszeichnung eines grundgesetzlich vorgegebenen Minimalkonsenses geben. Allerdings wäre er gesetzt und nicht paktiert. Dazu gleich mehr.

(e) Das BVerfG hat sich frühzeitig diesen Kontroversen durch die Option für eine objektive Wertordnung entzogen. Diese verdient deshalb eine etwas ausführlichere Würdigung, weil sie sowohl einem spezifischen Verfassungsverständnis als auch einem spezifischen Grundrechtsverständnis den lange Zeit kaum angreifbaren Status einer „herrschenden Meinung" verliehen hat. Vorbereitet wurde die Option in den Parteiverbotsurteilen, die aus Anlass der Definition einer „freiheit-

---

[37] BVerfGE 89, 155/185.

[38] Das erklärt, dass Isensee (1987: Rn. 115-116) (in seinen nicht eben knappen Ausführungen zu „Staat und Verfassung") gerade eine halbe Seite dem Thema „Integration" widmet.

[39] Als besonders einflussreich haben sich die Ansätze von Hesse, Kriele, F. Müller und Häberle erwiesen. Vgl. Vorländer (1981: 317ff.).

[40] Für viele kritische Stimmen vgl. nur Hesse (1993: Rn.53ff.). Mit Nachweisen aus der Rechtsprechung des BVerfG.

[41] Vgl. Fraenkel (1991: 232ff, 246ff.).

[42] Siehe dazu Vorländer (1981) mit zahlreichen Nachweisen.

lichen demokratischen Grundordnung“ apodiktisch feststellten, „dass das Grundgesetz ... keine wertneutrale Ordnung sein will“.[43] Im Elfes-Urteil ging das Gericht einen Schritt weiter und sprach bereits vom Grundgesetz als einer „wertgebundenen Ordnung“, die allerdings „die öffentliche Gewalt begrenzt“.[44] Im Lüth-Urteil wird der Übergang von der wertneutralen Ordnung zur „objektiven Wertordnung“ vollzogen, die das Gericht „im Grundrechtsabschnitt ... aufgerichtet“ sieht und im nächsten Satz als „Wertsystem“ bezeichnet, „das seinen Mittelpunkt in der innerhalb der sozialen Gemeinschaft sich frei entfaltenden menschlichen Persönlichkeit und ihrer Würde findet“.[45] Die „Eingriffsabwehr“ öffnet sich damit zur „Drittwirkung“ der Grundrechte. In Gestalt einer souveränen Dezision, ohne ein Wort der Begründung, greift das BVerfG mit Lüth in die Kontroverse zwischen Nipperdey (Menschenwürde als subjektives Recht) und Dürig (Menschenwürde als objektiver sittlicher Wert) ein.[46] Und folgt bedenkenlos Dürigs „Erkenntnis, dass die Verbindlichkeit und verpflichtende Kraft auch einer Verfassung letztlich nur in objektiven Werten begründet sein kann“, und bestätigt damit, wenngleich nicht verbatim, die „axiomatische Ewigkeitsentscheidung (des Grundgesetzes) zu Gunsten des der Verfassung vorgegebenen Wertgehalts der Grundrechte“.[47]

Die kommunitaristische Wende des BVerfG setzt frühzeitig mit dem Bild der „gemeinschaftsbezogenen und gemeinschaftsgebundenen“ Person[48] sowie paradoxerweise mit einer Entscheidung ein, die seitdem wegen ihrer emphatischen Ausführungen zur demokratiekonstitutiven Funktion der Meinungsfreiheit Furore machen sollte, aber in jenen zwei Sätzen eine Wertordnungsjudikatur ankündigt, die folgerichtig[49] zunächst auf das strafrechtlich bewehrte Verbot, später die Rechtswidrigkeit der Abtreibung[50] zuläuft und in eine beachtliche Inpflichtnahme der Bürger[51] und der öffentlichen Gewalten[52] zu Lasten der grundrechtlichen Freiheiten mündet. Alle Kritik[53] wie auch Rationalisierungsversuche[54] sind lange Zeit an

---

43 BVerfGE 2, 1/12 (SRP-Urteil), BVerfGE 5, 85/134ff., 197ff. (KPD-Urteil).

44 BVerfGE 6, 32/40 (Elfes-Urteil).

45 BVerfGE 7, 198/205 (Lüth-Urteil, stRsp.).

46 Vgl. Nipperdey (1954: 11ff.), und Dürig (1956: 117ff.).

47 Dürig (1956: 117/119/121).

48 BVerfGE 4, 7/15f. (stRsp.).

49 Bei Dürig finden sich bereits die Argumente gegen das „vom Staat geduldete oder gar legalisierte Töten des Kindes im Mutterleib“ oder die heterologe Insemination oder die „Transplantation tierischer Geschlechtsteile auf Menschen“ (Dürig 1956: 126,130,131), allerdings auch für die Garantie eines Existenzminimums (Dürig 1956: 132).

50 BVerfGE 39,1 (Fristenlösung), BVerfGE 88, 203 (Schwangerschaftsabbruch).

51 Beispiele für die Einschränkung von Grundrechten durch Rechtsgüter der Wertordnung: BVerfGE 28,243/261ff., BVerfGE 48, 127/159ff. und BVerfGE 69, 1/21 (Art.4 III GG vs. funktionsfähige Landesverteidigung), BVerfGE 39, 334/346ff. (Art. 5 GG vs. funktionsfähige Verwaltung), (funktionsfähige Strafrechtspflege). Zur Kritik: Denninger (1975: 545ff.).

52 Grundsätzlich zur Schutzpflichtenproblematik Hermes (1987).

53 Vgl. etwa Goerlich (1973), Preuß (1973; 1979: 151ff.), Böckenförde (1974: 1529ff.) und Frankenberg (1977: 353ff.).

54 Vgl. Podlech (1970: 185ff.) und Alexy (1986: 125ff.).

der Wertordnungszitadelle abgeprallt. Einmal aufgerichtet, konnte nunmehr vom alleinigen Baumeister, dem Bundesverfassungsgericht, hinter jedem beliebigen Grundrecht ein weiterer Wert-Baustein entdeckt und in das Verfassungshaus eingebaut werden.

Bezüglich der Frage nach dem gesellschaftlichen Zusammenhalt sind einige Anmerkungen geboten. Zunächst: der interpretatorische Oktroi einer Wertordnung durch eine Elite von Verfassungsrichtern und -lehrern verträgt sich nicht mit den Bedingungen sozialer und politischer Integration in einer demokratischen Republik. Zweifel sind angebracht, ob das Bundesverfassungsgericht ernsthaft ein Integrationsprogramm vor Augen hatte oder hat.[55] Die notwendige Selbstverständigung einer Bürgerschaft über die verbindlichen Grundlagen ihres Gemeinwesens[56] in Gestalt eines immer wieder zu erneuernden Paktes[57] oder einer revisiblen praktischen Konvention[58] wird verdrängt durch die autoritativ-autoritär gesetzte Verfassungswertordnung. Die eigentümliche Arbeitsteilung zwischen dem „Souverän auf der Nebenbühne"[59], der „offenen Gesellschaft der Verfassungsinterpreten" bzw. der Zivilgesellschaft einerseits und dem Hüter des Definitionsmonopols auf der Hauptbühne andererseits kommt einem spezifisch deutschen Verfassungs-, Staats- und Integrationsverständnis entgegen. Dieses begreift den Staat als ideelle, wenn nicht präkonstitutionelle Einheit und Schicksalsgemeinschaft[60], die ihre Integration auf eine unterstellte und eingeforderte Homogenität[61] gründet und folglich mit dem Republikprinzip ebenso wenig anzufangen weiß wie mit dem aktivbürgerlichen status constituens.[62]

Also wäre die Wertordnungslehre, die heute gegenüber der Vorstellung von Grundsatznormen und Schutzpflichten auf dem Rückzug ist, wie schon die Grundkonsens- oder Grundwerte-Debatte, ein Reflex jener durchaus modernen Suche nach Einheit in einer heillos uneinigen Welt, weniger metaphorisch: in konflikthaften Gesellschaften.[63] Deutlicher noch: ein weiteres Beispiel für die seit den kon-

---

55 Sonst hätte sich der Zweite Senat kaum zu dem kommunikativen Beitrag verstanden, dass „ein allgemeiner Wandel der hierüber [d.h. über den Umfang des Schutzes ungeborenen Lebens, G.F.] in der Bevölkerung herrschenden Vorstellungen" an der „Unüberwindlichkeit" der Schranken der Wertordnung nichts ändert (BVerfGE 39, 1/67).

56 Ausführlich hierzu Vorländer (1981) und die Beiträge in Gebhardt/Schmalz-Bruns (1994).

57 Vgl. Morlok (1988: 97f., 170).

58 Vgl. Frankenberg (1996: 105ff.) und Lhotta (1998: 159ff.).

59 Guggenberger/Meier (1994). Vgl. auch Preuß (1991: 38ff.).

60 Scheuner (1978: 19ff.) (Staat als ideelle Einheit) und Isensee (1987: 591ff.). Kritisch dazu Schuppert (1995: 32ff./42) und Lhotta (1998: 164). Besonders instruktiv ist die Kontroverse zum (kommunalen) Wahlrecht für Ausländer: Isensee (1974), Bryde (1989: 257ff; 1994: 305ff.), Frankenberg (1993: 41ff.) sowie BVerfGE 83, 37 u. 60.

61 Schmitt (1928: 228f.), Smend (1994), BVerfGE 89, 155/181ff.,186. Kritisch dazu Pernice (1993:44a).

62 Vgl. Isensee (1981: 1ff.). Zur Kritik vgl. Denninger (1979: 8, 157; 1994; 1998: 137ff.) und Frankenberg (1996: Kap. IV).

63 Hierzu Frankenberg (1996: Kap. III) und vorher schon Rödel/Frankenberg/Dubiel (1989: Kap. IV) im Anschluss an Cornelius Castoriadis, Marcel Gauchet und Claude Lefort. Vgl. deren Beiträge in Rödel (1990).

traktualistischen Gründungsmythen typisch moderne Magie, die Eintracht und Ordnung heilig spricht, um die Gefahren der aus Uneinigkeit entspringenden Konflikte zu bannen. Gefahrenprävention durch Gesellschaftsvertrag, Konsens- oder Wertordnung, eben das besagt „Verfassungstheorie im Geiste des Polizeirechts".

3 Rehabilitierung des Konflikts im Geiste der republikanischen Demokratie

Der Konflikt muss für Zwecke der Verfassungstheorie nicht erst entdeckt, wohl aber rehabilitiert werden. Das juridische Einheits- und Ordnungsdenken kreist, wie oben ausgeführt, um den „Fetisch der Einmütigkeit" und Mythen von kollektiver Eintracht wie „Nation", „Volk", „Schicksalsgemeinschaft" oder „Staat" oder um den Primat des sozialen Friedens.[64] Es negiert beharrlich eine reichhaltige Literatur des Konflikts in den Wissenschaften von der Gesellschaft.[65] Die Rehabilitierung folgt nicht dem Pfad der allzu schlicht gestrickten Logik vom Konflikt als „Vater aller Dinge". Ausgangspunkt ist vielmehr der Epochenbruch zwischen traditionaler („geschlossener") und säkularisierter („offener") Gesellschaft, der eine neue politische Imagination freisetzt: die „sich selbst instituierende autonome Gesellschaft."[66] Oder kurz: die republikanisch-demokratische Gesellschaft.

3.1 Die Gesellschaft als Konfliktgesellschaft und der Konflikt als Integrationsfaktor

Mit der Ablösung transzendent begründeter Herrschaft und der Auflösung ständischer Hierarchien und elitärer Vorrechte wird „Gesellschaft" erstmals vorstellbar als horizontaler Verband in gleicher Weise berechtigter und verpflichteter Mitglieder. „Während die hierarchische Gesellschaft sorgfältig zwischen Rängen unterscheidet und, von unserem Standpunkt aus betrachtet, mit den unzähligen Ungleichheiten auch ebenso viele Reibungspunkte schafft, lässt sie im Prinzip der Offenbarung eines Konfliktes, der die Definition der Gesellschaftsordnung selbst betrifft, keinen Raum".[67] Demgegenüber machen sich moderne Gesellschaften permanent selbst zum Thema. Mangels eines vorgegebenen göttlichen Heilsplans oder einer traditionalen Ordnung institutionalisieren sie die Dauerreflexion darüber, wie eine wohlgeordnete und gerechte Gesellschaft, erstens, aussehen und, zweitens, realisiert werden könnte.

---

[64] Zur Kritik: Gauchet (1990: 123ff./145). Gauchets Tocqueville-Interpretation hat bereits Rödel/Frankenberg/Dubiel (1989) wie auch die folgenden Überlegungen inspiriert.

[65] Vgl. nur Simmel (1908), Coser (1972), Dahrendorf (1957), Putnam (1993), Giegel (1998) und aus juridischer Perspektive Ihering (1872), Luhmann (1981: 92ff.), Gessner (1976) und Röhl (1987: Kap. 11).

[66] Castoriadis (1990: 54ff. u. 298ff.). Diese Imagination lässt sich systemtheoretisch, unter Ausschaltung der handlungstheoretischen Prämissen und der politischen Implikationen, in die Gesellschaft als „selbstreferenzielles System" übersetzen.

[67] Gauchet (1990: 193).

Diese Dauerreflexion vollzieht sich in der Sphäre des Politisch-Öffentlichen, die im Prozess der Dekorporation herrschaftlicher Macht entsteht. Erst mit der Erosion der symbolischen Einheit von Macht und Gesellschaft im sakralen Körper des Herrschers („body politic") oder später im absolutistischen Staat durch die Säkularisierung der Legitimitätsgrundlagen treten diese auseinander. Nunmehr kann einerseits der Ort der Macht als körperlich und personell leere Stelle symbolisch repräsentiert und immer wieder nach Maßgabe demokratisch-republikanischer Legitimität neu besetzt werden. Andererseits kann sich die Gesellschaft erstmals als autonome civil society ins Bild setzen, die sich – mit allen damit verbundenen Risiken und Regressionen – selbst regiert.[68] Dass es sich hierbei um eine geschichtsmächtige Selbstbeschreibung handelt und kein bloßes theoretisches Hirngespinst, beglaubigt die Ausbreitung des „symbolischen Dispositivs"[69] einer demokratischen Republik und vor allem der Umstand, dass es totalitärer Systeme bedurfte, um dieses über mehrere Dekaden, aber gleichwohl temporär zu unterdrücken.

Die „Gleichheitsgesellschaft" (Tocqueville) oder genauer: die sich republikanisch-demokratisch verfassende Gesellschaft verstetigt mit ihrer Selbstthematisierung, ihrer theoretisch unbegrenzten Macht, sich in Frage zu stellen und mit höchst unterschiedlichen Regierungsformen zu experimentieren, den Grundsatzkonflikt ebenso wie eine unbegrenzte Vielzahl von Kontroversen. Das macht sie zu einem „unerschöpflichen Ferment der Uneinigkeit"[70]. Wie kann dies zu Einheit führen? Gauchets Interpretation von und Kritik an Tocqueville gibt Aufschluss über den ersten Teil einer Antwort: Gleich ob assoziiert oder organisiert oder nicht, treten die Mitglieder einer Gesellschaft in diesen Kontroversen als Individuen unvermittelt und frontal in Gegensatz zueinander. Indem sie um ihren Platz in der Gesellschaft, um die Durchsetzung ihrer konträren Vorstellungen eines „guten Lebens in Gesellschaft" und eine legitime Herrschaft kämpfen, werden sie an die Grundsatzfrage nach der etablierten Ordnung des Ganzen angeschlossen. Der frontale Gegensatz wird zum Spiegel, in dem sie ihre Ähnlichkeit und Differenz erkennen können. Was Gauchet als Entdeckung des „Geheimnisses" ihrer Identität der Zugehörigkeit feiert,[71] lässt sich auch als Moment der wechselseitigen Anerkennung

---

68 Diese Imagination ist von der nachabsolutistischen Staatslehre mit der Vorstellung eines der bürgerlichen Gesellschaft gegenüberliegenden Staates als juristischer Person und Willenseinheit gerade in Deutschland lange Zeit in Schach gehalten worden. Ob und inwieweit die dadurch bedingte Entpolitisierung der „Privatrechtsgesellschaft" der Inthronisierung des totalen Staates Vorschub geleistet hat, ist hier nicht zu klären.

69 „Dispositiv", ein von Michel Foucault, eingeführter Begriff, verknüpft die unterschiedlichen Diskurse (Ideen, Ideologien, Strategien, Techniken, Selbstbeschreibungen, Darstellungen, Institutionen) der Macht, um deren Verfügbarkeit zu betonen. Das „symbolische Dispositiv" der demokratischen Republik umfasst die Selbst-Instituierung einer sich als autonom begreifenden Zivilgesellschaft, die Sphäre der politischen Öffentlichkeit, die symbolisch leere Stelle der Macht sowie die Disjunktion von Macht, Recht und Wissen. Dieses Dispositiv soll die Gründung und Neugründung von Gesellschaften (ihre Verfassung) als riskantes historisches Projekt charakterisieren. Vgl. Rödel/Frankenberg/ Dubiel (1989: 90).

70 Gauchet (1990: 134). Vgl. auch Rödel/ Frankenberg/Dubiel (1989: Kap. IV).

71 Gauchet (1990: 174 u. 197).

„unter dem Zeichen der Ähnlichkeit" interpretieren.[72] Gauchet entwirft also das faszinierende Bild einer Gesellschaft, die sich paradoxerweise dadurch integriert, dass ihre Mitglieder zum Traum von der Einheit des gesellschaftlichen Körpers Distanz halten, sich in Gleichheitsbeziehungen gerade „durch ihren Gegensatz hindurch" in eine grenzenlose Infragestellung „einbinden" und die Konflikthaftigkeit der Gesellschaft gleichsam als gemeinsames Lebensschicksal akzeptieren.[73]

Zu den Integrationsfaktoren „Gleichheit der Kontrahenten, frontaler Gegensatz im Streit und Anschluss an die gesellschaftliche Grundsatzdebatte" treten als weitere integrative Elemente die spezifische Abbildung der gesellschaftlichen Tiefenstruktur auf der Bühne der politischen Macht und die Verrückung und Zivilisierung der gesellschaftlichen Kontroversen durch politische Repräsentation hinzu. Den repräsentativen Verfahren weist Gauchet „nicht mehr nur die Rolle (zu), einen Regierungswillen nach dem idealen Kriterium der Einstimmigkeit freizusetzen", vielmehr erhalten sie „nun den Stellenwert eines Mittels der symbolischen Anerkennung der Spaltung, die die gesellschaftlichen Akteure trennt".[74]

Hier ist nicht der Ort, die Theorie Gauchets in aller Breite darzustellen und zu würdigen. Nur so viel: Die These vom Konflikt als wesentlichem Vergesellschaftungsfaktor überzeugt, solange sie Abstand hält zur Idealisierung oder Ontologisierung des Konflikts, was Gauchet in seinem brillianten Aufsatz nicht immer gelingt. Insbesondere seine zentrale, die Marxsche Lehre vom Klassenwiderspruch umwidmende Annahme, dass niemand mehr als gleich empfunden wird als eben der, der absolut gegensätzlich denkt, die seine Theorie der „Integration durch Spaltung" pointiert, nimmt seinem Ansatz – ohne Not, aber folgerichtig – viel von seiner theoretischen Wucht und empirischen Plausibilität. Weder antagonistische Klassenkonflikte noch gar „fundamentalistische"[75], ethnisch oder religiöse aufgeladene Frontalkontroversen beglaubigen eine bessere Wiedererkennung im Anderen. In diesem Punkt – allerdings nur in diesem – kontert Gauchet de Tocquevilles Rückgriff auf einen durch gemeinsame „habits of the heart and of the mind" und kollektive Glaubenslehren unterfütterten demokratischen Konsens[76] wie auch den „Fetisch der Eintracht" der Einheits- und Ordnungsdenker mit dem Mythos des

[72] Grundsätzlich dazu Honneth (1993). Zur Gauchet'schen Anerkennungstheorie: „Wer die Übereinstimmung der gegenwärtigen Gesellschaft mit der wahren Grundlage der Gesellschaften [d.h. des Konflikts – G.F.], gleichgültig in welchem Sinne diskutiert (anstatt lediglich zu versuchen, die vorhandene Ordnung durch Vernunftgründe zu rechtfertigen), setzt die Begegnung mit einem anderen voraus, der ihm zumindest idealiter gleichgestellt ist und in seiner vollständig entwickelten Gestalt nur der auf der ganzen Linie Widersprechende sein kann" (Gauchet 1990: 193).

[73] Gauchet (1990: 194).

[74] Gauchet (1990: 192).

[75] Zu dem auf eine beliebig einsetzbare Kampfformel heruntergekommenen Begriff des „Fundamentalismus" vgl. Dubiel (1994: 208ff.) und Meyer (1989).

[76] „Gesellschaft gibt es einzig dann, wenn die Menschen eine Menge Dinge in gleicher Weise einschätzen; wenn sie über eine große Zahl von Gegenständen gleiche Meinungen haben; und endlich, wenn die gleichen Tatsachen in ihnen die gleichen Eindrücke und Gedanken auslösen." Und weiter: „Nun lässt sich leicht erkennen, dass keine Gesellschaft ohne gleiche Glaubenslehren gedeihen kann..." (de Tocqueville 1984 Bd. I: 555 und Bd. II: 18).

produktiv-integrativen antagonistischen Konflikts. Auf der Strecke bleibt die in puncto Integration ambivalente Natur und Dynamik sozialer Auseinandersetzungen.

3.2 Konflikttypologie in verfassungstheoretischer Absicht

Wer also der integrativen Wirkung absoluter Gegensätze – möglicherweise gemäßigt durch eine „natürliche Schwerkraft" der Beziehungen unter den Gleichen oder der Demokratie[77] – aus guten Gründen nicht traut, kommt nicht umhin, den Konflikt als Modus der Integration genauer zu untersuchen. Die Konfliktstruktur moderner Gesellschaften, geprägt durch Interessengegensätze, Werteheteronomie und ein Pluriversum von Lebensentwürfen,[78] wie auch die Konfliktpraxis legen nahe, an der Möglichkeit einer Integration durch Konflikt festzuhalten, aber auch zu unterscheiden zwischen integrativen und desintegrativen Konflikten.

Zur Entradikalisierung der Pointe, dass gesellschaftliche Auseinandersetzungen per se integrativ wirken, liegen zahlreiche Angebote vor.[79] Bereits Gauchet hat in seine These, ein wenig versteckt, die Überlegung eingebaut, dass die eigentlich integrative Wirkung letztlich von der repräsentativen Darstellung und distanzierten Austragung auf der Bühne der Politik ausgehen könnte. Dahinter verbirgt sich die Unterscheidung zwischen repräsentativ übersetzbaren und nicht übersetzbaren gesellschaftlichen Konfrontationen, die Gauchet freilich aufgrund der von ihm verdrängten Ambivalenz von Konflikten weder thematisiert noch gar entfaltet. Theorien der Zivilgesellschaft haben am Beispiel des zivilen Ungehorsams die Idee der normativen Selbstbindung und Selbstbeschränkung im Konflikt unter rechtlich Gleichen aktualisiert, die in diesen Protestformen zutage tritt.[80] Die Differenzierung zwischen zivilisierten und nicht zivilisierten Auseinandersetzungen liegt auch den Vorstellungen „gehegter"[81] oder „teilbarer"[82] Konflikte zugrunde. Gemeinsam ist diesen Ansätzen, dass sie die integrative Überwindung ökonomischer, sozialer oder kultureller Gegensätze auf die Einhaltung von Regeln (minima legalia oder moralia des Streits) gründen, in der Sphäre des Politisch-Öffentlichen (parlamentarische Repräsentation, Zivilgesellschaft, Verhandlungssysteme) lokalisieren und/oder an der spezifischen Struktur von Konflikten (insbesondere strategische oder Verteilungskonflikte vs. Identitätskonflikte) festmachen. Gemeinsam ist diesen Ansätzen ferner, dass sie auf keine positive Anthropologie (der Mensch, das im Grunde friedliche, einsichtige Wesen) rekurrieren, damit also das Risiko desintegrativer Konfrontationen gerade nicht ausschließen.

---

77 Gauchet (1990: 141).

78 Damit werden kommunitaristische Vorschläge („shared values", Tugenden, Gemeinsinn) zunächst einmal zurückgestellt. Ausführlich dazu Honneth (1993: 1ff; 1992), Zahlmann (1992), Brumlik/Brunkhorst (1995) und Frankenberg (1993).

79 Vgl. nur die Beiträge in Heitmeyer (1997), insbesondere Dubiel (1994: 106ff; 1997: 425ff.) und Hirschman (1994: 293ff.).

80 Frankenberg (1984: 266ff.; 1991: 524ff.) sowie Rödel/Frankenberg/Dubiel (1989: Kap. II).

81 Dubiel (1994).

82 Hirschman (1994).

In verfassungstheoretischer Absicht sollen diese Ansätze nun zu einer Typologie von Konflikten zusammengeführt werden, die nach Maßgabe des Streitgegenstandes, den Streitmethoden und dem Streitverhältnis zwischen den Parteien zwischen integrativen und desintegrativen Kontroversen differenziert. Diese Differenzierungen sind den gesellschaftlichen Auseinandersetzungen nicht als „kategorischer Imperativ" einer republikanisch-demokratischen Streitkultur oder als normative Versicherung einer Gesellschaft gegen die desintegrativen Konfliktrisiken vorgegeben, sondern sind reflexiv wiederum auf diese zu beziehen. Das heißt, sie bleiben umstritten und erhalten in den Kontroversen ihre immer nur vorläufige, wenngleich verbindliche Gestalt.

(a) Hinsichtlich des Streitgegenstandes bzw. der Höhe des jeweiligen Einsatzes lassen sich unterscheiden: Konflikte, die ums Ganze gehen, von solchen, die Kompromissen, Vergleichen und Verhandlungslösungen zugänglich sind. Absolute Ansprüche auf Wahrheit, Authentizität, Integrität oder Identität konstituieren regelmäßig eine antagonistische Konfliktkonstellation des Alles-oder-Nichts mit potenziell desintegrativer Dynamik. Solche Absolutheit im Grundsätzlichen illustriert etwa die Abtreibungsproblematik mit der Ausgangslage „Mein Bauch gehört mir" versus „unbedingter Schutz des werdenden Lebens" oder auch der Streit um das Kruzifix in Klassenzimmern oder Gerichtssälen.[83] Um ein Entweder-Oder geht es regelmäßig bei Streitfragen mit hohem Symbolwert, die den geglaubten oder zugewiesenen Status wie auch die zugewiesene oder geglaubte Zugehörigkeit von Individuen und Gruppen betreffen. Um ein Entweder-Oder geht es ferner, wenn die Wahrheit verteidigt und damit jeder Dissident zwangsläufig als Ketzer, Hetzer oder Verleumder gebrandmarkt wird.[84] Zu Disruption und Desintegration führen die vornehmlich auf den Kampffeldern der Religion, Ethnie oder Kultur formulierten Forderungen, wenn sie im Medium der Politik mit Ansprüchen auf unbedingte Gefolgschaft oder Exklusivität auftreten, die dann etwa in einer Staatsreligion, einem Regime ethnischer Reinheit oder einer Einheitskultur zur Geltung gelangen.

Allerdings können auch an sich unteilbare Streitgegenstände integratives soziales Kapital bilden. Bedingung dafür ist, dass die Protagonisten ihre die horizontale Ebene einer Bürgergesellschaft verlassende und insofern transzendente Zieldefinition zurückstellen und sich auf die dilatorische oder räumlich begrenzte Erfüllung ihrer Forderungen nach pluralistischen Mustern („separate but equal", religiöse Parität oder Multi-Ethnizität) einlassen. Mit einem derartigen Verzicht auf uneingeschränkte Geltung in einem Sozialverband und auf Ausschließung der Anderen bewegen sich unteilbare auf teilbare Konflikte zu, von denen Pluralismus-Theorien ihre Plausibilität beziehen. Solche Verteilungskonflikte lassen sich aufgrund der Struktur ihres Gegenstandes und des niedrigeren Einsatzes vergleichsweise problemlos regeln, schlichten und zivilisieren. Forderungen nach einem Mehr-oder-

---

83 BVerfGE 35, 36 (Kreuz im Gerichtssaal) und BVerfGE 93, 1 (Kruzifixe in staatl. Pflichtschulen).

84 Auf die Problematik der Auschwitz-Leugnung und des § 130 III StGB kann hier nur verwiesen werden. Ausführlich und nach wie vor überzeugend dazu Cobler (1985: 159ff.). Vgl. auch BVerfGE 94, 1 (Schuldfrage des Zweiten Weltkrieges) und Schulze-Fielitz, in: Dreier GG I, Art. 5 I, II Rn. 108.

Weniger an Wohlstand, Lohn/Gehalt, Steuerlast, Arbeitszeit, Bildung, politischem Einfluss etc. stehen grundsätzlich Verhandlungs- und Kompromisslösungen offen. Es handelt sich hierbei um strategische Auseinandersetzungen, die über Verteilungsagenturen wie Markt, Wahlsystem, Bürokratie oder letztlich auch die Gerichte abgewickelt werden können.

(b) Die Art und Weise, wie Interessen oder Rechte eingefordert und durchgesetzt werden, legt eine weitere Differenzierung nahe: zwischen Streitmethoden, die aufs Ganze gehen, also keine Selbstbeschränkung auf zivile Streitformen und -mittel kennen, und solchen, die sich durch Verfahren und Regeln zügeln lassen. Wenn jedes Mittel recht ist, werden sich integrative Effekte kaum einstellen. Das gilt für alle gewaltförmigen Auseinandersetzungen, die im Einzelfall vielleicht produktiv sein mögen, in aller Regel jedoch das Gewebe sozialer Beziehungen zerstören. Ihr desintegratives Moment liegt darin, dass sich der Gewalttätige ein Vorrecht anmaßt und damit die Ebene einer Beziehung unter Gleichen verlässt. Ob die Rechtfertigung dafür in einer besonderen Mission oder Situation, in einem überlegenen Wissen und daraus abgeleiteten Machtanspruch oder einem Naturrecht auf Alles, dem Hobbes'schen ius ad omnium, gesucht wird, spielt letztlich keine Rolle. Der Richter in eigener Sache wirkt stets als desintegrativer Stachel im Fleische der „Gleichheits-" oder Bürgergesellschaft. Alle zivilen, d.h. die Gleichheit der Mitglieder einer Bürgerschaft anerkennenden Streitformen, die der Maxime gehorchen „gleiches Streitrecht für alle, keine Gewaltbefugnis für niemand", haben dagegen die Vermutung für sich, integrativ zu wirken. Die Reflexivität des Kriteriums Gewaltverbot tritt in den Definitionskämpfen zwischen den Repräsentanten der Mehrheitskultur und den Protagonisten von Minderheitspositionen deutlich zutage.[85]

(c) In Hinsicht auf das Streitverhältnis, d.h. die Einstellung der Streitparteien zueinander, bietet sich eine Unterscheidung an zwischen Konfliktkonstellationen, in denen der Gegner zum Feind erklärt wird, und solchen, in denen er als Anderer „unter dem Zeichen der Ähnlichkeit" bleibt, ungeachtet aller Aversionen oder sachlichen Differenzen. Eine Feinderklärung vollzieht den Übergang von der Gleichwertigkeit, wohlgemerkt: nicht Gleichartigkeit, zur substanziellen Heterogenisierung des Anderen, aus der fast zwangsläufig eine normative Inferiorisierung folgt.[86] Sie zerreißt die Beziehung der Gleichheit und kündigt jegliche Wechselseitigkeit von Rechten und Pflichten, mithin auch den Gewaltverzicht auf. Als Feind hat der Andere keinen erkennbaren und anerkennbaren Anteil an meiner Existenz: „(B)ereits die bloße Vorstellung, sich selbst in diesem substanziell heterogenen Anderen wiederzufinden, (erscheint) von vorneherein sinnlos".[87] Folglich wird diesem auch das Existenzrecht im öffentlichen Raum abgesprochen. Das Modell der

---

85 Besonders reiches Anschauungsmaterial bietet die Kontroverse um die Aktionen zivilen Ungehorsams und dazu die Auslegung der Gewaltnötigung gemäß § 240 StGB. Vgl. dazu nur Brink/Keller (1983: 107ff.), Frankenberg (1984, 1985: 301ff.), Glotz (1983: 705ff.), Isensee (1982: 23ff.), Karpen (1984: 249ff.) sowie BGHSt 23, 46 (Laepple), BVerfGE 69,315/344ff. (Brokdorf.), BVerfGE 73, 206 und BVerfGE 92, 1 (Sitzblockaden).

86 Klassisch Schmitt (1991: 26ff./33).

87 Gauchet (1990: 176).

Ausschließung verdrängt das Modell der Konkurrenz. Die De-facto-Ausbürgerung im Streit wirkt damit per definitionem desintegrativ. Nur bei zynischer Betrachtung läßt sich eine derartige Spaltung mit Gauchets These versöhnen, wenn diese Spaltung gerade zur Ab-Spaltung des Anderen führt – durchweg motiviert durch militante Träume von Homogenität und Eintracht, die in der Streitpraxis absolute Geltungs- und Durchsetzungsansprüche unteilbarer Streitgegenstände generieren.

Plausibel bleibt die These einer Integration durch Konflikt also nur unter den Bedingungen eines zivilgesellschaftlichen Verzichts auf Gewalt und auf Feinderklärungen sowie bei Mäßigung der (transzendenten) Zieldefinitionen. Diese Bedingungen markieren weder die Konturen einer Schönwettergesellschaft, die hinsichtlich der Grundsatzfrage nach der gerechten Ordnung eines Sinnes ist und in allen übrigen Kontroversen in friedlicher Koexistenz lebt, noch das Bild eines von Interessenantagonismen gereinigten Sozialverbandes im Sinne des Neo-Pluralismus. Denn auch einigermaßen konsolidierte demokratische Gesellschaften haben das heikle Programm „Anerkennung des Anderen als eines differenten Gleichen" keineswegs erfüllt und sind gegen die alltägliche Desintegration durch Gewaltausbrüche ebensowenig immun wie gegen die überschießende, desintegrative Innentendenz von fundamentalistischen, in jüngerer Zeit vor allem ethnisch oder religiös motivierten Konfrontationen.

3.3 Integration statt Integrationsmanagement durch Verfassung

Sinn dieser Konflikttypologie ist, die Frage nach einer möglichen „Integration durch Verfassung" empirisch genauer zu informieren, die Risiken der reflexiven Bildung sozialen Kapitals im Blick zu behalten und die klassischen Antworten, soweit nötig, zu korrigieren. Am Anfang steht Thomas Hobbes, der unfreiwillige Ahnvater des modernen Integrationsprojekts. Bekanntlich führte ihn die seiner negativen Anthropologie entspringende Überzeugung von der Schlechtigkeit der Motive hab- und ehrgieriger, potenziell gewalttätiger Egoisten dazu, das Integrationsproblem zu externalisieren, d.h. in die Hände der Friedensmaschine des „Leviathan" zu legen.[88] In dieser Tradition stehen, bewusst oder nicht, alle Lehren, die das Heil einer zerrissenen, fragmentierten Gesellschaft bei einer äußeren Zwangsgewalt (Staat, Recht), in der souveränen Dezision, im Oktroi einer Verfassung als Friedensordnung oder eines autoritativ-autoritär gesetzten Wertekonsenses suchen, also Integration aufdrängen oder hoheitliches Integrationsmanagement betreiben.[89]

In deutlicher Distanz von autoritären Integrationslehren versuchen die unterschiedlichen Spielarten des demokratischen oder republikanischen Kommunitarismus, das Integrationsproblem zu internalisieren, indem sie auf die einigende

---

88 Dass diese Lösung den seinerzeit nicht unbeträchtlichen Vorzug hatte, dem absolutistischen Souverän eine neue Legitimation zu verschaffen, kann hier außer Acht bleiben. Vgl. Hobbes (1651).

89 Grundsätzlich zur Problematik interner und externer Repression im Prozess der Gemeinschaftsbildung Gruter/Rehbinder (1986) und Nisbet (1962).

Kraft der Selbst-Zivilisierung einer Bürgerschaft durch verinnerlichte Tugenden, „habits of the heart", gemeinsame (Wert-)Erfahrungen, (verfassungs-)patriotische Einstellungen, zivilreligiöse Bindungen oder aber „entgegenkommende Verhältnisse", wohl „in der politischen Kultur verankerte Solidaritätsgefühle" (Habermas) ähnlich den „sentiments de sociabilité" (Rousseau), vertrauen.[90] Hannah Arendt, Herzens- und Vernunftrepublikanerin, betont ebenfalls die inhärente und notwendige Unbegrenztheit des Handelns im öffentlichen Raum. Ungeachtet ihrer positiven Anthropologie sieht sie jedoch die Gefahr überschießender, aus dem System wechselseitig anerkannter Freiheit ausbrechender Initiativen – wir könnten sagen: die Gefahren der Desintegration – und versucht diese dadurch zu bannen, dass sie die „Erfahrung öffentlichen Glücks" auf den politischen Gründungsdiskurs einschränkt, also ökonomische und soziale Konflikte vorab dem System der Interessenrepräsentation überantwortet.[91]

Externalisierungen lassen sich als Strategien interpretieren, die hier skizzierte (oder eine ähnliche) Konflikttypologie in der Gestalt starker, sanktionsbewehrter Handlungsgebote oder -verbote zwangsrechtlich zu verankern. Internalisierungen setzen demgegenüber auf Selbstzwang oder die disziplinierende Kraft gemeinsinniger Motive. Beide Varianten unterdrücken die notwendige Reflexivität der Kriterien integrativer Konflikte.

Ich habe an anderer Stelle versucht, eine Perspektive zu entwickeln, die die Dynamik und Risiken gesellschaftlicher Konfrontationen, d.h. auch den Streit um die Bedingungen einer zivilen Streitkultur nicht ausblendet.[92] Der empowerment-Ansatz, kaum nachvollziehbar als „paternalistisch" kritisiert,[93] beruht, kurz gesagt, auf der von einer zivilgesellschaftlichen Protestpraxis und Anerkennungstheorien informierten Idee, dass die Mitglieder einer Staatsbürgergesellschaft, wenn sie sich reziprok die gleiche Freiheit zur Bewältigung des einzelnen Lebensschicksals wie auch zur Teilnahme an den „gemeinsamen Geschäften der Gesellschaft" ermöglichen, in ihrer sozialen Praxis jenen sozialen Zusammenhalt herstellen können, der sie dann ihre Zugehörigkeit zu einer politisch verfassten Gemeinschaft erfahren lässt. Damit ist eine notwendige Bedingung formuliert, nicht mehr und nicht weniger. Wird diese Bedingung nicht erfüllt, kann von einer Zivilgesellschaft ebensowenig die Rede sein wie von einer Integration durch Konflikt. Das Restrisiko der Desintegration soll also gerade nicht dadurch ausgeschlossen werden, dass fundamentalistische Konfrontationen, gewaltförmige Auseinandersetzungen oder Feinderklärungen in der Doppelrolle aller Mitglieder einer Gesellschaft als Gläubiger und Schuldner von einem Minimum an Solidarität theoretisch zum Verschwinden gebracht werden.

---

90 Vgl. hierzu Bellah (1967: 96ff.), Bellah et al. (1985), Gebhardt (1993: 29ff.), Habermas (1987; 1992: 632ff.), Lübbe (1981), MacIntyre (1981), Sternberger (1990), Dubiel (1994: 151ff.), Frankenberg (1996: 146f.) und Kleger/Müller (1986).

91 Arendt (1963) aufschlussreich dazu Arendt (1960).

92 Frankenberg (1996: Kap.V; 1996a: 1365ff.)

93 Habermas (1998).

Was folgt aus alledem für die Rolle von Verfassungen im riskanten Prozess der Integration? Wir können uns auf republikanisch-demokratische Verfassungen konzentrieren. Nur diese lassen sich beim Wort nehmen, indem sie die permanente Selbstthematisierung eröffnen und damit die „Legitimität des Diskurses über die Legitimität“[94] jeglicher gesellschaftlichen Ordnung anerkennen. Sie unterliegen hinsichtlich der Herstellung sozialer Einheit einer Selbstbindung durch die selbsterklärten Prinzipien „Republik“ und „Demokratie“. Das festzustellen ist trivial. Nicht trivial ist die Konsequenz: der Ausschluss jeder Form eines hoheitlichen Integrationsmanagements, das die demokratische Gesellschaft, gleichsam „wider ihre Natur“, buchstäblich als Körper für ethische Steuerungsinterventionen behandelt.

Zwar ist den Anhängern der Externalisierung zuzugeben, dass Einheitsbildung durch autoritär-staatliche Intervention oder durch einen elitär gesetzten Wertekodex wohl denkbar ist. Abgesehen von der Frage, ob sich auf diese Weise „die Kohärenz des Gemeinwesens dauerhaft sinnlich wahrnehmbar“ darstellen lässt,[95] erhebt sich jedoch der Einwand, dass jede aufgedrängte Integration die Gesellschaft nötigt, auf der Ebene der Verfassung ihre fundamental deklarierten Prinzipien gesellschaftlicher Selbsteinwirkung zu kompromittieren, wenn nicht als Ideologie zu denunzieren. Diese Integrationsstrategie gibt zwangsläufig Werte vor, die nach ihrer zwanghaften Verteidigung rufen. Dieser Einwand lässt sich nicht mit einem „ethisch-weltanschaulichen Übermaßverbot“[96] oder einem an die Verfassungseliten adressierten Gebot des Self-restraints bei Konsensdefinitionen ausräumen. Zumal hoheitliches Integrationsmanagement, ausweislich seiner Rechtfertigung, dazu neigt, die Staatsbürger als Gefahrenpotenzial wahrzunehmen, und darauf angelegt ist, durch möglichst präventive Ausschaltung gefährlicher Personen oder Gruppen (ethische oder schlimmer noch: sozialhygienische) Risikovorsorge zu betreiben.[97]

Den Strategien der Internalisierung ist zuzugeben, dass Tugenden wie insbesondere Gemeinsinn, positive soziale Einstellungen, ein nüchterner Verfassungspatriotismus oder „entgegenkommende (außerrechtliche) Verhältnisse“ ohne Zweifel der Schaffung eines cadre d'appartenance zuträglich sind. Freilich laufen sie Gefahr, die Rolle von Verfassungen im Prozess der Integration entweder auszublenden (insoweit wären sie verfassungstheoretisch belanglos) oder aber hinterrücks umzuwidmen (was die Verfassungstheorie interessieren muss).

Mit der republikanisch-demokratischen Selbstinstituierung bringt eine Gesellschaft symbolisch und institutionell zum Ausdruck, dass alle Beteiligten sich als Staatsbürger und Rechtspersonen[98] wechselseitig ernst nehmen. Ernstnehmen heißt im rechtlichen Kontext: berechtigen und verpflichten. Die Berechtigung bezieht sich auf die privatautonome Lebensgestaltung wie auf die gemeinsamen Geschäfte der Gesellschaft (politische Autonomie). Letztere schließt vor allem die Teilnahme an den Verfahren der Rechtssetzung und deliberativen Prozessen ein. Die Ver-

---

94 Vgl. Lefort/Gauchet (1990: 89ff.).

95 Gauchet (1990: 188).

96 Vgl. dazu Oberreuther (1986: 214ff./226).

97 Denninger (1988).

98 Grundlegend dazu Günther (1999).

pflichtung konzentriert sich auf den Gehorsam gegenüber allen verfassungsgemäß beschlossenen Rechtsnormen. Sie beruht in einer demokratischen Republik darauf, dass öffentliche Meinungs- und Willensbildungsprozesse institutionalisiert sind, die den Staatsbürgern tatsächlich zur Mitwirkung offen stehen. Tatsächlichkeit setzt unter Umständen Ermöglichung (empowerment) voraus. Es kommt nicht darauf an, ob die Staatsbürger von ihren Möglichkeiten Gebrauch machen oder nicht: Allein mit der (nicht nur virtuellen) Möglichkeit staatsbürgerlicher Teilnahme und Kritik entsteht die Verpflichtung der Rechtsperson zum Rechtsgehorsam. Sie kann sich zur Abwendung der Rechtsfolgen nicht darauf berufen, als Staatsbürger überstimmt worden zu sein. Umgekehrt können die Staatsbürger (vermittels der dazu berufenen Institutionen) den Rechtspersonen, die eine Rechtsnorm verletzen, nur den Bruch ihrer Selbstverpflichtung vorhalten, nicht jedoch ihnen vorwerfen, „schlechte Bürger einer Tugendrepublik" oder nur noch „gefährliche Elemente" zu sein, die ihren Doppelstatus als Staatsbürger und Rechtsperson verwirkt haben.

Dies ist jedoch die Nagelprobe einer republikanisch-demokratischen Konstitution: der angemessene, d.h. nicht selbst-widersprüchliche Umgang mit denjenigen, die nach Maßgabe der oben skizzierten, nicht normativ fixierten Konflikttypologie in ihrer Streitpraxis jeweils den desintegrativen Pol besetzen, sich also gerade nicht wie mustergültige Staatsbürger verhalten. Eine Verfassung kann, in dieser Hinsicht problemlos, Integrationsangebote machen oder an den Gemeinsinn appellieren. Was aber, wenn diese nicht verfangen? Können die Kriterien integrativer Konfliktaustragung verfassungsrechtlich verankert und bewehrt werden? Nach dem Legitimationsmuster: Mehrheit entscheidet (z.B. dass eine „abwehrbereite Demokratie" zu installieren sei), Minderheit kann ggf. die Entscheidung (hin zu einer libertären Demokratie) revidieren? Das Muster ist bekannt und wird weithin praktiziert, widerspricht jedoch der republikanisch-demokratischen Selbsterklärung und unterläuft die Reflexivität der Kriterien einer republikanisch-demokratischen Streitpraxis. Zur Begründung:

Gegenüber allen Individuen, auch solchen mit transzendenten Zielsetzungen bzw. unteilbaren Streitgegenständen, gilt in einer demokratischen Gesellschaft heterogener Werthaltungen das Prinzip der Nichtidentifikation. Die Verfassung, soll sie nicht die Ebene der Horizontalität verlassen, steht einer den Staatsbürgern vorgesetzten oder übergeordneten Werteverteidigung nicht ohne Selbstwiderspruch zur Verfügung. Das schließt nicht aus, dass sie versucht, unterschiedliche Positionen zu kompatibilisieren, nach dem Muster praktischer Konkordanz oder nicht-repressiver Toleranz.

Republikanisch-demokratische Verfassungen lassen ebenso wenig eine Privilegierung „politischer" Forderungen gegenüber nicht-politischen, ökonomischen, sozialen Interessen zu, wie sie Hannah Arendt vorschwebte. Längst haben vor allem die Kämpfe um die Lösungen der „Sozialen Frage", um Gleichheit und Differenz im Geschlechterverhältnis und um den Schutz der natürlichen Lebensgrundlagen diese Immunisierung öffentlicher Freiheit ad absurdum geführt. Sie illustrieren die republikanisch-demokratische Dynamik wie auch die nicht vorderhand ausschließbaren Risiken der unbegrenzten Selbstthematisierung und Politisierung in Gleichheits- oder besser Bürgergesellschaften.

Die Reflexivität der Kriterien einer integrativen Streitkultur schließt auch die Streitformen ein. Hier spielen Verfassungen nicht nur jene marginale Rolle, die ihnen häufig im Kontext der Internalisierung von Integrationsrisiken, im Sinne einer „sanften Konflikthege" zugewiesen wird. Ohne ihren Charakter als „paktierte Verfassung" oder praktizierte „grundlegende Konvention" zu kompromittieren, können sie auch in dieser Hinsicht flexible, mit dem Änderungsrisiko belastete Integrationsangebote als minima legalia des Streits unterbreiten. Zu diesen Angeboten gehören insbesondere die Institutionalisierung von Prozeduren, Arenen und Agenturen für das Aushandeln von Konflikten sowie die immer vorläufige Formulierung von Kriterien für die gerechte Verteilung umstrittener Güter.

Instruktiv für die vom Kampf um die Anerkennung von Protestformen geprägte Flexibilität und deren verfassungsrechtliche Wahrnehmung ist die Entwicklung der Rechtsprechung des Bundesverfassungsgerichts zu den Konnexgarantien politischer Kommunikation. Seit der Lüth-Entscheidung ist das Gericht, gewiss behutsam und keineswegs unlinear, aus dem Schatten der „abwehrbereiten Demokratie" wie einem engen liberalistischen Streitverständnis herausgetreten. In der Brokdorf-Entscheidung entfernt es sich vom liberalen Modell eines rein geistigen Wettbewerbs der Meinungen/Argumente mit der Legitimierung „nötigender Einwirkungen".[99] In den Sitzblockade-Entscheidungen differenziert es zwischen unfriedlichen Aktionen im Sinne von Art. 8 I GG und strafrechtswidrigen Protesten und tritt einer tatbestandlichen Ergänzung und Ausweitung der Gewaltnötigung (§ 240 StGB) entgegen.[100] Diese Entscheidungen lassen sich als Ansätze interpretieren, das Gewaltverbot seinerseits nicht zu substanzialisieren, sondern – in den Grenzen von Republik, Demokratie und Rechtsstaatlichkeit – reflexiv zu halten. Damit wird das bei den Trägern öffentlicher Gewalt konzentrierte Monopol legitimer Gewaltsamkeit keineswegs gebrochen, sondern zivilisiert, d.h. angeschlossen an die Macht einer demokratischen Gesellschaft, sich selbst in Frage zu stellen und mit unterschiedlichen Regierungsformen zu experimentieren.

Die Zivilisierung des staatlichen Gewaltmonopols folgt nicht einer positiven Anthropologie oder einem harmonistischen Bild des Lebens in Gemeinschaft, sondern auch hinsichtlich der Streitformen und Streitverhältnisse dem Prinzip der Nichtidentifikation und der Anerkennung der Doppelrolle von Staatsbürger und Rechtsperson. Nichtidentifikation besagt hier, dass auch die Protagonisten nicht nur missliebiger, sondern aller Wahrscheinlichkeit nach desintegrativer Positionen in ihrer Rolle als Staatsbürger ernst zu nehmen sind, selbst wenn sie ihre Rolle als Rechtspersonen grob verletzen. Mit der Folge, dass sich auch ihre definitive hoheitliche Ausbürgerung aus der politischen Öffentlichkeit als „Verfassungsfeinde" durch das Institut der Verwirkung von Grundrechten (Art. 18 GG) oder durch offizielle Verrufserklärungen namens einer werthaft-wehrhaften Demokratie ebenso verbietet wie etwa die Aberkennung des Wahlrechts für Straftäter. Umgekehrt sind den Verwaltern des Gewaltmonopols nicht die Hände gebunden, gegen diejenigen einzuschreiten, die durch (Straf-) Taten die Beziehungen der Gleichheit verletzen.

---

99 Vgl. BVerfGE 7, 198 (Lüth) und BVerfGE 69, 315/343 (Brokdorf).

100 BVerfGE 73, 206/248 (Mutlangen) und BVerfGE 92, 1/16ff. (Sitzblockade).

Insbesondere können sich diejenigen, denen lege artis schwere Verstöße gegen ihre Pflichten als Rechtspersonen zurechenbar sind, außerhalb der gesetzlichen Regelungen[101] nicht mit der Berufung auf ein vermeintliches Sonderrecht zur (politischen) Selbsthilfe entlasten.

Ein solches Minimalprogramm der Integration kann diejenigen nicht befriedigen, die von einer „gesetzten Verfassung" und einem vorgegebenen Wertekonsens bzw. einer Wertordnung aus Gründen der Sicherheit nicht abgehen möchten. Wer freilich an einem substanziellen Wertekonsens in wertheterogener Umwelt und der hoheitlichen Integration einer demokratischen Gesellschaft festhält, muss sich fragen lassen, ob nicht er es ist, der insgeheim den Traum einer durch imputierten Konsens und aufgedrängte Integration herstellbaren „Schönwettergesellschaft" träumt und wider alle historische Erfahrung hofft, die Risiken einer Bürgergesellschaft durch hoheitliches Integrationsmanagement zu entsorgen. Auf der Linie von de Tocquevilles Antwort: demokratischer Konsens plus gemeinsame Glaubens- oder Werthaltung (plus Staat). Im Unterschied dazu wird hier angeregt, das integrative Kapital, das sich im Zulassen und Durchstehen zivilisierter Kontroversen bilden kann, nicht vorab theoretisch zu verschleudern.

---

[101] Vgl. etwa §§ 32ff. StGB, 227ff. u. 856, 860 BGB.

Literatur

Alexy, Robert (1986): Theorie der Grundrechte. Frankfurt am Main: Suhrkamp

Arendt, Hannah (1960): Vita activa – Vom tätigen Leben. München: Piper

Arendt, Hannah (1963): Über die Revolution. München: Piper

Bäumlin, Richard (1965): Der schweizerische Rechtsgedanke. In: Zeitschrift des bernischen Juristenvereins 101. 81-102.

Behrens, Henning/ Noack, Paul (1984): Theorien der internationalen Politik. München: Deutscher Taschenbuch-Verlag

Bellah, Robert N./ Madsen, Richard/ Sullivan, William M./ Swidler, Ann/ Tipton, Steven M. (1985): Habits of the Heart. Individualism and Commitment in American Life. Berkeley [u.a.]: Univ. of California Press.

Böckenförde, Ernst-Wolfgang (1974): Grundrechtstheorie und Grundrechtsinterpretation. In: Neue Juristische Wochenzeitschrift 27, 35. 1529-1538

Böckenförde, Ernst-Wolfgang (1976): Die Entstehung des Staates als Vorgang der Säkularisation. In: Böckenförde, Ernst-Wolfgang (1976): Staat, Gesellschaft, Freiheit. Studien zur Staatstheorie und zum Verfassungsrecht. Frankfurt am Main: Suhrkamp. 42-64

Böckenförde, Ernst-Wolfgang (1995): Erfolge und Grenzen der Aufklärung. Acht Thesen. In: universitas 50. 720–726

Brink, Josef/ Keller, Rainer (1983): Politische Freiheit und strafrechtlicher Gewaltbegriff. In: Kritische Justiz 107-126

Brugger, Winfried 1990: Radikaler und geläuterter Pluralismus. In: Der Staat, Band 29. 497-520

Brugger, Winfried (1998): Kommunitarismus als Verfassungstheorie. In: Archiv des öffentlichen Rechts 123. 337-374

Brumlik, Micha/ Brunkhorst, Hauke (Hrsg.) (1993): Gemeinschaft und Gerechtigkeit. Frankfurt am Main: Suhrkamp

Bryde, Brun-Otto (1989): Ausländerwahlrecht und grundgesetzliche Demokratie. In: Juristenzeitung 44. 257-262

Bryde, Brun-Otto (1994): Die bundesrepublikanische Volksdemokratie als Irrweg der Demokratietheorie, Staatswissenschaften und Staatspraxis 5. 305-330

Castoriadis, Cornelius (1990): Die griechische Polis und die Schaffung der Demokratie. In: Rödel, Ulrich (Hrsg.) (1990): Autonome Gesellschaft und libertäre Demokratie. Frankfurt am Main: Suhrkamp. 298-328

Castoriadis, Cornelius (1990): Das Gebot der Revolution In: Rödel, Ulrich (Hrsg.) (1990): Autonome Gesellschaft und libertäre Demokratie. Frankfurt am Main: Suhrkamp. 54-88

Cobler, Sebastian (1985): Das Gesetz gegen die „Auschwitz-Lüge". In: Kritische Justiz. 353-374

Coser, Lewis Alfred (1972): Theorie sozialer Konflikte. Neuwied u.a.: Luchterhand

Dahrendorf, Ralf (1965): Gesellschaft und Demokratie in Deutschland. München: Piper

Dahrendorf, Ralf (1975): Soziale Klassen und Klassenkonflikt in der industriellen Gesellschaft. München: Piper

Delbrück, Jost (1996): Die Konstitution des Friedens als Rechtsordnung. Zum Verständnis rechtlicher und politischer Bedingungen der Friedenssicherung im internationalen System der Gegenwart. Berlin: Duncker & Humblot

Denninger Erhard (Hrsg.) (1977): Freiheitliche demokratische Grundordnung 2 Bde. Frankfurt am Main: Suhrkamp

Denninger, Erhard (1973/1979): Staatsrecht: Einführung in die Grundprobleme des Verfassungsrechts der Bundesrepublik Deutschland. Reinbek bei Hamburg: Rowohlt

Denninger, Erhard (1988): Der Präventionsstaat. In: Kritische Justiz 21.1–15.

Denninger, Erhard (1994): Menschenrechte und Grundgesetz. Zwei Essays. Weinheim: Beltz, Athenäum Verlag

Dubiel, Helmut (1994): Ungewißheit und Politik. Frankfurt am Main: Suhrkamp

Dubiel, Helmut (1997): Unversöhnlichkeit und Demokratie. In: Heitmeyer, Wilhelm (Hrsg.) (1997): Was hält die Gesellschaft zusammen? Frankfurt am Main: Suhrkamp. 425-446

Dürig, Günter (1956): Der Grundrechtssatz von der Menschenwürde. Entwurf eines praktikablen Wertsystems der Grundrechte aus Art. 1 Abs. 1 in Verbindung mit Art. 19 Abs. II des Grundgesetzes. In: Archiv des öffentlichen Rechts 81. H. 2. 117–157

Esser, Josef (1972): Vorverständnis und Methodenwahl in der Rechtsfindung. Rationalitätsgrundlagen richterlicher Entscheidungspraxis. Frankfurt am Main: Athenäum Fischer

Forst, Rainer (1994): Kontexte der Gerechtigkeit. Politische Philosophie jenseits von Liberalismus und Kommunitarismus. Frankfurt am Main: Suhrkamp

Forsthoff, Ernst (1971): Der Staat der Industriegesellschaft. München: Beck

Fraenkel, Ernst (1991): Deutschland und die westlichen Demokratien. Frankfurt am Main: Suhrkamp

Frankenberg, Günter (1977): Angst im Rechtsstaat. In: Kritische Justiz. 353-374

Frankenberg, Günter (1984): Ziviler Ungehorsam in der rechtsstaatlichen Demokratie. In: Juristische Zeitschrift. 266-275

Frankenberg, Günter (1985): Passive Resistenz ist keine Nötigung. In: Kritische Justiz. 301-324

Frankenberg, Günter (1989): Unordnung kann sein. In: Honneth, Axel/ McCarthy, Thomas/ Offe, Claus/ Wellmer, Albrecht (Hrsg.) (1989): Zwischenbetrachtungen. Im Prozeß der Aufklärung. Frankfurt am Main: Suhrkamp. 690-712

Frankenberg, Günter (1991²): Der zivile Ungehorsam auf dem Rechtsweg. In: Roth, Roland/ Rucht, Dieter (Hrsg.) (1991): Neue soziale Bewegungen in der Bundesrepublik Deutschland. Bonn: Bundeszentrale für politische Bildung. 524-538

Frankenberg, Günter (Hrsg.) (1993a): Auf der Suche nach der gerechten Gesellschaft. Frankfurt am Main: Fischer

Frankenberg, Günter (1993b): Zur Alchimie von Recht und Fremdheit. In: Balke, Friedrich et al. (Hrsg.) (1993): Schwierige Fremdheit. Über Integration und Ausgrenzung in Einwanderungsländern. Frankfurt am Main: Fischer. 41-67

Frankenberg, Günter (1996a): Why Care?: The Trouble With Social Rights. Cardozo Law Review 17. 1365-1390

Frankenberg, Günter (1996b): Die Verfassung der Republik. Baden-Baden: Nomos

Jellinek, Walter (1914³): Allgemeine Staatslehre. Berlin: Häring

Gauchet, Marcel (1990): Tocqueville, Amerika und wir. Über die Entstehung der demokratischen Gesellschaften: In: Rödel, Ulrich (Hrsg.) (1990): Autonome Gesellschaft und libertäre Demokratie. Frankfurt am Main: Suhrkamp. 123-206

Gebhardt, Jürgen/ Schmalz-Bruns, Rainer (Hrsg.) (1994): Demokratie, Verfassung und Nation. Die politische Integration moderner Gesellschaften. Baden-Baden: Nomos

Gebhardt, Jürgen (1993): Verfassungspatriotismus als Identitätskonzept der Nation. In: Aus Politik und Zeitgeschichte Beilage zur Zeitschrift Das Parlament B 14. 29-37

Gessner, Volkmar (1976): Recht und Konflikt. Bielefeld: Universität Bielefeld (Habilitationsschrift)

Giegel, Hans-Joachim (Hrsg.) (1998): Konflikt in modernen Gesellschaften. Frankfurt am Main: Suhrkamp

Gierke, Otto Friedrich von (1902): Das Wesen der menschlichen Verbände. Berlin: Buchdruckerei von G. Schade

Glotz, Peter (Hrsg.) (1983): Ziviler Ungehorsam im Rechtsstaat. Frankfurt am Main: Suhrkamp

Goerlich, Helmut (1973): Wertordnung und Grundgesetz. Baden-Baden: Nomos

Göldner, Detlef (1977): Integration und Pluralismus im demokratischen Verfassungsstaat. Tübingen: Mohr

Grimm, Dieter (1995): Braucht Europa eine Verfassung? München: Carl Friedrich von Siemens Stiftung

Gruter, Margaret/ Rehbinder, Manfred (Hrsg.) (1962): Ablehnung, Meidung, Ausschluß, 1986 und Nisbet, Community and Power. Duncker & Humblot

Guggenberger, Bernd /Meier, Christian (Hrsg.) (1994): Der Souverän auf der Nebenbühne. Essays und Zwischenrufe zur Deutschen Verfassungsdiskussion. Opladen: Westdeutscher Verlag

Günther, Klaus (1999): Welchen Personenbegriff braucht die Diskurstheorie des Rechts? In: Brunkhorst, Hauke/ Niesen, Peter (Hrsg.) (1999): Das Recht der Republik. Frankfurt am Main: Suhrkamp. 83-104

Krüger, Herbert (1964): Allgemeine Staatslehre. Stuttgart: Kohlhammer

Krüger, Herbert (1973): Die Verfassung als Programm der nationalen Integration. In: Blumenwitz, Dieter (Hrsg.) (1973): Festschrift für Friedrich Berber zum 75. Geburtstag. München: Beck. 247-272

Häberle, Peter (1975): Die offene Gesellschaft der Verfassungsinterpreten. In: Juristische Zeitschrift 30. 297–305

Habermas, Jürgen (1987): Geschichtsbewußtsein und posttraditionale Identität. In: Habermas, Jürgen (1987): Eine Art Schadensabwicklung. Kleine Politische Schriften VI. Frankfurt am Main: Suhrkamp. 159-179

Habermas, Jürgen (1992): Faktizität und Geltung. Frankfurt am Main: Suhrkamp

Habermas, Jürgen (1998): Die postnationale Konstellation. Frankfurt am Main: Suhrkamp

Haltern, Ulrich R. (1997): Integration als Mythos. In: Jahrbuch des öffentlichen Rechts 45. 31-88

Heitmeyer, Wilhelm (Hrsg.) (1997): Was hält die Gesellschaft zusammen? Frankfurt am Main: Suhrkamp

Hermes, Georg (1987): Das Grundrecht auf Schutz von Leben und Gesundheit. Heidelberg: Müller

Hesse, Konrad (1993[19]): Grundzüge des Verfassungsrechts der Bundesrepublik Deutschland. Heidelberg: Müller

Hirschman, Albert O. (1974): Abwanderung und Widerspruch. Tübingen: Mohr

Hirschman, Albert O. (1994): Wieviel Gemeinsinn braucht die liberale Gesellschaft? In: Leviathan 22. 2. 293-304

Hobbes, Thomas 1651 (1984): Leviathan oder Stoff, Form und Gewalt eines bürgerlichen Staates. Hrsg. u. eingeleitet von Iring Fetscher. Frankfurt am Main: Suhrkamp

Hobe, Stephan (1998): Der kooperationsoffene Verfassungsstaat. In: Zeitschrift für Staatslehre, öffentliches Recht und Verfassungsgeschichte 37. 521-546

Honneth, Axel (Hrsg.) (1993): Kommunitarismus. Eine Debatte über die moralischen Grundlagen moderner Gesellschaften. Frankfurt am Main/ New York: Campus

Honneth, Axel (1992): Kampf um Anerkennung. Frankfurt am Main: Suhrkamp

Honneth, Axel (1992): Grenzen des Liberalismus. In: Philosophische Rundschau 39. 29-45

Honneth, Axel (1993): Posttraditionale Gemeinschaften. In: Brumlik, Micha/ Brunkhorst, Hauke (Hrsg.): Gemeinschaft und Gerechtigkeit. Frankfurt am Main: Suhrkamp. 260-270

Ihering, Rudolf von (1974): Der Kampf ums Recht. Darmstadt: Wissenschaftliche Buchgesellschaft

Isensee, Josef (1973): Die staatsrechtliche Stellung der Ausländer in der Bundesrepublik Deutschland. In: Veröffentlichungen der Vereinigung deutscher Staatsrechtslehrer 39. Band 32. 49-148

Isensee, Josef (1981): Republik – Sinnpotential eines Begriffs. In: Juristenzeitung 36. 1-8

Isensee, Josef (1982): Die Friedenspflicht der Bürger und das Gewaltmonopol des Staates: Zur Legitimationskrise des modernen Staates. In: Müller, Georg/ Eichenberger, Kurt (Hrsg.) (1982): Staatsorganisation und Staatsfunktion im Wandel. FS für Kurt Eichenberger zum 60. Geburtstag. Basel: Helbing und Lichtenhahn. 23-40.

Isensee, Josef (1987): Staat und Verfassung. In: Isensee, Josef/ Badura, Peter/ Achterberg, Norbert/ Kirchhof, Paul (Hrsg.) (1987): Handbuch Staatsrecht I 19. Heidelberg: Müller. § 13

Kägi, Adolf (1945): Die Verfassung als rechtliche Grundordnung des Staates. Zürich: Weidemann

Kägi, Adolf (1961): Von der klassischen Dreiteilung zur umfassenden Gewaltenteilung. In: Verfassungsrecht und Verfassungswirklichkeit. Festschrift für Hans Huber. Bern: Stämple. 151–173

Karpen, Ulrich (1984): „Ziviler Ungehorsam" im demokratischen Rechtsstaat. In: Juristenzeitung 6. 39 Jg. 249-262

Métall, Rudolf Aladár (Hrsg.) (1974): 33 Beiträge zur reinen Rechtslehre. Wien: Europaverlag

Kelsen, Hans (1925): Allgemeine Staatslehre. Berlin: Duncker und Humblot

Kleger, Heinz/ Müller, Alois (Hrsg.) (1986): Religion des Bürgers. Zivilreligion in Amerika und Europa. München: Kaiser

Korioth, Stefan von (1990): Integration und Bundesstaat. Berlin: Duncker & Humblot

Kymlicka, Will (1993): Community. In: Goodin, Robert E./ Pettit, Philip (Hrsg.) (1993): A Companion to Contemporary Political Philosophy. Oxford: Blackwell Reference

Lefort, Claude/ Gauchet, Marcel (1990): Über die Demokratie. Das Politische und die Instituierung des Gesellschaftlichen. In: Rödel, Ulrich (Hrsg.) (1990): Autonome Gesellschaft und libertäre Demokratie. Frankfurt am Main: Suhrkamp. 89-122

Leggewie, Claus/ Meir, Horst (1995): Republikschutz. Reinbek bei Hamburg: Rowohlt

Lhotta, Roland (1998): Verfassungsreform und Verfassungstheorie. Ein Diskurs unter Abwesenden? In: Zeitschrift für Parlamentsfragen 29 (1). 159-179

Lübbe, Hermann (1981): Staat und Zivilreligion. Ein Aspekt politischer Legitimität. Wolfenbüttel: Lessing-Akademie

Luhmann, Niklas (1973): Politische Verfassungen im Kontext des Gesellschaftssystems (2. Teil). In: Luhmann, Niklas: Der Staat 12. Berlin: Duncker & Humblot

Luhmann, Niklas (1975^{2}): Legitimation durch Verfahren. Frankfurt am Main: Suhrkamp

Luhmann, Niklas (1981): Ausdifferenzierung des Rechts. Frankfurt am Main: Suhrkamp

Luhmann, Niklas (1995): Metamorphosen des Staates. In: Luhmann, Niklas (1995): Gesellschaftsstruktur und Semantik. Studien zur Wissenssoziologie der modernen Gesellschaft, Bd. 4. Frankfurt am Main: Campus. 101-137

Luhmann, Niklas (1997): Die Gesellschaft der Gesellschaft. Frankfurt am Main: Suhrkamp

MacIntyre, Alasdair (1987): Der Verlust der Tugend. Frankfurt am Main: Suhrkamp

Maunz, Theodor/ Zippelius, Reinhold (1998^{30}): Deutsches Staatsrecht. München: Beck

Meyer, Thomas (Hrsg.) (1989): Fundamentalismus in der modernen Welt. Die Internationale der Unvernunft. Frankfurt am Main: Suhrkamp

Mols, Manfred (1987^{7}): Integration. In: Görres-Gesellschaft (Hrsg.) (1987): Staatslexikon III. Freiburg im Breisgau: Herder

Morlok, Martin (1988): Was heißt und zu welchem Ende studiert man Verfassungstheorie? Berlin: Duncker & Humblot

Oberreuther, Manfred J. (1986): Konflikt und Konsens im politischen System der Bundesrepublik. In: Randelzhofer, Albrecht (Hrsg.) (1986): Konsens und Konflikt. Berlin, New York: de Gruyter

Oeter, Stefan (1988): Integration und Subsidiarität im deutschen Bundesstaatsrecht. Universität Heidelberg. Habilitationsschrift

Pernice, Ingolf (1993): Maastricht, Staat und Demokratie. In: Die Verwaltung 26. 449-488

Peters, Bernhard (1993): Die Integration moderner Gesellschaften. Frankfurt am Main: Suhrkamp

Podlech, Adalbert (1970): Wertungen und Werte im Recht. In: Archiv des öffentlichen Rechts 95. 185-223

Preuß, Ulrich K. (1973): Legalität und Pluralismus. Frankfurt am Main: Suhrkamp

Preuß, Ulrich K. (1979): Die Internalisierung des Subjekts. Frankfurt am Main: Suhrkamp

Preuß, Ulrich K. (1991): Zu einem neuen Verfassungsverständnis. In: Guggenberger, Bernd/ Stein, Tine (Hrsg.): Die Verfassungsdiskussion im Jahr der deutschen Einheit. München: Hanser. 38-65

Putnam, Robert/ Leonardi, Robert/ Nanetti, Raffaella (1993): Making Democracy Work. Princeton, NJ: Princeton University Press

Randelzhofer, Albrecht (Hrsg.) (1984): Konsens und Konflikt. 35 Jahre Grundgesetz. Berlin: de Gruyter

Rawls, John (1992): Die Idee des politischen Liberalismus. Aufsätze 1978-1989. Frankfurt am Main: Suhrkamp

Riedel, Manfred (1975): Gesellschaft, Gemeinschaft. In: Brunner et al. (Hrsg.): Geschichtliche Grundbegriffe. Historisches Lexikon zur politisch-sozialen Sprache in Deutschland. Bd. II. Stuttgart: Klett

Rödel, Ulrich (Hrsg.) (1990): Autonome Gesellschaft und libertäre Demokratie. Frankfurt am Main: Suhrkamp

Rödel, Ulrich/ Frankenberg, Günter/ Dubiel, Helmut (1989): Die demokratische Frage. Frankfurt am Main: Suhrkamp

Röhl, Klaus F. (1987): Rechtssoziologie. Köln: Heymann

Scharpf, Fritz W. (1970): Demokratietheorie zwischen Utopie und Anpassung. Konstanz: Universitätsverlag

Scheuner, Ulrich (1978): Staat. In: Ders. (Hrsg.) (1987): Staatstheorie und Staatsrecht. Berlin: Duncker & Humblot

Scheuner, Ulrich (1976): Konsens und Pluralismus. In: Jakobs, Günther (Hrsg.) (1976): Rechtsgeltung und Konsens. Berlin: Duncker & Humblot

Schmitt, Carl (1928): Verfassungslehre. Berlin: Duncker & Humblot

Schmitt, Carl (1934): Über die drei Arten rechtswissenschaftlichen Denkens. Hamburg: Hanseatische Verlagsanstalt

Schmitt, Carl (1991^{3}): Der Begriff des Politischen. Berlin: Duncker & Humblot

Schneider, Peter (1998): Es genügt nicht, Menschenfleisch herzustellen. Ein Portrait des Rechtshistorikers und Psychoanalytikers Pierre Legendre. In: Frankfurter Rundschau 2./3.10.1998. ZB 3
Scholz, Rupert (1983): Rechtsfrieden im Rechtsstaat. In: Neue Juristische Wochenschrift 36. 705-712
Schulze-Fielitz, Helmut (1996): Art. 5 I, II. In: Dreier, Horst (Hrsg.) (1996): Grundgesetz. Kommentar. Tübingen: Mohr
Schuppert, Gunnar Folke (1995): Rigidität und Flexibilität von Verfassungsrecht. Überlegungen zur Steuerungsfunktion von Verfassungsrecht in normalen wie in „schwierigen Zeiten", Archiv für Öffentliches Recht. Band 120. 32-99
Schuppert, Gunnar Folke (1994): Zur Staatswerdung Europas. Staatswissenschaft u. Staatspraxis. Baden-Baden: Nomos
Seifert, Jürgen (1974): Haus oder Forum. Wertsystem oder offene Verfassungsordnung. In: Habermas, Jürgen (Hrsg.) (1974): Stichworte zur „Geistigen Situation der Zeit" Bd. I: Nation und Republik. Frankfurt am Main: Suhrkamp. 321-339
Simmel, Georg (1908): Soziologie. Leipzig: Duncker & Humblot
Smend, Rudolf (1928): Verfassung und Verfassungsrecht. München: Duncker & Humblot
Smend, Rudolf (1994^3): Verfassung und Verfassungsrecht. In: Smend, Rudolf (Hrsg.) (1994): Staatsrechtliche Abhandlungen und andere Aufsätze. Berlin: Duncker & Humblot. 119-276
Stern, Klaus (1977): Das Staatsrecht der Bundesrepublik Deutschland. Bd. I. München: Beck
Sternberger, Dolf (1990): Verfassungspatriotismus. Frankfurt am Main: Insel
Stichweh, Klaus (1998): Differenz und Integration in der Weltgesellschaft. In: Giegel, Hans-Joachim (Hrsg.) (1998): Konflikt in modernen Gesellschaften. Frankfurt am Main: Suhrkamp
Teubner, Gunther (1989): Recht als autopoietisches System. Frankfurt am Main: Suhrkamp
Thelen, Markus (1997): Demokratie, Grundkonsens und politischer Pluralismus. Aachen, Mainz: Universität Aachen (Dissertation)
Tocqueville, Alexis de (1984): Über die Demokratie in Amerika. München: Deutscher Taschenbuchverlag
Vorländer, Hans (1981): Verfassung und Konsens. Der Streit um die Verfassung in der Grundlagen- und Grundsatzdiskussion der Bundesrepublik Deutschland. Berlin: Duncker & Humblot
Zahlmann, Christel (Hrsg.) (1992): Kommunitarismus in der Diskussion. Berlin: Rotbuch

Vier normative Konzepte von Integration qua Verfassung

Gary S. Schaal

Die Frage nach der Integration von Gesellschaften ist eine klassische Frage der Soziologie.[1] Sie hat jedoch in den letzten Jahren einen erheblichen Bedeutungszuwachs in Form der spezifischeren Frage nach der Integrationsfähigkeit moderner Demokratien erfahren. Den Krisendiagnosen der 1960er und 1970er Jahre nicht unähnlich, wird postuliert, dass sich moderne Gesellschaften in einer Integrationskrise befinden, welche die Stabilität und den Bestand westlicher Demokratie nachhaltig in Frage stellen. Doch anders als in den siebziger Jahren, als vor allem linke Theoretiker auf das Krisenpotenzial hinwiesen, das aus den Legitimationsdefiziten spätkapitalistischer Demokratien resultieren sollte,[2] wird ein „Werteverfall" in den neunziger Jahren sogar „von den hohen Zinnen der etablierten Politik selbst"[3] diagnostiziert. Während rückblickend die Krisendiagnosen der sechziger und siebziger Jahre als empirisch nicht zutreffend zurück gewiesen werden konnten,[4] sollte die Diagnose der zeitgenössischen Integrationskrise ernst genommen werden. Die Relevanz der unterstellten Integrationskrise findet ihre Entsprechung in einer Vielzahl von Publikationen, die sich in jüngster Vergangenheit diesem Thema zuwenden.[5] Über die Frage „Was hält die Gesellschaft zusammen?" über jene „Was treibt die Gesellschaft auseinander?"[6] wird der Bogen gespannt bis hin zu dem eher pessimistisch stimmenden Resümee: „Sind hochindividualisierte Gesellschaften überhaupt noch integrierbar?"[7]

Als ein wichtiger Integrationsfaktor wird innerhalb der zeitgenössischen politischen Theorie die Verfassung identifiziert.[8] In dem vorliegenden Aufsatz soll eine Bestandsaufnahme der Konzeptionen von Integration qua Verfassung vorgenommen werden, wie sie in der zeitgenössischen normativen politischen Theorie diskutiert werden.[9] Da die Frage nach der Integration moderner Demokratien eine sozio-

---

1 Siehe hierzu bereits die Arbeiten von Durkheim (1893/1992) und Tönnies (1887/1963).

2 Vgl. Kaase/ Newton (1994) für einen knappen und präzisen Überblick über diese Krisendiagnosen.

3 Buchstein/ Schmalz-Bruns (1994: 299).

4 So nach umfassender empirischer Analyse Klingemann/ Fuchs (1995).

5 Vgl. jeweils mit weiteren Nachweisen Putnam (2000), Pharr/ Putnam (2000), Friedrichs/ Jagodzinski (1999), Giegel (1998), Heitmeyer (1997 a, b), Gebhardt/ Schmalz-Bruns (1994) und Beck/ Gernsheim (1994).

6 So die Titel der von Heitmeyer (1997 a, b) herausgegebenen Sammelbände.

7 Beck/ Beck-Gernsheim (1994: 33).

8 Vgl. mit weiteren Nachweisen Schuppert/ Bumke (2000), Vorländer (1981; 1999: 82) sowie Schaal (2000, 2001). Vielzitierte Ausnahme ist der Verfassungsjurist Ulrich R. Haltern (1998), der von „Integration als Mythos" spricht oder Niklas Luhmann (1995), der die These vertritt, dass die Vertextung des Staates ihr Ende gefunden hat.

9 Vgl. für systemtheoretische Analysen Fuchs (1992), Luhmann (1997) und Schimank (1999).

logische Frage ist, werden daher zunächst zeitgenössische empirisch-soziologische Beiträge zur Konzeptionalisierung von Integration betrachtet. Diese Analysen zeigen, dass die empirisch informierten Antworten der Soziologie eher geringe Erklärungskraft besitzen, da einerseits das Konzept der Integration analytisch komplex ist und eine empirisch tragfähige Operationalisierung deshalb erst in Ansätzen vorliegt. Andererseits akzentuiert die empirische Sozialforschung die *deskriptive* Dimension von Integration und vernachlässigt dabei die notwendigerweise immer vorhandene *normative* Dimension. Dies motiviert die soziologisch informierte Analyse normativer Konzepte der Integration qua Verfassung, wie sie in der zeitgenössischen politischen Theorie diskutiert werden.

Im Zentrum dieses Aufsatzes steht dann die kritische Rekonstruktion von vier Modi von Integration qua Verfassung: Integration qua Neutralität, Integration qua Wertkonsens, Integration qua Diskurs und Integration qua Konflikt. Es wird deutlich, dass Integration in allen vier Modi als eine spezifische Erscheinungsform von Konsens konzeptionalisiert wird. Trotz dieser Gemeinsamkeit erscheint eine überzeugende, d.h. theoretisch-konzeptionell konsistente Synthese der vier Modi jedoch nur in Ansätzen möglich zu sein. Daher wird in den abschließenden Überlegungen die These vorgestellt, dass *eine* mögliche Perspektive des Integrationskonzeptes darin besteht, sich von einem eher essenzialistischen Verständnis von Integration – wie von zumindest zwei Modellen vertreten wird - zu lösen und stärker die gesellschaftlichen Diskurse über die Eigenwahrnehmung der gesellschaftlichen Integriertheit in den Blick zu nehmen.

1 Das Konzept der Integration – empirisch informierte soziologische Perspektiven

Integration gilt als ein zentrales analytisches Konzept innerhalb der Soziologie.[10] Mit den inzwischen zu Klassikern der modernen politischen und soziologischen Theoriebildung avancierten Arbeiten von Durkheim (1893/1992), Tönnies (1887/1963) und Parsons (1969; 1971) liegen theoretisch und methodisch elaborierte Ansätze vor, an die – zumindest prima facie – konzeptionell angeschlossen werden könnte.[11] Die zeitgenössische soziologische, politologische und rechtswissenschaftliche Debatte hat sich von diesen Konzepten zwar inspirieren lassen, es jedoch zugleich versäumt, sie systematisch weiter zu entwickeln.[12]

---

10 Vgl. grundlegend für den folgenden Abschnitt die Beiträge von Friedrichs/ Jagodzinski (1999), Fuchs (1999), Münch (1997), Heitmeyer (1997 a, b) und Peters (1993).

11 Dies sind die Dualismen von mechanischer und organischer Integration (Durkheim), wertmäßiger Integration der Gemeinschaft und Verrechtlichung der Gesellschaft (Tönnies) sowie Systemintegration und Sozialintegration (Parsons).

12 Sieht man von dem Konzept der Integration in den Internationalen Beziehungen und den Studien zur Europäischen Integration ab (vgl. Jachtenfuchs/ Kohler-Koch 1996), so ist die Zahl jener Studien, die einen expliziten Begriff von Integration entwickeln, eher niedrig. Hierzu gehören u.a. die Arbeiten von David Lockwood (1964), Talcott Parsons (1969; 1971), Jürgen Habermas (1981: 182-296), Bernhard Peters (1993) und Richard Münch (1997). Der einzige dem Verfasser

Münch resümiert auf Basis einer umfassenden Sichtung soziologischer Integrationskonzepte, dass eine tragfähige, d.h. hinreichend komplexe Theorie der Integration moderner Gesellschaften noch nicht vorliegt.[13] Mehr noch, der Bedeutungsgehalt zeitgenössischer Konzeptionen von Integration diversifiziert sich zunehmend.[14] Dies lässt sich darauf zurückführen, dass Integration notwendigerweise ein zweidimensionales Konzept ist. Auf der deskriptiven Dimension beschreibt es die Verfasstheit einer gegebenen Gesellschaft oder Gemeinschaft. Integration steht daher immer in einem dialogischen Verhältnis zu einer empirischen Beschreibung einer Gesellschaft, die als zutreffend angenommen wird. Wird diese empirische Diagnose in Frage gestellt, sinkt die Plausibilität des korrespondierenden Integrationsverständnisses.

Andererseits ist Integration *normativ imprägniert.* Integrationskonzepte basieren in der Regel auf einer Vielzahl von versteckten normativen Prämissen. Diese „shadow theories"[15] beeinflussen die Anschlussfähigkeit jeder Integrationskonzeption. Als normativer Erfolgsbegriff[16] stellt Integration Standards der Bewertung der Verfasstheit einer Gesellschaft oder Gemeinschaft zur Verfügung. In der Regel erfolgt innerhalb der zeitgenössischen Integrationstheorien eine Konfundierung beider Dimensionen dergestalt, dass die Deskription der empirischen Verfasstheit nicht losgelöst von den normativen Bewertungsstandards erfolgt. Diese konzeptionellen Schwierigkeiten zeigen sich besonders deutlich bei der wohl elaboriertesten zeitgenössischen Integrationstheorie, dem Ansatz von Peters.[17] Peters muss seiner Integrationstheorie die Gestalt einer Gesellschaftstheorie geben, um sowohl der Komplexität des Integrationskonzepts als auch seinen normativen Prämissen hinreichend Rechnung zu tragen. Insofern hat Peters einen beeindruckenden Beitrag zur Gesellschaftstheorie unter besonderer Berücksichtigung der Frage der Integration geleistet, aber kein Integrationskonzept entwickelt, das im Sinne von Rawls eine „freestanding theory" wäre.[18]

Die normative Imprägnierung des Integrationskonzepts ist vielfältig, den meisten Theorien eigen ist jedoch die normativ positive Konnotation von Integration. Ein spezifisches Mehr an Integration ist immer einem Weniger an Integration vorzuziehen, keine Integration führt eine Gesellschaft in Chaos, Anarchie und Zerstörung.[19] Die Normativität wird darüber hinaus häufig an funktionale Argumente gekoppelt. Die Integration einer Gesellschaft ist – um eine Auswahl zu nennen – notwendige Voraussetzung für die Stabilität des politischen Systems,[20] für die Qua-

---

bekannte Beitrag, der Integration empirisch operationalisiert, stammt von Dieter Fuchs (1999). Er stellt die Referenzgröße für die empirische Analyse dar.

13 Münch (1997: 103-105).

14 Friedrichs/ Jagodzinski (1999) und Peters (1993).

15 Dahl (1989: 3).

16 Vgl. Peters (1993: 92-95).

17 Peters (1993).

18 Rawls (1993: 13).

19 So Heitmeyer (1997b: 30-31).

20 Parsons (1969; 1971) und Easton (1975).

lität der Demokratie,[21] für die Ausbildung authentischer Persönlichkeiten[22] etc. Damit ist Integration immer ein normativer Erfolgsbegriff, der auf ein spezifisches gesellschaftliches Ziel oder einen Zustand hin steuert, in diesem Sinne jedoch prozessual und nicht statisch verstanden werden muss.

Da Integrationstheorien Aussagen über die empirische Verfasstheit einer Gesellschaft treffen wollen (und treffen), müssen sie in der Lage sein, Indikatoren anzugeben, um den Grad an Integration empirisch spezifizieren zu können. Doch was soll beobachtet werden, Einstellungen, Handlungen oder beides? Dies ist die Scheidelinie zwischen einem eher auf soziale Praxis zielenden handlungstheoretischen Integrationskonzept und einem eher von der empirischen Umfrageforschung kommenden Konzept der Integration als spezifischen Einstellungskomplexen bei den Bürgern. Beide Ebenen können für eine Integrationskonzeption sinnvoll sein, obwohl sind sie konzeptionell sehr unterschiedlich sind.

Die Betrachtung von soziologischen Konzepten der gesellschaftlichen Integration verdeutlicht, dass im Konzept der Integration deskriptive und normative Komponenten unaufhebbar miteinander verwoben sind. Um den normativen Gehalt von Integration angemessen in den analytischen Blick zu nehmen, erscheint es daher durchaus sinnvoll, normative politische Theorien auf ihr Integrationsverständnis hin zu befragen.

2 Vier Modi der Integration qua Verfassung

Im folgenden werden zeitgenössische normative politische Theorien auf ihr Verständnis von Integration qua Verfassung befragt, da eine große – vielleicht sogar die größte – Integrationshoffnung im zeitgenössischen Integrationsdiskurs auf Verfassungen ruht. Es können vier Modi der Integration identifiziert werden: Integration qua Neutralität, qua Wertkonsens, qua Diskurs und qua Konflikt.

Die Darstellung der vier Modi folgt einem einheitlichen Strukturierungsschema: Die Vorstellung von Integration qua Verfassung setzt zunächst eine spezifische Wahrnehmung gesellschaftlicher Desintegrationsprozesse voraus. Die Diagnosen, „was treibt die Gesellschaft auseinander“ werden im ersten Abschnitt dargestellt (a). „Was hält moderne Gesellschaften zusammen?“ Eine Antwort auf diese Frage sind Verfassungen. Warum sie integratives Potenzial besitzen und welches ihre integrativen Mechanismen sind, wird im zweiten Abschnitt diskutiert (b). Abschließend wird jeder Integrationsmodus einer immanenten Kritik unterzogen (c).

---

21 Michelman (1988) und Barber (1994).

22 Taylor (1988; 1994).

2.1 Integration qua Neutralität: Der Politische Liberalismus[23]

Die Vorstellung von Integration qua Neutralität rekurriert auf Überlegungen des politischen Liberalismus.[24] Die zentrale These lautet, dass Verfassungen dann integrierend wirken, wenn sie von einem „overlapping consensus" getragen werden. Dieser wird genau dann ausgebildet, wenn die Verfassung die institutionelle Konkretisierung eines anspruchsvollen theoretischen Gerechtigkeitsprogramms ist.[25]

a) Als Ursache gesellschaftlicher Desintegrationsprozesse erkennt der politische Liberalismus das *Faktum des Pluralismus,* das heißt die Tatsache, dass innerhalb einer Gesellschaft eine Vielzahl von *vernünftigen* Konzeptionen des guten Lebens existieren, die nur noch einen kleinen Bereich überlappender ethischer Werte teilen. Dieser Pluralismus ist westlichen Demokratien empirisch eingeschrieben. Diese These wird durch empirisch-historisches Wissen gestützt; ähnlich der Argumentation von Dahl (1989), der von „modern, dynamic, pluralist societies" spricht und die Pluralisierung als historisches Faktum begreift, geht Rawls davon aus, dass unter Bedingungen garantierter Grundrechte und -freiheiten die Pluralisierung weiter zunehmen wird. Sein normatives Argument schließt an die Idee der wechselseitigen Anerkennung der Bürger als Freie und Gleiche an. Kollektiv bindende Konzeptionen des Guten (Lebens) könnte ein demokratischer Staat nur noch mittels repressiver Zwangsmaßnahmen durchsetzen. Das letzte Argument bezeichnet Hinsch als eines „*epistemologischer* Art".[26] Es basiert auf dem komplexen Zusammenspiel der *Bürden der Vernunft* mit der prinzipiellen Komplexität von Entscheidungen.[27]

---

[23] Vgl. einführend Mulhall/ Swift (1996) und Niesen (1999).

[24] Vgl. Rawls (1992; 1993), Ackerman (1980; 1983; 1989; 1990) und Larmore (1994). Die Rekonstruktion von Rawls schließt sich Forst (1994) insofern an, als dass zwischen „Eine Theorie der Gerechtigkeit" (1971) und „Politischer Liberalismus" (1993) nicht nur graduelle Veränderungen, sondern gravierende Veränderungen in der Theoriearchitektur identifiziert werden. Obwohl Rawls (1993) die Gültigkeit seiner Theorie von Gerechtigkeit als Fairness weiterhin voraussetzt, scheint die Relevanz der heuristischen Gerechtigkeitskonstruktion (Schleier des Nichtwissens, Urzustand) im Vergleich zu den intuitiven und in der amerikanischen Gesellschaft latent vorhandenen Gerechtigkeitsvorstellen eindeutig in den Hintergrund zu treten. Der politische Liberalismus von Rawls ist nicht mehr universalistisch und gerechtigkeitstheoretisch dekontextualisiert, wie es seine „Theorie der Gerechtigkeit" (1971) noch war, sondern eher kontextspezifisch.

[25] Das Begründungsmodell von Rawls ruht auf zwei Säulen: Einerseits der normativen Fundierung in gerechtigkeitstheoretischen Überlegungen, andererseits den intuitiven Gerechtigkeitsstandards, die in der politischen Kultur der Vereinigten Staaten vorhanden sind. Das scheinbare Oszillieren in der Frage, ob der Verfassungskonsens durch eine Verfassung erst ausgebildet wird oder die Verfassung selbst Ausdruck eines Konsens ist, resultiert aus dieser zweifachen Fundierung der Rawlsschen Gerechtigkeitstheorie. Vgl. Mewes (1999) für eine ausführlichere Darstellung über den Zusammenhang von politischem Liberalismus, politischer Kultur und integrativer Kraft der amerikanischen Verfassung.

[26] Hinsch (1992: 24).

[27] Rawls führt hierzu sechs Gründe an: „(1) die Widersprüchlichkeit und Vieldeutigkeit empirischer Befunde; (2) die Möglichkeit, Befunde hinsichtlich ihrer Konsequenzen unterschiedlich zu gewichten; (3) die offenen Grenzen des korrekten Gebrauchs von Begriffen; (4) die Abhängigkeit der Beurteilung und Gewichtung von Sachverhalten vom jeweils besonderen individuellen Erfahrungshintergrund; (5) die Schwierigkeit, zu einer vernünftigen Entscheidung zu gelangen, wenn

b) Warum wird ein integrativer Verfassungskonsens ausgebildet, wenn die zentralen Verfassungsinhalte ethisch neutral sind? Die Verfassung wird von einem *overlapping consensus* getragen, da sie einerseits die institutionelle Konkretisierung der Ergebnisse eines heuristischen Verfahrens zur Bestimmung von Gerechtigkeitsstandards darstellt. Im Anschluss an die klassische Vertragstheorie konstruiert Rawls als *heuristische Fiktion* einen Urzustand, indem die Vertragsparteien hinter einem „Schleier des Nichtwissens" über die Prinzipien einer gerechten Gesellschaft verhandeln. Der Schleier des Nichtwissens in Verbindung mit der Annahme des methodologischen Individualismus führt dazu, dass selbst „ein Volk von Teufeln" (Kant) eine gerechte Gesellschaftsordnung konstruieren würde. Das Ergebnis dieses Modells sind die beiden hinlänglich bekannten Gerechtigkeitsprinzipien.[28] Verfassungen besitzen daher genau dann integrative Wirkung, wenn sie institutionelle Spezifikationen dieser beiden Gerechtigkeitsstandards sind. Die Konstruktion des Urzustandes soll zwar die normative Akzeptabilität einer gerechten Grundordnung erhöhen,[29] ob dies jedoch zu ihrer faktischen Akzeptanz führt, ist fraglich.[30] Daher führt Rawls eine zweite, eher auf Akzeptanz denn auf normativer Akzeptabilität zielende, Ressource des overlapping consensus ein. Diese zweite Quelle resultiert aus der theoretischen Übersetzung intuitiver und in der amerikanischen Gesellschaft (latent) vorhandener Vorstellungen von Gerechtigkeit in Verfassungsrecht. Die normativ-theoretischen Gerechtigkeitsstandards werden von Rawls mit den gesellschaftlich eingespielten, intuitiven Gerechtigkeitsvorstellungen engmaschig verwoben, z.B. über die Argumentationsfigur des Überlegungsgleichgewichtes. Diese doppelte Fundierung der zentralen Verfassungsinhalte sichert erst die faktische Ausbildung eines overlapping consensus.

Einen zentralen Beitrag zur Konsensbildung leistet der sektorale Zuschnitt des Konsensbereiches, der gerechtigkeitstheoretisch begründet wird. Verfassungen regeln ausschließlich den Bereich des Politischen. Rawls rekurriert hierfür auf das Faktum des Pluralismus *vernünftiger* Lebenskonzeptionen. Da eine Vielzahl vernünftiger Lebenskonzeptionen besteht und diese – da sie den liberalen Test der Universalisierbarkeit bestanden haben – gerechtigkeitstheoretisch denselben Anspruch auf die Möglichkeit ihrer Realisierung besitzen, darf der Staat einerseits

---

für jede Alternative gewichtige, aber miteinander inkommensurable moralische Gründe angeführt werden; (6) die Tatsache, dass aufgrund des gewissermaßen begrenzten gesellschaftlichen Raumes kein System von Institutionen alle moralischen und politischen Werte uneingeschränkt verwirklichen kann" (Rekonstruktion von Hinsch (1992: 24)). Ähnlich auch Forst (1994: 73): „Alle diese Ursachen führen zu normativen Konflikten, die weder auf der Basis theoretischer noch praktischer Vernunft eindeutig zu entscheiden sind; innerhalb der Grenzen der Gerechtigkeit ist somit mit unauflöslichen und doch nicht unvernünftigen Meinungsverschiedenheiten zu rechnen".

28 1. „Each person is to have an equal right to the most extensive total system of equal basic liberties compatible with a similar system of liberty for all." 2. „Social and economic inequalities are to be arranged so that they are both (a) to the greatest benefit of the least advantaged, and (b) attached to offices and positions open to all under conditions of fair equality and opportunity" (Rawls 1971: 302). Vgl. die Einleitung von Kymlicka (1990) für eine Neubewertung des relativen Stellenwertes der beiden Gerechtigkeitsstandards zueinander.

29 Habermas (1996: 79-83).

30 Vgl. in diesem Sinne Mulhall/ Swift (1996: 179).

keine Konzeption in ihrer Entfaltung hindern, andererseits aber auch keine explizit bevorzugen. Daher muss eine Verfassung neutral hinsichtlich der rivalisierenden vernünftigen Konzeptionen des guten Lebens sein, da sie ansonsten keinen allgemeinen Konsens auf sich vereinen würde.[31] Deshalb darf sie auch nur das Politische regeln. Da sich im Politischen jedoch moralische und ethische Diskurse vermischen, nimmt Rawls eine weitere Restriktion vor: Um seine Neutralität zu wahren, gelten im Verfassungsdiskurs ausschließlich moralische Argumente, d.h. solche, die im gleichmäßigen Interesse aller Mitglieder der politischen Gemeinschaft liegen.

Vor diesem Hintergrund ist es Rawls möglich, zentrale Verfassungsinhalte zu spezifizieren, die in dem oben genannten Sinne neutral sind. Vernünftige Konzeptionen des guten Lebens benötigen spezifische *primary goods*, um realisiert werden zu können. Die Stammliste der Grundgüter umfaßt fünf Rubriken: „- Grundrechte und Grundfreiheiten (…); - Freizügigkeit und freie Berufswahl vor dem Hintergrund vielfältiger Möglichkeiten; - Befugnisse und Zugangsrechte zu Ämtern und Positionen innerhalb der politischen und ökonomischen Institutionen der Grundstruktur; - Einkommen und Besitz (...); - die sozialen Grundlagen der Selbstachtung".[32] Sie setzen sich auf spezifische Art und Weise in die zentralen Verfassungsinhalte um: Gewaltenteilung, das Recht zu wählen und in der Politik zu partizipieren, die konkrete Ausgestaltung des Mehrheitsprinzips, der Schutz des fairen Wertes der politischen Freiheitsrechte, Gewissens-, Versammlungs- und Meinungsfreiheit sowie der Schutz der Rechtsstaatlichkeit.[33]

Die Frage der motivationalen Ressourcen der Unterstützung des overlapping consensus ist – allen normativen Argumentationsleistungen zum Trotz - letztlich jedoch die zentrale Determinante der Integrationsleistung. Dies wird auch von Rawls so gesehen, der diesbezüglich zwei Kernfragen identifiziert: „Die erste lautet, ob Menschen, die unter gerechten Institutionen (...) aufwachsen, normalerweise einen hinreichend starken Gerechtigkeitssinn entwickeln, so dass sie sich im Allgemeinen diesen Institutionen fügen. Die zweite Frage ist, ob angesichts (...) der Tatsache eines vernünftigen Pluralismus die politische Konzeption zum Fokus eines übergreifenden Konsenses werden kann".[34] Die erste Frage kann laut Rawls von der politischen Philosophie nicht beantwortet werden. Kompetent ist hierfür auf theoretischer Ebene die Moralpsychologie, ansonsten handelt es sich um eine empirisch zu beantwortende Frage.[35] Die zweite Frage fällt für Rawls in den Zuständigkeitsbereich philosophischen Räsonierens. Er geht davon aus, dass sich ein overlapping consensus entwickelt, er scheint jedoch eher unentschieden, welche akzeptanzerhöhende Leistung für sich selbst der Konsens empirisch erbringt beziehungsweise normativ erbringen sollte. Einerseits muss er neutral sein, damit er von allen vernünftigen Konzeptionen des guten Lebens akzeptiert wird. Anderer-

31 Vgl. ausführlicher zur Frage der Integrationsperformanz ethisch neutraler Verfassungen Schaal (1999).

32 Rawls (1998: 275).

33 Vgl. Rawls (1992: 344) sowie Hinsch (1992: 30).

34 Rawls (1998: 228).

35 Rawls (1998: 228ff.).

seits geht Rawls davon aus, dass er die Weltsichten (comprehensive doctrins) dahingehend verändern soll, dass sie zumindest die Prinzipien des liberalen Verfassungsstaates akzeptieren.[36]

Durch die Beschränkung auf das Politische konkretisiert eine Verfassung den prozeduralen Gerechtigkeitsrahmen einer stabilen Demokratie. Daher kann der politische Liberalismus hinsichtlich der Integrationsleistung von Verfassungen genau jene Prinzipien, Normen und Prozeduren benennen, die integrative Leistungen erbringen. Eine erfolgreich integrierte Gesellschaft ist gleichzeitig stabil und gerecht.

c) So elegant die Neutralität des Verfassungsrechts das Problem pluralistischer Konzeptionen des guten Lebens zunächst zu lösen scheint, so resultieren doch einige theoretische und empirische Herausforderungen aus diesem Ansatz.

Der Integrationserfolg ruht im Politischen Liberalismus maßgeblich auf zwei Säulen: Philosophisch auf der Akzeptabilität der zwei Gerechtigkeitsprinzipien und empirisch auf der Ausbildung eines die Verfassung tragenden overlapping consensus, wobei beide Fragen nicht unabhängig voneinander sind.[37] Damit Bürger rationale Einsicht in die Akzeptabilität der Gerechtigkeitsprinzipien entwickeln können, müssen sie einen Gerechtigkeitssinn entwickelt haben. Die Ausbildung dieses Gerechtigkeitssinns ist – wie oben gezeigt – für Rawls eine empirische Frage. Gleichwohl ist der Gerechtigkeitssinn innerhalb des Begründungsprojektes in eine zentrale Position aufgerückt, da die politische Konzeption des Bürgers zwei moralische Qualitäten normativ voraussetzt: Die Befähigung zu einer Konzeption des Guten und einen Gerechtigkeitssinn. Es erscheint zumindest problematisch, die Geltung der Theorie letztlich an ein empirisches Faktum zu binden. Das Vorhandensein eines Gerechtigkeitssinns vorausgesetzt, wird die Akzeptanz des overlapping consensus von seiner Akzeptabilität und normativen Geltung beeinflusst. Doch scheint die Trennung zwischen privat und öffentlich bzw. zwischen politisch und sozial selbst nicht moralisch begründet zu sein, woraus für Kritiker eine Schwächung der Akzeptabilität resultiert.[38] Darüber hinaus optimiert Rawls die empirische Stabilität einer Gesellschaft durch die Rücknahme der Geltung des zweiten Gerechtigkeitsgrundsatzes, da dieser kein zentraler Verfassungsinhalt mehr ist und somit auch nicht vom overlapping consensus getragen werden muss.[39] Somit stehen Gerechtigkeit und Integration (im Sinne von Stabilität) in einem Konkurrenzverhältnis.[40]

Der Politische Liberalismus bekommt darüber hinaus nicht in den Blick, dass er hinsichtlich der sozio-moralischen Dispositionen und Einstellungen der Bürger

---

36 Rawls (1993: 163).

37 Die Akzeptabilität war zentraler Streitpunkt innerhalb der äußerst intensiven Debatte zwischen Liberalen und Kommunitaristen, auf die an dieser Stelle nicht ausführlicher eingegangen werden kann. Eine Übersicht über diese Debatte liefern Forst (1994), Honneth (1993) sowie Hulhall/Swift (1996).

38 Vgl. Baynes (1995).

39 Schmalz-Bruns (1995: 47-53).

40 Vgl. Schaal (2000: 79-90).

ein sehr anspruchsvolles Projekt ist. Es bedarf einer an Freiheit gewöhnten Bevölkerung, damit sich ein overlapping consensus entwickeln kann. Die konkrete Frage, welches die sozio-moralischen Minimalvoraussetzungen für die Implementation eines solchen Modells sind, bleibt jedoch unbeantwortet. Selbst die von Rawls favorisierte Vorstellung einer Verfassungsordnung, die sich in ihre eigene Umwelt gleichsam „einschreibt“, bleibt auf der Ebene der Beschreibung des konkreten Prozesses merkwürdig unterbelichtet.

Das gängige Diktum innerhalb der liberalismus-kritischen Demokratietheorie, wonach anspruchsvolle Konzeptionen des guten Lebens von ethisch neutralen Verfassungen systematisch benachteiligt werden, legt darüber hinaus nicht nahe, dass alle vernünftigen Konzeptionen des guten Lebens in gleichem Maße motiviert sind, eine vom politischen Liberalismus inspirierte Verfassungsordnung zu tragen.[41] Schließlich verliert der politische Liberalismus aus dem Blick, dass Verfassungen empirisch immer aus dem Schoß einer Gesellschaft stammen und somit Partikularität entfalten müssen.[42] Eine ethisch neutrale Verfassung, die ausschließlich Prozedurales rechtlich kodifiziert, ist in Reinheit schwerlich vorstellbar.

2.2 Integration qua Wertkonsens: Der Kommunitarismus[43]

Die Vorstellung der Integration qua Wertkonsens rekurriert auf kommunitaristische Überlegungen.[44] Die zentrale These lautet, dass Verfassungen dann integratives Potenzial entfalten, wenn sie die vorpolitischen Werte der politischen Gemeinschaft symbolisch zur Darstellung bringen.

a) Als Ursache für Prozesse der gesellschaftlichen Desintegration identifiziert der Kommunitarismus einen forcierten Werteverfall. Dieser resultiert einerseits aus gesellschaftlichen Modernisierungsprozessen (Pluralisierung sowie soziale, funktionale und systemische Differenzierung). Walzer identifiziert konkreter vier Mobilitäten, die aus Prozessen der Individualisierung resultieren.[45] Er erkennt in den USA eine in dieser Intensität unbekannte geographische Mobilität, die aus den arbeitstechnischen Mobilitätsanforderungen moderner Industriegesellschaften resultiert und Gefühle der Heimatlosigkeit hervorruft. Die soziale Mobilität zeigt sich daran, dass immer weniger amerikanische Staatsbürger dem Lebensstil ihrer

---

41 So das Argument von Galston (1991).

42 Vgl. Vorländer (1997a).

43 Vgl. einführend Mulhal/ Swift (1996), Reese-Schäfer (1997) und Rosa (1999).

44 Vgl. Sandel (1982), MacIntyre (1987), Walzer (1990; 1992), Barber (1994) und Taylor (1988; 1989; 1992; 1994). Der Kommunitarismus wird intern in zwei Strömungen differenziert (vgl. Rosa 1998 und Brugger 1998). Einerseits der stark *wertorientierte Kommunitarismus*, zu dem Sandel und MacIntyre zu rechnen sind, andererseits der *republikanische Kommunitarismus*, der weitaus stärker als die erste Strömung das deliberative und rechtsstaatliche Moment moderner Demokratien betont. Hierzu zählen Barber, Taylor und Walzer. Im Zentrum des folgenden Modells steht der wertorientierte Kommunitarismus, gegebenenfalls wird jedoch auf Überlegungen des zweiten Stranges rekurriert.

45 Walzer (1990).

Eltern folgen oder sich in ihrer gesellschaftlichen Statussphäre befinden.[46] Die Beziehungsmobiliät äußert sich im Zuwachs der Scheidungsraten. Die politische Mobilität ist schließlich paradigmatisch verdichtet in der Erscheinung des Wechselwählers. All diese, für Prozesse der Desintegration zentralen Phänomene, fasst Walzer mit dem Begriff des „unsettlement“ zusammen.

Andererseits wird die These vertreten, dass der Liberalismus *hegemonial* geworden ist[47], und zwar nicht nur in den politischen Strukturen, Institutionen etc. der liberal-repräsentativen Demokratie westlichen Typs, sondern auch auf der Ebene der Rhetorik, und dies gleichsam „hinter dem Rücken der Bürger“. Das empirisch informierte Argument lautet, dass den Bürgern nur noch die Rhetorik und das Vokabular des Liberalismus zur Verfügung steht, um sich im politischen Diskurs zu verständigen. Diese Rhetorik ist jedoch aufgrund ihrer Orientierung auf das Individuum ungeeignet, um authentisch und angemessen über die Angelegenheiten der Gemeinschaft zu diskutieren. Selbst wenn die Bürger die traditionellen Bänder der sozialen Gemeinschaft reaktivieren wollten, würde ihnen hierfür das Vokabular fehlen, so dass jede Diskussion über Gemeinschaftlichkeit durch die Artikulation im liberalen Paradigma den Habitus des Ironisch-Zynischen erhalten *muss.*[48]

b) Vor diesem Hintergrund entfalten Verfassungen dann integratives Potenzial, wenn sie die vorpolitischen Werte der Gemeinschaft symbolisch zur Darstellung bringen. Solche Verfassungen werden von einem breiten gesellschaftlichen Konsens getragen. Die Begründung, dass Verfassungen die vorpolitischen Werte der Bürger symbolisch zur Darstellung bringen sollen, erfolgt über die Explikation der normativen Gehalte der Person. Hierbei lassen sich zwei Positionen prototypisch identifizieren. Gegen die liberale Position hat Sandel in seiner prominenten Kritik am Personenkonzept von Rawls betont, dass es ein atomistischer Fehlschluss ist, Gesellschaft vom Individuum aus zu konzipieren.[49] Personen hinter dem Schleier des Nichtwissens sind keine Personen mehr, da sie von allem befreit sind, was sie zur Person macht: Wünsche, Hoffnungen, Ideale und konstitutive soziale Beziehungen. Jede Verfassung, die auf einem solchen Personenbild aufbaut, muss an der Konstitutivität sozialer Beziehungen scheitern. Taylor verfolgt ein weitaus anspruchsvolleres Begründungsprojekt.[50] Er geht davon aus, dass Freiheit, im liberalen Sinne als Wahlfreiheit verstanden, „hohl“ – falsch verstandene Freiheit - ist. Wahrhaft frei kann ein Mensch nur dann sein, wenn er *bedeutsame* Unterscheidungen treffen kann. Diese können jedoch nur von dem getroffen werden, der eine „moralische Landkarte“ besitzt, die es ihm ermöglicht, „starke Wertungen“ vorzunehmen. Eine moralische Landkarte besteht aus jenen Vorstellungen des Richtig/

46 Beck (1986) konstatiert für die Bundesrepublik ebenfalls eine erhöhte soziale Mobilität. Im Gegensatz zum amerikanischen Phänomen nivelliert diese jedoch nicht die sozialen Unterschiede; eher ließe sich von einem „Fahrstuhleffekt“ sprechen, der sämtliche Klassen und Schichten nach oben befördert hat, die Unterschiede zwischen den Schichten jedoch nicht verringerte.

47 Vgl. Vorländer (1997).

48 Bellah et al. (1987).

49 Sandel (1982). Vgl. ausführlicher hierzu die prägnante Analyse von Mulhall/ Swift (1996: 40-69).

50 Taylor (1988; 1994). Vgl. die Rekonstruktion auch Rosa (1999).

Falschen, Guten/Schlechten, die in einer Gemeinschaft vorhanden sind und in der primären und sekundären Phase der Sozialisation vom Kind übernommen werden, um im Anschluss daran – auf Basis eigener Erfahrungen – als individuell angepasste moralische Landkarte Grundlage moralischen Handelns zu werden. Die Intaktheit einer politischen Gemeinschaft und der symbolischen Repräsentation ihrer zentralen Werte und Normen ist daher Voraussetzung für die Ausbildung einer authentischen Persönlichkeit und Entwicklung wahrer Freiheit.

Doch auch aus funktionaler Sicht ist ein Verfassungskonsens aus kommunitaristischer Perspektive bedeutsam. Hierfür schließt der Kommunitarismus an das wohl bekannteste Diktum der zeitgenössischen politikwissenschaftlichen Analyse an, wonach liberale Demokratien nicht jene Art von politischen und sozialen Tugenden bei ihren Bürger produzieren können, die sie für ihren Bestand benötigen.[51] Dies manifestiert sich in wachsendem Zynismus und Distanz zum politischen System, die letztlich zur individuellen Abkehr von der Politik, sinkender Loyalität und schließlich zu politischer Destabilität führen.

Beim werthaften Kommunitarismus wird die Verfassung durch einen werthaften Konsens getragen. Daher umschließt der Verfassungskonsens nicht nur die Ebene der Verfassung, sondern auch den Prozess der Verfassunggebung. Inspiriert von der Vorstellung eines republikanischen Gründungsmythos, wird eine Verfassung um so stärker von einem gemeinschaftlichen Konsens getragen, wie die Explikation ihrer Inhalte im Zuge von Verfassungskonventen erfolgte, in denen deliberativ auf das Gemeinwohl der Gemeinschaft und deren Grundwerte reflektiert wurde. Auch in der republikanischen Spielart rückt die Verfassung als authentische Symbolisierung der Werte der Gemeinschaft in den Blick. Im Gegensatz zum ersten Modell werden die Werte jedoch nicht als a-historisch und statisch wahrgenommen, vielmehr werden die Werte an einen deliberativen Prozess der Wertgenese rückgebunden, deren normatives Leitbild die Basisdemokratie auf lokaler Ebene ist. Der Konsens, von dem die Verfassung getragen wird, bezieht sich in dieser Vorstellung daher auf die immer nur temporären Symbolisierungen von (vor-) politischen Werten und auf jene Prozeduren, die den gemeinschaftlichen Diskurs über Werte verfassungsrechtlich garantieren.[52] Im Gegensatz zum politischen Liberalismus gewinnt der Verfassungskonsens seine Tragfähigkeit, gerade weil kein sektoraler Zuschnitt zugelassen wird. Dies korrespondiert mit einem erweiterten Verständnis „des Politischen", bei dem das Politische – anders als bei einigen eher funktionalistischen Theorien – gerade nicht in der Implementation und Durchsetzung kollektiv bindender Entscheidungen aufgeht.

Der Verfassungskonsens umfasst daher immer partikularistische Werte, die gemeinhin mit Gemeinschaftlichkeit assoziiert werden. Die substanzielle Dimension des Konsens näher zu bestimmen ist jedoch unmöglich, da er erstens stark historisch kontextgebunden und zweitens – im republikanischen Kommunitarismus – diskursiv verhandelbar ist und ausschließlich die Prozeduren der fairen politi-

---

51 Vgl. zustimmend für die bundesdeutsche Debatte jüngst Burmeister (1999) und klassisch Böckenförde (1976).

52 Michelman (1988).

schen Beteiligung feststehen. Die Motivation der Bürger, einen Verfassungskonsens auszubilden, besteht in der – unterstellten – Identität von verfassungsrechtlichen Vorgaben mit kollektiv geteilten Werten.

c) Versteht man den Kommunitarismus – wie im ersten Modell – als (konservative) Reaktion auf Modernisierungsprozesse, so erscheint die Hoffnung auf Integration qua wertmäßigen Verfassungskonsens eher idealistisch. So nimmt der werthafte Kommunitarismus seine eigene soziologische Krisendiagnose – die er auf der deskriptiven Ebene so stark macht, dass sie den „Untergang des Abendlandes" nahe legt – auf der Ebene der Überwindungsstrategien nicht hinreichend ernst. Täte er das, könnte die Hoffnung auf einen gesamtgesellschaftlichen werthaften Verfassungskonsens nicht aufrecht erhalten werden. Ist die Schärfe der Krisendiagnose jedoch überzeichnet, stellt sich das Integrationsproblem in anderer Form – wenn überhaupt. Somit wäre nicht mehr eindeutig, auf welche empirische Herausforderung der wertmäßige Kommunitarismus eine Lösung anbieten möchte. Nimmt er die Krisendiagnose jedoch ernst und proklamiert weiterhin die Macht des werthaften Verfassungskonsenses, so wird die Lösung aus gerechtigkeitstheoretischen Überlegungen suspekt. Denn entweder würde der Verfassungskonsens auf gesellschaftlicher Repression beruhen[53] oder zu territorialen Schließungen führen.[54]

Theoretisch konsistenter erscheint das Modell des republikanischen Kommunitarismus, dies besonders, wenn es sich das Argument der Hegemonie des Liberalismus im politischen Diskurs zu eigen macht. Für ein solches Modell besteht die theoretisch und empirisch berechtigte Annahme, dass noch immer die Möglichkeit für einen Wertkonsens besteht, dass die negativen Konnotationen von Modernisierungsphänomenen nicht der Moderne selbst eingeschrieben sind, sondern der liberalen Erscheinungsform von Modernisierung. Der republikanische Kommunitarismus müsste jedoch als *Gesellschaftstheorie* theoretisch-konzeptionell weiter ausholen, als er dies zumeist getan hat. Anschlüsse hierfür lassen sich am ehesten bei Taylor und Michelman finden.

2.3 *Integration qua Diskurs: Die deliberative Demokratietheorie*[55]

Die Vorstellung von Integration qua Diskurs bezieht sich maßgeblich auf die Arbeiten der deliberativen Demokratietheorie.[56] Die These lautet, dass Verfassungen dann integratives Potenzial besitzen, wenn sie es ermöglichen, die illokutionären, d.h. der Sprache selbst innewohnenden, Bindungskräfte, die im Recht gleich-

---

53 Dies ist der Preis, der Rawls zufolge in einer modernen Demokratie dafür zu zahlen ist, dass werthafte Homogenität erreicht werden soll. Vgl. aus feministischer Perspektive Rößler (1992).

54 In den USA stößt man immer öfter an die physisch und elektronisch gesicherten Grenzen der „neuen Wehrsiedlungen und exklusiven urbanen Zonen" (Rötzer 1998:64). Diese nach außen geschlossenen Städte, erbaut von Großkonzernen wie Walt Disney, sind Musterbeispiele für territoriale Schließungen. Interessant ist, dass sich einige dieser „smart cities" sogar eigene Verfassungen gegeben haben. Vgl. Werber (1998).

55 Vgl. einführend Reese-Schäfer (1997) und Schaal/ Strecker (1999).

56 Habermas (1981a, b; 1992; 1996) und Peters (1993).

sam konserviert sind, gesellschaftlich wirksam werden zu lassen. Dies ist genau dann der Fall, wenn sich die Adressaten von Recht zugleich als dessen Autoren verstehen können.

a) Habermas identifiziert als zentrales desintegratives Moment moderner Gesellschaften ihre nachlassende Sozialintegration. Hintergrund dieser Diagnose ist die von Habermas in der Theorie des kommunikativen Handelns ausgeführte Differenzierung von Sozial- und Systemintegration.[57] Moderne, ausdifferenzierte Gesellschaften werden überwiegend systemisch durch die Steuerungsmedien Geld und politische Macht integriert. In die Lebenswelt, die eigentlich durch illokutionäre Bindungskräfte sozial integriert ist, greifen jedoch zunehmend systemische Integrationsmechanismen ein. Diesen Prozess bezeichnet Habermas als *Kolonisierung der Lebenswelt.*[58] Zugleich diagnostiziert Habermas, dass „eine in den rechtlichen Strukturen aufbewahrte und regenerationsbedürftige gesellschaftliche Solidarität",[59] die gleichsam die (institutionelle) Ausfallbürgschaft für die sinkenden primären lebensweltlichen Bindungskräfte auf kommunikativer Basis darstellt, eine gefährdete Ressource ist. Gefährdet ist die Solidarität insofern, als sie maßgeblich von einer Quelle gespeist wird, die im Versiegen begriffen ist: die Qualität des demokratischen Prozesses. Je näher der faktische demokratische Prozess dem Ideal der Identität von Rechtsadressaten und Rechtsautoren kommt, desto mehr Solidarität wird im Recht gleichsam „konserviert". In der gesellschaftlichen Praxis entfernt sich der demokratische Prozess jedoch von dieser Idealvorstellung immer weiter – mit den entsprechend negativen Folgen für die soziale Integration einer politischen Gemeinschaft.

b) Verfassungen können nur dann integratives Potenzial entfalten, wenn sie eine institutionelle Umsetzung der normativen Vorstellung sind, wonach die Bürger sowohl Adressaten als auch Autoren ihrer Rechte sein sollen. Diese These stützt sich auf das Argument, wonach die private und die öffentliche Autonomie gleichursprünglich sind. Im Gegensatz zur klassischen liberalen Position impliziert diese These, dass weder die Verfassung den demokratischen Prozess einschränkt und somit die Souveränität der Bürger (die öffentliche Autonomie) begrenzt, noch dass ein grenzenloser demokratischer Prozess die individuellen Grund- und Menschen-

---

57 Hierbei schließt Habermas vermeintlich an Lockwood (1964) an – vermeintlich insofern, als dass die Habermassche Lesart das ursprüngliche Integrationskonzept von Lockwood kaum mehr erkennen lässt. Vgl. für diese Kritik Mourelis (1992).

58 Die Chancen und Gefahren der Rationalisierung der Lebenswelt und der dadurch ermöglichten Steigerung der Systemkomplexität treten bei dem Versuch hervor, das Abhängigkeitsverhältnis von System und Lebenswelt zu bestimmen: „Man könnte sich beides vorstellen: die Institutionen, die Steuerungsmechanismen wie Geld oder Macht in der Lebenswelt verankern, kanalisieren entweder die Einflussnahme der Lebenswelt auf die formal organisierten Handlungsbereiche oder umgekehrt die Einflussnahme des Systems auf kommunikativ strukturierte Handlungszusammenhänge. Im einen Fall fungieren sie als der institutionelle Rahmen, der die Systemerhaltung den normativen Restriktionen der Lebenswelt unterwirft, im anderen Fall als die Basis, die die Lebenswelt den systemischen Zwängen der materiellen Reproduktion unterordnet und dadurch mediatisiert" (Habermas 1981b: 275f.). Es ist das zweite Szenario, welches gegenwärtig laut Habermas' Zeitdiagnose vorherrscht.

59 Habermas (1992: 12).

rechte in einem Problematisierungssog hineinziehen darf, der letztlich die private Autonomie zu unterminieren droht.

Die Möglichkeit zu politischer Teilnahme setzt den Status von Rechtssubjekten voraus, weil Bürger sich nur als Rechtspersonen am Rechtssetzungsverfahren beteiligen können; der Status von Rechtssubjekten setzt die Möglichkeit zu politischer Teilnahme voraus, da die spezifischen Rechte, die den Status der Rechtsperson in einer bestimmten Gemeinschaft von Rechtsgenossen definieren, nur im demokratischen Prozess der Rechtsgenese bestimmt werden können. Deswegen lassen sich Grundrechte auch nicht als Beschränkung von Demokratie verstehen: Jene ermöglichen Demokratie überhaupt erst. Eine Verfassung wirkt genau dann integrativ, wenn die in ihr kodifizierten Prozeduren, Verfahren, Normen und Werte den faktischen politischen Prozess möglichst nahe an das Ideal der Identität von Rechtsadressaten und Rechtsautoren heranbringt. Nur in diesem Fall kann der desintegrative Prozess der nachlassenden Sozialintegration, der aus der Kolonisierung der Lebenswelt durch systemische Imperative resultiert, verlangsamt oder gar umgekehrt werden. Die Verfassungsinhalte sind nicht sektoral zugeschnitten, da die deliberativen Prozeduren potenziell alle Bereiche des politischen und sozialen Lebens regeln können.

Der Verfassungskonsens umschließt jenes System von Rechten, das mit der Anwendung des Diskursprinzips „D" auf das abstrakte Recht auf subjektive Handlungsfreiheiten expliziert werden kann. Daraus folgen zunächst: „(1) Grundrechte, die sich aus der politisch autonomen Ausgestaltung des *Rechts auf das größtmögliche Maß gleicher subjektiver Handlungsfreiheiten* ergeben. Diese Rechte fordern als notwendige Korrelate: (2) Grundrechte, die sich aus der politisch autonomen Ausgestaltung des *Status eines Mitgliedes* in einer freiwilligen Assoziation von Rechtsgenossen ergeben; (3) Grundrechte, die sich unmittelbar aus der *Einklagbarkeit* von Rechten und der politisch autonomen Ausgestaltung des individuellen *Rechtsschutzes* ergeben [Hervorhebung im Original, G.S.]".[60] Zwei Argumente veranlassen Habermas, die Rekonstruktion des Systems der Rechte nicht mit den Kategorien der klassischen liberalen Grundrechte, Staatsangehörigkeitsrechten und Rechtsweggarantien abzubrechen, sondern den entscheidenden Schritt für den Nachweis des internen Zusammenhangs von Rechtsstaat und Demokratie zu gehen. Zum einen „bleiben die dem Rechtskode selbst eingeschriebenen Grundrechte sozusagen *ungesättigt*. Sie müssen von einem politischen Gesetzgeber je nach Umständen *interpretiert* und *ausgestaltet* werden [Hervorhebung im Original, G.S.]",[61] da sich aus der Rechtsform selbst nur Rechts*kategorien*, jedoch keine konkreten Rechte herauslesen lassen. Rechtspersonen erlangen zum anderen durch die drei bislang bestimmten Rechtskategorien noch nicht ihre Autonomie. Denn im Gegensatz zur Autonomie moralischer Subjekte tritt diejenige von Rechtspersonen „nur in der doppelten Gestalt von privater und öffentlicher Autonomie auf".[62] Die Adressaten des Rechts müssen sich zugleich als dessen Autoren verstehen können. Weil sie

---

[60] Habermas (1992: 155f.).

[61] Habermas (1992: 159).

[62] Habermas (1994: 87).

ihre Autonomie als Rechtspersonen freilich in der Sprache des Rechts verwirklichen müssen, folgt hieraus logisch: „(4) Grundrechte auf die chancengleiche Teilnahme an Prozessen der Meinungs- und Willensbildung, worin Bürger ihre *politische Autonomie* ausüben und wodurch sie legitimes Recht setzen".[63] Es sind also vier universelle Grundrechte[64], die eine Verfassung substanziell auszeichnen.

Hinzu tritt, dass sich auch im Verfassungsrecht das Moralische, das Ethische und das Pragmatische auf eine spezifische Art und Weise vermischen, so dass Verfassungsrecht nicht ausschließlich moralische Normen und Prozeduren spezifiziert, sondern ethisch imprägniert ist. Obwohl dies einen theoretischen Selbstwiderspruch zu implizieren scheint, kann Habermas diese Spannung auflösen, und zwar in der Konkretisierung der substanziellen Dimension des Verfassungskonsens. „Der Kontext der jeweiligen Geschichte und Tradition einer politischen Ordnung ist es, der dieselben universalistischen Grundrechte unterschiedlichen Lesarten unterwirft".[65] Daher ist jede Verfassung immer ethisch imprägniert, da dieselben Grundrechte und Prinzipien den „festen Bezugspunkt eines jeden Verfassungspatriotismus [bilden, G.S.], der das System der Rechte im historischen Kontext der Rechtsgemeinschaft situiert. Sie müssen mit den Motiven und Gesinnungen der Bürger eine dauerhafte Verbindung eingehen; denn ohne eine solche motivationale Verankerung könnten sie nicht zur treibenden Kraft für das dynamisch verstandene Projekt der Herstellung einer Assoziation von Freien und Gleichen werden".[66]

Die Voraussetzung für die Integrationsleistung einer Verfassung ruht auf der Motivation der Bürger, einen Verfassungskonsens auszubilden. Notwendige Voraussetzung hierfür ist eine „entgegenkommende politische Kultur",[67] die wiederum von einer „an politische Freiheit gewöhnten Bevölkerung" gespeist wird.[68] Die „entgegenkommende politische Kultur" wird damit zu einer Residualkategorie der Integrations- und Fortschrittshoffnungen, welche die Spannung zwischen Faktizität und Geltung tragen muss. Die Integration qua Verfassung zielt bei Habermas daher auf die *Gemeinschaft der Staatsbürger*, die patriotische Gefühle für ihrer Verfassung besitzen.

c) Die Kritik am deliberativen Modell der Integration qua Verfassung lässt sich grob in drei Bereiche differenzieren.[69] Die wichtigste Kritik resultiert aus der These, dass Rechtsform und Demokratieprinzip gleichursprünglich sind. Einige Kritiker argumentieren, dass durch diese grundlegende theoretische Weichenstellung der Eindruck entstehen kann, dass Menschenrechte nur in Gestalt legaler,

---

63 Habermas (1992: 156).

64 Komplettiert wird das System der Rechte durch *relativ* begründete Teilhaberechte, die durch die bislang genannten impliziert werden: „(5) Grundrechte auf die Gewährung von Lebensbedingungen, die in dem Maße sozial, technisch und ökologisch gesichert sind, wie dies für eine chancengleiche Nutzung der (1) bis (4) genannten bürgerlichen Rechte unter gegebenen Verhältnissen jeweils notwendig ist" (Habermas 1992: 156f.).

65 Brodocz (2000: 200).

66 Habermas (1996: 263).

67 Habermas (1992: 385, 395, 434, 446, 642).

68 Habermas (1992: 627).

69 Vgl. ausführlicher zur Kritik am deliberativen Demokratiemodell Schaal/ Strecker (1999).

d. h. verfassungsrechtlich verankerter Grundrechte thematisiert werden können. Auf dieser Linie ist auch die Kritik von Wellmer, der die These vertritt, dass bei einer legalistischen Lesart von Menschenrechten nur *Staatsbürger* über Grundrechte verfügen.[70] Die zweite Kritik kristallisiert sich an der unspezifischen institutionellen Gestaltung der deliberativen Prozesse heraus. Wenn die Integrationsleistung von Verfassungen daraus resultiert, dass die Bürger sich zugleich als Autoren und Adressaten von Rechten verstehen, stellt sich berechtigterweise die Frage: „Können Bürger jemals Gesetze schaffen?“[71] Schließlich wird das Motivationsproblem aufgeworfen. Es scheint, als wenn die Integrationsleistung von Verfassungen zu voraussetzungsreich ist.[72] Im Gegensatz zum politischen Liberalismus, der Verfassungen als freistehend begreift, sind im deliberativen Modell Verfassungen auf eine sie tragende entgegenkommende politische Kultur angewiesen. Diese setzt im Kern jedoch bereits eine integrierte Form von Gesellschaft voraus. „Realsoziologisch“ resultiert daraus, dass eine Gesellschaft bereits vorgängig integriert sein muss, um sich im deliberativen Modell qua Verfassung gleichsam selbst zu integrieren. Daraus folgt, dass eine Verfassung die Gemeinschaft der Bürger gerade dann nicht integrieren kann, wenn eine entgegenkommende politische Kultur fehlt. Die entgegenkommende politische Kultur avanciert damit zu einem Schlüsselkonzept der empirischen Seite des deliberativen Demokratiemodells. Hierfür ist es jedoch theoretisch nicht hinreichend konzeptionalisiert.

2.4 Integration qua Konflikt: Der zivilgesellschaftliche Republikanismus[73]

Das Modell der Integration qua Konflikt bezieht sich auf Überlegungen des zivilgesellschaftlichen Republikanismus.[74] Die These dieses Ansatzes besagt, dass moderne Demokratien einerseits unaufhebbar konflikthaft sind, sich andererseits aber konfliktiv integrieren. Die Grundlage der Konfliktaustragung bildet die Verfassung.

a) Die Konflikthaftigkeit moderner Gesellschaften resultiert aus deren Säkularisierung. Folgt man Lefort[75], so zeichneten sich nicht-säkularisierte Gesellschaften noch durch die Einheit von Macht, Wissen und Recht aus. Diese Einheit war unhinterfragt der kritischen Problematisierung entzogen, da ihr Geltungsanspruch nicht „von dieser Welt“, sondern transzendenten Ursprungs war. Dieser Geltungsanspruch musste jedoch in die Gesellschaft hinein vermittelt werden. Nach Kanto-

---

70 Wellmer (1998: 265-266).

71 Michelman (1997).

72 Vgl. Wellmer (1993).

73 Vgl. einführend Marchart (1999) sowie zur Konfliktheorie des zivilgesellschaftlichen Republikanismus Brodocz (2001).

74 Vgl. Lefort (1990; 1990a; 1991; 1999), Gauchet (1990; 1990a), Lefort/ Gauchet (1990), Rödel (1990; 1994; 1996), Dubiel (1994; 1997; 1999), Frankenberg (1997; 2000) sowie Rödel/ Frankenberg/ Dubiel (1989).

75 Lefort (1990a).

rowicz[76] konnte er im Ancien Regime so lange erfolgreich aufrecht erhalten werden, wie der König gleichsam zwei Körper besessen hatte: einen irdischen und einen transzendenten. Er war daher in der Lage, zwischen beiden in seiner Person zu mitteln und so ein der Gesellschaft Externes - oder spezifischer: die göttliche Legitimität der Herrschaftsordnung und damit verbunden auch die unproblematische Geltung von Macht, Wissen und Recht - in die Gesellschaft hinein zu vermitteln. Diese Verbindung wurde spätestens durch die Enthauptung Louis XVI aufgelöst, wodurch der zuvor mit dem Körper des Königs besetzte Ort der Macht symbolisch leer blieb. Für Lefort wird durch diesen Prozess die Legitimation jeder säkularisierten politischen Ordnung letztlich normativ unbestimmt – eine Argumentationsfigur, die in der politischen Ideengeschichte sehr prominent ist und ihren Endpunkt weder in der von Luhmann vertretenen These, wonach Letztbegründungen nur noch Fiktionen sind, deren Akzeptanz davon abhängt, nicht „entdeckt“ zu werden, noch in der von Rorty[77] vertretenen These des Vorrangs der Demokratie vor der Philosophie, erreicht hat.

Die Kappung der Verbindung zwischen weltlichen Geltungsansprüchen und transzendentalen Begründungen, die ihren Ausdruck in der symbolisch leeren Stelle der Macht findet, führt dazu, dass Macht, Wissen und Recht in einem permanenten Problematisierungssog hineingezogen werden. „Die Ausübung der Macht ist dem politischen Wettstreit unterworfen, der auch nach einer erfolgten Wahl nicht stillgestellt werden kann; das Recht ist infolge seiner Autonomisierung einer ständigen normativen Diskussion bezüglich seiner Grundlagen ausgesetzt; während das Wissen infolge seiner Autonomisierung einer Diskussion der Wahrheitsgrundlagen ausgesetzt ist, was den Erkenntnisprozess einer steten Erneuerung unterwirft. In allen drei Fällen hat die ‚demokratische Erfindung‘ die konstitutive Unabschließbarkeit der entsprechenden Grundlegungsbemühungen zur Folge“.[78]

Die diskursive Unabschließbarkeit von Geltungsansprüchen führt dazu, dass alle politischen und gesellschaftlichen Ordnungsvorstellungen normativ umstritten bleiben und daher notwendigerweise immer den Status des Vorläufigen und Reversiblen annehmen müssen. Aus der diskursiven Unabschließbarkeit resultieren für säkularisierte Demokratien jedoch spezifische prozedurale und prozessuale Notwendigkeiten, so der Bedarf nach einem Ort, wo die notwendigerweise konfliktiven Geltungsansprüche in einen (friedlichen) Diskurs miteinander treten können. Dieser Ort, in dem die Gesellschaft auf sich selbst als Ganzes bezug nimmt, ist die *Zivilgesellschaft*.[79] Sie ist der Ort des Politischen, d.h., sie ist weder der Ort des Privaten noch jener der Politik, sondern jener, in dem sich diese beiden Bereiche vermischen und ihre Grenzziehungen immer wieder neu ausgehandelt

---

76 Kantorowicz (1957).

77 Rorty (1988).

78 Marchart (1999: 131).

79 Rödel (1996).

werden. Sie ist der Ort, an dem über die Gestalt der Gesellschaft diskutiert wird – insofern ist die Zivilgesellschaft selbst bereits konfliktiv.[80]

b) Die Zivilgesellschaft ist der Ort des Politischen, nicht der Ort der Politik und auch nicht jener der Macht. Für Lefort resultiert aus diesem Auseinanderfallen ein konstitutiver Antagonismus, da die Zivilgesellschaft eine immanente Tendenz zur diskursiven Verflüssigung von Geltungsansprüchen besitzt, die Macht jedoch ihre Geltungsansprüche gerade nicht diskursiv unterminieren lassen will. Daher bedarf die Zivilgesellschaft einer Absicherung gegen Politik und Macht. Die schriftliche Kodifizierung der Menschenrechte in den modernen Verfassungen bewahrt die Zivilgesellschaft vor dem Zugriff der Macht, da die Menschenrechte das Recht, Rechte zu haben – und damit auch Forderungen, Ansprüche und Gestaltungsideen in den zivilgesellschaftlichen Diskurs einzuführen – sicher stellt. Der zivilgesellschaftliche Diskurs wird jedoch nicht nur durch eine *machtvolle* Umklammerung gefährdet. Die immanente Konflikthaftigkeit des zivilgesellschaftlichen Diskurses bedroht die Zivilgesellschaft gleichsam auch von innen. Damit Konflikt innerhalb des zivilgesellschaftlichen Diskurses nicht in Gewalt umschlägt, ist es notwendig, dass die Auseinandersetzungen auf Basis einer „grundlegenden Konvention“[81] ausgetragen werden: „Die Bezeichnung Konvention soll signalisieren, dass diese Verpflichtung nicht vom Himmel fällt, sondern Resultat einer Übereinkunft ist, die immer nur temporär eingegangen wird, also jederzeit reversibel davon abhängt, dass die Beteiligten für sie eintreten.“[82] Die Absicherung nach innen erfolgt – ebenso wie die Absicherung nach außen – über eine Verfassung.

Nicht jede Verfassung unterstützt jedoch eine lebendige Zivilgesellschaft. Eine ihr angemessene Verfassung ist nur die *republikanische Verfassung,* die sich von einer liberalen Verfassung in zweifacher Hinsicht unterscheidet: Zum einen der Ebene der Beobachtung erster Ordnung anhand ihrer „Substanz“, d.h. den Normen und Prozeduren, die schriftlich kodifiziert sind. Zum anderen auf der Ebene der Beobachtung zweiter Ordnung hinsichtlich der spezifischen Form ihrer zivilgesellschaftlichen Thematisierung und Problematisierung.

Frankenberg argumentiert, dass Verfassungen vier grundlegende Fragen adressieren: 1. „Fragen der Gerechtigkeit“, 2. „Fragen des Gemeinwohls“, 3. „Fragen politischer Klugheit“ sowie 4. „Fragen der Verfassungsgeltung“.[83] Aufgrund der unabschließbaren Diskursivität normativer Fragen konstituiert keine Verfassung eine politische Ordnung, die normativ fraglos ist. Es gibt auch nicht *die* republikanische Verfassung im Singular, sondern immer nur republikanische Verfassungen im Plural. Zentral ist die Frage, ob eine Verfassung die Zivilgesellschaft *ermächtigt* oder *entmächtigt.* Wie Rödel betont, ist eine republikanische Verfassung eine „grundlegende Konvention“, d.h. sie besitzt definitorisch zwei Dimen-

---

80 „Man muß die Unmöglichkeit, den zentralen politischen Antagonismus abzuleiten, zu Protokoll nehmen und die Begrifflichkeit, von der wir mit Marx ausgegangen waren, vollständig umkehren. Die Teilung ist weder ableitbar noch auflösbar.“ (Gauchet 1990a: 224).

81 Vgl. auch Rödel (1994: 127).

82 Frankenberg (1997: 56).

83 Vgl. Frankenberg (1997: 20-25).

sionen. Eine mehr auf Dauer zielende grundlegende, die der diskursiven Problematisierung eher entzogen ist, sowie eine konventionelle Dimension, die eher auf Veränderung zielt. Eine republikanische Verfassung betont die *konventionelle* Dimension der grundlegenden Konvention und ermächtigt damit die Zivilgesellschaft, eine eher liberale Verfassung betont die *grundlegende* Dimension der grundlegenden Konvention, und entmächtigt damit die Zivilgesellschaft.[84] Eine republikanische Verfassung wird daher ein durch ein spezifisches Verhältnis von Dauer und Wandel, von verfassungsrechtlicher Absicherung und diskursiver Schließung einerseits und Offenhaltung des demokratischen Prozesses, der auch die Verfassung selbst thematisieren kann, andererseits charakterisiert.

Charakteristisch für eine republikanische Verfassung ist die Art und Form ihrer kritischen Thematisierung in den Foren der Zivilgesellschaft: „Der fortdauernde Konflikt zwischen Mehrheiten und Minderheiten um die Interpretation der Verfassung ist zugleich der Modus, in dem Konflikte von Interessen, Meinungen und normativen Überzeugungen immer wieder gewaltfrei und zivil gelöst werden können und gelöst werden. Dieser Streit um die Interpretation der Verfassung im politischen Raum wird so zum zentralen Verfahren der politischen Handlungskoordination und Integration der BürgerInnen der Zivilgesellschaft, der ständigen Erneuerung der Zustimmung der BürgerInnen zur grundlegenden Konvention der Verfassung (...)".[85] Der Konsens, der eine republikanische Verfassung trägt, ist zwingend notwendig, damit eine Zivilgesellschaft vital bleiben kann. Erst dieser Konsens ermöglicht die Entfaltung der integrativen Kraft von Konflikten. Eng verbunden mit der normativen ist die funktionale Begründung des Verfassungskonsenses. Da Konflikt allen säkularisierten Gesellschaften eingeschrieben ist, könnte die Absenz eines Konsenses zum „totalen Bürgerkrieg"[86] führen.

Der Konflikt aktualisiert jenen republikanischen Hintergrundkonsens, der die Verfassung trägt, welche wiederum die Vitalität der Zivilgesellschaft garantieren soll: „Die intensive Konfliktaustragung im öffentlichen Raum und die dabei erzielten Übereinkünfte, die auf wechselseitiger Anerkennung der Konfliktparteien beruhen und Ausdruck argumentativer Macht sind, stiften den stets zu erneuernden politischen Zusammenhalt einer modernen säkularisierten Gesellschaft, nicht die Verfassung selbst als institutionalisierte Manifestation einer einmaligen grundlegenden Konvention".[87] Die Verfassung integriert daher nicht direkt durch sich selbst, sondern durch ihre institutionellen Garantien, durch die Sicherungen der funktionalen Voraussetzungen zivilgesellschaftlichen Engagements. Die Menschenrechte nehmen als Garant des Rechts auf Rechte eine zentrale Stellung innerhalb einer republikanischen Verfassung ein.

---

84 Vgl. Brodocz (2000: 260).

85 Rödel (1996: 673).

86 Dubiel (1997: 440).

87 Rödel (1994: 133). In diesem Sinne auch Dubiel (1997: 440), der betont, „dass sich jede Strategie der Befriedung verbietet, die die zerstrittenen Parteien unter eine homogene Wertorientierung zusammenzwingen will. Die unmittelbare Zumutung eines kulturell basierten Konsensus kann eine existierende Polarisierung niemals neutralisieren. Dies käme dem Versuch gleich, einen Großbrand mit Benzin löschen zu wollen."

c) Der zivilgesellschaftliche Republikanismus nimmt eine grundlegende Weichenstellung im Integrationsverständnis vor, die dem Problemhaushalt moderner Demokratien auf den ersten Blick durchaus angemessen erscheint: Gesellschaften integrieren sich nicht mehr über Konsens, sondern über Konflikt. Auf den zweiten Blick werden jedoch eine Reihe von Problemen sichtbar, welche die Tragfähigkeit dieses Modells in Frage stellen.

Das größte Problem resultiert aus der theoretischen Unentschiedenheit hinsichtlich des Verhältnisses von Konflikt und Konsens, denn eigentlich handelt es sich um ein zweistufiges Integrationsmodell. Auf der ersten Stufe ist die „grundlegende Konvention" angesiedelt. Sie muss konsensuell von *allen* geteilt werden, die an dem zivilgesellschaftlichen Projekt teilnehmen wollen. Ohne diese Konvention, die bei Frankenberg auch die Gestalt eines „Grundkonsenses" annimmt,[88] würde keine friedliche Konfliktaustragung im Modus der Zivilgesellschaft möglich sein. Sie ist daher die Bedingung der Möglichkeit für die Integration qua Konflikt. Auf der zweiten Stufe ist der zivilgesellschaftliche Diskurs angesiedelt, der zwingenderweise konflikthaft ist. Die Vorstellung, dass die friedliche Diskussion über konfliktive Geltungsansprüche integrative Kraft besitzt, kennzeichnet das Besondere dieses Ansatzes.

Das Integrationspotenzial zivilgesellschaftlicher Konflikthaftigkeit ist jedoch gerade nicht freistehend, sondern maßgeblich von dem Konsens auf der Ebene der grundlegenden Konvention abhängig. Fokussiert man nicht auf die Konflikthaftigkeit, sondern auf die sie einhegende Kraft – die grundlegenden Konvention –, so verschwimmen die Unterschiede zu anderen Integrationskonzeptionen. Für den politischen Liberalismus muß eine Verfassung von einem overlapping consensus getragen werden und für das deliberative Modell von Demokratie ist die Ausbildung eines Verfassungspatriotismus für die Integrationsfähigkeit moderner Gesellschaften zentral. Auf Basis dieser konsensuellen gesellschaftlichen Grundstruktur, die immer verfassungsrechtlich normiert ist, gehören für diese beiden Modelle auch Konflikte zur gesellschaftlichen Normalität. Zwei Unterschiede sind jedoch relevant: Zum einen müssen Konflikte keine integrative Kraft besitzen, vielmehr können sie auch starke desintegrative Tendenzen entfalten. Zum anderen – und dies trifft auf das deliberative Demokratiemodell zu – sind Konflikte nicht unaufhebbar, sondern über spezifische, institutionell abgesicherte Diskurssituationen zumindest pro tempore ruhig zu stellen, und zwar – und dies markiert einen gravierenden Unterschied – da die Ergebnisse diskursiver Prozesse die Vermutung höherer Rationalität für sich beanspruchen können. Innovativ ist im zivilgesellschaftlichen Republikanismus also nicht die zweistufige Struktur des Integrationsverständnisses, sondern die Fokussierung auf den Konflikt. Das größte Problem aus integrationstheoretischer Perspektive ist ein theoriearchitektonisches Defizit: Innerhalb der aktuellen Theorieentwicklung ist die grundlegende Konvention konzeptionell noch nicht hinreichend ausgearbeitet, obwohl gerade sie der detaillierteren theoretischen und institutionellen Explikation bedarf, schließlich ruhen auf ihr die Voraussetzungen der Integrationsleistung des Konfliktmodells. Besonderes Augen-

---

[88] Vgl. Frankenberg in diesem Band.

merk verdient dabei die Auslösung des Spannungsverhältnisses zwischen der *grundlegenden* und der *konventionellen* Dimension der grundlegenden Konvention.

Innerhalb der zweistufigen Integrationskonzeption besitzen aus zivilgesellschaftlicher Perspektive jedoch nicht alle Konflikte gleichermaßen integratives Potenzial. In seiner Kritik betont Hirschman, dass Rödel, Frankenberg und Dubiel nicht hinreichend zwischen den zwei Konflikttypen „Lösemittel" und „Klebstoff"[89] differenzieren. Dass Konflikte auch desintegratives Potenzial besitzen können, gibt Dubiel in einer Replik auf die Kritik von Hirschman zu. Daher sei zwischen „gehegten" und „nicht-gehegten" Konflikten zu differenzieren, wobei nur erstere integratives Potenzial im republikanisch-zivilgesellschaftlichen Sinne entfalten können. Da Konflikte unzweifelhaft desintegratives Potenzial besitzen können, erscheint die Kritik von Hirschman berechtigt. Sie geht jedoch nicht den entscheidenden Schritt weiter, nach den Ursachen hierfür, letztlich also nach den Differenzierungsmechanismen zwischen „gehegten" und „nicht-gehegten" Konflikten, zu fragen: Sind bestimmte Konfliktmaterien an und für sich desintegrativ? Oder desintegrieren Konflikte erst aufgrund einer spezifischen diskursiven Aufarbeitung? Die Differenzierung zwischen diesen beiden Konflikttypen verläuft natürlich zwischen einer eher essenzialistischen und einer eher prozessualen Charakterisierung. Letztlich erweist sich die integrative oder desintegrative Kraft von Konflikten jedoch nur empirisch – aber gerade diese empirische Fundierung steht leider noch aus.

2.5 Vier Integrationskonzepte: Eine Kritik aus empirisch-soziologischer Perspektive

Obwohl vier *normative* Modelle von Integration qua Verfassung diskutiert wurden, soll im Folgenden ihre empirische „Bodenhaftung" diskutiert werden. Dies erscheint sachlich angemessen, da Integrationskonzeptionen immer eine deskriptive Dimension besitzen. Zugleich korrespondiert eine solche Betrachtung auch mit den theorieinternen Ambitionen, nicht nur gesellschaftliche Desintegrationsdiagnosen zu stellen, sondern auch angemessene „Therapien" präsentieren zu können.

Die Rekonstruktion der jeweils modellintern diagnostizierten Desintegrationsphänome hat verdeutlicht, dass die empirische Bodenhaftung der vier Modelle eher gering ist.[90] Alle Modelle besitzen die Tendenz, theoretisch begründete und auch konzeptionell hoch differenzierte Aussagen über Wirklichkeitszustände und Gesellschaftsentwicklungen vorzulegen, ohne sie im strikten Sinne empirisch zu testen. Nach einer Sichtung gängiger Desintegrationstheorien argumentiert Fuchs, dass sich „in der gegenwärtigen Diskussion über die Desintegration der modernen Gesellschaften (...) ein auffälliger Mangel an systematischen empirischen Belegen für Behauptungen über die gesellschaftliche Wirklichkeit feststellen [lässt, G.S.].

89 Hirschmann (1994: 297).

90 Ausnahme hiervon sind die Arbeiten von Bellah, welche die These des hegemonialen Liberalismus auch empirisch eindrucksvoll belegen.

Dieser Mangel lässt sich auch nicht dadurch beheben, dass sich viele theoretische Analysen in ihren Realitätsannahmen wechselseitig zitieren".[91] Dieser Mangel ruft eine gewisse Skepsis hervor, da Verfassungen nur dann eine adäquate „Antwort" auf Prozesse gesellschaftlicher Desintegration darstellen können, wenn diese Prozesse selbst mit hinreichender empirische Tiefenschärfe beschrieben wurden. Die Krisendiagnose selbst steht damit in Frage. So konstatiert Fuchs nach Sichtung von Eurobarometer und World Value Survey Daten: „Auf krisenhafte Entwicklungen, die als Desintegrationstendenzen interpretiert (...) werden können, deuten diese Ergebnisse nicht hin."[92]

Integration ist ein normativer Erfolgsbegriff, der jedoch einen spezifischen gesellschaftlichen Zustand beschreiben soll. Um den Erfolg von integrativen Mechanismen spezifizieren zu können, ist ein exakt definierter Integrationsbegriff zentral. Einen exakten Integrationsbegriff besitzt jedoch keines der vier Modelle. Auf der theoretisch-konzeptionellen Ebene lässt sich noch ein Gravitationszentrum des Integrationskonzepts identifizieren. Integration zeichnet sich durch eine enge Affinität zum Konsens aus, der modellspezifisch unterschiedliche Dimensionen einer Verfassung umschliesst.[93] Es fehlt jedoch allen Modellen an einer *operationalen Definition* von Integration, die notwendige Voraussetzung für eine empirisch inspirierte Analyse der jeweiligen Theorien ist. Liegt jedoch keine operationale Definition von Integration vor, „bringen Worte wie ‚Desintegration' oder ‚abnehmende Integration' nicht mehr und nicht weniger als die *Vermutung* des jeweiligen Sprechers zum Ausdruck, dass diese Prozesse für das System oder die Gesellschaft bedrohlich seien [Hervorhebung im Original, G.S.]".[94] Daher ist kein Modell in der Lage, den Erfolg der Integrationsinstrumente und -mechanismen empirisch nachweisen zu können.

Die Vernachlässigung der empirischen Dimension des empirischen Phänomens „Integration" ist zwar bemerkenswert, kann jedoch durch unterschiedliche Faktoren zumindest plausibilisiert werden.[95] So kann die Vorstellung von Integration qua Verfassung selbst auf einem zu hohen Abstraktionsniveau verortet sein. Das Instrument der Integration – die Verfassung – könnte zu „grob" für die Analyse der eher empirischen Dimensionen von Integration zu sein. Schließlich argumentiert die empirisch informierte Soziologie, dass sich Gesellschaften über verschiedene Modi *gleichzeitig* integrieren.[96] Die Integration der Gesellschaft würde gleichsam in mehreren Stufen, durch mehrere Agenturen, Instrumente und (symbolische) Mechanismen erfolgen, so dass die Verfassung nur *einen* Integrationsmodus neben anderen darstellt.

---

91 Fuchs (1999: 149).

92 Fuchs (1999: 173).

93 Vgl. ausführlich zur Konsensdimension von Verfassungen Vorländer (1981).

94 Friedrichs/ Jagodzinski (1999: 38).

95 Grundsätzlich stellt sich die Frage, ob die normative politische Theorie selbst die empirischen Dimensionen ihrer Integrationskonzepte entwickeln muß, oder ob in einer arbeitsteilig organisierten Wissenschaft die politische Soziologie diese Brückenfunktion übernehmen könnte.

96 Vgl. Friedrichs/ Jagodzinski (1999).

3 Perspektiven des Integrationskonzepts

Die Frage nach der gesellschaftlichen Integration bzw. Desintegration ist eine grundsätzliche der Soziologie, der Politikwissenschaft wie auch der Philosophie. Daher ist es erstaunlich, dass „der Integrationsbegriff vieldeutig ist".[97] Auch die Differenzierung spezifischer Integrationsbereiche, u.a. soziale, politische und rechtliche Integration, führte zu keiner definitorischen Eindeutigkeit. Durch eine Einengung des Objektbereiches auf die Verfassung läßt sich zwar ein Gravitationszentrum des Integrationskonzepts identifizieren. Integration zeichnet sich durch eine enge Affinität zum Konsens aus, der jeweils modellspezifisch unterschiedliche Dimensionen einer Verfassung umschließt.[98] Die erste Dimension spezifiziert den Konsens hinsichtlich der *normativen Grundlagen* der Geltung einer Verfassung. Die zweite Dimension spezifiziert den Konsens hinsichtlich der *funktionalen Ziele,* die mit einer spezifischen verfassungsrechtlichen Ordnung gesellschaftlich erreicht werden sollen. Die dritte Dimension umfasst den Konsens in bezug auf die kodifizierten *Inhalte* der Verfassung. Zentral ist hierbei die Differenzierung zwischen einem eher *wertorientiert-ethischen* und einen eher auf das *prozedurale* zielenden Konsens. Innerhalb dieser Konsensdimensionen replizieren sich jedoch nur die bereits bekannten Schwierigkeiten, so dass der Integrationsbegriff nach einer Reformulierung in der Kategorie des Konsens nur marginal an konzeptioneller Schärfe gewinnt.

Aus einer Vielzahl erklärender Faktoren[99] erscheinen zwei für die Vieldeutigkeit des Integrationsbegriffes besonders relevant: Einerseits resultiert die normative wie auch die empirische Unbestimmtheit von Integration aus der unaufhebbaren Verschränkung der normativen mit der deskriptiven Dimension von Integration, auf die bereits mehrfach hingewiesen wurde.[100] Andererseits resultiert die Vieldeutigkeit des Integrationsbegriffes aus Herausforderungen, die epistemologischer Natur sind. Integrationstheorien besitzen einen doppelten Realitätsbezug. Integrationstheorien müssen davon ausgehen, die soziale, politische und ökonomische *Realität* korrekt zu beschreiben, diese Realität wird jedoch selbst erst im Modus der Beobachtung konstruiert. Integrationstheorien sind daher „autologische"[101] Theorien, die ihren Gegenstand mitschreiben. Erst wenn Integrationstheorien diesen Status reflektieren, können sie sich selbst als „etwas der gesellschaftlichen Praxis Zugehöriges" verstehen.[102] Diese Reflektionsschleife vollziehen nicht alle Modelle von Integration qua Verfassung nach. In unterschiedlicher Intensität wird vielmehr noch von der Annahme ausgegangen, dass Integration noch *essenzialistisch* konzipiert werden kann und die Integriertheit einer Gesellschaft daher gleichsam eine ihr gegenständliche Eigenschaft ist. Besonders deutlich wird diese Vorstellung

---

97 Friedrichs/ Jagodzinski (1999: 38).

98 Vgl. ausführlich Vorländer (1981).

99 Vgl. für einen Überblick Friedrichs/ Jagodzinski (1999: 38-41).

100 Zustimmend Fuchs (1999: 149).

101 Vgl. für diesen Theorietyp Luhmann (1997:16).

102 Schmalz-Bruns (1989a: 239).

im kommunitaristischen Modell. Im Gegensatz dazu zeichnen sich die Diskurstheorie der Demokratie und der zivilgesellschaftliche Republikanismus durch eine konsequente Prozeduralisierung ihrer Integrationskonzeptionen aus. Eine vollständig de-essenzialistische Konzeption von Integration kann jedoch kein Modell vorlegen, und selbst in der Konflikttheorie existieren durch den noch ungeklärten Status der grundlegenden Konvention essenzialistische Einflugschneisen. Obwohl der Vorwurf des Essenzialismus schwer wiegt, kann er an dieser Stelle nicht weiter systematisch ausgeführt werden. Vielmehr soll abschließend eine erste knappe Skizze einer autologischen Integrationskonzeption vorgelegt werden.

Ein möglicher Ansatz besteht in der Vorstellung von Integration als *Beobachtung zweiter Ordnung,* da die Gesellschaft sich als Ganzes überhaupt nur in der *Beobachtung ihrer eigenen Beschreibung* finden kann: „Aus diesem Grunde kann bei polykontexturalen Beschreibungen die Einheit nur in Form der Beschreibung zweiter Ordnung zum Ausdruck kommen – eben dadurch, dass jeder Beschreiber in seine Beschreibung einbezieht, dass andere Beschreiber anders beschreiben. Das mag, bei avancierten Versuchen, dazu führen, dass in die Beschreibung sie selbst transzendierende Momente aufgenommen werden, oder anders gesagt: dass ihre Sinnhaftigkeit als Selektivität mitkommuniziert wird".[103] Im Anschluss an Luhmann kann man in ausdifferenzierten Gesellschaften nicht mehr davon ausgehen, dass eine dominante Selbstbeschreibung hinsichtlich der Integriertheit „der" Gesellschaft besteht – vielmehr muss von einer Pluralität von Selbstbeschreibungen ausgegangen werden. Ein normativer Maßstab für die Integriertheit einer Gesellschaft besteht daher a priori nicht mehr – es sei denn, man übernimmt in modifizierter Form Luhmanns These, dass Gesellschaften sich über *anschlussfähige Kommunikation* reproduzieren. Jede Selbstbeobachtung, die kommunikativ anschlussfähig ist, leistet vor diesem Hintergrund einen Beitrag zur Integration „der" Gesellschaft.

103 Luhmann (1997: 1141).

Literatur

Ackerman, Bruce (1980): Social Justice in the Liberal State. New Haven, London: Yale University Press

Ackerman, Bruce (1983): What is Neutral about Neutrality? In: Ethics 93. 390-400

Ackerman, Bruce (1989): Why Dialog? In: The Journal of Philosophy LXXXVI, 1. 5-22; dt: 1995. Warum Dialog? In: Brink, Bert van den/ Reijen, Willem van (Hrsg.): Bürgergesellschaft, Recht und Demokratie. Frankfurt am Main: Suhrkamp. 385-410

Ackerman, Bruce (1990): Neutralities. In: Douglass, R. Bruce/ Mara, Gerald M./ Richardson, Henry S. (Eds.) (1990): Liberalism and the Good. London: Routledge. 29-43

Barber, Benjamin R. (1984): Strong Democracy: Participatory Politics for a New Age. Berkeley: University of California Press.; dt: ders. (1994): Starke Demokratie. Hamburg: Rotbuch

Baynes, Kenneth (1995): Liberale Neutralität, Pluralismus und deliberative Politik. In: Brink, Bert van den/ Reijen, Willem van (Hrsg.): Bürgergesellschaft, Recht und Demokratie. Frankfurt am Main: Suhrkamp. 432-465

Beck, Ulrich/ Beck-Gernsheim, E. (Hrsg.) (1994): Riskante Freiheiten. Frankfurt am Main: Suhrkamp

Beck, Ulrich (1986): Risikogesellschaft. Auf dem Weg in eine andere Moderne. Frankfurt am Main. Suhrkamp

Bellah, Robert N./ Madsen, Richard/ Sullivan, William M./ Swidler, Ann/ Tipton, Steven M. (1987): Die Gewohnheiten des Herzens. Individualismus und Gemeinsinn in der amerikanischen Demokratie. Köln: Bund-Verlag

Böckenförde, Ernst-Wolfgang (1976): Staat, Gesellschaft, Freiheit: Studien zur Staatstheorie und zum Verfassungsrecht. Frankfurt am Main: Suhrkamp

Brodocz, André (1999): Von der symbolischen Form zur symbolischen Dimension? Zur Cassirer-Rezeption in der zeitgenössischen Institutionentheorie. Dresdner Beiträge zur Politischen Theorie und Ideengeschichte 3/1999. Dresden

Brodocz, André (2000): Die symbolische Dimension der Verfassung. Ein Beitrag zur Institutionentheorie. Dissertation. Technische Universität Dresden

Brodocz, André (2001): Die integrative Kraft des Konfliktes: Über die Konflikttheorie des zivilgesellschaftlichen Republikanismus. In: Bonacker, Thorsten (Hrsg.) (2001): Konflikttheorien, Opladen: Leske + Budrich (zitiert nach MS)

Brugger, Winfried (1998): Zum Verhältnis von Neutralitätsliberalismus und liberalem Kommunitarismus. Dargestellt am Streit über das Kreuz in der Schule. Zur Unzulässigkeit des Kreuzes in der Schule aus verfassungsrechtlicher Sicht. In: Brugger, Winfried/ Huster, Stefan (Hrsg.) (1998): Der Streit um das Kreuz in der Schule. Zur religiös-weltanschaulichen Neutralität des Staates. Baden-Baden: Nomos. 109-154

Buchstein, Hubertus / Schmalz-Bruns (1994): Nachwort. In: Barber, Benjamin (1994): Starke Demokratie. Hamburg: Rotbuch

Burmeister, Joachim (1999): Das Dilemma des freiheitlich verfaßten Staates. Die Abhängigkeit der Integrationskraft des Rechtes von einem vorrechtlich-ethischen Grundkonsens. In: Friedrichs, Jürgen/ Jagodzinski, Wolfgang (Hrsg.) (1999a): Soziale Integration. Opladen: Westdeutscher Verlag. 353-379

Dahl, Robert A. (1989): Democracy and its Critics. New Haven: Yale Univ. Press

Dubiel, Helmut (1994): Ungewißheit und Politik. Frankfurt am Main: Suhrkamp

Dubiel, Helmut (1997): Unversöhnlichkeit und Demokratie. In: Heitmeyer, Wilhelm (Hrsg.) (1997): Was hält die Gesellschaft zusammen? Frankfurt am Main: Suhrkamp. 425-446

Dubiel, Helmut (1999): Integration durch Konflikt? In: Friedrichs, Jürgen/ Jagodzinski, Wolfgang Hrsg.) (1999a): Soziale Integration. Opladen: Westdeutscher Verlag. 132-146

Durkheim, Emile (1992) (1893): Über soziale Arbeitsteilung. Studie über die Organisation höherer Gesellschaften. Frankfurt am Main: Suhrkamp

Easton, David (1975): A Re-Assessment of the Concept of Political Support. In: British Journal of Political Science 5. 435-457

Forst, Rainer (1994): Kontexte der Gerechtigkeit. Politische Philosophie jenseits von Liberalismus und Kommunitarismus. Frankfurt am Main: Suhrkamp

Frankenberg, Günter (1997): Die Verfassung der Republik. Autorität und Solidarität in der Zivilgesellschaft. Frankfurt am Main: Suhrkamp

Frankenberg, Günter (2000): Zur Rolle der Verfassung im Prozeß der Integration. In: Schuppert, Gunnar Folke/ Bumke, Christian (Hrsg.) (2000): Bundesverfassungsgericht und gesellschaftlicher Grundkonsens. Baden-Baden: Nomos. 31-58

Friedrichs, Jürgen/ Jagodzinski, Wolfgang (Hrsg.) (1999): Theorien sozialer Integration. In: Friedrichs, Jürgen/ Jagodzinski, Wolfgang (Hrsg.) (1999): Soziale Integration. Opladen: Westdeutscher Verlag. 9-46

Friedrichs, Jürgen/ Jagodzinski, Wolfgang (Hrsg.) (1999a): Soziale Integration. Opladen: Westdeutscher Verlag

Fuchs, Dieter/ Klingemann, Hans-Dieter (1995): Introduction. In: Klingemann, Hans-Dieter/ Fuchs, Dieter (Eds.) (1995): Citizens and the State. Oxford: Oxford University Press. 1-22

Fuchs, Dieter (1999): Soziale Integration und politische Institutionen in modernen Gesellschaften. In: Friedrichs, Jürgen/ Jagodzinski, Wolfgang (Hrsg.) (1999): Soziale Integration. Opladen: Westdeutscher Verlag. 147-178

Fuchs, Peter (1992): Die Erreichbarkeit von Gesellschaft. Zur Konstruktion und Imagination gesellschaftlicher Einheit. Frankfurt am Main: Suhrkamp

Gauchet, Marcel (1990): Tocqueville, Amerika und wir. Über die Entstehung der demokratischen Gesellschaften. In: Rödel, Ulrich (Hrsg.): Autonome Gesellschaft und libertäre Demokratie. Frankfurt am Main: Suhrkamp. 123-206

Gauchet, Marcel (1990a): Die totalitäre Erfahrung und das Denken des Politischen. In: Rödel, Ulrich (Hrsg.): Autonome Gesellschaft und libertäre Demokratie. Frankfurt am Main: Suhrkamp. 207-239

Gebhardt, Jürgen/ Schmalz-Bruns, Rainer (Hrsg.) (1994): Demokratie, Verfassung und Nation. Die politische Integration moderner Gesellschaften. Baden-Baden: Nomos Verlag

Giegel, Hans-Joachim (Hrsg.) (1998): Konflikt in modernen Gesellschaften. Frankfurt am Main: Suhrkamp

Habermas, Jürgen (1981a): Eine Theorie des kommunikativen Handelns. Bd. 1. Frankfurt am Main: Suhrkamp

Habermas, Jürgen (1981b): Eine Theorie des kommunikativen Handelns. Bd. 2. Frankfurt am Main: Suhrkamp

Habermas, Jürgen (1983): Moralbewußtsein und kommunikatives Handeln. Frankfurt am Main: Suhrkamp

Habermas, Jürgen (1984): Vorstudien und Ergänzungen zur Theorie des kommunikativen Handelns. Frankfurt am Main: Suhrkamp

Habermas, Jürgen (1992): Faktizität und Geltung. Frankfurt am Main: Suhrkamp

Habermas, Jürgen (1996): Die Einbeziehung des Anderen. Frankfurt am Main: Suhrkamp

Haltern, Ulrich R. (1998): Verfassungsgerichtbarkeit, Demokratie und Misstrauen. Das Bundesverfassungsgericht in einer Verfassungstheorie zwischen Populismus und Progressivismus. Berlin: Duncker & Humblot

Heitmeyer, Wilhelm (Hrsg.) (1997): Was hält die Gesellschaft zusammen? Frankfurt am Main: Suhrkamp

Heitmeyer, Wilhelm (1997a): Sind individualisierte und ethnisch-kulturell vielfältige Gesellschaften noch integrierbar? In: Heitmeyer, Wilhelm (Hrsg.) (1997): Was hält die Gesellschaft zusammen? Frankfurt am Main: Suhrkamp. 9-22

Heitmeyer, Wilhelm (1997b): Gibt es eine Radikalisierung des Integrationsproblems? In: Heitmeyer, Wilhelm (Hrsg.) (1997): Was hält die Gesellschaft zusammen? Frankfurt am Main: Suhrkamp. 23-65

Hinsch, Wielfried (1992): Einleitung. In: Rawls, John (1992): Die Idee des politischen Liberalismus. Aufsätze 1978-1989. Frankfurt am Main: Suhrkamp. 9-43

Hirschman, Albert O. (1994): Wieviel Gemeinsinn braucht die liberale Gesellschaft? In: Leviathan 22. 2. 293-304

Jachtenfuchs, Markus/ Kohler-Koch, Beate (Hrsg.) (1996): Europäische Integration. Opladen: Westdeutscher Verlag

Kantorowicz, Ernst H. (1957) (1990): Die zwei Körper des Königs. Eine Studie zur politischen Theologie des Mittelalters. München: Deutscher Taschenbuch Verlag

Klingemann, Hans-Dieter/ Fuchs, Dieter (Eds.) (1995): Citizens and the State. Oxford: Oxford University Press

Kymlicka, Will (1990): Contemporary Political Philosophy. Oxford: Clarendon Press

Larmore, Charles E. (1994): Strukturen moralischer Komplexität. Stuttgart: Metzler

Lefort, Claude (1990): Menschenrechte und Politik. In: Rödel, Ulrich (Hrsg.) (1990): Autonome Gesellschaft und libertäre Demokratie. Frankfurt am Main: Suhrkamp. 239-280

Lefort, Claude (1990a): Die Frage der Demokratie. S. 281-297 In: Rödel, Ulrich (Hrsg.) (1990): Autonome Gesellschaft und libertäre Demokratie. Frankfurt am Main: Suhrkamp

Lefort, Claude (1991): Die Erklärung der Menschenrechte. Die Debatte um die bürgerlichen Freiheiten 1789. Reinbek bei Hamburg: Rowolt

Lefort, Claude (1999): Fortdauer des Theologisch-Politischen? Wien: Passagen-Verlag

Lefort, Claude/ Gauchet, Marcel (1990): Über die Demokratie: Das Politische und die Instituierung des Gesellschaftlichen. In: Rödel, Ulrich (Hrsg.): Autonome Gesellschaft und libertäre Demokratie. Frankfurt am Main: Suhrkamp. 89-122

Lockwood, David (1964): Social Integration and System Integration. In: Zollschan, George K./ Hirsch, Walter (Ed.) (1964): Explorations in Social Change. London: Routledge & Kegan Paul. 244-257

Luhmann, Niklas (1990): Soziologische Aufklärung 5. Konstruktivistische Perspektiven. Opladen: Westdeutscher Verlag

Luhmann, Niklas (1993): Das Recht der Gesellschaft. Frankfurt am Main: Suhrkamp

Luhmann, Niklas (1995): Metamorphosen des Staates. In: Luhmann, Niklas (1995): Gesellschaftsstruktur und Semantik. Studien zur Wissenssoziologie der modernen Gesellschaft. Bd. 4. Frankfurt am Main: Campus. 101-137

Luhmann, Niklas (1997): Die Gesellschaft der Gesellschaft. Frankfurt am Main: Suhrkamp

MacIntyre, Alasdair (1987): Der Verlust der Tugend. Zur moralischen Krise der Gegenwart. Frankfurt am Main: Campus

Marchart, Oliver (1999): Die politische Theorie des zivilgesellschaftlichen Republikanismus. Claude Lefort und Marcel Gauchet. In: Brodocz, André/ Schaal, Gary S. (Hrsg.) (1999): Politische Theorien der Gegenwart. Opladen: Leske + Budrich. 119-142

Maturana, Humberto (1985): Erkennen. Die Organisation und Verkörperung von Wirklichkeit. Braunschweig. Wiesbaden: Vieweg

Merten, Klaus (1997): Die Rolle der Medien bei der Vermittlung zwischen Recht und Gesellschaft. In: Zeitschrift für Rechtssoziologie 18, 1. 16-30

Mewes, Horst (1999): Verfassungsdiskurs in den USA am Beispiel der Liberalismustheorien von Rawls und Ackerman. In: Gebhardt, Jürgen (Hrsg.) (1999): Verfassung und politische Kultur. Baden-Baden: Nomos. 55-74

Michelman, Frank I. (1988): Law's Republic. In: Yale Law Journal 97, 8. 1020-1069.

Michelman, Frank I. (1997): How can the People Ever Make the Laws. A Critique of Deliberative Democracy. In: Bohmann, James/ Regh, William (Eds.) (1997): Deliberative Democracy. Cambridge: Cambridge University Press. 135-172

Mourelis, Nicos (1992): Social and System Integration. Habermas' View. In: British Journal of Sociology 43. 267-288

Mulhall, Stephen/ Swift, Adam (1996): Liberals and Communitarians. Second Edition. Oxford: Blackwell

Münch, Richard (1997): Elemente einer Theorie der Integration moderner Gesellschaften. Eine Bestandsaufnahme. In. Heitmeyer, Wilhelm (Hrsg.) (1997): Was hält die Gesellschaft zusammen? Frankfurt am Main: Suhrkamp. 66-112

Niesen, Peter (1999): Die politische Theorie des politischen Liberalismus: John Rawls. In: Brodocz, André/ Schaal, Gary S. (Hrsg.) (1999): Politische Theorien der Gegenwart. Opladen: Leske + Budrich. 17-42

Parsons, Talcott (1969): Politics and Political Structure. New York: The Free Press

Parsons, Talcott (1971): The System of Modern Societies. Englewood Cliffs, New Jersey: Prentice-Hall

Peters, Bernhard (1993): Die Integration moderner Gesellschaften. Frankfurt am Main: Suhrkamp

Pharr, Susan J./ Putnam, Robert D. (2000): Disaffected Democracies. Princeton: Princeton University Press

Putnam, Robert D./ Leonardi, Robert/ Nanetti, Raffaella (1993): Making Democracy Work. Princeton, NJ: Princeton University Press
Putnam, Robert D. (2000): Bowling alone. The Collapse and Revival of American Community. New York: Simon and Schuster
Rawls, John (1971): A Theory of Justice. Cambridge, Mass.: Harvard University Press
Rawls, John (1992): Die Idee des politischen Liberalismus. Aufsätze 1978-1989. Frankfurt am Main: Suhrkamp
Rawls, John (1993): Political Liberalism. New York: Columbia University Press
Reese-Schäfer, Walter (1997): Grenzgötter der Moral. Der neuere europäisch-amerikanische Diskurs zur politischen Ethik. Frankfurt am Main: Suhrkamp
Rödel, Ulrich (Hrsg.) (1990): Autonome Gesellschaft und libertäre Demokratie. Frankfurt am Main: Suhrkamp
Rödel, Ulrich/ Frankenberg, Günter/ Dubiel, Helmut (1989): Die demokratische Frage. Frankfurt am Main: Suhrkamp
Rödel, Ulrich (1994): Zivilgesellschaft und Verfassung. Gebhardt, Jürgen/ Schmalz-Bruns, Rainer (Hrsg.) (1994): Demokratie, Verfassung und Nation. Die politische Integration moderner Gesellschaften. Baden- Baden: Nomos Verlag. 123-138
Rödel, Ulrich (1996): Vom Nutzen des Konzepts der Zivilgesellschaft. In: Zeitschrift für Politikwissenschaft 6, 3. 669-677
Rorty, Richard (1988): Solidarität oder Objektivität. Stuttgart: Reclam
Rosa, Hartmut (1998): Integration, Konflikt und Entfremdung – Die Perspektive des Kommunitarismus. In: Giegel, Hans-Joachim (Hrsg.) (1998): Konflikt in modernen Gesellschaft. Frankfurt am Main: Suhrkamp. 202-244
Rosa, Hartmut (1999): Die politische Theorie des Kommunitarismus. Charles Taylor. In: Brodocz, André/ Schaal, Gary S. (Hrsg.) (1999): Politische Theorien der Gegenwart. Opladen: Leske + Budrich. 43-68
Rötzer, Florian (1998): Digitale Weltentwürfe. München: Hanser
Sandel, Michael J. (1982). Liberalism and the Limits of Justice. Cambridge: Cambridge University Press
Sandel, Michael J. (1993): Die verfahrensrechtliche Republik und das ungebundene Selbst. In: Honneth, Axel (Hrsg.) (1993): Kommunitarismus. Frankfurt am Main: Campus. 18-35
Schaal, Gary S. (1999): Die Integrationsleistung ethisch neutraler Verfassungen. In: Vorgänge 146, 2. 24-32
Schaal, Gary S. (2000): Integration durch Verfassung und Verfassungsrechtsprechung? Über den Zusammenhang von Demokratie, Verfassung und Integration. Berlin: Duncker & Humblot
Schaal, Gary S. (2001): Integration durch Verfassung und Verfassungsrechtsprechung? Theoretische Anmerkungen. In: Österreichische Zeitschrift für Politikwissenschaft 30, 2. 213-224
Schaal, Gary S./ Strecker, David (1999): Die politische Theorie der Deliberation. Jürgen Habermas. In: Brodocz, André/ Schaal, Gary S. (Hrsg.) (1999): Politische Theorien der Gegenwart. Opladen: Leske + Budrich. 69-94
Schimank, Uwe (1999): Funktionale Differenzierung und Systemintegration der modernen Gesellschaft. In: Friedrichs, Jürgen/ Jagodzinski, Wolfgang (Hrsg.) (1999a): Soziale Integration. Opladen: Westdeutscher Verlag. 47-65
Schmalz-Bruns, Rainer (1989): Ansätze und Perspektiven der Institutionentheorie. Eine bibliographische und konzeptionelle Einführung. Wiesbaden: Deutscher Universitätsverlag
Schmalz-Bruns, Rainer (1989a): Alltag-Subjektivität-Vernunft. Praxistheorie im Widerstreit. Opladen: Westdeutscher Verlag
Schmalz-Bruns, Rainer (1995): Reflexive Demokratie. Baden-Baden: Nomos
Schmidt, Siegfried (Hrsg.) (1987): Der Diskurs des radikalen Konstruktivismus. Frankfurt am Main: Suhrkamp
Schüle, Andreas (1999): Auf der Suche nach dem Ganzen im Ganzen. Systemtheoretische Überlegungen zu Selbstbeschreibung und Normbegründung in modernen Gesellschaften. In: Lotter, Maria-Sibylla (Hrsg.) (1999): Normenbegrüdung und Normenentwicklung in Gesellschaft und Recht. Baden-Baden: Nomos. 23-45
Schuppert, Gunnar Folke/ Bumke, Christian (Hrsg.) (2000): Bundesverfassungsgericht und gesellschaftlicher Grundkonsens. Baden-Baden: Nomos

Taylor, Charles (1988): Negative Freiheit? Zur Kritik des neuzeitlichen Individualismus. Frankfurt am Main: Suhrkamp

Taylor, Charles (1989): Cross-Purposes. The Liberal-Communitarian Debate. In: Rosenblum, Nancy (Ed.) (1989), S. 159-182; dt: Taylor, Charles (1993): Aneinander vorbei: Die Debatte zwischen Liberalismus und Kommunitarismus. In: Honneth, Axel (Hrsg.) (1993): Kommunitarismus. Eine Debatte über die moralischen Grundlagen moderner Gesellschaften. Frankfurt am Main, New York: Campus. 103-130

Taylor, Charles (1992): Wieviel Gemeinsinn braucht die Demokratie? In: Transit 5. 5-20

Taylor, Charles (1994): Quellen des Selbst. Die Entstehung der neuzeitlichen Identität. Frankfurt am Main: Campus

Tönnies, Ferdinand (1963) (1887): Gemeinschaft und Gesellschaft. Darmstadt: Wissenschaftliche Buchgesellschaft

Vorländer, Hans (1981): Verfassung und Konsens. Der Streit um die Verfassung in der Grundlagen- und Grundsatzdiskussion der Bundesrepublik Deutschland. Berlin: Duncker & Humblot

Vorländer, Hans (1997): Hegemonialer Liberalismus. Politisches Denken und politische Kultur in den USA 1776 – 1920. Frankfurt am Main: Campus

Vorländer, Hans (1997a): Verfassung als institutionelle Ordnung des Politischen. In: Melville, Gert (Hrsg.) (1997): Institutionalität und Geschichtlichkeit. Ein neuer Sonderforschungsbereich stellt sich vor. TU Dresden. 115-125

Vorländer, Hans (1999): Die Verfassung. Idee und Geschichte. München: Beck

Walzer, Michael (1990): The Communitarian Critique of Liberalism. In: Political Theory 18, 1. 6-23

Walzer, Michael (1992): Zivile Gesellschaft und amerikanische Demokratie. Berlin: Rotbuch

Wellmer, Albrecht (1993): Bedingungen einer demokratischen Kultur. In: Wellmer, Albrecht (1993): Endspiele. Die unversöhnliche Moderne. Frankfurt am Main: Suhrkamp. 54-80

Wellmer, Albrecht (1998): Menschenrechte und Demokratie. In: Lohmann, Georg/ Gosepath, Stefan (Hrsg.) (1998): Philosophie der Menschenrechte. Frankfurt am Main: Suhrkamp. 265-291

Werber, Niels (1998): Exklaven. Globalisierte Städte auf dem Weg zum Staat im Staate. In: Berliner Debatte INITIAL 9, 4. 59-68

Chancen konstitutioneller Identitätsstiftung

Zur symbolischen Integration durch eine deutungsoffene Verfassung

André Brodocz

1 Integration durch Verfassung

Vor einer Verfassung steht ihr Geber. Schon in seiner Präambel weist die Verfassung der Bundesrepublik Deutschland dementsprechend daraufhin, dass „sich das Deutsche Volk kraft seiner verfassungsgebenden Gewalt dieses Grundgesetz gegeben [hat].“ Allerdings beansprucht eine Verfassung für ihre Geltung fortan Vorrang vor ihrem Geber, wenn sie wie etwa das Grundgesetz schon in ihrem ersten Artikel feststellt, dass „die nachfolgenden Grundrechte (...) Gesetzgebung, vollziehende Gewalt und Rechtsprechung als unmittelbar geltendes Recht [binden]“ (Art. 1 Abs. 3 GG). Der genetische Vorrang des Verfassungsgebers vor der Verfassung transformiert sich auf diese Weise in einen normativen Vorrang der Verfassung vor ihrem Geber.[1] Diese Verwandlung berührt eine Verfassung in ihren vier Funktionen[2] auf ganz unterschiedliche Weise. Einerseits wirft sie für die Funktionen der Konstituierung, Legitimation und Limitation von Herrschaft vor allem die Frage nach der Vereinbarkeit von Demokratie und Konstitutionalismus auf. Gibt ein Volk mit der Gebung einer Verfassung seine Souveränität und somit die Demokratie ein ganz zentrales Element auf? Und schränkt der Wille der verfassunggebenden Generation zudem die Freiheit der nachfolgenden Generationen ein?

Andererseits verweist die Transformation des genetischen Vorrangs des Verfassungsgebers in den normativen Vorrang der Verfassung für die Funktion der Integration und Identitätsstiftung einer politischen Ordnung durch die Verfassung auf die Frage, inwiefern eine Verfassung Identität herstellen kann. Bringt sie eine immer schon vorhandene Identität nur noch symbolisch zum Ausdruck, weil sie zum Beispiel einem unsichtbaren Sein zur Sichtbarkeit verhilft? Oder generiert eine Verfassung erst die gemeinsame Identität, weil sie etwa jenen öffentlichen Raum schafft, in dem durch die gemeinsame Verständigung über dann kollektiv lösbare Probleme die Kollektivität erst hervorgebracht wird? Wenn auch der Fragenkomplex über die Vereinbarkeit von Demokratie und Konstitutionalismus bei weitem noch nicht gelöst erscheint, so sind doch zumindest die Facetten und die Reichweite dieses Komplexes weitgehend offen gelegt.[3] Den Möglichkeiten und Grenzen konstitutioneller Identitätsstiftung ist im Vergleich dazu kaum Beachtung entgegen-

---

1 Siehe zu dieser Transformation Vorländer (2000).

2 Vgl. diese vier Funktionen bei Vorländer (1999: 17-19).

3 Siehe zum Verhältnis zwischen Konstitutionalismus und Demokratie etwa die Beiträge in Elster/Slagstad (1988) und Preuß (1994).

gebracht worden. Die Relevanz dieser Funktion wird aber nicht zuletzt durch die jüngsten Entwicklungen in der EU deutlich. Für die einen braucht Europa vielleicht gar keine Verfassung, weil es doch offensichtlich an einem, über einen gemeinsamen Willen verfügenden europäischen Volk mangelt, während anderen zufolge eine europäische Verfassung notwendig ist, um genau diesen Mangel zu überwinden.[4] Was aber zeichnet eine Verfassung aus, die in diesem Sinne identitätsstiftend wirken könnte?

Zunächst gilt es vor allem anhand der Arbeiten von Jürgen Gebhardt und Hans Vorländer zu zeigen, inwiefern die Chancen konstitutioneller Identitätsstiftung in einem engen Zusammenhang mit symbolischer Integration gesehen werden müssen. Dieser Zusammenhang führt allerdings in eine Spannung zwischen der integrationstheoretisch als notwendig erachteten Übereinstimmung in der Deutung der Verfassung und ihrer faktischen Deutungsoffenheit. Gegenwärtig wird vor allem die Deutungsoffenheit der Verfassung als Grund für diese Spannung angesehen, so dass die Chancen konstitutioneller Identitätsstiftung an die Einrichtung eines Verfassungsgerichts als autoritative Deutungsinstanz gebunden werden. Allerdings beruht diese Spannung, wie zu zeigen versucht wird, auch auf einem höchst problematischen Integrationsbegriff, dessen anvisierte Eindeutigkeit sowohl unmöglich als auch unnötig ist (2.). Hieraus wird der Schluss gezogen, dass die Spannung zwischen der Deutungsoffenheit einer Verfassung und der ihr zugeschriebenen integrativen Wirkung weniger aus der Deutungsoffenheit als vielmehr aus dem in Anspruch genommenen, unbefriedigend bleibenden Integrationsbegriff resultiert. Als nächstes wird darum darzulegen sein, wie eine Verfassung gerade aufgrund ihrer Deutungsoffenheit Identität stiften und so symbolisch integrieren kann (3.). Dieser Zusammenhang zwischen der Deutungsoffenheit und der symbolisch integrativen Kraft einer Verfassung ermöglicht es, den Chancen konstitutioneller Identitätsstiftung als den Chancen einer Verfassung zu ihrer Deutungsöffnung nachzugehen. In drei Schritten gilt es dann, die sachliche (4.), die soziale (5.) und die zeitliche Chance (6.) einer Verfassung zur Deutungsöffnung zu skizzieren, bevor abschließend noch überprüft wird, inwieweit eine solche, auf Deutungsoffenheit abstellende Konzeption konstitutioneller Identitätsstiftung noch hinreichend sensibel bleibt gegenüber verfassungskulturellen Unterschieden (7.).

2 Integration und Eindeutigkeit

Den Chancen konstitutioneller Identitätsstiftung sind zuletzt insbesondere Jürgen Gebhardt und Hans Vorländer nachgegangen.[5] Die symbolische Dimension einer Verfassung erschöpft sich ihnen zufolge nicht schon darin, dass eine Verfassung ihre instrumentellen Funktionen der Konstituierung, Legitimierung und Limitierung von Herrschaft allein durch ihre Existenz noch einmal symbolisch zum Ausdruck

---

4 Vgl. stellvertretend für viele die Debatte zwischen Grimm (1995) und Habermas (1996).

5 Vgl. u.a. Gebhardt (1987; 1995) und Vorländer (1988; 1999; 1999a).

bringt.[6] In dem Fall bliebe die symbolische Dimension immer bloß auf die Verfassung selbst bezogen, so dass ihre identitätsstiftenden Chancen gar nicht erst in den Blick kommen können. Hierfür muss darum strikter zwischen der instrumentellen und der symbolischen Dimension einer Verfassung unterschieden werden. Dies wird vor allem dann deutlich, wenn die symbolische Dimension einer Verfassung als Möglichkeitsbedingung und nicht als Selbstbezug ihrer instrumentellen Dimension erkannt wird. „Eine Verfassung (...) hat also nicht nur instrumentellen, sondern auch immer einen symbolischen Stellenwert: Bürger identifizieren sich mit ihrer Verfassung und geben damit der Verfassung den normativen Vorrang, der notwendig ist, damit auch die regulativen Funktionen der Verfassung erfüllt werden können."[7]

Die symbolische Dimension einer Verfassung beruht also darauf, dass sich alle Bürger und Bürgerinnen jeweils selbst und wechselseitig mit der Verfassung als ihrer gemeinsamen Ordnungsidee identifizieren. Aufgrund ihrer Kontextgebundenheit sind die durch Verfassungen symbolisierten Ordnungsideen unterschiedlich, weshalb mit einer Verfassung immer auch die Ordnungs- und Sinngehalte einer politischen Kultur zum Ausdruck kommen. Die Transformation des genetischen Vorrangs des Verfassungsgebers in den normativen Vorrang der Verfassung bleibt solange unproblematisch, wie sich der Verfassungsgeber durch die Verfassung symbolisiert sieht. Als „Medium sozialkultureller Identitätsstiftung" wird die Verfassung auf diese Weise zum „Symbol mit sozial-integrativer Funktion".[8] Das Instrument ‚Verfassung' verliert deshalb an normativer Kraft, sobald diese Identifikationsfunktion nicht mehr ausgeübt wird.

Die Chancen konstitutioneller Identitätsstiftung stehen danach in einem engen Zusammenhang mit einer Form sozialer Integration, die Bernhard Peters als gelungene ‚expressive Gemeinschaft' bezeichnet. Diese Form unterscheidet sich von der Integration als effiziente ‚funktionale Koordination' von erwünschten und unerwünschten Handlungsfolgen sowie der Integration als Entwicklung ‚moralischer Integrität' des einzelnen vor allem dadurch, dass sie auf die Ausbildung einer kollektiven Identität zielt.[9] „Kollektive Identität konstituiert soziale Einheiten eines bestimmten Typs, nämlich soziale Gemeinschaften mit definierten Mitgliedschaften und einem geteilten kollektiven Selbstbild, geteilten Überzeugungen und Aspirationen. Dabei sind ‚geteilte' Überzeugungen nicht nur faktisch übereinstimmende, sondern solche, die auch im Bewusstsein dieser Gemeinschaft getragen werden. Und kollektive Aspirationen sind mehr als übereinstimmende individuelle Ziele – es sind Aspirationen, die sich beziehen auf die Zukunft der Gemeinschaft."[10] Integrativ ist eine Verfassung demnach dann, wenn alle dieselbe Ordnungsidee teilen und alle diese Ordnungsidee in derselben Verfassung symbolisiert sehen.

---

6 So aber z.B. Leedes (1986).

7 Vorländer (1999: 19).

8 Vorländer (1988: 71).

9 Vgl. Peters (1993: 92-106).

10 Peters (1993: 117, Hervorhebung weggelassen).

Es ist also der gleiche Bezug, die geteilte, übereinstimmende Ordnungsidee, aufs Gleiche – die Verfassung – notwendig, damit eine Verfassung integrativ wirken kann. Integration im Sinne von kollektiver Identitätsstiftung beinhaltet demzufolge, dass dasselbe Symbol im gleichen Sinn gedeutet wird.[11] Denn nur dann können wenigstens die faktischen Übereinstimmungen angenommen werden, die ein geteiltes kollektives Selbstbild voraussetzt. Die Chancen für eine Verfassung, auf diese Weise eine identitätsstiftende Kraft zu entfalten, müssen allerdings zunächst als gering erscheinen. Schließlich gelten Verfassungen als vage und offen, als unbestimmt und abstrakt, als stellenweise paradox und häufig nur schematisch.[12] Zwischen der einer Verfassung zugeschriebenen Integration durch Identitätsstiftung und den dafür nötigen Ansprüchen besteht anscheinend eine nicht zu vernachlässigende Spannung. Denn der integrationstheoretisch als notwendig erachteten Übereinstimmung in der Deutung der Verfassung steht deren faktische Deutungsoffenheit gegenüber.

Der Grund für diese Spannung wird gegenwärtig vor allem bei der Deutungsoffenheit der Verfassung diagnostiziert, denn als Auflösung dieser Spannung wird die Verfassungsgerichtsbarkeit als autoritative Deutungsinstanz eingeführt. Danach schließt Verfassungsrechtsprechung – zumindest vorübergehend – die Deutungsoffenheit der Verfassung bzw. präzisiert und konkretisiert die Verfassung, so dass die gleiche Orientierung am Gleichen wieder möglich ist. Die Chance einer Verfassung, die symbolische Funktion der Identitätsstiftung zu erfüllen, wächst demzufolge, wenn ihr eine eigene Verfassungsgerichtsbarkeit zur Seite steht. „Es liegt in der Natur dieses modernen Konstitutionalismus, dass die Verfassung dort in hohem Maße als Kristallisationskern der Symbolform sozialer Sinndeutung fungiert, wo eine mehr oder weniger ausgeprägte Verfassungsgerichtsbarkeit wirksam ist, wird hierdurch doch die symbolische Funktion der Verfassung von einer eigenen Institution ausgeübt und unmittelbar mit der instrumentellen Funktion verknüpft. Entscheidend ist hierbei das aktiv praktizierte Interpretationsmonopol der Richter."[13] In der Verfassungsrechtsprechung wird demnach nicht nur bindend festgelegt, welcher Sinn der Verfassung im Konfliktfall erwartet werden kann. Über diese instrumentelle Bedeutung der Verfassungsrechtsprechung hinaus wird außerdem jene Übereinstimmung hergestellt, die für die symbolische Integration durch eine Verfassung notwendig erscheint. Denn es ist nicht zuletzt die Deutungsoffenheit von Verfassungen, die die Konflikte über ihre Deutung erst ermöglicht und die mangelnde faktische Übereinstimmung der Deutenden öffentlich macht. Die Chancen einer Verfassung, symbolisch integrativ zu wirken und so Identität zu stiften, sind somit nicht nur eng mit der autoritativen Schließbarkeit ihrer Deutungsoffenheit durch ein Verfassungsgericht verbunden, sondern sie sind faktisch konstitutiv darauf angewiesen.

---

11 Nur so wird auch die normative Auszeichnung von Konsens als entscheidendem Integrationsfaktor denkbar. Vgl. zu den normativen Konzepten von Integration auch den Beitrag von Gary S. Schaal in diesem Band.

12 Vgl. hierzu u.a. Bryde (1982: 82), Durham Jr. (1993: 897), Frankenberg (1996: 17), Häberle (1998: 409), Heller (1983: 291), Jacobson (1993: 948), Leedes (1986: 9), Smend (1928: 191), Sunstein (1996: 171) und Vorländer (1981: 375).

13 Gebhardt (1995: 15). Vgl. dazu auch Vorländer (1988: 79-82).

„Erst wenn ein Verfassungsgericht eine solche – anscheinend kontrovers interpretierte – Norm im Akt der Verfassungsrechtsprechung einer *eindeutigen* Interpretation zuführt, kann eine symbolische Darstellung konstitutioneller Ordnungsvorstellungen erfolgen. Die Symbolisierungsleistung erfolgt somit im Zuge der institutionellen Performanz von Verfassungsgerichten."[14]

An dieser besonderen Funktion von Verfassungsgerichten wird zunächst noch einmal sehr deutlich, dass Integration auf Kommunikation angewiesen ist. Denn der Einzelne kann vom gleichen Glauben, vom gleichen Bezug, von der gleichen Interpretation und/oder von der gleichen Orientierung der Anderen erst dann wissen, wenn kommuniziert wird, was geglaubt, was interpretiert, worauf sich bezogen und woran sich orientiert wird. Damit die Übereinstimmung über die Verfassung überhaupt integrativ wirken kann, müssen alle dieselbe Deutung der Verfassung auch kommunizieren. Die Verfassung besitzt allerdings keine Bedeutung an sich. Wie alle anderen Deutungen, Begriffe, Konzepte gewinnt sie ihre Bedeutung erst aus den Unterschieden, die sie gegenüber anderen Deutungen, Begriffen, Konzepten macht.[15] ‚Dieselbe Deutung' der Verfassung zu kommunizieren, heißt also genau genommen, dass alle die Verfassung von etwas anderem, genauer: vom selben anderen unterscheiden.

Auf den ersten Blick könnte es so scheinen, als ob damit die Integration als gleiche Orientierung am Gleichen differenztheoretisch reformuliert ist. Auf den zweiten Blick werden damit aber zwei Einwände gegen diesen Integrationsbegriff aufgeworfen.[16] Eine folgenlose differenztheoretische Übersetzung müsste nämlich voraussetzen, dass die Bedeutung dessen, was die Verfassung nicht ist, feststeht. Genau dies, so der erste Einwand, wird aber zwingender Weise genauso in Frage gestellt. Denn auch für all jene Begriffe, von denen sich der der Verfassung abgrenzt, gilt, dass deren Bedeutung ihrerseits nur aus dem Unterscheiden von anderen Deutungen gewonnen werden kann, für die wieder dasselbe gilt. Die Feststellung der gleichen, der geteilten, der übereinstimmenden Deutung einer Verfassung wird auf diese Weise immer wieder neu aufgeschoben. Das aber heißt, dass die als Integration verstandene gleiche Orientierung am Gleichen sogar mit einer autoritativen Deutung durch ein Verfassungsgericht nicht zustande kommen kann. Integration ist auf diese Art und Weise schlicht *unmöglich*.

Gegen diesen ersten Einwand könnte zu bedenken gegeben werden, dass der der geforderten Eindeutigkeit sich widersetzende permanente Bedeutungsaufschub nur ein theoretisches Problem ist. Praktisch trete dieses Problem allein deshalb nicht auf, weil die gleiche, eindeutige Orientierung im Zweifel unterstellt und so das permanente Aufschieben von Bedeutungen einfach abgebrochen wird. In dem Fall tut sich jedoch ein zweiter Einwand auf. Wenn alle den gleichen Glauben von, den gleichen Bezug auf, die gleiche Interpretation der und/ oder die gleiche Orientierung an der Verfassung kommunizieren, wenn sie also alle über das Gleiche ver-

---

14 Schaal (2000: 423, Hervorhebung im Original).

15 Siehe Berlin (1998: 59-60).

16 Siehe zur Kritik an einem solchen Integrationsbegriff über diese beiden Einwände hinaus auch Bonacker (2001).

fügen, wieso muss diese Gleichheit durch die Verfassung dann noch gestiftet werden? Die symbolische Integration durch die Verfassung wird auf diese Weise *unnötig*. Auch hier hilft die besondere Beziehung zwischen Verfassung und Verfassungsgerichtsbarkeit nicht weiter. Führt nämlich ein Verfassungsgericht eine deutungsoffene und darum deutungsstrittige Verfassung nur einer Eindeutigkeit zu, die als *identische* Orientierung *immer schon gestiftet ist*, dann kann von einer konstitutionellen Identitäts*stiftung* nicht mehr die Rede sein. Es handelt sich deshalb genau genommen nicht um eine symbolische Integration durch die Verfassung, sondern bloß um eine durch die Verfassung symbolisierte Integration.

3 Integration und Deutungsoffenheit

Die der symbolischen Dimension einer Verfassung attestierte integrative Kraft, lässt sich mit einem Verständnis von Integration als gleicher Bezug auf Dasselbe nicht befriedigend erklären, denn eine solche Integration wäre entweder unmöglich oder unnötig. Damit könnte auch die zunächst diagnostizierte Spannung zwischen der Deutungsoffenheit einer Verfassung und der ihr zugeschriebenen integrativen Wirkung weniger aus der Deutungsoffenheit als vielmehr aus dem in Anspruch genommenen, unbefriedigend bleibenden Integrationsbegriff resultieren. In dem Fall müsste also zu zeigen sein, inwiefern eine Verfassung nicht trotz, sondern wegen ihrer Deutungsoffenheit Identität stiften und so symbolisch integrieren kann. Was aber zeichnet eine deutungsoffene Verfassung aus? Woher rührt ihre Deutungsoffenheit?

Die Deutungsoffenheit einer Verfassung zielt nicht darauf ab, dass die Bedeutung der Verfassung offen bleiben muss, weil das Gedeutete selbst so offen oder unbestimmt ist. Denn in diesem Fall wäre zunächst nur ein Bedeutung generierender Unterschied gezogen: zwischen offen und geschlossen oder zwischen bestimmt und unbestimmt. Die Verfassung hätte eine Bedeutung: Deutungsoffenheit. Und damit wäre sie alles andere als deutungsoffen. Deutungsoffenheit weist vielmehr darauf hin, dass etwas mit ganz Unterschiedlichem identifiziert wird. An der öffentlichen Debatte um den Kruzifix-Beschluss des Bundesverfassungsgerichts lässt sich beispielsweise zeigen, dass das Grundgesetz ganz unterschiedlich gedeutet wird: u.a. als Verpflichtung gegenüber der Mehrheit oder gegenüber dem Willen der Verfassungsgeber, als Folge unserer kulturellen Prägung oder unserer Geschichte, in bezug auf seine konsensuelle oder seine befriedende Funktion.[17] Dabei gewinnt *jede* dieser Deutungen ihre spezifische Bedeutung aus den Unterschieden, die sie gegenüber den anderen macht. Eine Verpflichtung gegenüber der Mehrheit ist z.B. keine Verpflichtung gegenüber dem Willen der Verfassungsgeber, der kulturellen Prägung, der Geschichte, der konsensuellen und der befriedenden Funktion. In einem Punkt aber werden diese unterschiedlichen Deutungen jedoch äquivalent: als Deutung derselben Verfassung. Eine solche unterschiedliche Deutung der Verfassung führt dazu, dass diese Verfassung selbst wiederum unterschiedslos gegenüber

---

17 Siehe für entsprechende Belege Brodocz (2000: 338-346).

Unterschiedlichem wird. Es sind also erst diese unterschiedlichen Deutungen, die Bedeutung einer Verfassung öffnen. Eine deutungsoffene Verfassung ermöglicht deshalb genau genommen nicht die Möglichkeit, sie mit ganz Unterschiedlichem zu identifizieren. Vielmehr ist ihre Deutungsoffenheit das Resultat unterschiedlicher Identifizierungen.

Beruht die Deutungsöffnung einer Verfassung demnach darauf, dass dieselbe Verfassung ganz unterschiedlich gedeutet wird, dann lässt sich daraus ein integrativer Mechanismus gewinnen, der eng mit der Deutungsoffenheit der Verfassung verschränkt ist. Integrativ wirkt danach nicht die identische Orientierung an einer gemeinsam geteilten Verfassung, sondern die Deutungsöffnung der Verfassung, d.h. die Unterschiedslosigkeit dieser Verfassung gegenüber unterschiedlichen Deutungen. Die Deutungsoffenheit einer Verfassung und die damit verbundenen Deutungskonflikte um die ‚richtige' Verfassung entfalten darum keinesfalls erst mit einer autoritativen Deutung durch ein Verfassungsgericht ihre integrative Kraft. Statt dessen vollzieht sich bereits in der öffentlichen Auseinandersetzung um die Deutung einer Verfassung die Integration, insofern alle Kontrahenten den Bezug auf dieselbe Verfassung teilen, ohne allerdings schon darin übereinstimmen zu müssen, was genau unter der Verfassung zu verstehen sei. In diesem Fall ist also das zwar durchaus unterschiedliche, aber dennoch gemeinsame Beziehen auf dieselbe ‚Verfassung' bereits ein Anzeichen dafür, dass einer Verfassung eine integrative Wirkung zukommt. Indem Integration demzufolge quasi hinter dem Rücken der Akteure durch einen unterschiedlichen Bezug auf Dasselbe stattfindet, neutralisiert sie geradezu die Frage nach einem – wie auch immer – geteiltem Bewusstsein. Inwiefern ist eine solche Integration jedoch auch symbolisch und identitätsstiftend?

Mit der Identitätsstiftung einer Gesellschaft wird zugleich die Frage danach gestellt, was eine Gesellschaft ist. Ohne eigentlich genau zu wissen, was Gesellschaft ist, wird „Gesellschaft" immer schon als existierend kommuniziert, so etwa wenn von einer amerikanischen, einer französischen oder einer deutschen Gesellschaft die Rede ist. Sieht man einmal von den nicht unproblematischen präskriptiven Antworten ab,[18] dann findet sich auch in den Sozialwissenschaften keine eindeutige Antwort darauf, was die Gesellschaft ist. „Gesellschaft", so Bernhard Giesen, kann statt dessen nur noch „als eine bestimmte Beobachterperspektive vorgestellt" werden, „die die verwirrende Vielfalt des Sozialen als eine umfassende Einheit wahrzunehmen versucht."[19] Gerade weil es „der Gesellschaft" an einem Wesen fehlt, wird versucht, die Gesellschaft mit etwas zu identifizieren. Womit eine Gesellschaft identifiziert wird, bleibt dabei zwangsläufig genauso kontingent wie die Gründe, weshalb eine Gesellschaft genau damit identifiziert wird. Wie in dem Hinweis auf die öffentliche Debatte um den Kruzifix-Beschluss bereits angedeutet wurde, kann sich die Gesellschaft der Bundesrepublik mit dem Grundgesetz u.a. deshalb identifizieren, weil es eine Verpflichtung gegenüber der Mehrheit oder dem Verfassungsgeber beinhaltet, weil es unserer kulturellen Prägung oder Geschichte entspringt oder aber weil es Konsens oder Frieden herstellt. In ihren

---

[18] So z.B. bei Luhmann (1984: 555).

[19] Giesen (1991: 243).

Versuchen, die ‚Gesellschaft' mit derselben Verfassung zu identifizieren, werden diese unterschiedlichen Deutungen nicht nur durch die Verfassung integriert, sondern sie werden schließlich sogar erst zu jener durch die Verfassung verketteten Einheit, deren Identifizierung sie anstreben. Es ist, wenn man so will, ausgerechnet das Nichtwissen darüber, was die Gesellschaft ist, was aus der Identifizierung einer als konstituiert angenommenen Gesellschaft eine die Gesellschaft konstituierende Identitätsstiftung macht. Die unterschiedlichen Versuche, eine Gesellschaft mit ihrer Verfassung zu identifizieren, schaffen also erst jene Einheit, deren Existenz immer schon angenommen worden ist. Kurz gesagt: Das Identifizieren einer Gesellschaft bringt die zu identifizierende Gesellschaft erst hervor. Wodurch allerdings die Identität einer Gesellschaft gestiftet wird und was auf diesem Wege in seiner Bedeutung geöffnet wird, bleibt immer eine empirische Frage. Jede Deutungsöffnung und somit auch jede Übernahme der identititätsstiftenden Funktion ist deshalb immer nur *symbolisch*.[20]

Die Deutungsoffenheit einer Verfassung ist damit kein Makel mehr, der ihrer integrativen Wirkung entgegensteht. Im Gegenteil: Ihre Deutungsoffenheit ist das Resultat einer Deutungsöffnung, die unterschiedlichen Versuchen entspringt, sie mit der Gesellschaft zu identifizieren. Indem sie diese Versuche dabei zu einer Einheit integriert, konstituiert sie nicht nur die Einheit, sondern bringt sie zudem auch in der Einheit symbolisch zum Ausdruck. Dieser Zusammenhang zwischen der Deutungsoffenheit und der symbolisch integrativen Kraft einer Verfassung macht es jetzt möglich, den Chancen konstitutioneller Identitätsstiftung als den Chancen einer Verfassung zu ihrer Deutungsöffnung nachzugehen. Da der Sinn einer Bedeutung in sachlicher, sozialer und zeitlicher Hinsicht erschlossen werden kann,[21] lassen sich auch die Chancen zur Deutungsöffnung nach diesen drei Sinndimensionen unterscheiden.[22]

4 Die sachliche Chance einer Verfassung zur Deutungsöffnung

Der *sachliche* Sinn einer Bedeutung liegt im „Anderssein – darin, dass ein Pferd keine Kuh, eine Zahl kein Vergnügen, Schnelligkeit keine Farbe ist."[23] Der sachliche Sinn einer Verfassung betrifft demnach jene Unterschiede, die das Anderssein einer Verfassung markieren.[24] Eine Verfassung verfasst eine politische Ordnung und ist darum anders als etwas, dass das Verfassen einer unpolitischen Ordnung oder einer politischen Unordnung bedeutet. Eine Verfassung setzt zudem den Maß-

---

20 Für eine diskurstheoretische Unterfütterung dieser Überlegungen siehe Brodocz (2000: 287-299). Vgl. insbesondere für eine erste integrationstheoretische Zuspitzung dieses Konzepts auch Bonacker/ Brodocz (2001). Zu den Konsequenzen dieser Konzeption von Identitätsstiftung für den Begriff des Politischen siehe zudem Brodocz (2001).

21 Zu den drei Dimensionen von Sinn siehe Luhmann (1971: 46-61; 1984: 111-135).

22 Vgl. zum folgenden bereits ausführlich Brodocz (2000: 304-322).

23 Luhmann (1971: 48).

24 Die im folgenden durchgespielten Aspekte beziehen sich auf Vorländer (1999: 9-10). Siehe ähnlich u.a. Elster (1993: 550) und Rosenfeld (1993: 497).

stab zur Entscheidung der Problem- und Streitfälle des politischen Lebens und ist so anders als etwas, das als Maßstab zur Entscheidung der Problem- und Streitfälle des unpolitischen Lebens oder als Herstellung von Problem- und Streitfällen des politischen Lebens Bedeutung zugeschrieben wird. Als Ausdruck einer hierarchischen Rechtsordnung ist eine Verfassung außerdem anders als etwas, das keine hierarchische Rechtsordnung oder eine hierarchische Wirtschaftsordnung bedeutet. Schließlich ist eine Verfassung als Anerkennung der Menschenrechte, der Rechtsstaatlichkeit, der Demokratie und der Gewaltenteilung bzw. -verschränkung auch anders als all das, was seine Bedeutung in der Ignoranz dieser Prinzipien findet.

Alles, was an einer Verfassung anders ist als an anderem, verteilt sich schließlich über eine Vielzahl einzelner Verfassungsartikel. Das Grundgesetz beispielsweise schützt in Art. 1 Abs. 1 GG die Menschenwürde, stellt in Art. 7 Abs. 1 GG das Schulwesen unter die Aufsicht des Staates, verbietet in Art. 9 Abs. 2 GG Vereinigungen, die sich gegen die Völkerverständigung richten, gewährleistet in Art. 14 Abs. 1 GG Eigentum und Erbrecht, legt in Art. 22 GG die Bundesflagge als schwarz-rot-gold fest, unterwirft in Art. 38 Abs. 1 GG die Abgeordneten des Deutschen Bundestages nur ihrem Gewissen, erklärt in Art. 90 Abs. 1 GG den Bund zum Eigentümer der bisherigen Reichsautobahnen und Reichsstraßen und lässt in Art. 115b GG die Befehls- und Kommandogewalt über die Streitkräfte mit der Verkündigung des Verteidigungsfalles auf den Bundeskanzler übergehen. Jeder einzelne Artikel erhält *seine* Bedeutung zunächst daraus, was ihn von den anderen Artikeln unterscheidet. Ohne diese Unterschiede wäre ein Artikel schlicht überflüssig, er würde nämlich dem Grundgesetz nichts neues hinzufügen. Der Schutz der Menschenwürde ist also keine Unterstellung des Schulwesens unter den Staat und kein Verbot völkerverständigungswidriger Vereine; der Schutz der Menschenwürde ist weder eine Gewährleistung von Eigentum und Erbrecht noch eine schwarz-rot-goldene Bundesflagge; auch die ausschließliche Unterwerfung der Bundestagsabgeordneten unter ihr Gewissen, der Bundesbesitz bisheriger Reichsautobahnen und -straßen und die Übergabe der Kommandogewalt über die Streitkräfte an den Bundeskanzler im Verteidigungsfall sind demnach kein Schutz der Menschenwürde. Allen, sich auf diese Weise voneinander unterscheidenden Artikeln ist aber eines gemeinsam: Sie sind ein Artikel *desselben* Grundgesetzes.

Der sachlichen Chance einer Verfassung zur Deutungsöffnung ist die Vielfalt verschiedener Artikel insofern zuträglich, als die Verfassung allein deshalb mit jedem dieser Artikel in ein äquivalenzielles Verhältnis tritt, weil jeder Artikel Verfassungsrang besitzt. Das Grundgesetz kann in dieser Hinsicht nicht mehr von seinen Artikeln unterschieden werden. Genau diese Möglichkeit der Unterschiedslosigkeit ist eine Bedingung für die Deutungsöffnung der Verfassung. Das Grundgesetz kann beispielsweise nicht nur als Schutz der Menschenwürde gedeutet werden, sondern auch als ausschließliche Unterwerfung der Bundestagsabgeordneten unter ihr Gewissen, als Gewährleistung von Eigentum und Erbrecht oder als Unterstellung des Schulwesens unter die Aufsicht des Staates etc. Zieht eine Verfassung auf diese Weise die Unterschiede gegenüber vielen verschiedenen Artikeln ein, dann eröffnet sich ihr eine sachliche Chance zur Deutungsöffnung.

Eine weitere sachliche Chance zur Deutungsöffnung ist häufig mit dem Prozess der Verfassunggebung verbunden. Mit dem Geben einer Verfassung wird immer auch der Anspruch erhoben, diese *ex nihilo* zu kreieren. Allerdings kann dieser Anspruch immer nur auf die Ungebundenheit des Verfassunggebers zielen, nicht jedoch auf den Moment der Verfassunggebung. Denn „in reality there is no such thing as a *nihil*, therefore new constitutions are empirically instituted on the ruin of an order which has collapsed after a revolution, a lost war, or a similar catastrophic event."[25] In bezug auf den Moment ihrer Gebung sind alle Verfassungen notwendigerweise „transitional constitutions".[26] Als solche sind sie vor allem dadurch gekennzeichnet, dass häufig noch nicht alle Fragen in einem vollständigen Übereinkommen gelöst sind. Denn nur mit der Aufnahme von „political paradoxes" bzw. „dilatorischen Formeln"[27] kann in diesen Situationen einem gänzlichen Verzicht auf die Verfassunggebung vorgebeugt werden. Diese Paradoxien können je nach historischer Situation ganz unterschiedlich in Erscheinung treten. In den mittel- und osteuropäischen Staaten standen die Verfassunggebungen beispielsweise vor der Paradoxie, kapitalistische Eigentumsverhältnisse durch die Abschaffung sozialistischer Eigentumsverhältnisse zu etablieren, d.h. Eigentumsverhältnisse im Namen von Eigentumsverhältnissen außer Kraft zu setzen.[28] Für Verfassungen bieten Paradoxien dieser Art immer auch eine sachliche Chance zur Deutungsöffnung, insofern ganz Gegensätzliches – im gewählten Beispiel: Eigentumssicherung und -abschaffung – im Namen der Verfassung vollzogen werden kann. Indem sie gegenüber jeweils gegensätzlichen Positionen unterschiedslos erscheint, kann die Verfassung also in ganz gegensätzlichem Sinne gedeutet werden. Die *sachliche* Chance einer Verfassung zu ihrer Deutungsöffnung gründet danach auf der Vielfältigkeit der Verfassungsartikel und der Paradoxieträchtigkeit ihres Gebungsprozesses.

5 Die soziale Chance einer Verfassung zur Deutungsöffnung

Der Sinn einer Verfassung kann nicht allein über ihr sachliches Anderssein erschlossen werden. So hat etwa schon Hermann Heller hervorgehoben, dass „Inhalt und Geltungsweise einer Norm (...) niemals bloß durch ihren Wortlaut und auch nicht allein durch Absichten und Eigenschaften ihres Setzers, sondern vor allem auch durch die Eigenschaften der sie beobachtenden Normadressaten bestimmt [werden]. Genau die gleiche, von Josef II. erlassene allgemeine Gerichtsordnung führte in Österreich zu einem schriftlichen und mittelbaren, in den Niederlanden aber zu einem mündlichen und unmittelbaren Prozessverfahren."[29] Der Sinn einer Verfassung variiert demnach mit der Unterschiedlichkeit, wie eine Verfassung erlebt werden kann. Ob eine Person die Verfassung genauso erlebt wie eine andere

[25] Preuß (1993: 639, Hervorhebung im Original).

[26] Im Sinne von Jacobson (1993).

[27] Siehe Jacobson (1993: 948) bzw. Schmitt (1928: 31).

[28] Siehe für dieses und weitere Beispiele Jacobson (1993).

[29] Heller (1983: 288-289).

oder ob die Verfassung von unterschiedlichen Personen auch unterschiedlich erlebt werden kann, verweist auf den spezifisch *sozialen* Sinn einer Verfassung. Genau diesen sozialen Sinn einer Verfassung sieht schon Ferenc Feher in einem engen Verhältnis mit den Chancen einer Verfassung, Identität zu stiften. Danach wird eine konstitutionelle Identitätsstiftung erst möglich, wenn eine Verfassung auch mit vielen verschiedenen Stimmen zur Sprache kommen kann. Diese Chance, so Feher, eröffnet sich jedoch nur einer Verfassung, die auch deutungsoffen ist. Denn: „the less substantive a constituion is, the more likely it is to represent all voices in at least a few fundamental aspects.“[30] Ungeklärt bleibt hier jedoch noch, inwiefern eine Verfassung selbst jene Stimmenvervielfältigung ermöglichen kann, um sich eine soziale Chance zur Deutungsöffnung zu eröffnen.

Einer solchen Chance scheint jedoch bereits mit der Einrichtung eines Verfassungsgerichts schnell wieder das Verschwinden zu drohen. Nimmt doch gerade die autoritative Interpretationsmacht eines Verfassungsgerichts ausschließlich für sich die Befugnis in Anspruch, der Verfassung *eine* Stimme zu verleihen. Die Interpretationshoheit eines Verfassungsgerichts darf jedoch nicht mit einem Interpretationsmonopol verwechselt werden. Insbesondere Peter Häberle hat gezeigt, dass die Interpretation einer Verfassung nicht auf ein Verfassungsgericht beschränkt werden kann. Denn: „Wer die Norm ‚lebt‘, interpretiert sie auch (mit). Jede Aktualisierung der Verfassung (durch jeden) ist mindestens ein Stück antizipierter Verfassungsinterpretation.“[31] Eine Verfassung wiederum bringt ganz unterschiedliche Möglichkeiten hervor, gelebt zu werden. Sie schafft u.a. die Personen der Regierenden und der Regierten, der Autoren und der Adressaten des Rechts sowie des dem Staat gegenüberstehenden einzelnen Bürgers und des Angehörigen des Staats. Diese von der Verfassung generierten unterschiedlichen 'Akteure' zeichnen sich wiederum durch ganz unterschiedliche Anforderungen an die jeweilige Lebensweise der Verfassung aus. Je nachdem wie eine Verfassung gelebt wird, kann sich aber auch die Bedeutung ändern, mit der sie erlebt wird.

Von der Bundesregierung kann zum Beispiel das Grundgesetz als *Entmächtigung* erlebt werden. Denn nach Art. 63 Abs. 1 GG darf der Bundeskanzler nur auf Vorschlag des Bundespräsidenten vom Bundestag gewählt werden. Art. 66 GG verbietet es dem Bundeskanzler, ein weiteres besoldetes Amt, ein Gewerbe oder einen Beruf auszuüben. Art. 43 Abs. 1 GG und Art. 53 GG erlauben es dem Bundestag, dem Bundesrat und ihren Ausschüssen, die Anwesenheit der Mitglieder der Bundesregierung zu verlangen, und nicht zuletzt ist nach Art. 93 Abs. 1 GG ausschließlich das Bundesverfassungsgericht dazu befugt, eventuelle Streitigkeiten der Bundesregierung mit anderen Verfassungsorganen zu entscheiden. Im Unterschied zu diesen Formen der Entmächtigung auf Seiten der Regierenden können die regierten deutschen Staatsbürger das Grundgesetz als *Ermächtigung* erleben. Ausschließlich ihnen gestattet das Grundgesetz in Art. 38 Abs. 1 GG und Art. 39 Abs. 1 GG, die Abgeordneten des Deutschen Bundestages in allgemeiner, unmittelbarer, freier, gleicher und geheimer Wahl zu wählen und nach vier Jahren wieder neu zu

[30] Feher (1993: 708).

[31] Häberle (1998: 229). Siehe hierzu auch bereits Häberle (1975).

wählen. Art. 17 GG und Art. 45c GG erlauben den Regierten zudem, Beschwerden und Bitten an den Bundestag zu richten, zu deren Bearbeitung dieser einen Petitionsausschuss einzurichten hat. Und aufgrund von Art. 19 Abs. 4 GG steht schließlich allen Bürgern der Rechtsweg offen, wenn sie sich durch die öffentliche Gewalt in ihren Rechten verletzt sehen.

Andere, unterschiedliche Möglichkeiten des Erlebens einer Verfassung hängen davon ab, ob die Verfassung von den Autoren oder von den Adressaten des Rechts erlebt wird. Alle Autoren des Rechts können dem Grundgesetz die Bedeutung ihrer *Ungebundenheit* zuschreiben, insofern nach Art. 4 Abs. 1 GG und Art. 5 Abs. 1 GG sowohl ihrem Glauben, ihrem Gewissen, ihrem religiösen und weltanschaulichen Bekenntnis als auch ihrer Meinung Freiheit garantiert wird. Nicht als Ungebundenheit, sondern als *Gebundenheit* kann das Grundgesetz dagegen von den Adressaten des Rechts gedeutet werden. Durch Art. 9 Abs. 2 GG wird ihnen die Gründung verfassungswidriger Vereinigungen verboten, nach Art. 17a Abs. 1 GG sind einzelne ihrer Grundrechte während der Zeit des Wehr- und Ersatzdienstes eingeschränkt, und mit Art. 18 GG setzt das Grundgesetz fest, dass die Adressaten des Rechts einzelne Grundrechte verwirken, wenn sie sie im Einsatz gegen die freiheitliche demokratische Grundordnung missbrauchen.

Unterschiedlich sind darüber hinaus die Erlebensmöglichkeiten des Grundgesetzes für die dem Staat gegenüberstehenden einzelnen Bürger und Bürgerinnen und den Staatsangehörigen. Dem einzelnen Bürger kann das Grundgesetz *Zusicherungen gegenüber dem Staat* bedeuten, da nach Art. 1 Abs. 1 GG und Art. 2 Abs. 2 GG weder seine Menschenwürde noch sein Leben und seine körperliche Unversehrtheit vom Staat angetastet werden dürfen. Ebenso kann das Grundgesetz für den einzelnen Bürger die Bedeutung von Sicherheit erlangen, wenn es eine Benachteiligung des Einzelnen wegen des Geschlechts, der Abstammung, der Rasse, der Sprache, der Heimat und Herkunft, des Glaubens sowie der religiösen oder politischen Anschauung verbietet (Art. 3 Abs. 3 GG) oder wenn es die Möglichkeiten des Einzelnen, sich mit anderen zu versammeln (Art. 8 Abs. 1 GG) oder zu vereinigen (Art. 9 Abs. 1 GG), sein Brief-, Post- und Fernmeldegeheimnis (Art. 10 Abs. 1 GG), seine Freizügigkeit im ganzen Bundesgebiet (Art. 11 Abs. 1 GG) sowie seine Berufs- und Arbeitsplatzwahl (Art. 12 Abs. 1 GG) schützt. Nicht als Zusicherungen gegenüber dem Staat, sondern auch als *Zusicherungen mit dem Staat* kann das Grundgesetz für die Person des Staatsangehörigen Bedeutung erlangen. Denn für einen deutschen Staatsangehörigen kann das Grundgesetz bedeuten, sich in Form von Art. 1 Abs. 2 GG als Teil des Deutschen Volkes zu unverletzlichen und unveräußerlichen Menschenrechten zu bekennen oder aber nach Art. 12a Abs. 1 GG zum Dienst in den Streitkräften, im Bundesgrenzschutz oder in einem Zivilschutzverband verpflichtet werden zu können. Ebenso kann das Grundgesetz für den deutschen Staatsangehörigen die Zusicherungen bedeuten, dass gemäß Art. 20 Abs. 2 GG alle Staatsgewalt auch von ihm ausgeht, dass er aufgrund von Art. 33 Abs. 1 GG wie jeder andere Deutsche die gleichen staatsbürgerlichen Pflichten und Rechte oder nach Art. 33 Abs. 2 GG – gemäß seiner Eignung, Befähigung und fachlichen Leistung – Zugänge zu jedem öffentlichen Amt hat.

Die verschiedenen Möglichkeiten, eine Verfassung zu deuten, variieren demnach mit ihrer Erlebbarkeit. Den Regierenden kann sie eine *Entmächtigung* und den Regierten eine *Ermächtigung* bedeuten; von den Autoren des Rechts kann sie als *Ungebundenheit* und von den Adressaten des Rechts als *Gebundenheit* gedeutet werden; und für die einzelnen Bürger kann die Verfassung die Bedeutung von *Sicherungen gegenüber dem Staat* erlangen, während sie für den deutschen Staatsangehörigen als *Zusicherungen mit dem Staat* deutbar sind. Die Vielzahl solcher und anderer Adressaten einer Verfassung pluralisiert die Erlebbarkeit einer Verfassung, ermöglicht ihrer Unterschiedslosigkeit gegenüber Unterschiedlichem und eröffnet ihr so eine soziale Chance zur Deutungsöffnung. Hier kommt der Einrichtung einer Verfassungsgerichtsbarkeit insofern noch einmal eine besondere Funktion zu, als sie die Adressatenschaft und Erlebbarkeiten der Verfassung sogar noch erweitert.[32] Einerseits kann die Verfassung für das Verfassungsgericht die Einsetzung als letztverbindliche Entscheidungsinstanz bedeuten, andererseits ist dieselbe Verfassung aber auch für alle anderen als Unterwerfung unter diese Instanz deutbar. Für den Kläger kann die Verfassung dagegen als Grund gedeutet werden, auf die Durchsetzung seiner enttäuschten Erwartungen zu bestehen, während der Beklagte die Verfassung genau anders herum als jenen Grund deutet, diese Durchsetzung zu verhindern. Von den Gutachtern und Sachverständigen ist die Verfassung als Berechtigung dafür zu deuten, dass sie zum Verfahren zugezogen werden. Für alle anderen, außer dem Kläger und dem Beklagten, kann die Verfassung als Ausschluss vom Verfahren gedeutet werden. Die soziale Chance einer Verfassung zur Deutungsöffnung erhöht sich danach sogar durch die Einrichtung einer Verfassungsgerichtsbarkeit, da sie die Adressatenschaft der Verfassung erweitert und so ihre unterschiedliche Deutbarkeit ausdehnt.[33]

6 Die zeitliche Chance einer Verfassung zur Deutungsöffnung

Genauso wie der sachliche und der soziale Sinn sind auch die damit verbundenen Chancen zur Deutungsöffnung immer auf Gleichzeitigkeit angewiesen. In sachlicher Hinsicht ist eine Verfassung ausschließlich dann garantiert anders als etwas, wenn sie es zur selben Zeit nicht ist. Früher oder später könnte dieser Unterschied nicht mehr genauso sein, insofern die Verfassung oder das andere Etwas (ver) änderbar ist. Auch in sozialer Hinsicht kann der Sinn einer Verfassung nur unter Bedingungen von Gleichzeitigkeit entfaltet werden. Denn erst die Möglichkeit, das eigene Erleben mit dem des gleichzeitig anwesenden Anderen zu vergleichen, lässt erkennen, dass die Verfassung von jemand anderem auch anders erlebt werden kann. Der zeitliche Sinn einer Verfassung beruht im Unterschied

---

32 Siehe hierzu das „systematische Tableau" der Verfassungsinterpreten bei Häberle (1998: 234-235).

33 So hat etwa die Grundlagendiskussion in der Bundesrepublik während der 1970er Jahre sehr deutlich vorgeführt, wie unterschiedlich dieselbe Verfassung erlebt werden kann. Vgl. dazu Vorländer (1981: 59-155)

dazu auf jener Ungleichzeitigkeit, die jede Verfassung in ihrer momentanen konkreten Gegenwart immer wieder neu von Vergangenheit und Zukunft unterscheidet. Denn: „Jede menschliche Organisation besteht, indem sie *immer von neuem entsteht*. Sie hat ihre aktuelle Wirklichkeit in der augenblicklichen Wirksamkeit des zur einheitlichen Aktion geordneten Verhaltens der Beteiligten."[34] Jedes erneute Entstehen beschert einer Verfassung aber nicht nur eine neue aktuelle Wirklichkeit, sondern auch eine neue Vergangenheit und eine neue Zukunft. Heißt es etwa in der Präambel des Grundgesetzes am 28.9.1990, dass die deutsche Einheit noch zu vollenden ist, so gewinnt dies seinen zeitlichen Sinn aus dem Unterschied zu einer Vergangenheit und zu einer Zukunft, die den Auftrag zu dieser Vollendung und die Erfüllung dieses Auftrags bedeuten. Am 29.9.1990 konstatiert das Grundgesetz dagegen, dass die deutsche Einheit vollendet ist. Für das Grundgesetz handelt es sich dabei nicht nur um eine neue Gegenwart, sondern auch um eine neue Vergangenheit und eine neue Zukunft. Die Vergangenheit ist neu, insofern sie jetzt die Erfüllung des Auftrags zur Vollendung der Einheit bedeutet. Und auch die Zukunft ist neu, weil sie die Vollendung der Einheit nicht mehr kennt.

Dieses Beispiel weist schon darauf hin, auf welche Weise sich mit einer Verfassung auch eine spezifisch zeitliche Chance zur Deutungsöffnung verbinden lässt. Es ist *dieselbe* Verfassung, deren Vergangenheit als Auftrag zur Vollendung der Einheit und als Vollendung der Einheit deutbar wird. Ebenso ist es *dieselbe* Verfassung, deren Zukunft nicht nur als Vollendung der Einheit, sondern auch als vollendete Einheit gedeutet werden kann. Dieselbe Verfassung kann auf diese Weise unterschiedslos gegenüber ganz gegensätzlichen Vergangenheiten und Zukünften werden. Somit kann ihr auch in zeitlicher Hinsicht eine spezifische Chance zur Deutungsöffnung attestiert werden.

Voraussetzung für eine solche zeitliche Chance der Verfassung zur Deutungsöffnung ist ihre Veränderbarkeit. Voraussetzung für ihre Veränderbarkeit wiederum ist, dass die Verfassung ihre Veränderung selbst regelt. Ohne eine solche Regelung kann eine Verfassung nicht geändert, sondern nur durch eine neue Verfassung ersetzt werden. Nur wenn eine Verfassungsänderung „verfassungsimmanent"[35] geregelt ist, bleibt eine Verfassung nach ihrer Änderung noch dieselbe. Die Selbstveränderung der Verfassung verschafft einer Verfassung nicht nur einen Legitimationsgewinn,[36] sondern auch eine Bedingung für die zeitliche Chance ihrer Deutungsöffnung. Denn erst durch die verfassungsimmanente Veränderbarkeit der Verfassung wird es möglich, die Ersetzung einer Verfassung durch eine andere als Veränderung *derselben* zu begreifen. Durch eine Änderung unterscheiden sich darum fortan nicht zwei verschiedene Verfassungen, sondern nur Vergangenheit und Zukunft derselben Verfassung. Am 29.9.1990 wurde darum das Grundgesetz nur aufgrund seiner Veränderbarkeit nicht durch eine andere Verfassung ersetzt, obwohl es sich danach um eine Verfassung handelt, die eine andere Präambel,

---

[34] Heller (1983: 282, Hervorhebung von mir, AB).

[35] So der treffende Ausdruck bei Häberle (1974: 89).

[36] Siehe hierzu Häberle (1974).

keinen Art. 23 GG und dafür die Art. 135a Abs. 2 GG sowie Art. 143 GG kennt.[37] Vielmehr handelt es sich weiterhin um dasselbe Grundgesetz, an der die Präambel verändert, Art. 23 GG aufgehoben und Art. 135a Abs. 2 GG sowie Art. 143 GG eingefügt worden sind.

Die zeitliche Chance einer Verfassung zur Deutungsöffnung ist allerdings nicht auf ihre Veränderbarkeit angewiesen. Auch ohne die explizite Veränderung des Verfassungstextes gewinnt die Verfassung in der Zeit einen spezifischen Sinn. Solche Veränderungen des Sinns ohne Verfassungsänderung werden seit Georg Jellinek als ‚Verfassungswandel' von der ‚Verfassungsänderung' als Änderung des Verfassungstextes unterschieden.[38] Wenigstens vier Möglichkeitsbedingungen für einen Verfassungswandel können unterschieden werden. Erstens wird der Sinn einer Verfassung wandelbar durch den expliziten oder impliziten Verweisungscharakter von Verfassungsnormen. Das heißt: „Rechtsnormen können neu auftauchende Tatbestände auch bewältigen, indem sie sie von vornherein antizipieren. Das ist der Fall, wenn der Gesetzgeber ausdrücklich auf außerrechtliche Tatbestände und Bewertungsmaßstäbe (und damit deren Wandel) verweist, oder wenn eine Norm durch interpretatorische Öffnung in diesem Sinne verstanden wird."[39] Zweitens ist ein Verfassungswandel durch eine Anpassung des Normsinns an den Wandel des durch ihn geregelten Gegenstands möglich. Drittens kann sich der Sinn eines Verfassungsartikel wandeln, wenn seine Bedeutung in der Folge juristischer Diskussion anders bewertet wird.[40] Und viertens ermöglichen „Verfassungslücken" einen Verfassungswandel, weil es unmöglich ist, „dass das Recht, welches bewusst in Zukunft wirken will, in alle Zukunft seine Normen für unvorhergesehene Ereignisse bereithalten kann. Darum ergibt auch die geschichtliche Erfahrung die Erkenntnis, dass jede Verfassung mit Lücken behaftet ist, die sich oft erst nach langer Zeit zeigen und nicht mit den herkömmlichen Mitteln der Interpretation und Analogie ausgefüllt werden können."[41] Aufgrund der mit ihnen verbundenen unterschiedlichen Deutbarkeit derselben Verfassung enthalten diese vier Möglichkeiten zum Verfassungswandel immer auch eine zeitliche Chance zur Deutungsöffnung.

Erhöht wird die zeitliche Chance einer Verfassung zur Deutungsöffnung durch ihre schriftliche Dokumentation in einem Text. Zum einen wird eine Verfassung durch die Vertextung zunächst nicht mehr allein durch das Erleben der Personen in der Zeit gehalten, sie bleibt schon als Dokument in der Zeit und wird damit von der Anwesenheit von Personen unabhängiger. Zum anderen transkribiert der Text aber auch die Stimmen vergangener, d.h. nicht mehr anwesender Personen und macht so

37 Der Vollständigkeit halber sei an dieser Stelle noch angemerkt, dass an diesem Tag zudem noch Art. 51 Abs. 2 GG und Art 146 GG geändert worden sind. Für die Illustration der Veränderungen im zeitlichen Sinn des Grundgesetzes beschränke ich mich auf die Text im genannten. Das Argument gilt aber auch in bezug auf die beiden nicht weiter berücksichtigten Veränderungen.

38 Vgl. Jellinek (1996: 11).

39 Bryde (1982: 284).

40 Für die Anpassung des Normsinns an den veränderten Gegenstand und die juristische Neubewertung als Möglichkeitsbedingungen von Verfassungswandel siehe Bryde (1982: 286-288).

41 Jellinek (1996: 51).

das Erleben dieser Abwesenden anwesend.[42] Die Vertextung der Verfassung verwandelt also auch Ungleichzeitigkeit in Gleichzeitigkeit und erweitert damit die Möglichkeiten sozialer Sinnbildung in die Vergangenheit. Diese Verschränkung von zeitlichem und sozialem Sinn ermöglicht die Unterscheidung zwischen der verfassunggebenden und den ihr nachfolgenden Generationen, welche eine weitere Chance zur Deutungsöffnung eröffnet. Denn zeitlich gesehen macht die Verfassung für die verfassunggebende und die ihr nachfolgenden Generationen ganz unterschiedlich Sinn. In der Gegenwart einer verfassunggebenden Generation bedeutet die Verfassung eine Vergangenheit, von der sich die Gegenwart nicht binden lässt, weil sie sich selbst eine neue Verfassung gibt. Damit ist eine Rezeption der Vergangenheit in der neuen Verfassung nicht ausgeschlossen.[43] Mit der Rezeption wird jedoch nicht die Gegenwart der verfassunggebenden Generation durch die Vergangenheit gebunden, sondern die Gegenwart bindet sich selbst an die Vergangenheit. Im Unterschied dazu bedeutet die Verfassung in der Gegenwart der nachfolgenden Generationen immer eine Vergangenheit, von der die Gegenwart gebunden wird.[44]

Mit der Unterscheidung zwischen einer verfassunggebenden und den ihr nachfolgenden Generationen erhält die Verfassung noch weitere Möglichkeiten ihrer Deutung. „In ulterior (future) constitutional interpretation (including 'interpretation' by the legislature) the present generation prevails over the future."[45] In der Gegenwart der verfassunggebenden Generation bedeutet die Verfassung demnach auch eine Zukunft, in der die Gegenwart der Verfassungsgeber zur wegweisenden Vergangenheit wird. Im Unterschied dazu kann die Verfassung in der Gegenwart nachfolgender Generationen als eine Zukunft gedeutet werden, in der diese Gegenwart zu einer Vergangenheit wird, der der Weg gewiesen wurde. Indem eine Verfassung auf diese und vergleichbare Weise unterschiedslos gegenüber konträren Deutungen wird – als eine *Entbindung von der Vergangenheit* und als eine *Bindung durch die Vergangenheit* sowie als eine Zukunft, *der der Weg gewiesen wird* und *der der Weg gewiesen wurde* – kann eine Verfassung spezifisch zeitliche Bedingungen schaffen, die ihre Deutungsöffnung ermöglichen. Insgesamt können damit wenigstens drei Bedingungen für eine zeitliche Chance der Verfassung zur Deutungsöffnung ausgemacht werden: die Selbstregulierung ihrer Änderung, der Verfassungswandel und die Vertextung der Verfassung.

7 Schluss: Verfassungskulturelle Unterschiede

Indem eine Verfassung sowohl in sachlicher, in sozialer als auch in zeitlicher Hinsicht unterschiedslos gegenüber Unterschiedlichem werden kann, eröffnen sich ihr

[42] Für die Unabhängigkeit vom Erleben anwesender Personen siehe Heller (1983: 305) und für die Möglichkeit, Abwesende anwesend erscheinen zu lassen, vgl. Feher (1993: 708).

[43] Siehe Häberle (1998: 98-99).

[44] Vgl. in diesem Sinne bereits Elster (1993: 574).

[45] Sajó (1993: 851).

drei spezifische Chancen, in ihrer Bedeutung geöffnet zu werden. Die dreifache Chance einer Verfassung zu ihrer Deutungsöffnung ist zugleich die dreifache Chance zur konstitutionellen Identitätsstiftung. Doch die Entfaltung ihrer identitätsstiftenden Kraft lebt immer auch von einer Voraussetzung, die eine Verfassung nicht selbst garantieren kann: ihre Deutungsöffnung. Denn die Herstellung dieser Deutungsoffenheit resultiert erst aus den unterschiedlichen Versuchen, die Verfassung zu deuten. Damit integriert sie aber auch diese Deutungsversuche zu einer gesellschaftlichen Einheit und bringt diese in der Einheit symbolisch zum Ausdruck. Kann eine solche Konzeption konstitutioneller Identitätsstiftung durch symbolische Integration aber noch eine hinreichende Sensibilität gegenüber unterschiedlichen Verfassungskulturen aufbringen? Negiert eine deutungsoffene Verfassung nicht all jene Unterschiede, die die Kultur einer Gesellschaft ausmachen?[46] In der Tat bliebe keine Möglichkeit und keine Notwendigkeit mehr für die Unterscheidung verschiedener Verfassungskulturen, wenn eine Verfassung an und für sich schon deutungsoffen wäre. Denn in diesem Fall wäre jede Verfassung immer schon unterschiedslos gegenüber allen *potenziellen* Unterschieden und somit auch unabhängig von ihrer kulturellen Einbettung. Aber gerade weil die Deutungsoffenheit erst aus der Deutungsöffnung, d.h. aus den *aktuellen* unterschiedlichen Deutungen hervorgeht, ist sie konstitutiv damit verbunden, wie diese aktualisierten Deutungen kulturell eingebettet sind. Deutungsoffenheit speist sich eben nicht aus der Unterschiedslosigkeit gegenüber allen potenziellen Unterschieden, sondern nur gegenüber den jeweils aktualisierten – und die sind zweifellos etwa in den USA und in der Bundesrepublik verschieden. Die Deutungsoffenheit von Verfassungen ist als Unterschiedslosigkeit gegenüber Unterschiedlichem also geradezu zwingend unterschiedlich. Und genau diese *unterschiedlichen Unterschiedslosigkeiten* können dann – vergleichend – als verschiedene Verfassungskulturen identifiziert werden.

---

46 Zu diesem Kulturbegriff siehe auch Brodocz (2001a).

Literatur

Berlin, Isaiah (1998): Wirklichkeitssinn. In Berlin, Isaiah (1998): Wirklichkeitssinn. Ideengeschichtliche Untersuchungen. Berlin: Berlin Verlag. 31-90

Bonacker, Thorsten (2001): Moderne und postmoderne Gemeinschaften. Zygmunt Baumans Beitrag zu einer Theorie symbolischer Integration. In: Junge, Matthias/ Kron, Thomas (Hrsg.) (2001): Zygmunt Bauman: Soziologie zwischen Postmoderne und Ethik. Opladen: UTB (im Erscheinen)

Bonacker, Thorsten/ Brodocz, André (2001): Im Namen der Menschenrechte. Zur symbolischen Integration der internationalen Gemeinschaft durch Normen. In: Zeitschrift für Internationale Beziehungen 7 (im Erscheinen)

Brodocz, André (2000): Die symbolische Dimension der Verfassung. Ein Beitrag zur Institutionentheorie. Diss. TU Dresden. Dresden

Brodocz, André (2001): Die Deutungsoffenheit des Grundgesetzes und die Zweiseitigkeit des Politischen. In: Müller, Michael/ Raufer, Thilo/ Zifonun, Dariuš (Hrsg.) (2001): Der Sinn der Politik. Beiträge zur kulturwissenschaftlichen Politikanalyse. Konstanz: UVK (im Erscheinen)

Brodocz, André (2001a): Kultur und Institution. Vergleichende Selbstbeobachtungen im Vergleich. In: Behr, Hartmut/ Schmidt, Siegmar (Hrsg.) (2001): Multikulturelle Demokratien im Vergleich. Opladen: Westdeutscher Verlag (im Erscheinen)

Bryde, Brun-Otto (1982): Verfassungsentwicklung. Stabilität und Dynamik im Verfassungsrecht der Bundesrepublik Deutschland. Baden-Baden: Nomos

Durham Jr., W. Cole (1993): Rhetorical Resonance and Constitutional Vision. In: Cardozo Law Review 14. 893-906

Elster, Jon (1993): Constitutional Bootstrapping in Philadelphia and Paris. In: Cardozo Law Review 14. 549-575

Elster, Jon/ Slagstad, Rune (Hrsg.) (1988): Constitutionalism and Democracy. Cambridge: Cambridge UP

Feher, Ferenc (1993): Voice and Text in Constitutionalism. In: Cardozo Law Review 14. 705-709

Frankenberg, Günter (1996): Die Verfassung der Republik. Autorität und Solidarität in der Zivilgesellschaft. Baden-Baden: Nomos

Gebhardt, Jürgen (1987): Verfassungspatriotismus. Anmerkungen zur symbolischen Funktion der Verfassung in den USA. In: Hättich, Manfred (Hrsg.) (1987): Zum Staatsverständnis der Gegenwart. München: Olzog. 111-130

Gebhardt, Jürgen (1995): Die Idee der Verfassung. Symbol und Instrument. In: Kimmel, Adolf (Hrsg.) (1995): Verfassungen als Fundament und Instrument der Politik. Baden-Baden: Nomos. 9-23

Giesen, Bernhard (1991): Die Entdinglichung des Sozialen. Eine evolutionstheoretische Perspektive auf die Postmoderne. Frankfurt a.M.: Suhrkamp

Grimm, Dieter (1995): Braucht Europa eine Verfassung? In: Kimmel, Adolf (Hrsg.): Verfassungen als Fundament und Instrument der Politik. Baden-Baden: Nomos. 103-128

Häberle, Peter (1974): Zeit und Verfassung. In: Häberle, Peter (1996): Verfassung als öffentlicher Prozeß. Materialien zu einer Verfassungstheorie der offenen Gesellschaft. Zweite, erweiterte Auflage. Berlin: Duncker & Humblot. 58-92

Häberle, Peter (1975): Die offene Gesellschaft der Verfassungsinterpreten. Ein Beitrag zur pluralistischen und „prozessualen" Verfassungsinterpretation. In: Häberle, Peter (1996): Verfassung als öffentlicher Prozeß. Materialien zu einer Verfassungstheorie der offenen Gesellschaft. Zweite, erweiterte Auflage. Berlin: Duncker & Humblot. 155-181

Häberle, Peter (1998): Verfassungslehre als Kulturwissenschaft. Zweite, stark erweiterte Auflage. Berlin: Duncker & Humblot

Habermas, Jürgen (1996): Braucht Europa eine Verfassung? Eine Bemerkung zu Dieter Grimm. In: Habermas, Jürgen: Die Einbeziehung des Anderen. Studien zur politischen Theorie. Frankfurt a.M.: Surhkamp. 185-191

Heller, Herrmann (1983): Staatslehre. In der Bearbeitung von Gerhart Niemeyer. 6., revidierte Auflage. Tübingen: J.C.B. Mohr

Jacobson, Arthur J. (1993): Transitional Constitutions. In: Cardozo Law Review 14. 947-956

Jellinek, Georg (1996): Verfassungsänderung und Verfassungswandlung. Herausgegeben und eingeleitet von Walter Pauly. Goldbach: Keip

Leedes Gary C. (1986): The Meaning of the Constitution. An Interdisciplinary Study of Legal Theory. Millwood, N.Y.: Associated Faculty Press

Luhmann, Niklas (1971): Sinn als Grundbegriff der Soziologie. In: Habermas, Jürgen/ Luhmann, Niklas (1971): Theorie der Gesellschaft oder Sozialtechnologie. Was leistet die Systemforschung? Frankfurt a.M.: Suhrkamp. 25-100

Luhmann, Niklas (1984): Soziale Systeme. Grundriß einer allgemeinen Theorie. Frankfurt a.M.: Suhrkamp

Peters, Bernhard (1993): Die Integration moderner Gesellschaften. Frankfurt a.M.: Suhrkamp

Preuß, Ulrich K. (1993): Constitutional Powermaking for the New Polity. The Relations between Constituent Power and the Constitution. In: Cardozo Law Review 14. 639-660

Preuß, Ulrich K. (Hrsg.) (1994): Zum Begriff der Verfassung. Die Ordnung des Politischen. Frankfurt a.M.: Fischer

Rosenfeld, Michel (1993): Modern Constitutionalism as Interplay between Identity and Diversity. An Introduction. In: Cardozo Law Review 14. 497-531

Sajó, András (1993): Prefered Generations. A Paradox of Restoration Constitutions. In: Cardozo Law Review 14. 847-863

Schaal, Gary S. (2000): Vertrauen in das Bundesverfassungsgericht und die Akzeptanz seiner Entscheidungen als Indikatoren der Geltung und Akzeptanz konstitutioneller Ordnungsvorstellungen. In: Zeitschrift für Rechtssoziologie 21. 419-446

Schmitt, Carl (1928): Verfassungslehre. (Zitiert nach der 8. Auflage 1993) Berlin: Duncker & Humblot

Smend, Rudolf (1928): Verfassung und Verfassungsrecht. In: Smend, Rudolf (1994): Staatsrechtliche Abhandlungen und andere Aufsätze, Berlin: Duncker & Humblot. 119-276

Sunstein, Cass R. (1996): Legal Reasoning and Political Conflict. New York/ Oxford: Oxford UP

Vorländer, Hans (1981): Verfassung und Konsens. Der Streit um die Verfassung in der Grundlagen- und Grundgesetz-Diskussion der Bundesrepublik Deutschland. Berlin: Duncker & Humblot

Vorländer, Hans (1988): Verfassungsverehrung in Amerika: Zum konstitutionellen Symbolismus in den USA. In: Amerikastudien 34. 69-82

Vorländer, Hans (1999): Die Verfassung. Idee und Geschichte. München: Beck

Vorländer, Hans (1999a): Verfassung und politische Kultur. Anmerkungen aus aktuellem Anlaß. In: Gebhardt, Jürgen (Hrsg.) (1999): Verfassung und politische Kultur. Baden-Baden: Nomos. 75-83

Vorländer, Hans (2000): Die Suprematie der Verfassung. Über das Spannungsverhältnis von Demokratie und Konstitutionalismus. In: Leidhold, Wolfgang (Hrsg.) (2000): Politik und Politeia. Formen und Probleme politischer Ordnung. Würzburg: Königshausen & Neumann. 373-383

II.
Die symbolische Bedeutung der Verfassung

Komparative Analysen

Der symbolische Stellenwert der Verfassung in der politischen Tradition der USA[*]

Jürgen Heideking †

Die Beschäftigung mit politischen Symbolen, öffentlichen Festen, Zeremonien und Ritualen hat in jüngster Zeit geradezu Konjunktur, wie man an zahlreichen Veröffentlichungen, Vorträgen und Konferenzen ablesen kann. So stand z.B. die Jahrestagung der Europäischen Gesellschaft für Amerikastudien 1998 in Lissabon unter dem Thema: „Ceremonies and Spectacles: America and the Staging of Collective Identities". Nicht nur Historiker, sondern auch Vertreter anderer Disziplinen wie Politologen, Literaturwissenschaftler, Soziologen, Anthropologen und Ethnologen stellen sich die Frage, wie kollektive Identitäten, speziell nationale Identitäten mit Hilfe von Symbolen und symbolischen Handlungsweisen „konstruiert" werden, und welchen Beitrag öffentliche Zeremonien und Rituale zur Integration und Stabilisierung von menschlichen Gesellschaften leisten.[1] In der amerikanischen Historiographie wird der Verfassung von 1787/88 schon seit langem eine stark integrative, „nationalisierende" Kraft zugeschrieben, aber die meisten Autoren setzen diese Wirkung eher voraus, als dass sie versuchen, sie zu erklären. Zweifellos liefert die Verfassung den institutionellen Rahmen und gibt die Regeln vor, nach denen sich der politische Prozess und das politische Leben der amerikanischen Nation insgesamt über mehr als zwei Jahrhunderte ohne größere Brüche entwickelt haben; und sicherlich verkörpert die Verfassung darüber hinaus das Grundprinzip des amerikanischen Konstitutionalismus, das „government of law, not of men", wie John Adams es genannt hat, d.h. eine Verfassungskultur, die der Staatsgewalt klare Grenzen setzt und die Recht und Gesetz absoluten Vorrang vor menschlichem Machtstreben einräumt.[2] Schwieriger ist es allerdings, den konkreten Einfluss der Verfassung in einzelnen historischen Situationen und Epochen zu ermitteln und den dabei wirksamen Mechanismen auf die Spur zu kommen.

Wenn man vom symbolischen Wert der Verfassung spricht, dann können recht unterschiedliche Dinge gemeint sein: das historische Dokument aus dem Jahr 1787, das zur Schau gestellt wird; die „runden" Jahrestage der Verfassunggebung und Ratifizierung, die gefeiert werden; der Text, der bei feierlichen Zeremonien wie der

---

* Der Beitrag beruht auf dem Vortrag, den Jürgen Heideking im Oktober 1998 in Dresden gehalten hat. Das Manuskript ist von ihm vor seinem tragischen Unfalltod für die Publikation überarbeitet, aber nicht mehr dem Herausgeber zugeleitet worden. Es ist von mir durchgesehen worden, kleinere Korrekturen wurden vorgenommen, auf die Illustrierung des Inhalts durch Bilder, die Jürgen Heideking seinem Vortrag unterlegt hatte, wurde verzichtet. Otto Dann (Köln) gilt Dank für die Beschaffung des Manuskripts, Frau Heideking ist Dank für die Abdruckgenehmigung geschuldet – H.V.

1 Siehe z.B. die Beiträge in François (1995).

2 Reid (1995).

Vereidigung von neuen Staatsbürgern benutzt wird; oder das Werk von Regeln, Prozeduren und Prinzipien, das der Supreme Court in letzter Instanz auslegt und gegen Missbrauch schützt. Außerdem reicht es nicht aus, die Verfassung für sich allein und isoliert zu betrachten, selbst wenn man ihre unterschiedlichen symbolischen Manifestationen mitbedenkt. Schließlich steht die Verfassung in enger Beziehung zu anderen symbolträchtigen Dokumenten, insbesondere zur Unabhängigkeitserklärung, aber auch zu anderen, gleichzeitig oder später geschaffenen nationalen Symbolen wie der Flagge, der Hymne und der Freiheitsstatue; sie ist nur Teil eines Universums von symbolischen Formen und Ritualen, die in ihrem Gesamtzusammenhang die öffentliche Festkultur der USA ausmachen, eine Festkultur, die der Religionssoziologe Robert N. Bellah in den 1960er Jahren erstmals mit dem Begriff „civil religion" umschrieben hat.[3] Von zentraler Bedeutung ist ferner, dass diese Festkultur keineswegs homogen und unveränderlich ist, sondern dass sie sich in einer ständigen Wechselwirkung mit dem politisch-ökonomischen System und der Gesellschaft, der *civil society*, wandelte und weiterentwickelte. Dabei gilt es auch, ein Paradox zu erklären, das allzu wohlwollende Betrachter der amerikanischen Szene häufig ausblenden: Einerseits hält die Verfassung zwar die multiethnische und multireligiöse Einwanderergesellschaft der USA zusammen, doch andererseits trägt kaum etwas mehr zum politischen Streit und zur Parteienbildung bei als die unterschiedliche Auslegung dieser Verfassung. In diesem Sinne könnte man die gesamte Geschichte der USA als eine Abfolge von großen öffentlichen Debatten über die Bedeutung, den Sinn und das Ziel der Verfassung beschreiben. In meinem Beitrag möchte ich versuchen, diese komplexen, z.T. widersprüchlichen Zusammenhänge von Konsens und Konflikt durch die großen Epochen der amerikanischen Geschichte hinweg zu verfolgen und wenigstens ansatzweise aufzuzeigen.

1 Entstehung und Zerfall einer republikanischen Festkultur, 1787-1860

Die erste symbolische Darstellung der Verfassung stammt aus dem Jahr 1788, als die amerikanische Bevölkerung in den dreizehn Staaten die Ratifizierung des ein Jahr zuvor in Philadelphia ausgearbeiteten Verfassungsentwurfs mit großen Paraden feierte. Die erste dieser sog. *Federal Processions* war im Februar 1788 von den Handwerkern Bostons spontan veranstaltet worden, aber die folgenden Ratifizierungsfeiern waren gut organisierte und kunstvoll arrangierte öffentliche Feste, die Zehntausende von Zuschauern anzogen. Den Höhepunkt erreichte diese Welle von Feierlichkeiten am 4. Juli 1788 in Philadelphia, als die Bürger von Pennsylvania gleichzeitig den 12. Jahrestag der Unabhängigkeit und das Inkrafttreten der neuen Verfassung bejubelten. Die Parade mit mehr als 5000 Teilnehmern und vielen Festwagen setzte neue Maßstäbe: Großen Eindruck hinterließ der „Triumphwagen" in Form eines Adlers, des Wappentiers der USA, der den obersten Richter

---

[3] Bellah (1967).

von Pennsylvania mitsamt einer Kopie der Verfassung in seinen Fängen hielt. Einer der Organisatoren des Spektakels, Benjamin Rush, schrieb dazu: „The Constitution was carried by a great law-officer, to denote the elevation of the government of law and justice above everything else in the United States... I am perfectly satisfied that the Union of the States, in its form and adoption, is as much the work of Divine Providence as any of the miracles recorded in the Old and New Testament were the effects of a divine power.“[4] Hier wie anderswo wurde die Verfassung auch dargestellt als ein Schiff, das „ship of state“, das von dreizehn Pferden durch die Straßen gezogen wurde, oder als klassischer Tempel, dessen dreizehn Säulen den „Altar der Freiheit“ bargen.

Diese Ratifizierungsfeiern markieren den Beginn einer spezifischen republikanischen Festkultur und einer amerikanischen *civil religion*, die der neuen politischen Ordnung unantastbare Legitimität verleihen sollte.[5] Das Bekenntnis zur Souveränität des Volkes, das in der Beteiligung aller Schichten an den Paraden zum Ausdruck kam, war verbunden mit dem Wunsch nach einem harmonischen, geordneten, möglichst konfliktfreien Gemeinwesen, nach Rechtsstaatlichkeit und legitimer politischer Autorität, indem die amerikanische Republik die „natürliche Ordnung“ reflektierte, war sie – mittels der Verfassung – an das göttliche Recht gebunden und unterstand dem Ratschluss eines höheren Wesens.

Die *Federal Processions* von 1788 dienten bis weit in das 19. Jahrhundert hinein als Vorbilder für große öffentliche Feiern, aber die Festkultur, die sich in der jungen Republik entwickelte, blieb keineswegs monolithisch. Vor dem Hintergrund der Französischen Revolution, die auch in den USA das politische Leben polarisierte, begann ein heftiger Parteienstreit über die „richtige“ Auslegung der Verfassung und, eng damit verbunden, über die wahre republikanische Art zu feiern. Die Anhänger der beiden nationalen Parteien, *Federalists* und *Republicans*, betonten gleichermaßen ihre Verfassungstreue, doch sie unterstellten der jeweils anderen Seite, auf eine zentralistische Monarchie oder auf die Mobherrschaft nach Art der französischen Jakobiner hinzuarbeiten. Die oppositionellen *Republicans* warfen Präsident Washington unnötigen Pomp vor und propagierten die Rückkehr zur „sound republican simplicity“, wie sie den „Prinzipien von 1776“ und der Unabhängigkeitserklärung entspreche. Die regierenden Federalists legten dagegen aus Angst vor revolutionären Umstürzen gesteigerten Wert auf Harmonie, Ordnung und Stabilität. Sie taten dies, indem sie die Verfassung gegenüber der Unabhängigkeitserklärung hochhielten, mehr aber noch, indem sie Washingtons Geburtstag am 22. Februar als einen eigenen nationalen Feiertag begingen, in der Person des Generals und ersten Präsidenten feierten sie den Verfassungsvater und den symbolischen Mittelpunkt des – aus ihrer Sicht – noch recht zerbrechlichen Bundesstaates.[6]

Der Parteienstreit über Verfassungsprinzipien, politische Symbole und öffentliche Rituale war also von Beginn an virulent, aber er rührte während der ersten

---

[4] Zitiert nach Kammen (1986: 45).

[5] Heideking (1995).

[6] Newman (1992).

Jahrzehnte der USA nicht an den Grundfesten des Staates. Es bildeten sich zwar unterschiedliche Stile des öffentlichen Feierns heraus, aber sie waren nur Varianten ein- und derselben republikanischen Festkultur. Im Grunde verfolgten beide Seiten, ob sie nun den Akzent eher auf die Unabhängigkeitserklärung oder auf die Verfassung legten, das klassische Ideal einer harmonischen, möglichst homogenen Bürgergesellschaft, ein Ideal, das sich in den städtischen Paraden möglichst genau widerspiegeln sollte. Der 4. Juli etablierte sich unangefochten als wichtigster nationaler Feiertag, auch wenn *Federalists* und *Republicans* nach den gemeinsamen Umzügen häufig getrennt feierten. Der Sieg im Krieg gegen England von 1812/14 stärkte diesen republikanischen Grundkonsens, und der politische Niedergang der Federalists schien endlich das Zeitalter der Harmonie, die „era of good feeling" einzuleiten. Vom 50. Jahrestag der Unabhängigkeit am 4. Juli 1826 heißt es in den Quellen, er sei „in a climate of general good will" begangen worden, eine Stimmung, die durch das fast gleichzeitige Ableben von John Adams und Thomas Jefferson an diesem Tag noch religiös überhöht wurde.[7]

Um diese Zeit begannen langfristige soziale Wandlungen jedoch den republikanischen Konsens bereits auszuhöhlen. Die zunehmende Komplexität der städtischen Gesellschaft, verursacht durch Bevölkerungswachstum und beginnende Industrialisierung, machten es immer schwieriger, die Bürger zu harmonischen „civic celebrations" zu versammeln. Der nationale Festkalender existierte weiter, aber ein neuer, rabiaterer Parteiengeist ersetzte in der *Jacksonian Era* das Harmoniestreben mehr und mehr durch politischen Wettbewerb, Interessenvielfalt und regionale wie ethnische Polarisierung.[8] Feste wurden nun weniger miteinander als gegeneinander gefeiert; *Whigs* gegen *Democrats,* Nordstaatler gegen Südstaatler, Anhänger der Staatensouveränität gegen Verfechter des nationalen Prinzips, „einheimische", nativistische Amerikaner gegen katholische Zuwanderer aus Irland und Deutschland usw. Die Verfassung verlor in dieser Phase viel von ihrer „Heiligkeit" und integrativen Kraft, weil sie von den *states' rights*-Advokaten im Süden der USA instrumentalisiert wurde, um die Sklaverei zu rechtfertigen. Der junge Abraham Lincoln nahm diese Entwicklung sehr bewusst wahr: schon 1838 warnte er in der berühmten Lyzeumsrede, der „temple of liberty" werde zusammenbrechen, wenn es nicht gelänge, die Ehrfurcht vor dem Recht und der Verfassung zur „political religion of the nation" zu machen.[9] Tatsächlich ging das „Golden Jubilee" der Verfassung 1837/38 aber fast unbemerkt vorüber, und in den folgenden beiden Jahrzehnten heizten unterschiedliche Verfassungsinterpretationen den Nord-Süd-Konflikt noch zusätzlich an. Der Supreme Court schlug sich unter Chief Justice Roger Taney ganz auf die Seite der südstaatlichen Sklavenhalter: seine Entscheidung im Dred Scott-Fall von 1857, die den Missouri-Kompromiss von 1820 aufhob und die Verleihung von Bürgerrechten an schwarze Amerikaner kategorisch ausschloss, provozierte im Norden einen Sturm der Entrüstung und zivilen Wider-

---

7 Cohn (1976).

8 Vgl. Davis (1986) und Wilentz (1983).

9 Cuomo/ Holzer (1990: 15-23).

stand. Der radikale Abolitionist William Lloyd Garrison ging sogar so weit, die Verfassung wegen ihrer Sklavereiklauseln als „a Covenant with Death and an Agreement with Hell“ zu denunzieren und den Text öffentlich zu verbrennen.[10] In dieser Atmosphäre wirkte die Verfassung nicht mehr als Klammer, die die Nation zusammenhielt, sondern lieferte zusätzlichen Sprengstoff, der die Explosion des Bürgerkriegs unvermeidlich machte. Während des Krieges blieb die Verfassung im Norden nahezu uneingeschränkt in Kraft; die Südstaaten gaben sich dagegen eine eigene Verfassung, die der alten jedoch auffallend ähnlich war – ein Hinweis darauf, dass der ursprüngliche konstitutionelle Konsens doch nicht völlig zerstört, sondern durch die Sklavereifrage nur überdeckt worden war. Mit dem Sieg des Nordens verschwand die Sklaverei als verfassungsrechtlich geschützte Institution, und die „nationale“ Interpretation der Verfassung setzte sich endgültig durch. Zugleich verlieh der Krieg der nationalen Festkultur eine zusätzliche Dimension, indem er die Themen des Opfertods und der Wiedergeburt einbrachte, die Washington-Verehrung durch einen Lincoln-Kult ergänzte und zusätzliche Feiertage wie den Memorial Day und die Gedenktage großer Schlachten veranlasste.[11]

2 Die Verfassung als Teil der nationalen Festkultur vom Bürgerkrieg bis zum Zweiten Weltkrieg

Nach den traumatischen Erfahrungen des Bürgerkriegs stand die Verfassung als Symbol der wiedergewonnenen Einheit zunächst im Zentrum der nationalen Festkultur. Sie erhielt nun die zusätzliche Funktion, die zahlreichen ethnischen Einwanderergruppen, die ihre eigenen Feste feierten, besser in die Nation zu integrieren. Die Festkultur des *Gilded Age* trug zunehmend konservative Züge, die auf das Verfassungsverständnis der Bevölkerung und die Verfassungsinterpretation durch den Supreme Court abfärbten. Die Bemühungen, die Verfassung zu „popularisieren“ und den Konstitutionalismus als das eigentliche Wesen des politischen und gesellschaftlichen Systems der USA herauszustellen, erreichten mit den Jahrhundertfeiern der Verfassung und der Bill of Rights von 1887 bis 1891 einen ersten Höhepunkt. Das wichtigste Glied in dieser Kette von Feierlichkeiten war die Wiederaufführung der *Federal Procession* von 1788 in Philadelphia, diesmal in Form einer „magnificent civic and industrial parade“, organisiert von der *Constitutional Centennial Commission of Pennsylvania* und mitfinanziert von der Bundesregierung. Der nationale Charakter dieses Ereignisses wurde unterstrichen durch die Anwesenheit des Präsidenten Grover Cleveland und seiner Ehefrau. Die Gründerväter erfuhren viel Lob für ihren „sense of proportion and compromise“, Tugenden, die nun als wesentlich sowohl für die Wiedereingliederung des Südens als auch für .die Aussöhnung der Arbeiterschaft mit dem kapitalistischen Wirtschaftssystem angesehen wurden. Presseberichte, in denen die Verfassung u.a. als „Arc of

---

10 Kammen (1986: 98).

11 Orsi (1993).

the Covenant", „sacred document" und „inspiration from God" bezeichnet wurde, signalisierten den Beginn eines wahren Verfassungskults.[12] Bezeichnenderweise regte sich in dieser Phase erstmals öffentliches Interesse an dem Originaldokument der Verfassung, das 1814 auf abenteuerliche Weise vor der britischen Invasion ins Hinterland von Washington gerettet worden war und seither zusammen mit der Unabhängigkeitserklärung im Patentamt der Bundesregierung lagerte. Der Kongress setzte noch in den 1870en Jahren eine Kommission ein, die über die Restauration der Dokumente beraten und einen geeigneten Platz für sie finden sollte. Die Wahl fiel auf das State Department, wo Verfassung und Unabhängigkeitserklärung – mehr oder weniger zugänglich für die Öffentlichkeit – nun einige Jahrzehnte lang aufbewahrt wurden, bis sie 1921 durch Kongressgesetz und Verordnung Präsident Hardings in die Library of Congress transferiert wurden.[13]

Diese Schilderung lässt bereits erkennen, dass die Verfassung auch nach dem Bürgerkrieg – vielleicht sogar noch stärker als vorher – ihre Rolle als nationales Integrationssymbol mit der Unabhängigkeitserklärung teilen musste. Das latente Spannungsverhältnis zwischen diesen beiden Dokumenten wurde gegen Ende des 19. Jahrhunderts in der *Progressive Era* deutlicher, als eine neue Generation von Reformern die traditionellen Institutionen und Werte einer kritischen Prüfung unterzog. Sie nahmen vor allem Anstoß an der Tendenz des konservativen Supreme Court, das Recht auf Eigentum einseitig zugunsten der Besitzenden und der großen Konzerne auszulegen, und sie verurteilten die Neigung des Gerichts, viele sozial fortschrittliche Kongress- und Staatengesetze für verfassungswidrig zu erklären, als Manifestationen einer „juristischen Oligarchie".[14] Der Supreme Court kümmerte sich auch wenig um die Verwirklichung der Bürgerrechte, die der Kongress den Afro-Amerikanern nach dem Bürgerkrieg durch das 14. und 15. Amendment hatte gewähren wollen. Vielmehr deckten die Richter die Praxis der Rassentrennung und der politischen Benachteiligung der Schwarzen im Süden, als sie sich 1896 im Urteil Plessy v. Ferguson auf die Doktrin des „separate but equal" zurückzogen. Die frühen Bürgerrechtler um W.E.B. DuBois und andere Reformbewegungen wie das *women's movement* oder die Gewerkschaften bezogen sich deshalb in ihrem Kampf viel öfter auf die Unabhängigkeitserklärung mit ihrer demokratischen Verheißung des „all men are created equal" als auf die Verfassung, die mehr und mehr den gesellschaftlichen Status quo zu repräsentieren schien. Unter dem Eindruck dieser Auseinandersetzungen veröffentlichte der Historiker Charles A. Beard 1913 sein Buch „An Economic Interpretation of the Constitution", das den bis dahin nahezu sakrosankten Verfassungsvätern eigennützige Motive unterstellte. Laut Beard hatte der Philadelphia-Konvent mit der Verfassung ein „konservatives Instrument" geschaffen, das die Interessen der Elite und der besitzenden Schichten gegen die durch Revolution und Unabhängigkeitserklärung selbstbewusster gewor-

12 Kammen (1986: 142, 148).

13 National Archives and Records Service (1978: 17). Ausführlicher in: National Archives and Records Service (1976: 19-25).

14 Kammen (1986: 190).

denen Massenschützen sollte. Obwohl die Historikerzunft zunächst empört auf diesen „Tabubruch" reagierte, wurde Beards „Economic Interpretation" zu einem der einflussreichsten Bücher der Epoche, das die akademische Debatte bis zum Zweiten Weltkrieg nachhaltig prägte.

3 Konstitutionalismus und nationale Identität in der Ära der Weltkriege

Während Intellektuelle wie Beard die Verfassung eher als Hindernis auf dem Weg zur Demokratisierung der amerikanischen Politik und Gesellschaft betrachteten, verliehen andere progressive Reformer der Verfassungsheiligung und dem Verfassungskult zusätzlichen Auftrieb. Dies geschah zunächst im Zusammenhang mit dem Bemühen, die Millionen von Einwanderern, die bis zum Ausbruch des Ersten Weltkriegs vor allem aus Südost- und Osteuropa in die USA gekommen waren, besser zu integrieren und zu assimilieren. So beging man den 4. Juli im Zentrum der Immigration, New York, ab 1915 als „Americanization Day", an dem die Neueinwanderer öffentlich auf die Verfassung und das Sternenbanner eingeschworen wurden. Ein Jahr später proklamierte der Kongress einen eigenen „Constitution Day", der landesweit begangen werden und zur Verbesserung der Kenntnisse über Inhalt und Bedeutung der Verfassung dienen sollte.[15] Die Erfahrung des Krieges stärkte das Verlangen nach nationaler Einheit und sozialer Homogenität ganz ungemein. Überall im Land entstanden patriotische Gesellschaften, die von den nationalen Symbolen einschließlich der Verfassung Gebrauch machten, um die angeblich gefährdete innere Ordnung gegen Verrat und Subversion zu verteidigen. Die Freiheitsstatue erschien auf Millionen von Plakaten, mit denen die Bundesregierung für die Zeichnung von Kriegsanleihen warb. Paradoxerweise geschah dies zu einer Zeit, als der Ruf nach einer Reduzierung und dauerhaften Beschränkung der Einwanderung immer lauter wurde. Patriotismus und nationale Identität bedeuteten in diesem Kontext vor allem politische und kulturelle Konformität im Sinne des „White Anglo-Saxon Protestantism". Präsident Wilsons Völkerbundsprojekt kann als Versuch gewertet werden, den amerikanischen Konstitutionalismus, das Prinzip der Herrschaft des Rechts, auf die Weltbühne zu übertragen. Der Kongress verhinderte zwar die Beteiligung der USA an diesem Experiment, aber im Innern erreichte die Verfassungsverehrung im konservativen Klima der Nachkriegszeit einen neuen Höhepunkt. Als äußeres Zeichen dieser Tendenz kann der 1921 erfolgte Transfer der beiden Gründungsdokumente - *Declaration of Independence* und *Constitution* - vom Außenministerium zur Library of Congress gelten, wo sie ab 1924 in einem eigens angefertigten Schrein ausgestellt wurden. Der leitende Bibliothekar der Library of Congress, Herbert Putnam, beschrieb die Atmosphäre bei der Einweihung des Schreins, an der Präsident Harding, die First Lady und Außenminister Hughes teilnahmen, folgendermaßen: „The impression of the audience proved the emotional potency of documents animated with a great tradi-

---

[15] Orsi (1993: 1993).

tion."[16] Diese neue Sichtbarkeit der Gründungsdokumente fügte sich ein in das generelle Bemühen, die bis dahin recht verschlafene Hauptstadt Washington zum spirituellen Mittelpunkt der amerikanischen Nation und zur Touristenattraktion auszubauen. Hierzu gehörte vor allem die Einweihung des Lincoln Memorial am Memorial Day 1922, mit dem die Achse vom Capitol über das Washington Monument und das Weiße Haus hin zum Heldenfriedhof von Arlington ein neues symbolisches Zentrum erhielt. Besucher aus Europa mokierten sich in den zwanziger Jahren häufig über die „Verfassungsheiligung" der Amerikaner, die ihnen - gemessen etwa an der Nüchternheit, mit der man in Deutschland die Weimarer Reichsverfassung betrachtete - altmodisch und übertrieben emotional vorkam.[17] Im Widerspruch zu diesem „worship of the Constitution" stand jedoch die Tatsache, dass das Alkoholverbot, das 1919 in Form des 18. Amendments in die Verfassung geschrieben worden war, von den Amerikanern in der Praxis nach allen Regeln der Kunst umgangen wurde.

Auch in anderer Hinsicht hielt die nationale Harmonie in den USA nicht lange an, sondern machte im Zeichen der Weltwirtschaftskrise und des New Deal neuen Konflikten und Debatten Platz. Der Supreme Court, dessen Mehrheit sich weiterhin als Verteidiger der Rechte der Einzelstaaten gegen die Bundesgewalt und als Garant eines freien Wirtschaftssystems verstand, geriet angesichts der beispiellosen Krise mit Millionen von Arbeitslosen unter wachsenden öffentlichen Druck. Präsident Roosevelt bezeichnete die strikte Verfassungsinterpretation des Gerichts, der die wichtigsten New Deal-Gesetze zum Opfer zu fallen drohten, als passend für die „horse and buggy"-Periode der amerikanischen Geschichte. Er fand Unterstützung bei der Mehrheit der Wähler, in der Presse, wo die vier konservativen Supreme Court-Richter in Cartoons als die „apokalyptischen Reiter" dargestellt wurden, und bei einer neuen Generation von Rechtswissenschaftlern, die den „flexiblen" und „dynamischen" Charakter der Verfassung betonten und die Notwendigkeit der Anpassung von juristischen Normen und Doktrinen an gewandelte gesellschaftliche Bedingungen lehrten. Ungeachtet des heftigen Streits um die Verfassungsmäßigkeit des New Deal erreichte der Kult um die Verfassung zwischen 1937 und 1939 aber einen neuen Höhepunkt, als die vom Kongress eingesetzte *Sesquicentennial Commission* anlässlich der 150-Jahrfeiern von Verfassung und Bill of Rights ein wahres Feuerwerk an öffentlichen Festlichkeiten entfachte. Dazu zählten neben Paraden und Empfängen auch Theateraufführungen, Konzerte, Kunstausstellungen, wissenschaftliche Konferenzen und Schülerwettbewerbe. Die Kommission verkaufte den „Shrine of the Constitution" in verschiedenen Größen und Materialien, und das Post Office gab eine Sondermarke heraus. Die dreizehn ursprünglichen Staaten begingen das jeweilige Datum ihrer Ratifizierung, und die meisten anderen Staaten stimmten in die allgemeine Feststimmung ein. Der Vorsitzende der Kommission, der Historiker Sol Bloom, verkündete eine auf die aktuelle Situation bezogene, ausgleichende und integrative Botschaft: „Let us thank

[16] National Archives and Records Service (1976: 26).

[17] Heideking (1993).

for the federal as well as the national elements in our government, and remember that the local self-government of the States has removed a burden from the nation."[18] Wie tief der Konstitutionalismus bereits verwurzelt war, musste Präsident Roosevelt 1937 erkennen, als es ihm trotz seiner großen Popularität nicht gelang, die Zusammensetzung des Supreme Court mit Hilfe des sog. „court packing plan" kurzfristig in seinem Sinne zu verändern.

Einen anderen wichtigen Aspekt des *Sesquicentennial* bildete die „Wiederentdeckung" der Bill of Rights, der 1791 ratifizierten ersten zehn Amendments zur Verfassung, die bis dahin durch elf weitere Zusatzartikel ergänzt worden war. Die besondere Würdigung der Bill of Rights deutete darauf hin, dass die lange vernachlässigten Grundrechte nun im Zeichen der beginnenden Auseinandersetzung mit den totalitären Systemen und Ideologien ins Zentrum des Verfassungsverständnisses und der Verfassungsinterpretation zu rücken begannen. Präsident Roosevelt selbst erwies der Bill of Rights in einer Rede vom 4. März 1939 die Ehre, in der er auf die alte Gebäudemetapher zurückgriff: „We celebrate today the completion of the building of the constitutional house. But one essential was lacking – for the house had to be made habitable. And even in the period of the building, those who put stone upon stone, those who voted to accept it from the hands of the builders knew that life within the house needed other things for its inhabitants. Without those things, indeed, they could never be secure in their tenure, happy in their toil or in their rest. Not for freedom of religion alone does this nation contend by every peaceful means. We believe in the other freedoms of the Bill of Rights."[19] Das war zweifellos eine Anspielung auf die ungelöste Rassenfrage, die im Laufe des Zweiten Weltkriegs immer akuter werden sollte.

4 Vom Kalten Krieg zur „multikulturellen" Gegenwart

Während des Zweiten Weltkriegs und zu Beginn des Kalten Krieges hatten die innere Ordnung und die nationale Sicherheit wieder höchste Priorität, aber nach Überwindung des McCarthyismus in der Mitte der 1950er Jahre gelangte die Bürgerrechtsproblematik unaufhaltsam ins Blickfeld der Öffentlichkeit und auf die Tagesordnung des Supreme Court. Mit der offiziellen Abkehr von der „separate but equal"-Doktrin im Verfahren Brown v. Board of Education von 1954 etablierte sich das Gericht unter Chief Justice Earl Warren endgültig als das „Gewissen der Nation" und als aktiver Verfechter der Rassenintegration. Indem der „Warren Court" die Bürgerrechtsbewegung juristisch legitimierte und unterstützte, trug er ganz wesentlich dazu bei, das Konzept der Staatsbürgerschaft, der *citizenship,* auf alle Amerikaner auszuweiten. Zugleich stärkten die Richter in der nun beginnenden liberalen Epoche die individuellen Grundrechte der Bürger gegenüber dem Staat in nahezu allen Lebensbereichen. Die Bill of Rights, die ursprünglich nur an die Ver-

18 Kammen (1986: 311f.).

19 Zitiert nach Kammen (1986: 306).

fassung „angehängt" worden war, begann mehr und mehr das eigentliche Wesen und den Sinn der *Constitution* zu repräsentieren. Sie erlangte nun geradezu den Status eines „dritten Gründungsdokuments" und fand 1952 zusammen mit der *Declaration of Independence* und der *Constitution* ihren (vorerst) endgültigen Platz in den National Archives an der Washingtoner Mall.[20] Seither pilgern Millionen von Amerikanern und ausländischen Besuchern andächtig an diesem altarähnlichen nationalen Schrein vorbei.

Bezeichnenderweise beriefen sich die Reformbewegungen der Nachkriegszeit stärker auf die Verfassung und die Bill of Rights als auf die Unabhängigkeitserklärung. Zumindest geschah es nur noch sehr selten, dass Kritiker der gesellschaftlichen Zustände die *Declaration* gegen die *Constitution* ausspielten, im gewandelten Verständnis von Politikern, Richtern und Öffentlichkeit war das konservative Image der Verfassung durch ein fortschrittliches, demokratiefreundliches ersetzt worden. Mit dem Watergate-Skandal und der Einleitung eines impeachment- Verfahrens gegen Präsident Richard Nixon bestand die Verfassung 1973/74 ihre bis dahin wohl schwerste Belastungsprobe. In den Augen der meisten Amerikaner gewährleistete allein die Verfassung den geordneten Fortgang des politischen Prozesses, der durch den Amtsmissbrauch des Präsidenten nachhaltig gestört worden war. Nixons erzwungener Rücktritt bekräftigte die Majestät der Verfassung und stutzte die „imperiale Präsidentschaft" wieder auf ein Normalmaß zurück. Aus den Turbulenzen der sechziger und siebziger Jahre gingen die Verfassung und das Prinzip des Konstitutionalismus also gestärkt hervor, wenn eine solche Aufwertung überhaupt noch möglich war. Parallel dazu traten aber wieder scharfe Konflikte in Einzelfragen auf, vor allem hinsichtlich der Trennung von Kirche und Staat, des Rechts auf Abtreibung, der vollen Gleichberechtigung von Frauen, der Praxis der *affirmative action* und der *war powers* des Präsidenten. Hin und wieder wurden – meist im akademischen Umfeld – Stimmen laut, die für eine Reform der „altmodischen" US-Verfassung oder sogar für einen neuen allgemeinen Verfassungskonvent plädierten. Solche Vorstöße verliefen aber stets im Sande, entweder weil sie umgehend in den Sog des Parteienstreits gerieten, oder weil die Bevölkerungsmehrheit offenkundig kein Interesse an substanziellen Änderungen hatte.

Der Anbruch des Fernsehzeitalters blieb nicht ohne Folgen für das Verfassungsdenken und das Verfassungsverständnis der Amerikaner. War der Begriff „constitutional government" bis dahin weitgehend abstrakt geblieben, so konnten

---

20 Nach dem japanischen Überfall auf Pearl Harbor im Dezember 1941 waren die Gründungsdokumente kurzfristig nach Fort Knox in Tennessee in Sicherheit gebracht worden, im September 1944 kehrten sie wieder nach Washington zurück. Der Transfer von der Library of Congress in das vor dem Krieg neu erbaute Nationalarchiv erfolgte am 13.12.1952 in feierlicher Prozession auf einem Panzerwagen des Marine Corps. Über den derzeitigen Standort heißt es in einer Broschüre der National Archives: „The present shrine provides an imposing home. (...) The Declaration, the Constitution, and the Bill of Rights stand slightly elevated, under armed guard, in their bronce and marble shrine. Leaves of the Bill of Rights and the Constitution are displayed flat. Above them the Declaration of Independence is held impressively in an upright case, shielded from ultraviolet rays by special filters of laminated glass constructed with a yellow cellulose inner layer." National Archives and Records Service (1976: 31).

die Bürger die Arbeit und das Zusammenwirken der Institutionen - Präsident, Kongress, Oberstes Gericht – nun gewissermaßen „hautnah" am Bildschirm verfolgen. Außerdem fanden Verfassungsfragen immer häufiger Eingang in Unterhaltungsfilme – ein Aspekt, dessen Bedeutung noch genauer untersucht werden müsste. Auch in anderer Hinsicht blieb die Verfassung im symbolischen Reservoir der Nation präsent. Millionen von Immigranten, die nach der Reform des Einwanderungsrechts von 1965 aus allen Erdteilen in die USA kamen, mussten den Verfassungstext als Voraussetzung für ihre Einbürgerung studieren und wurden weiterhin, nun häufig in Massenzeremonien, auf die Verfassung vereidigt. Die Erinnerung an das ehrwürdige Alter der Gründungsdokumente tat nun das ihre, um die Aura der Sakralität zu verbreiten. Während das *Bicentennial* der Unabhängigkeitserklärung 1976 vom Vietnam- und Watergate-Trauma überschattet war, fanden die Zweihundertjahrfeiern der Verfassung und der Bill of Rights in dem konservativeren Klima der Reagan-Bush-Ära großen öffentlichen Anklang. Unter der Leitung des Obersten Bundesrichters Warren Burger begannen bereits 1983 die Vorbereitungen auf das „Project 87", das die *American Historical Association* und die *American Political Science Association* gemeinsam koordinierten, und in dessen Verlauf alle 50 Staaten sowie viele Gemeinden *Bicentennial Commissions* gründeten.[21] Neben unzähligen anderen Feierlichkeiten im ganzen Land fanden 1987/88 in den dreizehn ursprünglichen Staaten originalgetreue Wiederaufführungen der Ratifizierungskonvente und der *Federal Processions* statt. Die Veranstalter profitierten dabei von dem monumentalen Editionsprojekt der „Documentary History of the Ratification of the Constitution and the Bill of Rights", das in einer vielbändigen Ausgabe sämtliche, die Verfassungsdebatte von 1787 bis 1791 betreffenden Dokumente zugänglich macht.[22] Der Text der Constitution selbst war als Facsimile überall erhältlich, und natürlich wurden die im Original der Präambel markant hervorgehobenen Schriftzüge „We the People", mit denen die Verfassungsväter die Nation eigentlich erst konstituiert hatten, im Verlauf der Feierlichkeiten auf T-Shirts und anderen Memorabilia millionenfach vermarktet.[23] Das *Bicentennial* der Bill of Rights kulminierte 1991 in der feierlichen Wiedereinweihung *(Rededication)* der renovierten Freiheitsstatue und in der Eröffnung eines Einwanderermuseums auf Ellis Island im Hafen von New York.[24] Allerdings konnten diese glanzvollen Feste und die enthusiastische Mitwirkung vieler Bürger nicht darüber

---

21 „Project 87" gab über einen längeren Zeitraum eine eigene Vierteljahrsschrift mit dem Titel „This Constitution: A Bicentennial Chronicle" heraus.

22 Jensen/Kaminski/Leffler/Saladino (1976).

23 Einen Überblick über die Feierlichkeiten gibt die Broschüre Celebrating the Constitution: A Bicentennial Retrospective, die als Sonderheft der Zeitschrift *Prologue* 1988 von den National Archives herausgegeben wurde.

24 Zu Entstehung und Geschichte der Bill of Rights existiert inzwischen allein schon eine nahezu unüberschaubare Forschungsliteratur. Häufig wird die Bill of Rights in enger Verbindung mit der *Virginia Declaration of Rights* von 1776 gesehen, deren Autor George Mason war. Vgl. National Archives and Records Administration (1986).

hinwegtäuschen, dass der allgemeine „Politikverdruss“ zunahm und die Beteiligung an Präsidentschafts- und Kongresswahlen einen historischen Tiefstand erreichte.

Das *Bicentennial* von Verfassung und Bill of Rights gab Anlass zu einer akademischen Debatte über die „ursprünglichen Absichten“ der Verfassungsväter, die ein interessantes Schlaglicht auf die politischen Strömungen der Zeit warf. Ausgelöst wurde der Streit 1985 durch ein Interview des Justizministers Edwin Meese III, in dem er den immer noch als „liberal“ geltenden Supreme Court wegen seiner weiten Verfassungsauslegung tadelte. Angeblich orientierten sich die Richter mehr an dem, was sie selbst für „sound public policy“ erachteten, als an dem Text der Verfassung und den Intentionen ihrer Schöpfer. Unter Berufung auf ein Zitat Alexander Hamiltons in den *Federalist Papers* ermahnte Meese die Richter, sie sollten „the drafters' original intent“ zum Maßstab der Interpretation machen, und verwies sie auf „the original meaning of constitutional provisions and Statutes as the only reliable guide for judgment.“ Einer der angesprochenen Richter, Justice William Brennan, Jr., erwiderte, der Wortlaut der Verfassung sei häufig vage (broad) „and the limitations of its provisions are not clearly marked... This ambiguity, of course, calls forth interpretation.“ Es sei arrogant, vorzugeben „that from our vantage point we can gauge accurately the intent of the Framers on application of principles to specific, contemporary questions... We look to the history of the time of framing and to the intervening history of interpretation. But the ultimate question must be: what do the words of the text mean in our time?”[25]

In der Debatte, die auf diesen Schlagabtausch folgte, ergriffen die meisten Fachleute Partei für Justice Brennan, während die Argumente des Justizministers Meese offenbar bei der breiten Bevölkerung besser ankamen.[26] Der Supreme Court, der inzwischen durch die unter Reagan und Bush erfolgten Richterernennungen ein konservativeres Gesicht erhalten hatte, trug dieser Stimmung Rechnung und ging auf Distanz zum „judicial activism“ seiner Vorgänger. Die Autorität des Supreme Court als „final arbiter“ von Verfassungsfragen hat darunter nicht gelitten, und sein Ansehen ist von dem generellen Vertrauensverlust in die Bundesregierung am wenigsten in Mitleidenschaft gezogen worden. Die allgemeine Meinung in den USA am Ende des 20. Jahrhunderts scheint zu sein, dass die Verfassung dem Land und dem amerikanischen Volk gute Dienste geleistet hat und auch weiterhin, ohne substanzielle Änderungen, gute Dienste leisten wird. Das hohe Alter verleiht der Constitution zusätzliche Majestät und stärkt ihre nahezu unantastbare Würde. Vor diesem Hintergrund haben es die Politiker und speziell die Präsidenten schwer, ihren ohnehin schon zusammengeschrumpften Status in der Öffentlichkeit zu wahren. An der grundsätzlichen Ambivalenz von Konflikt und Konsens scheint sich wenig geändert zu haben: So sehr sich die Parteien über Verfassungsfragen entzweien mögen, so einig bleiben sich die Amerikaner doch darin, dass niemand, auch nicht der Präsident, über dem Recht und der Verfassung steht.

---

[25] Zitiert nach Kohn (1991: 61f.).

[26] Einen Überblick geben Levy (1988) und Rakove (1990; 1996).

Angesichts der zunehmenden ethnischen und religiösen Diversität der amerikanischen Bevölkerung wird die nächste Generation vermutlich noch stärker auf die stabilisierenden und integrierenden Kräfte des Konstitutionalismus angewiesen sein. In einer Zeit des technologischen Umbruchs, der „Mediendemokratie“ und Konsumkultur verkörpern die Verfassung und die Bill of Rights nach wie vor die Grundprinzipien des „amerikanischen Experiments“: Volkssouveränität, Rechtsstaatlichkeit, Gewaltenteilung, das Streben nach individueller Freiheit, nach Gleichheit vor dem Gesetz und Eigenverantwortlichkeit jedes Bürgers. Ob die Verfassung im Rahmen der „civil religion“ auch weiterhin ihre symbolischen Funktionen für die „civil society“ erfüllen kann, muss die Zukunft erweisen.

Literatur

Bellah, Robert N. (1967): Civil Religion in America. In: Daedalus 96. 1-21

Cohn, William H. (1976): Une fête nationale: le 4 juillet dans l'histoire americaine. In: Cultures 3. 147-163

Cuomo, Mario / Holzer, Harold (Eds.) (1990): Lincoln on Democracy. New York: HarperCollins

Davis, Susan G. (1986): Parades and Power; Street Theatre in Nineteenth-Century Philadelphia. Philadelphia: Temple University Press

François, Étienne (Hrsg.) (1995): Nation und Emotion. Göttingen: Vandenhoeck & Ruprecht

Heideking, Jürgen (1993): Im zweiten Anlauf zum demokratischen Verfassungsstaat: Amerikanische Einflüsse auf die Weimarer Reichsverfassung und das Grundgesetz für die Bundesrepublik Deutschland. In: Elvert, Jürgen/ Salewski, Michael (Hrsg.) (1993): Deutschland und der Westen im 19. und 20. Jahrhundert. Teil l: Transatlantische Beziehungen. Stuttgart: Steiner. 247-265

Heideking, Jürgen (1995): Die Verfassungsfeiern von 1788: Das Ende der amerikanischen Revolution und die Anfänge einer nationalen Festkultur in den Vereinigten Staaten. In: Der Staat 34 (1995). 391-413

Jensen, Merrill / Kaminski, John P./ Leffler, Richard/ Saladino, Gaspare J. (Eds.) (1976): The Documentary History of the Ratification and the Bill of Rights. Madison, Wisconsin: State Historical Society of Wisconsin

Kammen, Michael (1986): A Machine That Would Go Of Itself. The Constitution in American Culture. New York: St. Martin's Press

Kohn, Richard H. (1991): The Constitution and National Security: The Intent of the Framers. In: Kohn, Richard H. (Ed.): The United States Military Under the Constitution of the United States, 1789-1989. New York: New York University Press

Levy, Leonard W. (1988): Original Intent and the Framers' Constitution. New York: Macmillan

National Archives and Records Administration (Ed.) (1986): The Bill of Rights. Milestone Documents in the National Archives. Washington, D.C.

National Archives and Records Service (Ed.) (1976): Declaration of Independence. The Adventures of a Document. Washington, D.C.

National Archives and Records Service (Ed.) (1978): A More Perfect Union. The Creation of the United States Constitution. Washington, D.C.

Newman, Simon P. (1992): Principles or Men? George Washington and the Political Culture of National Leadership, 1776-1801. In: Journal of the Early Republic 12. 477-507

Orsi, Robert A. (1993): Parades, Holidays, and Public Rituals. In: Encyclopedia of American Social History. New York: Scribner

Rakove, Jack N. (1990): Interpreting the Constitution: The Debate Over Original Intent. Boston: Northeastern University Press

Rakove, Jack N. (1996): Original Meanings: Politics and Ideas in the Making of the Constitution. New York : Alfred A. Knopf

Reid, John Philip (1995): Constitutional History of the American Revolution. Madison, Wisconsin: University of Wisconsin Press

Wilentz, Sean (1983): Artisan Republican Festivals and the Rise of Class Conflict in New York City, 1788-1837. In: Frisch, Michael H. / Walkowitz, Daniel J. (Eds.) (1983): Working-Class America. Essays on Labor, Community, and American Society. Urbana, London: University of Illinois Press

Ancient Constitution

Vom Nutzen und Nachteil der ungeschriebenen Verfassung Englands

Hans-Christoph Schröder

Großbritannien ist heute einer der ganz wenigen Staaten auf der Welt, die keine geschriebene Verfassung besitzen. Das Land, in dem sich der moderne Konstitutionalismus zuerst entwickelte, vollendete ihn nicht.[1] In diesem Sachverhalt spiegelt sich ein Grundtatbestand englischer Geschichte: ein Modernitätsdefizit, das durch die Antizipation von Modernität entstand.[2] England besaß zu einer Zeit, als andere Länder sich Verfassungen gaben, schon wesentliche Züge eines modernen Verfassungsstaates.[3] Es hatte eine nichtständische parlamentarische Nationalrepräsentation und eine eingeschränkte Monarchie. Es verfügte seit Heinrich VIII. über ein formalisiertes Gesetzgebungsverfahren. Es gab Protoverfassungen oder quasi-konstitutionelle Dokumente wie die Magna Carta, die Petition of Right, die Habeas Corpus Akte und die Declaration of Rights, die individuelle Rechte festhielten. Es bestand auch frühzeitig die allgemeine Überzeugung, eine Constitution zu besitzen, selbst wenn diese nicht schriftlich fixiert war.

Zu fragen ist, welcher Art das in England bzw. Großbritannien entwickelte Verfassungsverständnis war und was es für die politische Kultur des Landes bedeutete. Ging von ihm die integrative und identitätsstiftende Wirkung aus, die ein Merkmal erfolgreicher Verfassungen ist?[4] Wurde die Constitution sogar bewusst als Integrationsmittel eingesetzt? Diese Fragen sollen in dem folgenden Beitrag anhand des historischen Materials untersucht werden. Dabei werden, da es in erster Linie um die allgemeine Verbreitung sowie die politische Benutzung und Wirkung von Verfassungsdenken und „Verfassungsfühlen" (Ulrich K. Preuß) geht, Äußerungen von Politikern oder Publizisten im Mittelpunkt stehen, die von Juristen dagegen nur eine marginale Rolle spielen.

1 Common Law und Ancient Constitution

Die Vorstellung, dass England eine Verfassung besitze, geht im wesentlichen auf das frühe 17. Jahrhundert zurück. Sie bildete sich vor allem in den Auseinandersetzungen zwischen Jakob I. und seinen Parlamenten heraus, wobei sich drei verschiedene Verfassungskonzeptionen unterscheiden lassen.[5] Jakob I. vertrat die These einer von Königen selber geschaffenen konstitutionellen Monarchie. Auf

---

1 Grimm (1991: 104).

2 Vgl. dazu Schröder (2000³: 101- 104).

3 Kavanagh (1996: 46).

4 Vorländer (1999: 18).

5 Christianson (1991: bes. 83).

Seiten des Parlaments und der Juristen gab es sowohl den Gedanken einer von Anfang an bestehenden „mixed monarchy" als auch eine sich auf die Rechtstradition des common law gründende Verfassungsvorstellung. Die erste dieser beiden „parlamentarischen" Versionen sollte zunehmend wichtiger und im 18. Jahrhundert vorherrschend werden. Zunächst jedoch dominierte die mit dem common law verknüpfte Version.[6] Sie ist es in erster Linie, die von Historikern mit dem Etikett „Ancient Constitution" versehen wird, obwohl die Zeitgenossen diesen Terminus nicht sogleich benutzten und der Verfassungsbegriff im Singular mit einer dem modernen Sinn näherkommenden Bedeutung erst seit den 1640er Jahren allgemein verwendet wurde.[7] In dieser zeitlich vorgezogenen Benutzung des Wortes durch die Historiker liegt eine gewisse Gefahr der anachronistischen Fehlinterpretation;[8] denn wir treffen zwar im England des frühen 17. Jahrhunderts auf die allgemein verbreitete Vorstellung, dass die Beziehungen zwischen den Monarchen und ihren Untertanen ganz überwiegend rechtlich geregelt seien, aber es gibt noch nicht den Gedanken einer *speziellen* Verfassung. Das auf „custom" gegründete und in Übereinstimmung mit der Vernunft stehende common law in seiner *Gesamtheit* war das, was man dann Ancient Constitution genannt hat.[9]

Trotz der Einschränkung, die in dieser Hinsicht zu machen ist, entsprach der Vorstellungskomplex, den man mit dem Begriff Ancient Constitution bezeichnet, bereits in zwei wesentlichen Punkten den Kriterien einer modernen Verfassung: Er implizierte eine Beschränkung monarchischer Gewalt durch die Rechtsordnung, und er leitete diese Ordnung von der Gemeinschaft, nicht vom Monarchen her. Sie bestand nach dem vorherrschenden zeitgenössischen Verständnis seit „unvordenklichen Zeiten" und wurde vor allem mit den „Sachsen" in Verbindung gebracht. Die sog. Gesetze Eduards des Bekenners dienten als Beweis für die Existenz der Ancient Constitution in angelsächsischer Zeit.[10] Die Magna Carta und die Petition of Right von 1628, deren Diskussion nach Ansicht des Historikers J.G.A. Pocock den „Eckstein" der Lehre von der Ancient Constitution bildete, galten als deren Bestätigung.[11]

Das Konzept der Ancient Constitution erfüllte somit auf eine vage Weise die Grundvoraussetzung modernen konstitutionellen Denkens, dass Verfassungen der Regierung vorauszugehen haben und über ihr stehen müssen. Es war nach Auffassung der Parlamentarier nicht die freiwillige Selbstbindung der Monarchen, die ihr Handeln beschränkte, sondern die von Anfang an bestehende Unterordnung unter das Recht. Um aber das argumentative Gewicht des „immemorial custom" in die Waagschale werfen zu können, war es notwendig, den Zäsurcharakter des Jah-

---

6 Sie blieb auch weiterhin wichtig und war noch für Dicey von zentraler Bedeutung. Vgl. Dicey (1885: bes. 115).

7 Vgl. Stourzh (1988: 41ff). Beispiele für die Verwendung des Verfassungsbegriffs im Singular bereits in den Jahren 1610 und 1628 finden sich bei Hexter (1992: 66,141).

8 Vgl. dazu die selbstkritischen Bemerkungen bei Pocock (1987: 261).

9 Burgess (1996: bes. 134f, 193, 211).

10 Vgl. Weston (1994: 384 ff.).

11 Pocock (1987: 282, 289; 294).

res 1066 herunterzuspielen. Hätte nämlich die normannische Herrschaft einen Einschnitt und Neuanfang gebildet, wäre es den Nachfolgern Wilhelms I. möglich gewesen, das Recht der Eroberung für sich in Anspruch zu nehmen. Zum Konzept der Ancient Constitution gehörte deshalb die These, dass die fundamentale Kontinuität der Rechtsordnung durch das Jahr 1066 nicht wirklich unterbrochen worden sei. Die Gesetze Eduards des Bekenners, wurde argumentiert, seien von Wilhelm I. bestätigt worden; der Witenagemot aus angelsächsischer Zeit habe, nur unter dem neuen normannisch-französischen Namen Parlament, fortbestanden.[12]

In Bezug auf den Konsenscharakter der hier skizzierten Verfassungsvorstellungen in den ersten vier Jahrzehnten des 17. Jahrhunderts ist zu konstatieren, dass er von revisionistischen Historikern in den 1980er Jahren fraglos übertrieben worden ist. Es *gab*, hier ist J.P. Sommerville zuzustimmen, unterschiedliche konstitutionelle Standpunkte. Es war nicht alles Konsens.[13] Andererseits spiegelten absolutistische Ideen nur die Auffassung einer Minderheit wider und waren verpönt.[14] Allerdings entwickelten sie eine besondere Brisanz, weil sie von Seiten der Regierung sowie der sie unterstützenden Geistlichkeit vorgetragen und von der Gegenseite mit einer Bedrohung durch den Papismus in Verbindung gebracht wurden.[15] Die Infragestellung des konstitutionellen Konsenses im 17. Jahrhundert, so lässt sich generell feststellen, ging jeweils von den Monarchen aus. Dabei soll hier nicht untersucht werden, ob diese Herausforderung von dem Streben nach monarchischem „state-building“[16] oder einem wesentlich unprogrammatischen und unsystematischen Autoritarismus (mit prokatholischer Zielsetzung unter Karl II. und Jakob II.) geleitet war.

„Ancient constitutionalism“ war jedenfalls in England etwas grundlegend anderes als in Frankreich, Schottland und den Niederlanden, wo er eine parteiische, auf aktuelle Konflikte bezogene Geschichtskonstruktion calvinistischer Rebellen darstellte. Bei den Engländern drückte er weitgehende Übereinstimmung in Grundfragen aus und war er nicht auf die Wiederherstellung eines alten Zustands gerichtet, diente vielmehr der „Verteidigung des Status quo in Kirche und Staat“. Er war, wie man gesagt hat, keine Glorifizierung der *Vergangenheit*, sondern der *Gegenwart*.[17] Allerdings wurde die Ancient Constitution als ein von den Vorvätern übernommenes geschichtliches *Erbe* interpretiert – was fortan ein Grundzug der „historical constitution“ (Dicey) bleiben sollte. Daraus ergab sich eine enge Verbindung mit der Verteidigung von Eigentumsrechten und leitete sich die Berechtigung her, die unter ihr bestehenden Freiheiten geltend zu machen; es ergab sich daraus aber auch die Verpflichtung, sie zu wahren und ungeschmälert weiterzugeben.

---

12 Burgess (1992: 65; 381).

13 Sommerville (1986).

14 Wenn Sommerville (1996: 192) von den „dangers of committing absolutist views to paper“ spricht, gesteht er das unfreiwillig ein.

15 Ein negatives Urteil Erzbischof Lauds über die Magna Carta zitiert Ann Hughes (1991: 91).

16 So die These von Scott (2000).

17 Burgess (1992: 17f, 87, 100, 104; 1996: 90).

Wichtig mit dem Blick auf die national integrative Kraft des englischen ancient constitutionalism und die spätere Entwicklung des Verfassungsdenkens ist ferner die Tatsache, dass bereits diese frühen Verfassungsvorstellungen eine dezidiert insulare Orientierung besaßen. Die Vollkommenheit der Ancient Constitution wurde in Bezug auf *englische* Gegebenheiten und Bedürfnisse behauptet.[18] Das schloss an die Sicht Sir John Fortescues an, der bereits im 15. Jahrhundert die Besonderheit des „dominium politicum et regale" in England betont hatte.[19]

Unter dem integrativen Aspekt war von großer Bedeutung, dass die Vorstellung besonderer englischer Rechte und Freiheiten, die im common law und in Parlamentsgesetzen ihren Ausdruck fanden, nicht auf die Oberschichten beschränkt war. Die frühzeitige Zentralisierung des englischen Staates und die schon seit dem 13. Jahrhundert bestehende fortdauernde Existenz einer Nationalrepräsentation in Form des Parlaments hatten dazu geführt, dass die Auseinandersetzungen mit den Monarchen nicht unter Berufung auf ständische und regionale Privilegien, sondern auf das allgemeine Recht geführt wurden und grundsätzlich alle Teile und Schichten des Landes davon betroffen waren. Auch war die im Verfassungsdiskurs am häufigsten erwähnte Magna Carta zwar aus einer Revolte der Barone hervorgegangen und spiegelte primär deren Interesse wider; aber sie hielt doch auch die Rechte von Freien fest und ermöglichte eine allgemeine Identifikation mit diesem Grunddokument englischen Verfassungsdenkens, die durch spätere extensive Interpretationen noch gefördert wurde.[20]

Der ancient constitutionalism war schichtenübergreifend, wobei besonders der Gedanke der legitimierenden Kraft von „custom" ein verbindendes Element darstellte.[21] Gemeinsame Verfassungsvorstellungen, deren zentraler Bestandteil – die Bindung von finanziellen Abgaben an die Zustimmung des Parlaments – von den Parlamenten seit den „new impositions" Jakobs I. gegenüber den Monarchen konsequent verfochten wurde, waren bereits zu dieser Zeit eine Eigentümlichkeit Englands. Sie trugen, neben einem ebenfalls von der großen Mehrheit der Bevölkerung geteilten Antikatholizismus und protestantischen Nationalismus, zu einem ausgeprägten Bewusstsein nationaler Identität bei.[22]

2 Die Krise der Verfassung am Vorabend des Bürgerkrieges

Die fundamentale Schwäche des Konstitutionalismus im frühen 17. Jahrhundert bestand freilich darin, dass er einerseits aufgrund seiner Gleichsetzung mit dem Recht in all seiner Widersprüchlichkeit und unterschiedlichen Interpretierbarkeit unpräzise war, andererseits auch nicht durchgesetzt werden konnte und dem Mon-

18 Burgess (1992: 102).

19 Vgl. dazu Nippel (1980: 169-176).

20 Holt (1976: 8ff, 196-200). Vgl. auch Ranke (1957 Bd. I: 41). Die schichtenübergreifende Relevanz vor allem der Artikel 39 und 40 der Magna Carta verkennt Böckenförde (1991: 30).

21 Underdown (1996: VIII, 25ff, 59).

22 Underdown (1996: 67).

archen überdies in Form der absoluten Prärogative eine Hintertür zum Entweichen aus der konstitutionellen Gebundenheit bot. Die Ancient Constitution wirkte zwar auf große Teile der Nation verbindend, aber sie war nicht verbindlich. Auch zeigt schon die Tatsache, dass sie sich in der anhaltenden Auseinandersetzung mit Jakob I. und Karl II. konturierte und verdichtete, die fehlende Übereinstimmung gerade mit jenen, auf die es in der politischen Praxis am meisten ankam: den Monarchen.

Es gab keine Möglichkeit sicherzustellen, dass der König sich bei seiner Regierung an das Recht hielt. Tagte ein Parlament, ließ sich informell mit dem Mittel der Steuerverweigerung Druck auf ihn ausüben. Tagte kein Parlament, was von 1629 bis 1640 (der Zeit des „persönlichen Regiments" Karls I.) der Fall war, gab es kaum Einwirkungsmöglichkeiten auf den Monarchen, um die Einhaltung der Ancient Constitution zu erzwingen. Dieser Mangel gehörte zu ihren Merkmalen.[23] Den dramatischen Wechsel in der Verfassungswirklichkeit, der jeweils mit der Einberufung und Auflösung eines Parlaments erfolgte, hat James Harrington einmal sehr anschaulich charakterisiert, indem er ihn mit einem gespaltenen venezianischen Karnevalskostüm verglich: „when no Parliament, then absolute Monarchy; when a Parliament, then it runnes to Commonwealth".[24]

Großer Spielraum für den Monarchen bestand auch dadurch, dass nach dem allgemeinen Verfassungsverständnis zwischen einer normalen, rechtlich gebundenen Prärogative und einer absoluten Prärogative unterschieden wurde. Die absolute Prärogative, die ihm im Falle des Notstands die Suspendierung von Gesetzen, die Einquartierung von Soldaten und die Erhebung von Steuern ohne parlamentarische Zustimmung gestattete, stand außerhalb des Rechts.[25] Sie befand sich aber insofern in Übereinstimmung mit dem generellen Rechtsbewusstsein, als auch das common law das Abgehen vom Recht und selbst die Durchbrechung von Eigentumsrechten im Falle von „necessitas" anerkannte.

Zu einer Krise des common law kam es allerdings, als Karl I. in der parlamentslosen Zeit dazu überging, mit dem Hinweis auf „necessity" die absolute Prärogative für das normale Regieren zu missbrauchen und das Gericht im Schiffsgeldurteil gegen John Hampden dem König die Rechtmäßigkeit seines Handelns bestätigte. Hier wurde die außerhalb des Rechts stehende absolute Prärogative zu einer Macht über dem Recht erhoben und erschien das Eigentum nicht mehr durch das common law gesichert.[26] Die seit den 1620er Jahren bestehende Gefahr eines auf Gerichtsentscheidungen gestützten „legal absolutism" (M. A. Judson) wurde damit besonders akut. Edward Hyde, später Earl of Clarendon, hat die davon ausgehende Erschütterung der Rechtssicherheit zehn Jahre später in eindrucksvollen Worten ausgedrückt. Mit der Verrechtlichung der Notstands-

---

23 Smith (1994: 310).

24 Zitiert nach Norbrook (1999: 70).

25 Guy (1997: 140, 158, 167).

26 Burgess (1992: 189f, 194, 205, 210, 214, 220-224).

befugnis, so Clarendon, habe das Recht den Untertanen nicht länger mehr Zuflucht geboten.[27]

Wurde durch das Vorgehen Karls I. in den 1630er Jahren der seit dem Regierungsantritt Jakobs I. ohnehin höchst prekäre konstitutionelle Konsens mit den Monarchen und ihrer Regierung vollends zerstört, so ist andererseits die übrige Nation im Zeichen der (als Reaktion auf die monarchischen Maßnahmen zunehmend auf eine Einengung königlicher Entscheidungsgewalt hin interpretierten)[28] Ancient Constitution noch mehr zusammengeführt worden. Deren verbindende Kraft zeigte sich am augenfälligsten ausgerechnet am Vorabend des Bürgerkrieges, als nach der durch den schottischen Krieg erzwungenen Einberufung des sog. Langen Parlaments Verfassungsreformen von den Abgeordneten einstimmig angenommen wurden. Sie waren ein Niederschlag der Erfahrungen mit dem persönlichen Regiment und hatten das Ziel, dessen Wiederholung zu verhindern. Die Reformen – von Historikern zusammenfassend oft als „constitutional revolution" bezeichnet – sollten durch die Abschaffung der Prärogativgerichtshöfe, durch den mit dem Triennial Act geschaffenen Zwang zur regelmäßigen Einberufung von Parlamenten und das Vorgehen gegen die für die Urteile der 1630er Jahre verantwortlichen Richter die Verfassung sicherer machen.

Was schließlich den parlamentarischen Konsens zerstörte und die Nation spaltete, waren nicht konstitutionelle, sondern religiöse Gegensätze. Das Bestreben der Parlamentarier um Pym, die Reformation weiterzutreiben (bzw. sich durch Veränderungen in der Kirche vor der Gegenreformation zu schützen) sowie die dabei angewandten Methoden des Drucks von unten gegen die Bischöfe trieben zahlreiche Abgeordnete und Lords in das Lager des Königs, der damit überhaupt erst in die Lage kam, eine Partei zu bilden. Gerade Parlamentarier wie Hyde und Falkland, die in besonderem Maße dem Konstitutionalismus verhaftet waren und die „Verfassungsrevolution" von 1640/41 mit großer Energie betrieben hatten, sahen jetzt in der Demontage der Bischofskirche „as by law established" sowie in den wegen des irischen Aufstands und aus Erwägungen persönlicher Sicherheit erhobenen weitergehenden Forderungen der Parlamentsmehrheit gegenüber dem König eine Zerstörung der Verfassungsordnung. Diese glaubten sie nunmehr im Lager Karls I. verteidigen zu müssen.

---

27 Macray (1969: 86-89).

28 Neuerdings hat man sogar eine Art Hypertrophie des Konstitutionalismus zu erkennen geglaubt. Der Historiker Cromartie spricht von einer die Revolution der 1640er Jahre vorbereitenden „constitutional revolution" in der Generation vor Ausbruch des Bürgerkrieges, die dem common law und dem Parlament als dessen Interpreten die Entscheidungskompetenz in politischen Fragen zugewiesen, den König aber damit marginalisiert und zu einem bloß ausführenden Organ gemacht habe (Cromartie 1999).

3 Das Misch- und Balancekonzept in der Antwort Karls I. auf die Nineteen Propositions des Parlaments

Der Umbruch der 1640er Jahre brachte gleich zu Anfang eine Veränderung im Verfassungsdiskurs. Sie bestand darin, dass stärker als zuvor der Gedanke der Verfassungsmischung betont wurde und in den Mittelpunkt rückte. Dabei hat vor allem Karl I. die Mischverfassungstheorie, die bereits im England des 16. Jahrhunderts Anklang gefunden hatte und die von kontinentalen Juristen mit dem englischen Regierungssystem assoziiert worden war,[29] zur Grundlage seiner konstitutionellen Position gemacht. In seiner Antwort auf die Nineteen Propositions des Parlaments im Juni 1642, die Teil des zwischen ihm und der Parlamentsmehrheit geführten Propagandakrieges darstellte, wurde von royalistischer Seite das Mischungskonzept erstmals systematisch entwickelt und zum Strukturprinzip der politischen Ordnung erklärt. Die englische Verfassung, so der König, verbinde einerseits die Vorzüge von Monarchie, Aristokratie und Demokratie, vermeide andererseits ihre jeweiligen Nachteile.[30]

Mit dieser Erklärung vollzog der König einen völligen Kurswechsel; denn seit dem Herrschaftsantritt Jakobs I. war der Gedanke, dass King, Lords und Commons die „three estates" des Reiches bildeten, offiziell zurückgewiesen worden. Es hatte vielmehr die Version gegolten, die drei Stände seien die Lords Spiritual, Lords Temporal und Commons, über denen der König als souveräner Herrscher stand.[31] Mit der neuen Interpretation begab sich Karl I. auf dieselbe Stufe mit Ober- und Unterhaus, war der Monarch nur einer von drei gleichgeordneten Ständen. Außerdem wurde der König nicht nur heruntergestuft, sondern die Monarchie als solche erschien als unvollkommen, und mit dem Lob auf die konstitutionelle „mixture" als menschenmöglichem Optimum wurde die Regierung Englands zum Produkt von „human prudence",[32] war sie nicht mehr direkte Emanation göttlicher Autorität.[33]

Der unmittelbare Zweck der von den konstitutionellen Royalisten Falkland und Culpeper verfassten (von Hyde missbilligten) Antwort auf die Nineteen Propositions war, den König zu einem unentbehrlichen Bestandteil der Legislative zu erklären und den Anspruch des Parlaments auf Mitwirkung an der exekutiven Gewalt zurückzuweisen.[34] Das Unterhaus, beschied der König, sei „an excellent

---

29 Kelly (1993: 72).

30 Teilw. abgedr. in Kenyon (1969: 21ff). Zum politischen Hintergrund wichtig Metzger (1991: 64-88).

31 Dazu grundlegend Mendle (1985: 111).

32 Kenyon (1969: 21).

33 Pocock (1975: 362f; 1987: 309). Es ist allerdings nicht ganz richtig zu sagen, erst mit Karls I. Antwort auf die Nineteen Propositions sei eine republikanische Komponente in das englische Verfassungsdenken eingeführt worden. Patrick Collinson hat vielmehr gezeigt, dass eine republikanische Alternative auf höchster Ebene anvisiert wurde, als englische Staatsmänner für den Fall der Ermordung Königin Elisabeths eine Regierung ohne monarchische Spitze ins Auge fassten und Vorkehrungen dafür trafen. Collinson spricht von dem „republican potential of the old constitution" (Collinson 1990: 22).

34 Cromartie (1999: 119) und Mendle (1985: 10).

convener of liberty, but never intended for any share in government, or the chosing of them that govern".[35] Das weitergehende Ziel Karls I. bestand jedoch darin, sich als „Hüter der Verfassung"[36] und der Rechtsordnung darzustellen – eine Rolle, die er bis zu seiner Hinrichtung durchgehalten hat. Der König versuchte, das Prestige der Verfassung für sich zu nutzen und mit dem Lob auf sie seine eigene Stellung zu festigen. Es war die erste propagandistische Verwendung der Verfassung von Regierungsseite, der später noch weitere folgen sollten. Karl I. sprach von der „ancient, equal, happy, well-poised and never-enough commended Constitution of the Government of this Kingdom".[37] Mit fast denselben Worten sollte später zur Zeit der Französischen Revolution oder im Jahr 1848 die britische Verfassung von oben her gepriesen werden.

Von größter Bedeutung für ihre spätere propagandistische Verwendung war die bereits erwähnte Tatsache, dass seit der Antwort auf die Nineteen Propositions – nach dem Urteil Corinne C. Westons eine „singularly influential declaration"[38] – das Misch- und Balancekonzept dem allgemeinen Verständnis der Ancient Constitution hinzugefügt und sogar zu ihrem dominanten Element gemacht wurde. Dadurch wurde das Konsenspotenzial vergrößert sowie die Möglichkeit ausgeweitet, innerhalb des Verfassungsgefüges unterschiedliche Akzente zu setzen und Gewichtsverlagerungen vorzunehmen, ohne die gemeinsame konstitutionelle Basis verlassen zu müssen. Durch diese Erweiterung ist es später sogar Republikanern ermöglicht worden, sich auf den Boden der Verfassung zu stellen. Auch wurde damit dem Traditionalismus der Ancient Constitution des frühen 17. Jahrhunderts eine rationalistischere, gleichsam physikalisch-mechanische Komponente hinzugefügt, die sie im Zeitalter der Aufklärung akzeptabler machte.

4 Die mangelnde konstitutionelle Gestaltungskraft der Englischen Revolution und das Beharrungsvermögen der Ancient Constitution

Obwohl das Parlament ebenso wie der König für sich in Anspruch nahm, die Ancient Constitution zu verteidigen, wurde sie im Bürgerkrieg faktisch beiseite geschoben. Die Entwicklung ging über sie hinweg.[39] 1648/49, auf dem Höhepunkt der Revolution, kam es zur Säuberung des Langen Parlaments durch die Armee, zur Proklamierung der Volkssouveränität, zur Hinrichtung des Königs, zur Abschaffung von Oberhaus und Monarchie. Es folgten unter der Herrschaft des Lord Protectors Oliver Cromwell eine oktroyierte Verfassung (das Instrument of Government von 1653) und eine vereinbarte Verfassung (die Humble Petition and Advice von 1657), die den später für Deutschland im 19. Jahrhundert charakteristischen Typ des Konstitutionellen Systems einführten.

---

35 Kenyon (1969: 22).

36 Firth (1972: 65).

37 Dieser Teil abgedr. bei Weston (1965: 263).

38 Weston (1994: 395).

39 Eine Zusammenfassung der Ereignisse findet sich bei Schröder (1986).

Diese historisch beispiellosen faktischen Veränderungen waren begleitet von einer enormen Erweiterung des Verfassungsdiskurses. Die der Ancient Constitution durchaus fremde Berufung auf „original contracts" und „natural rights" drang in ihn ein.[40] Sie findet sich vor allem bei den Levellers, die schon 1647 die alte Verfassung für aufgelöst erklärten und die faktisch bestehende, uneingeschränkte Parlamentssouveränität nicht hinnehmen wollten. Sie sahen den Naturzustand wiederhergestellt und propagierten die von unten ausgehende Schaffung einer neuen Verfassung in Form eines Agreement of the People, das den männlichen Erwachsenen ein allgemeines (oder nahezu allgemeines) Wahlrecht gewähren sollte. Dabei bedienten sie sich auch historischer Argumente und zumal der Theorie eines nach 1066 der Nation auferlegten „Norman yoke", aber die Grundlage ihres Denkens war naturrechtlich abstrakt und deduktiv.[41] In seiner Voraussetzungslosigkeit und Ungebundenheit war ihr Agreement of the People „the antinomianism of the Ancient Constitution".[42]

Die Grundsatzdiskussion der 1640er und 1650er Jahre über Gesellschaft, Staat, Regierung und Repräsentation führte über die genannten Veränderungen und Erweiterungen hinaus noch zu einer gänzlich neuen Dimension des Verfassungsdiskurses. Sie gab den Anstoß, über den sozialen und ökonomischen Kontext einer Verfassungsordnung nachzudenken. Am bekanntesten ist die Theorie von James Harrington, der die Niederlage des Königs im Bürgerkrieg auf die breite Eigentumsstreuung zurückführte, die seit dem 16. Jahrhundert der Monarchie in England die Grundlage entzogen habe und eine Republik erheische. Diese wiederum wollte er – zur Erhaltung eines „immortal Commonwealth" – durch die Limitierung von Grundbesitz in Form eines Agrargesetzes stabilisieren.

Die dramatischen Umwälzungen und die große geistige Fruchtbarkeit dieser Periode, die sie zur ersten Revolution der Neuzeit machen, erscheinen mithin besonders im konstitutionellen Bereich ganz erheblich. Dennoch zeigen sich bei näherer Betrachtung eine mangelnde konstitutionelle Gestaltungskraft und das außerordentliche Beharrungsvermögen der Ancient Constitution. Es gab keine vom Volk ausgehende Verfassunggebung wie später in der Amerikanischen Revolution. Das Bekenntnis zur Volkssouveränität wurde überwiegend von der praktischen Notwendigkeit diktiert, den Prozess gegen den König zu legitimieren. Der Verfassungsentwurf, der von einem aus Offizieren, Londoner Independenten, independentischen Unterhausabgeordneten und Levellers bestehenden Ausschuss ausgearbeitet und am 20. Januar 1649 dem Rumpfparlament zugeleitet worden war, wurde von diesem nie behandelt. Der Übergang zur Republik war schwunglos, zögernd und nicht von der Einführung einer neuen Verfassung begleitet. Die vorwiegend utilitarisch-minimalistische Rechtfertigung ihrer Verteidiger spielte den Zäsurcharakter des Übergangs von der Monarchie zum Commonwealth herunter und benutzte dabei das Argument, dass in England weiterhin die alten Gesetze

---

[40] Burgess (1992: 96).

[41] Burgess (1992: bes. 226).

[42] Pocock (1975: 375, 346).

gültig seien. Der substanzielle Kern des alten Konstitutionalismus bleibe damit erhalten.[43]

Zum Teil erklärt sich diese Zurückhaltung im konstitutionellen Bereich fraglos daraus, dass einerseits den Parlamentariern eine verfassungsmäßige Einengung ihrer Kompetenzen widerstrebte und andererseits das neue Regime bei der großen Mehrheit der Bevölkerung keine Unterstützung besaß, überdies zunächst von der praktischen Notwendigkeit der Selbstbehauptung beherrscht wurde. Diese Passivität war aber auch die Folge eines chiliastisch beeinflussten, radikalprotestantischen Providentialismus und Antiformalismus. Die Religion, die im Kampf gegen den König ungemein motivierend gewirkt und entscheidend zum Sieg über ihn beigetragen hatte, erwies sich für die staatlich-konstitutionelle Neugründung als hinderlich. Die Zerstörung der Monarchie und der alten Verfassungsordnung erschien in den Augen Cromwells und anderer revolutionärer Puritaner nicht als das eigene Werk, sondern als das Werk Gottes.[44] Sie selber sahen sich nur als Instrumente göttlicher Vorsehung, die das Terrain für die Neugestaltung durch Gott oder gar für dessen unmittelbare Herrschaft freilegten. Die providentialistische Perspektive erzeugte eine attentistische Haltung; nicht schöpferische Phantasie und Gestaltungswillen, sondern das Warten auf die Zeichen Gottes und das Ringen um deren Auslegung waren für sie charakteristisch. Die Priorität der Religion ließ Cromwell und viele andere zudem „mehr an der Frömmigkeit als an Verfassungen interessiert" sein.[45] Im Verhältnis zu Jesus, so erklärte Cromwell in den Putney-Debatten unter Berufung auf Paulus, seien Formen der Regierung nur „Unrat und Dung".[46] Auch Milton zeigte große Gleichgültigkeit in Bezug auf Verfassungsfragen, und als er bei dem Versuch, in letzter Minute die Restauration der Monarchie abzuwenden, in seiner Schrift „The Ready and Easy Way to Establish a Free Commonwealth" einen Verfassungsvorschlag entwickelte, da war dieser primär von der Sicherung der Gewissensfreiheit geleitet. Über den Gedanken eines Senats mit auf Lebenszeit gewählten Mitgliedern und das Konzept äußerster Dezentralisierung hinaus enthielt er keine konkreten Vorstellungen.[47] Selbst der nicht religiös geprägte Nedham war, obwohl wie Milton Republikaner, wie dieser mehr mit dem Geist als mit der konkreten Gestaltung der Republik befasst.[48] Immer wieder zeigt sich die Richtigkeit der grundlegenden Einsicht Pococks, dass der Republikanismus in England „eine Sprache, kein Programm" gewesen sei.[49]

---

43 Vgl. dazu Schröder (1986: 139f.).

44 Vgl. dazu Schröder (2000: 109f.) und die dort angef. Literatur. Siehe jetzt auch Scott (2000: bes. 405).

45 Hirst (2000: 279). Der mangelnde konstitutionelle Gestaltungswillen der puritanischen Revolutionäre erscheint in dem besonderen Bereich der Verfassunggebung wie eine Bestätigung von Machiavellis allgemeiner Kritik an der außerweltlichen Orientierung des Christentums und ihren politischen Folgen (Machiavelli 1977: bes. 173f.).

46 Woodhouse (1938: 97).

47 Milton (1980: 396-436).

48 Dzelzainis (1998: 19) und Worden (1998: 170).

49 Pocock (1977: 15).

Der Antiformalismus gründete auf dem Gedanken, dass das Befasstsein mit der Form von Gott, vom Geist und vom Inhalt einer Sache auf das Äußere ablenke. Hier lag dann sogar der für Puritaner besonders schwerwiegende Vorwurf der Idolatrie nahe.[50] Gestaltendes menschliches Handeln im staatlich-konstitutionellen Bereich und das Streben nach Schaffung dauerhafter politischer Formen konnten aus einer radikalprotestantischen Perspektive überdies als Anmaßung und als Einengung des Herrn erscheinen. Sie vertrugen sich nicht mit dem Bild eines aktiv in die Verhältnisse des Menschen eingreifenden Gottes[51] – war doch ohnehin in den Augen vieler religiöser Enthusiasten jede weltliche Regierung eine Schmälerung seiner Herrschaft. So wie die von Cromwell und der Armee mit größten Schwierigkeiten durchgesetzte und beibehaltene Gewissensfreiheit den religiösen Bereich für die Zeichen Gottes und den von ihm gewollten Glauben offen halten sollte, wollte man die Gott vorgreifende Festlegung im staatlich-konstitutionellen Bereich vermeiden. Bezeichnenderweise sind die beiden geschriebenen Verfassungen der 1650er Jahre zu einer Zeit entstanden, als der chiliastisch bewegte Höhepunkt der Revolution überschritten und der Gedanke eines Eingreifens Gottes in die weltlichen Dinge zurückgetreten war. Sie waren Ausdruck der Ernüchterung und eines zunehmenden Befasstseins mit der weltlichen Ordnung. Radikale, chiliastische Gruppen wie die Fifth Monarchists haben darin denn auch einen Abfall von Gott gesehen.

Der Antiformalismus hat auch den konstitutionellen Gestaltungswillen der demokratischen Richtung beeinträchtigt. Selbst das Interesse der Levellers an der Verfassunggebung erweist sich bei genauerem Hinsehen als begrenzt. Sogar diese Gruppierung, die mit ihren Agreements of the People den Gedanken einer vom Volk ausgehenden Verfassung erstmals auf die Tagesordnung der Weltgeschichte setzte,[52] konnte ihre Herkunft aus der radikalprotestantischen Bewegung nicht verleugnen. Ihr Ausgangspunkt – das Bestreben, dem Gesetzgeber und der Regierung die Berechtigung zur Intervention in Glaubensdingen zu entziehen – hat ihre Haltung dauerhaft geprägt. Zusammen mit ihrem Antizentralismus, der tendenziell auf

---

50 Davis (1993: 282).

51 „Submission to such a God involved seeing all forms as transitory, transitional arrangements" (Davis: 1993: 282f). Vgl. dazu auch Davis (1992: 520, 524).

52 Auch der Gedanke einer verfassunggebenden Versammlung ging offenbar auf sie zurück. Nach Lilburnes Darstellung machten die Levellers im November 1648 den Vorschlag, durch die „well-affected" in jeder Grafschaft Vertreter für einen Verfassungskonvent wählen zu lassen, der keine Gesetzgebungstätigkeit ausüben durfte. Die von ihm ausgearbeitete Verfassung sollte dann den „well-affected" (d.h. den nicht durch eine Unterstützung des Königs politisch Belasteten) zur Annahme vorgelegt werden und künftige Parlamentarier vertraglich strikt binden: „Which Agreement ought to be above Law; and therefore the bounds, limits and extent of the People's Legislative Deputies in Parliament, contained in the Agreement to be drawn up into a formal contract, to be mutually signed by the well-affected people and their said Deputies upon the days of their Election respectively" (Haller/ Davies 1964: 417). Der Gedanke eines von der legislativen Tätigkeit ausgeschlossenen Verfassungskonvents, der das Volk „in their highest state of sovereignty" repräsentierte, findet sich ebenfalls bei Henry Vane d.J.. Nach Vane sollten die von dieser Versammlung ausgearbeiteten „fundamental laws" jedem einzelnen Mitglied der damit zu schaffenden „civil and politic incorporation" zur Zustimmung vorgelegt werden (Judson 1969: 44f.).

eine Eliminierung des Staates abzielte, hat er eine konstruktive Verfassunggebung behindert.[53] Die Levellers waren mehr an der Abwehr als an der konstitutionellen Gestaltung des Staates interessiert. Ihnen ging es eher um die Verweigerung von Kompetenzen – modern gesprochen: um Grundrechte – als um die Struktur der Verfassung.[54]

Trotz der zahlreichen Innovationen der 1640er und 1650er Jahre, die zur Entstehung eines republikanischen Traditionsstranges beitrugen, ist also ein insgesamt nur schwacher Gründungskonstitutionalismus zu konstatieren. Die traditionalistischen Kräfte und Dispositionen erscheinen demgegenüber ungleich stärker. Das zeigt sich besonders bei dem Bemühen Cromwells, seine Herrschaft konstitutionell zu untermauern und in der gewohnten Weise durch Parlamente zu flankieren. Diese Versuche näherten sich unter ihm und seinem Sohn Richard zunehmend der Ancient Constitution an. Eine solche rückläufige Entwicklung ist, wie Cromartie in einer brillanten biographischen Studie gezeigt hat, von Hale und anderen Juristen bewusst gefördert worden, indem sie die konstitutionellen Veränderungen der Revolutionszeit mit ihrer Rechtsprechung unterlaufen haben. Durch ein rigoroses Festhalten am alten Rechtszustand, das bei Hale sogar im Widerspruch zu seiner grundsätzlich reformerischen Haltung stand, wollten sie die neuen Machthaber an die Vergangenheit ketten, den Bruch mit der Tradition minimieren und die alte Verfassung wiederherstellen.[55] Dieses im wahrsten Sinne des Wortes konterrevolutionäre Bemühen, das sich dann auch in der Humble Petition and Advice niederschlug, wäre freilich erst mit der Übernahme des Königsamtes durch Oliver Cromwell „gekrönt“ worden. Nur mit einem dem Recht bekannten Monarchen, in dessen Namen die Rechtsprechung erfolgte und der an die Gesetze gebunden war – so die hinter dem Angebot der Krone an Cromwell stehende Überlegung –, ließ sich die Übereinstimmung zwischen Herrscher und common law wiederherstellen. Das englische Recht, argumentierte man, kenne keinen Protektor. Ein solcher könne sich stets einer rechtlichen Bindung entziehen. Im Grunde ging es hier um das Kernstück des ancient constitutionalism; und der Wunsch, Cromwell zum König zu machen, entsprang nicht so sehr der Anhänglichkeit an die Institution der Monarchie als solcher, sondern der Anhänglichkeit an das common law und die Ancient Constitution. Cromwell selber nahm unmittelbar Bezug auf diese Verbindung mit der alten Verfassung, als er in einer Rede am 4. Februar 1658 davon sprach, die Humble Petition and Advice sei vom Parlament „in reference to the ancient Constitution“ entworfen worden.[56] Er sah sich jedoch außerstande, die Krone anzunehmen.

53 Taft (1985: 180f.).

54 Vgl. dazu Schröder (1981).

55 Cromartie (1995: 63f, 70ff).

56 Firth (1972: 416) und Roots (1989: 124-129, 188). Das Argument der unauflöslichen Verwobenheit des englischen Rechts mit der Monarchie war bereits Ende 1651 von führenden Juristen in Verhandlungen mit Cromwell und anderen Offizieren zugunsten eines „mixed monarchical government“ vorgebracht worden. Vgl. dazu Worden (1974: 276).

Der trotz dieser Weigerung unverkennbare Prozess des Zurückgleitens in die alte Verfassung wurde dadurch befördert, dass deren Nimbus durch die Enttäuschungen, die Wirren sowie die verschiedenen Erscheinungsformen des Radikalismus in der Zeit des Interregnums noch gesteigert wurde, während die Erinnerung an ihre Schwächen verblasste. Im Bürgerkrieg hatten nicht nur die konstitutionellen Royalisten im Lager des Königs, sondern auch Abgeordnete im Lager der Parlamentspartei an der Ancient Constitution festgehalten, und die konservativ orientierten Presbyterianer bekannten sich 1647 wieder verstärkt zu ihr. In den Putney-Debatten beschwor Commissary General Ireton die alte Verfassung mit ihrer Beschränkung politischer Partizipation auf diejenigen mit einem „fixed local interest“ gegen die nach seiner Ansicht eigentumsbedrohende naturrechtliche Argumentation der Levellers mit ihrer Forderung nach einer Ausweitung des Wahlrechts – der späteren Verwendung der Constitution gegen die „rights of man“ zur Zeit der Französischen Revolution nicht unähnlich. Nachdem der revolutionäre Umbruch des Winters 1648/49 nicht zu einer von unten ausgehenden demokratischen Neuordnung geführt hatte, wurde schließlich sogar der Levellerführer John Lilburne zu einem Verteidiger der Ancient Constitution. In „The Upright Man's Vindication“ vom August 1653 erklärte er: „of all governments now existant in the whole world ... our government in England ... under the establishment of kings, ... with all the imperfections in the constitution of it, was the best, rationalest and most securest“. Der Wechsel zum nominellen Freistaat habe sich bisher nur als ein Wechsel zum Schlimmeren erwiesen.[57]

Unter dem Eindruck eines selbstherrlichen Parlaments, eines quasi diktatorischen Protektors und seiner zeitweise die lokale Gentry beiseiteschiebenden Offiziere vermochte die Ancient Constitution nicht nur neuen Glanz zu gewinnen, sondern sogar ihre integrierende Kraft zu entfalten. So konnte die Betonung der Privilegien der Magna Carta und der Bedeutung freier Parlamente von Hyde 1656 in aufrichtiger Überzeugung als verbindende Grundlage für ein Zusammengehen zwischen Royalisten und Levellers bezeichnet werden.[58] In den Grafschaften wurden auf der Basis der alten Verfassung, die zwischen ihnen im Grunde niemals strittig gewesen war, parlamentarische und royalistische Gentry wieder zusammengeführt.

5 Konstitutioneller Traditionalismus und Glorious Revolution

Die Revolution um die Mitte des 17. Jahrhunderts hat unter dem konstitutionellen Aspekt zwei gegensätzliche Auswirkungen gehabt. Auf der einen Seite hat sie die Anhänglichkeit an die alte Verfassungsordnung gestärkt. Nach Bürgerkrieg und Militärherrschaft, nach politischem und religiösem Radikalismus wollte die große Mehrheit der Führungsschichten und der Bevölkerung wieder zu ihr zurückkehren. Schon in den 1650er Jahren hatte sich die Zählebigkeit des alten konstitutionellen

---

57 Zitiert nach Brailsford (1976: 612). Vgl. dazu auch Schröder (1984).

58 Smith (1994: 279).

Grundmusters gezeigt. Die Entwicklung führte vom Instrument of Government über die Humble Petition and Advice, der Rückberufung des Rumpfparlaments und des Langen Parlaments zur Restauration der Monarchie im Jahre 1660. Sie erscheint wie ein Palimpsest, bei dem eine Schicht nach der anderen abgezogen wird, bis die ursprüngliche Handschrift wieder zum Vorschein kommt.

Die Restauration der Monarchie wurde in erster Linie als die Wiederherstellung der Verfassung gesehen.[59] Diese Wiederherstellung der Ancient Constitution, hat ein Historiker gemeint, sei sogar allzu vollständig und erfolgreich gewesen, indem sie deren Grundschwäche nicht beseitigte und keine konstitutionellen Sicherungen gegen die Missregierung des Monarchen bot.[60] Zwar wurde die in der „Verfassungsrevolution“ von 1640/41 beschlossene Aufhebung der Prärogativgerichtshöfe nicht rückgängig gemacht; aber der Triennial Act ist 1664 von dem anfangs hyperroyalistisch gesinnten sog. Kavaliersparlament dahingehend modifiziert worden, dass der bei Weigerung des Königs vorgesehene automatische Prozess der Einberufung von Parlamenten entfiel. Dies ermöglichte es Karl II., von 1681 bis 1685 widerrechtlich ohne Parlament zu regieren – so wie die Beibehaltung der „suspending power“ und der „dispensing power“ seinem ihm auf dem Thron nachfolgenden Bruder Jakob II. eine die große Mehrheit der Nation provozierende Religionspolitik ermöglichte, deren Folge die Revolution von 1688/89 war.[61]

Auf der anderen Seite ist durch die Revolution der Jahrhundertmitte aber auch ein radikaler Traditionsstrang geschaffen worden. Neben dem traditionalistischen Bewahrungskonstitutionalismus bildete sich ein Gründungs- bzw. Revisionskonstitutionalismus heraus, der eher naturrechtlich (mit zumeist starkem religiösen Einschlag) als historisch argumentierte. Es entwickelte sich eine von Quentin Skinner als „neorömisch“ bezeichnete Theorie der Freiheit, die Selbstbestimmung des Gemeinwesens nach außen und innen postulierte. Ihr zufolge bedeutete Freiheit für das Individuum ebenso wie für die politische Gemeinschaft, vom Willen anderer unabhängig zu sein. Sie war nicht nur mit der Tyrannei, sondern auch mit dem Vetorecht eines Monarchen unvereinbar.[62] Sofern sich diese Denkrichtung für die angestrebte konstitutionelle Neugestaltung auf die Geschichte stützte, war sie stärker an den Republiken der Antike und deren Ethos als an englischen Vorbildern orientiert. Milton, Nedham, Harrington, Ludlow, Neville, Sidney waren die wichtigsten Vertreter dieser republikanischen Tendenz. Unter ihnen plädierte Sidney sogar für die gelegentlich schon in den 1640er und 1650er Jahren befürwortete grundsätzliche, permanente Revidierbarkeit einer Verfassung, da die menschliche Weisheit unvollkommen sei, die Folgewirkungen plötzlich eintretender Ereignisse ebenso wie das Auftauchen neuer positiver Zielsetzungen nicht vorhersehbar seien.[63]

---

59 Nenner (1995: 93f.).

60 Smith (1994: 310).

61 Eine knappe Darstellung der Ereignisse bei Schröder (1986: 218-241).

62 Skinner (1998: 52-55, 70).

63 Sidney (1990: 173).

In der Revolution von 1688/89 stießen gleichsam die beiden unterschiedlichen Folgewirkungen der vorausgegangenen Revolution aufeinander. Die Mehrheit der politischen Nation – einschließlich der meisten Whigs, die in der Endphase der Exclusion Crisis von 1679-81 die überwiegend konservative Haltung der Bevölkerung hatten erfahren müssen – wollte eine Rückkehr zu den Wirren der 1640er Jahre um fast jeden Preis vermeiden, die Verfassung möglichst unverändert erhalten und die Revolution im wesentlichen auf den Austausch des Monarchen beschränken. Die in der Tradition der sog. Commonwealthmen stehenden Republikaner und radikalen Whigs dagegen wollten vor der Einsetzung eines neuen Monarchen eine Neugestaltung der Verfassung vornehmen. Sie waren zwar (um einen Ausdruck Friedrich Meineckes in entgegengesetzter Richtung anzuwenden) zumeist „Vernunftmonarchisten" und bereit, einen König zu akzeptieren, verlangten aber die Beseitigung derjenigen Prärogativrechte, die der von ihnen angestrebten Suprematie des Parlaments im Wege standen.

Die Divergenz zwischen Bewahrungskonstitutionalisten und Gründungs- bzw. Revisionskonstitutionalisten zeigte sich in dem unterschiedlichen Verständnis, das sie von der im Januar 1689 zusammentretenden Convention besaßen. Für erstere war sie ein unvollkommenes Parlament von minderem Wert, weil sie nicht vom Monarchen einberufen worden war; für letztere war sie eine dem normalen Parlament überlegene, weil von keinem Monarchen abhängige Versammlung und ein potenzieller Verfassungskonvent.[64] Der ehemalige Leveller John Wildman, der wahrscheinlich an der Ausarbeitung des ersten Agreement of the People beteiligt gewesen war[65] und um diese Zeit politisch wieder außerordentlich aktiv wurde, erklärte in einer Schrift: „It is the convention that sets up what kind of government it pleases ... The power of the convention must be absolute and uncontrollable, accountable to none but to God".[66]

Es verwundert nicht, dass John Locke (mit seiner Vorstellung vom „appeal to heaven" und einer „dissolution of government", seinem Vertragsdenken und Bestreben, den historischen Boden konstitutioneller Argumentation überhaupt zu verlassen)[67] die Convention im Februar 1689 von Holland aus kritisierte, weil sie die Gelegenheit nicht beim Schopf ergriff und der Aufgabe der Verfassunggebung offensichtlich nicht nachkam. Tatsächlich begnügte sich die Convention damit, statt eines „great frame of government" (Locke) eine Declaration of Rights zu verabschieden, die sich auf die Verfehlungen Jakobs II. konzentrierte und gleichsam spiegelbildlich zu ihnen unantastbare Rechte festlegte. Dieses Dokument, von dem

64 Goldie (1980: 210ff.).

65 Woolrych (1987: 215).

66 Zitiert nach Franklin (1979: 119).

67 Pocock (1987: 235f.). Selbst wenn Michael Oakeshott mit seiner Behauptung Recht hat, die politische Theorie Lockes sei nichts anderes als „a brilliant abridgement of the political habits of Englishmen" (Oakeshott 1991a: 53), so hat Locke doch ganz offensichtlich in der historischen Argumentation keine ausreichende Grundlage für „life, liberty and property" gesehen. Sein auf der Annahme fortschreitender zivilisatorischer Entwicklung beruhender rationalistischer Liberalismus hatte sich von dem aus „unvordenklichen Zeiten" hergeleiteten, wesentlich statischen Konstitutionalismus gelöst. Vgl. dazu die überzeugende Beweisführung bei Resnick (1984).

unter Historikern umstritten ist, ob seine Annahme die Voraussetzung für die Thronbesteigung Williams und Marys gewesen ist, wurde von republikanischer Seite als unzulänglich kritisiert. John Toland sprach von der „insuffiency of our hasty bill of rights".[68]

Die Vorgänge der Jahre 1688/89 bestätigen die Erkenntnis, „that constitutional innovation was largely unacceptable to the later Stuart mind".[69] Durch die Glorious Revolution wurde zwar der Monarchie der absolutistische Weg weitgehend verbaut. Die Aufhebung des Rechts zur Suspendierung von Gesetzen in der Bill of Rights sowie die Durchbrechung der strikten monarchischen Erbfolge, die dann im Act of Settlement von 1701 noch weitergeführt worden ist als 1688/89, hat die Stellung der Monarchen wesentlich geschwächt.[70] Aber die meisten Beteiligten versuchten, den einschneidenden Charakter dieser Veränderungen zu verschleiern oder im Sinne einer Wiederherstellung zu interpretieren. Die Akteure wollten den Wandel nicht nur auf das Notwendigste beschränken, sondern ihn vielfach auch nicht wahrhaben. Sie machten die Verfassung akzeptabler, störungssicherer und funktionsfähiger, hielten aber an der Vorstellung fest, dass es nach wie vor die Ancient Constitution sei. Durch die von Revolutionsfurcht und Angst vor dem Prinzip der Volkssouveränität bestimmte Zurückweisung expliziter, bewusster konstitutioneller Neugestaltung bei gleichzeitiger faktischer Veränderung befestigten sie den ancient constitutionalism.

Der mangelnde konstitutionelle Gestaltungswille – bereits um die Jahrhundertmitte erkennbar, damals aber zu einem erheblichen Teil religiös bedingt – wurde damit der englischen Tradition noch stärker einverleibt. Die englische Verfassung erschien auch späteren Generationen als vorgegeben. Man setzte sich weiterhin darüber auseinander, was sie *war* und nicht, was sie sein *sollte*. Michael Foley urteilt in seinem neuesten Buch über die Verfassung: „it is a characteristic of the British political tradition that the constitution is simply assumed to be present. In this light, a constitution is a presupposition – there to be discovered rather than devised".[71] Dieses Merkmal wurde durch die Glorious Revolution verstärkt. Obwohl David Hume und einige Court Whigs im 18. Jahrhundert den durch die Glorious Revolution faktisch geschaffenen konstitutionellen *Neubeginn* betonten, war die Vorstellung einer 1688/89 bloß *erneuerten* Verfassung vorherrschend und blieb der Kontinuitätsgedanke gewahrt.

Die zähmende und integrierende Wirkung der Ancient Constitution lässt sich daran erkennen, dass die Republikaner und radikalen Whigs, die 1688/89 eine „occasione" im Sinne Machiavellis gesehen und eine konstitutionelle Neuordnung gefordert hatten, sich bald mit der höchst unvollständigen Revolution abfanden und sie bejahten. Den Weg in diese Richtung hatten Sidney und Neville bereits während der Exclusion Crisis eingeschlagen, als sie die englische Mischverfassung als quasi republikanisch akzeptierten. Wie später John Thelwall zur Zeit der Französischen

---

68 Worden (1994: 182).

69 Nenner (1993: 192); vgl. dazu auch Kenyon (1990: 200).

70 Dazu grundlegend Nenner (1995: bes. 189, 191, 196-201).

71 Foley (1999: 13).

Revolution vertrat Sidney die Ansicht, dass für England die Bezeichnung Monarchie falsch sei.[72] Nach der Glorious Revolution wurde der Begriff Commonwealth entradikalisiert, ging es den Radikalen, die mit anderen Gruppen innerhalb einer Country Opposition koalierten, immer weniger um eine konstitutionelle Neugestaltung und die Einschränkung der Prärogativrechte als vielmehr um den Kampf gegen die königliche Patronage und für die Bewahrung der Unabhängigkeit des Parlaments. Ihre Kritik wurde systemimmanent, der Kampf gegen die „Korruption" zum Leitmotiv. Sie stellten sich auf den Boden der Verfassung, die es wiederherzustellen oder zu säubern galt. Der Historiker Blair Worden hat gemeint, dass manches an dieser Veränderung äußere Anpassung gewesen, taktischen Erwägungen und dem Streben nach Respektabilität entsprungen sei; aber die Verpackung sei schließlich zum Inhalt geworden und habe den Radikalismus politisch zahnlos gemacht.[73] Ähnliches lässt sich über die radikalen Bewegungen des ausgehenden 18. und des 19. Jahrhunderts sagen.

6 Die Verfassungsadoration des 18. Jahrhunderts

Im 18. Jahrhundert bildete sich die fast einhellige Ansicht heraus, dass Großbritannien die beste Verfassung der Welt besitze. Es bestand nahezu Einmütigkeit hinsichtlich ihrer Vorzüglichkeit und Einzigartigkeit.[74] Das höchste Lob kam von William Blackstone, den Bentham wegen seiner Zufriedenheit mit dem bestehenden Rechtszustand des Landes boshaft „everything-as-it-should-be Blackstone" nannte.[75] In seinen zwischen 1765 und 1769 veröffentlichten „Commentaries on the Laws of England" sprach er von einer „constitution in theory the most beautiful of any, in practice the most approved, and, I trust, in duration the most permanent". Sie besitze den höchstmöglichen Grad menschlicher Vollkommenheit; allenfalls sei eine vollständigere Repräsentation des Volkes im Parlament wünschenswert.[76]

Auch König Georg III. reihte sich in den langen Chor derer ein, die die „matchless constitution" priesen.[77] Er nannte sie die „edelste Verfassung, die sich der menschliche Verstand ausdenken konnte". Der britischen Verfassung widerfuhr sogar die wahrscheinlich einmalige Ehre, in ein Werk der schöngeistigen Literatur Eingang zu finden. Sie wird in Henry Brookes Roman „The Fool of Quality", der in der zweiten Hälfte der 1760er Jahre in mehreren Bänden erschien, ausführlich behandelt. In einer der zahlreichen Erzählpausen lässt der Verfasser den Protagonisten über zehn Seiten hinweg die „beauties and benefits of our constitution" darstellen. Der Exkurs ist inhaltlich überwiegend konventionell; Brooke betont allerdings im besonderen Maße die Pflichten des Monarchen, hebt hervor, dass sein

---

72 Vgl. die Beiträge von Worden und Goldsmith in: Wootton (1994: 179f, 202ff).

73 Worden (1991: 262-266, 269).

74 Vgl. dazu die zahlreichen Zitate bei Cannon (1987: 153-157) sowie Brewer (1976: 241-245).

75 Everett (1969: 29).

76 Zit. nach Nenner (1995: 257). Vgl. auch Clark (1986: 204f).

77 Schröder (1998: 223).

Anspruch auf den Thron bloß einen „limited and defeasible claim" darstelle und seine Person nur „constitutionally sacred" sei.[78]

Auch in den nordamerikanischen Kolonien wurde der britischen Verfassung allgemein höchstes Lob gezollt. Das gilt selbst für die Zeit der Auseinandersetzungen mit dem Mutterland und nach der Erklärung der Unabhängigkeit der Vereinigten Staaten.[79] Man kann sogar behaupten, dass die amerikanische Unionsverfassung von 1787, die von ihren Urhebern in mancher Hinsicht als Nachahmung der britischen Verfassung verstanden wurde, einen Tribut an die „matchless constitution" darstellte.[80]

Wenn sich die Briten im 18. Jahrhundert zunehmend mehr zu ihrer Verfassung beglückwünschten, so trug dazu das Lob vom europäischen Kontinent wesentlich bei. Angeblich kamen Ausländer sogar in das Land, um dessen Regierung zu studieren, so wie man nach Italien reiste, um Kunstschätze zu besichtigen.[81] In seinen Briefen über die englische Nation rühmte Voltaire, dass in ihr Adel und Volk sich positiv geltend machen könnten, aber an der Fähigkeit zum Schlechten gehindert würden. Dennoch heißt es im Vorwort zur englischen Ausgabe seiner Briefe, manche Engländer seien vielleicht von der Vernachlässigung ihrer Verfassung durch ihn enttäuscht, „which most of them revere almost to idolatry".[82] Ausführlicher gewürdigt wurde sie von Montesquieu und dann vor allem von dem Genfer Delolme, dessen 1771 veröffentlichtes Buch über die englische Verfassung 1775 in einer Übersetzung erschien und bis 1832 mehr als zwanzigmal nachgedruckt wurde. Dabei verschwanden in der übersetzten Version unerklärlicherweise die kritischen Bemerkungen des Autors über die „rotten boroughs".[83]

Als Hauptmerkmal der Verfassung, auf das sich Augenmerk und Lob vorzugsweise richteten, galt das Misch- und Balanceprinzip, das von Karl I. in seiner Antwort auf die Nineteen Propositions 1642 in die allgemeine Debatte eingeführt worden war. Der Premierminister Robert Walpole konstatierte in fast wörtlicher Übereinstimmung mit der Formulierung des Königs: „It is certain, that ours is a mixed government, and the perfection of our constitution consists in this, that the monarchical, aristocratical and democratical forms of government are mixed and interwoven in ours, so as to give all the advantages of each, without subjecting us to the dangers and inconveniencies of either."[84] Diese Feststellung gehörte zu den stets von neuem wiederholten Platitüden des 18. Jahrhunderts – „‚balance' was in fact

---

78 Brooke (1906: 273). Neben Brookes Roman lässt sich in der fiktionalen Literatur noch das vierte Kapitel im VI. Buch von „Coningsby" anführen, wo Disraeli zwei Gesprächspartnern Äußerungen über die venezianische Verfassung und deren Übernahme in England mit der Thronbesteigung des Hauses Hannover in den Mund legt.

79 Vgl. Bailyn (1973: 67) und Palmer (1959: 144).

80 Vgl. die Kritik an der Übernahme des britischen Modells bei Lazare (1996).

81 Langford (2000: 3).

82 Voltaire (1994: 6, 34, 37).

83 Palmer (1959: 145, 148).

84 Zit. nach Dickinson (1977: 144).

the age's chief prescription for curing all political ills".[85] Nur Bentham wies den Gleichgewichtsgedanken für den innerstaatlichen Bereich ausdrücklich zurück und ließ ihn allein für die Beziehungen zwischen Staaten gelten, da dort Ruhe bzw. Frieden das Ziel sei: „the consequence of universal rest in the body politic, as in the natural body, is death".[86]

Die Bewunderung für die britische Verfassung im In- und Ausland hing in erster Linie damit zusammen, dass sie in einem vergleichsweise hohen Maße Freiheit gewährte und mit Ordnung verband. Dabei wurden die „liberties of Englishmen" auf der Insel selbst noch mehr als vorher als nationales Privileg und Moment der Überlegenheit über andere Völker empfunden – eine Vorstellung, die sich zu einer von der Realität abgelösten Ideologie verfestigen konnte.[87] Gelegentlich wurde sogar, wie schon im 17. Jahrhundert von einem Puritaner wie William Prynne,[88] ein Zusammenhang zwischen Englands Ausnahmestellung in konstitutioneller und religiöser Hinsicht hergestellt. Eine Untersuchung der Predigten, die an den während Krisenzeiten anberaumten Fastentagen gehalten wurden, ergab die häufige Betonung der „Tatsache", dass England mit seinem besonderen Verhältnis zu Gott von diesem auch die beste Verfassung der Welt erhalten habe.[89]

In Großbritannien selbst hingen im 18. Jahrhundert Lob und Verehrung der Verfassung sowie der unaufhörlich geäußerte Wunsch nach ihrem Fortbestehen nicht zuletzt auch mit der Tatsache zusammen, dass sie dem Land eine Wiederholung der Bürgerkriege und Regimewechsel des 17. Jahrhunderts erspart hatte.[90] Für manche war sie in ihrer bestehenden Form sogar eine Art Summe und konzentrierter Niederschlag der Erfahrungen des vorangegangenen Jahrhunderts und deshalb ein erfolgreiches Rezept gegen deren Wiederkehr: eine Zurückweisung der Anarchie des Interregnums ebenso wie der Tyrannei der Stuarts.[91]

---

85 Browning (1982: 25, 160ff) Die Verbreitung des Balancekonzepts in England sowie der dort vor allem seit 1688 gebräuchlichen Waagemetaphorik und Vorstellung eines sich selbst regulierenden Verfassungssystems beschreibt anhand zahlreicher Beispiele Mayr (1987: 169-196).

86 Everett (1969: 187).

87 Das hat Oliver Goldsmith in seinen 1762 veröffentlichten Chinesenbriefen zum Ausdruck gebracht und trefflich ironisiert. In einem Gespräch lässt er einen im Gefängnis einsetzenden Häftling durch die Gitterstäbe seines Fensters hindurch sagen: „Was mich angeht.... so gilt die größte meiner Befürchtungen der Freiheit; was würde, wenn die Franzosen uns erobern, aus unserer Freiheit werden? Meine lieben Freunde, die Freiheit ist das Vorrecht des Engländers, wir müssen es uns um den Preis unseres Lebens erhalten. Die Franzosen sollen uns seiner nie berauben. Denn es steht nicht zu erwarten, dass Männer, die selber Sklaven sind, falls sie uns erobern, unsere Freiheit schützen würden". Ein sich von der Straße her mit dem Gefängnisinsassen unterhaltender Lastenträger gibt ihm mit den Worten Recht: „Ja Sklaven, ... Sklaven sind sie alle, nur fähig Lasten zu tragen, jeder von ihnen" (Goldsmith 1986: 16f).

88 Pocock (1975: 347).

89 Dickinson (1994: 274). Noch Mr. Podsnap in „Our Mutual Friend" ist davon überzeugt, England sei mit seiner Verfassung durch die Vorsehung ausgezeichnet worden, und versichert einem ausländischen Gast: „This island was Blest Sir, to the Direct Exclusion of such other countries as - as there may happen to be" (Dickens 1987: 133).

90 Cannon (1994: 114).

91 Browning (1982: 197).

Die neugewonnene Stabilität des 18. Jahrhunderts war freilich mindestens ebenso sehr eine Folge der Tatsache, dass die religiösen Leidenschaften sich abgeschwächt hatten. Die stabileren Verhältnisse waren ferner auf die Außenseiterstellung der mit England noch wenig verbundenen ersten hannoverschen Monarchen, Georg I. und Georg II., zurückzuführen, die ihren politischen Interventionismus bremste.[92] Unter Georg III., der sich stolz als Brite bekannte, kam es zu neuerlichen Versuchen, die königliche Prärogative (so wie er sie verstand) energisch geltend zu machen. Hier erwies sich die ungeschriebene Verfassung, die bis heute keine präzise Kompetenzbeschreibung des Monarchen, sondern nur Verfassungskonventionen kennt und die in Konfliktsituationen Misstrauen bei den politischen Kontrahenten fördert, besonders im Zusammenhang mit dem Ende der Fox-North-Koalition und den Wahlen von 1784 keineswegs als stabilisierend. Die politischen Ereignisse der Jahre 1783/84 deuten sogar auf die Möglichkeit der Rückkehr zu einer Art persönlicher Herrschaft des Monarchen hin. Dass es dazu nicht kam, ist nicht zuletzt auf die 1788 ausbrechende Geisteskrankheit Georgs III. zurückzuführen, die periodisch wiederkehrte, die politische Aktivität des Königs hemmte und schließlich von 1811 bis 1820 eine Regentschaft seines ältesten Sohnes zur Folge hatte.[93]

Zu berücksichtigen ist ferner, dass das wichtigste Mittel, eine Verbindung zwischen Regierung und Parlament herzustellen und damit politische Stabilität zu schaffen – der „influence" der Krone – auf erbitterten Protest stieß und einen dauernden Konfliktstoff bildete. Die Countryopposition, die sich aus reinen Opportunisten ebenso wie aus Männern mit genuiner Überzeugung zusammensetzte, verurteilte die von Walpole systematisch angewandte Methode, durch Ämtervergabe und Pensionen für die Regierung Mehrheiten im Parlament zu schaffen, als verfassungswidrig. Man konstatierte von dieser Seite einen Formwandel der Bedrohung; nicht mehr der direkte Angriff auf die Constitution, sondern ihre allmähliche Zersetzung oder Unterminierung durch die Korrumpierung des Parlaments wurden als Hauptgefahr ausgemacht, wobei die Verfassungsinstitutionen durchaus fortbestehen konnten.[94]

Die Sprecher der Country- bzw. Patriotenpartei verbanden ihre Kritik an den Praktiken Walpoles mit dem Lob auf die Verfassung.[95] Beides miteinander zu verbinden, wurde durch die Unterscheidung zwischen Verfassungsnorm und Verfassungswirklichkeit ermöglicht. Sie findet sich der Sache nach beim Hauptideologen des Country, Viscount Bolingbroke, in Form der Unterscheidung zwischen Constitution und Government.[96] In seiner Schrift „Dissertation upon Parties", die aus einer

---

92 Die Frage stellt sich, ob die besondere Verehrung der Verfassung nicht auch mit der geringen Anziehungskraft der „importierten" Dynastie zusammenhing, zumal Georg I. als gehörnter Ehemann lächerlich gemacht wurde. Siehe dazu Rogers (1998: 55).

93 Vgl. dazu ausführlicher Schröder (1998: 233-238).

94 Vgl. etwa Hart (1965: 65, 133 f).

95 Bolingbroke urteilte: „our constitution is brought nearer than any other constitution ever was, to the most perfect idea of a free system of government" (Armitage 1997: 116).

96 Vgl. dazu Kluxen (1956: 197-203). Nach Kluxen ermöglichte es diese Unterscheidung Bolingbroke, „als Königstreuer und Konservativer Opposition treiben zu können" (Kluxen 1956: 200).

1733/34 im „Craftsman“ veröffentlichten Artikelseite hervorging, definierte er: „By constitution we mean, whenever we speak with propriety and exactness, the assemblage of laws, institutions and customs, derived from certain fixed principles of reason, directed to certain fixed objects of public good, that compose the general system, according to which the community hath agreed to be governed. By government we mean, whenever we speak in the same manner, that particular tenor of conduct which a chief magistrate, and inferior magistrates under his direction and influence, hold in the administration of public affairs. We call this a good government, when the execution of the laws, the observation of the laws, the observation of the institutions and customs, in short, the whole administration of public affairs, is wisely pursued, and with a strict conformity to the principles and objects of the constitution".[97]

Das Auseinandertreten von Verfassungsnormen und Verfassungswirklichkeit, die Nichtübereinstimmung von Constitution und Government, war nach Bolingbroke zum einen die Folge der Unvollkommenheit der Revolution von 1688/89. Sie hatte es versäumt, die häufige Wahl von Parlamenten und deren Unabhängigkeit sicherzustellen.[98] Zum anderen bezeichnete er es unter Berufung auf den Degenerationstopos bei Machiavelli selbst für die beste Verfassung als unmöglich, ein in Luxus erschlafftes Volk daran zu hindern, seine Freiheit zu verraten.[99] In grundsätzlicher Übereinstimmung mit der schon im frühen 17. Jahrhundert im Zusammenhang mit dem Konzept der Ancient Constitution entwickelten Geschichtsvorstellung bezeichnete Bolingbroke den „spirit of liberty“ und die selbst von der normannischen Eroberung nur kurz unterbrochene „perpetuity of free government in Britain“ als Merkmale nationaler Tradition; aber selbst diese boten nach seiner Darstellung keine Sicherheit gegen den Verlust der Freiheit, sie machten nur die damit verbundene Schimpf und Schande um so größer.[100]

Das Argument der Court Whigs und David Humes, man müsse durch die Vergabe von Stellen und „honours“ zur Wahrung des Gleichgewichts der Verfassungsorgane der Krone einen Ersatz für jene verlorengegangenen Möglichkeiten der Einwirkung verschaffen, die sie in früheren Jahrhunderten als Feudalherr besessen hatte, oder man müsse das inzwischen hergestellte erdrückende Übergewicht des Unterhauses reduzieren,[101] ließ Bolingbroke nicht gelten. Einer guten Regierung, hielt er dagegen, werde es unter der bestehenden Verfassung niemals an Macht mangeln.[102] Außerdem sah er umgekehrt durch den Machtgewinn der Com-

---

97 Armitage (1997: 88).

98 Armitage (1997: 101f; vgl. auch 78, 82, 84, 92, 97)

99 Armitage (1997: 112) - Im Unterschied zu Machiavelli hat Bolingbroke jedoch das Tugendpostulat auf die Forderung an die Wähler reduziert, für die Unabhängigkeit der Repräsentativversammlung Sorge zu tragen und nicht vom „court“ abhängige Kandidaten zu wählen: Burt (1992: 92-100, 153). Bürgertugend bedeutete für Bolingbroke „to value ourselves in the first place on our zeal for the constitution“ zit. nach Burt (1992: 92).

100 Armitage (1997: 116)

101 Browning (1997: 181f), Pocock (1972b: 141), Hume (1987a).

102 Armitage (1997: 96).

mons überhaupt erst die Möglichkeit geschaffen, ihr Gewicht im System des „mixed government" *eigenständig* zur Geltung zu bringen.[103]

Die Auseinandersetzung um den „influence of the Crown" zeigt, dass beide Seiten sich auf die Verfassung und das ihr zugrundeliegende Gleichgewichtsprinzip beriefen. Das war und blieb bis zum Auftreten Thomas Paines ein Grundzug der politischen Auseinandersetzung in Großbritannien, obwohl sich ansonsten mit der Verbreiterung der Öffentlichkeit bis hin zur Einbeziehung plebejischer Schichten und mit der Radikalisierung des politischen Denkens durch das Wiederaufleben der Tradition der Commonwealthmen in den 1770er Jahren durchaus Veränderungen vollzogen. Die Konzentration auf die Constitution verband in Großbritannien alle an der politischen Auseinandersetzung Beteiligten. Man kann geradezu von einer Verfassungsfixierung der politischen Kultur des Landes sprechen.

7 Die politischen Bedingungen für den Glauben an die Verfassung

Bolingbroke versuchte, den Gegensatz von Court und Country als den von „constitutionists" und „anti-constitutionists" darzustellen.[104] Er wollte das Bekenntnis zur Verfassung als Integrationsmittel einsetzen und damit die gemeinsame Plattform einer breiten Countrypartei schaffen, die den Sturz Walpoles herbeiführen sollte. Damit war er nicht erfolgreich. Tatsächlich gab es jedoch die noch umfassendere integrative Wirkung des Verfassungsdiskurses, die *sämtliche* Gruppen und Richtungen einbezog. Die politischen Kontrahenten verblieben im Rahmen dieses Diskurses; sogar soziale und ökonomische Unzufriedenheit, wie sie sich z.B. im Zusammenhang mit der Financial Revolution im grundbesitzenden Adel zu Beginn des 18. Jahrhunderts bemerkbar machte, waren in ihn eingebettet. Es gab ein gemeinsames „konstitutionelles Idiom" (James Epstein), dessen Integrationswirkung allerdings von bestimmten Voraussetzungen abhängig und mit einer ganzen Reihe von Faktoren verknüpft war.

Ein Vorzug für ihre verbindende Wirkung war die mangelnde Fixierung der Verfassung, die sie verschieden interpretierbar machte und es besonders zur Zeit der Hegemonie des Balancekonzepts erlaubte, die Akzente verschieden zu setzen. Die Bindekraft der Constitution erklärt sich nicht zuletzt daraus, dass man so vieles unter ihr verstehen konnte. Wie man sie auch auslegte, ab wann man sie datierte, und ob man sie bereits für vollkommen oder für noch unvollkommen hielt, sie lieferte „a language and a set of themes upon which endless variations could be played".[105]

---

103 Armitage (1997: 163ff; 156). Zu dem einen Einfluss des Monarchen und des Oberhauses auf das Unterhaus rechtfertigenden Argument der notwendigen Verfassungsbalance vgl. Wirsching (1990: 50-62).

104 Armitage (1997: 186).

105 Collini/ Winch/ Burrow (1987: 56).

Dabei lag bereits in der Herleitung der Verfassung aus der gemeinsamen Geschichte ein integratives Moment.[106] Zumeist wurde sie als Frucht des Ringens vieler Generationen von Engländern gesehen und erhielt allein schon dadurch eine identitätsstiftende Dimension. Bolingbroke sprach von „that noble fabric, the pride of Britain, the envy of her neighbours, raised by the labour of so many centuries, repaired at the expense of so many millions, and cemented by such a profusion of blood".[107] Die Kämpfe der englischen Geschichte waren schon lange vorwiegend als Verfassungskonflikte verstanden worden, und es scheint, dass sich diese Sicht im 18. Jahrhundert noch verstärkte, da der Sinn für die Bedeutung der religiösen Konfliktursachen des 17. Jahrhunderts sich etwas verflüchtigte.[108]

Eine Bedingung dafür, dass Engländer verschiedener politischer Richtungen sich in dem Bekenntnis zu einer freien Verfassung als Produkt der gemeinsamen Geschichte oder zumindest als keimhaft in ihr angelegtes und realisierbar erscheinendes Versprechen treffen konnten, war das Vorhandensein von Anknüpfungspunkten für dieses Bekenntnis in der Realität.[109] Vor allem durften Regierung und Oberschichten der Idee einer freien Verfassung nicht gänzlich zuwiderhandeln.[110]

Solche Anknüpfungspunkte waren in der Verfassungswirklichkeit des 18. Jahrhunderts durchaus vorhanden. So korrupt das Repräsentativsystem auch war und so selten wegen der siebenjährigen Legislaturperioden nach 1716, der Arrangements führender Familien oder der Macht von Wahlkreispatronen in den meisten Counties und Boroughs überhaupt Wahlen stattfanden – in einigen politisch umkämpften Grafschaften und Städten mit einer größeren Wählerzahl *wurde* gewählt und *gaben* die Wähler ihrer politischen Haltung Ausdruck. Dies gewährleistete, dass der Repräsentationsgedanke nicht gänzlich fiktiv wurde, gab dem politischen System

106 Das Prestige einer alten Verfassung machte sich selbst dann geltend, wenn man die Constitution wie die Court Whigs auf das Jahr 1688 zurückführte: „The Revolution settlement had acquired, with paradoxical rapidity, the authority of a traditional system" (Burns 1962: 267).

107 Armitage (1997: 94). Zu Bolingbrokes Deutung der Verfassung als immer wieder umkämpftes, durch den Geist der Freiheit bewahrtes und durch Blut gefestigtes Erbe vgl. auch Kramnick (1972: 180). Bezeichnenderweise konnte ein Außenseiter wie der Schotte David Hume die englische Verfassung sehr viel distanzierter und kritischer sehen. Hume sprach angesichts seiner wachsenden Zweifel hinsichtlich der Vereinbarkeit von Freiheit und Autorität schließlich sogar die Vermutung aus, Großbritannien werde seine Ruhe in einer absoluten Monarchie finden: „ the easiest death, the true euthanasia of the British constitution" (Hume 1987b: 53). Vgl. dazu auch Pocock (1999: 197-200).

108 Vgl. etwa Kramnick (1972: 292f.), wo von Bolingbroke die Bedeutung der religiösen gegenüber den konstitutionellen Streitfragen als Ursache des Bürgerkrieges der 1640er Jahre heruntergespielt wird.

109 Dazu zusammenfassend Thane (1990: 5-8).

110 Ein immer wieder angeführtes Beispiel für den Widerspruch zwischen den vielbeschworenen Freiheitsrechten und der Realität stellte das Pressen zur Kriegsmarine dar, bei dem sog. Press Gangs Männer von der Straße wegholten und das mit der Notwendigkeit der Landesverteidigung sowie dem Argument des „immemorial custom" gerechtfertigt wurde. Sogar in diesem Fall war jedoch die Berufung auf die Verfassung selbst für den einfachen Mann nicht ganz wirkungslos. Die Verfassungswidrigkeit des „impressment" wurde von einigen Richtern in Fällen von Widerstand gegen die Press Gangs anerkannt. Vgl. dazu Rogers (1998: 87f., 101-104).

eine gewisse demokratische Legitimation und Verbindung mit der öffentlichen Meinung; zugleich wurde dadurch das in der Verfassungsordnung enthaltene Potenzial demonstriert und die Möglichkeit einer Reform suggeriert. Obwohl es nach der Periode des „rage of party" mit ihren häufigen Parlamentswahlen eine oligarchische Verengung der Politik gab, die sich vor allem im Septennial Act niederschlug, und obwohl sich in den 1760er Jahren an der Politik gegenüber den nordamerikanischen Kolonien, den Konflikten um John Wilkes und allgemeine Haftbefehle wiederum eine stärkere autoritär-oligarchische Tendenz feststellen lässt, trat die politische Realität doch nicht in einen unerträglichen Widerspruch zu dem Gedanken einer freien Verfassung. Dass dies nicht geschah, ist einerseits auf die Selbstbindung der Oberschichten und ihr Einbezogensein in den Glauben an die Verfassung, andererseits auf die Konflikte zwischen den Parteien zurückzuführen.

Die bindende und bremsende Wirkung des Glaubens an die Verfassung (bzw. der Berücksichtigung dieses Glaubens) war allgemein und wirkte politisch in entgegengesetzten Richtungen. Er zähmte nicht nur diejenigen, die demokratisch-liberalen Wandel anstrebten, sondern auch diejenigen, die autoritäre Präferenzen hatten. So vertrat etwa der Court Whig Lord Hervey die Ansicht, dass an sich für jede Gesellschaft eine absolute Regierung die beste sei. England besaß jedoch nach Hervey nun einmal eine Verfassung, die die Macht auf verschiedene Institutionen verteilte, und er fand sich damit ab, da ein Versuch ihrer Veränderung nur zur Unzufriedenheit und Unordnung führen würde.[111]

Dass das Bekenntnis zur Verfassung und die Internalisierung von Verfassungsvorstellungen sich auch an der Spitze der Gesellschaft fanden, zeigt ein kurzer Essay, den Georg III. unmittelbar vor seiner Thronbesteigung schrieb. In ihm vertrat er Ansichten, die den spezifischen Interessen eines Monarchen durchaus zuwiderliefen. Er kritisierte z.B. das unbeschränkte Recht zur Kreierung von Peers, da damit die Balancefunktion des Oberhauses in der britischen Mischverfassung gefährdet sei und „Monarchen mit tyrannischen Vorstellungen" durch einen Pairsschub „die Freiheiten dieses armen Landes" umstürzen könnten. Ferner sprach sich der künftige König, dabei in erstaunlichem Maße von dem Milizkonzept des „civic humanism" beeinflusst, für den Bürger-Soldaten und gegen ein reines Berufsheer aus. Die Miliz sollte mindestens doppelt so groß sein wie die Söldnerarmee, da Truppen, die alles dem Monarchen verdankten, ihm bis hin zur Zerstörung der Freiheiten des Landes Gehorsam leisten würden.[112] Man mag in solchen Äußerungen in erster Linie den Einfluss von Lord Bute, seinem Erzieher, erkennen – aber selbst dann bleiben solche Worte aus der Feder eines künftigen Königs erstaunlich. Außerdem zeigte sich die Bereitschaft Georgs III., die Kompetenzverteilung unter der Verfassung selbst zu seinem eigenen Nachteil zu beachten, noch nach seinem Regierungsantritt, als er auf traditionelle, von der

[111] Browning (1982: 39).

[112] Thomas (1987: 361f.) Die besondere Betonung einer freiheitsbewahrenden Miliz in dem Essay hing möglicherweise damit zusammen, dass 1757 ein Milizgesetz verabschiedet worden war, das wegen der ungerechten Belastung der unteren Schichten auf verbreiteten Widerstand in der Bevölkerung traf. Vgl. dazu Rogers (1998: 75-79).

jährlichen parlamentarischen Bewilligung unabhängige Einnahmen der Krone verzichtete.[113]

Der selbst in der Zeit der Whig-Suprematie andauernde Parteienkonflikt trug ebenfalls dazu bei, eine autoritäre Verengung des Verfassungsverständnisses zu verhindern, eine breite Verfassungsdiskussion zu ermöglichen und einen gewissen politischen Einfluss der Wählerschaft zu bewahren. Die Tatsache, dass es sowohl für die Tories als auch für die Whigs längere Perioden der Opposition gab, führte dazu, dass immer eine der beiden Parteien den Umgang der Regierung mit der Verfassung argwöhnisch-kritisch betrachtete und libertäre Prinzipien vertrat.

Nach 1715, als die Whigs lange Zeit an der Regierung waren, die Court Whigs eine konservativ-autoritäre Entwicklung nahmen und die Tories als „Jakobiten" geächtet waren, wurden diese radikal. Zumindest nahmen sie eine radikal-populistische Couleur an, die dann wiederum auf sie abfärbte. David Hume schrieb in seinem Essay „Of the Parties of Great Britain": „The Tories have been so long obliged to talk in the republican style, that they seem to have made converts of themselves by their hypocrisy, and to have embraced the sentiments, as well as the language of their adversaries".[114]

Die Tories versuchten, die ihnen versagte Gunst der Monarchen durch die Gunst des Volkes zu kompensieren.[115] Sie vertraten Reformforderungen des Country wie die nach Wiederherstellung des Triennial Act, Abschaffung des Riot Act, Ausschluss von Ämterinhabern aus dem Parlament, Abschaffung bzw. Reduzierung des stehenden Heeres. Besonders mit den beiden zuletzt genannten Forderungen berührten sie sich mit den Country Whigs, von denen sie sich aber in der Religionsfrage als Anwälte der Established Church und der Aufrechterhaltung der „Constitution in Church and State" vor allem in der Haltung in Bezug auf die Dissenters unterschieden.[116] Es vollzog sich zwischen 1715 und 1760 ein völliger Rollentausch zwischen Regierungswhigs und Tories. Während ein Court Whig wie Hervey nunmehr die größte Gefahr für die Freiheit von der „licentiousness of the people" ausgehen sah,[117] traten die Tories für die „liberties of the subject" ein und machten sogar mit Radikalen gemeinsame Sache.[118]

Mit dem 1760 erfolgenden Regierungsantritt Georgs III., als die Ächtung der Tories beendet wurde, hörten sie jedoch auf, ihre Rolle als Verfassungswächter und Verteidiger von Volksfreiheiten zu spielen. Bei den Whigs dauerte es andererseits geraume Zeit, bis sie sich auf die veränderten Verhältnisse und den Verlust ihrer Herrschaft eingestellt, die dafür adäquate Ideologie entwickelt hatten. Die Grund-

113 Vgl dazu Brooke (1974: 328-332).

114 Hume (1987c: 72).

115 Browning (1982: 104).

116 Vgl. dazu vor allem Colley (1985: 47, 91f.).

117 Browning (1982: 110, 163).

118 Colley (1985: 194). An anderer Stelle spricht Colley von „the party's ideological overlap with inchoate popular prejudice and sentiment" (Colley 1985: 290). Zu der politischen Absorptionskraft des gegen den „authoritarian thrust of official Whiggery" gerichteten Countryprogramms vgl. auch Rogers (1998: 42).

lage dazu wurde 1770 mit Edmund Burkes Schrift „Thoughts on the Present Discontents“ gelegt, in der wie ehedem von Bolingbroke das bestehende System als Resultat einer Verschwörung und als Scheinkonstitutionalismus beschrieben wurde.[119] Bis der neuerliche Positionswechsel der Whigs sich jedoch durchsetzte, war die Stellung des populistischen Verfassungs- und Freiheitswächters von keiner der beiden Parteien besetzt – gab es mit den Worten des Zeitgenossen Lord Shelburne eine „alienation of all the landed interest from the ancient plan of freedom“.[120]

Das war eine der Hauptursachen des in den 1760er Jahren im Zusammenhang mit der Wilkes-Affäre aufkommenden außerparlamentarischen Radikalismus, aus dem eine Bewegung zur Reform des Parlaments hervorging.[121] Bezeichnenderweise nannten sich viele der Reformvereine, die seit den 1760er Jahren in zahlreichen Städten entstanden, Constitutional Society oder Constitutional Club. Diese Gesellschaften, an denen zumeist Dissenters führend beteiligt waren, hatten überwiegend Honoratiorencharakter. Die respektierlichste Vereinigung, zu der sich im April 1780 eine Anzahl von Führern der Reformbewegung zusammenschlossen, gab sich den Namen Society for Promoting Constitutional Information. Sie trat mit einer von Major Cartwright verfassten Erklärung an die Öffentlichkeit, in der es als Pflicht aller Engländer bezeichnet wurde, „thoroughly to inform themselves what the Constitution *is*; what is its present danger; and by what means it may be placed in safety“.[122]

Das Ziel des neuen Radikalismus war das der älteren Countryopposition: die *Wiederherstellung* der Freiheit und Unabhängigkeit des Parlaments. Als Mittel dazu wurde aber jetzt vor allem eine Wahlrechtsreform propagiert. Die besonders radikalen sechs Programmpunkte des Reformvereins von Westminster aus dem Jahr 1780 verlangten nicht nur das allgemeine Wahlrecht für Männer, sondern darüber hinaus jährliche Parlamente, gerechte Wahlkreiseinteilung, geheime Stimmabgabe, Abschaffung der Eigentumsqualifikation für das passive Wahlrecht und Diäten für Abgeordnete.[123] Das war bereits das Programm, das 1836 die London Working Men's Association aufstellte und das die Grundlage der Chartistenbewegung bilden sollte.[124] Ein Merkmal des neuen Radikalismus war ferner der besonders starke

---

119 Zugleich wurden von Burke der natürliche Einfluss des Eigentums und von der Dominanz des Adels geprägte Ligaturen als gesellschaftliche Voraussetzungen einer freien Verfassung bezeichnet. Vgl. dazu Schröder (1998: 230f.).

120 Zit. nach Colley (1985: 289).

121 Zu den Übereinstimmungen und Unterschieden zwischen diesem Radikalismus und der älteren Countryideologie vgl. Brewer (1976: 255f). Brewer verweist auch darauf, dass die Maßnahmen der Regierung gegen die amerikanischen Kolonisten und John Wilkes von den Radikalen vielfach als zusammenhängende Aktionen zur Errichtung einer despotischen Herrschaft gedeutet wurden (Brewer 1976: 252). Die Zerstörung einer freiheitlichen Verfassung durch Expansion, die bereits englische Republikaner der 1650er Jahre aufgrund des römischen Beispiels befürchtet hatten und die in der Imperialismuskritik des ausgehenden 19. und frühen 20. Jahrhunderts wieder in den Vordergrund rücken sollte, ist von ihnen ebenfalls thematisiert worden.

122 Veitch (1965: 71-74).

123 Dickinson (1985: 4).

124 Royle (2000: 92).

Bezug auf die angelsächsische Zeit bei der Berufung auf die Ancient Constitution. So verstand Cartwright unter den Vätern der Verfassung die „great Saxon Founders".[125] Die radikale Historikerin Catharine Macaulay propagierte ebenfalls den Gedanken einer Wiederherstellung der vor der normannischen Eroberung bestehenden angelsächsischen Verfassung und sprach von den „wholesome principles of the Saxon constitution".[126]

Auch wenn diese Radikalen die Ancient Constitution stärker im demokratischen Sinn interpretierten und das allgemeine Wahlrecht forderten, blieben sie ihr doch verhaftet und prinzipiell in die bestehende Verfassungsordnung eingebunden. Die in diesen Kreisen wegen der Verehrung der angelsächsischen Zeit besonders große Popularität Alfreds des Großen war sogar geeignet, den monarchischen Gedanken zu festigen.[127] Die Radikalen bejahten die Verfassungsstruktur und waren mit der Beschränkung ihres Demokratisierungsprogramms auf das Unterhaus „mixed democrats".[128] Keiner von ihnen hat die Abschaffung der Monarchie gefordert. James Burgh erklärte in seinen 1775 veröffentlichten „Political Disquistions" sogar ausdrücklich: „I have not the least idea of wishing so great a change in the constitution, as would exclude king and lords from parliament".[129] Catharine Macaulay wies den Gedanken weit von sich, mit ihrer Geschichtsschreibung eine „unkonstitutionelle" Absicht zu verfolgen. Sie hielt zwar für andere Länder wie Korsika, Amerika und Frankreich Republiken für praktisch realisierbar; England dagegen, das von Anfang an eine Monarchie gehabt habe, betrachtete sie als für eine Republik ungeeignet.[130] Wie sehr der Republikanismus in England sich zu einer gegenüber der republikanischen Staatsform indifferenten Ausrichtung am Gemeinwohl verdünnt hatte und am Mischverfassungsgedanken orientiert war, zeigt das Diktum Burghs: „if princes were republicans, subjects would be royalists".[131]

Die von Edmund Burke initiierte Bewegung der Rockingham Whigs für „ökonomische Reformen" sowie eine sich gegen Ende des amerikanischen Unabhängigkeitskrieges unter dem Druck der Steuerlast herausbildende, von Yorkshire ausgehende Assoziationsbewegung in den Counties blieben noch mehr der bestehenden Verfassungsordnung bzw. dem alten Countryprogramm verhaftet. Die Association Movement begnügte sich mit der Forderung nach einer Neuverteilung von Unterhaussitzen, durch die die Zahl der (in der Regel vom Regierungseinfluss unabhängigen) Vertreter der Grafschaften erhöht werden sollte. Durch ihr maßvolles Programm, das besonders die Country Gentlemen ansprach, gewann die Assoziationsbewegung vorübergehend starke Unterstützung. Selbst der Premier-

---

125 Zit. nach Roe (1990: 31).

126 Hill (1992: 31f., 190).

127 Lottes (1979: 283).

128 Weston (1965: 143f.).

129 Burgh (1971 Bd. I: 50).

130 Hill (1992: 178).

131 Burgh (1971 Bd. II: 376). Dieser Satz wurde 1795 in etwas abgewandelter Form von Coleridge übernommen. Vgl. Collected Works of Coleridge (1971: 294).

minister William Pitt war bereit, 36 Sitze kleiner Boroughs gegen Entschädigung ihrer „Eigentümer" auf die Counties zu verteilen, und brachte 1785 eine entsprechende Vorlage im Parlament ein. Sie scheiterte zwar, aber 174 Abgeordnete stimmten ihr immerhin zu.[132] Die Begründung, die Pitt dem Vorschlag einer Neuverteilung der Sitze gab, stand grundsätzlich in Übereinstimmung mit dem allgemeinen Reformtenor. Es gehe, erklärte er, nicht darum, „to innovate but rather to renew and invigorate the spirit of the constitution, without deviating materially from its present form".[133]

Einen Bruch mit der systemimmanenten Verfassungskritik und der Ancient Constitution stellte dann Thomas Paines Buch „Rights of Man" dar, das er als Antwort auf Edmund Burkes „Reflections on the Revolution in France" 1791 veröffentlichte. Mit Paine lebte der von dem Wiederherstellungsradikalismus zu unterscheidende, auf Gründung bzw. Neugründung des politischen Gemeinwesens gerichtete Fundamentalradikalismus wieder auf, den die Levellers mit ihrer Berufung auf „natural rights" in der Englischen Revolution vertreten hatten. Nach Paine war die Constitution, die Großbritannien angeblich besaß, nur eine Ausgeburt von Burkes Phantasie. Das Land besaß überhaupt keine Verfassung: „The continual use of the word *Constitution* in the English Parliament, shows there is none; and that the whole is merely a form of Government without a constitution, and constituting itself with what power it pleases".[134] Als Beweis dafür führte Paine den Septennial Act von 1716 an, mit dem das damalige Parlament sogar seine eigene Legislaturperiode von drei auf sieben Jahre verlängert hatte. Auch war für Paine die Korruption keine Degenerationserscheinung, wie andere Radikale glaubten, sondern eine strukturelle Schwäche der Mischverfassung. In einem solchen System war das repräsentative Element (mit dem in ihm enthaltenen Prinzip der Vernunft) nach Paine mit dem Erbelement nicht vereinbar und musste von ihm aufgekauft werden.

8 Französische Revolution und englische Verfassung

Angesichts der großen Popularität von Paines „Rights of Man", einer gänzlich neuen plebejischen Reformbewegung, die mit der Gründung der London Corresponding Society Anfang 1792 entstand, sowie des am 1. Februar 1793 beginnenden Krieges mit Frankreich gingen Regierung und Oberschichten zu einer ideologischen Gegenoffensive über. Wie 150 Jahre zuvor von Karl I., so wurde auch jetzt wieder die „glorreiche und unvergleichliche Verfassung" beschworen. Mit großem propagandistischem Aufwand wurde in der Kampagne gegen

---

132 Dickinson (1985: 5).

133 Ehrman (1996: 60, 66-75).

134 Paine (1969: 153). Mit der Feststellung, dass Großbritannien keine Verfassung besitze, verfolgte Paine fraglos auch eine didaktische Absicht. Er erkannte, dass der politischen Selbstbestimmung des Volkes die Befreiung von der magischen Wirkung eines Wortes vorausgehen musste und der politische Kampf zugleich auch ein Kampf um die Besetzung von Begriffen war. Die Bezeichnung „Constitution" für die bestehende politische Ordnung anzuerkennen, bedeutete nach Paine, „in die Bastille eines Wortes eingesperrt zu sein". Vgl. dazu Smith (1986: 45f.).

Frankreich und die englischen „Jakobiner", wie man die Sympathisanten der Französischen Revolution im eigenen Land sehr undifferenziert bezeichnete, die Constitution gezielt als nationales Integrations- und Identifikationsmittel eingesetzt. Das Wort „Constitution, Constitution", klagte der radikale Reformer Joseph Gerrald 1794 vor dem Gericht in Edinburgh, wo er wegen seiner Teilnahme an der British Convention angeklagt worden war, werde einem mit unermüdlicher Hartnäckigkeit eingehämmert.[135]

Es ist in der Tat erstaunlich, in welchem Maße der Kampf gegen Frankreich sowie die englischen „Jakobiner" offiziell als Kampf um die Verfassung interpretiert und die Stellung zu ihr zum Prüfstein der Loyalität gemacht wurde.[136] So schrieb man etwa in der offiziösen Wochenzeitung „The Anti-Jacobin", an der George Canning und sogar der Premierminister Pitt mitarbeiteten, 1797 den Herrschern Frankreichs die Absicht zu, die britische Verfassung vernichten zu wollen: „Against our Constitution, and form of government, they have declared open and irreconcileable war".[137] Die Verteidigung der Constitution wurde zum Angelpunkt der Selbstbehauptung nach außen und innen erklärt.[138]

In den 1790er Jahren ist der aktuelle politische Konflikt von Seiten der Regierung so gedeutet worden wie ihn Bolingbroke 60 Jahre vorher aus der Sicht der Opposition gekennzeichnet hatte: als Kampf zwischen „constitutionists" und „anti-constitutionists".[139] Auch strafrechtlich wurde der Tatbestand der Verfassungsfeindlichkeit relevant gemacht. Bereits 1788 hatte Pitt im Zusammenhang mit der heftigen Auseinandersetzung um die Regentschaft, die die Zeitgenossen eine Revolution eher in Großbritannien als in Frankreich hätte erwarten lassen, von einem „treason to the constitution" gesprochen.[140] Hier deutete sich bereits eine Ausweitung des Hochverratsbegriffs mit Hilfe des Verfassungskonzepts an, von der

---

[135] Gerrald fuhr fort: „This is the talisman which the enemies of reform wield over the heads of the credulous and the simple; and like old and wicked enchanters, having first bound them in a spell, take advantage of the drowsiness which their arts have created" (zit. nach Epstein 1996: 22). Gerrald seinerseits glaubte an die Demokratie bei den Angelsachsen und an die Theorie des „Norman Yoke" und ist also dem Wiederherstellungsradikalismus zuzurechnen (zit. nach Epstein 1996: 31). Vgl. Goodwin (1979: 298).

[136] Die Berufung auf die Verfassung war nicht nur für den öffentlichen Gebrauch bestimmt, sondern sie findet sich beispielsweise auch in den privaten brieflichen Äußerungen von Innenminister Dundas und Edmund Burke. Vgl. Ehrman (1996: 139f.) und Wagner (1994: 282).

[137] The Anti-Jacobin or Weekly Examiner (1970: 25, 52).

[138] Nachdem Großbritannien den Sieg über Frankreich errungen hatte, wurde ihr von George Canning sogar das Verdienst daran zugeschrieben. Er erklärte 1818: „England is indebted for escape from the power of France to some secret virtue in her constitution under its present practice" (zit. nach Fulcher 1996: 61).

[139] Armitage (1997: 186f.). Bolingbroke benutzte auch die Formulierung „enemies of the constitution" (Armitage 1997: 85).

[140] David (1998: 110). In einer um diese Zeit erscheinenden Karikatur wurden die Whigführer als „Revolutionists" dargestellt, die zum Sturm auf die Verfassung ansetzten, auf deren Gipfel der König thronte. Sie wurden von dem „jesuitischen" Edmund Burke angefeuert, und Charles James Fox schwang eine Axt mit der Inschrift „Cromwell". Die Karikatur ist abgebildet bei Robinson (1996: 118f.).

dann im Kampf gegen die mit der Französischen Revolution sympathisierenden Reformvereine Gebrauch gemacht wurde.[141]

Wenn Regierung und Justiz das Hochverratsgesetz von 1351 bei der Verfolgung der Reformvereine anwenden wollten, musste die Zielsetzung der Radikalen *indirekt* mit dem Monarchen in Verbindung gebracht werden; denn die „Jakobiner" erklärten nicht, den König töten, sondern das Wahlrecht und das Parlament reformieren zu wollen. Die Behörden versuchten daher, über die Verfassung – ihre Verschränkungen und Verflechtungen – den Tatbestand des „treason" zu modernisieren und ihn in seiner „demokratischen" Form strafbar zu machen.[142] Dazu benutzte man zwei Argumentationsketten, mit denen man die Anwendung des Hochverratsgesetzes aus der Zeit Eduards III. ermöglichen wollte. Zum einen wurde die Entthronung mit der Tötung des Monarchen gleichgesetzt und behauptet, die geplante Einführung einer demokratischen Verfassung bedeute die Beseitigung des in der Constitution enthaltenen Erbelements – mithin die Absetzung des Königs. Zum anderen konstruierte man eine Beweisführung, die vom Krönungseid des Königs ausging. Dieser, argumentierte man, verpflichte ihn dazu, die Gesetze und die Verfassung zu erhalten. Er müsse deshalb gegen die von den Radikalen beabsichtigte konstitutionelle Neuordnung vorgehen, was zwangsläufig den Krieg gegen ihn zur Folge haben werde. Beiden Varianten war gemeinsam, dass die Gefährdung des Monarchen aus dessen Zusammenhang mit der Verfassung abgeleitet wurde. Die Schwäche beider war es, *Konsequenzen* zu konstruieren und nicht, wie es das Gesetz von 1351 verlangte, *Intentionen* nachzuweisen.

Das war denn auch der Haupteinwand der Verteidigung in den englischen Staatsprozessen von 1794 gegen Thomas Hardy, Horne Tooke und John Thelwall.[143] Die Geschworenen machten sich die These von der Unhaltbarkeit des „constructive treason" zu eigen und sprachen die Angeklagten frei. Das veranlasste die Regierung, einerseits die weiteren Hochverratsverfahren einzustellen, andererseits ihre Ziele mit Hilfe der Gesetzgebung zu verfolgen. Im Mai 1794 suspendierte das Parlament die Habeas Corpus Akte (was durch jährliche Verlängerung bis 1801 fortgesetzt wurde), und Ende Oktober 1795 wurde ein tatsächliches oder angebliches Attentat auf den König zum Anlass genommen, zwei Bills im Parlament einzubringen, die vor allem das Versammlungs- und Petitionsrecht in drastischer Weise einschränken sollten. Beide Gesetzesvorlagen, die noch im selben Jahr trotz heftiger Kritik durch die Opposition angenommen wurden, machten Angriffe auf die Verfassung zum Straftatbestand.[144] Durch den Treasonable and Seditious

---

141 Dazu grundlegend Barrell (2000). Der folgende Abschnitt stützt sich auf diese originelle und facettenreiche Untersuchung.

142 Gegenüber der zeitgenössischen „französischen" Form des Hochverrats konnte ihre ältere aristokratische Variante - die nicht gegen die Verfassung und die Gesellschaftsordnung gerichtet war, sondern bei der „men of character" nur den Austausch des Monarchen anstrebten - sogar als eine harmlosere und „englische" Form erscheinen (Barrell 2000: 233, 275, 615).

143 Barrell (2000: bes. 359, 412f.).

144 Nach dem ursprünglichen Wortlaut der Treasonable and Seditious Practices Bill sollte es unter Strafe gestellt werden, „to incite or stir up the people to hatred or dislike of his Majesty, his heirs or successors or the established government and constitution of this realm" (Barrell 2000: 591).

Practices Act wurde ein erheblicher Teil der außerparlamentarischen Reformagitation zum „substantive treason".[145] Nach dem gleichzeitig verabschiedeten Seditious Meeting Act war es sogar verboten, ohne vorherige Genehmigung Vorträge über „the laws, constitution, government, and policy of these kingdoms" zu halten. Zuwiderhandlungen wurden mit hohen Geldstrafen belegt, die alle an solchen Veranstaltungen Beteiligten einschließlich der Besitzer von dafür zur Verfügung gestellten Räumlichkeiten treffen sollten.[146] (Der Radikale John Thelwall, gegen den dieses Verbot vor allem gerichtet war, umging es, indem er über die Gesetze und Verfassung, über Regierung und Politik anderer Länder, speziell des antiken Rom, sprach.)[147]

In der erbitterten Auseinandersetzung um die „Two Bills" ging es letztlich um die Frage, welche der beiden Seiten die Verfassung zerstöre. Die parlamentarische Opposition und die Radikalen begegneten dem gegen sie gerichteten Vorwurf der Verfassungsfeindlichkeit mit dem Gegenvorwurf, dass es die Regierung und ihre Anhänger im Parlament seien, die die Constitution unterminierten. Sie warfen Pitt und seinen Ministern Hochverrat gegen die Verfassung vor. Sollten die Parlamentarier den Gesetzesvorlagen zustimmen, erklärte z.B. Coleridge, wären sie „conspirators against the Constitution". Eine Annahme der „Two Bills" bezeichnete er als „Abschaffung der Verfassung". In dem von Lord Braxfield in Prozessen gegen Radikale in Schottland schon 1793/94 benutzten Argument, dass die britische Verfassung die beste der Welt sei – „the most complete system of government that ever rested upon the face of this earth" – und sich deshalb jede Kritik an ihr erübrige, sahen oppositionelle Whigs und Radikale eine Verleugnung der englischen Tradition und der Erfahrung des Verfalls sowie der Verbesserungsfähigkeit aller irdischen Einrichtungen.[148] Den logischen Widerspruch in der von Braxfield vertretenen Position enthüllte Bentham mit seiner im „Book of Fallacies" gestellten Frage: „The constitution, why must it not be looked into? Why is it that under pain of being *ipso facto* convicted of anarchism, we must never presume to look at it except our eyes shut?"[149]

Lässt sich die negativ-repressive Seite der verfassungszentrierten Regierungskampagne ohne anachronistische Gewaltsamkeit in der uns geläufigen Sprache als Abwehr oder Unterdrückung verfassungsfeindlicher Bestrebungen bezeichnen, so kann man die positiv-appellative Seite mit ebensoviel Berechtigung mit dem modernen Begriff des Verfassungspatriotismus charakterisieren. Dieser Verfassungspatriotismus konnte an die schon lange bestehende und das ganze politische Spektrum umfassende Tradition anknüpfen, in der freiheitlichen Verfassung des

---

Dies hätte *jegliche* Kritik an der Regierung oder Verfassung und *jeden* Reformvorschlag strafbar gemacht. In der endgültigen Fassung wurde dann das Wort „dislike" durch „contempt" ersetzt (Williams 1965: 426).

145 Barrell (2000: 602).

146 Williams (1965: 428f.).

147 Claeys (1995: XXVI, 385, 519 Anm. 98).

148 Coleridge (1971: 262, 268f.) und Barrell (2000: 49, 593, 596).

149 Everett (1969: 186).

eigenen Landes ein historisches Privileg und in der Anhänglichkeit an sie die spezifisch nationale Form der Vaterlandsliebe zu sehen. Charakteristisch dafür war die Aussage des Court Whig Benjamin Hoadly aus den 1720er Jahren: „The Love of our Country in particular, as we are *Britons*, is the Love of our Constitution".[150] Zwar hat man neuerdings die Auffassung vertreten, dass bei den britischen Oberschichten das Verständnis von der Besonderheit der eigenen Verfassung im Zusammenhang mit der Amerikanischen Revolution gegenüber einer Betonung der Gemeinsamkeiten der monarchischen Staaten zurückgetreten sei und sich die konstitutionelle Konvergenztheorie David Humes ausgebreitet habe.[151] Selbst wenn das zutreffen sollte, so folgte doch in der Zeit der Französischen Revolution eine um so stärkere Betonung der Überlegenheit der britischen Verfassung und ihrer Bedeutung als Merkmal nationaler Identität. Der „officially constructed patriotism" (Linda Colley) war durch einen förmlichen Verfassungskult gekennzeichnet, der zur nationalen Mobilisierung gegen das revolutionäre und napoleonische Frankreich sowie die Befürworter „französischer Prinzipien" im Innern eingesetzt wurde.

Der gemeinsame Kampf aller Briten gegen die Franzosen konnte sogar als eine Art von Verfassungsratifizierung erscheinen, mit der Ober- und Unterschichten das konstitutionelle Erbe neu bekräftigten. Premierminister Addington erklärte im Hinblick auf die massenhafte Bewaffnung von Plebejern in den Freiwilligeneinheiten zur Abwehr einer französischen Invasion, sie sei „ein Gelöbnis von Seiten der Regierung, dass sie niemals etwas Feindliches gegen die Verfassung tun würde". Er sah darin andererseits aber auch „ein Gelöbnis von Seiten des Volkes, dass es ihren Wert schätzte und verstand und dass es ihr beständig anhing und entschlossen war, sie zu erhalten".[152]

Linda Colley hat schon vor längerem darauf hingewiesen, dass sich in der britischen Bevölkerung zur Zeit der Französischen Revolution und der Kriege gegen Frankreich eine starke, von der Regierungspropaganda geförderte Hinneigung zu Georg III. erkennen lässt.[153] Zumindest zeitweilig wurde jedoch die Verfassung stärker betont und in den Mittelpunkt gerückt als der König. Das ergibt jedenfalls eine Auswertung des „Anti-Jacobin" (wobei diese Akzentuierung möglicherweise auf die bereits erörterten strafrechtlichen Gesichtspunkte oder auch darauf zurückzuführen ist, dass die Zeitung sich vorzugsweise an gebildete Leser wandte).[154] In einem Beitrag wurde sogar die Wertschätzung der Krone von Seiten der Untertanen mit der Verfassung verknüpft und darauf zurückgeführt, dass sie „an essential part of the Constitution" sei.[155]

---

150 Browning (1982: 79).

151 Gould (1997: bes. 111, 127).

152 Zit. nach Colley (1992: 309).

153 Colley (1984).

154 Dem gemeinen Volk von der Verfassung zu reden, erschien offenbar manchen Loyalisten als vergeblich, da es sie nur in Gestalt des Königs zu verehren vermochte. Vgl. das die spätere Position Bagehots vorwegnehmende Quellenzitat bei Philp (1995: 54).

155 Anti-Jacobin (1970: 159).

Auch die loyalistischen Vereine, die sich zur Bekämpfung des Geistes der Französischen Revolution bildeten, beriefen sich nicht nur auf Monarchie und Kirche, sondern ebenso auf die Verfassung. So erklärten die Mitglieder des Church and King Clubs in Manchester 1792 ihre absolute Loyalität gegenüber „one of the most beautiful systems of government, that the combined efforts of human wisdom has ever yet been able to accomplish".[156] Die Bezeichnungen, die sich loyalistische Vereine zulegten, bezogen zumeist die Verfassung mit ein. Sie nannten sich vielfach „King and Constitution Clubs" oder „Constitutional Associations".[157] John Reeves, der mit seiner Assoziationsbewegung 1792/93 soviel dazu beitrug, den Loyalismus zu mobilisieren und zu einer Massenbewegung zu machen, hatte zwar (wie noch zu zeigen sein wird) ein stark monarchisch geprägtes Verständnis des politischen Systems Großbritanniens; aber selbst er machte die Haltung gegenüber der Verfassung zur Zentralachse der gegenwärtigen Auseinandersetzung.[158] Dabei wurde offenbar der Verfassungsbegriff von Reeves ähnlich formelhaft benutzt wie in unseren Tagen die Berufung auf die „freiheitlich-demokratische Grundordnung" in der Bundesrepublik durch der Demokratie keineswegs wohlgesonnene politische Kräfte.

Die zugunsten der britischen Verfassung gegenüber der Herausforderung durch die Französische Revolution entfachte Propaganda rückte besonders ein Thema in den Vordergrund, das bereits das Leitmotiv von Edmund Burkes „Reflections on the Revolution in France" gebildet hatte: die Ablehnung von Theorie und Abstraktion. So hieß es in einer 1793 veröffentlichten Schrift mit dem Titel „Observations on the Constitution and Present State of Britain": „Improvements, suggested by speculation, are of all others the most suspicious, the most precarious, and the most dangerous".[159] Gegen die „abstrakte Spekulation" setzte man die mit der britischen Verfassung gelungene praktische Lösung konkreter Probleme sowie die Fortschritte des allgemeinen Wohlstands und Glücks.[160] Der „Anti-Jacobin" propagierte den Gedanken, an der Verfassung festzuhalten, wenngleich sie möglicherweise mit „human imperfections" behaftet sei, anstatt auf ihren Ruinen ein Werk höchster Vollkommenheit errichten zu wollen. In dem Prospekt der Zeitung hieß es: „We should be averse to hazarding the smallest part of the practical happiness of *this* country; though the sacrifice should be recommended as neces-

---

156 Zit. nach Dickinson (1977: 273).

157 Ramsden (1998: 30).

158 Reeves erklärte in seinen 1795 veröffentlichten „Thoughts on the English Government": „there are now no divisions in the Nation, but that of the friends of the Constitution as established by Law, and that of the Republicans, who are laying by for an opportunity to level everything to the Equality of a French Democracy" (zit. nach Ramsden 1998: 24). Selbst die Ausschreitungen des loyalistischen Mobs gegen Joseph Priestly und andere Dissenters im Sommer 1791 wurden durch den Verfassungsbegriff geadelt. Mit ihnen, bemerkte die „Times" lobend, „the real sovereignty of the Constitution ... trampled over the mock Majesty of the people" (Rogers 1998: 195).

159 Zit. nach Dickinson (1990: 507).

160 Vgl. dazu Schofield (1986: 604) sowie Rogers (1998: 201f).

sary for accomplishing throughout the world an uniform and beautiful system of theoretical liberty".[161]

Dabei konnte sich die Ablehnung abstrakter revolutionärer Verfassunggebung mit der (etwa in der englischen Gartengestaltung zum Ausdruck kommenden) Bevorzugung des Naturhaften und Individuellen gegenüber dem einengenden, genormten und gleichmachenden französischen Stil verbinden. Aufschlussreich dafür ist eine von James Gillray gezeichnete Karikatur vom Januar 1793, in der Thomas Paine eine füllige Britannia mit Gewalt in ein viel zu enges Korsett zu zwängen versucht. Die Unterschrift lautet: „Fashion before Ease or – A good Constitution sacrificed for a Fantastick Form".[162] Diese Karikatur erhielt ihre besondere Pointe dadurch, dass Paine ursprünglich Korsettmacher gewesen war. Sie erinnert überdies an ein Bild, das Burke in einer Unterhausrede gegen die Parlamentsreform im Jahre 1782 benutzt hatte, als er die Vorzüge einer in langer Entwicklung den besonderen Bedingungen, Dispositionen und Gewohnheiten eines Volkes angepassten Verfassung wie der britischen beschrieb: „It is a vestment which accomodates itself to the body".[163]

Die Regierungspropaganda berief sich ferner auf das lange Bestehen der Verfassung, in der sich die Weisheit von Jahrhunderten niedergeschlagen habe und über die sich erheben zu wollen selbst von Seiten der weisesten Männer anmaßend sein würde. Auch hier hatte Edmund Burke den Boden bereitet, indem er bereits vor der Französischen Revolution die seit unvordenklichen Zeiten bestehende Constitution als „deliberate election of ages and generations" bezeichnete, die jeder Wahl „of one day, or one set of people", unendlich überlegen sei.[164] Burke war es vor allem, der den historischen Blick auf die Verfassung nicht den Radikalen überließ, sondern ihn zur Verteidigung des Bestehenden benutzte.[165] Dabei stellte er das common law-Verständnis der Ancient Constitution des frühen 17. Jahrhunderts in vollem Umfang wieder her. Pocock hat gezeigt, wie Burke die Verbindung zwischen „law" und „custom" ebenso wie die zwischen politischen Freiheits- und Eigentumsrechten zutreffend als Merkmale der englischen Tradition beschrieb und sich zugleich mit ihnen identifizierte.[166]

Burke bezeichnete es in seinen „Reflections on the Revolution in France" als Grundzug der englischen Verfassung, Freiheiten in konkreter, durch Dokumente wie die Magna Carta und die Declaration of Rights festgeschriebenen Form ohne Bezug auf allgemeine Rechte als eine „*entailed inheritance*" zu behandeln, die von den Vorfahren ererbt und den Nachkommen hinterlassen wird. In einer merkwürdigen Sprache, in der sich die Berufung auf Natur und Eigentum mischt, formulierte Burke: „By a constitutional policy, working after a pattern of nature, we receive, we hold, we transmit our government and our privileges, in the same

[161] Anti-Jacobin (1970: 4f).

[162] Dickinson (1986: 145).

[163] Zit. nach Pocock (1972a: 226).

[164] Pocock (1972a: 226).

[165] Pocock (1972a: 266).

[166] Pocock (1972a: 212f., 222, 230f.).

manner in which we enjoy and transmit our property and our lives".[167] Für Burke war die in einem quasi naturhaften Prozess der Adaption und Verbesserung entstandene britische Verfassung in ihrer Gesamtheit geronnene, akkumulierte Erfahrung, ein „invaluable treasure",[168] den seine Landsleute nicht verlieren durften, indem sie fremden Verfassungsmodellen nachjagten.[169]

Dass mit und nach Burke von offizieller, konservativer Seite wieder dezidiert der historische Boden der Verfassung betreten wurde, stellte in gewisser Weise eine verstärkte, engere Berührung mit den Radikalen her. Gegen deren selektive, die angelsächsische Zeit ins Zentrum rückende Variante wurde gleichsam eine kumulative, holistische Variante der Ancient Constitution gesetzt. Marilyn Morris hat in ihrem Buch „The British Monarchy and the French Revolution" neuerdings sogar die Ansicht vertreten, dass sich in der Auseinandersetzung um die Verfassung beide Seiten gezwungenermaßen zumindest rhetorisch aufeinander zubewegten. Nach ihrer Darstellung versuchten Autoren, die gegen Paine Stellung bezogen, seine tatsächlichen oder potenziellen Anhänger davon zu überzeugen, die britische Verfassung enthalte bereits eine starke republikanische Komponente und gewähre die Freiheiten, die Paine der Republik zuschrieb.[170] Die Monarchie, so Morris, wurde einerseits durch die größere Zugänglichkeit und Popularität Georgs III. sowie andererseits durch eine auf das öffentliche Wohl ausgerichtete Neubestimmung ihrer Rolle „republikanisiert".[171] Die Loyalisten übernahmen dieser Darstellung zufolge sogar den von den Radikalen gepflegten Mythos der vornormannischen Verfassung und machten sich die Verehrung Alfreds des Großen für ihre Zwecke zunutze.[172] Die englischen „Jakobiner" mussten nach Morris die

---

167 O'Brien (1986: 119f.). Vgl. auch O'Brien (1986: 140) und Mannheim (1984: 155).

168 O'Brien (1986: 375). Der Dichter William Wordsworth hatte in seiner radikalen Phase während der 1790er Jahre in einer unveröffentlichten Schrift gegen Bischof Watson Burke angegriffen und im Sinne Paines die Vorstellung ironisiert, dass „we and our posterity to the end of time were riveted to a constitution by the indissoluble compact of a dead parchment" (zit. nach Lock 1985: 173). In der 1850 geschriebenen Version seines autobiographischen Gedichtwerks „The Prelude" tat er dem „Genius Burkes" Abbitte und gab zugleich eine Zusammenfassung seiner Gedanken. Burke, schreibt Wordsworth (1995: 281):
„... forwarns, denounces, launches forth,
Against all systems built on abstract rights,
Keen ridicule; the majesty proclaims
Of Institutes and Laws, hallowed by time;
Declares the vital power of social ties
Endeared by Custom; and with high disdain,
Exploding upstart Theory, insists
Upon the allegiance to which men are born."

169 In einer „Mr. Burke's Pair of Spectacles for short sighted Politicians" betitelten Karikatur vom Mai 1791 wird den kurzsichtigen Whigs, die die große Eiche „Constitution" mit der Axt „Rights of Man" fällen und durch ein neues französisches Bäumchen ersetzen wollen, die Benutzung der Brille Edmund Burkes empfohlen (Robinson 1996: 152).

170 Morris (1998: bes. 55, 64, 68).

171 Morris (1998: 77, 100, 187, 190).

172 Morris (1998: 70).

wachsende Popularität des Königs sowie die Rhetorik ihrer Gegner berücksichtigen und eine entsprechende Neuformulierung ihres Programms vornehmen.[173]

Eine solche Wirkung der loyalistischen Agitation auf die Radikalen ist jedoch fraglich; denn ohnehin standen eine verbreitete Anhänglichkeit an die vornormannische Constitution und die Prägung durch die systemimmanente Countrykritik der Verfassungswirklichkeit einer kompromisslosen Übernahme der Ideen Thomas Paines entgegen.[174] Der populärste radikale Redner – John Thelwall, der angeblich in einem Fall mehr als 100.000 Zuhörer um sich versammelte[175] – machte sich fast wörtlich zum Echo Bolingbrokes, wenn er erklärte: „It is not from the aristocracy, properly so called, that we have most to dread. It is not even from the prerogatives of the executive power. It is from the corruption of that which ought to be the representative branch of the legislature. This is that is undermining (I must not say has undermined) the constitution and liberties of Britain".[176] Wie Bolingbroke setzte Thelwall die *Prinzipien* der Verfassung der *korrupten Praxis* entgegen.[177] Ebenfalls an Bolingbroke erinnert eine von der London Corresponding Society 1792 an die Bewohner Großbritanniens gerichtete Adresse mit dem Verlangen, dass die ebenso gerühmte wie beschädigte Verfassung in ihrer „vormaligen Kraft und Reinheit" wiederhergestellt werde. Unter den im einzelnen erhobenen Forderungen – „Wiederherstellung jährlich gewählter Parlamente, unbeeinflusste, nicht käufliche Wahlen und gleiche Repräsentation der Gesamtheit des Volkes"[178] – war nur der letzte Punkt nicht Bestandteil des Countryprogramms. Es war kein Zufall, dass sich die London Corresponding Society ursprünglich The Patriot Club hatte nennen wollen.[179]

Aus den Erklärungen der Radikalen der 1790er Jahre wird deutlich, dass das nationale Selbstwertgefühl auch bei den Wortführern plebejischer Schichten auf das engste mit dem Bewusstsein verknüpft war, dass Großbritannien das freieste Land der Welt war und eine unvergleichliche Verfassung besaß.[180] John Thelwall bemerkte 1794: „There must be something in the constitution of this country which a Briton will ever love and venerate".[181] Der Historiker John Dinwiddy hat darauf hingewiesen, dass – angefangen mit Thomas Paine – die am schroffsten ablehnenden Urteile über die britische Verfassung von Männern kamen, die außerhalb der englischen politischen Szene standen.[182] Auf dieser Seite bestand auch die größte Bereitschaft zu revolutionärer Gewaltanwendung, während die Mehrzahl der englischen Radikalen eher „fellow-travellers" als Revolutionäre waren und ihre

173 Morris (1998: 78ff.).

174 Vgl. dazu Lottes (1971: bes. 257, 269, 281).

175 Claeys (1995: XXVf.).

176 Claeys (1995: 380f.).

177 Claeys (1995: 211).

178 Lottes (1971: 269).

179 Colley (1992: 336).

180 Lottes (1971: 273).

181 Colley (1992: 336).

182 Dinwiddy (1990: 539f.).

Begeisterung für die Französische Revolution zumeist Ersatz für eigenes revolutionäres Handeln darstellte.[183] Ähnliches lässt sich später im Zusammenhang mit der Revolution von 1848 in Frankreich und mit der Russischen Oktoberrevolution feststellen. Bezeichnenderweise waren es die nicht in die Tradition des ancient constitutionalism einbezogenen Iren, die Vorbereitungen für den Aufstand trafen, sich erhoben und die Engländer als „the dupes of an imaginery Constitution" betrachteten.[184] In England überwog das Bekenntnis zu einem friedlichen Vorgehen (selbst wenn Ende der 1790er Jahre einige radikale Aktivisten zu der Auffassung gelangten, eine Reformstrategie sei nicht mehr anwendbar). Die Radikalen warfen zumeist ihrerseits den Herrschenden vor, durch den Krieg gegen Frankreich sowie die daraus resultierende Zerrüttung der Finanzen und Verelendung oder durch Reformverweigerung und Akte der Repression eine Revolution zu verursachen. Es gebe, erklärte Thelwall 1796 in einer Schrift gegen Edmund Burkes „Letter to a Noble Lord", sowohl Revolutionen der Regierenden als auch Revolutionen des Volkes gegen die Regierung. Diese seien nur eine Folge jener. Das Volk tendiere, wie Thelwall unter Berufung auf Machiavelli konstatierte, zur Ruhe.[185] In derselben Schrift versicherte Thelwall beschwichtigend: „no part of the excesses which have rent and convulsed the devoted land of *France* need be dreaded in *England*: for the causes of those excesses do not exist among us. Reform, like a long-wood virgin, shall come at last, in the unsullied robes of Peace, and, in the Temple of Concord, shall give her hand to Reason"[186].

Solche Aussagen waren ebenso wie die emphatischen Bekenntnisse zur Verfassung von Seiten der Radikalen zum Teil fraglos von taktischen Erwägungen bestimmt und müssen im Zusammenhang mit der Repressionspolitik der Regierung gesehen werden.[187] Sie sollten demonstrieren, dass man auf dem Boden der Legalität stand, und strafrechtliche Verfolgung erschweren. Es war klüger, Thomas Paines These vom fiktiven Charakter der britischen Verfassung nicht zu übernehmen, sondern sich auf die Rechte zu berufen, die man unter ihr besaß.[188] Letztlich hatten die Beteuerungen *beider* Seiten in den Auseinandersetzungen der 1790er Jahre auch etwas Scheinheiliges an sich.[189] Ihnen war ein taktischer Grundzug gemein-

---

183 Pocock (1993a: 306).

184 Dinwiddy (1990: 553).

185 Claeys (1995: 358f.); Roe (1990: 183).

186 Claeys (1995: 347). Der Radikale Margerot sprach später von der „loyal and constitutional revolution" zur Wiedererlangung der verfassungsmäßigen Rechte des Volkes (Goodwin 1979: 488).

187 Zu deren Auswirkungen gehörte, dass Buchhändler sich beim Druck und Vertrieb gefährlicher Schriften zurückhielten. Viele Radikale zogen sich politisch (und räumlich – durch Entfernung aus der Hauptstadt) zurück oder schwächten, wie William Godwin, ihre Aussagen ab. Manche wurden psychisch dauerhaft beschädigt. Vgl. dazu Johnston (1998: 465, 490f., 606).

188 Epstein (1996: 32).

189 Auf die Schwierigkeit, Absichten, politische Ziele und genuine Überzeugungen der Reformer anhand ihrer Äußerungen und Handlungen zu ermitteln, verweist John Barrell. Nicht nur die Furcht vor strafrechtlicher Verfolgung, sondern auch die Rücksichtnahme auf die monarchische Loyalität ihrer Anhänger oder potenziellen Gefolgsleute veranlassten zu sprachlicher Verschleierung. Umgekehrt wurden aber auch „friedliche Prinzipien" in „kämpferische Worte" gekleidet und drückten militante Äußerungen der Radikalen oft eher eine euphorische Stimmung oder Provo-

sam. Von unten her sollte die Beschwörung der Constitution Verfassungstreue signalisieren und der Repression entgegenwirken, von oben her sollte sie dem Status quo einen progressiven Anstrich geben und herrschaftsverschleiernd wirken. Die Radikalen strichen ihre Zustimmung zum monarchischen und aristokratischen Element in der Verfassung heraus; sie betonten in Anlehnung an Bolingbroke die Bedeutung eines „Patriot King" und versuchten, dem Wort Demokratie die Zähne zu ziehen, weil sie Regierung und Justiz keine Handhabe gegen sich bieten wollten.[190] Die Publizisten der Gegenseite dagegen betonten das demokratische Element der Constitution, um die Bevölkerung davon zu überzeugen, dass eine Verfassung nach französischem Muster ganz überflüssig sei.

Gleichwohl enthielten solche Erklärungen auf beiden Seiten einen Kern genuiner Überzeugung und wirkten diese Aussagen selber prägend auf diejenigen, die sie machten. Vor allem aber sorgten Regierung, Oberschichten und die englische Gesellschaft in ihrer Gesamtheit dafür, dass die Rede von einer freiheitlichen Verfassung selbst in der Periode der politischen Repression nicht gänzlich den Bezug zur Wirklichkeit verlor. Sogar für diese Jahre gilt, was bereits in Bezug auf die vorhergehende Zeit festgestellt wurde: Es gab reale Anhaltspunkte für den Glauben an die Verfassung. Der Überzeugung, dass es sich so verhalte und man darauf bauen könne, gab Pitt im Februar 1792 in einer großen Unterhausrede über öffentliche Finanzen Ausdruck, in der er erklärte: „Let us remember that love of the constitution, though it acts as a sort of national instinct in the hearts of Englishmen, is strengthened by reason and reflection, and every day confirmed by experience; that it is a constitution which we do not merely admire from traditional reverence, which we do not flatter from prejudice or habit, but which we cherish and value, because we know it practically secures the tranquillity and welfare both of individuals and of the public, and provides, beyond any other frame of government which has ever existed, for the real and useful ends which form at once the only true foundations and only rational object of all political societies".[191]

Pitt gab hier seinem Vertrauen darauf Ausdruck, dass der praktische Wert der Verfassung durch die Lebenserfahrung der Menschen sowie vor allem durch die wirtschaftlichen Erfolge stets aufs Neue gestärkt werde und ihre Bindung an die Constitution festige.[192] Die von Pitt herausgestellte positive Wirkung des politi-

---

kations- und Explorationslust aus als präzise Absichten. Ebenso ging es ihnen bei manchen scheinbar eindeutig auf Gewaltbereitschaft hindeutenden Handlungen oder Aussagen (wie der Beschaffung von Messern oder dem Eintreten für Conventions) manchmal mehr um die Geltendmachung verfassungsmäßiger Rechte als um die praktische Anwendung (Barrell 2000: bes. 120f., 187f., 198, 225, 542).

190 Die Bemühungen Thelwalls um Beantwortung der Frage, was die britische Verfassung sei, machen die sich daraus ergebenden semantischen Probleme deutlich (Claeys 1995: 209-217).

191 Zit. nach Derry (1981: 127). Vgl. auch die Rede Pitts vom Mai 1791 bei Ehrman (1996: 87) sowie Mori (1997: 123).

192 Es wirkt teilweise wie ein Echo dieser Rede, wenn Talleyrand im selben Jahr aus London nach Paris berichtet: „Die Masse der Nation, durch alte Vorurteile, Gewohnheit, Vergleich ihres Loses mit dem anderer Staaten und Prosperität an ihre Verfassung attachiert, kann sich nicht vorstellen, irgend etwas durch eine Revolution zu gewinnen, deren Gefahren sie die Geschichte Englands fürchten lehrt" (zit. nach Christie 1986: 93). Talleyrand selber hielt ein Jahrzehnt später die

schen Systems für die Bevölkerung ist vor allem von dem Historiker Jan R. Christie als Erklärung für die Stabilität Großbritanniens im Zeitalter der Französischen Revolution in den Mittelpunkt gerückt worden. Selbst das so irrationale Repräsentativsystem, betont Christie, habe nicht verhindert, dass jede bedeutsame Interessengruppe sich Gehör verschaffen konnte.[193]

Obwohl das Vertrauen Pitts in die Anhänglichkeit an die Verfassung nicht so groß war, dass er auf Freiheitsbeschränkungen zur Abwehr radikaler Bestrebungen verzichtete, waren diese doch ausschließlich als vorübergehende Maßnahmen gedacht.[194] Die Verfassungsadoration wirkte nicht nur auf die Radikalen, sondern auch auf Regierung und Oberschichten mäßigend ein. Der Historiker John Derry schreibt über die Regierenden der Zeit: „Men who were obsessed by a reverence for the constitution, and who were convinced of its unique nature, were as reluctant to make innovations of a reactionary character as they were to yield to radical demands".[195] Entgegen den Befürchtungen vieler Radikaler vollzog sich durch die Repressionsgesetze keine dauerhafte Veränderung des britischen Regierungssystems in Richtung auf despotische Herrschaft. Der Treasonable and Seditious Practices Act ist niemals angewendet worden und sollte wahrscheinlich ohnehin nur für den Fall eines Wiederauflebens der Praxis von Conventions in Reserve gehalten werden.[196] Die Außerkraftsetzung der Habeas Corpus Akte war stets befristet. Der von Charles James Fox 1792 im Parlament durchgebrachte Libel Act gewährte einen gewissen Rechtsschutz für Radikale. Die Freisprüche in den englischen Hochverratsprozessen des Jahres 1794 – zugleich eine Zurückweisung des Versuchs, die Rechte der Geschworenen einzuschränken und ihre Zuständigkeit allein auf die Feststellung von Tatsachen zu begrenzen – konnte als Sieg der Verfassung interpretiert werden; galt doch das Jurysystem als „palladium of the constitution" bzw. als „palladium of British Liberty".[197] Sie demonstrierten, dass selbst in den 1790er Jahren die vielgerühmte freie Verfassung keine völlige Fiktion war, und dieser positive Aspekt der Freisprüche wurde auf Seiten der Regierung sogar durchaus gesehen.[198]

Zudem wurde die Verfassung um dieselbe Zeit ausdrücklich gegen eine reaktionäre Uminterpretation und Herabsetzung verteidigt. Das geschah, als John Reeves 1795 seine Schrift „Thoughts on the English Government" veröffentlichte, in der er die Rolle des Königs wie ein Hochtory des ausgehenden 17. und frühen 18. Jahrhunderts über Gebühr in den Mittelpunkt rückte. Der Monarch sei, so Reeves, der Stamm der Regierung, Ober- und Unterhaus seien nur die Zweige. Man könne sie abschlagen, ohne dass der Stamm zu bestehen aufhöre. „The Kingly

---

universale Bedeutung der britischen Verfassung für so groß, dass er von ihrem Fortbestehen geradezu das Schicksal der zivilisierten Menschheit abhängig machte (Langford 2000: 5f.).

193 Christie (1986: 216).

194 Mori (1997: 260f).

195 Derry (1981: 128).

196 Barrell (2000: 603).

197 Barrell (2000: 383).

198 Royle (2000: 174).

Government may go on, in all its functions, without Lords or Commons." Die Verfassung war nach Reeves überdies ein imaginäres Gebilde: „the *Government* we know – and the *Laws* we know – but the Constitution we know not. – It is an unknown region, that has never been visited but by dreamers, and men who see visions; and the reports they make are so contradictory, that no one relies on them".[199] Damit argumentierte Reeves wie Thomas Paine, wenngleich vom entgegengesetzten politischen Standpunkt aus, dass Großbritannien keine Verfassung besitze.

Die oppositionellen Foxite Whigs nahmen sich der Sache an, ließen das gesamte Pamphlet im Unterhaus verlesen und brachten dort einen Antrag ein, in dem es als „high breach of the privileges of this House" bezeichnet wurde. Reeves wurde beschuldigt, die Untertanen seiner Majestät der aus King, Lords und Commons gebildeten politischen Ordnung zu entfremden „and to subvert the true principles of our free constitution". Diese Formulierung war von besonderer Brisanz, da die Regierung Pitt zur gleichen Zeit die von der Opposition und den Radikalen als verfassungswidrig bezeichneten „gagging bills" im Parlament durchbringen wollte. Pitt hatte kein Interesse daran, durch eine Verteidigung von Reeves den Eindruck zu verstärken, er steuere grundsätzlich einen reaktionären Kurs. Er ließ Reeves fallen und erklärte ausdrücklich, dass dessen Schrift mit der britischen Verfassung unvereinbar sei. Zwar ließen sich die Whigs auf einen Kompromiss ein; sie verzichteten auf den Antrag, sein Pamphlet vom Henker öffentlich verbrennen zu lassen, und fanden sich zu seiner Aburteilung durch ein Geschworenengericht bereit. Ein solches sprach ihn dann ein Jahr später frei (nachdem er von Edmund Burke juristische Hilfe erhalten hatte)[200], aber die eindeutige Zurückweisung durch den Premierminister und die allgemeine Empörung des Unterhauses demonstrierten, dass die politische Führungsschicht grundsätzlich an der Constitution festhielt. Die Entschließung des Unterhauses, dass die Schrift von Reeves eine Verleumdung der Verfassung sei, war gleichsam das beruhigende Präludium zu den kurz darauf beschlossenen „Knebelgesetzen". Sie signalisierte, dass kein dauernder reaktionärer Kurs beabsichtigt war und die Regierung auch die extreme Position der Ultraloyalisten verurteilte – ein Zeichen, das durch die Beendigung der Karriere von Reeves im Dienste des Staates noch verstärkt wurde. „Executive repression" ging zusammen mit „parliamentary liberalism".[201]

---

[199] Zit. nach Beedell (1993: 804f.). Der folgende Absatz stützt sich auf diesen Aufsatz sowie auf Barrell (2000: 622-642). Zum ideengeschichtlichen Zusammenhang der Ansichten von Reeves vgl. Clark (1986: 263-267).

[200] Barrell (2000: 631f.).

[201] Beedell (1993: 814f., 817, 821). Zu anderen Schlussfolgerungen aus der Reeves-Affäre gelangt Eastwood (1993). Er meint, durch den Prozess gegen Reeves seien Regierung und Loyalisten mit ihrer Berufung auf die Verfassung in Verlegenheit geraten, da sie sich als schwer definierbar erwies und die Reformer ihre Interpretation als ebenso legitim geltend machen konnten wie die der Gegenseite. Eastwoods These, die Position der Radikalen sei dadurch gestärkt worden und die konservativ-loyalistische Propaganda habe sich infolgedessen nach 1795/96 statt der „language of constitutionalism" zunehmend der „idea of patriotism" bedient (Eastwood 1993: 208f.), wird m. E. durch die Quellen nicht gestützt.

Außerdem erweckten die britischen Oberschichten selbst in dieser Phase der Geschichte nicht den Eindruck monolithischer Geschlossenheit; es gab unter ihnen weiterhin, wenngleich in geringerem Maße als vorher, Kritiker der Regierung und Wortführer eines libertären Konstitutionalismus, die bei den Radikalen dem Gefühl völliger Verzweiflung entgegenwirkten und die Sache der freiheitlichen Verfassung nicht als gänzlich hoffnungslos erscheinen ließen. Zwar waren seit 1791 mehrere Abspaltungen von den Whigs und Abwanderungen ins Regierungslager erfolgt, so dass 1794 nur noch etwa ein halbes Hundert Unterhausabgeordnete um Charles James Fox übrig blieb, die den Krieg gegen Frankreich und die Unterdrückung der Freiheit im Innern attackierten; aber dieses kleine Häuflein schuf doch immerhin eine Verbindung zu den Radikalen. Fox identifizierte sich nicht mit ihrem Programm, sondern mit der Verfassung von 1688, aber der „Champion of the People" verteidigte sie vor Gericht und in der Öffentlichkeit.[202] Auch zu der Gruppe um Fox gehörende Aristokraten wie der Duke of Bedford und der Earl of Lauderdale, die von Burke 1796 wegen ihrer Sympathien für die Französische Revolution scharf angegriffen wurden, trugen dazu bei, eine schroffe soziale Konfrontation in Bezug auf Verfassungsfragen und Freiheitsrechte zu verhindern. Sie verweisen auf das Phänomen des in England nicht seltenen radikalen Adligen, dessen Radikalismus zwar oft nur vorübergehend war und häufig einem Hang zum exzentrischen Verhalten entsprang (für das in der englischen Gesellschaft eine hohe Toleranz bestand, wenn es mit Konformität in anderen Bereichen verbunden war),[203] der aber stabilitätsfördernd wirkte und eine völlige gesellschaftliche Polarisierung im Verfassungsdiskurs verhinderte.

Die Auseinandersetzung zwischen den Verteidigern der bestehenden Verfassungsordnung und den radikalen Reformern in Großbritannien zur Zeit der Französischen Revolution endete mit einer Niederlage der Radikalen.[204] Eine wesentliche Ursache dafür war „an almost unthinking acceptance of the existing constitution" in der Bevölkerung.[205] Diese Bejahung der bestehenden Verfassung

---

[202] Mitchell (1992: 151). Der brillante Jurist und spätere Lord Chancellor Thomas Erskine, dem die Radikalen ihre Freisprüche in den Staatsprozessen des Jahres 1794 hauptsächlich verdankten und der dafür stürmisch gefeiert wurde, war ein Unterhausabgeordneter und Anhänger von Fox.

[203] Vgl. dazu die aufschlussreichen Bemerkungen bei Langford (2000: 305f.).

[204] Dickinson (1990: 532).

[205] Dickinson (1985: 42). Selbst in den zahlreichen antijakobinischen Romanen, die im ausgehenden 18. und frühen 19. Jahrhundert erschienen und schließlich die radikale Romanliteratur ganz verdrängten, wurde Dankbarkeit für die britische Verfassung bekundet und ihre Vorzüglichkeit gepriesen (Grenby 2001: 21, 33f., 71, 166, 177). Das Verfassungsthema scheint jedoch in dieser didaktischen Belletristik keine zentrale Rolle gespielt zu haben. Das lag neben den besonderen Gegebenheiten der Romanform offenbar daran, dass die Autoren den „Jakobinismus" überwiegend moralisch definierten. Die in dieser Literatur porträtierten Radikalen erschienen kaum jemals als Anhänger von Verfassungsreformen, sondern zumeist als unmoralische, gesellschaftlich subversive Elemente. Es ging den antijakobinischen Autoren in erster Linie um die Verteidigung des sozialen Status quo gegen die aus Frankreich eingeschleppte „new philosophy" (aber auch gegen die aus Indien zurückgekehrten neureichen Nabobs) und um eine „reform of manners", die die britischen Institutionen auf die Höhe der in ihnen angelegten Vollkommenheit führen sollte. Während der Blütezeit der antijakobinischen Romane zwischen 1797 und 1804 lösten diese sich der neuesten Darstellung zufolge fast völlig aus dem Zusammenhang mit der Französischen

wurde noch durch eine aufwendige Propaganda der Regierung verstärkt, die an Intensität und geographischer Verbreitung alles übertraf, was die finanziell ungleich schwächere sowie rechtlich behinderte radikale Seite ins Feld führen konnte, und die zudem noch bald durch die Ereignisse in Frankreich bestätigt zu werden schien. So sehr die britische Verfassung anfänglich durch die Französische Revolution und die dadurch bewirkte Radikalisierung im eigenen Land in Bedrängnis geraten sein mochte, so sehr profitierte sie von der dann eintretenden Instabilität in Frankreich. Die Diskreditierung geschriebener Verfassungen aufgrund der englischen Verfassungsexperimente der 1650er Jahre – ihre Assoziierung mit Revolution und Anarchie – ist durch die Vielzahl der infolge rasch wechselnder Verhältnisse entstandenen französischen Konstitutionen noch verstärkt worden. Auch ist die Auswirkung der Dechristianisierungskampagne in der Französischen Revolution auf Großbritannien nicht gering zu veranschlagen.[206] Walter Bagehot hat noch mehr als sieben Jahrzehnte später die Stärkung der englischen Verfassung durch die Französischen Revolution vor allem auf deren Gottlosigkeit zurückgeführt. Dass sich die Demokratie als „unfromm" entlarvte, war nach Bagehot in England zunächst der Monarchie zugute gekommen und gab dieser ihre alte religiöse Weihe zurück. Mittlerweile, so Bagehot, verleihe dieses religiöse Gefühl nicht nur den Monarchen, sondern der ganzen Verfassung Stärke „by enlisting on its behalf the credulous obedience of enormous masses".[207] Der Historiker E.P. Thompson meinte etwas Ähnliches, als er feststellte, die Französische Revolution habe „Old Corruption" in Großbritannien gerettet, und unter deren Stützen „the accession of mysticism to the ideology of constitutionalism" aufführte.[208]

Ganz abgesehen vom Ausgang des Konflikts zwischen Regierung und Loyalisten auf der einen, Opposition und Radikalen auf der andere Seite, belegt die Auseinandersetzung der 1790er Jahre eindringlich die zentrale Stellung der Constitution in der politischen Kultur Englands. Beide Seiten beschworen die Verfassung. Auch die radikalen Herausforderer des Status quo wurden – wie immer man den Anteil der einzelnen Faktoren bemessen mag – durch einen traditionellen Konstitutionalismus, durch Repression und möglicherweise auch durch die Regierungspropaganda in ihrem Rahmen festgehalten. Edmund Burke mochte es bedauern, dass die englische Verfassung für seine Landsleute „a subject rather of altercation than enjoyment" bildete[209] – aber es ist zu fragen, ob nicht die Konzentration der Konflikte auf diesen Bereich zu ihrer Begrenzung beitrug. Der Verfassungsdiskurs verhinderte die völlige Entfremdung. Man bewegte sich trotz erheblicher Unterschiede doch auf demselben Boden und blieb derselben Tradition verhaftet. Das

Revolution. Sie wurden zu Übermittlern eines „free-floating Conservatism", dessen Hauptanliegen die Verhinderung von sozialem Wandel war (Grenby 2001: bes. 10, 206ff.).

206 Royle (2000: 166f.).

207 Bagehot (1974: 233).

208 Thompson (1980: 49f.).

209 O'Brien (1986: 375).

gemeinsame „konstitutionelle Idiom“ ermöglichte es, im politischen Gegner nicht den Feind, sondern den Anderen im Zeichen der Ähnlichkeit zu sehen.[210]

9 Die reformierte Verfassung und die Parteien

Das 19. Jahrhundert war in Großbritannien innenpolitisch überwiegend von der Verfassungsfrage und speziell dem Problem der Erweiterung des Wahlrechts beherrscht. Dabei kam es erstmals in den Jahren 1828/29 und 1832 zu Reformen, durch die die integrative Kraft der Constitution vergrößert wurde. 1828 wurden die Test and Corporation Acts aufgehoben, womit die Diskriminierung der protestantischen Dissenters abgebaut wurde, deren rechtlich benachteiligte Außenseiterstellung sich in ihren starken Sympathien für die Französische Revolution niedergeschlagen hatte. Ein Jahr später folgte unter dem Druck von Unruhen in Irland der Catholic Relief Act, der Katholiken den Zugang zum Parlament eröffnete und durch den die Verschränkung der Verfassung mit der anglikanischen Kirche in Frage gestellt wurde. Der Historiker Jonathan Clark sieht darin die entscheidende geschichtliche Zäsur – das Ende des Ancien Regime in England.[211] Manche Konservative, die an der tory-anglikanischen Vorstellung einer religiösen Weihe staatlicher Institutionen und einer übergreifenden „Constitution in Church and State“ festhielten, versuchten jedoch deren Überreste zu verteidigen. Noch 1858 bekämpfte der spätere Premierminister Salisbury eine Gesetzesvorlage, die den Juden die Wahl ins Parlament ermöglichen sollte, mit dem Argument, damit werde die Säkularisierung des Unterhauses weiter vorangetrieben.[212]

Die zweite große Veränderung, der Reform Act von 1832, gab einem großen Teil der „middle classes“ das Wahlrecht. Nach einer von Ausschreitungen, Revolutionsdrohungen und finanziellem Druck von Seiten des Bürgertums gekennzeichneten Krise, in der sich die politische Konkurrenz innerhalb der Oberschichten wiederum als Stütze für den Glauben an die Reformfähigkeit der Verfassung und als Vorzug für die Stabilität des Landes erwies, vermochten die Whigs die Erweiterung des Wahlrechts durchzusetzen. Sie verfolgten dabei ganz bewusst eine Politik der Integration durch Verfassung – genauer: einer Integration durch „Zulassung zur Verfassung“, wie die Wahlrechtserweiterung von den Zeitgenossen vielfach genannt wurde. Das Ziel der Whigs war, die Constitution zu stärken, indem man das Bürgertum am politischen Prozess beteiligte und dadurch an sie band. Die Wahlrechtsreform wurde mit dem Blick auf die ihr vorausgehenden Unruhen mit der Notwendigkeit begründet, die Mittelklassen von dem plündernden Pöbel zu trennen und die bestehende Ordnung zu stärken. Sie wurde ausdrücklich als Mittel zur Verhinderung der Revolution gefordert. Die bestehende gesellschaftliche Machtverteilung sollte keineswegs verändert werden, und der grundherrliche

---

210 Diese Bemerkung gründet sich auf den Vortrag von Günter Frankenberg auf der Dresdener Tagung. Vgl. auch den Beitrag von Frankenberg in diesem Band.

211 Clark (1986: 418ff.).

212 Pinto-Duschinsky (1967: 142); vgl. auch Roberts (1999: 70).

Einfluss wurde durch sie tatsächlich noch verstärkt. 1867, vor der zweiten Wahlrechtsreform, waren nicht weniger als 500 Mitglieder des Unterhauses Grundeigentümer, Verwandte von Grundeigentümern oder unter dem Einfluss von Grundeigentümern stehend.[213] Der Whig Lord John Russell brüstete sich sogar öffentlich, die Vorherrschaft des Grundbesitzes sei durch den Reform Act von 1832 befestigt worden, und dies sei auch beabsichtigt gewesen.[214]

Unter dem Aspekt des Verfassungsverständnisses kam dem Reform Act von 1832 in verschiedener Hinsicht eine besondere Bedeutung zu. Er ließ zunächst das Jahr 1688 nicht mehr so sehr als definitiven Schlusspunkt erscheinen wie ehedem. Die Whigs sahen vielmehr das in der Glorious Revolution begonnene Werk der konstitutionellen Harmonisierung durch ihre Wahlrechtsreform fortgeführt. Macaulay sprach davon, dass 1688 die Krone in Übereinstimmung mit dem Parlament und 1832 das Parlament in Übereinstimmung mit der Nation gebracht worden sei.[215] Der Harmoniegedanke implizierte jedoch eine weitere Veränderung: Über diese Fundamentalharmonisierung hinaus sahen nämlich die Whigs, selbst wenn einige unter ihnen die Endgültigkeit des Reform Act betonten, grundsätzlich die Notwendigkeit, weiterhin Korrekturen vorzunehmen. Die Verfassung musste den Veränderungen in der Gesellschaft, den Verschiebungen von Reichtum und Bevölkerung, angepasst werden. Nur so war ein sich zwischen ihr und der Gesellschaft aufbauendes, mit der Gefahr einer Revolution verbundenes Spannungsverhältnis zu verhindern. Das war nicht mehr die Korrektur einer Entartung, sondern die Korrektur aufgrund gewandelter sozialer und ökonomischer Verhältnisse. Hatten Reformer im 18. und frühen 19. Jahrhundert die *Rückkehr* zu einer tatsächlichen oder angeblichen Vergangenheit bzw. den Prinzipien der Verfassung propagiert, so trat jetzt der Gedanke einer der Erhaltung dienenden *Innovation* in den Vordergrund. Er wurde allerdings von den Whigs in die Tradition eingebaut, indem er selber wiederum als traditionell deklariert wurde. „In innovating one *was* acting in the spirit of one's constitutional ancestors," fasst J.W. Burrow diese Haltung zusammen und zitiert Lord John Russell: „It was part of the practical wisdom of our ancestors, to alter and vary the form of our institutions as time went on."[216]

Eine Folge der Bejahung des Innovationsprinzips durch die Whigs war, dass die Parteien, die von Bolingbroke und teilweise auch noch von Burke nur als Defensivgebilde zur Bewahrung der Freiheit gegenüber verschwörerischen Machenschaften betrachtet wurden und allein von einigen Court Whigs zu Beginn des 18. Jahrhunderts als notwendige Elemente des politischen Prozesses erkannt worden waren, nunmehr als Teil des Verfassungssystems gesehen und positiv beurteilt wurden. Der Schriftsteller und Publizist De Quincey entwickelte ein integratives Modell der Verfassung, das sie mit einbezog. Die Constitution beruhte nach De Quincey auf dem Antagonismus aristokratischer und demokratischer Kräfte. Erstere wurden von den Tories, letztere von den Whigs verkörpert. In seiner Sicht

---

213 Harvie (1976: 160). Vgl. auch allgemein Schröder (1988) und die dort angef. Literatur.

214 Kriegel (1977: 74ff., 377).

215 Edwards (1988: 37).

216 Burrow (1981: 24). Vgl. auch Burrow (1988: 44).

bedingten die beiden Parteien einander und waren gleichermaßen unentbehrlich; ihre Synthese bildete das, was in seiner Gesamtheit British Constitution genannt wurde: „They are the two hemispheres of the total truth; - the true theory of our Constitution being equally mutilated if either be wanting."[217]

Diese Rollenverteilung schlug sich im Selbstverständnis der Parteien nieder. Sahen die Whigs (bzw. Liberalen) sich als Verfassungsadaptionspartei, so die Tories als Verfassungserhaltungspartei. Disraeli bezeichnete sich, als er 1837 erstmals für Maidstone ins Parlament gewählt wurde, als „an uncompromising Adherent to that ancient Constitution, which once was the boast of our Fathers, and is still the Blessing of their children".[218] 1872 reagierte Disraeli auf den Vorwurf, seine Partei habe kein Programm, mit der emphatischen Feststellung: „The programme of the Conservative party is to maintain the constitution of the country".[219] Besonders um diese Zeit zeigte sich in seiner Partei die verbreitete Neigung, statt der offiziellen Bezeichnung „Conservative" oder des inoffiziellen Namens „Tory" (der besonders bei der Arbeiterschaft einen negativen Beigeschmack hatte) zur Selbstcharakterisierung den Begriff „Constitutional" zu verwenden.[220]

Wenn sich die Konservativen als konstitutionelle Partei darstellten, so war das zunächst einmal der Versuch, der Verteidigung des Status quo einen positiven Anstrich zu geben. Diese verschleiernde Verwendung des Verfassungsbegriffs hatte Bentham gemeint, als er in seinem „Book of Fallacies" schrieb: „Now in their own names respectively, waste, depredation, oppression, and corruption cannot be toasted. Gentleman would not cry out: ‚Waste forever! Depredation forever! Corruption forever!' But ‚The constitution forever!' This a man may cry, and does cry, and makes a merit of it".[221]

Vielfach war es auch der spezifische, grundherrliche Dominanz sichernde Charakter der Verfassung, den die Konservativen im Grunde meinten, wenn sie sich zu deren Verteidigern machten. Besonders Disraeli, der eine spezielle Vorliebe für die Aristokratie besaß, ging es um die Erhaltung dessen, was er die „territorial constitution" oder „the aristocratic settlement of the country" nannte. Sie zu sichern, betrachtete er, wie er 1848 in einem Brief an Lord Stanley schrieb, als die Aufgabe des Konservativen Parteiführers im Unterhaus. Die Verteidigung der aristokratischen Verfassung, in der eine besondere Hervorbringung und kulturelle Leistung Englands sah, war das leitende Prinzip seiner gesamten politischen Laufbahn.[222]

Allerdings lag die Wahrung der Rolle der Country Gentlemen als „natural rulers" der Landbevölkerung nicht nur in ihrem eigenen Interesse. Angesichts einer theoretisch unbegrenzten Parlamentssouveränität kam der De-facto Dezentralisie-

---

217 Tave (1966: 198; siehe auch 207f., 346, 352f.).

218 Zit. nach Smith (1999: 53).

219 Zit. nach Shannon (1992: 138).

220 Shannon (1992: 16).

221 Abgedr. bei Everrett (1969: 186). Zur sprachentlarvenden Absicht Benthams vgl. Dinwiddy (1989: 88f.).

222 Vgl. dazu Blake (1969: 278-284); Shannon (1992: 189, 193ff.); Walton (1992: 9, 18, 23).

rung und Herrschaft der grundbesitzenden Schichten in den Grafschaften erhebliche freiheitsbewahrende Bedeutung zu – eine Tatsache, die spätestens offenkundig wurde, als dieses Gegengewicht gegen eine zentralisierende Exekutive nicht mehr bestand und unter Margaret Thatcher die einst vielgerühmte englische Selbstverwaltung völlig verkrüppelt wurde. Insofern hatte Disraeli, selbst wenn er den englischen Adel romantisch verklärte und ihn allzu sozialpaternalistisch darstellte, doch nicht ganz Unrecht, wenn er die „territorial constitution" als „the best and surest foundation for popular rights and public liberty" bezeichnete, Verteidigung der Landwirtschaft und „Genuss der Verfassung" miteinander verknüpfte.[223]

Für Lord Salisbury, den Nachfolger Disraelis im Amt des Konservativen Parteiführers, besaß die Verteidigung der Verfassung durch die Konservativen einen spezifischen, auf die Abwehr der Bedrohung der Eigentumsordnung durch die Unterschichten gerichteten Sinn. Die Furcht vor der von unten ausgehenden Gefahr war bei Salisbury eine Obsession und hatte dazu beigetragen, dass er 1867 wegen der Wahlrechtsreform aus dem Kabinett Disraelis ausschied. Für Salisbury drückte, wie er in einem 1883 veröffentlichten Aufsatz schrieb, die sich in der Partei bemerkbar machende Bevorzugung von „Constitutional" anstelle von „Conservative" einen richtigen Instinkt aus; sei es doch einerseits unmöglich und andererseits unerwünscht, alles Bestehende zu erhalten. Was bewahrt werden musste, war nach Salisbury der Geist der alten Verfassung – und dieser war der des Gleichgewichts und des Ausgleichs. Er müsse das Verhältnis zwischen den Kräften der Beharrung und den Kräften der Veränderung bestimmen. Das sei nur möglich in einem politischen System, das das Gleichgewicht zwischen den Klassen, zwischen den Interessen von Stadt und Land, zwischen der Mehrheit und der Minderheit sichere. Nur so lasse sich „Desintegration" vermeiden.[224] Damit wurde das konstitutionelle Balancekonzept umfassend ausgeweitet. Es wurde zu einem gesellschaftlichen Stabilisierungsmittel mit dem Anschein der Flexibilität, das sozial retardierend wirken und Majorisierung durch die „Demokratie" abwehren sollte. Lord Salisbury war um dieselbe Zeit durch die politische Reaktivierung des Oberhauses nach Kräften bemüht, es in diesem Sinne auch praktisch anzuwenden.

Mit der Vorliebe für das Wort „Constitutional" bei den Konservativen in dieser Zeit war allerdings noch eine andere Überlegung verbunden. Man wollte die bei der Arbeiterschaft vorhandene Anhänglichkeit an die „fundamental principles of the ancient constitution" nutzen und das starke konstitutionelle Empfinden im Volk mit Hilfe einer neugegründeten National Union der Partei mobilisieren.[225] Ähnliche

---

[223] Smith (1999: 84, 118). Siehe ferner Disraeli (1968: 279) sowie die aufschlussreichen Disraelizitate bei Walton (1992: 19).

[224] Pinto-Duschinsky (1967: 111); Roberts (1999: 274f.). Zum Verfassungsverständnis Salisburys und seiner Entschlossenheit, das überwiegend Konservative Oberhaus zur Blockierung von Gesetzesvorlagen des Unterhauses zu benutzen, um auf diese Weise das „Gleichgewicht" zu bewahren, vgl. jetzt Bentley (2001: 168ff.). Salisburys Tendenz, den unrepräsentativen Charakter des House of Lords dabei als Vorzug darzustellen und das House of Commons als Interessenvertretungsorgan abzuwerten, verweist bereits auf die Argumentation der Unionisten bei den politisch-konstitutionellen Konflikten vor dem Ersten Weltkrieg.

[225] Shannon (1992: 22f.). Auf die Bedeutung des Konstitutionalismus für den „popular Toryism" um die Mitte und gegen Ende des 19. Jahrhunderts verweist Joyce (1994: 194).

Intentionen sollten dann in den 1920er und 1930er Jahren die Politik Stanley Baldwins bestimmen.

10 Die soziale Frage als Verfassungsfrage

Es ist bemerkenswert, wie sehr im 19. Jahrhundert in Großbritannien auch die soziale Frage als Verfassungsfrage in Erscheinung trat. Der nach den napoleonischen Kriegen wieder auflebende plebejische Radikalismus, der zum ersten Mal in England zu einem Massenphänomen wurde und die Interessen der Handarbeiter in den Mittelpunkt rückte, konzentrierte sich trotz seines unmittelbaren Zusammenhangs mit der sozialen Not während der Nachkriegsdepression auf die Reform des Parlaments. Man kann die These vertreten, dass diese Fixierung auf die Verfassungs- und Wahlrechtsfrage ganz wesentlich dazu beitrug, die Übergangskrise bei der Entwicklung Großbritanniens zum Industriestaat bis zu dessen Konsolidierung in den 1850er Jahren zu bewältigen. Sie hielt die auf Veränderung gerichteten Energien in politisch-konstitutionellen Bahnen und verhinderte eine soziale Explosion. Das demokratische Defizit, so lässt sich pointiert formulieren, ermöglichte die demokratische Illusion. Der durch die Wahlrechtsreform von 1832 sogar noch verstärkte Ausschluss der Arbeiterschaft von der politischen Partizipation legte den Gedanken nahe, mit dem allgemeinen Wahlrecht ökonomische Ausbeutung sowie soziale Not beseitigen zu können und sich auf dessen Ausweitung zu konzentrieren. Diese politisch-konstitutionelle Stoßrichtung des Nachkriegsradikalismus ist nicht zuletzt auf den Einfluss einiger Reformveteranen zurückzuführen, die in ihm eine herausragende Rolle spielten. Vor allem William Cobbett hat mit seiner politischen Reformagitation wesentlich dazu beigetragen, dass die Bewegung der Unterschichten nach 1815 einen anderen Weg einschlug als der Luddismus mit seiner Maschinenstürmerei.[226]

Die Verknüpfung sozialer Probleme mit einer Reform des Parlaments und des Wahlrechts war in England traditionell und findet sich bereits bei den Levellers. Auch in den 1790er Jahren waren politische Reformen weithin als Heilmittel für alle Übel angesehen worden. Dabei hatten schon damals die englischen „Jakobiner" ihrem Programm statt einer differenzierten Sozialanalyse eine dichotomische Gesellschaftsvorstellung zugrundegelegt, bei der eine kleine Schicht parasitärer Nutznießer des bestehenden Systems der großen Masse der arbeitenden und nützlichen Bürger gegenübergestellt wurde.[227] Nach 1815 war die Verknüpfung sozialer Probleme mit der politischen Reformbedürftigkeit und die Frontstellung gegen die „tax eaters" sogar recht realistisch, da die enorm erhöhte Staatsschuld zu einer besonders drückenden Besteuerung geführt hatte. Die hohen Steuern wiederum legitimierten den Rückgriff auf die Losung „no taxation without representation",

226 Vgl. dazu Spater (1982 Bd. II: 349, 565) und Stevenson (1996: 123).

227 Lottes (1979: 307).

die schon die amerikanischen Revolutionäre gegen das Mutterland ins Feld geführt hatten.[228]

Neben der einer sozialen Klassenkonfrontation entgegenwirkenden Rhetorik, mit der die Gemeinsamkeit der „produktiven Klassen" gegenüber den Nutznießern des Staatsschuldensystems und der Old Corruption beschworen wurde (die Stedman Jones selbst bei den Chartisten nachgewiesen hat),[229] hielt auch das Bekenntnis der Radikalen zur Verfassung die Konflikte innerhalb bestimmter, vertrauter Grenzen. Obwohl die Reformbewegung auf naturrechtliche Argumente nicht verzichtete und sie auf logisch recht anfechtbare Weise mit den historischen Argumenten vermischte,[230] setzte sich auch bei ihr – wie schon bei den Radikalen der 1790er Jahre – der antitraditionalistische Ansatz Thomas Paines nicht durch. Die Betonung einer angeblich in der Vergangenheit vorhandenen demokratischen Verfassung wurde sogar noch stärker.

Die drei prominentesten Radikalen der Nachkriegsjahre, Cobbett, Cartwright und Hunt, standen auf der Basis eines Restitutionsradikalismus. Dieser wurde von Cobbett 1816 mit den Worten zusammengefasst, dass man zwar eine große Veränderung, aber nichts Neues wolle. Obwohl Cobbett Paine verehrte, hielt er im Unterschied zu diesem Wandel auf konstitutionellem Weg für möglich, akzeptierte er Monarchie und Aristokratie. Er erklärte sich für einen König „with great prerogatives, and with advisers really responsible to his people, represented by a House of Commons really chosen by that people".[231] Noch gegen Ende seines Lebens erklärte Cobbett: „I wanted to see no innovations in England. All I wished and strove for, was the constitution of England undefiled by corruption".[232] Letztlich vertrat er das alte Ideal der Countrypartei: eine Verfassung, die durch die Reform ihres demokratischen Teils in ihrer ursprünglichen Form wiederhergestellt wurde. Bei Cobbett wird die Fortführung der alten Countrytradition des frühen 17. Jahrhunderts besonders deutlich, weil er wie Bolingbroke und der diesen umgebenden Kreis von Literaten das Finanz- und Staatsschuldensystem ins Zentrum seiner Angriffe rückte.[233]

Eine wichtige Facette des radikalen Konstitutionalismus war die Identifikation mit den englischen Freiheitshelden der Vergangenheit, die für die Verfassung gekämpft hatten. Vor allem John Hampden und Algernon Sidney waren solche „Patriot-Heroes"; viele der nach 1815 gegründeten radikalen Vereine nannten sich Hampden Clubs.[234] Zu dem Kult, der mit der Verfassung und den Freiheitsrechten Englands getrieben wurde, gehörten ferner dramatische Gesten eines konstitutionellen Symbolismus. Der „Gentleman Leader" der Radikalen, Sir Francis Burdett,

---

228 Fulcher (1996: 59).

229 Jones (1983: 110f., 134-137). Vgl. auch Cannadine (1998: 81). Dieser Argumentationsmodus findet sich sogar noch bei den Demokraten der 1860er und 1870er Jahre (Mares 2001: 155-159).

230 Dazu Vernon (1996: 9). Vgl. auch Epstein (1996: 31).

231 Spater (1982 Bd. I: 204, 293).

232 Stevenson (1996: 131).

233 Armitage (1997: 173-183). Vgl. dazu Kramnick (1968).

234 Vgl. dazu Carstens (1978: 110-126).

richtete es beispielsweise so ein, dass er im Augenblick seiner Verhaftung seinen Sohn in der Magna Carta unterwies.

11 Chartismus, konstitutionelle Sprache und das Problem der Gewaltanwendung

Der „popular constitutionalism", der von der neueren Forschung in Anknüpfung an E. P. Thompson als wichtigstes, durchgängiges Merkmal des englischen Radikalismus im 18. und 19. Jahrhundert herausgearbeitet und als dessen „master narrative" bezeichnet worden ist,[235] prägte auch den Chartismus. Die Chartistenbewegung der 1830er und 1840er Jahre, die von der Erbitterung über das die Arbeiterschaft vom Wahlrecht ausschließende Reformgesetz des Jahres 1832 und das New Poor Law von 1834 angetrieben wurde, besaß ebenfalls einen „constitutional mainstream" (Edward Royle). Einer neueren Darstellung zufolge war der Chartismus sogar „essentially a struggle over the meaning of the Constitution".[236] Schon der Name der Bewegung signalisierte die Verbindung mit einem vergangenheitsorientierten Konstitutionalismus. Die People's Charter, die das Programm der Chartisten enthielt, sollte die neue Magna Carta für das Volk sein.

Allerdings vermittelt gerade die genauere Betrachtung der Chartistenbewegung die grundlegende Erkenntnis, dass Konstitutionalismus keine Garantie für Revolutionsvermeidung darstellte und nicht Friedfertigkeit um jeden Preis bedeutete. Nicht nur, dass der „constitutional mainstream" sich stets von neuem mit Insurrektionstendenzen auseinandersetzen musste – dass es zahlreiche Pläne für Aufstände und einzelne Erhebungen gab; vor dem Hintergrund des Glaubens an die Verfassung konnten sogar als verfassungswidrig erachtete Maßnahmen der Regierung oder die Weigerung des Parlaments, Petitionen zu berücksichtigen, besonders provozierend wirken, den friedlichen Weg diskreditieren und die Bereitschaft zur Revolution wecken.[237] Zudem war die Vorstellung verbreitet, dass die Verfassung selber Widerstand und einen allgemeinen Aufstand als *ultima ratio* rechtfertige. Die Zeitschrift „The Chartist" schrieb im Mai 1839: „physical force is a thing not to be lightly had recourse to; it is the last remedy known to the Constitution".[238] Der Konstitutionalismus konnte mithin durchaus die Legitimation für Widerstand und Aufstand bieten,[239] wobei eine Berufung sowohl auf Locke als auch auf Bolingbroke möglich war.[240]

---

235 Vernon (1993: 295f.).

236 McWilliams (1998: 60).

237 Royle (2000: bes. 146, 191). Vgl. auch Mares (2001: 134-137).

238 Zit. nach Royle (2000: 102).

239 Epstein (1982: 314).

240 Bereits im Zusammenhang mit dem Protest gegen die „Two Bills" des Jahres 1795 war für den Fall ihrer Verabschiedung von der Anwendung des Widerstandsrechts die Rede gewesen, die dann nur noch von Klugheitserwägungen gebremst werde. Vgl. Barrell (2000: 269ff.).

Außerdem war vor allem in der Massenplattform des Chartismus ein Element der Einschüchterung enthalten, das die Grenzen zwischen friedlicher und gewaltsamer Aktivität sowie den Unterschied zwischen „moral force" und „physical force" etwas verwischt. Man hat sich oft gefragt, wie die Chartisten ihre Petitionen an Parlamente richten konnten, die sie als unrepräsentativ oder korrupt betrachteten. Es mag sein, dass darin ein naives parlamentszentriertes Denken zum Ausdruck kommt, das sich sogar die grundlegende Reform des Parlaments nur mit Hilfe eben dieses Parlaments vorstellen kann. Eine andere, vielleicht einleuchtendere Erklärung dürfte darin liegen, dass man so sehr auf die Pression setzte, dass man die Abgeordneten gegen ihre Absichten und Interessen zur Nachgiebigkeit zwingen zu können glaubte.

Auch andere Einschränkungen wären bei der undifferenzierten Gleichsetzung von Konstitutionalismus und Friedfertigkeit noch zu machen. So konnte etwa unter Berufung auf Artikel 6 der Bill of Rights das Recht auf Bewaffnung gefordert werden.[241] Trotz solcher Berücksichtigung der Ambivalenz des Konstitutionalismus bleibt aber doch in der Gesamtbilanz dessen zähmende Wirkung die dominante – nicht zuletzt deshalb, weil auch die Gegenseite ihn im großen und ganzen beachtete. Dem Urteil von Royle wird man zustimmen können: „The innate constitutionalism of British radical protest blunted its revolutionary edge".[242]

12 1848: Die Revolution, die nicht stattfand

In Großbritannien glich der Ablauf der Ereignisse im Revolutionsjahr 1848 in geraffter Form dem der 1790er Jahre.[243] Nach dem Ausbruch der Februarrevolution in Frankreich gingen Regierung und Presse wie damals zu einer ideologischen Offensive über. Auch diesmal spielte dabei die Berufung auf die einzigartige Verfassung Großbritanniens, die Revolutionen in diesem Land überflüssig mache, eine zentrale Rolle. Auch diesmal fand die Verfassungskampagne in der Bevölkerung eine positive Resonanz, zumal jetzt das Bürgertum durch die Wahlrechtsreform zur Verfassung zugelassen worden war. Es stellte sich entschieden gegen die Revolution, und die Whigs konnten sich in ihrer Integrationsstrategie bestätigt sehen.

Das Verhalten der Chartisten im Revolutionsjahr 1848 zeigte ebenfalls auffällige Ähnlichkeit mit dem der Radikalen in den 1790er Jahren. Wie diese benutzten sie die Sprache des Konstitutionalismus, wobei wiederum eine Mischung aus Überzeugung, Taktik und Furcht vor Repression bestimmend war. Auch der Chartistenführer Feargus O'Connor erklärte, es gehe nicht um die „Zerstörung, sondern um die Erneuerung der wahrhaften britischen Verfassung".[244] Wie die englischen „Jakobiner" der 1790er Jahren waren die Chartisten in ihrer Revolutionsbegeisterung im Jahr 1848 eher „fellow-travellers" als Revolutionäre; wie damals war

[241] Williams (1965: 27) und Epstein (1982: 116).

[242] Royle (2000: 170).

[243] Vgl. dazu die ausführlichere Darstellung bei Schröder (1999) und die dort angef. Literatur.

[244] Belchem (1985: 302).

Revolutionsbereitschaft eigentlich nur bei den Iren vorhanden, die auch innerhalb des Chartismus am militantesten waren. Die englischen Chartisten waren offenbar überwiegend der Ansicht, dass für ihr Land nicht der Weg der Revolution, sondern der Weg der Reform der angemessenere sei. Allerdings verschmähten sie es nicht, mit dem Demonstrationseffekt ausländischer Revolutionen den nichtrevolutionären Weg zur Durchsetzung des eigenen Programms in Großbritannien erzwingen zu wollen.

Wie im frühen 19. Jahrhundert nach den Stürmen der Französischen Revolution und der napoleonischen Kriege konnten auch nach 1848 die britischen Oberschichten das Ausbleiben einer Revolution in ihrem Land mit einem gewissen Recht seiner Verfassung zuschreiben. Charles Greville, Sekretär des Privy Council und bekannter Tagebuchschreiber, urteilte: „It is the finest tribute that ever has been paid to our constitution, the greatest test that ever has been applied to it ...".[245] Die „Times" schrieb über den Tag, als eine chartistische Massendemonstration in London friedlich verlaufen und dank der Vorsicht ihrer Leitung sowie der Umsicht der Regierung ohne den befürchteten Umschlag in die Revolution zu Ende gegangen war: „The 10th of April, 1848, will long be remembered as a great field day of the British Constitution". Andere europäische Staaten, so die Zeitung, sollten sich Großbritannien zum Vorbild für Stabilität und „a safe method of constitutional freedom" nehmen.[246]

Die britische Verfassung erhielt, wie schon in der Zeit der Französischen Revolution, noch zusätzlichen Glanz durch die Entwicklung auf dem europäischen Kontinent, die nach den revolutionären Unruhen in Frankreich zum Bonapartismus Napoleons III. und in den meisten anderen Staaten zu Reaktionsregimen führte. Sie erzeugte auf der Insel ein Gefühl der Selbstzufriedenheit und verstärkte die Vorbehalte gegen „paper constitutions" und Verfassungskonstruktionen, die auch durch den Einfluss der Romantik genährt wurden.[247]

13 Die Entzauberung der Verfassung

Nach der Jahrhundertmitte lässt sich trotz oder wahrscheinlich sogar wegen des Triumphes im Jahr 1848, der ihren Einsatz als soziales Integrationsmittel überflüssig zu machen schien, eine Tendenz zur Entzauberung, Versimpelung und Ver-

---

245 Zit. nach Grainger (1980: 128).

246 Zit. nach Ashton (1986: 32f.).

247 Collini/ Winch/ Burrow (1987: 20). Coleridge, der stark vom Idealismus sowie der Romantik in Deutschland geprägt war und in enger Anlehnung an Schelling eine organische Theorie der Politik entwickelte (Holmes 1998: 275-279), war auch in seiner Verfassungsvorstellung von diesen Einflüssen bestimmt. Er interpretierte in seiner 1829 erscheinenden Schrift „On the Constitution in Church and State" die englische Verfassungsentwicklung teleologisch als Entfaltung einer keimhaft angelegten Idee, die in diesem „particular body" enthalten war und sich, wegen der insularen Lage des Landes von außen kaum gestört, herausarbeiten konnte (Coleridge 1976: 18f., 23, 72). Vgl. dazu Taylor (1996: 652-655, 798).

dünnung der Constitution feststellen.[248] Ihre Bedeutungsvielfalt ging verloren. Die mit ihr so lange verbundenen Vorstellungen von den Rechten freigeborener Engländer gerieten bei den sich mit der Verfassung beschäftigenden Politikern und Publizisten aus dem Blick. Es scheint fast, als sei auch Großbritannien von dem Geist der „Realpolitik" angesteckt worden, der um diese Zeit deutsche Liberale erfasste. Wir konstatieren auch auf der Insel ein Befasstsein mit dem Machtaspekt, wie es das bis dahin in diesem Maße nicht gegeben hatte – eine unsentimentale Härte, die uns gleichzeitig in Bezug auf die Kolonien in der Auseinandersetzung um den Gouverneur Eyre von Jamaika begegnet.[249] Die neue Haltung zeigt sich im einzelnen in einem Verlust an Pietät gegenüber der Verfassung bei den Oberschichten (die mit ihrer Instrumentalisierung und absichtsvollen Mystifizierung durchaus verbunden sein konnte), an der Betonung des Prinzips der parlamentarischen Omnipotenz sowie schließlich an der Hervorhebung der Beliebigkeit konstitutioneller Regeln und ihrer Zurückführung auf bloße Konventionen oder Übereinkünfte.[250]

Zwar war das Verständnis der Verfassung stets vom politischen und sozialen Standort der Interpreten bzw. von der Tatsache bestimmt gewesen, ob man sich in der Regierung oder in der Opposition befand, aber die klassenarrogante Interpretation der Constitution, auf die man jetzt stößt, ist neu. Man wird sie vor allem auf ihre Öffnung für neue Wählerschichten zurückzuführen haben, die einen zynisch-manipulatorischen Ansatz nahelegte. So hat J.W. Burrow gezeigt, wie bei Macaulay die innere Distanzierung von der Tradition der Ancient Constitution mit der Wertschätzung ihrer Nützlichkeit einherging.[251] Immerhin konzedierte Macaulay, dass auch diejenigen, die nur Übereinstimmung mit den „prejudices of the vulgar" vortäuschten, sich deren Einfluss nicht ganz entziehen konnten.[252] In Bagehots „The English Constitution" wird jedoch der Unterschied zwischen den Aufgeklärten und Unaufgeklärten absolut. Bei ihm ist der Verlust der Pietät vollständig. Die wahre Kenntnis der Verfassung wird eine Art Geheimwissen für Eingeweihte, während die Nichteingeweihten auf den Konsum ihrer akzidenziellen Äußerlichkeiten verwiesen werden.

---

248 Dazu grundlegend Mount (1992: 36). Eine zeitgenössische Beanstandung der intellektuellen Dürftigkeit der Verfassung stellte Matthew Arnolds ironisch in Frageform gekleidete Kritik aus dem Jahr 1864 dar: „Where shall we find language innocent enough, how shall we make the spotless purity of our intentions evident enough, to enable us to say that the British Constitution itself, which, seen from the practical side, looks such a magnificent organ of progress and virtue, seen from the speculative side, - with its compromises, its love of facts, its horror of theory, its studied avoidance of clear thoughts, - that seen from this side, our august Constitution sometimes looks ... a colossal machine for the manufacture of Philistines?" (Arnold 1968: 22).

249 Vgl. dazu Semmel (1969); Mill (1963: 251-254); Bolt (1971: 75-108).

250 Den informellen Charakter konstitutioneller Schranken hat damals Lord Acton prägnant charakterisiert mit seiner Definition: „constitutional - sum of indirect influences which restrain the action of the crown" (Fears 1985: 583).

251 Das entsprach der viktorianischen Haltung gegenüber der christlichen Religion, die einerseits durch Glaubensverlust und andererseits durch die Betonung ihrer gesellschaftlichen Notwendigkeit gekennzeichnet war. Vgl. dazu Houghton (1957: 99, 400f.).

252 Burrow (1981: 51-54) und Collini/ Winch/ Burrow (1987: 175).

Bagehots Buch erschien ursprünglich in der Zeitschrift „Fortnightly Review" als Artikelserie, die ein halbes Jahr vor Verabschiedung des Reform Act von 1867 abgeschlossen war. Was seine Darstellung der Verfassung auszeichnet, ist ein ironisch-respektloser Realismus, der zuweilen in Zynismus übergeht. Die „Dummheit", die für politische Stabilität unerlässlich ist, wird betont. Das Element der Täuschung – das schon bei Burke nicht ganz fehlte, von ihm in einem Augenblick der Provokation durch den frankophilen Duke of Bedford eingestanden,[253] aber doch von genuiner Verehrung der Constitution überragt wurde – ist für Bagehot zu einem unentbehrlichen Teil der Verfassung geworden. Ihre bindende Kraft beruht geradezu auf ihrer Täuschungsfähigkeit. Sie ist an das Vorhandensein ihrer „dignified parts" geknüpft, die von den für das tatsächliche Funktionieren maßgeblichen „efficient parts" grundsätzlich unterschieden werden.

Bagehot leitete die Notwendigkeit der „dignified parts" der Verfassung aus den unterschiedlichen Entwicklungsstufen der Bevölkerungsschichten ab, die in derselben Gesellschaft leben. Diese habe wie die Gebirge ihre geologischen Formationen. (Wer das bezweifle, so das schlagende Argument viktorianischer Klassenarroganz, brauche nur in die Küche zu gehen!)[254] Es gebe ganze Klassen, die nicht in der Lage seien, die Idee einer Verfassung zu begreifen oder sich komplexere Regierungsformen vorzustellen.[255] Für sie gebe es die „dignified parts" und zumal die Monarchie. Diese erscheint in Bagehots Sicht als ein historisches Relikt, das wegen der mangelnden geistigen Entwicklung der Unterschichten, die gleichsam im Mittelalter stehen geblieben sind, nützlich ist und am Leben erhalten wird.[256] Sie bildeten sich ein, von einer Erbkönigin regiert zu werden, während sie doch in Wirklichkeit von einem Parlament und Kabinett regiert würden.[257]

Indem Bagehot eine Identifikation der breiten Masse des Volkes mit der Verfassung für unmöglich erklärt und sie statt dessen auf eine Identifikation mit der

---

253 Vgl. dazu Schröder (2000a: 197, 199f.).

254 Bagehot (1974: 208). Mount spricht zu Recht von der „relentless snobbery" des Buches von Bagehot und „its obsessive contempt for the Great Unwashed" (Mount 1992: 42). Ein anderes Beispiel für diese Verachtung, die im 18. Jahrhundert noch nicht üblich war und die als eine Art psychischer Selbstschutz der Elite gegen den infolge der Wahlrechtserweiterung befürchteten Einbruch demokratischer Vulgarität interpretiert werden kann, liefert Lord Salisbury. 1867 gab er ihr in einem Brief an seinen jüngeren Bruder Ausdruck, der in einem französischen Hotel von Wählern aus seinem Wahlbezirk angesprochen worden war. Ein von Wählern infiziertes Hotel, schrieb Salisbury, sei schlimmer als eines, das von Wanzen befallen sei. Es sei schade, dass man kein Insektenpulver anwenden könne, um dergleichen Ungeziefer loszuwerden (Roberts 1999: 20f.). Zu den Praktiken und dem Geist des politischen Systems vor den Wahlrechtsreformen vgl. O'Gorman (1989); zum Zusammenhang von „zivilisatorischer Perspektive" und Klassenperspektive bei Bagehot und seinen Zeitgenossen siehe die Bemerkungen bei Mandler (2000: 235f.).

255 Bagehot (1974: 229).

256 Ein Autor hat neuerdings die Ansicht vertreten, hinter Bagehots respektlosen Bemerkungen über die Monarchie und ihrer Bejahung allein unter dem Aspekt der Nützlichkeit zur Bindung leichtgläubiger Massen habe sich ein „reverent and sincere believer" verborgen, der sich als Gebildeter seine Verehrung nicht habe eingestehen wollen (Kuhn 1996: 17, 26). Selbst wenn man diese These nicht akzeptiert, muss man doch zugestehen, dass Bagehot unzweifelhaft mit seinem illusionslosen Realismus kokettierte und ihn effektvoll übertrieb.

257 Bagehot (1974: 370).

Monarchie verweist, leugnet er einen wichtigen, stabilitätsfördernden Teil der englischen Tradition. Dabei feiert er in eigentümlicher Perversion seines Realismus im Interesse der Bindekraft der Monarchie geradezu den Obskurantismus des sie betreffenden Teils der Verfassung. Man wisse nicht, schreibt er, was die Monarchen genau tun könnten und was sie tun. Das sei auf den ersten Blick ein Fehler: „Every power in a popular government ought to be known". Aber ohne das Mysterium der „geheimen Prärogative" könne die Monarchie ihre Nützlichkeit nicht erlangen, da man nur das Geheimnisvolle verehre: „We must not let in daylight upon magic".[258] Dieser Satz erinnert an Machiavellis Äußerungen in den „Discorsi" über die Benutzung der Religion bei den Römern und das Diktum Montesquieus, es habe „kaum je einen Gesetzgeber gegeben, der nicht auf das Geheimnis zurückgegriffen hätte, um seinen Gesetzen oder seiner Religion Respekt zu verschaffen".[259]

Der Schlüsselbegriff für Bagehots Verständnis des Verhältnisses der Unterschichten zur Verfassung ist „credulant obedience".[260] Bezeichnenderweise hat Bagehot, der die Berücksichtigung der Arbeiterschaft bei der Vertretung im Parlament nur unter dem Aspekt der traditionellen Interessenrepräsentation sah,[261] nirgendwo die Perspektive ihrer geistigen Heranführung an die Verfassung entwickelt. Hier war ein zum Konservativen gewordener ehemaliger Radikaler wie Coleridge sehr viel schöpferischer gewesen, als er die Kultur in die Verfassung einzubinden und die fortschreitende „civilization" durch eine entsprechende „cultivation" in Form einer „national education" zu ergänzen suchte – „eliciting the latent *man* in all the natives of the soil, *train them up* to citizens of the country, free subjects of the realm."[262]

Die Reduktion und Versimpelung der Verfassung zeigt sich bei Bagehot ferner in seiner Konzentration auf die parlamentarische Omnipotenz. Der Gedanke der legislativen Allmacht des King-in-Parliament war in England seit der Gesetzgebung unter Heinrich VIII., mit der die Loslösung von Rom und die nationale Konsolidierung des Landes vollzogen wurde, weit verbreitet. Er stand allerdings zu der Idee einer Verfassung letztlich im Widerspruch, und im frühen 17. Jahrhundert ist denn auch ein Spannungsverhältnis zwischen dem konstitutionell ausgelegten common law und dem statute law, den rechtsfindenden Gerichten und dem rechtssetzenden Parlament, erkennbar.[263] Die Vorstellung eines auch Parlamente bindenden

---

258 Bagehot (1974: 243f.). Der in den darauffolgenden Jahrzehnten inszenierte Einsatz der Monarchie und ihrer mystischen Aura als einem nationalen Integrationsmittel (Cannadine 1984: 120ff), das die Verfassung in dieser Rolle z.T. ablöste, erscheint fast wie eine praktische Anwendung der Gedanken Bagehots - wenngleich diesem die mit der Annahme des indischen Kaisertitels durch Queen Victoria verbundene orientalisch-imperialistische Einfärbung durchaus missfiel (Kuhn 1996: 20f.).

259 Machiavelli (1977: 47-56); Ritter (2000: 35).

260 Bagehot (1974: 233).

261 Bagehot (1974: 315f.). Vgl. dazu auch Burrow (1988: 12, 112).

262 Coleridge (1976: 48f.).

263 Cromartie (1999: 97f., 103f). Vgl. dazu mit aktuellem Bezug Allan (1994: 16f.). Allan betont, dass die Unterordnung der Gerichte unter das Parlament nicht uneingeschränkt erfolgen könne. Gesetze müssten in Übereinstimmung mit einer „fundamental constitutional morality" stehen und

„fundamental law" wurde jedoch in der Folgezeit immer mehr zurückgedrängt. Sie ist nicht zuletzt durch die Tatsache diskreditiert worden, dass die Tories sich seit der Exclusion Crisis von 1679-81 zur Aufrechterhaltung der strikten monarchischen Erbfolge auf sie beriefen und sie zu einem Argument für das „divine right of the kings" wurde.[264] Zur Zeit der Amerikanischen Revolution war der Gedanke der Parlamentssouveränität allgemein akzeptiert.[265] Die „undisputed sovereignty of the king in parliament" hatte sich gleichsam als englische Variante des Absolutismus herausgebildet.[266] Wie so vieles in Großbritannien vermochte sie sich zu behaupten, weil sie partiell modern war und sogar mit dem demokratischen Prinzip der Mehrheitsherrschaft gerechtfertigt werden konnte. Bei Bagehot entsprach die geradezu lustvolle Bejahung der Parlamentssouveränität seiner Vorliebe für politische Energie und Durchschlagskraft sowie seinem schnörkellosen Machtrealismus für Eingeweihte.[267] Die höchste Gewalt ist nach Bagehot ein neu gewähltes Unterhaus. Jede Frage könne von einem neuen House of Commons „despotisch und endgültig" entschieden werden.[268]

Im Zusammenhang mit der Betonung der Omnipotenz des Parlaments nach der Jahrhundertmitte durch Bagehot und andere wurde die Verfassung immer flüssiger und unsicherer gemacht[269] und immer mehr als Ergebnis bloßer Übereinkunft verstanden. Die Sicherheit gegenüber dem Missbrauch politischer Gewalt durch eine Parlamentsmehrheit bestand damit allein in der Fairness der Kontrahenten. Die britische Verfassung, erklärte Gladstone, „presumes, more boldly than any other, the good faith of those who work it".[270] Lord Salisbury bezeichnete 1867 „mutual confidence" als Voraussetzung, ja als „the very soul of our Party Government".[271] Beides – die Darstellung des Parlaments als Machtzentrum ebenso wie die Betonung der konstitutionellen Konvention und des guten Willens der politischen Kontrahenten – spiegelte die Zeit Palmerstons wider, die durch den Konsens in allen wichtigen Fragen, Flüssigkeit und Unübersichtlichkeit der Parteiverhältnisse sowie wechselnde Mehrheiten und das Fehlen großer Probleme gekennzeichnet war.[272]

Die zunehmende Tendenz, in der Verfassung das Produkt eines „conventional arrangement"[273] zu sehen, das mit „constitutional fictions"[274] für die Massen garniert

---

seien von den Gerichten entsprechend auszulegen (Allan 1994: 18f., 282-290). Zu der stärker werdenden Tendenz in Richtung auf eine „judicial review" siehe jetzt King (2001: 72f., 96).

264 Nenner (1995: 112ff., 118f., 145f., 245).

265 Dickinson (1977: 83, 147).

266 Pocock (1993a: 283, 299). Vgl. auch Pocock (1987: 49).

267 „Bagehot's prime concern was to identify where power lay" (Harrison 1996: 45). Zu der Betonung von Energie bei einigen mittelviktorianischen Denkern, die zu dem Gleichgewichtskonzept des 18. Jahrhunderts im Gegensatz stand, vgl. Hamer (1968: 54ff.).

268 Bagehot (1974: 349).

269 Bagehot sprach von der „ever-varying constitution of England" (St. John-Stevas 1966: 148).

270 Zit. nach Harrison (1996: 413).

271 Roberts (1999: 98).

272 Vgl. dazu Briggs (1967a: 99, 115, 122f.).

273 So eine Formulierung Disraelis aus dem Jahr 1835 (Smith 1999: 126).

274 Diese Formulierung Salisburys bei Roberts (1999: 316).

war, signalisierte aber auch Selbstbewusstsein. Sie war Ausdruck des gewachsenen Vertrauens in die politische Stabilität, das man seit 1848 besaß und das sich in der Verfassungspublizistik der 1860er Jahre niederschlug.[275] Diese Stabilität schien die Selbstregulierung der „parliamentary classes" im Sinne des damals zu voller Blüte gelangenden Gentlemanideals und adliger Lässigkeit zu erlauben. Stellen Verfassungen „eine Art Selbstbindung von Gesellschaften" dar,[276] so kann die konstitutionell nicht fixierte Form der Selbstbindung ihnen gegenüber als überlegen erscheinen, da sie „self-control" beweist und den unausgesprochenen Selbstverständlichkeiten im Verhalten von Gentlemen entspricht. Nicht zufällig wurde das Parlament um diese Zeit besonders häufig mit einem Klub verglichen, und der Historiker David Marquand hat den informellen Politikstil sehr treffend zu der Atmosphäre eines Klubs in Beziehung gesetzt, „whose members trusted each other to observe the spirit of the club rules; the notion that the principles underlying the rules should be clearly defined and publicly proclaimed was profoundly alien". Die mangelnde schriftliche Fixierung der britischen Verfassung entsprach in geradezu idealer Weise der fehlenden Fixierung eines Gentlemankodexes.[277] Noch 1995 machte der Konservative Politiker Enoch Powell gegen den zur Eindämmung von Korruption im Parlament vorgelegten Nolan Report geltend, wenn man festlege, wie Gentlemen sich zu verhalten haben, brauche man keine Gentlemen mehr.[278]

War es in der Zeit der Englischen Revolution ein radikalprotestantischer Antiformalismus gewesen, der einer festen Verfassungsordnung entgegengewirkt hatte, so war es im 19. Jahrhundert ein adliger Antiformalismus, der sich konstitutioneller Festlegung entzog. In einer Zeit, in der „character formation" als Hauptaufgabe der Public Schools betrachtet wurde,[279] „manners and habits" als Außenbastionen des Charakters galten[280] und die „doctrine of the free choice" (W.L. Burn) mit ihrer Betonung des moralisch stärkenden, erzieherischen Effekts freier Entscheidungsmöglichkeiten hoch im Kurs stand, konnte ein nicht formalisierter, gleichsam instinktiver Konstitutionalismus als optimal gelten. Auch entsprach der lockere Verfassungspragmatismus mit einer Problemlösung von Fall zu Fall der handlungsorientierten Tendenz und dem allgemeinen Misstrauen von Gentlemen gegenüber „Ideen", das durch den ausgeprägten Antiintellektualismus der mittelviktorianischen Periode noch gesteigert wurde.[281]

Ein auf informeller Verständigung beruhendes, auf gute Manieren vertrauendes, gegenüber den Unterschichten mit Fiktionen arbeitendes System der Selbstregulierung erschien so als ausreichende Sicherung und zugleich als die Gentlemen adäquate Form.[282] Es war jedoch einerseits der Gefahr des Zusammenbruchs aus-

---

275 Parry (1993: 194); vgl. auch Burn (1965: 57f.).

276 Preuß (1990a: 77).

277 Marquand (1988: 178).

278 Hennessy (1995: 185).

279 Vgl. dazu Briggs (1967b).

280 St. George (1993: 103f, 227).

281 Houghton (1957: 110-118, 134).

282 Vgl. dazu Siedentop (2000: 69-73).

gesetzt, wenn Fairness, Ironie und Kameraderie einer Verschärfung des Parteienkonflikts zum Opfer fielen; es lief andererseits Gefahr, zu gänzlicher normativer Entleerung und Beliebigkeit zu führen.

Das aristokratische Ideal der „effortless superiority", dem sich oft gerade bürgerliche Aufsteiger verpflichtet fühlten und das möglicherweise in der Abenddämmerung der Adelsherrschaft besonders hervorgekehrt wurde, zeigte sich im übrigen auch in der Betonung des Pragmatisch-Zufälligen in der englischen Verfassungsentwicklung. Diese Akzentuierung entsprach dem adligen Politikstil, Dinge gut zu tun, ohne sich erkennbar zu bemühen, und die richtigen Dinge zu tun, ohne groß nachzudenken. Dabei ging der vor allem von Bolingbroke betonte Gedanke des kämpferischen Einsatzes der Generationen für die Freiheit und die Constitution verloren. Keine Anstrengung zu zeigen, nach keinerlei Plan oder System vorzugehen, erschien jetzt als Höchstmaß der Tugend, wobei das optimale Ergebnis dieser Anstrengungs- und Planlosigkeit wiederum die in der Whiginterpretation der Geschichte enthaltene Annahme einer providentiellen Bevorzugung Englands bestätigte. Bagehot schrieb: „We have made, or rather stumbled on, a constitution ... full of every species of incidental defect, ... of the worst *workmanship* in all out-of-the way matters of any constitution in the world". Dennoch weise diese Verfassung mit ihrem simplen „efficient part" und ihren massenwirksamen „theatrical parts" zwei große Vorzüge auf. Gustav Radbruch zitiert in seiner Schrift „Der Geist des englischen Rechts" einen Satz des Rechtshistorikers Maitland vom „stumbling along in our empirical fashion, blundering into wisdom", und er verweist zu Recht auf dessen Ähnlichkeit mit Seeleys Feststellung, das Empire sei in einem „fit of absentmindedness" entstanden.[283] Solche Aussagen scheinen für das Verfassungsverständnis der Zeit nach der Jahrhundertmitte repräsentativ zu sein. Ironische Distanz, eine leicht amüsierte Betrachtung der so ganz ungewollten und doch so vorzüglichen Hervorbringungen des eigenen Landes zeichnen sie aus.[284]

14 Parteienkampf und Verfassungkonflikt (1909 - 1914)

Es entbehrt nicht der Ironie, dass um die Mitte der 1880er Jahre und dann vor allem in den Jahren vor dem Ersten Weltkrieg ausgerechnet jene Merkmale des Verfassungsverständnisses in Frage gestellt wurden und gerade diejenigen Voraus-

---

[283] Bagehot (1974: 210); Radbruch (1956: 9). Vgl. auch Wormell (1980: 95). Noch 1959 erklärte der damalige Kabinettssekretär in einem Vortrag über „Cabinet Government": „in fact we have evolved by the usual British system of hit and miss a system which, having been rationalized after the event, is found to be quite logical and sound" (zit. nach Hennessy 2000: 36).

[284] Die bei Bagehot vielfach erkennbare ironische Distanz zur Verfassung zeigt sich auch bei dem Schriftsteller Anthony Trollope. In seinem Roman „The Prime Minister" verzichtet der stets skrupulöse und korrekte Duke of Omnium darauf, bei Wahlen seinen Einfluss in der Borough Silverbridge geltend zu machen, weil die Einmischung eines Peers verfassungswidrig sei. Seiner Frau Glencora ist ein solcher Verzicht unverständlich. Sie verweist auf zahlreiche Beispiele ungenierter Interventionen von Peers und erklärt: „Anything is constitutional, or anything is unconstitutional, just as you choose to look at it". Der auktoriale Kommentar dazu lautet: "It was clear that the Duchess had really studied the subject carefully" (Trollope 1975: 314f.).

setzungen entfielen, die unmittelbar zuvor besonders stark betont worden waren. Der „good faith“ der politischen Kontrahenten und das „gegenseitige Vertrauen“ der Parteien schwanden. Verfassungskonventionen wie die, dass das Oberhaus keine vom Unterhaus beschlossene Finanzvorlage zurückweisen dürfe, erwiesen sich als brüchig. Der von Bagehot so stark betonte Verfassungsgrundsatz der Entscheidungsgewalt eines neu gewählten Unterhauses wurde von den Konservativen nicht mehr akzeptiert. Der entspannte Stil der Politik, der so sehr einem spielerischen, ritualistischen Wettkampf geglichen hatte und in den Romanen Trollopes so realitätsgetreu beschrieben worden war, änderte sich. Aus der „good-humoured, affectionate, prize-fighting ferocity in politics“, von der Trollope gesprochen hatte,[285] wurde blutiger Ernst.

Die wichtigste Ursache für diese Veränderungen war das Erscheinen vom Home Rule für Irland auf der politischen Tagesordnung, nachdem Gladstone 1886 erstmals eine entsprechende Vorlage im Parlament eingebracht hatte. Für Gladstone war Home Rule die Wiedergutmachung eines an Irland begangenen Unrechts und eine Maßnahme ganz im Sinne des whiggistischen Adaptionskonstitutionalismus.[286] Seine Politik verfolgte, unter konstitutionellem Aspekt betrachtet, das Ziel, die Verfassung den veränderten Verhältnissen in Irland anzupassen, sie auch für Iren akzeptabel zu machen und dafür zu sorgen, dass sie ihre Aufgabe der nationalen Integration erfüllte.[287] Für die sich von der Liberalen Partei wegen dieser Frage abspaltenden Liberalen Unionisten und die Konservativen dagegen stellte Home Rule eine Bedrohung der nationalen Lebensgrundlagen dar.

Als die 1892 gebildete Liberale Regierung ihre im Wahlkampf angekündigte zweite Vorlage einbrachte und diesmal im Unterhaus eine Mehrheit zustandekam, rechtfertigte Salisbury das Veto des Oberhauses mit dem Argument, diese Majorität sei eine heterogene Kombination, in der nicht der klare Wille der Nation in einer entscheidenden Frage zum Ausdruck komme. (Wenig später bezeichnete er die Liberale Partei selber als „dishonest combination“.)[288] Er ging sogar noch weiter und erklärte, da England der „predominant partner“ innerhalb des Vereinigten Königreiches sei, dürfe es nicht überstimmt werden, dürften nicht Abgeordnete aus Irland und Wales den Ausschlag bei der Abstimmung im Parlament geben.[289] Auf Anregung des Verfassungsrechtlers Dicey fasste Salisbury sogar die Möglichkeit

---

285 Langford (2000: 153). Ein Autor unserer Tage spricht von der „calm, unexited, unexitable politics of Trollope's day“ (Annan 1983: 10).

286 Matthew (1995: 257).

287 Außerdem war mit ihr offenbar die Intention verbunden, die Liberale Partei zusammenzuhalten und durch die Ablenkung von sozialen Fragen, wie sie Joseph Chamberlain um diese Zeit in den Mittelpunkt rückte, eine Klassenkonfrontation zu verhindern. Vgl. dazu Hamer (1972: 63ff., 76, 110, 117f., 129f.).

288 Roberts (1999: 596).

289 Zu Recht sprach der Liberale John Morley von der „notion of England as a dictator in the United Kingdom“ und ironisierte er die Parteibezeichnung, die sich die Konservativen jetzt zulegten. Ihm scheine, so Morley, „that 'Unionist' is a very curious name for a party which takes the four divisions of nationality in the United Kingdom, and uses the predominance of one of the four to thwart, to baffle, and to frustrate the legislative reqirements of the other three“ (Hamer 1968: 297f.).

eines Referendums ins Auge. Tatsächlich nahm jedoch die Liberale Regierung ihre Niederlage hin, als das Oberhaus mit 419 zu 41 Stimmen und der größten je verzeichneten Präsenz von Peers die Home Rule Vorlage ablehnte.[290]

Wenn die Konservativen in Bezug auf Irland die Entscheidung einer sich auf irische Abgeordnete stützenden Majorität des Unterhauses nicht akzeptierten, so verstießen sie zwar gegen das von Bagehot mit der Herrschaft des Unterhauses gleichgesetzte Prinzip der Parlamentssouveränität (und zudem gegen ihre eigene Logik, da sie Irland ja gerade im unitarischen Staat festhalten wollten), aber es entsprach der historischen *raison d'être* der Souveränität des King-in-Parliament, wie sie sich seit Heinrich VIII. herausgebildet hatte. Diese England eigentümliche „unitary, absolutist doctrine of sovereignty" war, wie Jonathan Clark deutlich gemacht hat, eine Folge der Notwendigkeit, die Randgebiete – Wales, Irland, Schottland – nach der Reformation aus Gründen der englischen Sicherheit fest unter Kontrolle zu bekommen.[291] Diese Notwendigkeit erschien vielen Briten nach der gewaltigen Ausdehnung des Empire sogar noch größer, da nunmehr dessen Kern intakt erhalten werden musste und ein Desintegration bewirkender negativer Demonstrationseffekt auf das Weltreich unbedingt zu vermeiden war.[292] Der Gedanke einer umfassenden Neustrukturierung mit der Formel „Home Rule all around" fand zwar bei einigen Konservativen Imperialisten kurze Beachtung, wurde aber fallengelassen.

Durch das Aufbrechen der nationalen Frage in Form des Irlandproblems in der Periode des Imperialismus und allgemeiner Dekadenzfurcht wurde die primär auf Konvention, Übereinkunft und Fair Play reduzierte Verfassung schon in den 1880er und 1890er Jahren einer starken Belastungsprobe unterzogen, an der ihre Fragilität deutlich wurde.[293] Das wiederholte sich in verstärkter Form gegen Ende des ersten Jahrzehnts des 20. Jahrhunderts, als infolge des Wettrüstens zur See und der Kosten für die von der Liberalen Regierung inaugurierte Sozialpolitik die Frage der Besteuerung des Reichtums auf die Tagesordnung geriet. Trotz verhältnismäßig niedriger Steuersätze mobilisierte das 1909 vorgelegte sog. People's Budget des Schatzkanzlers Lloyd George hysterische Ablehnung bei den Konservativen, weil sich hier der schon lange bestehende Argwohn in Bezug auf den Missbrauch des Wahlrechts zur „Plünderung" der Vermögenden zu bestätigen schien. Nachdem das

---

290 Roberts (1999: 584-591).

291 Clark (1991: 15). Vgl. auch Clark (1994: 98).

292 Mount (1992: 250); Roberts (1999: bes. 382, 587).

293 Sowohl Gladstone als auch Salisbury sahen gegen Ende ihres Lebens die Grundlagen der britischen Politik und Verfassung gefährdet: Gladstone, indem er eine durch die Auseinandersetzung um die irische Frage und den Auszug der Whigaristokraten aus der Liberalen Partei verbreiterte Kluft zwischen den Parteien konstatierte, die zugleich eine soziale Kluft darstellte (Jenkins 1996: 595) – Salisbury, indem er durch die immer tiefere soziale Schichten erfassenden Wahlrechtsreformen einen „layer of pure combativeness" freigelegt und den bis dahin üblichen regelmäßigen Pendelausschlag bei den Parlamentswahlen von der einen zur anderen Partei aufgehoben sah. Salisburys pessimistische Interpretation des veränderten Wahlverhaltens ist um so bemerkenswerter, als es seine eigene Partei war, die davon profitiert hatte (Roberts 1999: 779). Zu dem an den Jahren vor 1868 ausgerichteten politischen Ideal Salisburys vgl. Shannon (1996: 106; 2000: 336).

Unterhaus das Budget in der dritten Lesung mit 379 gegen 149 Stimmen angenommen hatte, brach das Oberhaus mit einer jahrhundertealten Tradition[294] und lehnte es am 30. November 1909 mit 350 gegen 75 Stimmen ab. Die Regierung reagierte mit einer Resolution, dass das Vorgehen des House of Lords „a breach of the Constitution and a usurpation of the rights of the Commons" darstelle.[295] Sie beschloss, durch Einbringen einer Gesetzesvorlage das absolute Vetorecht des Oberhauses in ein bloß aufschiebendes Vetorecht umzuwandeln. Darin erblickten die aufgebrachten Konservativen Peers, die die überwältigende Mehrheit des Oberhauses bildeten, eine Zerstörung bzw. Aufhebung der Verfassung. Lord Willoughby, Führer der extremen Diehards, sah in seiner sich der Regierungsvorlage widersetzenden Partei „the trustee of the ancient constitution of this country".[296] Nach zwei Unterhauswahlen und einer gescheiterten Constitutional Conference im Jahr 1910[297] wurde die von der Regierung vorgelegte Parliament Bill schließlich am 10. August 1911 vom Oberhaus angenommen – aber erst nachdem es mit der Drohung unter Druck gesetzt worden war, im Fall einer Ablehnung der Vorlage durch den König 400 bis 500 neue Peers kreieren zu lassen.

Das war jedoch nur der erste Akt der britischen Staats- und Verfassungskrise in den Jahren vor dem Ersten Weltkrieg. Der zweite, noch dramatischere Akt ergab sich aus der dritten Home Rule Vorlage, die von der Liberalen Regierung eingebracht wurde. Dabei waren die Frage der Oberhausreform und die Irlandfrage von Anfang an auf das engste miteinander verknüpft. Der Konservative Parteiführer Bonar Law nannte die Parliament Bill, die ein neuerliches absolutes Veto des Oberhauses gegen die Autonomie für Irland unmöglich machte, sarkastisch eine „Home Rule in Disguise Bill".[298] Die in der Präambel zum Parliament Act in Aussicht gestellte, aber nicht erfüllte Zusage einer Reform in der Zusammensetzung des Oberhauses diente den Konservativen sogar zur Begründung der These, dass die Verfassung suspendiert, die Annahme der Home Rule Bill rechtswidrig und der Widerstand gegen sie daher gerechtfertigt sei. Arthur Balfour, der bis 1911 Parteiführer der Konservativen gewesen war, sprach 1913 von einer „interim constitution".[299] Bonar Law forderte sogar den König auf, ein Veto gegen die Bill einzulegen, da der durch das Oberhaus gebildete Puffer zwischen Unterhaus und Monarch zerstört worden sei, wodurch das alte Vetorecht des Königs wiederbelebt

294 Bereits 1860 war eine Finanzvorlage (die Papiersteuerbill Gladstones, die eine Verbilligung der Zeitungen ermöglichen sollte) vom Oberhaus abgelehnt worden. Sie hatte freilich auch im Unterhaus nur eine geringe Mehrheit gefunden und besaß nicht die Unterstützung durch Premierminister Palmerston, der sogar in einem Brief an die Königin dem House of Lords die Ablehnung nahe legte (Jenkins 1996: 227).

295 Bogdanor (1995: 113).

296 Pearce (1999: 367; siehe auch 192f., 209, 340, 350, 353, 367f.).

297 Die zwischen den beiden Unterhauswahlen vom Januar und Dezember stattfindende Verfassungskonferenz des Jahres 1910 war ein „unique event in British political history" (Blewett 1972: 165).

298 Adams (1999: 98).

299 Bogdanor (1995: 123).

werde.[300] Georg V. nahm diesen Gedanken auf und schrieb am 22. September 1913 in einem Brief an Premierminister Asquith über den Parliament Act: „it has destroyed the very foundations of those precedents to which he would naturally look for guidance at the present time."[301]

Dass ein solcher Vorschlag gemacht und vom König in Erwägung gezogen werden konnte, war nur möglich, weil die persönliche Macht des Monarchen konstitutionell nie präzise definiert worden war[302] und seine politische Zurückhaltung sich bloß von der Verfassungskonvention des 18. Jahrhunderts herleitete.[303] Wäre der König auf die Forderung der Konservativen eingegangen, so wäre damit die Stellung des Monarchen zur Zeit Queen Annes wiederhergestellt worden, die zuletzt von dem Vetorecht Gebrauch gemacht hatte, und die Verfassungsordnung hätte sich (sogar noch mehr durch die Einführung der gleichzeitig von Konservativer Seite erhobenen Forderung nach Entlassung der Liberalen Regierung)[304] dem Konstitutionellen System des Deutschen Kaiserreiches angenähert.

Da die Konservativen glaubten (oder zu glauben vorgaben), dass die Verfassung suspendiert bzw. eine Lücke in ihr entstanden sei und die Liberalen ein „korruptes Geschäft" mit den Iren abgeschlossen hätten, hielten sie sich an die üblichen Regeln parlamentarischen Lebens nicht mehr für gebunden.[305] Sie drohten, für den Fall der Verabschiedung von Home Rule für Irland in seiner Gesamtheit, den Widerstand der Protestanten in Ulster zu unterstützen. Damit rückte ein Bürgerkrieg, den Lord Salisbury und andere Konservative bereits 1886 im Zusammenhang mit der ersten Home Rule Vorlage ins Auge gefasst hatten,[306] in bedrohliche Nähe. Die Krise erinnert in mancher Hinsicht an den preußischen Heeres- und Verfassungskonflikt der 1860er Jahre. Es gab gleichsam eine britische Variante der Bismarckschen Lückentheorie und Äußerungen Bonar Laws, die eine auffallende Ähnlichkeit mit Bismarcks Blut- und Eisenrede aufweisen.[307]

Wie gering die bindende Kraft der Verfassung bei den Unionisten vor dem Ersten Weltkrieg war, zeigt sich an dem Verhalten Diceys – des führenden Verfassungsexperten der Zeit –, der schon bei der ersten Home Rule Vorlage den Vorschlag des Referendums gemacht hatte und ihn jetzt wiederholte. Den Einwand, das sei „unconstitutional", schob Dicey mit der bemerkenswerten Erklärung beiseite: „This word has no terrors for me; it means no more than unusual"[308]. Dicey unterzeichnete den Covenant der Ulster-Protestanten und erklärte: „There may exist acts

---

300 Adams (1999: 106f.). Vgl. auch Pearce (1999: 437f., 447), Richard/ Welfare (1999: 41) und Ramsden (1998: 209, 217f.).

301 Bogdanor (1995: 124ff., 131f.).

302 Amery (1964: 6).

303 Bogdanor (1995: 13f.).

304 Vgl. Kuhn (1996: 78).

305 Bogdanor (1995: 124).

306 Roberts (1999: 377).

307 Vgl. Smith (1993: 162).

308 Mount (1992: 53).

of oppression on the part of a democracy, no less than of a king, which justify resistance to law, or, in other words, rebellion."[309]

Die Auseinandersetzung um die Irlandfrage vor 1914, deren Kulmination in einem Bürgerkrieg nur durch den Ersten Weltkrieg verhindert wurde, ließ die Schwächen der britischen Verfassungsordnung deutlich zu Tage treten. Diese bestanden vor allem in der mangelnden Verlässlichkeit bloßer Konventionen, in der unterschiedslosen Entscheidung aller Fragen durch einfache parlamentarische Mehrheiten und dem Unvermögen – aufgrund eines starren Souveränitätskonzepts, das sich schon im Konflikt mit den nordamerikanischen Kolonien als verhängnisvoll erwiesen hatte – eine Delegation von Kompetenzen ins Auge fassen zu können. Bezeichnend ist, dass es in der Krise nicht nur an „tacit understandings" fehlte, sondern sogar die informelle Verständigung zwischen den Parteien und das Parlament als Ort der Kompromissfindung selber unter Beschuss gerieten. Für den Imperialisten Alfred Milner –, Hauptexponent einer antiparlamentarischen Rechten, dem der schonende, clubartige Umgang der Abgeordneten miteinander schon lange ein Dorn im Auge war[310] – handelte es sich bei der Krise von 1914 um eine nationale Existenzkrise, die normales politisches Handeln außer Kraft setzte.[311]

Lange Zeit war das Parlament der „ausschlaggebende Träger der englischen Weltmacht" (Max Weber) gewesen. Jetzt wurde es in den Augen vieler Unionisten seinen nationalen Verpflichtungen untreu, indem es Home Rule für Irland gewähren wollte. Parlamentarische Mehrheitsentscheidungen und die Beachtung von Verfassungsregeln waren aus ihrer Sicht mit den Lebensinteressen des Landes in Konflikt geraten, und man glaubte sich vielfach nicht mehr an sie gebunden. So war die Krise der Jahre vor 1914 auch eine Krise der Verfassung.

15 Die Wiederaufwertung der Verfassung durch die beiden Weltkriege und den Totalitarismus

In den Konflikten um das People's Budget, die Parliament Bill und die Irlandfrage in den Jahren vor 1914 hatten sich Funktionsfähigkeit und Bindekraft der britischen Verfassung als unzureichend erwiesen. Die Standfestigkeit Großbritanniens im Ersten Weltkrieg, der Sieg über die Mittelmächte, die scheinbar noch gestärkte Weltmachtrolle des Landes nach 1918 und die Bewältigung der Weltwirtschaftskrise durch eine Koalitionsregierung im Rahmen der freiheitlich-demokratischen Ordnung werteten sie jedoch wieder auf. Der Vergleich mit dem

---

309 Mount (1992: 55). Lord Morley erklärte im Juli 1914 im Oberhaus, dass die irische Frage nunmehr den Bereich der „constitutional forms" sowie der „legitimate methods of agitation and controversy" verlassen habe: „Resistance by arms is now encouraged against the established Government of the kingdom. This baleful lesson finds encouragement and favour, and the lesson that constitutional methods are no longer to be trusted will be sure to spread. The dark results of appeals to violence and force must spread the dangerous suspicion that constitutional methods are unavailing" (Hamer 1968: 358).

310 Vgl. dazu Schröder (1978).

311 Ramsden (1998: 209).

zunächst von revolutionäreren Erschütterungen heimgesuchten und dann vielfach von halbdiktatorischen oder diktatorischen Regimen beherrschten Staaten Mittel- und Osteuropas kam ihr dabei zugute.[312] Es ist für ihr wiedergewonnenes Prestige bezeichnend, dass die von den Koalitionären geplante große Mittelpartei, gegen die sich die Konservativen Hinterbänkler auflehnten und die nicht zustande kam, „constitutional party" heißen sollte[313] und dass Winston Churchill 1923 nach dem Verlassen der Liberalen Partei sich den Wählern als „konstitutioneller Kandidat" empfahl. Nach der 1922 erfolgten Lostrennung des größten Teil Irlands verlor sich überdies rasch die Erinnerung daran, dass die Verfassung lange Zeit gegenüber der Aufgabe versagt hatte, das Staatsgebiet zu befrieden und zusammenzuhalten.[314]

Vor allem Stanley Baldwin hat als Konservativer Parteiführer und Premierminister einen national akzentuierten Konstitutionalismus als Integrationsmittel für die britische Gesellschaft sowie als Unterscheidungsmerkmal gegenüber den Diktatoren gepflegt und zielstrebig eingesetzt.[315] Dessen Quintessenz lautete: Ordnung ohne Despotismus, Freiheit ohne Anarchie. Dieser Konstitutionalismus wurde von Baldwin mit derselben ländlich-vorindustriellen Metaphorik und Betonung von „Englishness" beschworen, die er auch sonst in seinen sehr wirkungsvollen Reden schätzte: Die Verfassung war eine Hervorbringung Englands – „as native to our country and to our people as oak or ash or thorn".[316]

Baldwin setzte den Konstitutionalismus als Waffe gegen die Labour Party und deren sozialökonomisches Programm ein, so wie in der Zeit der Französischen Revolution der Verfassungspatriotismus gegen die englischen „Jakobiner" eingesetzt worden war. Labours Verbindung mit wesensfremden Importen wie den politischen Gewerkschaften und radikalen Sozialisten wurde als unenglisch denunziert und als verfassungsfeindlich verdächtigt.[317] Baldwins Politik war wirkungsvoll, weil sie – wie die der Oberschichten in den 1790er Jahren – ein Element der genuinen Überzeugung enthielt. Sie war um so erfolgreicher, als er durch ostentative Fairness die Labour Party bewusst für die Verfassung zu gewinnen versuchte und diese an allen Fronten verteidigte: gegen den Generalstreik von 1926 ebenso wie gegen die anmaßenden politischen Interventionen der Pressezaren im Jahr 1931. Auch das erinnert an die Zeit der Französischen Revolution, als die Verfassung gegen die „Jakobiner", aber zugleich gegen die ultrakonservative Interpretation eines Reeves verteidigt worden war. Philip Williamson hat sogar argumentiert, dass die konstitutionelle Rhetorik Baldwins in seiner eigenen Partei am wirksamsten gewesen sei. Sie errichtete Schranken gegen autoritäre und faschistische Verführungen, hielt die

---

312 Das fügte sich in das traditionelle Muster ein, denn die Ancient Constitution hatte vielfach Unterstützung von außen erhalten: im 17. Jahrhundert durch den abschreckenden Demonstrationseffekt des Absolutismus auf dem Kontinent, im ausgehenden 18. Jahrhundert und in der ersten Hälfte des 19. Jahrhunderts durch die vor allem in Frankreich vor Augen geführte Verbindung einer innovativen Verfassunggebung mit Revolution und Instabilität.

313 Stuart (1997: 27).

314 King (2001: 42f.).

315 Dazu grundlegend Williamson (1999: 202, 211).

316 Williamson (1999: 325).

317 Williamson (1999: 352).

Konservativen auf dem Boden der parlamentarischen Demokratie und trug dadurch am meisten zur nationalen Stabilität bei.[318]

Baldwin, so wird man mit einem Blick auf seine Außenpolitik sagen können, trat im Innern des Landes den Diktatoren entschiedener entgegen als im zwischenstaatlichen Bereich.[319] Allerdings nutzte er damit auch einen parteipolitischen Vorteil,[320] und ihm wurde seine Strategie durch den Totalitarismus erleichtert. Dieser verlieh der Constitution neuen Glanz und machte die These des 18. Jahrhunderts von der Einzigartigkeit der englischen Verfassung im europäischen Kontext nahezu wieder wahr.

Der Zweite Weltkrieg und die unmittelbare Nachkriegszeit verschafften der britischen Verfassung zunächst eine weitere Legitimationszufuhr.[321] Das Land bestand die Belastungsprobe des Kampfes gegen Hitlerdeutschland und war in der zweiten Hälfte der 1940er Jahre neben den Vereinigten Staaten der einzige Großstaat mit einer gut funktionierenden Demokratie. Es hob sich eindrucksvoll vom übrigen Europa ab, das wirtschaftlich darniederlag und in seinem östlichen Teil totalitär unterjocht wurde. Von den Vereinigten Staaten unterschied es sich andererseits positiv durch die Einführung des Wohlfahrtsstaates, die reibungslos auf der Grundlage seiner Verfassung vonstatten ging. Die Eheschließung der Thronfolgerin Elisabeth 1947 war nach dem Urteil Ben Pimlotts eine Art von Siegesparade für die Freiheit und die Verfassung. Historiker wie G.M. Trevelyan und John Wheeler-Bennett nahmen sie zum Anlass, Zufriedenheit mit der britischen Verfassungsordnung zu bekunden.[322] Die Thronbesteigung der Königin fünf Jahre später schien vielen Briten sogar ein neues elisabethanisches Zeitalter einzuleiten.

16 Das Schwinden der Selbstzufriedenheit. Ausblick auf die aktuelle Verfassungsdiskussion

In den vergangenen 20 oder 30 Jahren hat sich die britische Selbstzufriedenheit in Bezug auf die eigene Verfassungsordnung etwas verflüchtigt. Besonders das Gefühl der Überlegenheit aufgrund der Tatsache, keine *geschriebene* Verfassung zu besitzen, ist kaum noch vorhanden. Der dadurch bedingte Vorteil der Flexibilität – der Churchill 1943 in einem Privatbrief die Amerikaner als „slaves of a written constitution“ bezeichnen ließ, weil sie mitten im Krieg Präsidentschaftswahlen abhalten mussten[323] – wird weniger gerühmt als ehedem. Die normative Leere der

318 Williamson (1999: 359f.).

319 Williamson (1999: 313ff., 325, 359).

320 Die Konservativen unter Baldwin waren mit dieser Strategie ungemein erfolgreich. Es gelang ihnen, in der Zwischenkriegszeit bei Parlamentswahlen etwa die Hälfte der Arbeiterschaft für sich zu gewinnen. In keinem anderen Land hatte eine konservative Partei soviel Erfolg (McKibbin 1998: 530f.).

321 Vernon (1993: 206) konstatiert: „to many the Second World War was the finest hour in England's defence of constitutional liberty“.

322 Pimlott (1996: 142f.).

323 Soames (1998: 482).

ungeschriebenen Verfassung (nach dem Motto: „constitution is what happens" oder: Verfassungsregeln entstehen „as you go along")[324] wird stark empfunden. Die Organisation „Charter '88" verfolgt ausschließlich das Ziel einer neuen Verfassungsordnung, und 1991 hat das Institute for Public Policy Research der Öffentlichkeit sogar einen aus 129 Artikeln bestehenden Verfassungsentwurf unterbreitet. Ein alarmierter Politikwissenschaftler hat angesichts dieser an ausländischen Vorbildern orientierten konstitutionellen Neuerungssucht sogar Krankheitssymptome einer „constitutional mania" in Großbritannien auszumachen geglaubt.[325]

Eine wichtige Voraussetzung für die Abkehr von der konstitutionellen Selbstzufriedenheit ist fraglos das in den 60er und 70er Jahren unverkennbare Zurückbleiben Großbritanniens hinter der wirtschaftlichen Entwicklung anderer westlicher Industriestaaten gewesen. Die komparative Perspektive, die der Verfassung solange zugute gekommen war, gereichte ihr jetzt zum Nachteil. Die Kritik an der relativen Rückständigkeit und am traditionalistischen Schlendrian Großbritanniens tangierte auch die „historical constitution". Denn, mit den Worten Tom Nairns, „to remain stubbornly unwritten is to remain customary".[326] Der mit dem Glauben an die Verfassung so eng verbundene „sense of national achievement and privilege" schwand und wurde von der Frage abgelöst, was an der britischen Entwicklung falsch gelaufen sei. Es war kaum ein Zufall, dass eine Verfassung, die so oft mit dem Hinweis auf die mit ihr verbundene wirtschaftliche Prosperität des Landes verknüpft worden war, durch dessen ökonomische Misere in Mitleidenschaft gezogen wurde.

Den Hauptanstoß zu einer kritischeren Betrachtung der ungeschriebenen Verfassung gab jedoch ohne Zweifel die Ära Thatcher. Seit den 80er Jahren sieht man stärker als vorher die Gefahren, die sich aus ihr einerseits für die individuellen Rechte, andererseits für die pluralistische Struktur (besonders die lokale Selbstverwaltung) ergeben. Elf Jahre Premierministerschaft Margaret Thatchers führten vor Augen, „how vulnerable the unwritten constitution really was".[327] Sie haben deutlich gemacht, wie wenige konstitutionelle Sicherungen es gegen einen rücksichtslosen Einsatz der Staatsgewalt und eine Politik der Zentralisierung gibt. Ihre radikale Politik hätte wohl kaum in einem anderen Staat Westeuropas durchgeführt

---

324 Hennessy (2000: 30).

325 Harrison (1996: 350).

326 Nairn (1994: 233).

327 Pugh (1991: 23). Die unzureichende Schutzfunktion der Constitution zeigt sich schon darin, dass selbst Kritiker der Premierministerin, die ihr unkonstitutionelles Verhalten rügten, ihr nur Verstöße gegen den „Geist der Verfassung" vorhalten konnten. Margaret Thatcher, erklärte z.B. Simon Jenkins, „acknowledged few constraints beyond the rudiments of parliamentary procedure and the Parliament Act governing elections". Ihre Politik ließ nach Jenkins „little regard for the spirit of any constitution" erkennen (Jenkins (1995: 14f.). Dagegen urteilte David Marquand: „Whether the Thatcher governments had, in fact, departed from Britain's unwritten constitution, is a matter for argument. Since the constitution is unwritten, and since there is no authoritative body to decide what its spirit actually is, no one can be certain" (Marquand 1997: 42f.).

werden können, da sie dort überall auf verfassungsrechtliche Hemmnisse und Garantien gestoßen wäre.[328]

Neben der Notwendigkeit konstitutioneller Sicherungen wird aber auch zunehmend die von Motivationen und normativen Gehalten betont, die nur eine geschriebene Verfassung bieten könne. So konstatiert David Marquand: „a constitution is a kind of distillation of a political community's view of its better self; an embodiment of its conception of the nature of politics, of the sources of political authority and ultimately of the good society; a mirror reflecting its public philosophy and most cherished values. And, in mirroring values, constitutions also reinforce them". Eine kumulative Verfassunggebung wie die britische, bei der die Krone ihren Untertanen Rechte *gewährte*, ist nach Marquand mit dem Stolz selbstbewusster Bürger unvereinbar.[329] Sehr ähnlich betont Larry Siedentop die Notwendigkeit schriftlich fixierter Verfassungsnormen für die Selbstachtung und Sozialisation der Bürger.[330] Hatte Dicey 1885 voller Stolz gemeint, die konkrete Rechtssicherheit verbürgenden englischen Gesetze seien „hundert Verfassungsartikel" wert, in denen allgemeine Menschenrechte proklamiert würden,[331] so ist es für viele heute gerade der deklaratorische Charakter von Grundrechten, dem sie für das Bürgerbewusstsein Bedeutung zusprechen; einmal ganz abgesehen davon, dass die unrühmliche Rolle Großbritanniens vor dem Europäischen Gerichtshof für Menschenrechte den Rechtszustand des Landes in einem immer ungünstigeren Licht erscheinen ließ.[332]

Die Labourregierung unter Blair hat inzwischen einige konstitutionelle Veränderungen vorgenommen – die Übernahme der europäischen Menschenrechtskonvention, eine partielle Reform des Oberhauses sowie Föderalisierungsschritte mit einem schottischen Parlament, einer Landesversammlung für Wales und einer limitierten Selbstverwaltung Londons. Diese Veränderungen erfolgten jedoch in Gestalt normaler Gesetze[333] und in der herkömmlichen Weise: in der kumulativ-unsystematischen Form des Ancien Régime und in der Tradition des „aggregative constitutionalism"[334] mit seinen Ungereimtheiten. Sie sind nicht geeignet, ein britisches Bürgerbewusstsein zu fördern und für Großbritannien in seiner Gesamtheit jene Bindekraft zu erzeugen, die die Befürworter einer geschriebenen Verfassung dieser zuschreiben.[335]

---

328 Offe (1996: 345).

329 Marquand (1997: 180).

330 Siedentop (2000: bes. 39, 45f., 70, 77, 94).

331 Dicey (1885: 118).

332 Mount (1992: 211, 220-223).

333 Deswegen gilt grundsätzlich nach wie vor die Feststellung im ersten Agreement of the People der Levellers von 1647: „No Act of Parliament is or can be unalterable, and so cannot be sufficient security to save you or us harmless, from what another Parliament may determine, if it should be corrupted" (Aylmer 1975: 93).

334 Foley (1999: 13).

335 Peter Hennessy vertritt die Ansicht, dass es seit 1688 keinen solchen „konzentrierten und bewussten Umbau der Verfassungsarchitektur" gegeben habe, wie er jetzt von der Labourregierung unter Blair in Angriff genommen worden sei. Zugleich verweist er jedoch darauf, dass dieser Umbau auf Seiten der Minister ohne Schwung und Überzeugung betrieben werde, der Premierminister

Andererseits hat, wie die vorstehende Darstellung für das 18. Jahrhundert und die erste Hälfte des 19. Jahrhundert zu zeigen versuchte, in der Vergangenheit unter vormodernen Bedingungen gerade die ungeschriebene Verfassung eine solche Bindekraft zu entwickeln vermocht. Die Beschwörung der „Constitution" diente als eine Art Konkordienformel. Es gab, wenngleich keinen Verfassungskonsens, so doch ein ausgeprägtes Verfassungsbewusstsein, eine Verfassungsbejahung und ein gemeinsames konstitutionelles Idiom, die die verschiedenen Schichten miteinander verbanden. Dabei bot gerade die Unbestimmtheit der „Constitution" Raum für einen populären Konstitutionalismus, der von der aktuellen Verfassung versagte Rechte in der Vergangenheit zu erkennen glaubte und ihre Wiederherstellung im Rahmen der bestehenden Verfassungsordnung für möglich hielt. Die Constitution gab Regierungen und Oberschichten die Möglichkeit, mehrmals einen Verfassungspatriotismus zu mobilisieren und Stabilität eher mit ideologischen als gewaltsamen Mitteln aufrechtzuerhalten.[336]

Bis zur Mitte des 19. Jahrhunderts lassen sich mithin in Bezug auf den integrativen Effekt durchaus Vorzüge der ungeschriebenen Verfassung ausmachen. Diese wurden jedoch durch eine Interpretation, die sie ihrer Faszinationskraft beraubte, hinfällig. In der Krise vor dem Ersten Weltkrieg erwies sich die ungeschriebene Verfassung als unzureichend. Ihre Unklarheit verschärfte vorhandene Gegensätze. Sie erfüllte nicht mehr ihre eigentliche Aufgabe: die der Hegung von Konflikten und der Aufrechterhaltung des inneren Friedens. Nur aus dem Vergleich gewann sie in der Folgezeit vorübergehend noch einmal neue Kraft.

---

selber ihn kaum einmal erwähne. Man betrachte „the goverment's constitutional reform programme as a restructuring of an existing political culture rather than seeing it as the cultural transformation it was certainly going to be" (Hennessy 2000: 508-512, 531). In der neuesten Untersuchung zum aktuellen Stand der Verfassung wird wegen des planlosen und heterogenen Charakters der konstitutionellen Neuerungen bezweifelt, dass Großbritannien überhaupt noch eine Verfassung besitze. Es gebe augenblicklich nur ein „constitutional unsettlement" (King 2001: 78, 90f.).

336 Royle (2000: 191).

Literatur

Adams, Ralph J. Q. (1999): Bonar Law. London: Murray

Allan, Trevor R. S. (1994): Law, Liberty and Justice. The Legal Foundations of British Constitutionalism. Oxford: Oxford University Press

Amery, Leopold Stennett (1964): Thoughts on the Constitution. London: Oxford University Press

Annan, Noel (1983): How should a Gent Behave? In: New York Review of Books 3.2.1983. 10

Armitage, David (Hrsg.) (1997): Bolingbroke, Political Writings. Cambridge: Cambridge University Press

Armitage, David/ Armand, Himy/ Skinner, Quentin (Hrsg.) (1998): Milton and Republicanism. Cambridge: Cambridge University Press

Arnold, Matthew (1968): The Function of Criticism at the Present Time. In: Hoctor, Thomas Marion (Hrsg.) (1968): Matthew Arnold's Essays in Criticism. Chicago: University of Chicago Press. 8-30

Ashton, Rosemary (1986): Little Germany. Exile and Asylum in Victorian England. Oxford: Oxford University Press

Aylmer, Gerald Edward (1975): The Levellers and the English Revolution. London: Thames and Hudson

Bagehot, Walter (1974): The English Constitution. In: The Collected Works of Walter Bagehot. Bd. 5. London: The Economist. 203-409

Bailyn, Bernard (1973): The Ideological Origins of the American Revolution. Cambridge, Mass.: Belknap Press

Ball, Terence/ Pocock, John G. A. (Hrsg.) (1988): Conceptual Change and the Constitution. Lawrence: University Press of Kansas

Barrell, John (2000): Imagining the King's Death. Figurative Treason, Fantasies of Regicide 1793-1796. Oxford: Oxford University Press

Beedell, Ann V. (1993): John Reeves's Prosecution for a Seditious Libel. 1795-6. A Study in Political Cynicism. In: Historical Journal 36. 1993. 799-824

Belchem, John (1985): 1848. Feargus O'Connor and the Collapse of the Mass Platform. In: Epstein, John/ Thompson, Dorothy (Hrsg.) (1985): The Chartist Experience. Studies in Working-Class Radicalism and Culture. 1830-1860. London: Macmillan Press. 269-310

Bentley, Michael (2001): Lord Salisbury's World. Conservative Environments in Late-Victorian Britain. Cambridge: Cambridge University Press

Birtsch, Günter (Hrsg.) (1981): Grund- und Freiheitsrechte im Wandel von Gesellschaft und Geschichte. Göttingen: Vandenhoeck & Ruprecht

Blake, Robert (1969): Disraeli. London: Methuen

Blewett, Neal (1972): The Peers, the Parties and the People. The General Elections of 1910. London: Macmillan

Böckenförde, Ernst-Wolfgang (1991): Staat, Verfassung, Demokratie. Frankfurt/Main: Suhrkamp

Böckenförde, Ernst-Wolfgang (1991a): Geschichtliche Entwicklung und Bedeutungswandel der Verfassung. In: Böckenförde, Ernst-Wolfgang (1991): Staat, Verfassung, Demokratie. Frankfurt/Main: Suhrkamp. 29-52

Bogdanor, Vernon (1995): The Monarchy and the Constitution. Oxford: Clarendon Press

Bolt, Christine (1971): Victorian Attitudes to Race. London: Routledge & Kegan Paul

Brailsford, Henry Noel (1976): The Levellers and the English Revolution. Nottingham: Spokesman Books

Brewer, John (1976): Party Ideology and Popular Politics at the Accession of George III. Cambridge: Cambridge University Press

Briggs, Asa (1967): Victorian People. Harmondsworth: Penguin

Briggs, Asa (1967a): Trollope, Bagehot, and the British Constitution. In: Briggs, Asa (1967): Victorian People. Harmondsworth: Penguin. 95-123

Briggs, Asa (1967b): Thomas Hughes and the Public Schools. In: Briggs, Asa (1967): Victorian People. Harmondsworth: Penguin. 148-175

Brooke, Henry (1906): The Fool of Quality. New York: E.P. Dutton & Co.

Brooke, John (1974): King George III. St. Albans: Panther
Browning, Reed (1982): Political and Constitutional Ideas of the Court Whigs. Baton Rouge: Louisiana State University Press
Burgess, Glenn (1992): The Politics of the Ancient Constitution. An Introduction to English Political Thought 1603-1642. London: Macmillan
Burgess, Glenn (1996): Absolute Monarchy and the Stuart Constitution. New Haven: Yale University Press
Burgh, James (1971): Political Disquisitions. Bd. I; III. New York: Da Capo Press
Burn, William L. (1965): The Age of Equipoise. New York: Norton
Burns, James Henderson (1962): Bolingbroke and the Concept of Constitutional Government. In: Political Studies X. 1962. 264-276
Burns, James Henderson (Hrsg.) (1994): The Cambridge History of Political Thought 1450-1700. Cambridge: Cambridge University Press
Burrow, John W. (1981): A Liberal Descent. Victorian Historians and the English Past. Cambridge: Cambridge University Press
Burrow, John W. (1988): Whigs and Liberals. Continuity and Change in English Political Thought. Oxford: Clarendon
Burt, Shelley (1992): Virtue Transformed. Political Argument in England 1688-1744. Cambridge: Cambridge University Press
Cannadine, David (1984): The Context, Performance and Meaning of Ritual. The British Monarchy and the ‚Invention of Tradition'. In: Hobsbawm, Eric/ Ranger, Terence (Hrsg.) (1984): The Invention of Tradition. Cambridge: Cambridge University Press. 101-164
Cannadine, David (1998): Class in Britain. New Haven: Yale University Press
Cannon, John (1987): Aristocratic Century. The Peerage of Eighteenth-Century England. Cambridge: Cambridge University Press
Cannon, John (1994): Samuel Johnson and the Politics of Hannoverian England. Oxford: Clarendon Press
Cannon, John (Hrsg.) (1981): The Whig Ascendancy. London: Edward Arnold
Carstens, Peter (1978): Patriot-Heroes in England and America. Madison: University of Wisconsin Press
Christianson, Paul (1991): Royal and Parliamentary Voices on the Ancient Constitution. In: Peck, Linda Levy (Hrsg.) (1991): The Mental World of the Jacobean Court, Cambridge: Cambridge University Press. 71-95
Christie, Jan R. (1986): Stress and Stability in Late Eighteenth-Century Britain. Oxford: Clarendon Press
Claeys, Gregory (Hrsg.) (1995): The Politics of English Jacobinism. The Writings of John Thelwall. University Park, Pennsylvania: Pennsylvania State University Press
Clark, Jonathan (1991): Sovereignty. The British Experience. In: The Times Literary Supplement 29.11.1991. 15f.
Clark, Jonathan (1994): The Language of Liberty 1660-1832. Cambridge: Cambridge University Press
Clark, Jonathan (1986): English Society 1688-1832. Cambridge: Cambridge University Press
Coleridge, Samuel Taylor (1971): Collected Works of Samuel Taylor Coleridge. Bd. I. London: Routledge Kegan Paul
Coleridge, Samuel Taylor (1976): The Collected Works of Samuel Taylor Coleridge. Bd. 10. London: Routledge Kegan Paul
Colley, Linda (1984): The Apotheosis of George III. Royalty and the British Nation 1760-1820. In: Past and Present 102. 1984. 94 -129
Colley, Linda (1985): In Defiance of Oligarchy. The Tory Party 1714-60. Cambridge: Cambridge University Press
Colley, Linda (1992): Britons. Forging the Nation 1707-1837. New Haven: Yale University Press
Collini, Stefan/ Whatmore, Richard/ Young, Brian (Hrsg.) (2000): History, Religion, and Culture. British Intellectual History 1750-1950. Cambridge: Cambridge University Press
Collini, Stefan/ Winch, Donald/ Burrow, John (1987): That Noble Science of Politics. Cambridge: Cambridge University Press
Collinson, Patrick (1990): De Republica Anglorum. Cambridge: Cambridge University Press
Cromartie, Alan (1995): Sir Matthew Hale. 1609-1676. Cambridge: Cambridge University Press

Cromartie, Alan (1999): The Transformation of Political Culture in Early Stuart England. In: Past and Present 163. 1999. 76-120
David, Saul (1998): Prince of Pleasure. The Prince of Wales and the Making of the Regency. London: Little, Brown and Company
Davis, J.C. (1992): Religion and the Struggle for Freedom in the English Revolution. In: Historical Journal 35. 507-530
Davis, J. C. (1993): Against Formality. One Aspect of the English Revolution. In: Transactions of the Royal Historical Society 6. III. 265-288
Derry, John (1981): Government Temperament under Pitt and Liverpool. In: Cannon, John (Hrsg.) (1981): The Whig Ascendancy. London: Edward Arnold. 125-145
Dicey, Albert Venn (1885): Introduction to the Study of the Law of the Constitution. Neudr. Indianapolis: Liberty Classics
Dickens, Charles (1987): Our Mutual Friend. Oxford: Oxford University Press
Dickinson, Harry T. (1977): Liberty and Property. Political Ideology in Eighteenth-Century Britain. London: Weidenfeld & Nicolson
Dickinson, Harry T. (1985): British Radicalism and the French Revolution 1789-1815. Oxford: Blackwell
Dickinson, Harry T. (Hrsg.) (1986): Caricatures and the Constitution 1760-1832. Cambridge: Chadwyck-Healey
Dickinson, Harry T. (1990): Popular Loyalism in Britain in the 1790s. In: Hellmuth, Eckhart (Hrsg.) (1990): The Transformation of Political Culture. England and Germany in the late Eightteenth Century. Oxford: Oxford University Press. 503-533
Dickinson, Harry T. (1994): The Politics of the People in Eighteenth-Century Britain. London: Macmillan
Dinwiddy, John (1989): Bentham. Oxford: Oxford University Press
Dinwiddy, John (1990): Conceptions of Revolution in the English Radicalism of the 1790s. In: Hellmuth, Eckhart (Hrsg.) (1990): The Transformation of Political Culture. England and Germany in the late Eighteenth Century. Oxford: Oxford University Press. 535-560
Disraeli, Benjamin (1968): Sybil. Or the Two Nations. London: Oxford University Press.
Dzelzainis, Martin (1998): Milton and Classical Republicanism. In: Armitage, David/ Armand, Himy/ Skinner, Quentin (Hrsg.) (1998): Milton and Republicanism. Cambridge: Cambridge University Press. 3-24
Eastwood, David (1993): John Reeves and the Contested Idea of the Constitution. In: British Journal for Eighteenth Century Studies 16. 1993. 197-212
Edwards. Owen D. (1988): Macaulay. London: Weidenfeld and Nicolson
Ehrman, John (1996): The Younger Pitt. The Years of Acclaim. London: Constable
Epstein, James (1982): The Lion of Freedom. Feargus O'Connor and the Chartist Movement. 1832-1842. London: Croom Helm
Epstein, James (1996): Our Real Constitution. Trial Defence and Radical Memory in the Age of Revolution. In: Vernon, James (Hrsg.) (1996): Re-Reading the Constitution. Cambridge: Cambridge University Press. 22-51
Epstein, James / Thompson, Dorothy (Hrsg.) (1985): The Chartist Experience. Studies in Working-Class Radicalism and Culture. 1830-1860. London: Macmillan
Everett, Charles W. (1969): Jeremy Bentham. London: Weidenfeld & Nicolson
Fears, J. Rufus (Hrsg) (1985): Selected Writings of Lord Acton. Vol. III. Indianapolis: Liberty Classics
Firth, Charles (1972): Oliver Cromwell and the Rule of the Puritans in England. London: Oxford University Press
Foley, Michael (1999): The Politics of the British Constitution. Manchester: Manchester University Press
Franklin, Julian H. (1979): John Locke and the Theory of Sovereignty. Cambridge: Cambridge University Press
Fulcher, Jonathan (1996): The English People and their Constitution after Waterloo. Parliamentary Reform 1815-1817. In: Vernon, James (Hrsg.) (1996): Re-Reading the Constitution. Cambridge: Cambridge University Press. 52-82
Goldie, Mark (1980): The Roots of True Whiggism 1688-94. In: History of Political Thought I. 195-236

Goldsmith, Oliver (1986): Der Weltbürger - oder Briefe eines in London weilenden chinesischen Philosophen an seine Freunde im fernen Osten. München: Beck
Goodwin, Albert (1979): The Friends of Liberty. The English Democratic Movement in the Age of the French Revolution. London: Hutchinson
Gould, Eliga H. (1997): American Independence and Britain's Counter-Revolution. In: Past and Present 154. 107-141
Grainger, John Herbert (1980): The View from Britain II. The Moralizing Island. In: Kamenka, Eugene/ Smith, Frederick Danesbury (Hrsg.) (1980): Intellectuals and Revolution. New York: St. Martin's Press. 121-130
Grenby, M. O. (2001): The Anti-Jacobin Novel. British Conservatism and the French Revolution. Cambridge: Cambridge University Press
Grimm, Dieter (1991): Die Zukunft der Verfassung. Frankfurt/ Main: Suhrkamp
Grimm, Dieter (Hrsg.) (1996): Staatsaufgaben. Frankfurt/ Main: Suhrkamp
Guy, John (1997): Tudor Monarchy and its Critiques. In: Guy, John (1997): The Tudor Monarchy. London: Edward Arnold. 78-109
Haberl, Othmar Nikola/ Korenke, Tobias (Hrsg.) (1999): Politische Deutungskulturen. Baden-Baden: Nomos
Haller, William/ Davies, Godfrey (Hrsg.) (1964): The Leveller Tracts. 1647-1653. Gloucester: Smith
Hamer, David Allan (1968): John Morley. Liberal Intellectual in Politics. Oxford: Clarendon Press
Hamer, David Allan (1972): Liberal Politics in the Age of Gladstone and Rosebery. Oxford: Clarendon Press
Harrison, Brian (1996): The Transformation of British Politics. 1860-1995. Oxford: Oxford University Press
Hart, Jeffrey (1965): Viscount Bolingbroke. Tory Humanist. London: Routledge & Kegan Paul
Harvie, Christopher (1976): The Lights of Liberalism. University Liberals and the Challenge of Democracy 1860-86. London: Allen Lane
Hellmuth, Eckhart (Hrsg.) (1990): The Transformation of Political Culture. England and Germany in the late Eighteenth Century. Oxford: Oxford University Press
Hennessy, Peter (1995): The Hidden Wiring. London: Gollancz
Hennessy, Peter (2000): The Prime Minister. The Office and its Holders since 1945. London: Allen Lane
Hexter, Jack H. (Hrsg.) (1992): Parliament and Liberty from the Reign of Elizabeth to the English Civil War. Stanford: Stanford University Press
Hill, Bridget (1992): The Republican Virago. The Life and Times of Catharine Macauly. Historian. Oxford: Clarendon Press
Hirst, Derek (2000): England in Conflict. London: Arnold
Hobsbawm, Eric/ Ranger, Terence (Hrsg.) (1984): The Invention of Tradition. Cambridge: Cambridge University Press
Hoctor, Thomas Marion (Hrsg.) (1968): Matthew Arnold's Essays in Criticism. Chicago: University of Chicago Press
Holmes, Richard (1998): Coleridge. Darker Reflections. London: Harper Collins
Holt, James C. (1976): Magna Carta. Cambridge: Cambridge University Press
Houghton, Walter E. (1957): The Victorian Frame of Mind. 1830-1870. New Haven: Yale University Press
Hughes, Ann (1991): The Causes of the English Civil War. London: Macmillan
Hume, David (1987): Essays Moral, Political, and Literary. Indianapolis: Liberty Classics
Hume, David (1987a): On the Independency of Parliament. In: Hume, David (1987): Essays Moral, Political, and Literary. Indianapolis: Liberty Classics. 42-46
Hume, David (1987b): Whether the British Government Inclines more to Absolute Monarchy or to a Republic. In: Hume, David (1987): Essays Moral, Political, and Literary. Indianapolis: Liberty Classics. 47-53
Hume, David (1987c): Of the Parties of Great Britain. In: Hume, David (1987): Essays Moral, Political, and Literary. Indianapolis: Liberty Classics. 64-72
Israel, Jonathan J. (Hrsg.) (1991): The Anglo-Dutch Moment. Essays on the Glorious Revolution and its World Impact. Cambridge: Cambridge University Press
Jenkins, Roy (1996): Gladstone. London: Papermac

Jenkins, Simon (1995): Accountable to None. The Tory Nationalization of Britain. London: Hamish Hamilton
Johnston, Kenneth R. (1998): The Hidden Wordsworth. New York: Norton
Jones, Gareth Stedman (1983): Languages of Class, Studies in English Working Class History 1832-1982. Cambridge: Cambridge University Press
Joyce, Patrick (1994): Democratic Subjects. The Self and the Social in Nineteenth-Century England. Cambridge: Cambridge University Press
Judson, Margaret A. (1969): The Political Thought of Sir Henry Vane the Younger. Philadelphia: University of Pennsylvania Press
Kamenka, Eugene/ Smith, Frederick Danesbury (Hrsg.) (1980): Intellectuals and Revolution. New York: St. Martin's Press
Kavanagh, Dennis (1996[3]): British Politics. Continuities and Change. Oxford: Oxford University Press
Kelly, Donald R. (1993): Elizabethan Political Thought. In: Pocock, John G.A. (Hrsg.) (1993): The Varieties of British Political Thought 1500-1800. Cambridge: Cambridge University Press. 47-79
Kenyon, John Philipps (1990): Revolution Principles. The Politics of Party 1689-1720. Cambridge: Cambridge University Press
Kenyon, John Philipps (Hrsg.) (1969): The Stuart Constitution. Cambridge: Cambridge University Press
King, Anthony Stephen (2001): Does the United Kingdom still have a Constitution? London: Sweet & Maxwell
Kluxen, Kurt (1956): Das Problem der politischen Opposition. Entwicklung und Wesen der englischen Zweiparteienpolitik im 18. Jahrhundert. Freiburg: K. Alber
Kramnick, Isaac (1968): Bolingbroke and his Circle. The Politics of Nostalgia in the Age of Walpole. Ithaca: Cornell University Press
Kramnick, Isaac (Hrsg.) (1972): Lord Bolingbroke. Historical Writings. Chicago: University of Chicago Press
Kriegel, Abraham D. (Hrsg.) (1977): The Holland House Diaries 1831-1840. London: Routledge & Kegan Paul
Kuhn, William M. (1996): Democratic Royalism. The Transformation of British Monarchy. 1861-1914. London: St. Martin's Press
Langford, Paul (2000): Englishness Identified. Manners and Character. 1650-1850. Oxford: Oxford University Press
Lazare, Daniel (1996): The Frozen Republic. New York: Columbia University Press
Lock, Frederick P. (1985): Burke's Reflections on the Revolution in France. London: Allen & Unwin
Lottes, Günther (1979): Politische Aufklärung und plebejisches Publikum. Zur Theorie und Praxis des englischen Radikalismus im späten 18. Jahrhundert. München: Oldenbourg
Machiavelli, Niccolo (1977): Discorsi. Stuttgart: Kröner
Macray, W. Dunn (Hrsg.) (1969): The History of the Rebellion and Civil Wars in England Begun in the Year 1641, by Edward, Earl of Clarendon. Bd. I. Oxford: Clarendon Press
Mandler, Peter (2000): ‚Race' and ‚Nation' in Mid-Victorian Thought. In: Collini, Stefan/ Whatmore, Richard/ Young, Brian (Hrsg.) (2000): History, Religion, and Culture. British Intellectual History 1750-1950. Cambridge: Cambridge University Press. 224-244
Mannheim, Karl (1984): Konservatismus. Frankfurt/Main: Suhrkamp
Mares, Detlef (2001): Auf der Suche nach dem „wahren" Liberalismus. Demokratische Bewegung und liberale Politik im viktorianischen England. Bodenheim: Philo
Marquand, David (1988): The Unprincipled Society. London: Fontana
Marquand, David (1997): The New Reckoning. Capitalism, States and Citizens. Cambridge: Polity Press
Matthew, Henry Colin Gray (1995): Gladstone 1875-1898. Oxford: Oxford University Press
Mayr, Otto (1987): Uhrwerk und Waage. Autorität, Freiheit und technische Systeme in der frühen Neuzeit. München: Beck
McKibbin, Ross (1998): Classes and Cultures. England 1918-1951. Oxford: Oxford University Press
McWilliams, Rohan (1998): Popular Politics in Nineteenth-Century England. London: Routledge
Mendle, Michael (1985): Dangerous Positions. Mixed Government, the Estates of the Realm, and the Making of the Answer to the Six Propositions. Alabama: University of Alabama Press

Metzger, Hans-Dieter (1991): Thomas Hobbes und die Englische Revolution, 1640-1660. Stuttgart - Bad Cannstatt: Friedrich Frommann Verlag - Günther Holzboog
Mill, John Stuart (1963): Autobiography. Oxford: Oxford University Press
Milton, John (1980): Complete Prose Works. Bd. VII. New Haven: Yale University Press
Mitchell, Leslie George (1992): Charles James Fox. Oxford: Oxford University Press
Mori, Jennifer (1997): William Pitt and the French Revolution. Edinburgh: Keele University Press
Morris, Marilyn (1998): The British Monarchy and the French Revolution. New Haven: Yale University Press
Mount, Ferdinand (1992): The British Constitution Now. Recovery or Decline? London: Heinemann
Nairn, Tom (1994): The Enchanted Glass. Britain and its Monarchy. London: Vintage
Nenner, Howard (1993): The Later Stuart Age. In: Pocock, John G.A. (Hrsg.) (1993): The Varieties of British Political Thought 1500-1800. Cambridge: Cambridge University Press. 180-210
Nenner, Howard (1995): The Right to be King. The Succession to the Crown of England. 1603-1714. Basingstoke: Macmillan
Nippel, Wilfried (1980): Mischverfassungstheorie und Verfassungsrealität in Antike und früher Neuzeit. Stuttgart: Klett-Cotta
Nippel, Wilfried (Hrsg.) (2000): Virtuosen der Macht. Herrschaft und Charisma von Perikles bis Mao. München: Beck
Norbrook, David (1999): Writing the English Republic. Poetry, Rhetoric and Politics. 1627-1660. Cambridge: Cambridge University Press
O'Brien, Connor Cruise (Hrsg.) (1986): Edmund Burke. Reflections on the Revolution in France. Harmondsworth: Penguin
O'Gorman, Frank (1989): Voters, Patrons and Parties. The Unreformed Electorate of Hannoverian England. 1734-1832. Oxford: Clarendon Press
Oakeshott, Michael (1991): Rationalism in Politics and other Essays. Indianapolis: Liberty Press
Oakeshott, Michael (1991a): Political Education. In: Oakeshott, Michael (1991): Rationalism in Politics and other Essays. Indianapolis: Liberty Press. 43-69
Offe, Claus (1996): Die Aufgabe von staatlichen Aufgaben. „Thatcherismus" und die populistische Kritik der Staatstätigkeit. In: Grimm, Dieter (Hrsg.) (1996): Staatsaufgaben. Frankfurt am Main: Suhrkamp. 317-357
Paine, Thomas (1969): The Rights of Man. Harmondsworth: Penguin
Palmer, Robert Roswell (1959): The Age of Democratic Revolution. Bd. I. Princeton: Princeton University Press
Parry, Jonathan (1993): The Rise and Fall of Liberal Government in Victorian Britain. New Haven; London: Yale University Press
Pearce, Edward (1999): Lines of Most Resistance. The Lords, the Tories and Ireland. London: Little, Brown
Peck, Linda Levy (Hrsg.) (1991): The Mental World of the Jacobean Court. Cambridge: Cambridge University Press
Philp, Mark (1995): Vulgar Conservatism. 1792-3. In: English Historical Review 110. 1995. 42-69
Pimlott, Ben (1996): The Queen. A Biography of Elizabeth II. London: Harper Collins
Pinto-Duschinsky, Michael (1967): The Political Thought of Lord Salisbury 1854-1868. London: Constable
Pocock, John G.A. (1972): Politics, Language and Time. London: Methuen
Pocock, John G.A. (1972a): Burke and the Ancient Constitution. A Problem in the History of Ideas. In: Pocock, John G.A. (1972): Politics, Language and Time. London: Methuen. 202-232
Pocock, John G.A. (1972b): Machiavelli, Harrington and English Political Ideologies in the Eighteenth Century. In: Pocock, John G.A. (1972): Politics, Language and Time. London: Methuen. 104-147
Pocock, John G.A. (1972c): Time, Institutions and Action. An Essay on Traditions and their Understanding. In: Pocock, John G.A. (Hrsg.) (1972): Politics, Language and Time. London: Methuen. 233-272
Pocock, John G.A. (1975): The Machiavellian Moment. Princeton: Princeton University Press
Pocock, John G.A. (1987): The Ancient Constitution and the Feudal Law. A Study of English Political Thought in the Seventeenth Century. A Reissue with a Retrospect. Cambridge: Cambridge University Press

Pocock, John G.A. (1993a): Political Thought in the English-Speaking Atlantic. 1760-1790. Part 2: Empire, Revolution and the End of early Modernity. In: Pocock, John G.A. (1993): The Varieties of British Political Thought 1500-1800. Cambridge: Cambridge University Press. 283-317

Pocock, John G.A. (1999): Barbarism and Religion. vol. II. Narratives of Civil Government. Cambridge: Cambridge University Press

Pocock, John G.A. (Hrsg.) (1977): The Political Works of James Harrington. Cambridge: Cambridge University Press

Pocock, John G.A. (Hrsg.) (1993): The Varieties of British Political Thought 1500-1800. Cambridge: Cambridge University Press

Preuß, Ulrich K. (1990): Revolution, Fortschritt und Verfassung. Berlin: Wagenbach

Preuß, Ulrich K. (1990a): Zu einem neuen Verfassungsverständnis. In: Preuß, Ulrich K. (1990): Revolution, Fortschritt und Verfassung. Berlin: Wagenbach. 73-89

Pugh, Martin (1991): Rezension. In: The Times Literary Supplement 15.11.1991. 23

Radbruch, Gustav (1956): Der Geist des englischen Rechts. Göttingen: Vandenhoeck & Ruprecht

Ramsden, John (1998): Appetite for Power. A History of the Conservative Party since 1830. London: Harper Collins

Ranke, Leopold von (1957): Englische Geschichte. Hamburg: Standard Verlag

Reden-Dohna, Armgard von/ Melville, Ralph (Hrsg.) (1988): Der Adel an der Schwelle des bürgerlichen Zeitalters 1780-1860. Stuttgart: Steiner

Resnick, David (1984): Locke and the Ancient Constitution. In: Political Theory 12. 97-114

Richard, Ivor/ Welfare, Damien (1999): Unfinished Business. Reforming the House of Lords. London: Vintage

Ritter, Henning (Hrsg.) (2000): Montesquieu. Meine Gedanken. München, Wien: Hanser

Roberts, Andrew (1999): Salisbury. Victorian Titan. London: Weidenfeld & Nicolson

Robinson, Nicholas K. (1996): Edmund Burke. A Life in Caricature. New Haven: Yale University Press

Roe, Nicholas (1990): Wordsworth and Coleridge. The Radical Years. Oxford: Clarendon Press

Rogers, Nicholas (1998): Crowds,Culture, and Politics in Georgian Britain. Oxford: Clarendon Press

Roots, Ivan (Hrsg.) (1989): Speeches of Oliver Cromwell. London: Dent

Royle, Edward (2000): Revolutionary Britannia? Reflections on the Threat of Revolution in Britain. 1789-1848. Manchester: Manchester University Press

Schofield, Thomas Philip (1986): Conservative Political Thought in Britain in Response to the French Revolution. In: Historical Journal 29. 1986. 601-622

Schröder, Hans-Christoph (1978): Imperialismus und antidemokratisches Denken. Alfred Milners Kritik am politischen System Englands. Wiesbaden: Steiner

Schröder, Hans-Christoph (1981): Die Grundrechtsproblematik in der Englischen und Amerikanischen Revolution. In: Birtsch, Günter (Hrsg.) (1981): Grund- und Freiheitsrechte im Wandel von Gesellschaft und Geschichte. Göttingen: Vandenhoeck & Ruprecht. 75-95

Schröder, Hans-Christoph (1984): Die Levellers und das Problem der Republik. In: Geschichte und Gesellschaft 10. 1984. 461-497

Schröder, Hans-Christoph (1986): Die Revolutionen Englands im 17. Jahrhundert. Frankfurt/Main: Suhrkamp

Schröder, Hans-Christoph (1988): Der englische Adel. In: Reden-Dohna, Armgard von/ Melville, Ralph (Hrsg.) (1988): Der Adel an der Schwelle des bürgerlichen Zeitalters 1780-1860. Stuttgart: Steiner-Verlag. 21-88

Schröder, Hans-Christoph (1998): Georg III. In: Wende, Peter (Hrsg.) (1998): Englische Könige und Königinnen. München: Beck. 220-241

Schröder, Hans-Christoph (1999): Die Revolution, die nicht stattfand. Großbritannien im Jahr 1848. In: Haberl, Othmar Nikola/ Korenke, Tobias (Hrsg.) (1999): Politische Deutungskulturen. Baden-Baden: Nomos. 463-477

Schröder, Hans-Christoph (2000): Oliver Cromwell - Das Werkzeug Gottes. In: Nippel, Wilfried (Hrsg.) (2000): Virtuosen der Macht, Herrschaft und Charisma von Perikles bis Mao. München: Beck. 101-120

Schröder, Hans-Christoph (2000^3): Englische Geschichte. München: Beck

Schröder, Hans-Christoph (2000a): Radikalismus und Revolutionskritik. Edmund Burkes Brief an einen Edlen Lord. In: C. H. Beck Verlag (Hrsg.) (2000): Ein solches Jahrhundert vergisst sich nicht. München: Beck. 195-203
Scott, Jonathan (2000): England's Troubles. Seventeenth-Century English Political Instability in European Context. Cambridge: Cambridge University Press
Semmel, Bernard (1969): Democracy versus Empire. The Jamaica Riots and the Governor Eyre Controversy. New York: Doubleday
Shannon, Richard (1992): The Age of Disraeli, 1868-1881. The Rise of Tory Democracy. London: Longman
Shannon, Richard (1996): The Age of Salisbury, 1881-1902. London: Longman
Shannon, Richard (2000): Gladstone, Heroic Minister, 1865-1898. London: Penguin Books
Sidney, Algernon (1990): Discourses Concerning Government. Philadelphia: Liberty Classics
Siedentop, Larry (2000): Democracy in Europe. London: Allen Lane
Skinner, Quentin (1998): Liberty before Liberalism. Cambridge: Cambridge University Press
Smith, David L. (1994): Constitutional Royalism and the Search for Settlement, c. 1640-1649. Cambridge: Cambridge University Press
Smith, Jeremy (1993): Bluff, Bluster and Brinkmanship. Andrew Bonar Law and the Third Home Rule Bill. In: Historical Journal 36. 1993. 161-178
Smith, Olivia (1986): The Politics of Language 1791-1819. Oxford: Clarendon Press
Smith, Paul (1999): Disraeli. A Brief Life. Cambridge: Cambridge University Press
Soames, Mary (Hrsg.) (1998): Speaking for Themselves. The Personal Letters of Winston and Clementine Churchill. London: Doubleday
Sommerville, Johann P. (1986): Politics and Ideology in England 1603-1640. London: Longman
Sommerville, Johann P. (1996): English and European Political Ideas in the Early Seventeenth Century. Revisionism and the Case of Absolutism. In: Journal of British Studies 35. 1996. 168-194
Spater, George (1982): William Cobbett. The Poor Man's Friend. Bd. I, II. Cambridge: University Press
St. George, Andrew (1993): The Descent of Manners. Etiquette, Rules and the Victorians. London: Chatto
St. John-Stevas, Norman (Hrsg.) (1966): Bagehot's Historical Essays. New York: New York University Press
Stevenson, John (1996): William Cobbett. Patriot or Briton? In: Transactions of the Royal Historical Society VI. 6. 1996. 123-136
Stourzh, Gerald (1988): Constitution. Changing Meanings of the Term from the Early Seventeenth to the Late Eighteenth Century. In: Ball,Terence/ Pocock, John G.A. (Hrsg.) (1988): Conceptual Change and the Constitution. Kansas: University Press of Kansas. 35-54
Stuart, Graham (1997): Burying Caesar. Churchill, Chamberlain, and the Battle for the Tory Party. London: John Murray
Taft, Barbara (1985): The Council of Officers' Agreement of the People. In: Historical Journal 28. 1985. 169-185
Tave, Stuart M. (Hrsg.) (1966): De Quincey. His Contributions to the Edinburgh Saturday Post and the Edinburgh Evening Post 1827-1828. Princeton: Princeton University Press
Taylor, Charles (1996): Quellen des Selbst. Die Entdeckung der neuzeitlichen Identität. Frankfurt/Main: Suhrkamp
Thane, Pat (1990): Government and Society in England and Wales. 1750-1914. In: Thompson, Francis M.L. (Hrsg.) (1990): The Cambridge Social History of Britain. Bd. 3. Cambridge: Cambridge University Press. 1-61
The Anti-Jacobin or Weekly Examiner (1970): Reprint. Bd I. Hildesheim: Olms
Thomas, Peter D. G. (1987): Thoughts on the British Constitution by George III.. In: Historical Research 60. 1987. 361-363
Thompson, Edward Palmer (1980): The Poverty of Theory and other Essays. London: Merlin Press
Thompson, Edward Palmer (1980a): The Peculiarities of the English. In: Thompson, Edward Palmer (1980): The Poverty of Theory and other Essays. London: Merlin Press. 35-91
Thompson, Francis M. L. (Hrsg.) (1990): The Cambridge Social History of Britain. Bd. 3. Cambridge: Cambridge University Press
Trollope, Anthony (1975): The Prime Minister. Oxford: Oxford University Press

Underdown, David (1996): A Freeborn People. Politics and the Nation in Seventeenth-Century England. Oxford: Clarendon Press

Veitch, George Stead (1965): The Genesis of Parliamentary Reform. London: Constable

Vernon, James (1993): Politics and the People. A Study in English Political Culture. c. 1815-1867. Cambridge: Cambridge University Press

Vernon, James (1996a): Narrating the Constitution. The Discourse of „the Real“ and the Fantasies of Nineteenth-Century Constitutional History. In: Vernon, James (1996): Re-Reading the Constitution. Cambridge: Cambridge University Press. 204-229

Vernon, James (Hrsg.) (1996): Re-Reading the Constitution. Cambridge: Cambridge University Press

Voltaire (1994): Letters Concerning the English Nation. Oxford: Oxford University Press

Vorländer, Hans (1999): Die Verfassung. Idee und Geschichte. München: Beck

Wagner, Michael (1994): England und die Französische Gegenrevolution 1789-1802. München: Oldenbourg

Walton, John K. (1992): Disraeli. London: Routledge

Wende, Peter (Hrsg.) (1998): Englische Könige und Königinnen. München: Beck

Weston, Corinne C. (1994): England. Ancient Constitution and Common Law. In: Burns, James H. (Hrsg.) (1994): The Cambridge History of Political Thought 1450-1700. Cambridge: Cambridge University Press. 374-411

Weston: Corinne C. (1965): English Constitutional Theory and the House of Lords, 1556-1832. London: Routeledge & Kegan Paul

Williams. Ernest N. (Hrsg.) (1965): The Eighteenth-Century Constitution. Cambridge: Cambridge University Press

Williamson, Philip (1999): Stanley Baldwin. Cambridge: Cambridge University Press

Wirsching, Andreas (1990): Parlament und Volkes Stimme. Unterhaus und Öffentlichkeit im England des frühen 19. Jahrhunderts. Göttingen: Vandenhoeck & Ruprecht

Woodhouse, Arthur Sutherland Piggott (Hrsg.) (1938): Puritanism and Liberty. Being the Army Debates (1647-9) from the Clarke Manuscripts with Supplementary Documents. London: Dent

Woolrych, Austin (1987): Soldiers and Statesmen. The General Council of the Army and its Debates 1647-1648. Oxford: Clarendon Press

Wootton, David (Hrsg.) (1994): Republicanism, Liberty, and Commercial Society. 1649-1776. Stanford: Stanford University Press

Worden, Blair (1994): Republicanism and the Restoration. 1660-1683. In: Wootton, David (Hrsg.) (1994): Republicanism, Liberty, and Commercial Society. 1649-1776. Stanford: Stanford University Press. 139-193

Worden, Blair (1974): The Rump Parliament, 1648-1653. Cambridge: Cambridge University Press

Worden, Blair (1991): The Revolution of 1688/89 and the English Republican Tradition. In: Israel, Jonathan J. (Hrsg.) (1991): The Anglo-Dutch Moment. Essays on the Glorious Revolution and its World Impact. Cambridge: Cambridge University Press. 139-193

Worden, Blair (1998): Milton and Marchamont Nedham. In: Armitage, David/ Armand, Himy/ Skinner, Quentin (Hrsg.) (1998): Milton and Republicanism. Cambridge: Cambridge University Press. 156-180

Wordsworth, William (1995): The Prelude. The Four Texts (1798, 1799, 1805, 1850). London: Penguin

Wormell, Deborah (1980): Sir John Seeley and the Uses of History. Cambridge: Cambridge University Press

Integration durch Verfassung?
Die „Verfassung“ in den institutionellen Symbolordnungen des 19. Jahrhunderts in Deutschland

Reinhard Blänkner

1 Problemstellung

Integration durch Verfassung[1] – diese Formulierung im Titel dieses Bandes lässt offen, um welche Art Aussage es sich handelt. Ob sie als moralisch-politisches Postulat im Sinne einer – wie immer im einzelnen begründeten – Tugend, einer Zivilreligion oder eines „Verfassungspatriotismus" gemeint ist[2], oder eher als skeptische Frage im Anschluss an Dieter Grimms aufregende These von der nachlassenden Kohäsionskraft der Verfassung in hochkomplexen historischen Sozialsystemen der Gegenwart.[3]

Dass das Thema zum Gegenstand der Diskussion gemacht wird, verweist jedoch auf ein hinter der offenen Formulierung sich verbergendes grundsätzliches Problem, das in jüngster Zeit erneut zu einem bevorzugten Feld interdisziplinärer sozialwissenschaftlicher und historischer Forschung geworden ist, die Frage nämlich nach den Möglichkeitsbedingungen sozialer und politischer Gesellschaft. Diese Problemstellung zielt auf Ordnungsentwürfe ab, auf Vorstellungen und Praktiken gesellschaftlichen Ordnens, die vor allem das Interesse der jüngeren sozialwissenschaftlich-historischen Institutionenforschung gefunden haben.[4]

Dabei geht es der Theorie politischer Institutionen „um die maßgeblichen Ordnungs- und Orientierungsleistungen einer Gesellschaft“.[5] Sie bezeichnen, so Gerhard Göhler, die beiden Hauptaspekte politischer Institutionen, die regulativ-instrumentellen Steuerungs- und die symbolischen Integrationsleistungen.[6] Mit Blick auf die „Verfassung“ ist die Unterscheidung dieser beiden Hauptaspekte politischer Institutionen übrigens nicht ganz neu. In der amerikanischen Politikwissenschaft ist sie bereits Mitte der dreißiger Jahre von Edward S. Corwin und Max Lerner hervorgehoben worden[7], und in Deutschland finden sich Ansätze hierzu in der Integrationslehre von Rudolf Smend sowie bei Carl Schmitt und Karl

---

1 Der vorliegende Aufsatz schließt an frühere Darlegungen an, siehe insbesondere Blänkner (1996; 1998).

2 Frankenberg (1996: 138-147).

3 Grimm (1990). Vgl. Schaal (2000) für einen Überblick über die Integrationsdiskussion.

4 So Göhler (1994; 1997), Blänkner/ Jussen (1998) und Melville (2001).

5 Göhler (1994a: 37).

6 Göhler (1994a: 39).

7 Corwin (1936) und Lerner (1937).

Loewenstein.[8] Die Unterscheidung dieser beiden Aspekte ist sinnvoll, unter der Voraussetzung allerdings, dass sie nicht additiv oder konsekutiv gemeint ist oder dass die symbolischen Integrationsleistungen auf das Expressive reduziert werden.

Kritisch gegen die „Zweiteilung: Symbol oder Gegenstand" hat sich besonders Ernst Cassirer gewandt.[9] Für ihn sind Symbole kein bloßes Beiwerk zur „Wirklichkeit". „Symbolische Formen", kulturelle Objektivierungen also wie Mythos, Sprache, Kunst, Religion und Wissenschaft, sind die „Wirklichkeit" selbst. Es gibt keine gleichsam „eigentliche" Wirklichkeit vor der symbolisch konstruierten.

Abgesehen von der hier nicht weiter nachzugehenden grundsätzlichen Frage, ob – zumindest – hochkomplexe Sozialsysteme der Gegenwart überhaupt über ein institutionelles Zentrum integrierbar seien, enthält die Aussage Integration durch Verfassung als Antwort auf die Frage nach den Möglichkeitsbedingungen politischer Gesellschaft zudem den impliziten Hinweis auf andere Institutionen und Ordnungsentwürfe, die anstelle der *Verfassung* die gedachten notwendigen Integrationsleistungen für die Konstitution von Gesellschaft erbringen – *Ökonomie/ Markt* etwa, *Staat*, *Verwaltung* oder *Nation*. Zwar stehen alle diese Kandidaten in einem jeweils besonderen Verhältnis zur *Verfassung*. Offenbar aber sind an die *Verfassung* besondere Erwartungen von Integrationsleistungen geknüpft, die andere Institutionen und Ordnungsentwürfe nicht erbringen und die sie von jenen in spezifischer Weise unterscheidet.

Integration durch Verfassung ist also keine Selbstverständlichkeit, weder historisch noch theoretisch. Worin aber bestehen diese besonderen Integrationsleistungen der *Verfassung*, und vor allem: was ist eine *Verfassung*? Diese Frage in einem substanzialistischen Sinn zu stellen, wäre sinnlos. Die Suche nach dem „Wesen" der Verfassung würde in einen unergiebigen Streit über Definitionen führen.[10] Weder haben alle politisch-sozialen Systeme eine „Verfassung", noch werden „Verfassungsgesellschaften" schlechthin durch die „Verfassung" als institutionelles Zentrum integriert. Und auch wenn eine der wichtigsten historischen Entstehungsbedingungen des Konstitutionalismus in der das altständische Sozial- und Politiksystem überschreitenden funktionalen Differenzierung liegt[11], so ist doch durchaus zweifelhaft, ob sich unter dem Eindruck von fortschreitender Binnendifferenzierung politisch-sozialer Systeme und Globalisierung an der Vorstellung vom „modernem Konstitutionalismus" als historisch homogenem Typus festhalten lässt.

Generell lässt sich im Anschluss an Cassirers kulturwissenschaftliche Theorie der Begriffsbildung „Verfassung" zunächst als „Relationsbegriff" fassen, dessen politische Funktion sich aus seiner Position innerhalb eines konkret-historischen Rahmens ergibt. Die jeweilige relationale Position und Funktion der Verfassung wäre dann, nach Verabschiedung eines substanzialistischen Allgemeinbegriffs von „Verfassung", durch die Untersuchung der „symbolischen Formen", also der Repräsentationen und der diskursiven Praktiken zu erschließen. Die Gesamtheit der

---

8 Loewenstein (1953).

9 Cassirer (1961: 31).

10 Vgl. Preuß (1994) und Mohnhaupt/ Grimm (1995).

11 Luhmann (1990).

relationalen Felder dieser „symbolischen Formen" und der diskursiven Praktiken nenne ich „symbolische Ordnung". Dieses Konzept der „symbolischen Ordnung" basiert auf einer praxeologischen Erweiterung des kulturphilosophischen Verständnisses der „symbolischen Formen" bei Cassirer und schließt an den institutionentheoretischen Hinweis von Karl-Siegbert Rehberg auf die Stabilisierungsleistungen von *Institutionen* an, in „denen Ordnungsprämissen und -prinzipien symbolisch zur Darstellung gebracht werden."[12] Institutionen werden demnach von Rehberg als „symbolische Ordnungen" bezeichnet.[13]

Der im folgenden nachzugehenden Frage nach den erwarteten und erbrachten Integrationsleistungen der Verfassung in den institutionellen Symbolordnungen des 19. Jahrhunderts in Deutschland liegt eine zweifache Voraussetzung zugrunde. Die grundsätzliche Annahme, dass der historische Typus der von der Mitte des 18. bis zum Ende des ersten Drittels des 19. Jahrhunderts reichenden neuständischen Staatsbürgergesellschaft über ein institutionelles Zentrum integriert wird; sodann die Annahme, dass dieses Integrationszentrum in der „Verfassung" liegt. Vor allem die zweite Annahme ist keineswegs selbstverständlich. Folgt man dem Strom wissenschaftlicher Lehrauffassungen und politisch interessierter Meinungen, so führten Überhänge des bürokratischen Absolutismus, „monarchisches Prinzip" und Nationalismus in ein spezifisch deutsches „Defizit an Bürgerlichkeit"[14], das die Entstehung und Traditionsbildung einer politischen Verfassungskultur, eines „Verfassungspatriotismus" nachhaltig behindert habe. Und umgekehrt spricht Ernst Rudolf Huber von einem spezifisch „Deutschen Konstitutionalismus", der sich typologisch positiv vom westeuropäischen Modell des Konstitutionalismus unterschieden habe.[15]

Dieses Bild vom sog. „deutschen Sonderweg", ob in positiv oder negativ gemeinter Variante, hat jedoch in jüngerer Zeit erhebliche Risse erhalten, nicht zuletzt durch die europäisch-vergleichende sozial-kulturelle Bürgertumsforschung und eine stärker differenzierende Nationalismusforschung. Eher im Schatten stand bislang der Blick aus der Perspektive der Verfassungsgeschichte bzw. einer auf die Verfassung gerichteten historisch interessierten *Analyse institutioneller Mechanismen* (K.-S. Rehberg). Um der Frage nach den Integrationsleistungen der Verfassung in den institutionellen Symbolordnungen und in der politischen Kultur des 19. Jahrhunderts in Deutschland nachzugehen, werden in den folgenden Darlegungen zwei Diskurse des Konstitutionalismus unterschieden: Verfassung als Leitdifferenz (1770-1830/40); sodann, kürzer und kontrastierend: Grenzen der Integration und reichsnationale Transformation des Konstitutionalismus (1830/40-1870).

---

12 Rehberg (1994: 47; 1998). Zur praxeologischen Erweiterung der Institutionentheorie u. a. im Anschluss an Bourdieu und Foucault siehe Flaig (1998) und Göhler/ Speth (1998).

13 Rehberg (1994: 47).

14 Ritter/ Kocka (1982: 69).

15 Huber (1988). Vgl. dazu Fehrenbach (1992: 71-75).

2 „Verfassung" als Leitdifferenz (1770-1830/40)

2.1 Verfassung als „geschichtliches Novum"

Der Durchbruch des sogenannten modernen Konstitutionalismus ist vor dem Hintergrund der gemeineuropäischen Aufklärung ausgangs des 18. Jahrhunderts in der Amerikanischen und Französischen Revolution erfolgt. Diese kaum umstrittene Auffassung sollte allerdings nicht dazu verleiten, beide zu archetypischen Modellen zu hypostasieren, an denen die nachfolgenden Verfassungen normativ zu bewerten seien. Hans Boldt hat die Entstehung des Konstitutionalismus systemtheoretisch aus „einem steigenden Regelungsbedarf der modernen Gesellschaft und wachsenden Erfordernissen ihrer Steuerung" erklärt.[16] Dieses Argument trifft aber nicht nur auf die Vereinigten Staaten und Frankreich zu, sondern mehr oder weniger auf alle Kernländer des Ancien Régime in Europa. Der Konstitutionalismus des späten 18. und frühen 19. Jahrhunderts ist eine Antwort auf die Krise des Ancien Régime, und seine Entstehung als „geschichtliches Novum"[17] lässt sich als jener historische Prozess beschreiben, in welchem das Ancien Régime durch einen neuen, auf persönlicher Freiheit und Gleichheit vor dem Gesetz beruhenden Typus gesellschaftlicher Integration abgelöst wurde.

Unabhängig von der Französischen Revolution setzte dieser Prozess auch in Deutschland bereits im letzten Drittel des 18. Jahrhunderts ein.[18] Die Formierung des Konstitutionalismus ging dabei aus einer Gemengelage teils einander ergänzender, teils scheinbar gegenläufiger Interessen hervor. Versuche des Reformabsolutismus zur Überwindung der Schulden- und Steuerkrise des Ancien Régime überschnitten sich mit Forderungen nach „Gesetzlichkeit" und „Öffentlichkeit", in denen die Politisierung der Aufklärung kulminierte. Beide Leitforderungen zielten auf Rechtssicherheit und Garantie individueller Freiheitsrechte. Aber sie blieben nicht auf defensive Schutzfunktionen beschränkt. Insofern ist die verbreitete, nicht nur vom Kommunitarismus gepflegte Rede vom „negativen" Freiheitsbegriff des Liberalismus irreführend.

„Öffentlichkeit" nämlich umriss zugleich das offensive politische Programm der neuen sozialen Schicht der „Gebildeten", die sich erst im kommunikativen Prozess und im Raum der Öffentlichkeit (patriotische Vereine, Logen, Presse) konstituierte und die in der altständischen Gesellschaft keinen sozialen Ort mehr fand.[19] Diese mit dem Reformabsolutismus personell und institutionell verbundene Öffentlichkeit blieb unter den Bedingungen eines aufgeklärt-absolutistischen Paternalismus jedoch ebenso prekär wie die auf Freiheit, Gleichheit und Selbstständigkeit (Immanuel Kant) gründende, die alte Ständeordnung transzendierende politisch-soziale Utopie der Gebildeten von der „Staatsbürgergesellschaft".[20] Das vorrangige

---

16 Boldt (1990: 26). Siehe auch Grimm (1988: 10-42) und Luhmann (1990).

17 Grimm (1988: 10-13).

18 Würtenberger (1988).

19 Vgl. Vierhaus (1980), Bödeker (1989) und Stollberg-Rilinger (2000: 114-145).

20 Riedel (1972) und Stolleis (1981).

politische Anliegen der Gebildeten war daher, den prekären Status der Öffentlichkeit zu überwinden und mit Hilfe eines allgemeinverbindlichen „Gesetzes“ die Staatsbürgergesellschaft auf Dauer zu stellen. Diese Funktion erfüllte die „Verfassung“. Als das „Gesetz aller Gesetze“[21], wie der bayerische Jurist Johann Christoph von Aretin sie normhierarchisch definierte, ist die konstitutionelle Verfassung die über die Öffentlichkeit institutionalisierte Staatsbürgergesellschaft, ihre Organe sind die Presse und das neuständische, durch Besitz und Bildung auf die Gebildeten zugeschnittene Repräsentativ-System.

Wenngleich die politische Reformdiskussion in Deutschland nicht erst durch die Französische Revolution ausgelöst wurde, sind von dieser dennoch wichtige und nachhaltige Impulse für Theorie und Praxis des Konstitutionalismus in Deutschland ausgegangen.[22] Dabei lassen sich bis 1830/40 drei Phasen des Konstitutionalismus unterscheiden. Eine erste Verdichtungsphase markieren die 1790er Jahre, in denen es zu einer Reihe von Verfassungsentwürfen und – u. a. im Umfeld der Mainzer Republik – zu einer ersten Welle des Verfassungspatriotismus in der politischen und staatsrechtlichen Publizistik kam.[23] Hierbei handelte es sich keineswegs nur um theoretische oder utopische Modelle, sondern um Verfassungs-„Entwürfe in praktischer Absicht“ (Neugebauer-Wölk). Allerdings blieb ihnen die Realisierung aufgrund der noch in Wirksamkeit stehenden Verfassung des Alten Reiches versagt. Erst dessen Auflösung (1806) führte zur Freisetzung reformpolitischer Potenziale und zur ersten – wenngleich eingeschränkten – praktischen Umsetzung des Konstitutionalismus in den Rheinbundstaaten. Hier, ebenso wie in Preußen nach 1806, stand der Umbau der alten landständischen Verfassung strategisch im Mittelpunkt der Politik.[24] Dem strukturellen Vorrang der Verfassung trug auch der Art. 13 der Deutschen Bundesakte (1815) Rechnung: „In allen Bundesstaaten wird eine landständische Verfassung stattfinden“.[25] Weniger in den nachfolgenden staatsrechtlichen Debatten um den normhierarchischen Ort der Verfassung,[26] jedoch aufs Ganze der politischen und publizistischen Debatten gesehen blieb der Vorrang der Verfassung unbestritten.[27] Umkämpft aber war die durch divergierende politische und soziale Interessen geprägte Auslegung dieses Artikels im Sinne einer entweder reformierten altständisch-korporativen oder einer neuständisch-repräsentativen Verfassung. Das Inkrafttreten konstitutioneller Repräsentativ-Verfassungen zunächst in den süddeutschen, nach 1830 dann auch in den mitteldeutschen Staaten, das Scheitern konstitutioneller Reformpolitik in Preußen und die reaktionäre Wendung in der Politik des Deutschen Bundes in Folge der Karlsbader Beschlüsse (1819) führten in der dritten Phase zu einer politischen

---

21 Aretin (1824: 124).

22 Vierhaus (1967), Bödeker/ Herrmann (1987), Neugebauer-Wölk (1989), Dippel (1991), Theuringer (1998: 271-295) und Stollberg-Rilinger (2000: 194-250).

23 Lomparski (1974), Dippel (1991), Neugebauer-Wölk (1992) und Theuringer (1998: 295-324).

24 Kroll (1994) und Blänkner (1998: 302-304).

25 Boldt (1987: 205).

26 Schmidt (2000: 93-137).

27 Stolleis (1992: 99-102), Brandt (2000: 100) und Kirsch/ Schiera (2000).

Spaltung zwischen den Staaten des Deutschen Bundes und zur Ausdifferenzierung bzw. Neuformierung der politischen Strömungen.

Mit dieser Konstellation, in der die Verfassung gleichsam zum geometrischen Punkt und zur „Leitdifferenz“[28] der politisch-sozialen Konflikte wurde, stand der deutsche Konstitutionalismus, bei allen Besonderheiten etwa in der Mediatisiertenfrage oder dem föderativen Problem zwischen Einzelstaaten und Deutschem Bund, ganz im gemeineuropäischen politischen Kontext.[29] Verfassung blieb, vor allem in Deutschland, bis in die 1830er Jahre die politisch-soziale Leitdifferenz. Erst danach wurde sie überformt und verdrängt durch das politische Problem der Reichseinigung und das soziale Problem des Vierten Standes bzw. des Proletariats. Karl von Rotteck, einer der herausragenden Repräsentanten des aufgeklärten Liberalismus, fasste im Jahr 1830 den Vorrang der Verfassung und deren Bedeutung als epochale Leitdifferenz in dem bündigen Satz zusammen: „Es ist heute ganz eigens das Zeitalter der Constitutionen.“[30]

2.2 *Symbolische Formen der Verfassung*

Die Formierung des Konstitutionalismus zum hegemonialen Diskurs lässt sich an den Macht- und Deutungskämpfen auf den verschiedenen Feldern der Politik, Ästhetik und Wissenschaft bis in die Theologie verfolgen. Durch ihren Prägnanzbezug auf die „Verfassung“ erhalten diese Machtkämpfe zugleich den Charakter von Symbolkämpfen um die „Verfassung“ als institutionelle Leitdifferenz der Ordnung des Politischen. Anhand eines exemplarischen Blicks auf die Felder der politischen Sprache, der politischen Ikonographie und Festkultur sowie der Wissenschaft soll dies nachfolgend skizziert werden.

2.2.1 Historisch-politische Semantik

Neuere begriffsgeschichtliche Untersuchungen haben gezeigt, wie der Verfassungsbegriff seit der Mitte des 18. Jahrhunderts in der staatswissenschaftlichen Literatur allmählich politisiert und unter dem Eindruck politischer Wendepunkte normativ aufgeladen wurde. In seinen wortfeldanalytischen Studien zur politisch-sozialen Begriffssprache in Frankreich hat Wolfgang Schmale, ähnlich wie zuvor schon Jacques Guilhaumou[31], die Verdichtung dieses sprachpolitischen Wandels beson-

---

[28] Rehberg (1994: 65-70; 1998: 385-390).

[29] Die vergleichend-europäische, nicht auf die Untersuchung nationaler bzw. einzelstaatlicher Verfassung reduzierte Verfassungsgeschichte steht erst in Anfängen. Siehe hierzu Kirsch/ Schiera (2000), darin, mit Blick auf die hier interessierende deutsche Verfassungsentwicklung im europäischen Kontext insbesondere die Einzelbeiträge von Schiera (2000: 23-31) und Kirsch (2000: 147-173).

[30] Rotteck (1830: 172).

[31] Guilhaumou (1989: 70-99).

ders seit den 1770er Jahren dargelegt, die in der Etablierung der „Verfassung“ als „Leitbegriff aller Leitbegriffe“[32] nach 1789 kulminierte. Dieser Wandel der Verfassungssemantik, der keineswegs auf Frankreich beschränkt blieb,[33] schlug sich in den Verfassungsurkunden der Amerikanischen und Französischen Revolution nieder, vor allem im Artikel 16 der „Déclaration des droits de l'homme et du citoyen“ von 1789. Emphatisch erklärte hier die französische Nationalversammlung, dass eine Gesellschaft, die nicht auf der Anerkennung dieser Rechte und auf Gewaltenteilung beruhe, überhaupt keine Verfassung besäße: „Toute société, dans laquelle la garantie des droits n'est pas assurée, ni la separation des pouvoirs determinée, n'a point de constitution.“[34]

Dieser Begriffsradikalismus ist in Deutschland nicht nachvollzogen worden. Dem standen nicht nur fehlende Voraussetzungen für eine Revolution wie in Frankreich entgegen, sondern auch die bereits seit dem 17. Jahrhundert geführte Debatte über die „doppelte“, d.h., reichs- und landständische Verfassung des Alten Reiches.[35] Bezeichnenderweise weist die „Encyclopédie“ von Diderot und d'Alembert in ihrem Artikel „constitution“ (1754) noch ausdrücklich hierauf hin.[36] Was im revolutionären Frankreich zur „constitution“ schlechthin erklärt wurde,[37] wurde in Deutschland häufig mit dem Begriff „konstitutionelle Verfassung“ beschrieben. Inhaltlich zielte dieser Begriff jedoch auf die gleichen Kriterien wie „constitution“: Freiheit der Person, Gleichheit vor dem Gesetz, Gewaltenteilung, Pressefreiheit, Repräsentation.

Trotz des Pleonasmus, den die romanischen Sprachen ebenso wie die englische Sprache nicht zulassen – hier wird entweder von „constitution“ schlechthin oder, häufiger, von „modern constitution“ bzw. „constitution représentative“ gesprochen – ermöglicht der Begriff „konstitutionelle Verfassung“ für den deutschen Kontext eine zweifache Abgrenzung. Rückwärts gesehen von dem allgemeinen, als „Satzung, Verordnung, Anstalt, Beschluss, Recht“ oder auch „Einrichtung, Anordnung, Regel, Vorschrift“ verstandenen Verfassungsbegriff, wie er der Reichspublizistik zugrunde lag und auch in den einschlägigen Artikeln von Zedlers Universal-Lexikon zwischen 1733 bis 1746 bis in die verschiedenen Auflagen des Wörterbuchs von Adelung zwischen 1774 bis 1811 zu finden ist.[38] Zeitlich nach vorne gerichtet unterscheidet sich der konstitutionelle Verfassungsbegriff vom sog. Organischen Verfassungsverständnis der zwischen 1830/40 und 1890 einflussreichen neo-aristotelischen Staatswissenschaften. Dieser organologisch-neoaristotelische Verfassungsbegriff nimmt zwar Aspekte dieses konstitutionellen Verfassungsbegriffs auf (Freiheitsbegriff, Gleichheit vor dem Gesetz), geht aber aufgrund seiner stärkeren begrifflichen Einbeziehung rechtshistorisch-kultureller Aspekte

---

32 Schmale (1992: 28).

33 Ball/ Pocock (1988).

34 Constitution Française v. 3.9.1791, in: Franz (1964: 306).

35 Burgdorf (1998) und Stollberg-Rilinger (1998).

36 Diderot/ D'Alembert (1754: 63-72).

37 Valensise (1987) und Baker (1990).

38 Schmidt-Aßmann (1967: 33-52) und Mohnhaupt/ Grimm (1995).

über diesen hinaus im Sinne eines „Gesamtzustand(s) politischer Einheit und sozialer Ordnung.“[39]

Zeitlich umrahmt von diesen beiden weit gefassten Verfassungsbegriffen steht, vor allem in der Zeit zwischen etwa 1770 bis 1840, ein spezifischer Diskurs über die Deutung und politische Ausgestaltung der „landständischen Verfassung“.[40] Der Wandel des Verfassungsbegriffs ist dabei eingebettet in die Formierung eines neuen semantischen Feldes, dessen Gegenpole die aus diesem politischen Kontext hervorgegangenen neuen polemischen Kampfbegriffe „Konstitutionalismus“ und „Absolutismus“ bilden.[41]

2.2.2 Politische Ikonographie und Festkultur

Die Bedeutung der „Verfassung“ als sakralisiertes und zivilreligiöses Zentrum in der politischen Kultur der französischen Revolution und in den USA ist in der jüngeren Forschung verschiedentlich herausgearbeitet worden.[42] Für die deutsche Geschichte des (frühen) 19. Jahrhunderts scheint diese historisch-politische Perspektive unergiebig zu sein. Allerdings ist sie bislang auch kaum erprobt worden. Während – u. a. angeregt durch das französische Großprojekt zur Erforschung der „Lieux de mémoire“ (P. Nora) – Untersuchungen zur Denkmalskunst, zur politischen Ikonographie und zur politischen Festkultur des Reichsnationalismus besonders der zweiten Hälfte des 19. Jahrhunderts zu einem bevorzugten Forschungsfeld des letzten Jahrzehnts geworden sind[43], ist die politische Kultur des bundesstaatlichen bzw. föderativen Konstitutionalismus noch wenig erschlossen.[44] Die These vom deutschen Sonderweg, sowie das lange vorherrschende einseitige Interesse an der Geschichte der Reichs-Nation hat den Blick auf die Verfassungskultur der 1820er und 1830er Jahre in den konstitutionellen Einzelstaaten, vor allem Süddeutschlands, verstellt.

Dieser Konstitutionalismus hat neue Formen zeitlicher und räumlicher Autonomisierungen hervorgebracht, die allesamt Teil eines Ensembles institutioneller Symbolisierungen waren, in denen die Verfassung als kulturelle Mitte der gedachten Ordnung öffentlich zur Darstellung gebracht wurde. So schufen die periodisch abgehaltenen Landtagsverhandlungen und ihre Tagesordnungen[45], konstitutionelle Kalender und Konstitutions-Almanache eine institutionelle Eigenzeit, deren Alltagsroutine transzendiert wurde durch die konstitutionelle Festkultur.

---

39 Schmitt (1928: 4).

40 Stollberg-Rilinger (1998).

41 Blänkner (1990: 70-118), Dreitzel (1991, Bd.1: 91-94, 304-309; Bd.2: 753-779) und Brandt (1968).

42 Schmale (1988: 31-56), Hunt (1989) und Heideking (1988: 711-758).

43 Hettling/ Nolte (1993), Haupt/ Tacke (1996), Dörner (1996) und Alings (1996).

44 Sellin (1988). Zur Bedeutung des föderativen Nationalismus für die kulturelle Nationenbildung siehe Langewiesche (2000: 82-169).

45 Brandt (1987: 177-269).

Deputiertenbankette gehörten hierzu ebenso wie die anlässlich der Jahrestage von Verfassungsstiftungen veranstalteten, bisher nur in Ansätzen untersuchten Verfassungsfeste.[46] Solche Verfassungsfeste waren nicht vorrangig als Vergnügungsveranstaltungen für die Bevölkerung gedacht. Vielmehr sollte durch die feierliche Erinnerung an den Tag der Verfassungsstiftung die politische Gemeinschaft der neuständischen Staatsbürgernation sowie der Bund zwischen Monarchie und Volk symbolisch erneuert und durch zivilreligiös strukturierte Abläufe der Feste rituell stabilisiert werden.

Eine exemplarische Verdichtung der verschiedenen Aspekte dieser konstitutionellen Gedächtniskultur – vom Verfassungsfest über die politische Denkmalskunst und Ikonographie bis hin zur politischen Landschaftskunst – findet sich im Schlosspark des Grafen Franz Erwein von Schörnborn-Wiesentheid im fränkischen Gaibach bei Würzburg. Der liberale Graf[47] hatte in seinem Schloss einen Konstitutionssaal einrichten und den Park zu einer konstitutionellen „politischen Landschaft" (M. Warnke) umgestalten lassen, deren Charakter als heiliger Hain gleichsam „untermauert" wurde durch eine auf dem Gipfel des Parks errichtete Konstitutionssäule, die Schönborn bei dem Baumeister Leo von Klenze in Auftrag gegeben hatte. In einem für die politische Ikonographie des einzelstaatlich-föderativen Konstitutionalismus aufschlussreichen Gemälde (1823) hat der Münchener Historienmaler Peter von Heß das am 26. Mai 1821, dem dritten Jahrestag der Verkündung der bayerischen Verfassung, zelebrierte Fest zur Grundsteinlegung der Gaibacher Konstitutionssäule festgehalten.[48] Auf diesem Bild, das später an herausgehobener Stelle im Vorzimmer des Konstitutionssaals des Schönbornschen Schlosses hing, wird die durch die Verfassung gestiftete und geeinte politische Gemeinschaft der bayerischen Staatsbürgernation mit dem Kronprinzen, dem späteren Monarchen Ludwig I., im Zentrum beispielhaft dargestellt.

Monarchisches und reformbürokratisches Interesse an der Verfassung als Instrument der Staatsintegration konfluierte hier in paradigmatischer Weise mit den aufgeklärt-liberalen Verfassungsinteressen. Ganz in diesem Sinn eines Interessenkompromisses hatte sich der bayerische Jurist Anselm von Feuerbach bereits bei der Verkündung der Verfassung zwei Jahre zuvor enthusiastisch geäußert:

„Kein Land ist wohl jetzt in Europa ..., wo freier gesprochen, freier geschrieben, offener gehandelt würde, als hier in Bayern. Man sollte nicht glauben, was Ein großes Königswort, wie unsere Verfassung, in kurzer Zeit für Dinge tun kann. Erst mit dieser Verfassung hat sich unser König Ansbach, Bayreuth, Würzburg und Bamberg u.s.w. erobert. Jetzt sollte man einmal kommen und uns zumuten, eine andere Farbe als blau und weiß zu tragen!"[49]

Und ähnlich, auf die Grundlagen eines aufgeklärt-liberalen Verfassungspatriotismus zielend, antwortete Johann Christoph von Aretin in seinem „Entwurf eines Verfassungs-Katechismus für Volk und Jugend in den deutschen konstitutionellen

---

[46] Mayring (1990: 118-123), Foerster (1988), Nolte (1993) und Dossmann (1994).

[47] Bartlsperger (1991) und Bott (1993).

[48] Reinhardt (1977: 302-304) und Traeger (1991: 226-230).

[49] Feuerbach (1853: 113).

Staaten" (1823) auf die Frage, „wodurch ... die Vaterlandsliebe vorzüglich genährt (werde)": „Durch eine gute Verfassung, welche gleich der unsrigen (d.h. der bayerischen, Anm. d. Verf.) eine gesetzmäßige Freiheit gewährt, die die Rechte des Menschen und des Bürgers heilig hält, und durchaus auf die Vorschriften der Gerechtigkeit gegründet ist."[50]

Der harmonische Eindruck einer wohlkonstituierten Ordnung der staatsbürgerlichen Zivilgesellschaft, wie er in diesen Äußerungen Feuerbachs, Aretins und ebenso auf dem Gemälde von Peter von Heß vermittelt wird, ist allerdings trügerisch. Denn tatsächlich stand die symbolische Ordnung der neuständisch-konstitutionellen Staatsbürgergesellschaft unter der dauerhaften Konkurrenz um das Deutungsmonopol der konstitutionellen Verfassung. Und dieser Streit um die „Benennungsmacht" (P. Bourdieu) wurde nicht nur in der politischen Arena des Landtags, sondern u. a. auch auf dem Feld der Festkultur, der Ikonographie und der Denkmalskunst ausgetragen. Zielten liberal-verfassungspatriotische Denkmäler und Verfassungsfeste darauf ab, die Monarchie stärker in die neuständisch-egalitäre Staatsbürgergesellschaft zu integrieren, lag den monarchischen Denkmälern – wie etwa dem Max-Joseph-Denkmal in München[51] – die Intention zugrunde, Anspruch und Legitimität monarchischer Regierung durch einseitig-königliche Verfassungsstiftung zu symbolisieren.

Mit der über dem Grundstein der Konstitutionssäule plazierten weiß-blauen bayerischen Flagge auf seinem Gemälde hat Peter von Heß einen expliziten Bezug zur bayerischen Nation hergestellt. Dieser ikonographisch „vorgestellte" einzelstaatliche Verfassungspatriotismus wurde auf den in Gaibach abgehaltenen Verfassungsfesten zur politischen Manifestation. So auf dem Fest im Jahre 1828, als etliche Tausend Menschen – die Angaben schwanken; gelegentlich wird von bis zu dreißigtausend Teilnehmerinnen und Teilnehmern berichtet – zur Enthüllung der Konstitutionssäule kamen, oder auf dem Konstitutionsfest im Jahre 1832, an dem zwischen sechs bis zehntausend Menschen teilnahmen[52], und das in paradigmatischem Kontrast stand zum gleichzeitig stattfindenden Fest des ebenfalls in Bayern (Rheinbayern) gelegenen Hambach.

2.2.3 Verfassungsrecht als neue Wissenschaft

Zu den besonderen symbolischen Formen und institutionellen Orientierungsleistungen der konstitutionellen Verfassung gehörte die Autonomisierung der Verfassung als wissenschaftliche Disziplin. Rechtsphilosophische Grundlage dieses auf der Vertragstheorie aufbauenden konstitutionellen Verfassungsrechts war das sog. „jüngere Naturrecht", das vor allem durch Immanuel Kant geprägt war und – und

[50] Aretin (1823: 364).

[51] Eschenburg (1970) und Traeger (1991: 226-238).

[52] Günther (1925: 623-642).

aufs Ganze der universitären Lehre gesehen – bis in die 1830er Jahre dominierenden Einfluss an den deutschen Universitäten besaß.[53]

Ideen- und literärgeschichtlich ist dieser vernunftrechtliche Konstitutionalismus in seinen verschiedenen Varianten zwar bekannt,[54] noch weitgehend unerforscht hingegen ist die Institutionalisierung des Verfassungsrechts an den deutschen Universitäten, die Frage also nach den Orten seiner Lehre etwa, ihrer Wirksamkeit in der Beamtenausbildung und Versuchen, sie als Fachrichtung dauerhaft zu etablieren. Und schließlich, jenseits der Feststellung des Begründungszusammenhangs zwischen aufgeklärt-jüngerem Naturrecht und Verfassungstheorie, die Frage nach der disziplinären Anbindung des konstitutionellen Verfassungsrechts – ob innerhalb der „Staatswissenschaften" oder als Teil des „Naturrechts".

Das in Deutschland bis in die 1840er Jahre einflussreichste und populärste Lehrbuch dürfte *Die Staatswissenschaften im Lichte unserer Zeit* des Leipziger Historikers und Staatswissenschaftlers Karl Heinrich Ludwig Pölitz (1772-1838) gewesen sein.[55] Von 1827 bis zu seinem Tod hielt Pölitz regelmäßig Vorlesung über konstitutionelles Staatsrecht, und schon dies verschaffte seinem Verfassungsrecht größeren Einfluss als vergleichbaren dogmatischen Hand- und Lehrbüchern etwa von Johann Christoph von Aretin oder dem Freiburger Staatswissenschaftler Karl von Rotteck (Aretin/Rotteck 1824-1828; Rotteck: 1829-35), der zudem 1832 aus politischen Gründen von seinem Lehramt suspendiert wurde. Beiden, Pölitz und Rotteck, kommt auch darum besondere Bedeutung zu, weil sie die herausragenden Integrationsfiguren der überregional vernetzten politischen Strömung des *aufgeklärten Liberalismus* waren.

Eine wichtige Differenzierung innerhalb des neuen Wissenschaftszweigs nahm Pölitz vor mit der Unterscheidung zwischen *dogmatischer* und *historischer* Behandlungsart des Verfassungsrechts. Anders als Aretin und Rotteck bevorzuge er selbst, so Pölitz, bei der Ausarbeitung des „positiven Staats- oder Verfassungsrecht(s)" als „einer neuen Wissenschaft" die geschichtliche Behandlungsart.[56] Wenn Pölitz hier zurecht das Verfassungsrecht als „neue Wissenschaft" bezeichnet, so gilt dies nicht nur für deren *dogmatischen*, sondern ebenso auch für seinen *historischen* Zweig. Die Behandlung von Recht und Geschichte als *Verfassungs-Geschichte* ist nämlich keineswegs selbstverständlich. Weder der antiken und der mittelalterlichen noch der frühneuzeitlichen Geschichtsschreibung war sie bekannt. Die Entstehung der *Verfassungs-Geschichte* vollzog sich im Rahmen zweier allgemeiner Voraussetzungen, dem Aufstieg des Verfassungsdiskurses zum hegemonialen politischen Diskurs seit der Mitte des 18. Jahrhunderts, sodann der Entstehung der Aufklärungshistorie – thematisch mit ihrer Hinwendung zur Kultur- und Sozialhistorie,

---

53 Auf die lange Zeit verschüttete Existenz und Bedeutung dieses „jüngeren" Naturrechts ist erst in den letzten Jahren wieder aufmerksam gemacht worden ist, siehe hierzu Klippel (1976: 178-197; 1987: 273-278; 1995) und Rückert (1991).

54 Brandt (1968: 214-270), Boldt (1975: 131-261) und Stolleis (1992: 156-176).

55 Pölitz (1823/24 und 1827/28).

56 Pölitz (1827/28, Bd. IV: Vf. u. 769-776; 1828).

methodisch mit ihrem reflektierten Perspektivismus.[57] Geschichtsphilosophisch außerordentlich wichtig für die Behandlung der Geschichte unter der Perspektive der „Verfassung" waren in Deutschland wiederum die Schriften Immanuel Kants, vor allem seine „Idee zu einer allgemeinen Geschichte in weltbürgerlicher Absicht" (1784), der „Gemeinspruch" (1793) und die Schrift „Zum ewigen Frieden" (1795).

Unter den verschiedenen Ansätzen zu einer *Verfassungs-Geschichte* nehmen die Arbeiten von Pölitz einen besonderen Rang ein. Im Anschluss an die ältere deutsche „Reichshistorie", die „historische Staatenkunde" (Statistik) und die „Geschichte des europäischen Staatensystems" der Göttinger Schule (Achenwall, Schlözer, Spittler, Pütter, Heeren)[58], sowie die gemeineuropäische aufgeklärte Kulturhistorie seit Voltaire und der schottisch-englischen *conjectural history*,[59] zugleich aber auf der Grundlage des neuen konstitutionellen Verfassungsbegriffs legte er den Grundstein für eine vergleichend-europäische konstitutionelle Verfassungshistorie unter Einschluss der USA. Gegenstand dieser pragmatischen Verfassungshistorie war die Deutung der neueren Geschichte (seit der Amerikanischen Revolution) unter der Perspektive der konstitutionellen Verfassung sowie die quellenmäßige Sammlung und Edition von Verfassungsdokumenten.[60] Wie in der liberalen politischen Publizistik und Theorie galten Pölitz auch hier „Konstitutionalismus" und „Absolutismus" als die beiden Antipoden, deren Kampf die neuere europäische Geschichte bestimmt.

Die Bedeutung dieser innovativen Forschungsperspektive beschränkt sich jedoch nicht auf das immanente Feld der Wissenschaft. Ähnlich wie die „histoire du tiers état" von Guizot und Thierry[61] in Frankreich, ist die aufgeklärt-konstitutionelle „Verfassungsgeschichte" der in Fortführung der aufgeklärten Kulturhistorie unternommene Versuch einer historisch-politischen Identitätsbildung des Dritten Standes und damit ein zentraler aufgeklärt-liberaler Aspekt der konstitutionellen „Geschichts- und Erinnerungskultur" insgesamt.

3 Grenzen der Integration und reichsnationale Transformation des Konstitutionalismus (1830/40-1870)

3.1 Grenzen der neuständischen Verfassung

Diese spezifische Geschichts- und Gedächtniskultur und mit ihr die ganze hier skizzierte konstitutionelle symbolische Ordnung wurde indes seit den 1830er Jahren brüchig. Ein komplexes Bündel von Ursachen und Entwicklungen führte zur Delegitimierung der konstitutionellen Verfassung als gedachtes Zentrum der Staatsbürgergesellschaft und mündete noch vor der Revolution von 1848 in die Transfor-

57 Bödeker et al. (1986), Blanke/ Fleischer (1991) und Muhlack (1991: 67-85).

58 Seifert (1980), Valera (1986), Pasquino (1986) und Behnen (1987).

59 Medick (1973) und O'Brien (1997).

60 Pölitz (1831; 1832; 1838).

61 Gossman (1976).

mation des konstitutionellen Diskurses. Aus diesem Ursachenbündel sind zunächst die aus der inneren Dynamik der Verfassungspraxis hervorgegangenen unbeabsichtigten und paradoxen Folgen zu nennen. Die weitgehend auf das Budget- und Petitionsrecht reduzierte Kompetenz der Legislative sowie das fehlende Initiativrecht der Landtagskammern verschafften der seit der Rheinbundzeit neu organisierten Exekutive einen permanenten verfassungsmäßig garantierten Handlungsvorsprung gegenüber den Landtagskammern, der bei den Verfassungsgründungen so nicht vorherzusehen gewesen war. Hierdurch aber erhielt die Bürokratie eine faktische Dominanz, die vor allem den aufgeklärt-liberalen Erwartungen und der Vorstellung der Verfassung als institutionalisierte Öffentlichkeit entgegenlief.[62]

Als folgenreicher noch für die politische Kultur erwies sich der utopische Erwartungsüberschuss dieses aufgeklärten Öffentlichkeitsmodells dort, wo, wie etwa in Bayern, ein macht- und gestaltungswilliger Monarch (Ludwig I.) die konstitutionelle Verfassung entschlossen für seine eigenen Interessen nutzte. Der hier in aller Schärfe in den frühen 1830er Jahren ausgetragene Kampf um das Deutungsmonopol der konstitutionellen Verfassung endete mit einem vollständigen Sieg der Monarchie über die liberalen Kräfte. Eduard Gans, einer der hellsichtigsten und bedeutendsten politischen Professoren der 1820/30er Jahre, hat diesen Vorgang – wenngleich mit Blick auf das Ministerium Villèle im Frankreich Mitte der 1820er Jahre – treffend als „Auflösung und Zerreibung der Verfassung durch die Verfassung selbst" beschrieben.[63]

Über die machtpolitischen Konflikte hinaus führte vor allem das rasche Anwachsen des Vierten Standes und die Entstehung des Proletariats in den 1830er Jahren zur Delegitimierung des Sozialmodells der neuständischen Staatsbürgergesellschaft und ihrer Verfassung. Die soziale Integrationskraft der durch Besitz und Bildung sowie durch das Zensuswahlrecht auf die „gebildeten Stände" zugeschnittenen neuständisch-konstitutionellen Verfassung war erschöpft, die aufgeklärt-liberale Utopie der „klassenlosen Bürgergesellschaft" (L. Gall) verkehrte sich in die Realität einer bürgerlichen Klassengesellschaft. Das „Verfassungsfieber", das die 1790er Jahre geprägt und nach 1815 Europa erneut ergriffen hatte, war infolge praktischer Erfahrungen mit der konstitutionellen Verfassung und ihrer politisch-sozialen Grenzen gegenüber nichtbesitzenden Schichten, Frauen und Juden nüchterneren oder anderen politischen Erwartungen gewichen. Hellsichtig schrieb im Jahr 1836 Karl August Varnhagen von Ense an Rotteck, dass hiermit die „frühere liberal-konstitutionelle Zeit geschlossen" sei.[64]

Und vor dem Hintergrund der sich verschärfenden sozialen Frage kam fünfzehn Jahre später der konservative Kulturhistoriker Wilhelm Heinrich Riehl zu der Einsicht: „Ein Zentner Verfassungsrecht wiegt kein Lot, wenn der gesamten historischen Gesellschaft das Messer an der Kehle sitzt. (...) Das politische Interesse ist gegenwärtig wesentlich verschlungen von dem sozialen. Das Zeitalter wird keine

---

62 Brandt (1987: 271-322), Hettling (1990: 109-114, 117-122), Treichel (1991) und Vierhaus (1983).

63 Gans (1836: 23).

64 Varnhagen (1836: 295).

Ruhe, keine Fassung mehr gewinnen für die Reform der Verfassungspolitik, wenn nicht die Reform der Gesellschaft vorangegangen ist.“[65]

Der Abschluss der „liberal-konstitutionellen Zeit“ und das Ende der Verfassung als diskursive Leitdifferenz der symbolischen Ordnung der neuständischen Staatsbürgergesellschaft bedeutete nun freilich nicht das Ende des Konstitutionalismus überhaupt. Im Gegenteil. Der Abschied von der Verfassungsutopie korrespondiert vielmehr mit dem allgemeinen Durchbruch und der Transformation des Konstitutionalismus seit den 1840er Jahren. Dieses Paradox, das vor allem zu Lasten des aufgeklärten Liberalismus ging, lässt sich als doppelter Vorgang der politischen „Neutralisierung“ (C. Schmitt) im Sinne einer Desakralisierung der Verfassung und ihrer „Trivialisierung“[66] verstehen. Neutralisierung und Trivialisierung der Verfassung waren gleichsam die Bedingungen ihrer erfolgreichen Diffusion.

Kaum etwas verdeutlicht diesen Neutralisierungs- und Trivialisierungsprozess der Verfassung besser als die gleichsam „negative Integration“ der bis dahin antikonstitutionellen politischen Kräfte in das – wie auch immer politisch ausgestaltete – System des Konstitutionalismus.[67] Nicht länger *ob* Konstitutionalismus, sondern in *welcher* Form, war seit den 1840er Jahren die Frage.[68]

3.2 Reichsnationale Transformation des Konstitutionalismus

Die politische Legitimationskrise und die Grenzen der sozialen Integrationsfähigkeit der neuständischen Verfassung waren Teil des Umbruchs der *institutionellen Figuration*[69], in dessen Verlauf die deutsche Reichseinigung bzw. die Errichtung des deutschen Nationalstaats zum Zentralproblem der Politik wurde. Dabei wurde die „Verfassung“ als imaginiertes Zentrum der politischen Gesellschaft überformt durch eine neue Symbolordnung, in deren Zentrum der reichsnationale „Kult der Einheit“[70] stand.

Mit Blick auf die deutsche Staatsrechtswissenschaft der Reichsgründungszeit hat Dieter Grimm von der Ablösung des „Vorrangs der Verfassung“ durch den „Vorrang des Staates“ gesprochen.[71] Dieser treffende Befund lässt sich für die Rechts- und Geschichtswissenschaft insgesamt verallgemeinern. Hier wird die Abwendung von der „Verfassung“ als Leitidee durch den Aufstieg der neoaristotelischen „Staatswissenschaften“ von Eduard Gans bis Johann Kaspar Bluntschli[72] und das Konzept der „Staats-Bildung“ deutlich, das, im Anschluss an Hegel maßgeblich von Gans konzipiert, das neue borussische Geschichtsbild der klein-

---

65 Riehl (1851).

66 Tenbruck (1975) und Lepsius (1986).

67 Grünthal (1982), Kroll (1990: 65-107) und Kraus (1992).

68 Boldt (1975) und Blänkner (1990: 113-118).

69 Blänkner (1994: 107) und Göhler (1996a: 24-25).

70 Jansen (2000: 350).

71 Grimm (1995: 133).

72 Blänkner (1990: 126-145).

deutschen Schule[73] ebenso wie die mittelalterliche Reichs- und Verfassungsgeschichtsschreibung (G. Waitz) dominierte.[74] Als Teil der neoaristotelischen Staatswissenschaften konzipierte Lorenz von Stein auch die neu entstehende Verwaltungwissenschaft, die auf die praktischen Erfahrungen mit den bisherigen Verfassung reagierte und die „Verwaltung" als „tätig werdende Verfassung" beschrieb.[75]

Parallel zur Etatisierung der Rechts- und Geschichtswissenschaft lässt sich, wie jüngst Christian Jansen überzeugend gezeigt hat, von einer „Nationalisierung und Militarisierung der politischen Kultur" in den Jahrzehnten der Reichsgründung seit den 1840er Jahren sprechen.[76] Der bis dahin dominante einzelstaatliche (Verfassungs-) Patriotismus wurde durch den gesamt- bzw. reichsdeutschen Nationalismus ersetzt.[77] Aus dem weiten Feld der in jüngerer Zeit intensiv erforschten politischen Festkultur und Denkmalskunst sei hier lediglich auf die Kölner Dombaufeste zwischen 1842 und 1880 hingewiesen[78] oder auf die Geschichte des Hermanns-Denkmals, die – von der Grundsteinlegung im Jahr 1838 bis zur Einweihungsfeier 1875 in Anwesenheit des Kaisers – gleichsam eine Denkmalsgeschichte des bürgerlich-liberalen Reichsnationalismus darstellt.[79] Auf den verschiedenen Feldern der politischen Kultur, bis hin zur politischen Lyrik und der sog. „Nationalliteratur" (G. G. Gervinus), tritt die neue leitdifferenzielle Symbolordnung der Reichs-Nation als Vorstellung und Wille deutlich hervor.

Auffällig rasch und mit nachhaltiger Wirkung hat sich dieser Umbruch der symbolischen Ordnungen seit 1840, also bereits vor der Revolution von 1848 durchgesetzt. Von der bereits erwähnten Legitimationskrise des neuständischen Systems und seiner Verfassung abgesehen, liegt einer der Hauptgründe hierfür in der Koinzidenz des Umbruchs der Symbolordnungen und des Generationenumbruchs. Aus einer – nicht nur mit Blick auf die Gesamtgesellschaft, sondern vor allem mit Blick auf die Schicht der Gebildeten – jugendlich-minoritären Bewegung von Intellektuellen im frühen neunzehnten Jahrhundert,[80] die sich zumeist im Umfeld der Burschenschaften organisierte, wurde nun eine majoritäre politische Strömung.

Ein frühes markantes ereignisgeschichtliches Datum für die reichsnationale Überformung des einzelstaatlichen Konstitutionalismus war das Hambacher Fest (1832). Dass Hambach seit dem Wiener Kongress politisch zum Königreich Bayern (Rheinbayern) gehörte, verlieh diesem besondere politische Brisanz, denn es steht im paradigmatischen Kontrast zu dem bereits erwähnten gleichzeitig abgehaltenen Gaibacher Konstitutionsfest. Während hier 1832 unter den weiß-blauen bayeri-

73 Hardtwig (1980) und Blänkner (1990: 179-194).

74 Blänkner (1996: 323-324) und Böckenförde (1995: 99-134).

75 Stein (1888: 5), Schiera/ Gherardi (1984) und Stolleis (1992: 381-422).

76 Jansen (2000: 332-357).

77 Jansen (2000: 612).

78 Nipperdey (1981), Dann (1983) und Haupts (1988).

79 Hardtwig (1990), Tacke (1993) und Dörner (1996).

80 Hardtwig (1986), Langewiesche (1990: 103-115) und Wehler (1987: 394-412).

schen Farben das letzte verfassungspatriotische Fest der bayerischen Nation stattfand, versammelten sich in Hambach unter der Kritik an den einzelstaatlichen „Constitutiönchen" (Ph. J. Siebenpfeiffer) und unter den schwarz-rot-goldenen Farben der deutschen Trikolore fünfundzwanzigtausend Menschen zum ersten (radikaldemokratischen) „Nationalfest der Deutschen".

Von einer konstitutionellen Verfassungskultur oder einem Verfassungspatriotismus ist, abgesehen von Ausläufern auf den großen badischen und sächsischen Verfassungsfesten in den 1840er Jahren[81] und Berührungspunkten mit der schwäbischen Sängerbewegung[82], in den Jahrzehnten der Reichsgründung kaum eine Spur mehr. Die unübersehbare Relativierung der „Verfassung" und deren etatistische und reichsnationale Überformung pauschal als Niedergang der politischen Kultur und als Markstein in der Geschichte des obrigkeitlichen „deutschen Sonderwegs" zu deuten, wäre gleichwohl verfehlt. Und ebenso problematisch wäre es, aufgeklärt-liberalen „Verfassungspatriotismus" gegen konstitutionellen Reichsnationalismus auszuspielen. Allzu leicht übersähe eine solche einseitige Gegenüberstellung die spezifischen Voraussetzungen, an die die konstitutionelle Verfassungskultur, insbesondere der aufgeklärte Verfassungspatriotismus historisch geknüpft war. Das Integrationspotenzial des frühen Konstitutionalismus, der in seinen Voraussetzungen noch an die Problemlagen des späten 18. Jahrhunderts und an die Verarbeitung der Revolution gebunden war, war in den 1830er Jahren erschöpft. Die nun deutlich werdenden Grenzen des einzelstaatlichen Konstitutionalismus hat der konstitutionelle Reichsnationalismus zu überwinden versucht.

Dabei hat er das Verhältnis von „Verfassung" und „Nation" in zweifacher Weise umgekehrt. Politische Freiheit und die Konstituierung der politischen „Nation" lagen für den liberalen Reichsnationalismus nicht in der Stiftung einer Verfassung begründet, sondern die „Verfassung" sollte umgekehrt aus dem geschichtlichen Boden der in ihrer Existenz schon vorausgesetzten „Nation" erwachsen. Und aus dem krisenhaften Verhältnis zwischen konstitutionellen Einzelstaaten und Deutschem Bund zog er die Konsequenz, dass die Herstellung eines deutschen Reiches über die staatliche Einheit, und nicht über die allmähliche Konstitutionalisierung der Einzelstaaten zu erreichen sei. Die Verfassung bildete den Abschluss, nicht den Ausgangspunkt im politischen Denken des Reichsnationalismus. Von einem Abschied vom verfassungspolitischen Denken kann man beim Reichsnationalismus zwischen 1840 und 1871 also nicht sprechen.

Eine breite Abwendung vom verfassungstheoretischen und verfassungspolitischen Denken fand erst nach der Reichseinigung statt. Welche Diskrepanz in der politischen Kultur in Deutschland zwischen dem frühen und dem ausgehenden 19. Jahrhundert dabei lag, veranschaulicht der Kontrast völlig unterschiedlicher politischer Ordnungsentwürfe zweier Historienbilder, dem bereits erwähnten des Münchener Malers Peter von Heß und Anton von Werners berühmter „Proklamation des Deutschen Kaiserreichs" (1877) im Spiegelsaal von Versailles: Hier die

81 Nolte (1993) und Dossmann (1994).

82 Langewiesche (1993).

militaristische Gründung der Reichsnation in Waffen, dort die Gründung der neuständisch-staatsbürgerlichen Zivilgesellschaft im Zeichen der Verfassung.

4 Schlussbemerkung

Die bisherigen Darlegungen sind der Frage nach den Möglichkeitsbedingungen von politischer *Integration durch Verfassung* anhand eines Blicks auf die „Verfassung" in den institutionellen Symbolordnungen des 19. Jahrhunderts in Deutschland nachgegangen. Dem lag die Absicht zugrunde, Umrisse eines spezifischen, durch die reichsnationale Gedächtniskultur überformten und nachfolgend durch die dominante nationalstaatliche Geschichtskultur bis heute weitgehend verschütteten Verfassungsdiskurses der neuständisch-staatsbürgerlichen Zivilgesellschaft im frühen 19. Jahrhundert in Deutschland freizulegen, in dem der Verfassung die Funktion der institutionellen Leitdifferenz zukam. Neutralisierung und Trivialisierung der „Verfassung" hatten die Ausbreitung des Konstitutionalismus seit den 1840er Jahren zur Folge, führten aber zugleich zum Verlust der „Verfassung" als Leitdifferenz.

Bereits der hier untersuchte historische Ausschnitt erlaubt den verallgemeinernden Schluss, dass Konstitutionalismus nicht *eo ipso* eine politische Kultur des Verfassungspatriotismus hervorbringt, und wenngleich die überwiegende Mehrzahl der heutigen Staaten als „Verfassungsstaaten" bezeichnet wird, so werden sie doch nicht durch die Verfassung als Zentrum der politischen Symbolordnung integriert. Dies gilt nicht nur für die außereuropäischen, sondern ebenso für die westlicheuropäischen Staaten, von denen der Konstitutionalismus seinen historischen Ausgang genommen hat. Die Verfassung pauschal „als Kristallisationskern der politischen Kultur der Gesellschaft" der Moderne zu definieren,[83] übersieht nicht nur die historischen Differenzierungen innerhalb des Konstitutionalismus als institutionellem Ordnungstypus, sondern darüber hinaus dessen grundsätzliche Historizität. Vor diesem Hintergrund erscheinen auch die erwarteten Integrationsleistungen eines postnationalen „Verfassungspatriotismus" (J. Habermas) und der Konstitutionalisierung der Europäischen Union in anderem, skeptischerem Licht.

[83] Münch (1984: 336). Siehe dagegen Stolleis (1990: 18).

Literatur

Alings, Reinhard (1996): Monument und Nation. Das Bild vom Nationalstaat im Medium Denkmal – zum Verhältnis von Nation und Staat im deutschen Kaiserreich 1871-1918. Berlin: de Gruyter

Aretin, Johann Christoph Frh. von (1823): Entwurf eines Verfassungs-Katechismus für Volk und Jugend in den deutschen konstitutionellen Staaten. In: ders. (Hrsg.): Konstitutionelle Zeitschrift. Bd. I. 321-364

Aretin, Johann Christoph Frh. von/ Rotteck, Carl von (1824-1828): Staatsrecht der konstitutionellen Monarchie. 2 Bd. Altenburg: Literatur-Comptoir

Assmann, Jan/ Hölscher, Tonio (Hrsg.) (1988): Kultur und Gedächtnis. Frankfurt am Main: Suhrkamp

Baker, Keith M. (1990): Fixing the Constitution. In: ders. (1990): Inventing the French Revolution. Essays on French Political Culture in the Eighteenth Century. Cambridge, Mass.: Cambridge University Press. 252-305

Ball, Terence/ Pocock, John G.A. (Hrsg.) (1988): Conceptual Change and the Constitution. Lawrence, Kan.: University Press of Kansas

Behnen, Michael (1987): Statistik, Politik und Staatengeschichte von Spittler bis Heeren. In: Boockmann, Hartmut/ Wellenreuther, Hermann (Hrsg.) (1987): Geschichtswissenschaft in Göttingen. Göttingen: Vandenhoeck & Ruprecht. 76-101

Blanke, Horst Walter/ Fleischer, Dirk (1991): Aufklärung und Historik. Aufsätze zur Entwicklung der Geschichtswissenschaft, Kirchengeschichte und Geschichtstheorie in der deutschen Aufklärung. Waltrop: Spenner

Blänkner, Reinhard (1990): „Absolutismus". Eine begriffsgeschichtliche Studie zur politischen Theorie und zur Geschichtswissenschaft in Deutschland 1830 bis 1870. Phil. Diss. (Mikrofiche). Göttingen

Blänkner, Reinhard (1994): Überlegungen zum Verhältnis von Geschichtswissenschaft und Theorie politischer Institutionen. In: Göhler, Gerhard (Hrsg.) (1994): Die Eigenart der Institutionen. Zum Profil politischer Institutionentheorie. Baden-Baden: Nomos. 85-122

Blänkner, Reinhard (1996): Die Idee der Verfassung in der politischen Kultur des 19. Jahrhunderts in Deutschland. In: Münkler, Herfried (Hrsg.) (1986): Bürgerreligion und Bürgertugend. Debatten über die vorpolitischen Grundlagen politischer Ordnung. Baden-Baden: Nomos. 309-341

Blänkner, Reinhard (1998): Der Vorrang der Verfassung. Formierung, Legitimations- und Wissensformen und Transformation des Konstitutionalismus in Deutschland im ausgehenden 18. und frühen 19. Jahrhundert. In: Blänkner, Reinhard/ Jussen, Bernhard (Hrsg.) (1998): Institutionen und Ereignis. Über historische Praktiken und Vorstellungen gesellschaftlichen Ordnens. Göttingen: Vandenhoeck & Ruprecht. 295-325

Blänkner, Reinhard/ Jussen, Bernhard (Hrsg.) (1998): Institutionen und Ereignis. Über historische Praktiken und Vorstellungen gesellschaftlichen Ordnens. Göttingen: Vandenhoeck & Ruprecht

Böckenförde, Ernst-Wolfgang (1995): Die deutsche verfassungsgeschichtliche Forschung im 19. Jahrhundert. Zeitgebundene Fragestellungen und Leitbilder. Zweite, um eine Vorbemerkung und Nachträge ergänzte Auflage. Berlin: Duncker & Humblot

Bödeker, Hans Erich/ Iggers, Georg G./ Knudsen, Jonathan B./ Reill, Peter H. (Hrsg.) (1986): Aufklärung und Geschichte. Studien zur deutschen Geschichtswissenschaft im 18. Jahrhundert. Göttingen: Vandenhoeck & Ruprecht

Bödeker, Hans Erich/ Herrmann, Ulrich (Hrsg.) (1987): Aufklärung als Politisierung - Politisierung der Aufklärung. Hamburg: Meiner

Bödeker, Hans Erich (1989): Die „gebildeten Stände" im späten 18. und frühen 19. Jahrhundert: Zugehörigkeit und Abgrenzungen. Mentalitäten und Handlungspotentiale. In: Kocka, Jürgen (Hrsg.) (1989): Bildungsbürgertum im 19. Jahrhundert. Teil IV: Politischer Einfluß und gesellschaftliche Formation. Stuttgart: Klett-Cotta. 21-52

Boldt, Hans (1975): Deutsche Staatslehre im Vormärz. Düsseldorf: Droste

Boldt, Hans (1990): Deutsche Verfassungsgeschichte, Bd. II. München: dtv

Boockmann, Hartmut/ Wellenreuther, Hermann (Hrsg.): Geschichtswissenschaft in Göttingen. Göttingen: Vandenhoeck & Ruprecht

Bott, Katharina (Hrsg.) (1993): Ein deutscher Kunstsammler zu Beginn des 19. Jahrhunderts. Franz Erwein zu Schönborn (1776-1840). Alfter: VDG

Brandt, Hartwig (1968): Landständische Repräsentation im deutschen Vormärz, Politisches Denken im Einflußfeld des monarchischen Prinzips. Neuwied und Berlin: Luchterhand

Brandt, Hartwig (1987): Parlamentarismus in Württemberg 1819-1870. Anatomie eines deutschen Landtags. Düsseldorf: Droste

Brandt, Hartwig (2000): Von den Verfassungskämpfen der Stände zum modernen Konstitutionalismus. In: Kirsch, Martin/ Schiera, Pierangelo (Hrsg.) (2000): Denken und Umsetzung des Konstitutionalismus in Deutschland und anderen europäischen Ländern in der ersten Hälfte des 19. Jahrhunderts. Berlin: Duncker & Humblot. 99-108

Burgdorf, Wolfgang (1998): Reichskonstitution und Nation. Verfassungsreformprojekte für das Heilige Römische Reich Deutscher Nation im politischen Schrifttum von 1648 bis 1806. Mainz: Philipp von Zabern

Cassirer, Ernst (1961, org. 1942): Zur Logik der Kulturwissenschaften. Darmstadt: Wissenschaftliche Buchgesellschaft

Constantopoulos, Dimitri S./ Wehberg, Hans (Hrsg.) (1953): Gegenwartsprobleme des internationalen Rechts und der Rechtsphilosophie. Festschrift für Rudolf Laun zu seinem siebzigsten Geburtstag. Hamburg: Girardet & Co

Corwin, Edward S. (1936): The Commerce Power versus State Rights: "Back to the Constitution". Princeton: Princeton University Press

Dann, Otto (Hrsg.) (1983): Religion – Kunst – Vaterland. Der Kölner Dom im 19. Jahrhundert. Köln: Bachem

Dann, Otto/ Klippel, Diethelm (Hrsg.) (1995): Naturrecht – Spätaufklärung – Revolution. Hamburg: Meiner

Diderot, Denis/ d'Alembert, Jean le Rond (Hrsg.) (1754): Encyclopédie ou dictionnaire raisonné des sciences, des arts et des métiers, Vol. 4. Paris. 63-72

Dippel, Horst (Hrsg.) (1991): Die Anfänge des Konstitutionalismus in Deutschland. Texte deutscher Verfassungsentwürfe am Ende des 18. Jahrhunderts. Frankfurt am Main: Keip

Dörner, Andreas (1996): Politischer Mythos und symbolische Politik. Der Hermannsmythos: zur Entstehung des Nationalbewußtseins der Deutschen. Reinbek: Rowohlt

Dossmann, Axel (1994): Zwischen „alter Sachsenliebe" und „deutschem Gesamtvaterland": Die Leipziger Konstitutionsfeste im 19. Jahrhundert. In: Keller, Katrin (Hrsg.) (1994): Feste und Feiern. Zum Wandel städtischer Festkultur in Leipzig. Leipzig: Edition Leipzig. 136-149

Dreitzel, Horst (1991): Monarchiebegriffe in der Fürstengesellschaft. Semantik und Theorie der Einherrschaft in Deutschland von der Reformation bis zum Vormärz, 2 Bd. Köln: Böhlau

Düding, Dieter/ Friedemann, Peter/ Münch, Paul (Hrsg.) (1988): Öffentliche Festkultur. Politische Feste in Deutschland von der Aufklärung bis zum Ersten Weltkrieg. Reinbek: Rowohlt

Eschenburg, Barbara (1970): Das Denkmal König Maximilians I. Joseph in München, 1820-1835. Diss. München

Fehrenbach, Elisabeth (1992): Verfassungsstaat und Nationsbildung 1815-1871. München: Oldenbourg

Feuerbach, Ludwig (Hrsg.) (1853): Anselm Ritter von Feuerbach's Leben und Wirken aus seinen ungedruckten Briefen und Tagebüchern, Vorträgen und Denkschriften. Bd. II. Leipzig

Flaig, Egon (1998): War die römische Volksversammlung ein Entscheidungsorgan? Institution und soziale Praxis? In: Blänkner, Reinhard/ Jussen, Bernhard (Hrsg.) (1998): Institutionen und Ereignis. Über historische Praktiken und Vorstellungen gesellschaftlichen Ordnens. Göttingen: Vandenhoeck & Ruprecht. 49-73

Foerster, Cornelia (1988): „Hoch lebe die Verfassung"? Die pfälzischen Abgeordnetenfeste im Vormärz (1819-1846). In: Düding, Dieter/ Friedemann, Peter/ Münch, Paul (Hrsg.) (1988): Öffentliche Festkultur. Politische Feste in Deutschland von der Aufklärung bis zum Ersten Weltkrieg. Reinbek: Rowohlt. 132-146

Frankenberg, Günter (1996): Die Verfassung der Republik. Autorität und Solidarität in der Zivilgesellschaft. Baden-Baden: Nomos

Franz, Günther (Hrsg.) (1964^2): Staatsverfassungen. Eine Sammlung wichtiger Verfassungen der Vergangenheit und Gegenwart in Urtext und Übersetzung. München: Oldenbourg

Gans, Eduard (1836): Paris im Jahre 1825. In: ders. (Hrsg.) (1836): Rückblicke auf Personen und Zustände. Berlin. Neudruck, herausgegeben, kommentiert und mit einer Einleitung versehen von Norbert Waszek (1995). Stuttgart: Fromann-Holzboog. 1-47

Göhler, Gerhard (Hrsg.) (1994): Die Eigenart der Institutionen. Zum Profil politischer Institutionentheorie. Baden-Baden: Nomos

Göhler, Gerhard (1994a): Politische Institutionen und ihr Kontext. Begriffliche und konzeptionelle Überlegungen zur Theorie politischer Institutionen. In: Göhler, Gerhard (Hrsg.) (1994): Die Eigenart der Institutionen. Zum Profil politischer Institutionentheorie. Baden-Baden: Nomos. 19-46

Göhler, Gerhard (Hrsg.) (1997): Institutionenwandel. Leviathan: Sonderheft 16. Opladen: Westdeutscher Verlag

Göhler, Gerhard (Hrsg.) (1997a): Wie verändern sich Institutionen? Revolutionärer und schleichender Institutionenwandel. In: Göhler, Gerhard (Hrsg.) (1997): Institutionenwandel. Leviathan: Sonderheft 16. Opladen: Westdeutscher Verlag. 21-56

Göhler, Gerhard/ Speth, Rudolf (1998): Symbolische Macht. Zur institutionentheoretischen Bedeutung von Pierre Bourdieu. In: Blänkner, Reinhard/ Jussen, Bernhard (Hrsg.) (1998): Institutionen und Ereignis. Über historische Praktiken und Vorstellungen gesellschaftlichen Ordnens. Göttingen: Vandenhoeck & Ruprecht. 17-48

Gossman, Lionel (1976): Augustin Thierry and Liberal Historiography. In: History and Theory XV. 4. Beiheft 15. 5-83

Grimm, Dieter (1988): Deutsche Verfassungsgeschichte 1776-1866. Vom Beginn des modernen Konstitutionalismus bis zur Auflösung des Deutschen Bundes. Frankfurt am Main: Suhrkamp

Grimm, Dieter (1990): Die Zukunft der Verfassung. In: Preuß, Ulrich K. (Hrsg.) (1990): Der Begriff der Verfassung. Frankfurt a.M.: Fischer. 277-303

Grünthal, Günther (1982): Parlamentarismus in Preußen 1848/49-1857/58. Preußischer Konstitutionalismus, Parlament und Regierung in der Reaktionsära. Düsseldorf: Droste

Günther, Leo (1925): Würzburger Chronik. Personen und Ereignisse von 1802-1848. Bd. III. Würzburg: Bonitas-Bauer

Guilhaumou, Jacques (1989): Sprache und Politik in der Französischen Revolution. Vom Ereignis zur Sprache des Volkes (1789-1794). Frankfurt am Main: Suhrkamp

Hardtwig, Wolfgang (1980): Von Preußens Aufgabe in Deutschland zu Deutschlands Aufgabe in der Welt. Liberalismus und borussianisches Geschichtsbild zwischen Revolution und Imperialismus. In: Historische Zeitschrift 231. 265-324

Hardtwig, Wolfgang (1986): Studentische Mentalität – Politische Jugendbewegung – Nationalismus. Die Anfänge der deutschen Burschenschaften. In: Historische Zeitschrift 242. 581-628

Hardtwig, Wolfgang (1990): Bürgertum, Staatssymbolik und Staatsbewußtsein im Deutschen Kaiserreich 1871-1914. In: Geschichte und Gesellschaft 16. 269-295

Haupt, Heinz-Gerhard/ Tacke, Charlotte (1996): Die Kultur des Nationalen. Sozial- und kulturgeschichtliche Ansätze bei der Erforschung des europäischen Nationalismus. In: Hardtwig, Wolfgang/ Wehler, Hans Ulrich (Hrsg.) (1996): Kulturgeschichte heute. Göttingen: Vandenhoeck & Ruprecht. 255-283

Haupts, Leo (1988): Die Kölner Dombaufeste 1842-1880 zwischen kirchlicher, bürgerlich-nationaler und dynastisch-höfischer Selbstdarstellung. In: Düding, Dieter/ Friedemann, Peter/ Münch, Paul (Hrsg.) (1988): Öffentliche Festkultur. Politische Feste in Deutschland von der Aufklärung bis zum Ersten Weltkrieg. Reinbek: Rowohlt. 191-211

Heideking, Jürgen (1988): Die Verfassung vor dem Richterstuhl. Vorgeschichte und Ratifizierung der amerikanischen Verfassung 1787-1791. Berlin: Gruyter

Hettling, Manfred (1990): Reform ohne Revolution. Bürgertum, Bürokratie und kommunale Selbstverwaltung in Württemberg von 1800 bis 1850. Göttingen: Vandenhoeck & Ruprecht

Hettling, Manfred/ Nolte, Paul (Hrsg.) (1993): Bürgerliche Feste. Symbolische Formen politischen Handelns im 19. Jahrhundert. Göttingen: Vandenhoeck & Ruprecht

Huber, Ernst Rudolf (1988[3]): Deutsche Verfassungsgeschichte seit 1789. Bd. III. Stuttgart: Klett

Hunt, Lynn (1989): Symbole der Macht, Macht der Symbole. Die Französische Revolution und der Entwurf einer politischen Kultur. Frankfurt am Main: Fischer (amerik. 1984)

„Institutionalität und Geschichtlichkeit" (1997): Ein neuer Sonderforschungsbereich stellt sich vor. Eine Informationsbroschüre im Auftrag des SFB 537 in Verbindung mit dem Dezernat Forschungsförderung und Öffentlichkeitsarbeit der TU Dresden, hrsg. v. Sprecher, TU Dresden

Jansen, Christian (2000): Einheit, Macht und Freiheit. Die Paulskirchenlinke und die deutsche Politik in der nachrevolutionären Epoche 1849-1867. Düsseldorf: Droste

Keller, Katrin (Hrsg.) (1994): Feste und Feiern. Zum Wandel städtischer Festkultur in Leipzig. Leipzig: Edition Leipzig

Kirsch, Martin/ Schiera, Pierangelo (Hrsg.) (2000): Denken und Umsetzung des Konstitutionalismus in Deutschland und anderen europäischen Ländern in der ersten Hälfte des 19. Jahrhunderts. Berlin: Duncker & Humblot

Kirsch, Martin (2000): Die Entwicklung des Konstitutionalismus im Vergleich: Französische Vorbilder und europäische Strukturen in der ersten Hälfte des 19. Jahrhunderts. In: Kirsch, Martin/ Schiera, Pierangelo (Hrsg.): Denken und Umsetzung des Konstitutionalismus in Deutschland und anderen europäischen Ländern in der ersten Hälfte des 19. Jahrhunderts. Berlin: Duncker & Humblot. 147-173

Klippel, Diethelm (1976): Politische Freiheit und Freiheitsrechte im deutschen Naturrecht des 18. Jahrhunderts. Paderborn: Schöningh

Klippel, Diethelm (1987): Naturrecht als politische Theorie. Zur politischen Bedeutung des deutschen Naturrechts im 18. und 19. Jahrhundert. In: Bödeker, Hans Erich/ Herrmann, Ulrich (Hrsg.) (1987): Aufklärung als Politisierung – Politisierung der Aufklärung. Hamburg: Meiner. 267-293

Klippel, Diethelm (1995): Naturrecht und Rechtsphilosophie in der ersten Hälfte des 19. Jahrhunderts. In: Dann, Otto/ Klippel, Diethelm (Hrsg.) (1995): Naturrecht – Spätaufklärung – Revolution. Hamburg: Meiner. 270-292

Kraus, Hans-Christof (1992): Konstitutionalismus wider Willen. Versuche einer Abschaffung oder Totalrevision der preußischen Verfassung während der Reaktionsära (1850-1875). In: Forschungen zur Brandenburgischen und Preußischen Geschichte (N.F.). Bd. 5. 157-240

Kroll, Frank-Lothar (1990): Friedrich Wilhelm IV. und das Staatsdenken der deutschen Romantik. Berlin: Colloquium

Kroll, Frank-Lothar (2001): Verfassungsidee und Verfassungswirklichkeit im Zeitalter der Stein-Hardenbergschen Reformen. In: ders. (Hrsg.) (2001): Das geistige Preußen. Zur Ideengeschichte eines Staates. Paderborn: Schöningh. 31-52

Langewiesche, Dieter (2000): „für Volk und Vaterland kräftig zu würken ...". Zur politischen und gesellschaftlichen Rolle der Turner zwischen 1811 und 1871. In: ders. (Hrsg.) (2000): Nation, Nationalismus, Nationalstaat in Deutschland und Europa. München: Beck. 103-131

Langewiesche, Dieter (2000): Nation, Nationalismus, Nationalstaat in Deutschland und Europa. München: Beck

Lepsius, M. Rainer (1986): Ideen und Interessen. Die Zurechnungsproblematik bei Max Weber. In: ders. (Hrsg.) (1986): Interessen, Ideen, Institutionen. Opladen: Westdeutscher Verlag. 31-43

Lerner, Max (1937): Constitution and Court as Symbols. In: Yale Law Journal 46. 1290-1319

Loewenstein, Karl (1953): Betrachtungen über politischen Symbolismus. In: Constantopoulos, Dimitri S./ Wehberg, Hans (Hrsg.) (1953): Gegenwartsprobleme des internationalen Rechts und der Rechtsphilosophie. Festschrift für Rudolf Laun zu seinem siebzigsten Geburtstag. Hamburg: Girardet & Co. 559-577

Lomparski, Bernd (1974): „Patriotismus" und „Vaterland" im Mainzer Klubismus 1792/93. Ein Beitrag zur Begriffs- und Ideologiegeschichte des ausgehenden achtzehnten Jahrhunderts. Diss. phil. Saarbrücken

Luhmann, Niklas (1990): Verfassung als evolutionäre Errungenschaft. In: Rechtshistorisches Journal 9. 176-220

Mayring, Eva Alexandra (1990): Bayern nach der Julirevolution. Unruhen, Opposition und antirevolutionäre Regierungspolitik 1830-33. München: Beck

Medick, Hans (1973): Naturzustand und Naturgeschichte der bürgerlichen Gesellschaft. Die Ursprünge der bürgerlichen Sozialtheorie als Geschichtsphilosophie und Sozialwissenschaft bei Samuel Pufendorf, John Locke und Adam Smith. Göttingen: Vandenhoeck & Ruprecht

Melville, Gert (Hrsg.) (2001): Institutionalität und Symbolisierung. Verstetigungen kultureller Ordnungsmuster in Vergangenheit und Gegenwart. Köln: Böhlau

Mohnhaupt, Heinz/ Grimm, Dieter (1995): Verfassung. Zur Geschichte des Begriffs von der Antike bis zur Gegenwart. Zwei Studien. Berlin: Duncker & Humblot

Münch, Richard (1984): Die Struktur der Moderne. Grundmuster und differentielle Gestaltung des institutionellen Aufbaus der modernen Gesellschaften. Frankfurt am Main: Suhrkamp

Münkler, Herfried (Hrsg.) (1996): Bürgerreligion und Bürgertugend. Debatten über die vorpolitischen Grundlagen politischer Ordnung. Baden-Baden: Nomos

Muhlack, Ulrich (1991): Geschichtswissenschaft im Humanismus und in der Aufklärung. Die Vorgeschichte des Historismus. München: Beck

Neugebauer-Wölk, Monika (1989): Revolution und Constitution. Die Brüder Cotta. Eine biographische Studie zum Zeitalter der Französischen Revolution und des Vormärzes. Berlin: Colloquium

Neugebauer-Wölk, Monika (1992): Verfassungsentwürfe in praktischer Absicht? Entwürfe für eine deutsche Republik 1792-1799. In: Comparativ. Leipziger Beiträge zur Universalgeschichte und vergleichenden Gesellschaftsforschung 4. 62-84

Nipperdey, Thomas (1981): Der Kölner Dom als Nationaldenkmal. In: Historische Zeitschrift 233. 595-613

Nolte, Paul (1993): Die badischen Verfassungsfeste im Vormärz. Liberalismus, Verfassungskultur und soziale Ordnung in den Gemeinden. In: Hettling, Manfred/ Nolte, Paul (Hrsg.) (1993): Bürgerliche Feste. Symbolische Formen politischen Handelns im 19. Jahrhundert. Göttingen: Vandenhoeck & Ruprecht. 63-94

O'Brien, Karen (1997): Narratives of Enlightenment. Cosmopolitan History from Voltaire to Gibbon. Cambridge: Cambridge University Press

Pasquino, Pasquale (1986): Politisches und historisches Interesse. Statistik und historische Staatslehre bei Gottfried Achenwall (1719-1772). In: Bödeker, Hans Erich/ Iggers, Georg G./ Knudsen, Jonathan B./ Reill, Peter H. (Hrsg.) (1986): Aufklärung und Geschichte. Studien zur deutschen Geschichtswissenschaft im 18. Jahrhundert. Göttingen: Vandenhoeck & Ruprecht. 144-168

Pölitz, Karl Heinrich Ludwig (1823/24; 1827/28^2): Die Staatswissenschaften im Lichte unserer Zeit. 5 Bde. Leipzig: Hinrichs

Pölitz, Karl Heinrich Ludwig (1828): Das Verfassungsrecht nach seinen beiden Gestaltungen als Wissenschaft. In: Jahrbücher der Geschichte und Staatskunst 2. 282-198

Pölitz, Karl Heinrich Ludwig (Hrsg.) (1831): Der Absolutismus und das constitutionelle System im achtzehnten und neunzehnten Jahrhunderte. In: Pölitz, Karl Heinrich Ludwig (1831a): Staatswissenschaftliche Vorlesungen für die gebildeten Stände in constitutionellen Staaten. Bd.1. Leipzig: Hinrichs

Pölitz, Karl Heinrich Ludwig (1831a): Staatswissenschaftliche Vorlesungen für die gebildeten Stände in constitutionellen Staaten. Bd.1. Leipzig: Hinrichs

Pölitz, Karl Heinrich Ludwig (1832): Regierung und Verwaltung des Staates im Charakter des Absolutismus und des constitutionellen Systems. In: Pölitz, Karl Heinrich Ludwig (1832a): Staatswissenschaftliche Vorlesungen für die gebildeten Stände in constitutionellen Staaten. Bd.2. Leipzig: Hinrichs. 1-20

Pölitz, Karl Heinrich Ludwig (1832a): Staatswissenschaftliche Vorlesungen für die gebildeten Stände in constitutionellen Staaten. Bd. 2. Leipzig: Hinrichs

Pölitz, Karl Heinrich Ludwig (Hrsg.) (1838^2): Die europäischen Verfassungen seit dem Jahr 1789 bis auf die neueste Zeit. Leipzig: Brockhaus

Preuß, Ulrich K. (Hrsg.) (1994): Zum Begriff der Verfassung. Frankfurt am Main: Fischer

Rassem, Mohammed/ Stagl, Justin (Hrsg.) (1980): Statistik und Staatsbeschreibung in der Neuzeit, vornehmlich im 16.-18. Jahrhundert. Paderborn-München-Wien-Köln: Schöningh

Rehberg, Karl-Siegbert (1994): Institutionen als symbolische Ordnungen. Leitfragen und Grundkategorien zur Theorie und Analyse institutioneller Mechanismen. In: Göhler, Gerhard (Hrsg.) (1994): Die Eigenart der Institutionen. Zum Profil politischer Institutionentheorie. Baden-Baden: Nomos. 47-84

Rehberg, Karl-Siegbert (1998): Die stabilisierende „Fiktionalität" von Präsenz und Dauer. Institutionelle Analyse und historische Forschung. In: Blänkner, Reinhard/ Jussen, Bernhard (Hrsg.) (1998): Institutionen und Ereignis. Über historische Praktiken und Vorstellungen gesellschaftlichen Ordnens. Göttingen: Vandenhoeck & Ruprecht. 381-407

Reinhardt, Brigitte (1977): Der Münchener Schlachten- und Genremaler Peter von Heß. In: Oberbayerisches Archiv 102. 249-410

Riedel, Manfred (1972): Bürger, Staatsbürger, Bürgertum. In: Brunner, Otto/ Conze, Werner/ Koselleck, Reinhart (Hrsg.) (1972): Geschichtliche Grundbegriffe. Historisches Lexikon zur politisch-sozialen Begriffssprache in Deutschland 1750-1850. Bd.1. Stuttgart: Klett. 672-725

Riehl, Wilhelm Heinrich (1851): Der Eindruck der Pariser Katastrophe. In: Augsburger Allgemeine Zeitung 348, Beil. v. 14. Dez. 1851

Ritter, Gerhard A./ Kocka, Jürgen (Hrsg.) (1982): Deutsche Sozialgeschichte. Dokumente und Skizzen. Bd. 2: 1870-1914. München: Beck

Rotteck, Karl von (1830): Lehrbuch des Vernunftrechts und der Staatswissenschaften. Bd.2. Stuttgart: Franckh

Rückert, Joachim (1991): Kant-Rezeption in juristischer und politischer Theorie (Naturrecht, Rechtsphilosophie, Staatslehre, Politik). In: Thompson, Martyn P. (Hrsg.) (1991): John Locke und Immanuel Kant. Historische Rezeption und gegenwärtige Relevanz. Berlin: Duncker & Humblot. 144-215

Schaal, Gary S. (2000): Integration durch Verfassung und Verfassungsrechtsprechung? Über den Zusammenhang von Demokratie, Verfassung und Integration. Berlin: Duncker & Humblot

Schieder, Wolfgang (Hrsg.) (1983): Liberalismus in der Gesellschaft des deutschen Gesellschaft des Vormärz. Göttingen: Vandenhoeck & Ruprecht

Schiera, Pierangelo/ Gherardi, Raffaela (1984): Von der Verfassung zur Verwaltung: bürgerliche Staatswissenschaft in Deutschland und Italien nach der nationalen Einigung. In: Heyen, Erk V. (Hrsg.) (1984): Wissenschaft und Recht der Verwaltung seit dem Ancien Régime. Ius Commune : Sonderheft 21. 129-146

Schiera, Pierangelo (2000): Konstitutionalismus, Verfassung und Geschichte des europäischen politischen Denkens. Überlegungen am Rande einer Tagung. In: Kirsch, Martin/ Schiera, Pierangelo (Hrsg.) (2000): Denken und Umsetzung des Konstitutionalismus in Deutschland und anderen europäischen Ländern in der ersten Hälfte des 19. Jahrhunderts. Berlin: Duncker & Humblot. 23-31

Schmale, Wolfgang (1988): Entchristianisierung, Revolution und Verfassung. Zur Mentalitätsgeschichte der Verfassung in Frankreich 1715-1794. Berlin: Duncker & Humblot

Schmale, Wolfgang (1992): Constitution, Constitutionnel. In: Reichardt, Rolf/ Schmitt, Eberhard (Hrsg.) (1992): Handbuch politisch-sozialer Grundbegriffe in Frankreich 1680-1820. Bd.11. München: Oldenbourg. 31-63

Schmidt-Aßmann, Eberhard (1967): Der Verfassungsbegriff in der deutschen Staatslehre der Aufklärung und des Historismus. Untersuchungen zu den Vorstufen eines hermeneutischen Verfassungsdenkens. Berlin: Duncker & Humblot

Schmidt, Christian Hermann (2000): Vorrang der Verfassung und konstitutionelle Monarchie. Eine dogmengeschichtliche Untersuchung zum Problem der Normhierarchie in den deutschen Staatsordnungen im frühen und mittleren 19. Jahrhundert (1818-1866). Berlin: Duncker & Humblot

Schmitt, Carl (1928[3]): Verfassungslehre. Berlin: Duncker & Humblot

Seifert, Arno (1980): Staatenkunde – eine neue Disziplin und ihr wissenschaftlicher Ort. In: Rassem, Mohammed/ Stagl, Justin (Hrsg.) (1980): Statistik und Staatsbeschreibung in der Neuzeit, vornehmlich im 16.-18. Jahrhundert. Paderborn-München-Wien-Köln: Schöningh. 217-248

Sellin, Volker (1988): Nationalbewußtsein und Partikularismus in Deutschlnad im 19. Jahrhundert. In: Assmann, Jan/ Hölscher, Tonio (Hrsg.) (1988): Kultur und Gedächtnis. Frankfurt am Main: Suhrkamp. 241-264

Stein, Lorenz (1888[3]): Handbuch der Verwaltungslehre. 1. Teil. Stuttgart: Cotta

Stollberg-Rilinger, Barbara (2000): Europa im Jahrhundert der Aufklärung. Stuttgart: Reclam

Stolleis, Michael (1990): Verfassungsideale der Bürgerlichen Revolution. In: ders. (Hrsg.) (1990): Konstitution und Intervention. Studien zur Geschichte des öffentlichen Rechts im 19. Jahrhundert. Frankfurt am Main: Suhrkamp. 17-32

Stolleis, Michael (1992): Geschichte des öffentlichen Rechts in Deutschland. Bd. 2: Staatsrechtslehre und Verwaltungswissenschaft 1800-1914. München: Beck

Tacke, Charlotte (1993): Die 1900-Jahrfeier der Schlacht im Teutoburger Wald 1909. Von der „klassenlosen Bürgergesellschaft" zur „klassenlosen Volksgemeinschaft". In: Hettling, Manfred/ Nolte, Paul (Hrsg.): Bürgerliche Feste. Symbolische Formen politischen Handelns im 19. Jahrhundert. Göttingen: Vandenhoeck & Ruprecht. 192-230

Tenbruck, Friedrich (1975): Der Fortschritt der Wissenschaft als Trivialisierungsprozess. In: Stehr, Nico/ König, René (Hrsg.) (1975): Wissenschaftssoziologie. Kölner Zeitschrift für Soziologie und Sozialpsychologie: Sonderheft 18. Opladen: Westdeutscher Verlag. 19-47

Theuringer, Thomas (1998): Liberalismus im Rheinland. Voraussetzungen und Ursprünge im Zeitalter der Aufklärung. Frankfurt am Main: Peter Lang

Thompson, Martyn P. (Hrsg.) (1991): John Locke und Immanuel Kant. Historische Rezeption und gegenwärtige Relevanz. Berlin: Duncker & Humblot

Traeger, Jörg (1991²): Der Weg nach Walhalla. Denkmallandschaft und Bildungsreise im 19. Jahrhundert. Regensburg: Bosse

Treichel, Eckhardt (1991): Der Primat der Bürokratie. Bürokratischer Staat und bürokratische Elite im Herzogtum Nassau 1806-1866. Stuttgart: Steiner

Valensise, Marina (1987): La constitution française. In: Baker, Keith M. (Hrsg.) (1987) : The French Revolution and the Creation of Modern Political Culture. Vol.1. Oxford : Oxford University Press. 441-467

Valera, Gabriela (1986): „Statistik, Staatengeschichte, Geschichte im 18. Jahrhundert". In: Bödeker, Hans Erich/ Iggers, Georg G./ Knudsen, Jonathan B./ Reill, Peter H. (Hrsg.) (1986): Aufklärung und Geschichte. Studien zur deutschen Geschichtswissenschaft im 18. Jahrhundert. Göttingen: Vandenhoeck & Ruprecht. 119-143

Varnhagen von Ense, Karl August (1836): Brief an Rotteck, 7.5.1836. In: Rotteck, Hermann (Hrsg.) (1836): Karl von Rotteck, Gesammelte und nachgelassene Schriften. Bd. 5. Pforzheim: Finck. 295

Vierhaus, Rudolf (1967): Politisches Bewußtsein in Deutschland vor 1789. In: ders. (Hrsg.) (1967): Deutschland im 18. Jahrhundert: Politische Verfassung, soziales Gefüge, geistige Bewegung. Göttingen: Vandenhoeck & Ruprecht. 183-201

Vierhaus, Rudolf (1980): Umrisse zu einer Sozialgeschichte der Gebildeten. In: ders. (Hrsg.) (1980): Deutschland im 18. Jahrhundert: Politische Verfassung, soziales Gefüge, geistige Bewegung. Göttingen: Vandenhoeck & Ruprecht. 167-182

Vierhaus, Rudolf (1987): Deutschland im 18. Jahrhundert: Politische Verfassung, soziales Gefüge, geistige Bewegung. Göttingen: Vandenhoeck & Ruprecht

Vierhaus, Rudolf (1983): Liberalismus, Beamtenstand und konstitutionelles System. In: Schieder, Wolfgang (Hrsg.) (1983): Liberalismus in der Gesellschaft des deutschen Gesellschaft des Vormärz. Göttingen: Vandenhoeck & Ruprecht. 39-54

Wehler, Hans-Ulrich (1987): Deutsche Gesellschaftsgeschichte. Bd. 2: 1815-1845/49. München: Beck

Würtenberger, Thomas (1988): An der Schwelle zum Verfassungsstaat. In: Krause, Peter (Hrsg.) (1988): Vernunftrecht und Rechtsreform. Hamburg: Meiner (=Aufklärung. Interdisziplinäre Halbjahresschrift zur Erforschung des 18. Jahrhunderts und seiner Wirkungsgeschichte 3. H. 2)

Desintegration durch Verfassung?
– oder wie die Verfassung der Nationalversammlung von 1919 als Desintegrationsfaktor der Weimarer Republik interpretiert wurde*

Detlef Lehnert

1 Einleitung

Eine Thematisierung des Fragehorizonts „Integration durch Verfassung?" sollte mit einer Klärung der verwendeten Integrations- und Verfassungsbegriffe beginnen und den raumzeitlichen Kontext ihrer jeweiligen Wirklichkeitsbezüge benennen: Im folgenden geht es kontextuell ausschließlich um den Geltungsbereich jener Weimarer Reichsverfassung (WRV), die am 31. Juli 1919 in dritter Lesung von der am 19. Januar gewählten Konstituierenden Nationalversammlung beschlossen und am 11. August durch Unterschrift des Reichspräsidenten Ebert in Kraft gesetzt wurde. Damit sollen aber nicht Verfassungsverständnisse außer Betracht bleiben, die sich von einer Auslegung der Staatsrechtsnormen gemäß rekonstruierbaren Ursprungsintentionen des beschlussfassenden Kreationsorgans mehr oder minder weit entfernt haben. Bezogen auf die einschlägig heranzuziehende Weimarer Staatsrechtsdebatte (im weiteren Sinne) wird vielmehr eine jeweils dreigliedrige Typologie der Verfassungs- und Integrationsbegriffe vorgeschlagen, um das Problemfeld abzustecken und die eingehender behandelten Autoren im Gesamtspektrum zu verorten (vgl. Tabelle 1). Wer im Sinne dieser Typologie einen *politisch-soziologischen* Verfassungsbegriff zugrunde legt, wird nicht primär „Integration *durch* Verfassung" hergestellt sehen, eher schon umgekehrt Verfasstheit durch vorgängige Integration erzeugt finden: Ob es die nationale Homogenität in Carl Schmitts „Verfassungslehre" war, die aus existenzieller Totalentscheidung des Volkes eine konkrete Rahmenordnung hervorbrachte, oder die soziale Homogenität, der bei Hermann Heller erst wirkliche integrationsstiftende Potenz zukam – stets war Verfasstheit mehr Resultante als eigener Bestimmungsfaktor, und dies galt sogar für den organi-

* Der ursprüngliche Vortragstext ist unter dem Veranstaltungstitel „Wie desintegrativ war die Weimarer Reichsverfassung?" bereits erschienen (Lehnert 1999). Dortigem Befund folgend, dass nicht primär die Verfassungsnormen selbst desintegrativ angelegt waren, vielmehr sich deren staatsrechtliche Ausdeutung und insbesondere die machtpolitische Praxis desintegrativ (auch gegen Normintentionen) entwickelt haben, wird in diesem insofern neu konzipierten Beitrag mit umgekehrter Blickrichtung gefragt: Wer hat (neben Carl Schmitts bekannter These von den mangels Entscheidungsprofils unhaltbaren „dilatorischen Formelkompromissen", die aber den weniger *integrations*theoretisch angelegt Freund-Feind-Begriff des Politischen zur Grundlage hatten) interpretierend die Weimarer Verfassung zum Desintegrationsfaktor erklärt - und wer ist unter den Weimarer Staatsrechtsautoren für die spezifische Fragestellung „Integration durch Verfassung?" am relativ einschlägigsten heranzuziehen?

sierten Gruppenpluralismus der Sinzheimer-Schule. Warum aber sollte den *rechtsnormativen* Verfassungsdenkern das Integrationsproblem ebenfalls nicht zum vorrangigen Thema werden? Bei Hans Kelsen ist dies noch aus einer Negation halbwegs nachvollziehbar, weil sein erkenntniskritischer Normlogismus erklärtermaßen auf dem Hintergrund des ohnehin integrationsschwachen Habsburgerreiches entstanden war und somit der Gesetzesimperativ den fehlenden Bürgerschaftskonsens und die minderen Gefolgschaftserwartungen des „Herrscherbefehls" zu kompensieren hatte; damit war jedoch lediglich Normenintegration, keineswegs soziologische oder kulturelle Realintegration eines allzu heterogenen Staatsgebildes zu erreichen – und die Fragestellung „Integration durch Verfassung?" tendierte zur Tautologie, würde sie lediglich normenimmanent gestellt und nicht die (Kelsen als Neokantianer ohnehin suspekte) Überschreitung der Sollens- zur Seinssphäre mit umschließen. Hingegen war Gerhard Anschütz die staatsherrschaftliche Normenkonstitution dermaßen zur positivrechtlichen Selbstverständlichkeit geworden, dass er die vorgefundene Satzungshoheit des Gesetzgebers im Kaiserreich wie der Weimarer Republik gleichermaßen nur auszudeuten beanspruchte; wer so dachte, konnte nicht in wechselnden Verfassungsnormen, sondern vorrangig nur in der etatistischen Hintergrundsmacht die – insoweit wenig thematisierungsbedürftige – Integrationsinstanz erblicken.

Tabelle 1: Typologie staatsrechtlicher Grundpositionen (im Kontext der WRV)

		Integrationsmodus		
		Gesetzes-imperativ	*Staats-herrschaftlich*	*Bürger-genossenschaftlich*
Verfassungs-verständnis	*Rechts-Normativ*	H. Kelsen (1925)	G. Anschütz	H. Preuß
	Kultur-Ideativ	E. Kaufmann	R. Smend (1928)	„Verfassungs-patriotismus"
	Politisch-soziologisch	C. Schmitt (1928)	H. Heller (1927)	H. Sinzheimer

Aber Hugo Preuß mit seiner aus demokratischer Gierke-Rezeption und englischer „Common law"-Tradition gespeisten Vorstellung einer rechtserzeugenden „Bürgergenossenschaft" müsste sich doch „Integration durch Verfassung" zumindest vorgestellt haben? Dies mag für seine Vorkriegspositionen noch am ehesten zutreffen, obwohl er das Integrationsproblem ausdrücklich nur im Sinne der Organisations-Soziologie Herbert Spencers und auch sonst eher beiläufig nach Art der pluralistischen Denkfigur von Einheit in der Vielfalt streifte. Zielte sein „britisches" Konzept von Gemeinrechtspositivität auch vor 1918 einzig gegen den herrschaftskategorialen Positivismus der Laband-Schule (mit dem legitimen Erbe Anschütz als die stets „gut konservative" Lehre des jeweiligen Status quo[1]) und nahm im übrigem vom allzu rechtsesoterisch anmutenden Normlogismus Kelsens gar nicht

1 So Preuß 1912 in einer Besprechung des Kommentars von Anschütz zur preußischen Verfassung.

erst Notiz, so verschob die eigenständige Wirkungspositivität des Weimarer Verfassungswerks die Akzente: Seither konnte Preuß als deutsch-demokratischer Republikpatriot und nicht virtuell-anglophiler Verfassungspatriot auftreten und näherte sich insofern dem französischen Verständnis von nationaler Bürgergenossenschaft, ging also im Renan-Sinne von politisch-dynamisch erzeugter Integrationsbewegung im Gemeinwesen aus, ohne den implizierten Rousseauismus einer darin angelegten Homogenisierungsprämisse zu teilen. An den Herrscherbefehl oder auch seine entpersonalisierte Fassung im Gesetzesimperativ mochte Preuß aber weiterhin nicht einseitig glauben; denn insoweit blieb er moderner „Spinozist", als es gemäß dem - seinerseits gern bemühten - Spinoza-Diktum „Oboedientia facit imperantem!" letztinstanzlich stets vom Bürgerschaftskonsens abhing, ob Herrscherbefehle und Gesetzesimperative befolgt wurden bzw. „im Namen des Volkes" noch vollstreckbar waren, solange etwaige Gehorsamsverweigerung eben nur ein partielles und temporäres Phänomen blieb.[2]

Der angemessenste Ort für den Fragehorizont „Integration *durch* Verfassung?" muss folglich in der Rubrik des *kultur-ideativen* Verfassungsbegriffs siedeln, dessen gegenwärtig prominenteste Erscheinungsform die „verfassungspatriotischen" Integrationsmodi der US-amerikanischen (und teilweise auch der schweizerischen) Zivilgesellschaft repräsentieren.[3] Im Weimarer Staatsrechtsdiskurs, also vor der Radikaldiskreditierung des traditionsreichen preußisch-deutschen Etatismus durch totalitäre Herrschaftssysteme, hätte eine solche Position noch allzu exotisch anmuten müssen – selbst wenn ein juristischer Zeitchronist wie Jellinek[4] beim Verfassungsautor Preuß auch verschweizernde und amerikanisierende Einflüsse (neben englischen und französischen) argwöhnisch vermutete. Eine gewisse Nähe zum Konzept eines Verfassungspatriotismus mag retrospektiv Gustav Radbruch zugeschrieben werden; dieser erhob frühzeitig in öffentlicher Rede die Weimarer Verfassung als „unsichtbares Vaterland", das als „schwarzrotgoldenes Vaterland"

---

2 Anstelle von Einzelbelegen kann hier der Verweis auf die monographische Bearbeitung dieses allzu lange vergessenen Autors genügen: Lehnert (1998).

3 Die klassische Formulierung bei Dolf Sternberger verweist auf solche kultur-ideative Verfassungsintegration: „Die Schweiz mit ihren vier verschiedenen Sprachgemeinschaften hält nicht zusammen als Nation; sie ist keine Nation, sie ist geeinigt durch ihre Verfassung. Die jährlich wiederkehrende Bundesfeier bezeugt es. Die Vereinigten Staaten von Amerika mit einer Bevölkerung, die aus den Ländern Europas, Asiens und Afrikas so bunt gemischt ist wie kein anderes Gemeinwesen der Welt, werden durch nichts anderes geeinigt als durch ihre Verfassung und durch die patriotischen Gefühle, die ihr, der Verfassung, entgegengebracht werden. Der jährlich wiederkehrende Gedenktag der Unabhängigkeitserklärung, die selber eine Art Verfassungsdokument gewesen ist, bezeugt es" (FAZ 31.8.82). Die „Verfassungsdemokratie" des amerikanischen Typs wird insofern weniger durch Staatsrechtsdogmatik oder soziologische Prägekraft als vielmehr durch eine „politik-kulturelle Wahrnehmung präzisiert, die mit der Ausbildung und der Annahme des so gekennzeichneten Verfassungstyps geschichtlich verbunden ist" (Vollrath 1990: 71). Dass letztlich auch „Verfassungspatriotismus" der Habermasschen Lesart ein kultur-ideativer Ansatz besonderer Herleitung ist, deren Ausgangspunkt in einer Theorie des kommunikativen Handelns weder realsoziologischem noch rechtsnormativistischem Primat folgt, kann an dieser Stelle nur angedeutet, wegen der Komplexität der Gesamtkonzeption jedoch nicht angemessen mit Einzelzitaten belegt werden.

4 Jellinek (1920).

auch verfassungsinhärent symbolisiert war (Art. 3 WRV), zum Identifikationsobjekt und darin zu einem Integrationsdach über der gleichfalls von ihm geschätzten Rechtsnormativität und politisch-soziologischen Gruppenpluralität.[5] Als neukantianisch-liberaler Kultursozialist stand Radbruch folglich „ideativen" Verfassungsbegriffen nicht ganz fern, obgleich er insgesamt doch mehr dem Primat eines *rechts*normativen Ansatz folgte und deshalb am ehesten Kelsens gesetzesimperativem „Rule of law"-Denken zur Seite gestellt werden könnte.

Unter den Verfassungsinterpreten der Weimarer Periode mit namhaftem Interesse für die Integrationsproblematik muss das Hauptaugenmerk daher auf Erich Kaufmann und Rudolf Smend gerichtet bleiben: als wesentliche Vertreter jener kultur-ideativen Betrachtungsweise, die gemeinhin als „geisteswissenschaftliche Richtung" kategorisiert worden ist. Die typologische Einordnung in unterschiedlichen Rubriken, nämlich Kaufmann als Repräsentant eines „gesetzesimperativen" Konzepts von Integration gegenüber Smends letztlich doch „staatsherrschaftlicher" Position, mag auf den ersten Blick erstaunen. Hat nicht der schulenbildend in die Bundesrepublik hinein wirkungsmächtige Smend rückblickend Kaufmann geradezu pathetisch die Bahnbrecherrolle gegen den neukantianischen Rechtspositivismus zugeschrieben, um zwischen beiden nahezu gleichaltrigen Fachvertretern gar nicht erst grundlegende Differenzen allzu deutlich thematisieren zu müssen?[6] Diese Harmonisierungsstrategie galt jedoch umgekehrt so nicht, wie noch im einzelnen darzulegen sein wird, und es muss Kaufmann das präzisere Bewusstsein hinsichtlich der Auffassungsunterschiede zur Integrationskraft einer spezifischen Rechtsordnung zugeschrieben werden, die nicht allein im Dienste des übergeordneten „Staatslebenswillens" gesehen wurde.

2 Die kulturideativ-staatsherrschaftliche Integrationslehre R. Smends

Entgegen den zuweilen aus der affirmativen Geschichtsschreibung einer „Schule" zu lesenden Version, dass Smend die Staatsrechtslehre zur soziologischen Fundierung hin geöffnet habe, kann im Hinblick auf die bewusste Unterscheidung von „Verfassung und Verfassungsrecht" seine doppelseitige Abgrenzung nicht ernstlich bestritten werden: Einerseits plädierte Smend für die „eigene, nicht juristische, sondern geisteswissenschaftliche Methode"[7] in polemischer Hauptstoßrichtung gegen den „Nullpunkt von Kelsen Allgemeiner Staatslehre von 1925".[8] Andererseits wandte er sich auch gegen die Soziologisierung des Staatsdenkens nach Art

---

5 Vorwärts, 12.8.1922.

6 Dem persönlichen Zeugnis von Smend (1950: 395) gemäß habe „unsere Generation" in Kaufmanns „Kritik der neukantischen Rechtsphilosophie" von 1921 den „programmatischen Ausdruck ihrer Befreiung gefunden", und dieser „geschichtlichen Wirkung sollte man noch heute dankbar gedenken. Denn noch immer stand um die Wüste, in die uns der Positivismus geführt hatte, der vom Neukantianismus gezogene Zaun, und stand auf jeden Ausbruchsversuch aus diesem Konzentrationslager die Strafe automatischen Verlusts der wissenschaftlichen Ehrenrechte."

7 Smend (1928: VII).

8 Smend (1928: 4).

der Gedanken Max Webers, die mangels ethischer Staatssubstanzialisierung einer „Dämonie seiner Mittel“ anheimfiele, indem „theoretischer Agnostizismus und innere Staatsfremdheit“ dominierten.[9] Beiläufig hat Smend auch die Spencersche Variante einer soziologischen Integrationslehre, auf die sich teilweise auch neuere systemtheoretische oder funktionalistische Lesarten zurückverfolgen lassen, als „mechanisch-statisch“ gefasstes Element von „political organisation“ zurückgewiesen.[10] Gerade weil aus seiner „geisteswissenschaftlichen“ Perspektive beide Seiten des Jellinekschen Dualismus, die juristische wie die soziologische Definition des Staatlichen, gleichermaßen unzureichend erschienen, ist Smend eindeutig dem kulturideativen Verfassungsbegriff zuzurechnen. Nicht zufällig wandte er sich gegen den „Agnostizismus“ beider Gegenströmungen, insoweit eine zumeist unterschätzte protestantisch-antiliberale Einfärbung seiner weltanschaulichen Prägung unter dem Kaiserreich leitmotivisch blieb. Wo die Kulturidealitäten ihren letzten Grund hatten, nämlich in den Glaubensgewissheiten, ist für Smend nicht ernstlich zum erkenntnistheoretischen Problem wie bei den von ihm bekämpften Kulturprotestanten M. Weber, F. Meinecke und E. Troeltsch geworden, deren „Skepsis“ in der Erkenntnishaltung sie aus der Sicht eines Konservativen „liberal im Sinne letzter innerer Unbeteiligung am Staat“ gemacht habe.[11] Für das Evangelische Staatslexikon hat Smend noch 1966 den spezifischen Antichristen einer „Desintegration“ kulturkritisch auch im „weitgehenden Zerfall“ einer „Welt der überkommenen Bindungen“ definiert und dem Einzelnen nahegelegt, „durch seine immer neue bewusste Eingliederung in die politische Gemeinschaft auch diese immer mehr zu einer Gemeinschaft nach Gottes Willen werden zu lassen“.[12] Nicht anders kann es verstanden werden, dass er – in der Bundesrepublik angekommen und für ein sozialwissenschaftliches Handbuch schreibend – weiterhin den rechtsnormativen Geltungsgrund und Geltungsinhalt „vom Leben und dessen aufgegebenem Sinn her“ zu deuten beanspruchte.[13]

Nicht gleichermaßen bereits auf den ersten Blick plausibel ist die Zuordnung der Integrationslehre Smends in die staats-herrschaftlich bestimmte Denkrichtung. In welch geringem Maße er im Weimarer Richtungsstreit – mit eigener antipositivistischer Fixierung – den Gesetzesimperativ als ein wesentliches Integrationsmittel anerkannte, ist Smend immerhin rückblickend bewusst geworden: In einer kurzen Neufassung von 1956 sah er die Integrationslehre ursprünglich noch um „möglichst weitgehende Ineinssetzung von Norm und Faktum bemüht“, so dass nicht allein die „Spannung zwischen beiden“, sondern überhaupt „die Eigenart des Rechts zu kurz“ kommen musste; an gleicher Stelle räumte der inzwischen von liberalen Schülern und der Rechtsordnung des Grundgesetzes teilweise belehrte Vorkriegskonservative gar ein, die „normale staatliche Wirklichkeit“ seinerzeit noch zugunsten „sich beinahe automatisch herstellender Totalität zu harmonisie-

9 Smend (1928: 3).

10 Smend (1928: 19/Anm.3).

11 Smend (1928: 3).

12 Smend (1968: 482, 486).

13 Smend (1968: 478).

ren“, insofern „das staatliche Einheitsgefüge überschätzt“ und „die Einordnung des Einzelnen zu unproblematisch gesehen“ zu haben.[14] Genau dies sind aber Charakteristika eines in der Weimarer Republik im Kern staatsherrschaftlich gebliebenen Integrationsansatzes, der sich aus konservativen Mentalreservationen gegenüber einer bürgergenossenschaftlichen Neudefinition der Verfassungsurkunde und des sie tragenden demokratischen Verfassungsbündnisses nicht hinreichend für eine Neubesinnung zu öffnen vermochte.

Gänzlich unberührt von Zeitströmungen ist freilich auch die nach Beobachtung von Zeitgenossen durchaus monarchisch-legitimistische Distanz von Smend zur demokratischen Republik nicht geblieben. Als reformierter Protestant vermochte er weniger obrigkeitsfixiert zu denken als die konservativen Lutheraner, und die katholisch-antikisierenden Regressionen bei Carl Schmitt erschienen ihm als „das Gegenteil des hier vorgeschlagenen Verständnisses“.[15] Zwar ließ Smend, bezeichnenderweise unter Berufung auf Vorkriegs- und Kriegsschriften H. Triepels und E. Kaufmanns, nicht den geringsten Zweifel an der Bewunderung für den Bismarckstaat als „das oft geschilderte Meisterwerk“.[16] Darüber hinaus als eine „Fundgrube“ für seine Integrationslehre erschien Smend am ehesten noch die „Literatur des Faschismus“, die sich des Integrationsproblems „in einer von unendlicher Reflexion getragenen Bewegung planmäßigen Aufbaus einer neuen Volks- und Staatsgemeinschaft bewusst geworden ist“. Ausgerechnet vor dieser Kontrastfolie des Mussolini-Regimes formulierte Smend wenige Zeilen darauf sein Verdikt über die Weimarer Integrationsschwäche: „Es ist bezeichnend, dass Verfassunggeber theoretischer Herkunft, wie die von Weimar, das hier liegende erste Problem einer Verfassung übersehen haben“; im Kontrast dazu wurde einmal mehr die „Bismarcksche Verfassung“ als „ein zwar unreflektiertes, aber vollkommenes Beispiel einer integrierenden Verfassung“ herbeizitiert.[17]

Die in Wirklichkeit teilweise hochgradig gruppendesintegrative Innenpolitik der Bismarckära, vom antiliberalen Verfassungskonflikt über den antikatholischen Kulturkampf bis zum Sozialistengesetz, wollte Smend immer noch als eine „im Grundsatz sehr berechtigte“ Herrschaftsintegration verteidigen, wenn er schrieb: „Mangelnde politische Wertgemeinschaft und damit zugleich mangelnden politischen Integrationswillen hat Bismarck den ‚staatsverneinenden‘ im Gegensatz zu den ‚staatsbejahenden‘ Parteien vorwerfen wollen“.[18] Diese angeblichen „Reichsfeinde“ der Bismarckära waren aber jene Linksliberalen, Zentrumskatholiken und Sozialdemokraten, die sich inzwischen als Weimarer Verfassungsparteien formiert hatten, ohne dass Konservative wie Smend diesen Rollenwechsel akzeptierten. Nicht zufällig firmierte die Hindenburg 1925 ins Amt bringende Allianz der Republikgegner von rechts als „Reichsblock“; dies erfolgte in historischer Anspielung auf Bismarcks „Reichsfreunde“-Kartell, um insoweit die knapp überstimmte Wie-

[14] Smend (1968: 480).

[15] Smend (1928: 68).

[16] Smend (1928: 123).

[17] Smend (1928: 23f.).

[18] Smend (1928: 40/Anm. 1).

marer Koalition wieder in eine unpatriotische Ecke der sozialistischen Internationalisten, liberalen Kosmopoliten und katholischen Ultramontanen abzudrängen.

In apologetischer „Schulen"-Rezeption wird die im Unterschied zur unverändert schroffen Abgrenzung zu liberalen, sozialdemokratischen und katholischen Staatsauffassungen anklingende Empfänglichkeit des konservativen DNVP-Mitglieds Smend für die relative Modernität des faschistischen Integrationstypus gern als lediglich illustrativer Verweis bagatellisiert. Zwar behauptete Smend[19], im Rückgriff auf die „lebendige Totalität" bei Hegel und die „Lebendigkeit des sittlich aufgefassten Staats" bei Stahl, mit einigem Nachdruck die eigene Singularität: „In der deutschen Staatstheorie seit Mitte des 19. Jahrhunderts steht die hier vertretene Anschauung, soweit ich sehe, allein"; gerade deshalb ist aber die einzige parallelisierende Bezugnahme, während andere „ohne sachlichen Gewinn" wären, höchst aufschlussreich: „Eine entschiedene Wendung zu einer antistatischen Theorie von Nation und Staat hat M.H. Boehm angekündigt (Rundbriefe 4/5 des Instituts für Grenz- und Auslandsdeutschtum, Okt./Nov. 1926)"; jener M. H. Boehm gehört nun aber ganz eindeutig zur intellektuellen Kerngruppe eines jungkonservativen „Staatsdynamismus", der mit faschistischen Ideologiekomponenten durchsetzt war.

Da bis hinein in die politische Mitte eine Faszinationswirkung des italienischen Faschismus auf die Publizistik der Weimarer Republik unverkennbar ist, darf Smends Beteiligung daran nicht überbewertet werden, zumal er mit seinem DNVP-Austritt 1930 die Gegnerschaft zum Bündnis Hugenbergs mit Hitler klar zum Ausdruck brachte. Aufs Ganze betrachtet gehörte er – rückblickend aus der Sicht des von autoritärer Staatsideologie zuletzt auch nicht freien Weimarer Nachwuchsgelehrten Gerhard Leibholz formuliert – doch mehr zu den „alten Konservativen"; seine beobachtende Aufgeschlossenheit für eine massengesellschaftliche Ergänzung der Staatsintegration war im Hinblick auf die Herausforderung des faschistischen Mobilisierungstyps dann auch wieder problematisch für die Akzeptanz des parlamentarisch-demokratischen Systems: Dessen eigenständigen Integrationswert vermochte Smend nicht anzuerkennen; zu stark blieben seine Vorbehalte gegenüber der „Unstaatlichkeit des Liberalismus und des auf ihm beruhenden Parlamentarismus".[20] Die größere Nähe zur Gierke-Schule in der Abkehr vom Labandismus hat Smend nicht etwa das herrschaftliche zugunsten des genossenschaftlichen Staatsdenkens verabschieden lassen. Außerhalb des rechtshistorischen Werks von Gierke fürchtete Smend in dem „beliebten Begriffspaar: Herrschaft und Genossenschaft" zugleich die „Gefährlichkeit seiner Verwendung".[21] Schließlich hatte auch der konservativ gewordene Gierke gegen seinen demokratischen Schüler Preuß darauf beharrt, dass bereits im Kaiserreich hinreichende volksstaatliche Elemente verwirklicht seien. Nicht eine Weimarer Verfassungsfeier, der sich Konservative wie Smend fernhielten, sondern die als Gegenbekenntnis alljährlich veranstaltete Übung einer Reichsgründungsfeier gab ihm am 18. Januar 1933 nochmals Gelegenheit, im Abstand zum liberalen „Bourgeois" einen Typus des „Bürgers" zu beschwören, der

---

19 Smend (1928: 70f. und Anm. 3).

20 Smend (1928: 115).

21 Smend (1928: 71).

sich auf eine bestehende Herrschaftsordnung wie das Kaiserreich hin integrieren ließ.[22]

Auch bestätigt sich die zuweilen bemühte Annahme nicht, dass bei Smend die reformierte Konfession schon in der Weimarer Republik die Abkehr vom obrigkeitsstaatlichen Denken zugunsten der Hinwendung zum bürgergesellschaftlichen erleichtern konnte. Statt dessen wollte er in einer dieses Verhältnis behandelnden Schrift im Entscheidungsjahr 1932 seinen deutschen Protestantismus gerade nicht in der Weise verstehen, dass er „sich irgendwie, etwa nach angelsächsischem Vorbilde, mit der deutschen Demokratie identifizierte oder sich auch nur irgendwie ihr angliche"; es könne außerdem „von einer inneren Verwandtschaft zwischen dem Staat des demokratischen Staatsbürgertums und der Kirche des allgemeinen Priestertums, wie sie gern etwa im Gegensatz zum autoritären Katholizismus behauptet wird, keine Rede sein: auch die evangelische Kirche ist in erster Linie nicht Genossenschaft, sondern Stiftung, Anstalt, und gerade die Trennung vom Staat zwingt sie, sich mit Schärfe auf diese ihre Eigenart und ihr damit gegebenes Eigenrecht gegenüber der politischen Welt zu besinnen".[23]

In letzter Begründungslinie wurde demnach seine protestantische Weltanschauung – auch wenn sie reformierter Herkunft, jedoch aus dem Kaiserreich weiterhin konservativ geprägt war – zu einer wesentlichen Barriere der Überwindung des herrschaftlichen Staatsdenkens: Wie schon Hugo Preuß als Kritiker einer – im Doppelsinne – „herrschenden" Lehre bemerkenswert gedankenklar erkannte, führte von der transzendental „gestifteten" Legitimität zur obrigkeitlichen Staatsanstalt ein direkter Weg – und zwar an der Bürgergenossenschaft vorbei bzw. über ihre Köpfe hinweg, weil Demokratie auf Immanenzpostulate einer „Zurückverlegung des Staates in das Volk" angelegt war. Über der Bürger*genossenschaft* konnte „souverän" allenfalls noch der *Gesetzes*imperativ thronen, wenn man wie Kelsen den virtuellen Logos einer Grundnormhypothese bemühte und nicht gleich Preuß mehr der Common law-Tradition verbunden war – aber kein auch noch so demokratisch gewählter *Herrscher*, zu dem konservative Staatsrechtler zuletzt den Weimarer Reichspräsidenten samt Notverordnungsmacht ersatzmonarchisch uminterpretierten. Auch Smend wollte gegen eine stets machtbegrenzend wirksame funktionale Amtsdefinition als eine „Kompetenzsumme" es als „den wahren Sinn der Verfassung" ausdeuten, „wenn z.B. der zweite Reichspräsident in seiner Antrittskundgebung für sich in Anspruch nimmt, dass das Reichsoberhaupt ‚den Einheitswillen der Nation verkörpert'".[24] Während der zukunftsweisende bürgergenossenschaftliche Integrationstyp aus der pluralistischen Einheit in der Vielfalt begriffen wurde, gleichviel ob das Verfassungsverständnis normativ, ideativ oder soziologisch geprägt war, verharrte Smend damals auch in einem konservativ-protestantischen Einheitsdenken, das herrschaftlich im Sinne der Hinordnung der Bürgerassoziationen auf das Integrationszentrum der kulturideativ überhöhten Staatlichkeit ausgerichtet blieb.

---

[22] Smend (1968: 309 ff.).

[23] Smend (1968: 301f.).

[24] Smend (1928: 139).

3 Das kulturideativ-gesetzesimperative Integrationsdenken E. Kaufmanns

Als der gemeineuropäische Klassiker des ideativen Rechts- und Verfassungsdenkens im 20. Jahrhundert ist Maurice Hauriou mit seiner vielzitierten Formel der „idée directrice" anzusehen. Bei Smend[25] finden sich nur beiläufige Verweise, die so eklektisch anmuten wie überhaupt seine Versuche um theoretische Vertiefung - einschließlich des neuhegelianischen Gewährsautors Theodor Litt zugunsten der eigenen Integrationslehre. Eine problematische Rezeption Haurious beinhaltete Carl Schmitts (den gemeinten autoritären „Ordnungsstaat" eher verhüllende) Formel des „institutionellen Rechtsdenkens" und die Aufnahme solcher Verweisungen bei Arnold Gehlen bis hin zu seiner Kategorie der „ideativen" Anlage des Institutionellen. Tatsächlich zeigt nur der frühe C. Schmitt bis Mitte der 20er Jahre manche formkatholische Schnittpunkte zu Hauriou, wogegen dezisionistische Tendenzen bis Anfang der 30er und erst recht diktatur-geneigte „Ordnungs"-Legitimationsschriften für das Papen-, Schleicher- und schließlich Hitler-Regime geradewegs konträr profiliert waren: Die vorgebliche Institutionalität einer Machtstaatsordnung wird bei Schmitt gegen die Rechtsnormen ausgespielt, während Hauriou auch die Rechtsinstitutionen von transzendenter Normativität ihrer „Leitideen" durchwirkt und jede einzelne Willensmacht bis hin zur Staatsgewalt in einer universell-überpositiven Rechtsordnung eingebunden sieht. Mit „institutioneller" Dignität sind bei Hauriou gerade nicht beliebige Willkür-„Ordnungen" (gar nach Art des Schmittschen Leitsatzes: „Der Führer schützt das Recht") ausgestattet, wo sie denn schlicht nur existenziell wirkungsmächtig sind, vielmehr allein jene Organisationsformen des Gemeinlebens, die als wesensgesetzlich rechtmäßig gelten dürfen, weil sie unverfügbare Prinzipien mit naturrechtlichen Verweisungen zur Geltung bringen.

Erstaunlicherweise ist der einzige staatsrechtliche Zeitgenosse von Smend und Schmitt, der in diesem Sinne an Gedanken von Hauriou tatsächlich konstruktiv anzuknüpfen verstand und auch sonst zum wesentlichen Repräsentanten einer so begriffenen „institutionellen Rechtsauffassung" erklärt werden kann, nämlich Erich Kaufmann, bislang weder in dieser singulären Position[26] noch als früher Schmitt-Gegner aus konservativer Herkunft gewürdigt worden. In scharfer Polemik gegen „verzerrte Bilder vom Rechtsstaat und der parlamentarischen Demokratie", wie sie bei Schmitt in der Absicht einer „Demaskierung" gezeichnet wurden, um durch „Dezision" sowie „Kampf und Dynamismus" ein „fortschreitendes Zerstörungswerk" gegen eine „Welt objektiver Werte" voranzutreiben, beharrte Kaufmann in einem Anfang 1932 publizierten Beitrag darauf, „dass es so etwas gibt wie eine Welt der Ideen mit ihren Gesetzlichkeiten"; mit einer Reduktion von Politik auf

---

[25] Smend (1928: 69).

[26] Von Schnur wird im bibliographischen Anhang zu Hauriou (1965) unter den Autoren „mit bezeichnenden Stellen"- einer Kenntnisnahme Haurious - überhaupt nicht auf Kaufmann verwiesen und statt dessen behauptet: „Vor 1933 wurde seine Institutionentheorie kaum beachtet. Erst 1934 wies Carl Schmitt auf sie hin und stellte er neben die Denkformen des Normativismus und Dezisionismus das ‚konkrete Ordnungsdenken'" (Schnur in Hauriou 1965: 23).

„Fragen der Freund- und Feindeinstellung“ untergrabe ein Machtstaatsapologet wie Schmitt die Normativität der Rechtsinstitutionen: „In Wahrheit bekämpft er aber die Idee jedes den Staat bindenden Rechts, sowohl des Verfassungsrechts wie des Völkerrechts“.[27] Mit einem Zusatz, der ganz unverkennbar gegen Smends Integrationslehre gerichtet war, die kaum weniger Normenindifferenz zeigte als der politische Existenzialdezisionismus in Schmitts „Verfassungslehre“, bekannte sich Kaufmann zu einem jede Willkürherrschaft delegitimierenden Primat des universalen Rechtsgedankens: „Es ist einer der ärgsten und verhängnisvollsten Modeirrtümer der Zeit, im Rechte und seinen Normen etwas bloß Technisches, dem Geistigen im Menschen Fremdes und Äußeres, etwas Desintegrierendes zu sehen. Demgegenüber kann nicht oft genug und nicht laut genug gesagt und immer wieder betont werden, dass das Recht und gerade das Recht eine der entscheidenden und konstitutiven, ethischen und geistigen Faktoren gerade der politischen Einheit ist. Ubi societas, ibi jus. Wo menschliches Zusammenleben ist, da sind auch Gebote des Rechts. Justitia fundamentum regnorum. Gerechtigkeit ist die Grundlage jeder Staatsgewalt“.[28]

Über instrumentelle Leistungen hinaus vermochten Institutionen für Kauf-mann eine Orientierungskraft zu entfalten, insoweit politische Machtfaktizität in Normpositivität und diese wiederum in überpositiver Rechtsidealität wurzelte.

Insofern verfehlt eine der wenigen Studien, die solchen Verbindungslinien innerhalb der Staatsrechtsdebatte überhaupt nachzuspüren sucht, anhand recht oberflächlicher Zuweisungen diesen konzeptionellen Gehalt unterschiedlicher Denkschulen einer Kritik des Rechtspositivismus: „Zwar berufen sich Kaufmann und Schmitt gleichermaßen auf Maurice Hauriou, Schmitt jedoch mit größerem Recht, teilte er doch mit diesem den katholisch-‚herrschaftlichen‘ Ansatz des thomistischen Naturrechts, während Kaufmann historischer und evangelisch-‚genossenschaftlich‘ dachte“.[29] Dabei wird übersehen, dass ein von Gierke beeinflusster rechts-historischer und genossenschaftstheoretischer Akzent bei Kaufmann von dessen (wenn auch nicht unkritischer) Bewunderung für die ausgeprägt institutionelle Rechtsphilosophie von Friedrich Julius Stahl überlagert war, der ihm auch gewissermaßen politisch-theologisch vorausging: beide waren durch jüdische Herkunft einem Protestantismus mit universalistischem Ethos des „sittlichen Reiches“ verbunden und als Konservative jeweils für ihre Zeit durch Rechtsstaatsgedanken von einer Mehrzahl der Gesinnungsnachbarn abgehoben.[30] Umgekehrt war ein fran-

---

27 Kaufmann (1960/III: 298f., 306f.).

28 Kaufmann (1960/III: 308).

29 Rennert (1987: 65/Anm. 128).

30 Dafür ist es durchaus bezeichnend, dass Carl Schmitt in seinem unsäglichen „Schlusswort auf der Tagung der Reichsgruppe Hochschullehrer des NSRB vom 3. und 4. Oktober 1936“, das unter dem Leitmotiv „Die deutsche Rechtswissenschaft im Kampf gegen den jüdischen Geist“ stand und in dem er „jeden Satz in Adolf Hitlers ‚Mein Kampf‘ über die Judenfrage, besonders seine Ausführungen über ‚jüdische Dialektik‘ zu lesen“ empfahl, auch einen konservativen Erzfeind ausmachte: der „Jude Stahl-Jolson“ erschien ihm als besonders gefährlich, da er „heute noch seine Wirkung auf die konfessionell-kirchliche Opposition gegen den nationalsozialistischen Staat ausübt“ (Schmitt 1936: 1196).

zösischer Katholik wie Hauriou nicht etwa „herrschaftlicher" gesinnt als die laizistischen Staatsrechtler in einem Land mit so ausgeprägt etatistisch-zentralistischer Tradition; vielmehr zielte sein Institutionalismus eher gegen die im Doppelsinne „herrschende" Meinung einer aktivistischen Disponibilität des Rechtsnormenbestands für den Gesetzgeber, die einer demokratischen Inversion der absolutistischen Staatsomnipotenz gleichkam.

Von Smend wurde es rückblickend als „wuchtiger Akt des Bekenntnisses" und fachinterner Ausdruck „eines mit außergewöhnlichen geistigen Mitteln geführten Kampfes großen Stils" gewürdigt, was Kaufmann in seinem „Bericht an die Staatsrechtslehrertagung von Münster 1926 zum Gleichheitsgrundrecht" vorgetragen hat.[31] Dort hielt Kaufmann den neukantianisch inspirierten Wissenschaftskonzepten entgegen, dass bei ihnen „die Dinge aufgelöst werden in Relationen", und er hat die Gegenpositionen namhaft gemacht: „Demgegenüber gilt es wieder eine *institutionelle Auffassung* zur Geltung zu bringen, wie dies in Frankreich namentlich Maurice Hauriou gefordert hat, und die Phänomene der sittlichen Ordnung als objektive Institute der sittlichen Weltordnung zu begreifen, die ihre spezifische Gesetzlichkeit haben"; man solle insofern „wieder zurückgehen auf die rechtsphilosophischen Anschauungen des vorrationalistischen Naturrechts, auf Aristoteles und das christliche Naturrecht", um bei den Rechtsinstitutionen die „ihnen eingeschaffene Eigengesetzlichkeit" in den Blick zu nehmen, die auch „schon Stahl richtig gesehen hat".[32] Ein Rückgriff auf eine rechtsphilosophische Ahnengalerie von Aristoteles bis zu Friedrich Julius Stahl erschien 1926 wenig zeitgemäß – wenngleich als bemerkenswerter Vorgriff auf eine problematische Renaissance antiker und christlicher Naturrechtslehren nach 1945, von der gleichermaßen die „normativ-ontologische" Politologie in der Freiburger und Münchener Schule[33] wie auch die „objektive Wertordnungs"-Jurisdiktion des Bundesverfassungsgerichts nicht unbeeinflusst geblieben ist.

Gegenüber dem antipositivistischen Einschlag der Schriften Kaufmanns ist seine frühzeitige Kritik an den bestimmend gewordenen Gegenpositionen von Schmitt und Smend und damit auch der beachtenswerte Gehalt seiner Institutionenlehre bislang übersehen worden. Für Kaufmann waren auch die Menschen- und Bürgerrechte in der Tradition von 1789 nicht ohne „materialen Wertgehalt" zu begreifen, dessen Leugnung zu „jener nihilistischen Verzerrung des Bildes vom bürgerlichen Rechtsstaat geführt" hat, „das uns erst jüngst als ‚Verfassungslehre' beschert worden ist"; gegen solchen Antinormativismus von Schmitt war auch Smends Integrationslehre aus Kaufmanns Sicht gänzlich ungeeignet, „ein *Bekenntnis* des deutschen Volkes zu einem *objektiv* gültigen und von jeder Integration und psychologischen Anerkennung unabhängigen Rechtsprinzip" zu fördern, wobei er durchaus „Fortbildung und Umbildung" sowie „Anpassung an die Gebote der Zeit" als Verfassungsleitbild propagierte, „aber nur im Rahmen der gewährleisteten

---

31 Smend (1950: 395f.).

32 Kaufmann (1960/III: 257f.).

33 Vgl. dazu als Heft 1 einer „Schriftenreihe der Hochschule für Politische Wissenschaften - München": Kaufmann (1951).

Wesensgesetzlichkeiten".[34] In retrospektiver Darstellung hat sich Kaufmann nicht allein gegen Schmitt, sondern auch gegenüber Smend noch deutlicher abgesetzt, was in der einflussreichen Schule des Letztgenannten weithin undiskutiert geblieben ist: „Auch der brutalste Unrechtstaat ist zu einer politischen Einheit integriert. ... Der ‚Integrationswert' ist eben kein Wert. ... Die Integrationstheorie ist offensichtlich als psychologischer Gegenpol zu der ‚normativistischen' Lehre von Kelsen konzipiert. Infolge ihrer Antithese zur normlogischen Theorie ist in der Integrationslehre das ‚Normative' fast völlig in den Hintergrund getreten. Daraus ergeben sich manche ‚Berührungen' mit Carl Schmitt. Als Staatstheorie ist sie unhaltbar".[35] Gerade die relative Beliebigkeit des Inhalts eines „Integrations"-Begriffs hat dieser - unter anderen Gegebenheiten biegsameren - Konzeption seit den 50er Jahren ihre erstaunliche akademische Karriere gesichert; dagegen musste die Rezeption Kaufmanns angesichts der Fülle seiner explizierten theoretischen Voraussetzungen äußerst sperrig bleiben.

Tatsächlich schöpfte Kaufmann, der im Vergleich zum „okkasionellen" Zitieren diverser Autoren bei Schmitt oder einer doch etwas angestrengt wirkenden Bezugnahme Smends auf Litt als fachphilosophisch „durchgebildet" gelten darf, über die erwähnten vormodernen Quellen hinaus nicht minder aus dem Repertoire der modernen Klassiker des rechtsphilosophischen Denkens. Zunächst plädierte er gegen die neukantianische Reduktion zur erkenntnistheoretischen Methodenlehre für eine authentische Interpretation der Werke Kants, „der im begrifflichen ‚Trennen' immer nur die erste, aber nicht die letzte Aufgabe sah", und insofern für den radikalisierten Sein-Sollen-Dualismus nicht haftbar zu machen ist: „Für Kant ist in der Tat der gesamte Inhalt der Rechtspflichten zugleich Inhalt der Tugendpflichten, der Inhalt der Legalität auch Inhalt der Moralität".[36] Diese zum „liberalen" Trennungsdenken im Rechtsstatus und Verfassungsleben ergänzende „republikanische" Lesart (um hier die heutigen Theoriebegriffe zu bemühen) wurde gegenstandsbezogen im Kommentar zu einem Smend-Vortrag auf der Staatsrechtslehrertagung 1927 erläutert: „So finden wir bei uns in dem Rechte der freien Meinungsäußerung einerseits für die politische Willensbildung Elemente der alten liberalen Auffassung in charakteristischer Umprägung für die Massendemokratie und andererseits neben Einschränkungen im antiliberalen Sinne Garantien zugunsten einer Freiheit im Sinne des deutschen Idealismus und Neuhumanismus. Alles dies kann nur durch eine institutionelle, geistesgeschichtlich orientierte Auffassung des Rechtes verstanden werden".[37] In dieser Formulierung mag das verbreitete Missverständnis begründet liegen, Kaufmann und Smend innerhalb einer sog. „geisteswissenschaftlichen" Richtung der Staatslehre gemeinsam zu rubrizieren - im Unterschied zu norm-logi-

---

34 Kaufmann (1960/I: 453f.).

35 Kaufmann (1960/III: XXXIVf.).

36 Kaufmann (1960/III: 216f.). Einen „Ankergrund im Transzendenten" hat Kaufmann auch rückblickend seiner Kant-Interpretation zugrunde gelegt: „Hinter dem positiven Recht steht die noumenale Ordnung des sittlichen Reiches der Freiheit. ‚Eine bloß empirische Rechtslehre ist ein Kopf, der schön sein mag, nur schade, dass er kein Gehirn hat.' Im ‚Streit der Fakultäten' spricht Kant von der ‚res publica noumenon'" (Kaufmann 1960/III: XXVIf.).

37 Kaufmann (1960/III: 269).

schen, dezisionistisch-politischen und „wirklichkeitswissenschaftlich"-soziologischen Ansätzen.[38]

Zu Beginn der 30er Jahre, also nach Vorliegen der mehr unterschwellig als explizit „hegelianisierenden" Staats- und Verfassungslehren Smends und Schmitts, hat Kaufmann die ontologische „Renaissance von Aristoteles, Thomas von Aquino" um diejenige eines „wieder richtig verstandenen Hegel" ergänzt; dabei wollte er jede spezifisch „geisteswissenschaftliche Logik" im Unterschied zur naturwissenschaftlichen zugunsten der „beiden Gebieten gemeinsamen Seinsgesetze" ausdrücklich dementieren, wie es dialektischem Totalitätsdenken entspricht, das auch „Objekte der Geisteswissenschaften" als „wirkliche transsubjektive Gegenstände" zu begreifen hatte.[39] Die einem so begriffenen Hegel zugeschriebene „Wendung zum Institutionellen", als ein „Befreiungswerk aus dem Banne des eindimensionalen Denkens", interpretierte Kaufmann als kompletten Gegenentwurf zu sämtlichen konkurrierenden Staats- und Soziallehren: „Die Institute der sittlichen Welt, Familie, bürgerliche Gesellschaft, Staat, sind keine Utilitätserfindungen der Individuen, keine Befriedigungen vitaler Bedürfnisse, kein Produkt ihrer psychischen Akte, keine Schöpfungen soziologischer Kräfte; man kann sie nicht als durch Vertrag entstanden konstruieren, auch nicht aus psychologischen Eigenschaften des natürlichen oder moralischen Menschen ableiten. Sie sind objektive Realitäten der sittlichen Welt, Erzeugnisse des Geistes, die prästabilierten ewigen Formen, in die das Individuum hineingeboren wird, in die sich die soziologischen Kräfte jeder Zeit ergießen und in denen sie sich bewegen müssen, die jede Generation mit ihrem Geiste zu erfüllen und auszugestalten berufen ist".[40]

Mit diesem Kontrastprogramm zu „jeder bloß normativen, sowie jeder auf Existenzialismus und Voluntarismus gegründeten Rechtsauffassung" – im Beharren auf der Einsicht: „Das Recht ist kein Erzeugnis des Willens, sondern der Vernunft" – war auch Kaufmanns Grundposition zur Einlagerung von Historizität in der Institutionalität eindeutig bestimmbar: „Um den Kern dieses philosophischen Rechts schließt sich die bunte Rinde des positiven geschichtlichen Rechts, das sich zu jenem verhält wie die Pandekten zu den Institutionen. Als Gesetzgeber erhebt der Staat es zum Bewusstsein".[41] Im Gegensatz zur Überlieferung „antiker Denker", die „nicht auf das Problem des geschichtlichen Lebens gerichtet war" und deren „vita contemplativa" die „schöpferische Aufgabe des *geschichtlichen* Menschen" insofern verkannte, war nicht zuletzt im Ausgang von Hegel die Geschichtlichkeit als konstitutives Seinsmerkmal einzubeziehen; sie durfte aber nach objektiven Vernunftprinzipien nicht in die Willkür und Beliebigkeit historistischer Geschehens-Individualitäten aufgelöst werden, sondern musste in einen um Idealitäten gruppierten Gesamtprozeß eingefügt bleiben:

„Mag der Historiker noch so fein die Kausalitäten, die zu ihrer Entstehung, zu ihrem Wandel und zu ihrem Tode geführt haben, aufzeigen, er kann diese Kau-

---

38 Vgl. auch Wendenburg (1984).

39 Kaufmann (1960/III: 273).

40 Kaufmann (1960/III: 292).

41 Kaufmann (1960/III: 293).

salketten nur hineinzeichnen in den von der Idee vorgezeichneten Rahmen. Er muss für seine Arbeit diesen Rahmen voraussetzen. Er kann nur *beschreiben*, wie die Gesetzlichkeiten, die die Idee vorschreibt, in der Zeit verwirklicht oder verletzt werden. *Erklärt* wird das Entstehen, Bestehen und Vergehen letztlich nur aus diesen überzeitlichen Gesetzlichkeiten. Sie allein konstituieren, begründen, ermöglichen die geschichtliche Wirklichkeit. Die Idee ist überzeitlich, aber es gehört auch zu ihrem *Wesen*, in der *Zeit* verwirklicht zu werden."[42]

Diese epochenübergreifend rahmensetzenden, aber in der Zeit wandelbaren, jeder neuen Generation zur schöpferischen Aneignung und somit auch zeitgerechten Veränderung aufgegebenen Idealitäten von Familie, Zivilgesellschaft und Rechtsstaat definieren jene Institutionalität des Geschichtlichen, die für den Verfasser solcher Reflexionen charakteristisch ist. Gegenüber einer im letzten Drittel des 19. Jahrhunderts wirkungsmächtig gewordenen „realpolitischen" Lesart der Hegelschen Rechten, der zufolge sich in der erfolgreichen Durchsetzung einer nationalen Staatsgewalt mit obrigkeitlichem Herrschaftsmonopol auch deren „sittliche" Berechtigung erwies, und der marxistischen Hegelschen Linken, die solche Zwangsordnung aus ökonomischer Eigengesetzlichkeit (mit darin implizierter Vernünftigkeit) nach revolutionärer Zuspitzung in die staatsfrei assoziierte klassenlose Zukunftsgesellschaft hinübertreiben sah, repräsentierte Kaufmann eine dritte Variante der Hegel-Interpretation: sie ging von einer sich geschichtlich entfaltenden substanziellen Sittlichkeit aus, gemäß einem Kaufmanns „Gesammelten Werken", die erklärtermaßen von einer „schwer auflösbaren Verwobenheit juristischer, philosophischer und historischer Interessen" geprägt waren, bekenntnishaft vorangestellten Motto aus Hegels Rechtsphilosophie: „Das Rechtliche und das Moralische kann nicht für sich existieren, und sie müssen das Sittliche zum Träger und zur Grundlage haben."[43] Jeder angelegte Konflikt zwischen dem Rechten und dem Guten war in solcher Perspektive stets nur im dialektischen Spannungsfeld von Historizität und Institutionalität zu beurteilen, aus der zeitgebundenen Eigenart der Ausformung epochenübergreifender Gestaltprinzipien von Familie, bürgerlicher Gesellschaft und Staat als den Konstituentien menschlichen Daseins im Sinne gelebter „Sittlichkeit".

Frühzeitig zitierte Kaufmann diesbezüglich Stahl mit seinem Diktum, es handele sich um „*in der Ordnung des Gemeinlebens bereits gezeichnete Kreise*", die mit ihnen folgenden Rechtsinstituten der Familien-, Gesellschafts- und Staatsordnung zum positivierten Ausdruck gebracht werden.[44] Schon in seiner 1906 eingereichten Dissertation wurde trotz Wertschätzung für den rechtsphilosophischen Zugang die weltanschauliche Differenz aber sehr deutlich akzentuiert: „Gegen den *rationalistischen* Emanatismus wird der *theistische* Emanatismus Stahls immer recht behalten. *Aber Stahl hatte nicht gesehen, dass die Sonne einer neuen ‚kritischen' Fragestellung bereits aufgegangen war in Kant und Hegel.*"[45] Zu

[42] Kaufmann (1960/III: 302).

[43] Kaufmann (1960/I: XI).

[44] Kaufmann (1911: 173f.).

[45] Kaufmann (1960/III: 45).

Beginn der 20er Jahre, im Zeichen seines Frontalangriffs auf den Neukantianismus, fand Kaufmann „gerade bei Stahl eine Fülle von Anklängen an allermodernste Gedankengänge“, insoweit nunmehr in Ablösung des frühneuzeitlich-rationalistischen Weltbildes auch „die Grenzen, die jedem rationalen Denken und der begrifflichen Erfassung der lebendigen Wirklichkeit gezogen sind“, ins Blickfeld rückten und damit ein authentisches „Motiv des Kantischen Denkens“ gegen die neukantianische Einseitigkeit fortgeschrieben werden sollte.[46]

Als Zwischenergebnis lässt sich festhalten, dass sich Kaufmann mit den kulturideativ geprägten Komponenten seines Integrationsdenkens bruchlos in die neuhegelianische Zeitströmung einfügt, die sich zur Ablösung des - in seiner Dominanz gemeinhin überschätzten - Rechtspositivismus formierte. Gerade die „gegensatzaufhebende Begriffsbildung“[47] der Hegelschen Identitätsphilosophie lieferte Kaufmann die bei ihm durchaus konzeptionell reflektierten Ansatzpunkte für die standorttypische Weigerung, die Rechtsordnung auf Sollenskategorien beschränkt zu sehen und auf den Anspruch der Seinserkenntnis zu verzichten. In Stahl, der überhaupt als hintergründiger Gewährsautor des rechtshegelianischen Staatsdenkens bis heute unterschätzt wird, fand Kaufmann die bei Hegel dialektisch überwölbten Transzendentalverweisungen für eine Seinslehre der Rechtsinstitutionen. Doch war Stahl unter den Klassikern des preußischen Konservativismus auch der am meisten rechtsstaatlich denkende Autor; sein ausgeprägter monarchischer Legitimismus verwies Staatlichkeit jenseits bloßer Machtentfaltung und Dezisionskraft auf eine Rechtsbindung, die geradewegs als Sakrileg angelegt war und somit auch für jeweilige Herrscher in Kerngehalten unverfügbar gemacht wurde.[48] Der ihn von anderen Neuhegelianern deutlich unterscheidende Rekurs auf den originären (nicht zum Empiristen verkürzten) Kant verstärkt noch den aus der Stahl-Rezeption übernommenen gesetzesimperativischen Charakter der Positionen Kaufmanns. Gegen den erst im Neukantianismus akzentuierten schroffen Dualismus von Sein und Sollen ging es Kaufmann um die Renaissance einer Kantschen Transzendentalphilosophie, die in Kategorien der „reinen Vernunft“ noch ein „Ding an sich“ im Hintergrund wusste und sich deshalb auch in Kategorien der „praktischen

---

46 Kaufmann (1960/III: 140). Neben einer frühen transzendentallogischen (Kant), der späteren identitätsphilosophischen (Hegel) und einer im Hintergrund präsent bleibenden metaphysischen (Stahl) Begründung des Institutionellen als historisch-objektive bzw. „transsubjektive Realität“ findet sich zuletzt auch eine gewissermaßen sprachpragmatisch illustrierte Variante bei Kaufmann: „Das geistige Gebilde der Sprache hat eine über den Individuen thronende Seinsart mit spezifischen Strukturgesetzen. ... Die Sprache spricht ebenso aus uns, wie wir mit ihr sprechen; und durch unser Sprechen nehmen wir an ihrer Weiterentwicklung teil und tragen damit eine Mitverantwortung für ihre Reinheit. Es ist also Etwas ‚da‘, was einer Weiterentwicklung fähig ist. Dieses ‚Etwas‘ wird gewiss nur in den individuellen Seelen lebendig, aber als Etwas, was mit seinen objektiven Strukturgesetzen diesen präexistiert. Es gibt auch ‚tote Sprachen‘, die nicht mehr von lebendigen Menschen gesprochen und nicht weiter entwickelt werden, aber auch sie kann man lernen, und auch sie sind Objekt der Geisteswissenschaften.“ Kaufmann (1960/III: XXXIf.).

47 Lepsius (1994).

48 Frühzeitig erkannt wurde das eigenständige Denkprofil von Stahl bei Sinzheimer (1938), der ersichtlich auf die ideologischen Entgleisungen von C. Schmitt die um so gründlicher in das orginäre Werk vertiefte Antwort präsentierte.

Vernunft" der Moralität und Legalität nicht als vollkommen getrennten Sphären näherte. Eine um den kategorische Imperativ gruppierte Lehre Kants war in der Lesart Kaufmanns nicht die Ersetzung materialer Ethik durch Formalrechtsdenken, sondern blieb als Brückenschlag zwischen beidem zu verstehen.

4 Konservative Teilintegration in die Weimarer Republik bei E. Kaufmann

Die unter dem Kaiserreich noch als Schranke obrigkeitlicher Allmachtsprojektionen dienende Bindung der Staatsgewalt an eine in Kerngehalten unverfügbare Rechtsordnung hielt Kaufmann zu Beginn der Weimarer Republik auch einem demokratischen Gesetzgeber vor Augen, um dessen Reformambitionen zu bändigen: „Alle Gewalt ruht auf verfassungsrechtlicher Ermächtigung und findet ihre Grenzen und Schranken in der Verfassung, auch die Gewalt des Reichstags."[49] Gerade weil er die Bismarckverfassung authentisch zu interpretieren suchte und auf wohlmeinende Umdeutungen in Richtung ihrer parlamentarischen Entwicklungspotenziale verzichtet hatte, konnte sich Kaufmann 1918/19 im Bewusstsein des radikalen Kontinuitätsbruchs sogleich als Vernunftrepublikaner positionieren; so wollte er neben einer Nationalversammlung keinen von den Landesregierungen beschickten Bundesrat akzeptieren, sondern in gewisser Nähe zum ursprünglichen Konzept von Preuß allenfalls eine dem US-Senat nachgebildete Zwei-Kammer-Lösung auf gleichartiger Kreationsbasis der unmittelbaren Volkswahl: „Denn das Organ, welches der Entwicklung zum deutschen demokratischen Volksstaat hindernd im Wege stand, war gerade der Bundesrat, der den Angel- und Stützpunkt des bisherigen konstitutionell-monarchischen Systems mit seiner Beamtenherrschaft bildete." In einem anderen Text führte er mit Blick auf die weitere Entwicklung aus: „Für den Wegfall des Kaisertums und der preußischen Hegemonie kann es nur einen Ersatz geben: die Souveränität der deutschen Volksgesamtheit selbst, rückhaltlos und unbedingt."[50]

Allerdings beharrte Kaufmann, nach solchen weitreichenden Zugeständnissen an die normative Kraft des Faktischen in einer Revolutionsperiode, zu Beginn der 20er Jahren auf einer parlaments- und parteienskeptischen Grundhaltung, die er jedoch in bemerkenswerter Vergleichsperspektive zu den andersgearteten historischen Voraussetzungen der westlich-demokratischen Institutionen herausarbeitete. Zwar begann seine Problemdiagnose mit dem für konservatives Denken eigentümlichen Vorwurf einer unhistorisch-dogmatischen Systemübertragung: „Die parlamentarische Regierungsform ist bei uns nicht aus den ihr entsprechenden soziologischen Voraussetzungen und aus den besonderen Kräfteverhältnissen der innerpolitischen Machtfaktoren als etwas Selbstverständliches herausgewachsen wie in dem glücklichen England. Sie beruht vielmehr auf der Rezeption einer politischen

[49] Kaufmann (1960/I: 312).

[50] Kaufmann (1960/I: 235, 240).

Doktrin, die das Ergebnis der empirischen Entwicklung des ungeschriebenen englischen Verfassungsrechts zu einer allgemeingültigen Theorie rationalisiert hat".[51]

Auch hat Kaufmann die im demokratischen System nach seiner Überzeugung angelegten Tendenzen der gesellschaftlichen Desintegration und deren pluralistische Abspiegelung bis hinein in die politische Sphäre nachdrücklich hervorgehoben: „Das allgemeine und gleiche Wahlrecht – namentlich in Verbindung mit dem Proporzverfahren – hat die Funktion, alle in der Gesellschaft vorhandenen Gegensätze politischer, sozialer, wirtschaftlicher, konfessioneller und nationaler Art herauszuarbeiten und zur vollen Entfaltung zu bringen; es zeigt die in der Gesellschaft bestehenden Risse und Spannungen wie durch ein Vergrößerungsglas".[52] Allerdings hat Kaufmann es zu einer „politischen Mission" gerade auch des bis 1918 eindeutig hegemonialen preußischen Staates erklärt, „alle diese Gegensätze zur staatlichen Einheit zusammenzuschließen und als solche in den Bau des Reiches einzuführen. Sind doch auch die größten wirtschaftlichen, sozialen und konfessionellen Gegensätze, die es im Reiche gibt, im preußischen Staat vereint: die wichtigsten agrarischen und industriellen, die bedeutendsten evangelischen und katholischen Landesteile, die größten industriellen Unternehmungen und die stärksten Konglomerationen industrieller Arbeitermassen".[53]

Insofern war die kritische Distanz von Kaufmann zur demokratischen Republik auch in seiner noch eindeutig parteikonservativen Phase nicht primär denunziatorisch ausgerichtet, sondern durchaus von dem Bemühen getragen, die neuen Integrationschancen bei aller hergebrachten Skepsis zu betonen. Dabei gelangte er zu weitgreifenden Einsichten, die fast schon als eine frühe Erscheinungsform der Parteienstaatsthese gelesen werden können: „Die große unitarisierende und zentralisierende Wirkung der parteipolitischen Durchorganisiertheit des ganzen Volkes ist bei uns noch nicht richtig gewürdigt worden. Die Parteien liefern nicht nur die Klischees für das politische Denken von Königsberg bis Konstanz, sondern sie haben neben die staatliche Organisation eine großartige gesellschaftliche Organisation gestellt, welche alle ihre Mitglieder zum politischen Wollen und Handeln zusammenfasst und das politische Leben der Nation zu führen unternimmt".[54]

Doch blieb selbst dieser tastende Versuch, eine neue Integrationsebene auszumachen, die statt obrigkeits- nunmehr in organisierter Form volksstaatlich konstituiert wurde, von einer letztlich negativen Gesamteinschätzung überlagert; diese sollte an der hohen Ideologie- und Interessenfragmentierung eines im Kaiserreich geprägten deutschen Parteiensystems ansetzen und diesem insoweit eine desintegrative Zukunftsprognose stellen: „So sehr unsere politischen Parteiorganisationen auch nach der einen Richtung unifizierend und zentralisierend gewirkt haben, als soziale und weltanschauungsmäßige Parteien mussten sie die Volksgemeinschaft zersetzen. Und je mehr sie ihre Anhängerschaft zentralisieren und unifizieren, je mehr sie andere lokale und regionale Bindungen zerreiben, um so verhängnisvoller

---

51 Kaufmann (1960/I: 374).

52 Kaufmann (1960/I: 381).

53 Kaufmann (1960/I: 382).

54 Kaufmann (1960/I: 383).

muss dieser Zersetzungsprozess werden. Wo in Jahrhunderte langer Arbeit Kalvinismus und Utilitarismus, Kapitalismus, Industrialismus und Kommerzialismus die Individuen rationalisiert und geschliffen haben, kann ein alle vorhandenen sozialen Gegensätze herausarbeitendes allgemeines Wahlrecht nur die beiden Gegensätze zweier programmloser Parteien, des Ja und Nein zu konkreten politischen Fragen aus den politischen Kämpfen herausholen und kann eine formale Demokratie der abstrakten Zahlen Verfassungstypus werden. In einem durch soziale und wirtschaftliche, durch konfessionelle und weltanschauliche Gegensätze zerklüfteten Volk andererseits muss das allgemeine Wahlrecht, der Proporz und der formale Apparat einer demokratischen Verfassung die nationale Solidarität sprengen und zersetzen – wie allgemeines Wahlrecht und Demokratie den österreichischen Nationalitätenstaat zersetzt und gesprengt haben."[55]

Aus einem Aufsatz des Jahres 1922, dem ursprünglich ein Vortrag an der Universität Halle von 1920 zugrunde lag, ist von Kaufmann die sonst nicht dermaßen explizit formulierte Selbstauskunft überliefert, „dass ich mich zu einer konservativen Welt- und Staatsauffassung bekenne, niemals aber einer konservativen Parteiorganisation angehört habe"; ein für „deutsche Geisteskultur" vor allem „im Gegensatz zu der des Westens" bezeichnendes „konservatives Gepräge" betrachtete er gleichermaßen als „unsere Stärke und unsere Schwäche. Wir befanden uns jedenfalls längst in der *geistigen* Isolierung, bevor die politische Isolierung uns in die Katastrophe von 1918 verstrickte." Die Staatsnähe des Bildungsbürgertums verhinderte eine zivilgesellschaftliche Ablösung des Militär- und Beamtenstaates: „Die Trabantenrolle des ‚nationalen Liberalismus' zum Konservatismus ist ebenso ideengeschichtlich wie in den Kräften des gesellschaftlichen und geschichtlichen Lebens begründet." Wie der etatistisch gezähmte Liberalismus veränderte auch ein nach dem Willen Kaufmanns „zugleich christlicher und sozialer" Konservatismus durch solche Bundesgenossenschaft seine ursprüngliche weltanschauliche Eigenart: „In überspanntem wirtschaftlichen Egoismus und Nationalismus ist die Konservative Partei dem materialistischen Zeitgeiste nicht selten zu stark verfallen gewesen." Insgesamt sah er aber Deutschland als „eine ausgesprochen doktrinäre Nation der Unbedingtheiten", wovon er auch Hegels „Panlogismus" und Stahls „Irrationalitätsphilosophie" nicht ausnahm.[56] Eine prinzipienlose Interessen- und Machtpolitik einerseits und verstiegene Ideologisierungen andererseits ergaben letztlich keine sinnvollen Handlungsalternativen; vielmehr waren sie jeweils die Folge mangelnder Selbstbesinnung in der reflektierten Gegenüberstellung zu den stärker in sich ruhenden Nationalkulturen des Westens.

Im Unterschied zu konservativen Fachkollegen wie R. Smend und H. Triepel, die bis 1930 Mitglieder der Deutschnationalen Volkspartei blieben, ist Kaufmann durch seine 1922 beginnende außenpolitische Beratertätigkeit eher in die Nähe von Stresemanns DVP gerückt und hat schon anlässlich des Locarno-Vertrags 1925 – als „ein unzweifelhafter Fortschritt" – die im „Geiste eines rein negativen Nationa-

---

55 Kaufmann (1960/I: 386).

56 Kaufmann (1960/III: 133f., 141, 145, 175, 171, 173).

lismus“ verharrende DNVP-Politik öffentlich kritisiert.[57] Gegen den Machtdezisionismus unter den Präsidialkabinetten argumentierte er ähnlich zugunsten der ursprünglichen Weimarer Legalitätsbasis wie sein DDP-Kollege Richard Thoma, wenn Kaufmann in einem Gutachten der 1931 überhandnehmenden ersatzgesetzgeberischen Notverordnungspraxis die verfassungsrechtliche Zulässigkeit bestritt: „Die Anwendung des Art. 48 Abs. 2 setzte eine normal funktionierende, das Vertrauen des Reichstags besitzende Regierung voraus. Der Art. 48 Abs. 2 regelt nicht rechtsatzmäßig das sogenannte echte Staatsnotrecht, schafft keine Diktaturgewalt. Eine Anwendung dieses Artikels zur Umgehung des normalen Weges der Gesetzgebung, weil z.B. der Reichstag nicht normal funktioniert, ist nicht verfassungsmäßig: so z.B. der Erlass von Notverordnungen unmittelbar vor dem Zusammentritt des Reichstags oder unmittelbar nach seiner Vertagung. ... Es würde nicht nur eine vorübergehende, sondern eine dauernde Schädigung des verfassungsmäßigen Systems bedeuten, wenn Art. 48 Abs. 2 die Grundlage für eine Dekretgesetzgebung würde, wie in dem vorfaschistischen Italien.“[58]

Diese ausdrückliche Warnung vor dem italienischen Weg vom Dekretregime zur offenen Diktatur stand in bemerkenswertem Kontrast zum geneigten Interesse anderer Staatsrechtler für den Faschismus nach Art Mussolinis, das bis zu Sympathisanten der DDP-Nachfolgeorganisation „Deutsche Staatspartei“ wie Gerhard Leibholz reichte.[59] Was in Fragen des Familien- und Gesellschaftsrechts aus der institutionellen Grundauffassung Kaufmanns zu einem (wenngleich sozialakzentuierten) konservativen Verständnis tendierte, rückte ihn verfassungspolitisch in ganz andere Frontstellungen: Wie er 1932 in einer vom linksliberalen Historiker Hajo Holborn herausgegebenen Schriftenreihe der Deutschen Hochschule für Politik sorgenvoll registrieren musste, wurde sein Insistieren auf dem Leitgedanken, „dass es im Leben der Gemeinschaft, der nationalen wie der internationalen Gemeinschaft, auch etwas gibt, was Recht und Gerechtigkeit heißt“, von Exponenten der „rechtsfeindliche(n) Modephrase“ – eines jungkonservativen Zeitgeistes im akademischen Bürgertum – zusehends „mit dem schwersten Bannfluch der Zeit belegt: das sei Liberalismus, das sei 19. Jahrhundert!“[60] Sein außenpolitisch noch eher bellizistisch gefärbtes Staatsverständnis im Kaiserreich – trotz angelegter Entwicklungstendenz zu einer „Koordinations-*Rechts*ordnung“ im Verbund „sittlicher Machtstaaten“[61] – ist durch zeitgeschichtlich wirksame Beraterpraxis in der Weimarer Republik bei Kaufmann im Sinne der Vertrags- und Völkerrechtsbindungen überlagert wurden. Ganz ähnlich traten die Traditionsbestände der souveränen Obrigkeitsgewalt allmählich hinter das Primat der Verfassungs- und Rechtsstaatlichkeit zurück – noch bevor die NS-Periode, deren „Auswüchse“ dann manche anderen konservativen Fachkollegen in solcher Richtung zu „läutern“ vermochten, die Emigration Kaufmanns wegen dessen jüdischer Herkunft erzwungen hat.

57 Kaufmann (1960/II: 174f.).

58 Kaufmann (1960/I: 468f.).

59 Dazu mit neuen Belegen nunmehr Schefold (1998: 579).

60 Kaufmann (1960/III: 306).

61 Kaufmann (1911: 231).

5 Ein Fazit: Deutsche Umwege der Staats- zur Verfassungsintegration

Mit seiner aus heutiger Sicht nur mehr befremdlich anmutenden These einer zur unbewussten Vollkommenheit ausgebildeten Integrationsordnung unter der Bismarck-Verfassung hat Smend die eigenen Präferenzen unmissverständlich zu erkennen gegeben: Auch in der Weimarer Republik blieb er konservativ im Sinne der monarchisch-konstitutionellen Tradition. Bezeichnenderweise konnte er dem italienischen Faschismus, ohne diesen seinem Vorbild des Kaiserreichs von 1871 voranzustellen, gerade wegen solcher Traditionalismen noch mehr positive Integrationswirkung zuerkennen als der Weimarer Republik; dieser gegenüber verharrte Smend in Distanz, auch wenn er dem Hugenberg-Kurs des Bündnisses mit Hitler nicht zu folgen bereit war. Die rückblickenden Bemühungen, die mit seiner antiliberalen Tendenz höchst prinzipiell ansetzende Kritik Smends an der Weimarer Verfassungsordnung als einen Versuch zu deren integrativer Stabilisierung auszugeben, sind unter dem Gesichtspunkt der intellektuellen Redlichkeit nicht anders zu bewerten als die entsprechenden Legitimationsanstrengungen anderer Fachkollegen im Hinblick auf die NS-Periode, soweit in letzterer nicht mehr als bloße Anpassung zur Debatte steht. Von Zeitgenossen ist die Grundhaltung Smends noch wesentlich zutreffender erkannt worden als im gar zu bemühten Kreise seiner künftigen Schüler in der Bundesrepublik. Auch wenn man nicht die aus deutlicher politisch-weltanschaulicher Gegnerschaft inspirierte Polemik Kelsens[62] zum wesentlichen Maßstab der Beurteilung nehmen will, bieten die Kritikansätze bei dem ursprünglich gesinnungsnahen Fachvertreter Kaufmann hinreichendes Argumentationsrepertoire gegenüber jener Position Smends, die einer in der Revolution 1918/19 veränderten Staatsrechtsordnung keine historisch begründete Legitimität beimaß und insofern auch nicht die Integration der pluralen gesellschaftlichen Kräfte zutrauen wollte.[63]

Letztlich ist es fast schon als Vergeudung anderweitig nutzbarer intellektueller Ressourcen anzusehen, die verfassungsgegnerischen Standpunkte des akademischen DNVP-Milieus der Weimarer Republik in diesem Kontext noch im einzelnen darzulegen, wo die fachhistorischen Erkenntnisse hinreichend beweiskräftig sind. Es müßte Smend geradezu die politische Urteilsfähigkeit komplett abgesprochen werden, um zu bestreiten, dass er genau wusste, zu welch restaurativer Partei er sich öffentlich bekannte. Dem Parteiaustritt im Jahre 1930 kann lediglich in Richtung der unmittelbaren Förderung des Weges in die NS-Diktatur, an dem Smend in der Tat weithin unbeteiligt geblieben ist, nicht aber hinsichtlich der Weimarer Republik die zuweilen behauptete entlastende Bedeutung zugeschrieben werden. Schließlich waren es nicht republikfreundliche, sondern im Kern traditionell staatskonservative Motivlagen, die gerade auch die altkonservativen Kreise um

---

[62] Kelsen (1930).

[63] Zu einer angemessenen Einordung des problematischen Beitrags von Smend zur „Weimarer Demokratiediskussion" und einem Überblick zu kontroversen Interpretationen vgl. zuletzt Lhotta (2000); neuere Literatur zu Kaufmann ist abgesehen von der nur in der italienischen Fassung verfügbaren Studie von Castrucci (1984) bezeichnenderweise nicht vorhanden.

den Grafen Westarp 1930 zum Bruch mit Hugenbergs Kurs der Fundamentalopposition gegenüber der Regierung Brüning unter der Präsidentschaft Hindenburgs veranlassten. Nicht allein historische Einsichten, sondern viel ausgeprägter die Verhaltensweisen anderer weitsichtiger Zeitgenossen wie Kaufmann führen zu dem Befund, dass Smend nicht etwa *schon* 1930, sondern *erst* zu diesem späten Zeitpunkt eine verfassungsgegnerische DNVP verlassen hat, als die Weimarer Republik nach ursprünglicher Intention der konstituierenden Nationalversammlung von 1919 *so* bereits nicht mehr bestand.

Was eine vernunftrepublikanische Öffnung zur Weimarer Republik ausmachen konnte, lässt sich hingegen an bedeutenderen Repräsentanten des Vorkriegskonservatismus erkennen. So wirkte der als Herausgeber der „Preußischen Jahrbücher" auch im Kaiserreich nicht immer obrigkeitskonforme Hans Delbrück 1919 recht konstruktiv an den Verfassungsberatungen mit und trennte sich in den Folgejahren nicht allein von einer zunehmend demokratiefeindlich agitierenden DNVP, sondern rief 1924 sogar zur Wahl der DDP auf, um eine staatstragende Haltung im Bürgertum zu unterstützen. Solche politische Beweglichkeit, die Delbrücks freikonservative Haltung aus dem Kaiserreich gestattete, konnte der ursprünglich stärker gesinnungskonservative Staatsrechtsdenker Kaufmann auch nach seinem Bruch mit der republikfeindlich-nationalistischen DNVP nicht an den Tag legen. Doch war seine Abwendung von einer DNVP, in der sich von 1920 bis 1922 eine zunehmend aggressivere völkisch-antisemitische und nationalistisch-revanchistische Stimmung verbreitete, mit der Hinwendung in die Nähe einer DVP verbunden, die seit ihrer Teilnahme an der Amtszeitverlängerung Eberts und dem Republikschutzgesetz im Herbst 1922 zu den staatstragenden Parteien gerechnet werden konnte. Die auf den ersten Blick plausible Erklärung, dass Kaufmann schon wegen seiner jüdischen Herkunft nicht mit einer DNVP verbunden bleiben wollte, die sich nicht von dem Rassenantisemitismus der völkischen Ideologie distanzierte, würde als einziger Hinweis doch zu vordergründig ausfallen. Frei von antisemitischen Tendenzen waren bereits die Parteikonservativen der Vorkriegszeit nicht gewesen, und auch in der DVP hat es nach dem Muster des rechten Flügels der Nationalliberalen derartige Einflüsse gegeben. Den größtmöglichen Abstand zum grassierenden Antisemitismus hätte Kaufmann, wäre dieses Handlungsmotiv für ihn prägend geworden, außerhalb des gänzlich fremden sozialdemokratischen Milieus in jener DDP finden können, der wohl sein jüngerer, ebenfalls als Protestant jüdischer Herkunft einzuordnender Fachkollege Leibholz nahestand, obgleich auch er nicht etwa gesinnungsliberal zu nennende Anschauungen vertrat.[64]

Die letztlich nicht vollkommen unkritisch profilierte Rückversicherung bei Stahl, diesem bekennenden Protestanten jüdischen Ursprungs, muss für Kaufmann als durchaus vorbildprägend ernstgenommen werden. An diesem Gewährsautor ließ sich überzeugend dementieren, was der christlich-konservative Antisemitismus stets gegen den angeblich wesensmäßig liberal-zersetzend ausgerichteten jüdischen Geist verbreitet hatte. Solchen Vorurteilen trotzend argumentierte Stahl nicht nur staatsbejahend, vielmehr geradewegs mit staatstheologischem Impetus. Dazu hatte

---

[64] Vgl. Wiegandt (1995).

Kaufmann im Zeitalter der modernen Wissenschaften einen hinreichenden Abstand zu halten, wofür ihm die Gedankensysteme der beiden herausragenden deutschen Philosophen: die pantheistisch anmutende Weltgeistdialektik Hegels und die transzendentallogischen Verweisungen bei Kant, die geeigneten Anknüpfungspunkte lieferten. Über die nicht zu verkennenden Differenzen in den Letztbegründungen hinweg waren die genannten drei Klassiker für Kaufmann darin teilweise kompatibel, dass sie jeweils Interpretationsvarianten eines Rechts*universalismus* vertraten. Eben dieser ist jedoch einer sich etablierenden deutschen Staatsrechtswissenschaft nach der Reichsgründung von 1871 zunehmend fremd geworden, und zwar unabhängig davon, ob die Autoren eher der konservativen oder nationalliberalen Denkrichtung folgten bzw. romanistische oder germanistische Fachtraditionen bevorzugten. Seitdem die „historische Rechtsschule" ohnehin mehr die auf einen „Volksgeist" zugeschnittene Individualität von Rechtsordnungen anstelle der Universalität ihrer Grundnormen akzentuiert hatte, waren mit der machtvollen Faktizität eines Deutschen Kaiserreichs alle Legitimitäts-, Geltungs- und Begründungsprobleme des Rechts gänzlich in den Hintergrund getreten.

Die Bismarcksche „Realpolitik" der vollendeten Machttatsachen disponierte zeittypische Staatsrechtslehren zu einer verkürzten Auffassung von normativer Kraft des Faktischen und der Positivität des jeweils geltenden Rechts. Beides wiederum ließ sich gedanklich und tatsächlich ohne gravierende Probleme mit einem preußisch-deutschen Protestantismus in Verbindung bringen, der mehr auf die einzelstaatliche Obrigkeit als die Bürgernation oder gar transnationale Menschheitsideale eingestimmt war. Solcher Protestantismus war jedenfalls in konservativer Lesart stets etatistisch-herrschaftlich konzipiert, selbst wenn er sich in reformierter Ausprägung wie bei Smend (und Triepel) präsentierte und dann ergänzender bürgerschaftlicher Integration eine gewisse Eigenbedeutung zuerkannte. Das weltlich erscheinende „sittliche Reich" eines konservativen Protestanten war institutionell greifbar in der Allianz von Thron und Altar vorhanden, und so konnte Smend in einer aus der Monarchie vertrauten Sprache konkreter Symbolwelten beschreiben, was er an den Formenabstraktionen des republikanischen Verfassungsrechts in jeder Hinsicht vermisste. Schon der legitimistische Deismus Stahls hatte das „sittliche Reich" stärker außerhalb konkreter Verfügbarkeit handelnder Mächte angesiedelt. Erst recht blieb im Protestantismus Kaufmanns, der Stahls Gottesgnadenlehre mit Hegels Identitätsphilosophie und Kants „intelligiblen" Reich der Transzendenz hinter der Erscheinungspositivität zu versöhnen strebte, eine universalistische Tendenz wirksam, für die seine jüdische Herkunft ein (möglicherweise unbewusstes) Grundmotiv sein könnte: Indem das Judentum eine Kultur des „Buches und Geistes" ausgebildet hatte, die von der katholischen Ausprägung realpräsenter Autoritätsträger – mit dem überstaatlichen Papst und den römischen Institutionen an der Spitze – nicht minder weit entfernt war als von den protestantischen Verflechtungen der Amtskirche mit dem territorialen Anstaltsstaat, verwies es modernes Denken auf universalistische Rechtsideen als primäres innerweltliches Regulativ.

Dass insofern für Kaufmann der Gesetzesimperativ über jedem Herrscherbefehl, auch demokratisch oder transzendental legitimiertem, anzusiedeln war, hat ihn gegenüber den Versuchungen autoritärer Staatsbilder in den Krisen der Zwischenkriegszeit weitgehend immunisiert. Weil er jegliche Staatlichkeit *unter* das Recht gestellt sehen wollte, hob ihn solches Primat von „Rule of law" aus der herrschaftskategorialen Denktradition einer deutsch-protestantischen Staatsrechtslehre deutlich heraus. Allerdings ließ sich Kaufmann auch nicht einer genossenschaftlichen „Common law"-Vorstellung zuordnen, da sich Recht für ihn weder in gesetzgeberischer Satzungswillkür noch gemeinschaftlichem Werden erschöpfen konnte, sondern als vorgeordnete Instituierung den Individuen, Gruppen und Gesamtheiten zur jeweiligen geschichtlichen Verwirklichung aufgegeben war. Insofern verwies der handlungsregulierende Gesetzesimperativ bei Kaufmann letztlich mit Nachdruck auf die Transzendenz kulturideativer Hintergrundmächte. Von liberal-rechtsstaatlichen Denkansätzen, die ohne solche Voraussetzungen kulturideativer Verbindlichkeiten auskommen, vielmehr eine unvermeidliche Pluralität und daraus folgende Relativität von rechtstranszendenten Verweisungen zur Grundlage haben, blieb Kaufmann deshalb noch immer beachtlich entfernt. Während sich die kulturideativen Prämissen bei Smend auch insoweit als staatsrechtsprotestantisch kennzeichnen lassen, weil ihm diese überlieferte Gedankenwelt nicht zum Problem werden konnte, wurde für Kaufmann die gewählte Zugehörigkeit zum Protestantismus als Bekenntnis des eigenen Zugangs in ein Universalreich der Wertideen aufgefasst. Etwaige Verleugnung dieser kulturideativen Sphären wollte er nicht als eine andere Überzeugung sehen, die sich tolerieren oder bekämpfen ließ, sondern eher als mindere Bewusstheit über eine transsubjektive Welt besonderer Prägung. Die zuletzt bemühte Analogie der Sprache vermochte Kaufmanns diesbezügliche Gedankenführung eingängig zu illustrieren: Es ist nur sehr begrenzt von der Richtigkeit oder Fehlerhaftigkeit einzelner Sprechakte abhängig, wie sich Grammatik, Vokabular und Orthographie einer gemeinsamen Sprache den ihr Zugehörigen intersubjektiv verbindend und verbindlich darbieten.

Im Hinblick auf die erkenntnistheoretisch nicht über neuhegelianische Andeutungen hinaus profilierte Konzeption Smends konnte sich der Eindruck aufdrängen, dass er den neukantianischen Dualismus bei Georg Jellinek mehr umdeutete als zu überwinden vermochte. Statt einer soziologisch verstandenen Staatswirklichkeit wurde der Rechtsnorm nunmehr die Vorstellung einer *geistigen* Wirkungseinheit gegenübergestellt; die Normativität verlor damit ihren unterschwelligen Anspruch auf Vorrangstellung aus der Eigenschaft als Sinngebilde im Verhältnis zur bloßen soziologischen Faktizität des Staatlichen. Dem konservativen Protestantismus musste das Primat der Rechtsnormativität geradezu als Etablierung einer Zivilreligion jenseits der konfessionellen Glaubenslehren verdächtig sein, und so verwies die (interpretierend auch doppelsinnig zu fassende) Ver*geist*lichung der Staatswirklichkeit die Rechtsnormen – zumal unter einer ungeliebten republikanischen Gesetzgebungsmehrheit – wieder auf den nachgeordneten Rang einer technischen Hilfsinstanz. Substanziell integrierend konnten für Smend nicht abstrakte Normensysteme wirken, sondern nur eine staatliche „Lebensordnung", deren Anspruch, die allein herrschende zu sein, aus einem Verständnis ihrer „geistigen" Fundamente erwuchs, das letztlich Geltungsgründe im kirchen- und staatsrechtlich beschirmten positiven Glauben suchte. Mit derlei innerem Gepräge ist die Position

Smends – hier stets nur die Weimarer Periode betreffend – als eine kulturideativ-staatsherrschaftliche zu identifizieren.

Die konzeptionelle Singularität Kaufmanns, dessen Kritik der neukantianischen Rechtsphilosophie den weiteren Manifestationen einer antipositivistischen Zeitströmung vorausging, wurde erst zu Beginn der 30er Jahre mit entsprechenden gedanklichen Vertiefungen komplettiert und hat dann auch die vernunftrepublikanische Loyalität zur Weimarer Verfassung als Differenzmerkmal gegenüber anderen konservativen oder rechtsbürgerlich-nationalliberalen Positionen zu erkennen gegeben. Bei Kaufmann sollten Kulturidealitäten nicht etwa soziologische Realien in gesuchtem Antagonismus zur Rechtsnormativität ersetzen, sondern überhaupt erst den gedanklichen Brückenschlag zwischen sonst „blinden" Dingwelten und „leeren" Begriffswelten ermöglichen. Hinter die erkenntnistheoretische Aufklärung Kants wollte Kaufmann, jedenfalls so wie die Ursprungsintentionen diesen Autor gegen neukantianische Verengungen zu retten suchten, nicht mehr zurückfallen; insofern hat er letztlich keine identitätsphilosophischen Systeme des Begriffsidealismus eines selbstbezüglichen Geistes oder der Realontologie einer dem menschlichen Erkenntnisvermögen im Kern verborgenen Gesamtordnung vertreten. Für Kaufmann waren Dingwelt und Begriffswelt nur über das Bindeglied der kulturideativen Wesenheiten mit erfahrbarer Wirklichkeit und erkennbarer Sinnhaftigkeit ausgestattet. Was in nur teilweise relativierter Nachfolge Stahls immer noch metaphysische Verweisungen beinhaltete, zeigt sich auch bereits anhand einiger Andeutungen von Kaufmann selbst als transzendentalpragmatisch reformulierbar: Jene Kulturidealitäten, ohne deren zumindest hypothetische bzw. heuristische Annahme, kantianisch gesprochen, eben „leere" Begriffs- und „blinde" Dingwelt tatsächlich dualistisch auseinanderfallen müsste, lassen sich in die metaphysikfreie Terminologie zeitgenössicher Ansätze wie z.B. sprachanalytischer, gestaltpsychologischer und symbolisch-interaktionistischer Theorien übersetzen. Ohne diese methodisch-erkenntnistheoretische Betrachtungsebene hier – außerhalb fachphilosophischer oder wissenschaftstheoretischer Diskurskontexte – detailliert entfalten zu können, sei als deren Fazit angedeutet, dass Smends lebensphilosophische Bemühungen in den 20er Jahren eben nur modisch waren, hingegen in dem anscheinend unmodernen Zugang von Kaufmann mehr Potenziale einer reflektierten philosophischen Moderne gefunden und fortgeschrieben werden können.

Mit seiner ausdrücklichen Kritik an den „rechtsfeindlichen Modephrasen" nicht allein der nationalsozialistischen und faschistischen, sondern auch der ihnen teilweise denkverwandten jungkonservativen Gegner der „liberalistischen" Weimarer Verfassungsordnung hat Kaufmann bezeugt, dass ein gesetzesimperativisches Integrationskonzept für ein stark kulturideativ geprägtes Verfassungsverständnis eine tragfähige Grundlage des Einfügens konservativer Überzeugungen in eine neue politische Ordnung sein konnte. In zunehmendem Unterschied von Staatsbildern bei Smend, die trotz aller Offenheit für die – im Sinne der liberalen Demokratie besonders problematischen – sozialen und politischen Bewegungsformen der Nachkriegsgesellschaft in den 20er Jahren immer noch wesentlich aus den Verhältnissen des Deutschen Kaiserreichs geprägt blieben, war das mehr auf den Gesetzesimperativ als Integrationsmittel ausgerichtete Denkmodell Kaufmanns weit stärker zur Rechtsuniversalität hin anschlussfähig und insofern auch im nicht unmittelbar parteipolitischen Sinne vom Deutschnationalismus entfernter. Nicht zufällig vermochte sich Kaufmann zu Beginn der Weimarer Republik auf die Judikatur des Supreme Court der USA zu berufen, wenn er schrankenloser Gesetzgebungssouveränität (nach französischem Vorbild) die aus der parlamentarischen Demokratie vermeintlich konsequent folgende Legitimation bestritten hat.

Im Vergleich von Smend und Kaufmann lässt sich exemplarisch aussagekräftig die Fragwürdigkeit einer retrospektiven, primär von späterer universitärer Schulenbildung bestimmten Würdigung der Gelehrtenleistungen einzelner Perioden verdeutlichen. Es muss nicht in Zweifel gezogen werden, dass Smend wegen einer noch im hohen Alter eindrucksvoll fortgeführten akademischen Mentorenschaft für eine beträchtliche Anzahl qualifizierter Nachwuchswissenschaftler mit Recht als eine bedeutende Persönlichkeit des staatswissenschaftlichen Denkens der frühen Bundesrepublik anzusehen ist. Auch darf es als durchaus plausibel erscheinen, dass sich unter dem zurückwirkenden Einfluss des regsamen Kreises der Schüler in den 50er Jahren die Vorstellungen Smends allmählich von den Vorprägungen des Kaiserreichs lösten und sich der antiliberale und antinormative Impetus der Weimarer Jahre im Zeichen der Erfolgsgeschichte des Grundgesetzes abschwächte. Umgekehrt muteten, gemessen an der unbestreitbaren Modernisierungstendenz innerhalb der Smend-Schule, die gegenüber den späten 20er und frühen 30er Jahren von größerer Behauptungskraft gekennzeichneten Auffassungen Kaufmanns tatsächlich zusehends als immer gestriger an; sogar wegen der sachlich von Kontinuität bestimmten Fortsetzung der bei Stresemann begonnenen außenpolitischen Beratertätigkeit für das Kabinett Adenauer hat er sich gegenüber zeitweise oppositioneller Haltung des Smend-Kreises als nunmehr „konservativer" präsentiert, obgleich im Ergebnis diese Westorientierung eher liberale Öffnungen beförderte und konservativ-deutschnationale antiwestliche Ressentiments der Weimarer Epoche zurückdrängte.

Sogar in unmittelbar intellektuellen Zusammenhängen musste Kaufmann als der maßgebende staatstheoretische Repräsentant des normativ-ontologischen Denkens und damit einer zur ordnungspolitischen Theologie neigenden Verbindlichkeit gelten. Hingegen wurde Smend eher jener Variante der vom Paradigma einer objektiven Wertordnung geleiteten Judikatur des Bundesverfassungsgerichts zugerechnet, die grundrechtsoffensive Interpretationen hinsichtlich der Stärkung von Individualrechten gegenüber Obrigkeitsbevormundung förderte. Gerade im Hinblick auf die für eine partizipative Demokratie konstitutiven Grundrechte der Meinungs- und Informationsfreiheit hat Smend allerdings zunächst dezidiert an seinen antiliberalen Prämissen festgehalten, so dass ihm – wenn überhaupt – nur gewissermaßen staatsrechtsmethodologisch eine bewegliche Grundrechtsinterpretation im Sinne der „fließenden Geltungsfortbildung", aber schwerlich die substanzielle Öffnung zu den Wertvorstellungen der liberalen Demokratien des Westens als Verdienst zugeschrieben werden kann. Im Rahmen der akademischen Schule ist das Paradigma der objektiven Wertordnung auch unmittelbar von Kaufmann beeinflusst geblieben, wie sich an dem – noch einem konservativen Institutionalismus mit antiliberalen Begleitaspekten folgenden – Frühwerk von Häberle[65] ablesen lässt; genau dieser ist später mit seinem Konzept der offenen Verfassungsinterpretation zu einem der Kronzeugen für die ausgeprägte Liberalität der Smend-Schule geworden, woran ihn gedanklich offenbar die ursprünglichen Anleihen bei Kaufmann nicht hinderten. Neben der Entfernung zum universitären Leben bereits im Laufe der 20er Jahre ist gewiss die Gedankenstrenge der Überzeugungen Kaufmanns ein Hemmnis für die Herausbildung einer besonderen akademischen Schule gewesen, wogegen Smends unter intellektuellen Gesichtspunkten kritikwürdige Vieldeutigkeit und Biegsamkeit vieler Formulierungen die Rezeptionsbreite begünstigte.

Für eine wissenschaftsgeschichtliche Einordnung ist ein Phänomen der Ungleichzeitigkeit hervorzuheben, dessen weitgehende Nichtbeachtung die angemessene Berücksichtigung des Beitrags von Kaufmann versäumen ließ: Gerade in der zweiten Hälfte der Weimarer Republik wäre sein kulturideativ-gesetzesimperatives Konzept von Integration durch Verfassung, wenn es die Eignung zur geistigen Beeinflussung von Meinungsmultiplikatoren hätte entwickeln können, ein zielführender Weg der Eingliederung christlich-konservativer Milieus in einen verfassungstragenden Minimalkonsens gewesen. Auch ohne hinreichende Anhaltspunkte für die Realitätstauglichkeit einer solchen Annahme, die eben doch mit den Sperrigkeiten gleichermaßen der Person wie der Gedankenführung von Kaufmann in Kollision geraten muss, darf ihm gleichwohl bescheinigt werden, einen beachtenswerten Abstand zu den sich verhängnisvoll auswirkenden neukonservativen Zeitströmungen bekundet zu haben. Der Hochmut gleichermaßen von Carl Schmitt wie von Rudolf Smend und ihren jeweiligen akademischen Trabanten gegen das positive Recht lag zum einen in deren unterschiedlich akzentuierter Distanz zu den republikanischen Institutionen begründet, zum anderen wurzelte er in den bei ihnen übergeordneten Denkkategorien der katholischen bzw. protestantischen Ordnungsentwürfe. Demgegenüber lief die letztlich wohl nicht ohne Wissen um seine jüdische Herkunft umfassend verständliche politische Theologie Kaufmanns darauf hinaus, das Recht selbst durch seine transzendentale Verankerung in einem – alltäglichen Dispositionen entrückten – sittlichen Reich gewissermaßen zur Heiligsprechung vorzusehen.

Erst die zivilisatorischen und moralischen Verwüstungen des großdeutschen Nationalsozialismus, ergänzend auch des Stalinismus in der sowjetischen Einflusssphäre, haben dem konservativen Zeitgeist die Rückbesinnung auf den unveräußerlichen Wert der Rechtsstaatlichkeit einschließlich der modernen Verfassungsgarantien hinreichend eindringlich nahegelegt. So verständlich und angesichts der Verirrungen des neukonservativen Verfassungsnihilismus am Ende der Weimarer Republik, geradewegs als politiktheoretische Katharsis anmutend, die normativontologische Kehre eines wieder unmittelbarer christlich geprägten konservativen Denkens in der frühen Bundesrepublik insoweit *retrospektiv* erscheinen mochte, ist dessen Fixierung auf ein Konzept der Verfassungsintegration durch Postulierung einer objektiven Wertordnung als *prospektiver* Entwurf nur mehr höchst fragliche

---

65 Häberle (1962).

Wirkungskraft und Folgerichtigkeit zu bescheinigen. Nach dem Versinken der totalitären NS-Diktatur in der totalen Katastrophe war historisch der Weg frei, den gescheiterten Versuch der Weimarer Republik nunmehr im zweiten Anlauf zum Erfolg zu führen, nämlich einen deutschen Staat in den politischen Kulturkreis der westlichen Verfassungsdemokratien zu integrieren, bei denen ein Primat des Gesetzesimperativs eine gefestigte Tradition vorfinden konnte. Wenn aus deutsch-konservativer Perspektive nach dem Ersten Weltkrieg solches Experiment als verfrüht anmutete, hätte ein Alternativentwurf der Rechtsuniversalität nach Art des Kaufmannschen Denkens wenigstens die zerstörerische Frontstellung gegen die Weimarer Verfassungsinstitutionen abfedern und geistige Mahntafeln gegen den Ungeist des Ressentiments und des Hasses auf liberal-republikanische Ideen errichten können. Dass bis heute die gerade an der eigenen Dignität des Rechtes und damit besonders auch der Verfassungsordnung festzumachenden Differenzen von Kaufmann zu Smend nicht einmal zutreffend beschrieben, geschweige denn wissenschaftsgeschichtlich angemessen interpretiert worden sind, mag als Indiz genommen werden, die „Vergangenheitsbewältigung“ im Hinblick auf die einzelnen universitären Disziplinen noch in den bescheidensten Anfängen zu vermuten. Auch in übertragenem Wortsinne kann akademische Selbstreflexion in solcher „Verfassung“ schwerlich mehr als durch gedankliche Oberflächlichkeit der Positionsbestimmungen stets nur trügerische „Integration“ von Fachrichtungen hervorbringen.

Literatur

Bauer, Wolfram (1968): Wertrelativismus und Wertbestimmtheit im Kampf um die Weimarer Demokratie. Zur Politologie des Methodenstreits der Staatsrechtslehrer. Berlin: Duncker & Humblot

Castrucci, Emanuele (1984): Tra Organicismo e „Rechtsidee“: Il pensiero giuridico di Erich Kaufmann. Mailand: Giuffrè

Friedrich, Manfred (1987): Erich Kaufmann. In: Der Staat 26. 231-249

Häberle, Peter (1962): Die Wesensgehaltgarantie des Artikel 19 Abs. 2 Grundgesetz. Zugleich ein Beitrag zum institutionellen Verständnis der Grundrechte und zur Lehre vom Gesetzesvorbehalt. Karlsruhe: Müller

Hauriou, Maurice (1965): Die Theorie der Institution und zwei andere Aufsätze. Hrsgg. von R. Schnur. Berlin: Duncker & Humblot

Heller, Hermann (1927): Die Souveränität. Ein Beitrag zur Theorie des Staats- und Völkerrechts. Berlin: de Gruyter

Jellinek, Walter (1920): Revolution und Reichsverfassung. Bericht über die Zeit vom 9. November 1918 bis 31. Dezember 1919. In: Jahrbuch des öffentlichen Rechtes der Gegenwart 9. 1-128

Kaufmann, Erich (1911): Das Wesen des Völkerrechts und die Clausula rebus sic stantibus. Eine rechtsphilosophische Studie zum Rechts-, Staats- und Vertragsbegriff. Tübingen: Siebeck

Kaufmann, Erich (1951): Grundtatsachen und Grundbegriffe der Demokratie. München: Isar-Verlag

Kaufmann, Erich (1960/ I): Gesammelte Schriften, Bd. 1: Autorität und Freiheit. Von der konstitutionellen Monarchie bis zur Bonner parlamentarischen Demokratie. Göttingen: Schwartz

Kaufmann, Erich (1960/ II): Gesammelte Schriften, Bd. 2: Der Staat in der Rechtsgemeinschaft der Völker. Vom ersten Weltkriege bis zum Wiederaufbau nach dem zweiten Weltkriege. Göttingen: Schwartz

Kaufmann, Erich (1960/ III): Gesammelte Schriften, Bd. 3: Rechtsidee und Recht. Rechtsphilosophische und ideengeschichtliche Bemühungen aus fünf Jahrhunderten. Göttingen: Schwartz

Kelsen, Hans (1925): Allgemeine Staatslehre. Berlin: Springer

Kelsen, Hans (1930): Der Staat als Integration. Eine prinzipielle Auseinandersetzung. Wien: Springer

Lehnert, Detlef (1998): Verfassungsdemokratie als Bürgergenossenschaft. Politisches Denken, Öffentliches Recht und Geschichtsdeutungen bei Hugo Preuß. Baden-Baden: Nomos

Lehnert, Detlef (1999): Wie desintegrativ war die Weimarer Reichsverfassung? In: Kritische Justiz 32. 398-409

Lepsius, Oliver (1994): Die gegensatzaufhebende Begriffsbildung. Methodenentwicklungen in der Weimarer Republik und ihr Verhältnis zur Ideologisierung der Rechtswissenschaft unter dem Nationalsozialismus. München: Beck

Lhotta, Roland (2000): Rudolf Smend und die Weimarer Demokratiediskussion. Integration als Philosophie des „Als-ob“. In: Gusy, Christoph (Hrsg.) (2000): Demokratisches Denken in der Weimarer Republik. Baden-Baden: Nomos. 286-325

Preuß, Hugo (1912): Anschütz' Kommentar zur preußischen Verfassung. In: Preußische Jahrbücher 150. 473-483

Rennert, Klaus (1987): Die „geisteswissenschaftliche Richtung“ in der Staatsrechtslehre der Weimarer Republik. Untersuchungen zu Erich Kaufmann, Günther Holstein und Rudolf Smend. Berlin: Duncker & Humblot

Schefold, Dian (1998): Geisteswissenschaften und Staatsrechtslehre zwischen Weimar und Bonn. In: Acham, K. u.a. (Hrsg.) (1998): Erkenntnisgewinne, Erkenntnisverluste. Kontinuitäten und Diskontinuitäten in den Wirtschafts-, Rechts- und Sozialwissenschaften zwischen den 20er und 50er Jahren. Stuttgart: Steiner. 567-599

Schmitt, Carl (1928): Verfassungslehre. München: Duncker & Humblot

Schmitt, Carl (1936): Die deutsche Rechtswissenschaft im Kampf gegen den jüdischen Geist. In: Deutsche Juristen-Zeitung 41, Heft 20. 1196ff.

Sinzheimer, Hugo (1938): Jüdische Klassiker der deutschen Rechtswissenschaft. Amsterdam: Hertzberger

Smend, Rudolf (1928): Verfassung und Verfassungsrecht. München: Duncker & Humblot

Smend, Rudolf (1950): Zu Erich Kaufmanns wissenschaftlichem Werk. In: Um Recht und Gerechtigkeit. Festgabe für Erich Kaufmann zu seinem 70. Geburtstage. Stuttgart: Kohlhammer. 391-400

Smend, Rudolf (1968²): Staatsrechtliche Abhandlungen und andere Aufsätze. Berlin: Duncker & Humblot

Vollrath, Ernst (1990): Deutschland als Verfassungsdemokratie. In: Liberal 32. 68-77

Wendenburg, Helge (1984): Die Debatte um die Verfassungsgerichtsbarkeit und den Methodenstreit der Staatsrechtslehre in der Weimarer Republik. Göttingen: Schwartz

Wiegandt, Manfred H. (1995): Norm und Wirklichkeit. Gerhard Leibholz (1901-1982). Baden-Baden: Nomos

Integration durch Verfassung?

Rudolf Smend und die Zugänge zum Verfassungsproblem nach 50 Jahren unter dem Grundgesetz*

Wilhelm Hennis

In seiner Ansprache zum vierzigsten Geburtstag des Grundgesetzes am 23. Mai 1989 sagte der damalige Bundespräsident Richard von Weizsäcker: „Wir haben eine gute Verfassung, sind wir aber auch in guter Verfassung?“ Das war im Geiste Rudolf Smends gefragt, den Weizsäcker während der ersten Nachkriegssemester in Göttingen erlebt hatte.[1] Die Frage zielte nicht auf das schon lange zurückliegende Gesetzgebungswerk von 1949, sondern auf das, was wir alle – mit dem Grundgesetz als „Anregung und Schranke“ – aus der lebendigen Wirklichkeit des Staates seit 1949 gemacht hatten. Die Frage galt nicht der Qualität des „Stücks Papier“ (Lassalle), sondern den Institutionen, die das Grundgesetz eingesetzt hatte: der Arbeit des Bundespräsidenten, der Regierung, des Bundestages, des Karlsruher Gerichts, den für die föderative Zusammenarbeit zuständigen Organen, der politischen Klasse, den so mächtig privilegierten Parteien, letztlich aber auch uns Bürgern und allen, die für das „Öffentliche“[2] Mitverantwortung tragen.

Der Weizsäckerschen Frage selbst kann hier nicht nachgegangen werden. Das liefe auf eine große historisch-politische Soziologie des neueren Deutschland hinaus. Dagegen möchte ich die für die Frage zuständigen Wissenschaften daraufhin befragen, auf welche Weise sie die Frage nach der „Verfassung“, in der sich unser Land befindet, in den fünfzig Jahren unter dem Grundgesetz wachgehalten haben. Erstzuständig für diese Frage ist selbstverständlich die Verfassungsrechtswissenschaft, wobei ich allerdings davon ausgehe, dass auch der zweite Teil der Frage Weizsäckers in die disziplinäre Mitverantwortung des Verfassungsrechts gehört. So jedenfalls hatte es Rudolf Smend (1882-1975), dem wir den Begriff der „Integration“ als verfassungs*rechtlicher* Kategorie verdanken, gelehrt, und in seinem Geist versuche ich einen Durchgang durch die neuere Wissenschaftsgeschichte des „Öffentlichen“ und seines Rechts.

---

* Eine erste Version dieses Aufsatzes erschien 1999 im Heft 10 der Juristenzeitung, S. 485-495.

1 In seinem Erinnerungsbuch (Weizsäcker 1997: 103) erwähnt er Smend und Franz Wieacker als „gewichtige Ausnahmen“ aus den sonst eher enttäuschenden Juraprofessoren. Das Zitat nach Hildegard Hamm-Brücher (1997: 397): „[Weizsäcker] blieb seitens der ausgesprochenen Parteien und Parlamente ohne hör- oder spürbare Resonanz.“

2 Der Rechtsbegriff des Öffentlichen und die tatsächliche „Publizität“ waren für Smend „Herzstücke der modernen politischen Begriffswelt“. Vgl. zum „Problem des Öffentlichen und der Öffentlichkeit“ Smend (1994i: 462ff.).

1 Nachwirkungen des Weimarer Richtungsstreits in den Bonner Anfängen

Nach ihrer ganzen Natur ist die Jurisprudenz eine konservative, auf Bewahrung, langsame Fortbildung angelegte Disziplin. „Verfassungsrecht vergeht, Verwaltungsrecht besteht" – Otto Mayers Wort gilt cum grano salis für alle Rechtsmaterien, auch wenn die Fließgeschwindigkeit sich allgemein vergrößert hat. Das Recht als solches kennt keine es dynamisierenden technischen Innovationen. Alle Veränderung muss in den Köpfen erfolgen, das geht nicht von heute auf morgen. So sieht auch jeder Professor des Rechts die „Schule", in deren Tradition er zu stehen meint, bewusster vor sich, als das in anderen Fächern der Fall ist. Auf jeden Fall weiß man doch noch etwas vom Doktorvater des eigenen Habilitationsvaters, und den Namen des akademischen Großvaters kennt man vielleicht auch noch. Im Zivilrecht stammt bis heute – jetzt verschleift sich das alles – jeder irgendwie von einem „germanistischen" oder „romanistischen" Großvater ab. Auch jeder etwas hellere Student gewinnt noch heute eine Vorstellung davon, aus welcher Schule der gerade dozierende Professor kommt. Genaueres weiß der Professor. Aber auch für ihn ist alles, sofern er Öffentlichrechtler ist, was vor 1867/1871 lag (der Verfassung des Norddeutschen Bundes und des Bismarckreiches), Sache der Wissenschaftshistoriker. Was Franz Wieacker für die Privatrechtsgeschichte geleistet hat, holen nun Michael Stolleis, Manfred Friedrich und viele andere für das öffentliche Recht nach.[3] Laband, Haenel, Georg Jellinek – sie sind noch nicht *ganz* tot - und Anschütz' Kommentar zur Weimarer Verfassung, das Meyer-Anschützsche Handbuch, das sind bis heute Eckpunkte, Vorbilder der wissenschaftlichen Arbeit, und der Weimarer „Richtungsstreit" im öffentlichen Recht zwischen den – ich gebrauche die üblichen Abkürzungen – an der „positiven" Norm orientierten strikt „juristischen" „Positivisten" und den „Neuerern" wirkt fort bis in unsere Tage. Die „Neuerer", alles Einzelkämpfer, keine „Schule": also dem Alter nach: Erich Kaufmann (Jg. 1880), Rudolf Smend (1882), Carl Schmitt (1888), Hermann Heller (1891), waren sich in einem Punkt einig: Die Weimarer Reichsverfassung, die Verfassung einer demokratischen Republik konnte nicht genauso weiterinterpretiert werden wie die Verfassung des konstitutionell-monarchischen Bundesstaates. Auch war man sich einig, dass eine Verfassung, die sicher eine Norm ist und Normen enthält, anders als ein gewöhnliches Gesetz verstanden und interpretiert werden musste. Aber dann trennten sich die Wege, und jedenfalls seit 1930, dem Beginn der Präsidialherrschaft und seit 1932, dem „Preußenschlag" vom 20.7.1932 und dem Prozess „Preußen contra Reich" vor dem Staatsgerichtshof, fiel die Gruppe der „Neuerer" auseinander. Was dann in den Jahren zwischen 1933 und 1945 geschah, eigentlich dreht sich alles Interesse nur noch um Carl Schmitt, gehört nicht in die Wissenschaftsgeschichte, sondern zu einzelnen Biographien und in die allgemeine Zeitgeschichte.

---

[3] Mit Spannung hat der Verfasser Michael Stolleis' „Dritten Band" erwartet. Manches ist danach sicher zu korrigieren. Auf Friedrich (1997) wird überall verwiesen, wo ihm besonders zu danken ist. Eigens erwähnen möchte ich Pauly (1993), berührt er doch viele der Fragen, die in Smends „Staatstheoretischem Seminar" der Nachkriegsjahre so eindringlich traktiert wurden.

1945 nahm das Fach die Arbeit wieder auf, jedenfalls die Überlebenden. Zwölf Jahre waren nicht viel - aber sie hatten das Bewusstsein für Versagen auch in der wissenschaftlichen Arbeit geschärft. Die Rechnung wurde neu aufgemacht. Wie immer die Juristischen Fakultäten mit den in die Räder der Zeit geratenen Kollegen umgingen, wer wieder „rein" kam, wer draußen blieb, wen die juristischen Verlage mit der Kommentierung der neuen Verfassung beauftragten: „Maunz-Dürig" – ein Thema für einen Campus-Roman –, eines war klar: in das Bundesverfassungsgericht kam niemand, der, Erich Kaufmanns Kommentar zur ersten Schmitt-Festschrift zitierend, zu „Carl Schmitt und seiner Schule" gerechnet wurde.[4]

Kurzum: Um einen dicken Pinsel zu gebrauchen: Was immer sich im *Fach* tat – die Geschichte der Vereinigung der Deutschen Staatsrechtslehrer seit ihrer ersten Nachkriegstagung 1949 bietet jedem Interessenten reiches Material[5] – im Bundesverfassungsgericht schien sich, bei der allgemeinen Verruferklärung des „Positivismus" von links bis rechts, Rudolf Smend als Hausgott durchgesetzt zu haben – zur Erbitterung von Carl Schmitt und seinen Schülern, und die anfangs der sechziger Jahre nicht ohne Ressentiment geführte Debatte über – ein Titel von Ernst Forsthoff – „Die Umbildung des Verfassungsgesetzes" durch die Smendsche Lehre ist die letzte große innerwissenschaftliche Kontroverse in der deutschen Verfassungsrechtswissenschaft geblieben – auf Seiten der „Smendschule" bestritten von Konrad Hesse, Alexander Hollerbach und Peter Häberle – alles wunderschön dokumentiert bei Manfred Friedrich.[6] Innerhalb eines Jahrzehnts, zwischen 1952 und 1962, war die Interpretationshoheit über das Grundgesetz von der Wissenschaft auf das Bundesverfassungsgericht übergegangen, wo sie seitdem völlig oder jedenfalls nie grundsätzlich in Frage gestellt, residiert.[7] Zum zehnjährigen Bestehen des BVerfG – 1962 – durfte der achtzigjährige Smend den Festvortrag halten.[8] Der alte weise Smend hielt einen wunderbaren Vortrag, verteilte viel Lob für die Arbeit des Gerichts – nur gelegentlich blitzte etwas vom voltaireschen Geist des alten Goethe, seinem Hausgott, hervor; Smend war Protestant, aber nicht vom Schlage staatsfrommer Lutheraner, er war ein reformierter Altliberaler, ein Freisinniger, fast ein Radikaler, der das zu zeigen aber nicht schicklich fand. Unter Smends sprichwörtlicher Höflichkeit verbarg sich ein radikal moderner Denker, nur deshalb zog er uns Junge im Göttingen nach 1945 ja so an. Der Karlsruher Vortrag erschien wie die Krönung einer langen wissenschaftlichen Lebensleistung. Scheinbar zufrieden mit dem Lauf der Welt konnte er sagen: „Das GG gilt nunmehr praktisch so, wie das BVerfG es auslegt, und die Literatur kommentiert es in diesem Sinn."[9]

---

4 Kaufmann (1958). Jedenfalls war Ernst-Wolfgang Böckenförde, 1983 in das Gericht berufen, der erste Kandidat, für den der „Schulbann" aufgehoben wurde.

5 Vgl. Friedrich (1997: 322ff.).

6 Friedrich (1978).

7 Schon klassisch Schlink (1989). Zum Verhältnis von Verfassungsgerichtsbarkeit und Staatsrechtslehre auch Starck (1976: 12f.).

8 Smend (1994a).

9 Smend (1994a: 582).

Smend fand tief eindrückliche Worte über „Gericht und Richtertum", die „ältesten und unabdingbaren Grundlagen menschlicher Gesittung."[10] Nur der Kenner bemerkte, dass er trotz der veränderten Stellung der „Rechtswerte" im neuen System des Grundgesetzes keinen Anlass sah, seine alte Differenzierung zwischen „Rechts"- und „politischen" Werten zu revidieren. Zwischen der „Verfassungslage"[11] der Bonner und der Weimarer Republik sah er mehr Verwandtschaft, als den Zuhörern wohl lieb war – das politische Leben offenbar wieder „ein Routinebetrieb und das Grundgesetz als die Regel dieser Routine."[12] Das zielte auf das „Zusammenspiel von Parlament, Regierung und Parteien" – also auf Defizite im Bereich der „politischen" Integrationsfaktoren, – im Festakt zu Ehren des Gerichts ging das aber eher unter.

Wir Jüngeren, der zu früh verstorbene Henning Zwirner,[13] auch der Referent, der seinen Verdruss nicht so sehr über Smend, aber über die „normativistische" Smend-Rezeption nach 1945 – Konrad Hesse, Peter Häberle, Horst Ehmkes Schüler Ekkehardt Wienholtz, für den es im GG an „Gesetzgebungsaufträgen" nur so wimmelte,[14] auch zu dem zu Smend aufgerückten Leibholz – in seine Freiburger Antrittsvorlesung über „Verfassung und Verfassungswirklichkeit"[15] verpackte, lasen die Rede mit Skepsis. War das „unser" Smend?

Alles Erinnerte möchte ich hier herauslassen. Ich erwähne meine Reaktion auf die Karlsruher Rede von 1962 nur deshalb, weil schon Ende der sechziger Jahre, ganz massiv dann in den Auseinandersetzungen um „68", die im Streit um die Notstandsverfassung ja auch eine Auseinandersetzung um das Grundgesetz waren, um das angebliche „Auseinanderklaffen" von Verfassung und Verfassungswirklichkeit und die von ihm angeblich gebotene „Demokratisierung" aller gesellschaftlichen Bereiche, Tendenzen des spezifisch deutschen Verfassungsdenkens manifest wurden, in denen ich deutsche Schwächen glaubte sehen zu müssen, die auch nach 50 Jahren Grundgesetz nicht gebannt sind. „Integration durch Verfassung" – das weckt Erwartungen an eine Verfassung, die von keiner modernen Verfassung unter den Bedingungen der Demokratie erfüllt werden kann. Alles Politische, auch jede Verfassung, auch und gerade ihre „normative Kraft" ist unter den Bedingungen der Moderne durch Umstände bedingt, die stets mitbedacht werden müssen. Sie nicht mitzubedenken, sie im Gegenteil so klar wie möglich vom „rein" „Juristischen" zu scheiden, auf die normierende Statik des „Normativen" zu setzen, bezeichnet einen Strang des modernen deutschen Verfassungsdenkens, gegen den Smend sich querstellte und an den zu erinnern es an der Zeit ist. Wenn Kelsen im neuesten

---

10 Smend (1994a: 584).

11 Smend (1994a: 585).

12 Smend (1994a: 585).

13 An dessen Werk hier erinnert sei: Zwirner (1987).

14 Wienholtz (1968). Unter den Schülern Smends blieb Horst Ehmke der Sichtweise Smends wohl am meisten verbunden. Vgl. seine „Prinzipien der Verfassungsinterpretation" (Ehmke 1963: 53ff.) und seine Auseinandersetzung mit dem Begriff einer „Wirtschaftsverfassung" (Ehmke 1961).

15 Hennis (1968).

ist. Wenn Kelsen im neuesten Verfassungsdenken soviel neue Sympathien findet,[16] so muss auch an seinen schärfsten Kritiker erinnert werden. Ich versuche, etwas zu dieser „Erinnerungsarbeit" beizutragen, indem ich einfach nach den Zugängen frage, den wissenschaftlichen Perspektiven, die die deutsche Wissenschaft parat hält, um die „Verfassungsdinge" eines Landes – Christian Starck hat das schöne alte Wort wieder in Umlauf gebracht[17] – zu erfassen.

2 Die Zugänge zum Verfassungsproblem

Da rangiert an erster Stelle natürlich das Verfassungsverständnis der Staatsrechtslehre und, wie bei uns gegeben, des obersten Gerichts. Die Wissenschaft, dem Gericht in nahezu jedem Verfahren durch Gutachtertätigkeit oder gar Mitgliedschaft zu einem Senat als krönendem Lebensabschnitt verbunden, läuft in den vom Gericht gebahnten Spuren.

Zweitens: Neben der Verfassung, den 146 Artikeln und 100 Entscheidungsbänden, gibt es aber auch noch die Verfassung in einem weiteren Sinn, als Zustand, Status, „Verfassungswirklichkeit", wie man mit einem unglücklichen Wort sagt, besser: politischer Lebenswirklichkeit, die durch Einfügung einer „Konstitution" im Sinne einer geschriebenen Verfassung sich ja gewiss verändert, auch die Lebenswirklichkeit der Völker modifiziert, aber doch nur *partiell.* Der junge Smend hatte in seiner Dissertation[18] über den Vergleich der preußischen und der belgischen Verfassung auf eine Unterscheidung Friedrich Julius Stahls bezug genommen: von „historischen" Verfassungen (die, wie klassisch die englische „nicht auf einem einzelnen Staatsgesetz beruhen") gegenüber jenen, die zwar in einem solchen zusammengefasst seien, bei denen man aber „revolutionäre" und „reflektierte" voneinander unterscheiden müsse. Unter „revolutionären" verstand Stahl solche, die „den ganzen bisherigen Verfassungszustand, ja selbst seine oberste Autorität annullieren, um die Verfassung, sohin den Staat, von jetzt an erst neu zu errichten": „aus Elementen, die mit denen der früheren Verfassung keinen Zusammenhang haben." Als „reflektierte" bezeichnete er Verfassungen, „die zwar auf dem gegebenen Verfassungszustand basieren, aber einmal (materiell) in den vorhandenen Elementen tiefe neugestaltende Reformen vornehmen, sodann (formell) in einer zusammenhängenden (systematischen) Auffassung den ganzen öffentlichen Rechtszustand umfassen, daher in einer Haupturkunde niedergelegt" sind.[19] An diese Unterscheidung zu erinnern, mag für das Verständnis des Stellenwerts des

---

16 Vgl. Friedrich (1997: 325ff., 341ff.). Smend kam nicht umhin, einzuräumen, dass „seit Kelsens großer Kritik jene Naivität, jenes Arbeiten ohne völlige Klarheit der methodischen Voraussetzungen nicht mehr möglich ist." Hier ist wiederum „einzuräumen", dass es Smend - und seinem Mitstreiter Erich Kaufmann - nicht gelungen ist, ihre Position vergleichbar klarzumachen. Die Gründe gehen über das „Methodische" weit hinaus.

17 Starck (1996).

18 Smend (1904).

19 Smend (1904: 78 f.).

Grundgesetzes im Rahmen der politischen Gesamtordnung der Bundesrepublik nützlich sein. Der eigenartige Verfassungsglaube der Bundesrepublik, ihr „Verfassungspatriotismus", das Bemühen, im 23. Mai 1949 eine verfassungsgeschichtliche „Stunde Null" und die Ingangsetzung der bundesrepublikanischen Institutionen als völligen „Neuanfang" zu verstehen, tendiert dahin, auch im Grundgesetz eine „revolutionäre" Verfassung zu sehen – daher auch die geringe Neigung der Staatsrechtslehre und der übrigen Konstitutions-Wissenschaften, die Bundesrepublik in die Kontinuität der deutschen Geschichte zu stellen.[20] Die Verfassungsväter von 1948/49 dachten da jedenfalls anders. Die Bemühung, sich in die (zumindest „juristische") Kontinuität des am 18.1.1871 begründeten Deutschen Reiches zu stellen, hatte allerhöchste Priorität, und auch die „reflektierte" Anknüpfung an die Verfassungssubstanz sowohl der Bismarck (Föderalismus)- wie der Weimarer Verfassung (parlamentarische Regierungsform) verstand sich von selbst. „Die Verfassung jedes Staates enthält für den kundigen Leser ein Sündenverzeichnis des vorhergehenden Regimes." Erich Kaufmanns Formel[21] trifft für das Bonner Grundgesetz in besonderem Maße zu. Im historischen Bewusstsein der Bundesrepublik, der alten Westrepublik und dem seit 1990 wieder vereinten Land setzt sich immer mehr die Vorstellung fest, das Gegenmodell zum freiheitlichen Rechtsstaat unter dem Grundgesetz seien die „totalitären" Unrechtsregime des Nationalsozialismus und der SED-Vergangenheit gewesen. Sicher haben die Bemühungen, durch verfassungsrechtliche Vorkehrungen einem erneuerten „Weg in den Abgrund" Barrieren zu errichten, in den Überlegungen des Parlamentarischen Rates eine bedeutende Rolle gespielt. Dennoch – das Denken der Verfassungsväter kreiste einzig um den Gedanken, „Bonn" möge nicht das Schicksal „Weimars" teilen. Für das Schicksal „Weimars" fühlten sie sich – bis tief in persönliche Biographien hinein – mitschuldig, aus dieser Schuld mussten „Lehren" gezogen werden.[22] Dass gegen einen einmal etablierten totalitären Unrechtsstaat kein juridisches Kraut gefunden werden kann, hatten sie alle erfahren. Nie hätte etwas so Unsinniges, aber billig zu Habendes, wie das allgemeine „Widerstandsrecht" des Art. 20 IV GG – eingefügt 1969 – im Grundgesetz von 1949 Aufnahme finden können. Den Älteren erinnert es noch immer an die bissige Bemerkung Lenins von der Bahnsteigkarte, die in Deutschland Revolutionäre lösen müssen, bevor sie den Perron stürmen.

Nicht „revolutionär", nach bestem Wissen und Gewissen „reflektiert" war das Verfassungswerk, das wir dem Parlamentarischen Rat verdanken. Niemand kann heute guten Gewissens sagen, dass die Regelungen des Grundgesetzes alle gelungen sind: aus der harmlosen Vorschrift des Art. 21 GG ist der alles lebendige Leben überwuchernde „Parteienstaat" geworden, und die Anknüpfung des „Exekutivföderalismus" an die Stellung des Bundesrats in der Bismarckverfassung hat

---

20 „So war Deutschland nie. Anmerkungen zur politischen Kultur der Bundesrepublik", der Titel von Kurt Sontheimers (1999) neuestem Buch steht für diesen Modernitäts-Triumphalismus. Fast auf jeder Seite wird dem neuen Deutschland bescheinigt, wie „westlich", wie „normal" es endlich geworden ist. Müsste da nicht auch eine Gewinn- und Verlustrechnung aufgemacht werden?

21 Kaufmann (1960: 268).

22 Es ist schon verwunderlich, dass Friedrich Karl Frommes (1960) Buch noch immer das Standardwerk zum Thema ist.

sich als massiver Fehler erwiesen – ein Produkt parteitaktischen Finassierens.[23] Jeder Versuchung, sich erneut außenpolitisch zu isolieren, sollte durch Art. 24 GG (Übertragung von Hoheitsrechten) vorgebeugt werden. Aber ansonsten wusste man, dass die europäischen Nationen – unter denen die deutsche gewiss die „verspätete" ist, – ihre historische Prägung, ihre „Identität", schon lange vor der Französischen Revolution gewonnen hatten und man diese auch nicht wie ein lästiges Kleidungsstück einfach ablegen konnte. Man wollte das auch gar nicht!

Wir haben zu fragen: was wissen unsere heutigen mit Staat und Politik befassten Disziplinen über die „Verfassung" als dem tief in der Geschichte wurzelnden „Zustand" der Nation - was haben Staatsrechtslehre, Geschichte, Politische Wissenschaft, Soziologie und noch viele andere Wissenschaften *dazu*, zur „Ambiance" (Dietrich Schindler) des Verfassungsrechts im engeren Sinn zu sagen?

Schließlich gibt es drittens - ich lasse die „Allgemeine Staatslehre" wegen ihrer „Allgemeinheit" beiseite - ja auch noch eine „*Verfassungslehre*", jedenfalls einige Bücher dieses Titels, und schließlich gibt es viertens doch auch noch so etwas wie eine „Verfassungs*theorie*", jedenfalls den Anspruch darauf, dass es sie gebe: will heißen ein System von Begriffen, hilfreich, um das Gemenge der Fragen zu ordnen, die das Wort „Verfassung" bei jedem - auch dem wissenschaftlich Ungebildeten evoziert, der an das politische Leben, die *Wirklichkeit* des politischen Lebens denkt, und dem diese Theorie vielleicht ein wenig die Augen öffnet für diesen Teil seiner menschlichen Existenz, von dem er – ob er es will oder nicht – handgreiflich, weniger durch die seltenen Möglichkeiten der „Mitwirkung" an der politischen „Willensbildung" im Sinne von Artikel 20 GG ergriffen wird, sondern durch sein schlichtes Hineingestelltsein in diese Ordnung: durch Steuerpflicht, Wehrdienst, Gesetzesunterworfenheit, das Auf und Ab der politischen Konjunktur, der Erbärmlichkeit oder Erträglichkeit der politischen Verhältnisse. Gibt es eine Verfassungstheorie, in der Sprache Joseph Schumpeters einen „Handwerkskasten",[24] der es erlaubt, einen Verfassungszustand mit Einschluss des Verfassungsrechts auf seine pathologischen oder auch orthologischen, kurzum seine integrierenden oder desintegrierenden Faktoren hin abzuklopfen?

---

23 Zur Hypertrophie des „*Parteienstaates*" vgl. Hennis (1998). Die *Fehlkonstruktion des Bundesrats* ist das große Tabu der deutschen politischen Festredner. Die vom Bundesrat im August 1998 ausgerichtete Tagung aus Anlass des Zusammentritts des Herrenchiemseer Verfassungskonvents ließ eine Arbeitsgruppe über die Frage brüten: „Der deutsche Föderalismus: ein Modell?" Es blieb dem Oxford-Professor Nevil Johnson überlassen, den Rattenschwanz an Anomalien zu entwirren, den dieses Modell gezeitigt hat. Der Festvortrag des gegenwärtigen Vizepräsidenten des Bundesverfassungsgerichts Papier hatte als Remedur nur die obligate Länderneugliederung zu bieten. Für Heinrich Oberreuter, Politikprofessor in Passau und Direktor der Bayerischen Akademie für Politische Bildung in Tutzing, führten die Herrenchiemseer „Weichenstellungen von 1948" zu einer „in der deutschen Verfassungsgeschichte geradezu genialen Systemkonstruktion" (Das Parlament, 48. Jg., Nr. 32-33, S.1). Na, na.

24 Nur von der Geschichte dieses „Handwerkskastens", der „Geschichte der Versuche des Menschen, auf intellektueller Ebene ökonomische Phänomene zu verstehen", handelt J.A. Schumpeters Meisterwerk (1965).

2.1 Die normativistische Wende der Staatsrechtslehre

Zur Staatsrechtslehre und zur Rechtsprechung des Karlsruher Gerichts: Der Gleichklang, bei Juristen ja wirklich selten, scheint perfekt zu sein: das GG, die „normative Ordnung des Staates", sein Schwerpunkt liegt in den vorangestellten Grundrechten, diese bilden ein „Wertsystem". Sogar ein normatives „Menschenbild" liegt dem GG zugrunde, es beschützt die staatliche und gesellschaftliche Ordnung gegen ihre „Feinde" – es konstituiert eine „wehrhafte Demokratie". Eine „ganz andere Republik", das ist mit diesem GG (Art. 1, 20, 79 III) nicht zu machen. Obwohl die Justiz doch seit der weisen Einsicht Montesquieus *en quelque façon nulle* ist, ist das mit dieser normativen Ordnung, ihrem Rechtsstaat (Art. 19 IV) und seinen Rechtsweggarantien, seiner Judikative nicht zu machen. Bonn *kann* nicht Weimar werden! Der Hüter der Verfassung residiert in Karlsruhe und nur in Karlsruhe, ein mächtiger Gulliver mit zehntausenden nachgeordneten Juristenlilliputanern an seinen Leinen. Alle Politik – auf welchem Gebiet auch immer! – definiert sich unter dem so verstandenen Grundgesetz als „Grundrechtspolitik": „Die klassischen Freiheitsrechte schlagen um in staatliche Ermächtigungsnormen".[25] Wer immer dieses Bild des GG in den 100 Bänden Karlsruher Entscheidungen und den immer gewaltiger werdenden Kommentaren errichtet hat, auch Smend-Schüler und -Enkel und Enkelschüler haben an diesem Monument juristischer Gelehrsamkeit mitgebaut, Rudolf Smend (geb. 1882, gest. 1975) hat dazu meines Erachtens keinen Stein beigetragen. Auf seinen Beitrag zur GG-„Entfaltung" – gab es einen? – komme ich unter 4. („Verfassungstheorie") zurück. Auch auf das Lüth-Urteil komme ich dort zu sprechen.

Dennoch – eine Frage muss schon hier gestellt werden. Rudolf Smend hat sich literarisch kaum noch zu Besonderheiten des Grundgesetzes äußern können. Aber nichts an seinen in „Verfassung und Verfassungsrecht" (1928) kanonisierten Meinungen erschien nach 1949 so anstößig, wie seine klare, fast schroffe Differenzierung zwischen „Rechtswert" und „politischem Wert", zwischen dem „Rechtsleben" und dem „*eigentlichen* [meine Hervorhebung] politischen System" der Verfassung.[26] Dass das „Rechtsleben" aus sich heraus zu verstehen sei, sein „Sinnzusammenhang" mit dem des „eigentlichen Staatslebens keineswegs konzentrisch gelagert ist",[27] ist (oder war) beinahe so etwas wie das „proprium" der Smendschen Theorie. Um es altertümlich auszudrücken: der Bereich der „*jurisdictio*" und der Bereich der „*gubernatio*" fallen in der „Integrationslehre" nicht zusammen, geschweige denn, dass das „Rechtsfunktionssystem" dem „politischen System" vor- oder gar übergeordnet wäre. Ich kann darin, wie gelegentlich behauptet, kein Relikt des Konstitutionalismus sehen. Im Gegenteil: Smend nahm mit dieser Differen-

---

25 Eine Formel von Ingeborg Maus (1992: 324f.). Auch auf ihr Buch „Rechtstheorie und Politische Theorie im Industriekapitalismus" (1986), verweise ich gerne. Ohne in den Einzelheiten mitreden zu können, vertraue ich für die Beurteilung der skizzierten Tendenz auf die politische und höchstrichterliche Urteilskraft von Ernst Gottfried Mahrenholz (1998: 23ff.).

26 Smend (1994b: 253-6).

27 Smend (1994b: 253).

zierung für sich unzweifelhaft in Anspruch, dezidiert modern zu denken. Modern im Sinne radikaler Immanenz. Im Buch von 1928 heißt es, dass es dem „modernen Staatsbegriff" „unerträglich" sei, seine Legitimität „aus irgendwelcher (natur- oder positivrechtlich) transzendenten Rechtsordnung" herzuleiten.[28] Diese Position hätte er sicher auch nach den „Positivierungen" von Abs. 1 und 2 des Art. 1 GG nicht korrigieren müssen. Das waren für ihn tief empfundene Selbstverständlichkeiten, „theoretisch" in den Bereich der „sachlichen" Integrationsfaktoren gehörend. Günter Dürigs „Aufladung" des Abs. 1 (Menschenwürde) zum Obergrundrecht hätte er sicher nicht mittragen können, Hasso Hofmanns Interpretation als eines „Gründungsprinzips", oder in Smends Sprache als eines „Zeichens", „in dem das deutsche Volk einig sein soll", hätte er sicher zugestimmt.[29] Der „Positivierung" der „nachfolgenden Grundrechte" im Art. 1 III GG hatte er wie kein anderer Staatsrechtslehrer seiner Epoche durch seinen Mitbericht auf der Staatsrechtslehrertagung von 1927 und den Grundrechtsabschnitt in „Verfassung und Verfassungsrecht,[30] auch, im letzten Moment, durch die Abwehr „liberalistischer" Missverständnisse der Grundrechte in der Rede zum 18.01.1933 vorgearbeitet.[31] In der Auseinanderhaltung von Rechts- und politischen „Werten" drückte sich für Smend keine Geringschätzung des „Rechtswerts in der politischen Ordnung des menschlichen Zusammenlebens aus" – eher ist das Gegenteil zutreffend! Aber die Situation Weimars, der Übergang von der doch noch weithin „historischen", aus ihrem „sachlichen" und „persönlichen" „Wertsystem" lebenden Monarchie in die „offene", unweigerlich „pluralistische" Demokratie, forderte ein radikal neues Denken. Vielleicht war Smend einfach zu „modern", zu welterfahren in den Zeitläuften seit der Französischen Revolution, um – Konservativer, der er war – annehmen zu können, dass in der modernen, auf der Dynamik der Demokratie beruhenden Staatswillensbildung der Jurisdictiobereich den Halt, den festen Notanker für eine politische Ordnung abgeben könne. Buchstäblich auf den letzten Seiten des von Smend uns überkommenen Werkes nennt er das von ihm vertretene grundsätzliche Immanenzdenken „vom Staat als Leben", ein dem Leben unter dem Grundgesetz vermachtes „Erbe"[32] – im Gegensatz zur „Statik" – und man wird hinzufügen dürfen: zum festgefügten Normativismus des „früheren Staatsbildes". Aber: kein Zweifel ist möglich: für das neue Denken unter dem Grundgesetz litt die Smendsche Lehre unter einem kaum zu heilenden „normativen Manko".

Seine „Schule", wenn man sie denn so nennen kann, hat alles getan, um dieses „normative Manko" auszubügeln. Konrad Hesses Freiburger Antrittsvorlesung von 1959 über „Die normative Kraft der Verfassung" – der Verfassung!, nicht der eventuell normativierenden und legitimierenden „Integrationsfaktoren" – gab das Signal zum Einschwenken der „Schule" auf die Signale des Grundgesetzes (Art. 1,

---

28 Smend (1994: 201f.).

29 Hofmann (1993), Smend (1994b: 262).

30 Smend (1994b: 260ff.).

31 Smend (1941: 309 ff.).

32 Smend (1994h: 634).

79 III GG), und einige undeutliche Korrekturen Smends am Buch von 1928[33] schienen dem ja auch Recht zu geben.

Die Weimarer Erfahrungen müssen die Deutschen, und nicht nur die deutschen Konstitutionswissenschaften zu immer neuem Nachdenken anregen.[34] Dass vom „normativen" oder Jurisdictio-Teil der Weimarer Verfassung – oder irgendeiner Verfassung – eine Krise wie die Weimars in seiner Spätphase hätte abgewendet werden können, müsste erst noch bewiesen werden – alle geschichtliche Erfahrung spricht dagegen, und daher war Smend meines Erachtens völlig im Recht, wenn die doch zur Stütze der Weimarer Verfassung entwickelte Integrationstheorie von der „*politischen* Gewalt im Verfassungsstaat", also von Regierung und Gesetzgebung ihren Ausgang nahm.[35] Wenn Juristen, Historiker, Politikwissenschaftler sich gegenwärtig in vielen Publikationen und Tagungen um die Würdigung des Grundgesetzes bemühen, so scheint mir, dass das Charakteristikum des Grundgesetzes: seine Verankerung in Rechtswerten und die Behütung der Verfassung durch jurisdiktionelle Verfahren nicht unbedingt im Sinne eines Fortschritts gegenüber Weimar verstanden werden muss. Jedenfalls hätte die Smend-Schule – aller positiven Regelungen des Grundgesetzes ungeachtet – nicht unbedingt in diesen Chor einstimmen müssen. Ihre Aufgabe – wenn sie sich dem Meister verpflichtet fühlte – hätte im Gegenteil darin liegen müssen, in der Diskussion des Fachs die *politische* Integrationsaufgabe als staats*rechtliches* Thema immer besonders hochzuhalten. Weizsäckers Frage von 1989, ob sich die Republik denn in einer „guten Verfassung" befinde, ist auch von der Smend-Schule nie aufgenommen worden.[36]

2.2 *Politische Lebenswirklichkeit*

Damit zur Verfassung als Zustand, Status, „konkrete Ordnung", um es mit Carl Schmitts Formel zu sagen. Über Ernst Forsthoffs „Der Staat der Industriegesellschaft" (1971^2), anknüpfend an Schmitts „Hüter der Verfassung" (1931) mit den Beelzebuben Pluralismus, Polykratie, Föderalismus ist die Staatsrechtslehre kaum hinausgekommen. Das hatte Biss, und *dieser* Schmitt hat lange Jahre auch „Linke" mit Recht fasziniert – obwohl nur unter den nicht gegebenen Voraussetzungen der „Unhaltbarkeit der Klassenstruktur des heutigen Staates und der Gültigkeit der

---

33 Vgl. Hesses Bezugnahmen auf den späten Smend in Friedrich (1997: 83, 86).

34 Das ist ja auch der Fall – jedenfalls im Kreis der Rechtshistoriker. Vgl. die Literaturübersicht von Stolleis (1998).

35 Vgl. die erste Skizze der „Integrationstheorie": „Die politische Gewalt im Verfassungsstaat und das Problem der Staatsform" von 1923 (Smend 1994: 68ff.). In der ersten Smendfestschrift von 1952 (Smend 1952) findet sich Ulrich Scheuners (1952) Fortentwicklung von Smends Ansatz. Die Bemühungen des Verfassers um die Entwicklung einer politikwissenschaftlichen „Regierungslehre" und die Problematisierung der Probleme der „Regierbarkeit" moderner Demokratien stellten sich ausdrücklich in diese Traditionslinie.

36 Auch in Peter Häberles vielen Arbeiten zu einer Verfassungslehre als „Kulturwissenschaft" kann ich keinen Niederschlag dieser Frage finden.

gegen sie gerichteten Entwicklungstendenzen". Das war der Angelpunkt von Hermann Hellers Staatslehre von 1934,[37] und die angeblich unlösbaren „Legitimationsprobleme" spätkapitalistischer Gesellschaften wurden in den sechziger und siebziger Jahren zum Zentrum verfassungssoziologischer Analysen, mit wenig bleibendem Niederschlag.

Denn: was für ein großes Thema lag und liegt da brach! Und hier darf ich erneut Smend ins Spiel bringen: Sein Kummer, sein Unbehagen an der deutschen Staatsrechtswissenschaft seit Gerber und Laband hatte zum Hintergrund ja seinen Blick zurück auf die Fülle, den Reichtum empirischer Anschauung des wirklichen Staats*lebens,* den die ältere Staatsrechtswissenschaft vor 1848, vor der Reduktion des politischen Lebens mit seinem „Land" und seinen „Leuten", Regierenden und Regierten, auf die Dürre der Definition des Staates als „juristischer Person" mit dem Attribut der Souveränität. Immer wieder hat Smend diese Vor-Gerbersche Welt in Erinnerung gebracht; wer in seinem Seminar gesessen hat, erinnert sich an die offenbar verhängnisvolle Rezension Albrechts einer Schrift von Maurenbrecher, oder war es umgekehrt?[38] Seitdem ging es mit der Wissenschaft des öffentlichen Rechts bergab. Damals war für Smend eine Welt – die *wirkliche* Welt des staatlichen *Lebens* aus der Welt seiner Wissenschaft, der Staatsrechtslehre, wie er sich gerne ausdrückte, „herauseskamotiert" worden. Verehrung empfand er für alle, die von der alten Fülle etwas bewahrt hatten: Otto von Gierke vor allem, Albert Haenel, bei dem er sich in Kiel habilitiert hatte. Will man Smend verstehen, muss man sich vor Augen halten, dass die Dissertation zwei Verfassungen der *alten* Welt gilt, dem Vergleich der belgischen Charte von 1830 und der Preußischen von 1850, in denen noch etwas von den wirklichen Verhältnissen, insoweit sie für den Staatsrechtler von Interesse sind, also den realen Kräften und Mächten einer konkreten Gesellschaft vorkam, bzw. zu den weithin identischen Texten hinzugedacht werden musste, damit man auch ihren rechtlichen Gehalt erkannte. Eine Verfassung mag in ihrer Textgestalt ein Produkt von der Stange sein, nur im Zusammenhang der wirklichen, empirischen Welt, die sie normativ regeln will, lässt sie sich angemessen „verstehen", – völlig im Sinn von Max Webers „verstehender Soziologie" und auch angemessen *rechtswissenschaftlich* interpretieren! Dies ist der einfache Grundgedanke von Smends Beitrag zum Verfassungs*recht* – noch gar nicht zur Verfassungs-*theorie.*

Aber diese juristische (!) Position bot und bietet offenbar große Verständnisprobleme für eine Verfassungsrechtswissenschaft, die, ähnlich wie die moderne Wirtschaftswissenschaft, mit den konkreten Verhältnissen, mit denen sie sich einlässt, nur wenig im Sinn hat. Das gibt Anlass, am Rande auf eine wissenschaftsgeschichtliche Parallele hinzuweisen. Die moderne Ökonomie, mit ihrem Ausmaß an Theoretisierung und – an *Modellen* praktizierter Mathematisierung – gilt allgemein als die fortgeschrittenste aller Wissenschaften vom menschlichen Handeln.

---

37 Heller (1934: 59). Ein von „links" gelesener Schmitt und der unverdächtige Sozialdemokrat Hermann Heller wurden so für viele Jahre zu wichtigen Hintergrundautoritäten der Reform- und „Systemveränderungs"-Literatur der sechziger und siebziger Jahre.

38 Vgl. Friedrich (1997: 189, 213f.).

Man kann das aber auch anders sehen, und als Zeugen darf ich aus einer Anmerkung in Schumpeters „Konjunkturzyklen" zitieren – ein Buch mit dem Untertitel: „Eine theoretische, historische und statistische Analyse des kapitalistischen Prozesses". Das Buch stammt von 1939 – Schumpeter, Jahrgang 1883, steht Smend also generationsmäßig ganz nahe.[39] Den Kern der Wirtschaftswissenschaft nannte Schumpeter Semeiologie und als ihre „Hauptaufgabe" bezeichnete er die „Diagnose der Wirtschaftslage eines Landes".[40] (In Klammern setze ich die Smendsche Parallele: die Diagnose der *Verfassungslage* eines Landes!). Hier das vollständige Schumpeter-Zitat: „Im 17. Jahrhundert war die Analyse gegebener Wirtschaftslagen in den einzelnen Ländern die erste Aufgabe, der sich nicht nur die ‚Politische Arithmetik', sondern die Wirtschaftswissenschaft im allgemeinen widmete. Diese gesunde und zukunftsreiche Tradition ging praktisch im 18. Jahrhundert verloren, besonders nach A. Smith und vorwiegend *durch seine Schuld*" (meine Sperrung).

Die konkreten Verhältnisse mit Hilfe der „Integrationsfaktoren" wieder in die Staatsrechtslehre hereinzuholen – sie waren *ihr* erst in der Mitte des 19. Jahrhunderts abhanden gekommen –, war das wissenschaftliche Ziel der Integrationstheorie. Aber wie schwer war es geworden, diese Absicht verständlich zu machen. Richard Thoma, für die Ideen der „Neuerer" unvoreingenommen aufgeschlossen, Kelsen ganz fernstehend, klagte auf der Staatsrechtslehrertagung von 1927, also noch vor Smends ja wirklich unnötig schwierigem Buch von 1928 zu Ausführungen Erich Kaufmanns, sie seien in ihrer Begrifflichkeit für ihn „sozusagen chinesisch". Da sich bis heute nichts wesentliches daran geändert hat, darf ich Thomas Klage über den gedanklichen Ansatz der Neuerer vollständig zitieren: „Ich verstehe es einfach nicht und bin durchaus nicht der einzige in diesem Saale, der es nicht versteht. Ich spreche das aus, weil es doch ein sehr beunruhigendes Symptom der gegenwärtigen wissenschaftlichen Situation ist, dass selbst in einem so engen Kreise spezialisierter Fachgelehrter sich eine solche Kluft des Nichtverstehens der Problematik und der Terminologie der einen Gruppe durch die andere Gruppe auftut."[41] Kurz vor dem Beitritt der DDR zur alten Bundesrepublik hatte Ernst-Wolfgang Böckenförde die Freundlichkeit, mich zu einem Colloquium anlässlich seines 60. Geburtstages einzuladen. In Anknüpfung an Smends Dissertation und den berühmten Aufsatz zum Staatskirchenrecht[42] erlaubte ich mir die naseweise Frage, ob bei so radikal veränderten Gebiets- und Bevölkerungsverhältnissen das alte, für den „Geltungsbereich des Grundgesetzes" geltende GG von 1949 eigent-

---

39 Mit großer Faszination las das Smend-Seminar in den ersten Nachkriegssemestern die 1946 erschienene deutsche Ausgabe von „Capitalism, Socialism and Democracy" (dt. 1946, engl. 1942). Für den Verfasser enthält dieses Buch noch immer die am meisten Sinn machende, Max Weber voraussetzende „Demokratietheorie", außerdem eine der besten Interpretationen des Scheiterns Weimars – vor allem an seinem Fehlen einer überzeugenden politischen Führungsschicht. Schumpeters (1929) kleine Studie aus seiner Bonner Zeit „Das soziale Antlitz des Deutschen Reiches" müsste Pflichtlektüre in jedem politischen Proseminar sein.

40 Schumpeter (1961: 21).

41 Zitiert nach Smend (1994: 62f.).

42 Mit dem berühmten Satz: „Aber wenn zwei Grundgesetze dasselbe sagen, so ist es nicht dasselbe"(Smend 1994d: 411).

lich noch genauso wie bis dato interpretiert und angewandt werden könne. Der Smend-Schüler erinnerte sich natürlich an das Gewicht, das Smend unter dem Gesichtspunkt des „integrierenden Sachgehalts" dem Staatsgebiet einräumte. Im Gebiet schlage sich „die Erfüllung der staatlichen Aufgaben, die mit ihm gestellt sind", nieder.[43] Ein doch immerhin zu bedenkender Gedanke! Aber meine bescheidene Frage wurde schlicht nicht verstanden und ich unterließ es, auf meinem Einwurf herumzureiten, als ein von mir besonders geschätzter Kollege meinte, die ganze Differenz zwischen der Rechtsgeltung der belgischen und der preußischen Verfassung bestünde doch wohl darin, dass die Belgier Belgier und die Preußen Preußen gewesen seien. Beim Beitritt handele es sich doch um den Beitritt Deutscher zu Deutschen.

2.3 Verfassungslehre

Damit bin ich – ganz kurz – bei der „Verfassungslehre" als *drittem* Zugang zum Verständnis einer modernen Verfassung.

Roman Schnur, an den ich mit großer Sympathie zurückdenke, ging Ende der 50er Jahre – wir waren beide noch nicht habilitierte Assistenten – auf mich zu: ob wir nicht versuchen sollten, die Animositäten der Älteren, konkret den Gegensatz Schmitt/Smend, hinter uns zu lassen, um etwas Neues zu versuchen. Das Ergebnis war die Luchterhand-Reihe „Politica", in der Jürgen Habermas mit „Strukturwandel der Öffentlichkeit" debütierte. Das war ein interessantes Buch und selbstverständlich gehörte Marx, auch der „Marxismus" als „Betrachtungsweise" zu den großen wissenschaftlichen Potenzen der Welt, nicht zuletzt der deutschsprachigen. Als Habermas sein zweites Buch, „Theorie und Praxis" der Reihe anbot, zog Schnur nicht mit; die Zusammenarbeit funktionierte doch nicht. In einer Rezension Schnurs von Konrad Hesses Freiburger Antrittsvorlesung – also einem Produkt der „Smend-Schule", steht der knappe, provokante Satz: „Das einzige deutsche Werk der Verfassungslehre ist das gleichnamige Buch von Carl Schmitt."[44] Ernst Forsthoff hat das so ähnlich ausgedrückt, und beide haben, ohne Zweifel, auch heute noch, 38 Jahre nach Schnurs Rezension, recht.[45] Nur, – abgesehen von seiner

---

[43] Smend (1994b: 169).

[44] Ebenfalls in: Friedrich (1997: 100ff., 108 Anm.19). Dort findet sich auch Forsthoffs Explikation: „Zur heutigen Situation einer Verfassungslehre" mit der These, dass eine Verfassungslehre auf der Grundlage des Grundgesetzes „vom Gegenstand her nicht mehr möglich" sei (Friedrich 1997: 268-270).

[45] Sicher gibt es eine ganze Reihe von Anknüpfungen an Schmitts Buch mit dem prägnanten Titel. Karl Loewenstein (1975) kann an Dichte des verarbeiteten Materials mit Schmitt allemal mithalten. Zur „These" Schmitts klassisch Smend (1933, zitiert nach Smend 1994: 320): „Es ist aber nicht der Sinn einer Verfassung, ‚Entscheidung' im Sinne irgendeines sachlich folgerichtigen politischen Denksystems zu sein, sondern lebende Menschen zu einem politischen Gemeinwesen zusammenzuordnen." So gesagt am 18.1.1933 in der Reichsgründungsrede „Bürger und Bourgeois im deutschen Staatsrecht". Schmitt, der zur gleichen Stunde Fingerübungen für die „Gleichschaltung" durch das „Reichsstatthaltergesetz" vortrug, zu Smends Vortrag wenige Tage

didaktischen Meisterschaft, dem Glanz der Formulierungen, der Fähigkeit zur komprimierten Zusammenfassung großer Stoffmassen aus der Geschichte des bürgerlichen Konstitutionalismus, – dies Buch hat uns *nichts* mehr zu sagen. Werner von Simson hat das schlagend dargetan, Reinhard Mehring hat treffend von einer „ekklesiologischen Verfassungslehre" gesprochen.[46] Man kann sich aus diesem Buch, wenn man es ernst nimmt, auch nicht das herausnehmen, was einem gerade passt: die Darstellung der diversen Formen des rechtsstaatlichen Konstitutionalismus in seiner bürgerlichen Epoche, und den Kerngedanken, die Unterscheidung der Legitimität begründenden „Verfassung" vom bloß legalen liberal-bürgerlichen „Verfassungsgesetz" dahingestellt sein lassen! Mit dieser Unterscheidung war der Sprengsatz in das bloß legale, aus allen möglichen Kompromissen und Widersprüchen zusammengesetzte Verfassungsgesetz eingebaut – und das funktionierte dann ja auch, die „bürgerlich" liberalen Formelkompromisse und der ganze Rechtsstaat wurden weggesprengt. Die Diktaturgewalt diente Schmitt nicht zur Überbrückung einer Unnormalität, sondern zur Rettung der „eigentlichen Substanz". Der Staat wird in Parallele gesehen zur Gestalt der alten Kirche, ein institutioneller Schutzwall um eine innerste Substanz gezogen, einem „Hüter", einem defensor fidei überantwortet, erst dem Feldmarschall, dann dem Führer, der das Recht schützt – es war Schmitt, der das Recht in höheres Recht und bloße Rechtsgesetze auseinandergelegt hatte, und die Interpretation des Grundgesetzes, dessen Art. 79 III ja unzweifelhaft wesentlich von Schmitt inspiriert wurde, sollte auf der Hut sein, ihm auf diesem Wege nicht zu weit zu folgen.

Schon lange vor Werner von Simson und Reinhard Mehring hatten Smend und Erich Kaufmann den Pferdefuß in Schmitts „Verfassungslehre" ausgemacht. Im „Offenen Brief an Ernst Forsthoff" über „Carl Schmitt und seine Schule" stellte Kaufmann Forsthoff die Frage, ob er in der „Verfassungslehre" wirklich eine „in Klassizität erwachsene Darstellung der rechtsstaatlichen Verfassung" sehen könne. „Gewiß", sie gebe sich „wie eine leidenschaftslose und tendenzlose Darstellung des ‚bürgerlichen Rechtsstaates'." Aber Forsthoff wisse doch sicher selbst, dass Carl Schmitt den „bürgerlichen Rechtsstaat" „wegen seiner unlösbaren Verwachsenheit mit einer bestimmten Zeitlage und Ideologie entschieden ab[lehnt], er schreibt also gewissermaßen die Dogmatik für eine von ihm verworfene Theologie", – die vielgerühmte „präzise Begrifflichkeit" ein Mittel, um den „bürgerlichen Rechtsstaat" „ad absurdum" zu führen.[47]

Noch treffender, pointierter erscheint mir Smends Kritik der Schmittschen Position. Smend, der zu Schmitt immer einen höflichen, kollegialen Kontakt gepflegt hat, hat den Charakter von Schmitts „Verfassungslehre" in ihrer ressentimentgeladenen „bewegten" Aversion gegen die bürgerlich-moderne Welt ganz früh erkannt, und seine Charakterisierung der „antikisierenden" Betrachtungsweise, die

---

darauf im Tagebuch vom 23.1.1933: „Frau Ehrick erzählte von Smends elendem Vortrag" (zitiert nach Noack 1993: 156).

46 Simson (1989) und Mehring (1991).

47 Kaufmann (1958). Vorzügliche Würdigungen von Kaufmanns zu Unrecht vernachlässigtem Werk verdanken wir Friedrich (1993) und Friedrich (1997: 348-353).

von Carl Schmitt „in glänzender Form" „repristiniert" werde, trifft m.E. das Wesentliche, verdeutlicht andererseits Smends radikal-„*moderne*" Position. Kann man sich – unter Kollegen – keine bissigere Kritik denken: „*repristiniert*"! – man muss das zweimal sagen. Schmitts Betrachtungen passten für die „römische Kirche", auch für die „Monarchie *vor* ihrer konstitutionell-nationalstaatlichen Periode"[48] –, aber – ergänze ich – doch bitte nicht für den modernen Staat, die moderne pluralistische Massendemokratie, die doch nur im Licht ihrer glasklaren Immanenz, bar jeder transzendenten Absicherung, Gewährleistung, „Unterfangung" betrachtet werden kann – ganz auf den Willen freier Menschen und sonst *nichts* gestellt, nicht auf Rasse, Volk, Sprache, Religion, Geographie, nur auf den Willen zum gemeinsamen Staat und seiner Verfassung, eine *Kulturleistung*, die dem menschlichen Willen aufgegeben sei, dem der Meisterung seines politischen Berufs, für den die Verfassung gewissermaßen die Werkzeuge zur Verfügung stellt.[49]

Es lohnt sich, darüber nachzudenken, warum es auch nach 50 Jahren unter dem Grundgesetz noch kein Werk gibt, das vergleichend, historisch, sozialwissenschaftlich „reflektierend" und selbstverständlich auch über Kraft und Kraftlosigkeit des „Normativen" belehrend, in die Nachfolge von Schmitts „Verfassungslehre" eingetreten ist. Könnte es nicht an der Übermächtigkeit des „Normativen" und der immer noch so eigenartig timiden deutschen Trennungslinie zwischen „Sein" und „Sollen" liegen? Verfassungen sind ein Werk der Deliberation, der praktischen Reflektion, wie sie uns unübertroffen die „Federalist Papers" nahebringen. Wie reizvoll müsste es sein, das Grundgesetz als ein Werk nicht allein der Normen, sondern der in ihnen enthaltenen politikwissenschaftlichen Überlegungen („Reflections") darzustellen. Für angelsächsisches Verfassungsdenken ist das doch ganz selbstverständlich.

2.4 Verfassungstheorie

So bleibt uns die *Verfassungstheorie*. Wie steht es um das Angebot einer „Verfassungstheorie", die uns die deutschen „Verfassungsdinge" geistig zugängig macht, auch Kriterien für ihre Beurteilung zu liefern imstande ist?

Ich weiß, dass in Deutschland gegenwärtig viel über Probleme der Verfassungstheorie nachgedacht wird: systemtheoretisch, diskurstheoretisch, vor allem im Rahmen der Rechtstheorie. Ein „Paradigma" scheint sich bisher nicht durchgesetzt zu haben, und der Theoriebegriff ist ein ganz anderer als der bescheidene Smends. Vielleicht kommen vom Feld der Verfassungsvergleichung die aussichts-

---

[48] Smend (1994b: 213).

[49] Smends angeführte Kritik hat die Schriften Schmitts aus der Zeit *vor* der „Verfassungslehre" von 1928 zur Grundlage! Zum Vergleich der Schmittschen Staatslehre, „die keine Staats-, sondern eine Rechtstheorie" sei, mit der römischen Kirche (Smend 1994b: 174, 180) – die bahnbrechende philologisch-skrupulöse Herausarbeitung von Schmitts „Politischer Theologie", die wir Meier (1988) verdanken, stellt die Verwendbarkeit von Schmitts „Verfassungslehre" noch mehr in Frage.

reichsten Anstöße für die Fortentwicklung der Verfassungstheorie.[50] Vorerst aber scheint es doch so zu sein, dass so, wie es im deutschen Sprachraum nur eine „Verfassungslehre" gibt, die Carl Schmitts, es bislang auch nur einen Ansatz für eine „Verfassungstheorie" gibt, der wirklich anknüpfungswert erscheint, der Smends, zusammengefasst in „Verfassung und Verfassungsrecht". Wie der Titel sagt, handelt das Buch vom Verfassungs*recht*, dem notleidenden Weimars und von der Problematik modern-demokratischer Verfassungen allgemein, mit der Trias der Integrationsfaktoren als nicht juristisch-normativer, sondern soziologischer, oder wie Smend 1928 unglücklich sagt: „geisteswissenschaftlicher" Werkzeuge zur Theorie einer Verfassung. Am Ende des Aufsatzes über die „Verschiebung der konstitutionellen Ordnung durch die Verhältniswahl" von 1919 forderte Smend noch eine „*soziologisch* (meine Hervorhebung) begründete Verfassungstheorie" als „notwendige Grundlage einer neuen Staatsrechtslehre im neuen Deutschland".[51]

Aber ist hier nicht doch noch etwas nachzutragen? Liegt Smends große Bedeutung für die Interpretation des GG nicht in seinem Neuverständnis der Grundrechte, das über seinen Eingang in das Lüth-Urteil (E 7, 198) – *das* Urteil des Karlsruher Gerichts, über das das Gericht erst geworden ist, was es ist: Herr über alle Rechtsmaterien, Obergericht über alle Fachobergerichte, Eingangstor der Drittwirkung etc. etc., – nach Meinung vieler und nicht der schlechtesten deutschen Juristen *der* Sündenfall des Karlsruher Gerichts: man könnte seitenlang zitieren, welche Übel dieses Urteil nach sich zog, am bündigsten wieder Carl Schmitt: „Die Tyrannei der Werte", – und Rudolf Smend als der Tyrann, der das Recht durch Werte relativiert hat.[52]

Dem Verfasser fehlt es an Kompetenz, in diese sicher zentral wichtige Debatte einzugreifen. Nur glaube ich aus persönlicher Erinnerung bezeugen zu können, dass es, außer der bekannten Neubewertung der Grundrechte, keine direkten Beziehungen des Lüth-Urteils zur Integrationstheorie gibt.[53] In der Begründung des Urteils kommt Smends Name nicht vor: Es handelte sich bei Lüths Beschwerde gegen ein Urteil des Hamburger Landgerichts ja auch um einen ganz normalen Grundrechtskonflikt klassischer Art, gegen dessen Verhandlung vor einem Gericht auch Carl Schmitt und seine Schüler nichts hätten vorbringen können, ein geradezu klassischer Fall des Konflikts zwischen Bürger und Obrigkeit. Das Hamburger Gericht, ein staatliches Organ, wollte dem Privatmann Erich Lüth bei Strafandrohung untersagen, öffentlich zu verbreiten, man möge das deutsche Publikum doch für eine

50 Einen Überblick bietet Starck (1976). Eine knappe, souveräne Einführung in das gegenwärtige Rechts- und Verfassungstheorie ineinander verflechtende Denken bei Hofmann (1998).

51 Smend (1994g: 67).

52 So muß man Forsthoffs schneidende Kritik an Smend mit dem ausdrücklichen Bezug auf Schmitts Ebracher Vortrag über „Die Tyrannei der Werte" ja wohl lesen. Grundlegend zur Debatte aus der Sicht der „Schmitt-Schule" Böckenförde (1990, 1987). In Schmitts (1967) Ebracher Vortrag wird der „Feind" (R. Smend) übrigens mit keinem Wort erwähnt.

53 Zur Mitwirkung des Autors an der Verfassungsbeschwerde Erich Lüths vgl. aus den Akten Gosewinkel (1991: 493ff., 531). Der Verfasser, damals Mitarbeiter A. Arndts, konzipierte im Auftrag - Erich Lüths den ersten Entwurf der Verfassungsbeschwerde. Adolf Arndt gab der Sache dann die richtige forensische Form.

Weile mit Filmen des „Jud Süß"-Regisseurs Veit Harlan verschonen. Das Gericht hatte darin eine „sittenwidrige Aufforderung zum Boykott" gesehen. Allerdings, und das war das neue am Lüth-Urteil, um eine „Güterabwägung" – so steht es im Urteil – kam das Gericht nicht herum: zwischen den Eigentümerrechten der Kinobesitzer und dem, wie das Gericht zutreffend erkannte, „hohen Gut" der freien Meinungsäußerung, „unmittelbarster Ausdruck der menschlichen Persönlichkeit in der Gesellschaft", einem „der vornehmsten Menschenrechte überhaupt." Alle Folgewirkungen, „Konkretisierungen", „Entfaltungen" und wie die neuen Begriffe alle heißen, die das Lüth-Urteil nach sich zog, haben mit der Lüth-Klage und dem Urteil von 1958 nicht *notwendig* etwas zu tun, das ist Karlsruher Eigengewächs.

Die neue positivrechtliche Stellung der Grundrechte ergab sich ja unmittelbar aus dem Grundgesetz – das folgte nicht aus den Lehren einer wissenschaftlichen „Schule", war es doch Antwort auf bedeutendere als bloße Schulerfahrungen.

3 Die Integrationstheorie

Es bleibt also: Smends Verfassungstheorie, die *Integrationstheorie*. Das „System" der Integrationsfaktoren – persönliche, sachliche, funktionelle setze ich als bekannt voraus. Aber: aus welcher Situation entstand sie, wie ist sie – danach muss man ja scheinbar immer fragen „philosophisch", „erkenntnistheoretisch", „methodisch" eigentlich fundiert, worauf zielt sie? Warum 1928 eine „geisteswissenschaftliche" Begründung, wo 1919 von „Soziologie" die Rede ist?

Smend war 1928, als das schmale Buch „Verfassung und Verfassungsrecht" erschien, sechsundvierzig. Obwohl er wenig publiziert hatte, war er schon ein Großer des Faches, in dem es an Größen nicht fehlte. Die Dissertation war bereits ein kleines Meisterwerk der Verfassungsanalyse. Das diplomatische Kunstwerk der Bismarckverfassung hatte er in einer meisterhaften Studie mit Langzeitwirkung bis in unsere Tage verfolgt („bundesfreundliches Verhalten"); die Eigenart moderner demokratischer Willensbildung hatte er an den „Maßstäben" der Wahlrechtsdiskussionen zwischen 1815 und 1900 studiert. Der erste Weltkrieg und sein Ausgang bewegte ihn wie jeden seiner Zeitgenossen, die Revolution, jedenfalls ihre Umstände, die Fahnenflucht der alten Dynastien, die Durchschnittlichkeit der neuen Führungsschicht zogen ihn wohl kaum an, aber er war, im Herzen ein konservativer Legitimist, sofort zu „positiver Mitarbeit" – eine für Smend typische Redewendung – am neuen Staat bereit, jedenfalls stellte sich Smend ohne Reserven auf den Boden der neuen Tatsachen – aber die waren eher unerfreulich. Smend hatte ein seismographisches Gefühl für Krisen, für ungesunde, unsaubere Verhältnisse, sein Unbehagen am Wilhelminismus, der politischen Unerzogenheit des Bürgertums, am „Abgelebten" der alten Ordnung mit einem Versager als Kaiser – das ist bei Smend zwar milder in der Form, sachlich der Kritik Max Webers aber ganz nahe: Smends Verhältnis zu Max Weber – das wäre ein Thema für sich.[54]

---

[54] Das Thema müsste ausgeweitet werden auf eine Neubefragung des Verhältnisses von Kulturwerten und Demokratie im neueren deutschen politischen Denken zwischen 1917 (Thomas Manns

Dennoch: die These kann gewagt werden: zu niemandem besteht – Weber war ja nur 18 Jahre älter als Smend, beide waren politisch und verfassungspolitisch im Bismarckreich „sozialisiert", – in der Erfassung des beide umtreibenden Problems, einer politischen *Lebenswirklichkeit*, die als ungesund, stickig, entpolitisierend, dumpf und gefährlich empfunden wurde – bei allen Differenzen des Temperaments und der politischen Position im Links-Rechts-Schema – eine so große Verwandtschaft wie zwischen Weber und Smend.[55] Beide interessieren nicht die im Verfassungsrecht normierten Verfassungsfragen als solche, „nicht Paragraphenauslegung und rechtsbegriffliche Systembauten", wie Smend 1919 schneidend formulierte[56], sondern das *Leben*, die *Wirklichkeit* des politischen Lebens, zu der Verfassungen anregen oder eben nicht anregen. Immer ist vom konstitutionellen *Leben*, vom Verfassungs*leben*, den *Lebens*prozessen des politischen Körpers, der *Lebenswirklichkeit*, die gelingt oder misslingt, die Rede.[57] Die Weimarer Verfassungswirklichkeit hatte, die Grunderfahrung Smends und so vieler anderer, zu einer Einbuße an politischem „Erlebnis" geführt.[58] Am Beispiel der Folgen des Übergangs vom Mehrheitswahlrecht, mit seiner Aktivierung des lokalen politischen Betriebs, zum Verhältniswahlrecht mit gebundenen Listen und seiner Verödung des lokalen Politikbetriebs, hat Smend selbst an einer technischen Einzelheit[59] gezeigt, welche Folgen kleine Änderungen des Verfassungsrechts haben können, vergleichbar den Erwartungen Webers vom Wegfall der Inkompatibilität zwischen Bundesrats- und Reichtagsmandat. Immer wenn Smend auf Weber zu sprechen kommt, preist er ihn zunächst in den höchsten Tönen, um dann gleich einige, m.E. oft ganz deplazierte Bemerkungen dranzuhängen. Selbst guten Smend-Kennern wird die fünfseitige Rezension von Webers „Parlament und Regierung im neugeordneten Deutschland"

„Betrachtungen" und Webers „Wahlrecht und Demokratie in Deutschland") und 1932 (Karl Jaspers „Geistige Situation" und Ernst Robert Curtius' „Deutscher Geist in Gefahr"). Was Thomas Mann nur dem Tagebuch anvertraut, könnte als „Fragestellung" für eine Neubewertung der spezifisch deutschen liberal-konservativen – allen „Revolutionismus" ablehnenden „bürgerlichen" Demokratiekonzeption dienlich sein: „Dies Buch (die „Betrachtungen") war eine Revolte gegen die ‚Versklavung des Geistes' durch die Politik – nichts weiter" (zit. nach Hoeges (1994: 187). Eine solche Position *muss* mit einer freiheitlichen Demokratiekonzeption kompatibel sein.

55 Wobei man als Dritten im Bunde Erich Kaufmann hinzunehmen muss. In der „Kritik der neukantischen Rechtsphilosophie" fällt nicht ein einziges kritisches Wort zu Weber! In der Kritik an Webers „technizistischem" Verfassungsverständnis sind sich Smend und Kaufmann einig (vgl. Kaufmann 1960a: XXXIX) - m. E. einig in einem Missverständnis.

56 Smend (1994g: 67).

57 Es erscheint mir ganz abwegig, beim Begriff des Lebens immer gleich an irgendwelche Zusammenhänge mit der zeitgenössischen Universitätsphilosophie zu denken. Natürlich war Dilthey für Weber wie für Smend von großer Bedeutung. Dennoch steht „Leben" hier für die „Wirklichkeit des Lebens" (Weber 1985: 170) – d.h. Praxis.

58 Der Begriff des „Erlebnisses" ist zentral für Smend (wie auch für Weber), aber er ist nicht so sehr „psychologisch" zu verstehen, sondern als Gegenbegriff zur individualistischen Partizipationsvorstellung der üblichen Demokratietheorie. Smends „Politisches Erlebnis und Staatsdenken seit dem 18. Jahrhundert" (Smend 1994c) ist als klassischer Text der sog. „Demokratietheorie" erst noch zu entdecken. In knapper Form ist Smend (1957) nach 1945 noch einmal auf das Thema zurückgekommen.

59 Smend (1994g: 60ff.).

in Schmollers Jahrbuch von 1918 unbekannt sein,[60] sie findet sich nicht in den Bibliographien der 1. und 2. Auflage der Staatsrechtlichen Abhandlungen. Ich zitiere aus dieser Rezension einige Passagen, nicht um Smend zum Weber-Epigonen zu machen, sondern um deutlich zu machen – die Rezension stammt noch aus dem Kriegsjahr 1918 –, worum es Smend ging und worum es vielleicht *auch heute* den „Verfassungswissenschaften" gehen sollte. So sehr man über die Ziele und Ergebnisse von Webers Schrift streiten könne, so „sei sie (dennoch) von erheblicher wissenschaftlicher Bedeutung wegen der in ihr niedergelegten Betrachtungsweise politischer Dinge". Der Wert des „Weberschen Buches [liege] in seiner Anleitung zu politischem Wirklichkeitssinn". Hier, „in der Fähigkeit zur Beobachtung des wirklichen politischen Lebens, ist allerdings unsere politische Literatur und unser politisches Denken im Vergleich mit dem Ausland in beschämendem Rückstande". Bei allen Einwänden, hier liege eins der „selten wertvollen Stücke unserer politischen Literatur". Jedes Volk hätte die politische Literatur, die es verdiene. „Der Tiefstand unserer politischen Literatur" (das ist Smend in einer Weber-Rezension!) beruhe auf zwei Ursachen: „einmal auf der Trennung des Politischen vom Strom unseres geistigen Lebens überhaupt, die daran Schuld ist, dass wir keine lebendige Ethik haben – und sodann auf der mangelnden Fühlung des einzelnen Deutschen mit dem eigentlichen politischen Leben. Die Folge ist die Leere und Konventionalität unserer politischen Gedankenwelt". „Die Leere und Konventionalität unserer politischen Gedankenwelt" – man möchte sich den Passus auf Wiedervorlage für eine eventuelle Sammelrezension zu den wichtigsten Äußerungen zum GG-Jubiläum legen.

Aber – so könnte man einwenden, wie steht es um die „geisteswissenschaftliche", „methodologische" Fundierung der Integrationslehre durch die Schriften Theodor Litts? Ist die Integrationstheorie nicht eine in besonderem Maße „philosophisch" fundierte, methodisch „abgesicherte" Theorie und daher nur über diese „Grundlegung", im Zusammenhang mit der Dilthey-Schule zu verstehen? Hat uns denn das und damit auch Smends Werk noch etwas zu sagen? In der Tat hat sich das so festgesetzt – in jeder Dissertation zu Smend, jeder Smend-Erwähnung in der Literatur kann man das so lesen. Nur über Litt führt der Weg zu Smend! Ich glaube, man kann das ruhig vergessen, für eine neue Einschätzung Smends ist es ohne Belang. Man mache doch die Probe. Das Œuvre ist nicht so gewaltig: jeder kann sich davon überzeugen, dass sich auf den ersten 118 Seiten der „Staatsrechtlichen Abhandlungen" in ihrer dritten Auflage – dichte verfassungsrechtliche, verfassungspolitische, verfassungshistorische Arbeiten, mit Einschluss der ersten Verwendung des Integrationsbegriffs im zentralen Aufsatz über „Die politische Gewalt im Verfassungsstaat" von 1923 – kein einziges, im engeren Sinne „philosophisches" oder unabdingbar dazugehöriges „methodologisches" Zitat findet.[61] Nicht

60 Smend (1918).

61 Das einzige, das man so verstehen könnte, im Aufsatz über „Die Maßstäbe des politischen Wahlrechts", der Tübinger Antrittsvorlesung von 1911: Zur prinzipiellen Charakteristik dieser Auffassung vgl. noch Max Weber in Schmollers Jahrbuch für Gesetzgebung, Band 27 (1903), S. 1189 - das ist der „Seufzeraufsatz" über „Roscher und Knies".

anders als das Werk Max Webers ist das Smends aus den abgehandelten *Sachzusammenhängen* heraus verstehbar. Es bedarf keines philosophischen „Vorspiels im Himmel".

Dennoch, wieso ist Litt so ganz ohne Belang? Steht nicht auf der ersten Seite der Vorbemerkung zu „Verfassung und Verfassungsrecht", er habe bei der Suche nach den „erkenntnistheoretischen Grundlagen" „sich bewusst darauf beschränkt, an den für mich grundlegenden Arbeiten von Theodor Litt zu zeigen, wie eine solche allgemeine Theorie der Geisteswissenschaften als Grundlage für die Staatsrechtslehre fruchtbar gemacht werden kann und habe zu diesem Zwecke die Pedanterie nicht gescheut, die eigenen Auffassungen so weit wie irgendmöglich auf die entsprechenden Belegstellen der Littschen Arbeiten zu stützen." „Auf andere, dem vorliegenden parallele Versuche methodischer Begründung der Staats- und Rechtslehre – ich erinnere nur an die Arbeiten wesentlich soziologischen Charakters einer- [das können nur die Webers sein = verstehende Soziologie dort, verstehende Verfassungstheorie hier; W.H.], teleologischen andererseits [da ist Erich Kaufmann gemeint; W.H.] ist dabei nur wenig eingegangen."[62] Da kann man nur sagen: Welch Missgriff! Hätte Smend die Integrationslehre mit Weber, natürlich für seine Zwecke weitergedacht und modifiziert, entwickelt, wäre er heute vermutlich ein weltweit diskutierter Autor der Staats- und Verfassungstheorie, anknüpfungsfähig für eine soziologische Theorie der „Verfassungslagen".[63] Statt dessen Litt – und das auch noch mit „nicht gescheuter Pedanterie". Die zitierte Stelle hat eine fatale Ähnlichkeit mit der Rickert-Anrufung am Beginn von Webers Aufsätzen zur „Wissenschaftslehre".[64] Trotz Rickert ist Weber ein Weltautor geworden. Ohne solche Hoffnungen für meinen verehrten Lehrer zu hegen, mit der Wegräumung Litts kann ich es mir leicht machen. Von Rudolf Smend jr., dem Göttinger Alttestamentler, dem ältesten Sohn (Jg. 1930) ‚*meines*' Smend, autorisiert, darf ich aus einem Brief von Herrn Smend vom 23. August 1998 zitieren:

„Meine Eltern besuchten mich in Bonn, wohl 1960. Ich habe die Szene so in Erinnerung. Wir wandelten alte Wege, wobei mein Vater im Traum nicht auf den Gedanken kam, Litt aufzusuchen, den er wohl bei „Bonn" überhaupt nicht assoziierte. Als wir durch den sonnigen Hofgarten schlenderten, sah ich plötzlich Litt auf einer Bank sitzen. Ich sagte es meinem Vater, der ihn möglicherweise gar nicht erkannt hätte, und der vorsichtig kehrt machte und ungefähr sagte: „Das ist ja nicht nett von mir, aber er ist für mich doch sehr lange her, und wirklich interessiert hat er mich wohl nie". Am Abend dann noch eine Anmerkung der Art: wie schön doch der Tag gewesen sei und wie gut, dass er nicht durch eine mühsame Unterhaltung mit Litt verdorben worden wäre. Auch das ja nicht nett!" - Soweit die Mitteilung von Herrn Smend. Ich finde es auch nicht nett von Herrn Smends „altem Herrn",

---

62 Smend (1994b: 119).

63 Hier ist daran zu erinnern, dass Helmuth Schelskys frühe Analysen zur Stabilität von Verfassungen an Smend anknüpfen. Das Thema ist in der deutschen Sozialwissenschaft dann nicht fortgeführt worden. Auch an Herbert Krügers (1966) „Allgemeine Staatslehre" mit dem zentralen Begriff der „Lage" sei erinnert, auch an Krügers (1973) Aufsatz über „Verfassungsvoraussetzungen und Verfassungserwartungen".

64 Weber (1988: 7).

meinem, unserem Smend, dass er die um das Verständnis seines Werks Bemühten solche Umwege hat gehen lassen. Ich kann mich übrigens nicht erinnern, dass im Staatstheoretischen Seminar der Nachkriegsjahre jemals Litt „repristiniert" worden wäre. Im Artikel „Integrationslehre" von 1956 dann das klare Eingeständnis des Irrtums, sich an Litt angelehnt zu haben.[65]

Es ist hier nicht der Ort, die Grundlagen von Smends Denken noch einmal zu entwickeln.[66] Denn natürlich gibt es solche Grundlagen – jedenfalls Grunderfahrungen, Absetzungen, polemische Grenzziehungen. Smend hatte seine politischen Grunderfahrungen schon vor 1918 und vor 1914, dem Jahr der „Deutschen Ideen", gemacht – er blickte nicht, wie Weber, nach Osten, sondern nach Westen, hinüber nach Frankreich als erster radikal moderner europäischen Nation. Um zu begreifen, wogegen sich das geradezu – fast möchte man sagen – „undeutsche" Denken dieses wahrhaft deutschen Patrioten, der sein Vaterland liebte, aber doch zugleich an ihm litt, sich wehrte, weil bestimmte Traditionselemente unseres politischen Denkens nicht Stärken, sondern Quellen der Schwäche, jedenfalls stärkster Gefährdung waren, genügt es – jedenfalls zum Einstieg – einen kurzen Text zu lesen, den im Geburtsjahr Smends, 1882, von Ernest Renan an der Sorbonne vorgetragenen Vortrag über das Thema „Was ist eine Nation", aus dem man immer nur den einen, von Smend wieder und wieder zitierten Satz kennt: die Nation als plébiscite des tous les jours. Aber man muss die Rede ganz lesen[67] und schon hat man die Grundlage für ein Verständnis Smends, den glasklaren Gegensatz zu Carl Schmitts „repristinierendem" Verfassungsdenken. Radikal modern, radikal immanent. Die Überlegenheit des gebietsgebundenen, nicht traditional-völkisch-historisch gebundenen Denkens zeigte sich jedem der Zeitgenossen Smends an der vergleichsweisen Leichtigkeit, mit der sich Frankreich die Elsässer integriert hatte, gegenüber der Sperrigkeit des „deutschen" Denkens gegenüber der Assimilation der „Reichsfeinde". Als Beispiel für Smends Offenheit erinnere ich nur daran, dass das Problem der Staatsangehörigkeit, doch so etwas wie ein Scheidewasser für das kritische Verständnis einer Verfassungskultur, für ihn „nicht eine das Wesen des Staats berührende, sondern wesentlich technische Spezialgesetzgebungsfrage" war.[68] Der Staat, eine Kulturleistung, eine Kulturaufgabe. Schön, wenn „Integrationsfaktoren", um die sich auch die Staatsrechtswissenschaft kümmern muss, dazukommen. *Sachliche*: gemeinsam empfundene Werte und Symbole; *persönliche*: eine Führungsschicht, die zur Repräsentation und politischen Führung befähigt ist; *funktionale*: eine halbwegs befriedigende Art des politischen Betriebs, die nicht gleichgültig lässt oder gar abstößt, sondern in hinreichendem Maß zum Mitmachen und Miterleben einlädt.

---

65 Smend (1994j: 480f.).

66 Eine vorzügliche Zusammenfassung mit Anführung der einschlägigen Literatur bei Friedrich (1997: 353ff.). Ich erwähne noch Mehring (1995).

67 Renan (1882/1993) in einer schönen Übersetzung von Henning Ritter.

68 Smend (1994b: 198; 1994k: 509).

Literatur

Böckenförde, Ernst-Wolfgang (1987): Zur Kritik der Wertbegründung des Rechts. In: Löw, Reinhard (Hrsg.): Oikeiosis. Festschrift für Robert Spaemann. Weinheim: Acta Humaniora.1-21

Böckenförde, Ernst-Wolfgang (1990): Zur Lage der Grundrechtsdogmatik nach 40 Jahren Grundgesetz. München: Carl Friedrich von Siemens Stiftung

Ehmke, Horst (1961): Wirtschaft und Verfassung. Die Verfassungsrechtsprechung des Supreme Court zur Wirtschaftsregulierung. Karlsruhe : C. F. Müller

Ehmke, Horst (1963): Prinzipien der Verfassungsinterpretation. In: Veröffentlichungen der Vereinigung der Deutschen Staatsrechtslehrer. Berlin: de Gruyter

Friedrich, Manfred (1978): Verfassung. Darmstadt: Wissenschaftliche Buchgesellschaft

Friedrich, Manfred (1993): Erich Kaufmann. In: Heinrich, Helmut (Hrsg.) (1993): Deutsche Juristen jüdischer Herkunft. München: Beck. 693-725

Friedrich, Manfred (1997): Geschichte der deutschen Staatsrechtswissenschaft. Berlin: Duncker & Humblot

Fromme, Friedrich Karl (1960): Von der Weimarer Verfassung zum Bonner Grundgesetz. Die verfassungspolitischen Folgerungen des Parlamentarischen Rates aus Weimarer Republik und nationalsozialistischer Diktatur. Tübingen: Mohr

Gosewinkel, Dieter (1991): Adolf Arndt. Die Wiederbegründung des Rechtsstaats aus dem Geist der Sozialdemokratie (1945 - 1961). Bonn: Dietz

Hamm-Brücher, Hildegard (1997): Freiheit ist mehr als ein Wort - Eine Lebensbilanz. München: Deutscher Taschenbuchverlag

Heller, Hermann (1934): Staatslehre. Leiden: Sijthoff

Hennis, Wilhelm (1968): Verfassung und Verfassungswirklichkeit. Tübingen: Mohr Siebeck

Hennis, Wilhelm (1998): Auf dem Weg in den Parteienstaat – Aufsätze aus vier Jahrzehnten. Stuttgart: Reclam

Hoeges, Dirk (1994): Kontroverse am Abgrund: Ernst Robert Curtius und Karl Mannheim. Intellektuelle und „freischwebende Intelligenz" in der Weimarer Republik. Frankfurt am Main: Suhrkamp

Hofmann, Hasso (1993): Die versprochene Menschenwürde. Antrittsvorlesung. Berlin: Humboldt-Universität

Hofmann, Hasso (1998): Das Recht des Rechts, das Recht der Herrschaft und die Einheit der Verfassung. Berlin: Duncker & Humblot

Kaufmann, Erich (1958): Carl Schmitt und seine Schule – Offener Brief an Ernst Forsthoff. In: Deutsche Rundschau 84. 1013-1015

Kaufmann, Erich (1960): Grundfragen der künftigen Reichsverfassung. In: Kaufmann, Erich: Autorität und Freiheit (Gesammelte Schriften I). Göttingen: Schwartz

Kaufmann, Erich (1960a): Gesammelte Schriften III. Göttingen: Schwartz

Kaufmann, Erich (1960b): Carl Schmitt und seine Schule. In: Ders. (Hrsg.): Rechtsidee und Recht (Gesammelte Schriften III), Göttingen: Schwartz. 375-392

Krüger, Herbert (1966): Allgemeine Staatslehre. Stuttgart u.a.: Kohlhammer

Krüger, Herbert (1973): Verfassungsvoraussetzungen und Verfassungserwartungen. In: Ehmke, Horst (Hrsg.) (1973): Festschrift für Ulrich Scheuner zum 70. Geburtstag. Berlin: Duncker & Humblot. 285-306

Loewenstein, Karl (1975^3): Verfassungslehre. Tübingen: Mohr

Mahrenholz, Ernst Gottfried (1998): Verfassungsgerichtsbarkeit und Gesetzgebung. In: Badura, Peter (Hrsg.) (1998): Verfassungsgerichtsbarkeit und Gesetzgebung. München: Beck. 23–43

Maus, Ingeborg (1986): Rechtstheorie und Politische Theorie im Industriekapitalismus. Frankfurt am Main: Suhrkamp

Maus, Ingeborg (1992): Zur Aufklärung der Demokratietheorie. Frankfurt am Main: Suhrkamp

Mehring, Reinhard (1991): Carl Schmitts Lehre von der Auflösung des Liberalismus. Das Sinngefüge der „Verfassungslehre" als historisches Urteil. In: Zeitschrift für Politik 38. 200-216

Mehring, Reinhard (1994): Integration und Verfassung. Zum politischen Verfassungssinn Rudolf Smends. In: Jahrbuch „Politisches Denken" 1994. Stuttgart: Metzler. 19-35

Meier, Heinrich (1988): Carl Schmitt, Leo Strauss und „Der Begriff des Politischen“: Zu einem Dialog unter Abwesenden. Stuttgart : Metzler

Noack, Paul (1993): Carl Schmitt: eine Biographie. Berlin u.a.: Propyläen

Pauly, Walter (1993): Der Methodenwandel im deutschen Spätkonstitutionalismus. Tübingen: Mohr Siebeck

Renan, Ernest (1993/ 1882). Was ist eine Nation. In: Jeismann, Michael; Ritter , Henning (Hrsg.) (1993): Grenzfälle – Über neuen und alten Nationalismus. Leipzig: Reclam. 290-312

Scheuner, Ulrich (1952): Der Bereich der Regierung. In: Smend, Rudolf: Rechtsprobleme in Staat und Kirche. Festschrift für Rudolf Smend zum 70. Geburtstag.Göttingen: Schwartz. 253-301

Schlink, Bernhard (1989): Die Entthronung der Staatsrechtswissenschaft durch die Verfassungsgerichtsbarkeit. In: Der Staat 28. 161–172

Schmitt, Carl (1967): Die Tyrannei der Werte. In: Forsthoff, Ernst (Hrsg.) (1967): Säkularisation und Utopie. Stuttgart u.a.: Kohlhammer. 37–62

Schumpeter, Joseph Alois (1929): Das soziale Antlitz des Deutschen Reiches. Bonn: Scheur

Schumpeter, Joseph Alois (1946): Kapitalismus, Sozialismus und Demokratie. Bern : Francke

Schumpeter, Joseph Alois (1961): Konjunkturzyklen. Göttingen: Vandenhoeck & Ruprecht

Schumpeters, Joseph A. (1965): Geschichte der ökonomischen Analyse. Göttingen: Vandenhoeck & Ruprecht

Simson, Werner von (1989): Carl Schmitt und der Staat unserer Tage. In: Archive für Öffentliches Recht 114. 185-220

Smend, Rudolf (1904): Die Preußische Verfassungsurkunde im Vergleich mit der Belgischen. Göttingen: Universitäts Dissertation

Smend, Rudolf (1918): Rezension von Max Webers „Parlament und Regierung im neugeordneten Deutschland.“ In: Schmollers Jahrbuch für Gesetzgebung, Verwaltung und Volkswirtschaft 1918. Berlin: Duncker & Humblot. 369-373

Smend, Rudolf (1952): Rechtsprobleme in Staat und Kirche. Festschrift für Rudolf Smend zum 70. Geburtstag. Göttingen: Schwartz

Smend, Rudolf (1957): Politisches Erlebnis und Staatsdenken. In: Gesellschaft – Staat – Erziehung 2. 316-319

Smend, Rudolf (1994^3): Staatsrechtliche Abhandlungen und andere Aufsätze. Berlin: Duncker & Humblot

Smend, Rudolf (1994^3a/ 1962): Das Bundesverfassungsgericht. In: Smend, Rudolf (1994^3): Staatsrechtliche Abhandlungen und andere Aufsätze. Berlin: Duncker & Humblot. 581–593

Smend, Rudolf (1994^3b/ 1928): Verfassung und Verfassungsrecht. In: Smend, Rudolf (1994^3): Staatsrechtliche Abhandlungen und andere Aufsätze. Berlin: Duncker & Humblot. 119–276

Smend, Rudolf (1994^3c/ 1943): Politisches Erlebnis und Staatsdenken seit dem 18. Jahrhundert. In: Smend, Rudolf (1994^3): Staatsrechtliche Abhandlungen und andere Aufsätze. Berlin: Duncker & Humblot. 346-362

Smend, Rudolf (1994^3d/ 1951): Staat und Kirche nach dem Bonner Grundgesetz. In: Smend, Rudolf (1994^3): Staatsrechtliche Abhandlungen und andere Aufsätze. Berlin: Duncker & Humblot. 411-422

Smend, Rudolf (1994^3e/ 1943): Politisches Erlebnis und Staatsdenken. In: Smend, Rudolf (1994^3): Staatsrechtliche Abhandlungen und andere Aufsätze. Berlin: Duncker & Humblot. 346-362

Smend, Rudolf (1994^3f/ 1966): Artikel „Integration“. In: Smend, Rudolf (1994^3): Staatsrechtliche Abhandlungen und andere Aufsätze. Berlin: Duncker & Humblot. 482-486

Smend, Rudolf (1994^3g/ 1919): Die Verschiebung der konstitutionellen Ordnung durch die Verhältniswahl. In: Smend, Rudolf (1994^3): Staatsrechtliche Abhandlungen und andere Aufsätze. Berlin: Duncker & Humblot. 60–67

Smend, Rudolf (1994^3h/ 1973): Die Vereinigung der Deutschen Staatsrechtslehrer und der Richtungsstreit. In: Smend, Rudolf (1994^3): Staatsrechtliche Abhandlungen und andere Aufsätze. Berlin: Duncker & Humblot. 620-635

Smend, Rudolf (1994^3i/ 1955): Zum Problem des Öffentlichen und der Öffentlichkeit. In: Smend, Rudolf (1994^3): Staatsrechtliche Abhandlungen und andere Aufsätze. Berlin: Duncker & Humblot. 462–474

Smend, Rudolf (1994^3j/ 1966): Artikel „Integrationslehre“. In: Smend, Rudolf (1994^3): Staatsrechtliche Abhandlungen und andere Aufsätze. Berlin: Duncker & Humblot. 475–481

Smend, Rudolf (1994^{3}k/ 1966): Das Problem der Institutionen und der Staat. In: Smend, Rudolf (1994^{3}): Staatsrechtliche Abhandlungen und andere Aufsätze. Berlin: Duncker & Humblot. 500-516

Smend, Rudolf (1994^{3}l /1933): Bürger und Bourgeois im deutschen Staatsrecht. Rede, gehalten bei der Reichsgründungsfeier der Friedrich-Wilhelms-Universität Berlin am 18.1.1933. In: Smend, Rudolf (1994^{3}): Staatsrechtliche Abhandlungen und andere Aufsätze. Berlin: Duncker & Humblot. 309–325

Sontheimer, Kurt (1999): So war Deutschland nie. Anmerkungen zur politischen Kultur der Bundesrepublik. München: Beck

Starck, Christian (1976): Das Bundesverfassungsgericht im politischen Prozeß der Bundesrepublik. Tübingen: Mohr Siebeck

Starck, Christian (1996): Über niedersächsische Verfassungsdinge. Hannover: Schriftenreihe des niedersächsischen Landtags, Heft 26

Stolleis, Michael (1998): Weimar - eine *Happy Constitution*? Bemerkungen zur neueren verfassungsgeschichtlichen Literatur. In: Ius Commune XXV. 443-458

Weber, Max (1988^{7}): Gesammelte Aufsätze zur Wissenschaftslehre. Tübingen : Mohr

Weizsäcker, Richard von (1997): Vier Zeiten : Erinnerungen. Berlin: Siedler

Wienholtz, Ekkehardt (1968): Normative Verfassung und Gesetzgebung. Die Verwirklichung von Gesetzgebungsaufträgen des Bonner Grundgesetzes. Freiburger Diss. Jur.

Zwirner, Henning (1987): Politische Treupflicht des Beamten. Baden-Baden: Nomos

Europäische Verfassungspolitik

Die politische Kultur des „Verfassungsstaates“ und die Integration der Europäischen Union

Hans J. Lietzmann

1 Problemstellung

Die folgenden Überlegungen knüpfen an einer längst zum Ritual gewordenen Überlegung der sozialwissenschaftlichen und rechtspolitischen Europadebatte der letzten Jahre an: In diesen Diskussionen wird zu Recht hervorgehoben, dass es gänzlich neuer Ideen und Institutionen sowie grundlegend neue Fragestellungen bedürfe, um sich den Herausforderungen der Europäischen Vereinigung gewachsen zu zeigen. Denn nicht nur die alten Instrumente der sozialwissenschaftlichen (und schon gar der rechtswissenschaftlichen) Forschung erweisen sich als stumpf, sondern auch die alten institutionellen Lösungsmodelle sind offensichtlich obsolet.

Erschwerend kommt dabei hinzu, dass immer deutlicher wird, in welch großem Ausmaß es gar nicht allein um die Neubestimmung der *europäischen* Handlungsbedingungen geht. Diese hängen vielmehr ebenso von den nicht weniger schwierig zu bestimmenden globalen Umfeldbedingungen der Politik ab; vor allem aber verändern sich auch die lokalen, regionalen oder nationalen Gewissheiten und Traditionsbestände, vor deren lebensgeschichtlichem Hintergrund letztlich eine Umstrukturierung der Politik und eine Umorientierung der Bürgerinnen und Bürger zu erfolgen hätte.[1]

Dieser hier nur angedeutete Wandel hat zu einer Erosion der herkömmlichen politikwissenschaftlichen Konzepte und Begrifflichkeiten geführt, die sowohl das professionelle Selbstverständnis der Politikwissenschaft, wie das ihrer auch benachbarten Professionen, vor allem der Staats- und Verwaltungswissenschaft, vor eine enorme Bewährungsprobe stellen. Die tradierten Begriffe der „Souveränität“, des „Staates“ oder der „Staatlichkeit“ haben hierbei zu allererst ihre Erklärungskraft verloren. Sie werden – wie das schon Kohler/ Jachtenfuchs beispielhaft benannten – zu einer „zunehmend inadäquaten Beschreibung der Wirklichkeit“.[2] Und die traditionelle deutsche Staatswissenschaft verliert dort, wo sie von den Aspekten einer solchen intakten Staatlichkeit für Deutschland oder auch für Europa gegen alle Realität nicht lassen möchte, zunehmend den Anschluss an die politische Entwicklung in Europa (wie das Maastricht-Urteil des Bundesverfassungsgerichts

---

1 Zu dieser Vermischung globaler und lokaler Wandlungen vgl. die Debatte über „Globalisierung“, die versucht, die Vorgänge der „Integration und der Fragmentierung, der Globalisierung und der Territorialisierung als zwei Seiten des gleichen Prozesses“ zu beschreiben (Baumann 1997: 323).

2 Kohler/ Jachtenfuchs (1996: Vorwort).

zeigte). Sie verliert aber auch wissenschaftlich die Orientierung in ihren eigenen Debatten ebenso wie in den fachübergreifenden analytischen und konzeptionellen Diskussionen. Hieran zeigt sich, dass die Weiterverwendung von Kriterien, die ihre Bestimmung und ihren politisch-kulturellen Sinn aus den nationalstaatlichen Debatten schöpfen, angesichts neuer Herausforderungen zu vollständig verqueren Perzeptionen der Realität führen. Die Folge sind ebenso inadäquate Lösungsmodelle.

Angesichts der geschilderten Diskussionslage erscheint es allerdings irritierend, mit welcher Forschheit sich die Debatte – und zwar in Politikwissenschaft wie Staatswissenschaft gleichermaßen – auf die Frage der Verfassungsgebung und die Konsolidierung eines „Verfassungsstaats" Europa geworfen hat.[3] Denn die Modellierung einer Verfassung für Europa und die Vorstellung eines europäischen Verfassungsstaates wird dabei mit einer unzulässigen Traditionslosigkeit debattiert. So wird ein europäischer Verfassungsprozess mit allen Hoffnungen einer mehr oder minder fraglosen Legitimität und Integration befrachtet. Dies, obwohl – aus anderer Perspektive – die Tradition der Verfassungsstaatlichkeit in den letzten zehn Jahren, gerade als sie nach der Entwicklung in Osteuropa dachte, alternativlos dazustehen, doch offensichtlich an die Grenzen ihrer Funktionsfähigkeit zu geraten scheint: denn sowohl die innenpolitische, soziokulturelle Entwicklung der Säkularisierung und Segmentierung der Gesellschaft als auch die europaweite Entwicklung einer Regionalisierung und eines Aufbrechens der Kommunikationsräume scheint den „Verfassungsstaat" seiner Grundlagen und seiner Funktionsmodi zu berauben.

Aber auch in der politikwissenschaftlichen Integrationstheorie und der Europaforschung geht der spezifische politologische, d.h. verfassungspolitische Bias einer Frage nach der Konstitutionalisierung der EU verloren. Liegt dessen Charakter doch darin, dass Verfassungspolitik zwar auch in spezifischer Weise an gesellschaftliche Ordnungsrahmen, Wertmuster und an nationale politische Traditionen gebunden ist; dass die Verfassungspolitik aber dennoch über einen eigenen Verhandlungs- und Entscheidungsspielraum von erheblicher Bandbreite verfügt. D.h. innerhalb der verfassungspolitischen Traditionen sind unterschiedlichste Modelle und unterschiedlichste Adaptionen an die politischen Herausforderungen der Gegenwart denkbar. Verfassungspolitik ist deshalb in besonderer Weise (relativ) gebunden an vorangegangene politische Festlegungen unterschiedlicher Konsistenz und bleibt zugleich doch (relativ) autonom in der Weiterführung dieser Festlegungen, der Fortschreibung konstitutioneller Traditionen und der Neustrukturierung der Handlungsstrukturen. Diese gewinnen dann – auch dies trennt Verfassungspolitik von anderen Policies – übergreifend wieder eine besondere, grundlegende Bedeutung für andere Politikfelder; was sie von Entscheidungen in nichtkonstitutionellen Politikfeldern unterscheidet, deren Bedeutung auf ihren engeren Rahmen beschränkt bleibt. Dieser besonderen Struktur verfassungspolitischer Policies, auf die z.B. Salisbury schon frühzeitig hinwies und um deren Willen er „Ver-

[3] Vgl. Bieber (1995) und Beutler (1996) mit weiteren Nachweisen. Als Überblick zur europäischen „Verfassungsgeschichte": Schneider (1997).

fassungspolitik" als eigenständige Kategorie in seiner policy-Theorie berücksichtigte,[4] tragen auch politikwissenschaftliche Ansätze nur rudimentär Rechnung.

Im Rahmen des politikwissenschaftlichen Funktionalismus erscheinen politische Entscheidungen ohnehin kaum als steuerbare Ressource einzelner Akteure oder Akteursgruppen.[5] Sachzwänge dominieren das Geschehen; politische Akteure agieren als Vollstrecker exogener Notwendigkeiten oder funktionaler Zwänge. In der Europapolitik verdankt sich dieser Sichtweise die Annahme eines quasi selbstläufigen „spill-over" der fortlaufenden Angleichung nationalstaatlicher Standards. Insoweit verfassungspolitische Wertmuster oder Normenzusammenhänge eine Rolle spielen, treten sie auf in Form deterministischer Ordnungsbilder und weitgehend unverfügbarer Handlungsrahmen, die zwar Einfluss auf die Entscheidungen nehmen, über die aber selbst nicht wirklich entschieden wird. Verfassungspolitisch relevant wird diese Sicht beispielsweise bei einer Vielzahl der Analysen der Rechtsprechung des Europäischen Gerichtshof (EuGH), die dessen Entscheidungstätigkeit auf den Vollzug einer funktionalen Rechtsangleichung ohne wesentlichen Gestaltungsspielraum zu begrenzen suchen.[6] Verfassungen, Verfassungsrechtsprechung und Verfassungspolitik erscheinen als ein quasi naturwüchsiges Gewächs politischer Prädispositionen; sie sind das Produkt vorfindbarer Zwänge, Wertmuster, Normen und Notwendigkeiten.[7]

Die entgegengesetzte Verkürzung vollzieht der politikwissenschaftliche Intergouvernementalismus, der in allen politischen Entscheidungen die Ergebnisse eines rationalen Ausgleichs interagierender Interessen sieht.[8] Nicht-rationale Wertmuster und traditionale Orientierungen fallen in dieser Sichtweise ganz aus dem Horizont der Betrachtung. Die Entscheidungen werden vielmehr als ein nach rationalen Kriterien und nach materiellen nationalen Präferenzen organisierter Austausch von Leistung und Gegenleistung im Feld pluralistischer Verhandlungen verstanden. Anders als beim Funktionalismus spielen hierbei natürlich Macht- und Einflussfaktoren eine Rolle; die Beschränkung, die der Interessenverfolgung allerdings durch traditionelle oder normative Begrenzung des politischen Handlungsfeldes oder der politischen Instrumentarien gesetzt werden, bleiben unbeachtet und treten auch in ihrer relativen Variabilität nicht vor Augen. In der Verfassungspolitik lässt sich das Defizit dieser Betrachtung wiederum vorbildlich an der Analyse der Rechtsprechung des EuGH erkennen. Diese erscheint aus der Perspektive des Intergouvernementalismus – im Sinne eines simplen principal-agent-Modells – als unmittelbares Ergebnis des Einflusses der von ihr betroffenen nationalen Regierungen; der Gerichtshof als verlängerter Arm der jeweils einflussreichsten Akteure.[9]

---

4 Salisbury (1968).

5 Vgl. Schumann (1996) und Wolf (1999).

6 Burley/ Mattli (1993) und Mattli/ Slaughter (1998: 180f).

7 Auch in der verfassungsrechtlichen Diskussion wird bisweilen von einem solchen gegenseitigen Ausstrahlungs- und Angleichungsprozess der europäischen und der nationalen Verfassungsordnungen ausgegangen, bei dem Entscheidungen politischer Akteure in Gerichten, Ministerien, Parteien oder gesellschaftlichen Gruppen keine Rolle zu spielen scheinen.

8 Etwa Moravcsik (1993; 1998).

9 Garrett (1995) und Garrett/ Kelemen/ Schulz (1998). Vgl. Wolf (1999).

Auch in der europapolitisch orientierten policy-Theorie wird deshalb jenseits der gängigen Kategorien nach einem eigenständigen Pfad zur Verfolgung verfassungspolitischer Festlegungen zu fragen sein. Dies wird auch von Vertretern dieser Forschungen in ihrer wohl avanciertesten Form vorgetragen.[10] Indem wiederum aber für die „Verfassungspolitik" ein eigenes Untersuchungsfeld jenseits politikfeldzentrierter Forschungen vorgeschlagen wird und dieses Untersuchungsfeld nicht nur ausgegrenzt, sondern auch in den Erörterungen ausgespart bleibt,[11] öffnen sich die Türen zu einem gezielten Nachfragen.

Aufmerksam geworden durch diese Vorüberlegungen, gehört es zu den Merkwürdigkeiten der gegenwärtigen Debatte in der Politikwissenschaft um „Verfassungsstaat" und Konstitution, „Constitutionalism" und „Neoconstitutionalism", dass zwar das britische, das französische und das amerikanische Verfassungsmodell exzessiv in Erinnerung gerufen und theoretisch vermessen werden. Dass in dieser sich kritisch verstehenden, politikwissenschaftlichen Debatte hingegen Stillschweigen und wohl auch Nichtwissen herrscht hinsichtlich des deutschen Modells eines „Verfassungsstaates"; dieses aber prägt doch einen Großteil der politischen Routinen in Europa. Es prägt mit seinem Selbstverständnis insgeheim auch einen Großteil der Debatte in der deutschen Politikwissenschaft und Europaforschung. Dieser deutsche Konstitutionalismus des 18., 19. und 20. Jahrhunderts enthält aber eine grundsätzlich andere Ausrichtung als vor allem das amerikanische, aber auch die anderen europäischen Verfassungsmodelle. Denn diese konzentrieren sich vorzugsweise auf die institutionelle Organisation des Machterwerbs, der Machtverteilung und des Machtausgleichs. Demgegenüber und darüber hinaus verstand sich der deutsche „Verfassungsstaat" schon traditionell und erst recht nach 1945 immer als ein gesellschaftspolitisch-eingreifendes, nicht nur den Staat, sondern auch die Bürgergesellschaft *integrierendes* normatives Ordnungsmodell.[12] Es trat in diesem Verständnis der gesellschaftlichen Kontingenz entgegen; es verstand sich als ordnende Idee gegenüber dem partizipatorischen Chaos, als ein Versprechen der Homogenität und als Vorstellung einer geordneten Gemeinschaft. Gerhard Leibholz' Vorstellung von der „Dynamik" der Politik, die durch die „Statik" des Verfassungsrechts den notwendigen Rahmen erhalte, stellt nur eine, vielleicht die bekannteste, Version dieser Interpretation dar, - einer Interpretation, die sich allerdings bis in die neuesten Entwicklungen der Systemtheorie und der Theorien sozialer Systeme verfolgen ließe.

Der folgende Beitrag wird deshalb in aller Kürze die politikwissenschaftlichen(!) Traditionen des deutschen Modells eines Verfassungsstaates skizzieren und dessen prägnante Bezüge in der Theoriegeschichte benennen (2.). Anschließend werden die Defizite und die „blinden Punkte" hervorgehoben, die sich

---

10 Z.B. Schumann (1996: 199ff.).

11 Vgl. auch Wolf (1999: 284).

12 Es reicht auch nicht aus, sich allein von einem „juristischen Verfassungsbegriff" zu distanzieren, um diesem Verständnis des Verfassungsstaats nachdrücklich aus dem Weg zu gehen; hiervon scheint Heinrich Schneider (1997: 114ff.) auszugehen. Andererseits postuliert er das Bestehen einer politischen Identität als vorkonstitutionaler „Voraussetzung" jeder Verfassung (Schneider 1997: 131).

angesichts der gegenwärtigen Entwicklung in Europa mit dieser Sichtweise verbinden (3.). Abschließend wird deutlich sein, inwiefern auch die gegenwärtigen, politikwissenschaftlichen Europadebatten, die sich unter das Label eines „Konstitutionalismus" und manchmal des „Neo-Konstitutionalismus" stellen, unbewusst an diesem Erbe partizipieren und welche Konsequenzen sich daraus für eine politikwissenschaftliche Theoriebildung ergeben (4.).

2 Der „integrative Verfassungsstaat"

Die Debatte um Inhalt und Charakter des „Verfassungsstaats" erhielt in Deutschland ihre spezifische Brisanz dadurch, dass sie die Gründung des westlichen Teils der Republik nicht nur kritisch begleitete, sondern auch politisch-praktisch anleitete.[13] Bei der hierbei durchgängig forcierten Interpretation zeichnet sich „Verfassungsstaat" bei aller Differenz in den Einzelheiten grundsätzlich dadurch aus, dass er als Katalog eines integrativen, Staat und Gesellschaft gleichermaßen verpflichtenden Kanons von identitären Werten auftritt. Dieser soziomoralische Wertekanon setzt – im Unterschied zu anderen Modellen eines angloamerikanischen oder französischen Konstitutionalismus – eine gleichmäßige und weitgehend homogene Kultur der Bürger und der Richtlinien des Regierungshandelns voraus. Diese homogenisierende Version des „Verfassungsstaats" knüpft dabei in den Jahren nach dem Zweiten Weltkrieg in erster Linie an die Staats- und Sozialwissenschaft der Weimarer Republik an: an Georg Jellinek und an Rudolf Smend, der auch gegenwärtig wieder als Stammvater einer sich auf Europa beziehenden politischen Philosophie neu erfunden wird.[14] Selbst an Hermann Heller, den bekanntlich das Bundesverfassungsgericht als Bürgen im Maastricht-Urteil heranzieht.[15] Nicht zuletzt natürlich auch an Carl Schmitt, der damals wie heute als Stichwortgeber in der konservativen Staatswissenschaft in Anspruch genommen wird. Die Anknüpfungen der westdeutschen Politikwissenschaften erfolgen freilich in unterschiedlichster Weise und unterscheiden sich – trotz grundsätzlicher Ähnlichkeit – in ihren Ergebnissen.[16]

---

13 „Klassisch" insofern Kägi (1949). Vgl. auch Friedrichs Buch über den „Verfassungsstaat der Neuzeit" (1950/1953). Es wurde als Lehrbuch prägend für eine ganze Generation von PolitikwissenschaftlerInnen. Zugleich war Friedrich auch Berater der amerikanischen Militärregierung für Fragen des Regierungsaufbaus und amerikanischer „Supervisor" der Debatten um ein deutsches „Grundgesetz"; sein Einfluss war mithin nicht nur theoretisch-abstrakt. In den fünfziger Jahren beriet er die europäische Ad Hoc-Versammlung (eine Erweiterung der parlamentarischen Versammlung der Montan-Union) bei der Formulierung des Verfassungsentwurfs für eine „Europäische Politische Gemeinschaft". Vgl. Lipgens (1986: 328) und Lietzmann (1999: 22ff.).

14 Diese Argumentation findet sich bei z.B. Mehring (1994).

15 Vgl. dagegen Pernice (1995).

16 Vgl. zum Folgenden ausführlich und mit vielen Nachweisen: Lietzmann (1999a) und Johnson (1993).

2.1 *Verfassung als „moralische Anstalt": Alexander Rüstow*

Alexander Rüstow beispielsweise, der Alfred Weber-Schüler, Berater Ludwig Erhards und erster Präsident der Deutschen Vereinigung für Politikwissenschaft, geht von einer, heute sehr verschroben und politisch fragwürdigen erscheinenden, Theorie der politischen „Überlagerung" des gemeinschaftlichen und homogenen Wesens deutscher Kultur aus.[17] Das – wie er sagt – „Sozialgift" kultureller Vermischung und die interkulturelle Mobilität moderner Gesellschaften hat sie „überlagert"; diese „Überlagerung" ruht als „sozialer Sündenfall" und als Erbschuld in den „Körpern" der ursprünglich homogenen Gemeinschaften. Der „Verfassungsstaat" legt dieses Erbe kultureller Einheitlichkeit wieder frei. Gerade darin liegt sein Sinn. So ist der „Verfassungsstaat" für Rüstow der Weg zur Wiedergewinnung und Restabilisierung der verloren gegangenen kulturellen Identität. In dieser kulturellen Re-Integration eines romantischen Ideals kultureller Homogenität liegt für Rüstow die Aufgabe der Verfassung. Der „Staatsverfassung" schreibt er die Rolle einer „moralischen Anstalt" zu[18] und die zentrale Aufgabe der Politikwissenschaft umschreibt er damit, dass es gelte, mittels der Theorie des Verfassungsstaates eine Theorie der „Integration" zu entwerfen.

2.2 *„Verfassungspatriotismus": Dolf Sternberger*

Auch in der politischen Theorie Dolf Sternbergers – um einen zweiten einflussreichen Ansatz zu nennen – übernimmt die Verfassung die Aufgabe einer Vereinheitlichung der Bürgerschaft. Mit Rüstows rückwärtsgewandten Romantizismus hat Dolf Sternberger freilich nichts im Sinn. Er macht die Rolle des prinzipientreuen und strengen Erziehers zu den Zielen der Verfassung stark. Ihm geht es um die erzieherische Vermittlung eines „starken Gefühls" programmatischer Verbundenheit. Sein berühmt gewordenes Diktum vom „Verfassungspatriotismus" hat die Verfassung als ein strahlendes Ziel der Bürgerstaatlichkeit, d.h. ausdrücklich nicht der Bürger*gesellschaft* oder der civil society moderner Prägung, im Blick.[19] Das Zielprojekt wird vielmehr veranschaulicht als das in sich selbst und aus sich selbst heraus homogene Programm einer Verfassung; es ist in seinen Grundlagen identitär, und es ist ausdrücklich nicht demokratisch bestimmbar. Bürgerschaftliche Mitsprache bei seiner Konstitution ist nicht vorgesehen. Auch gibt es bezüglich seiner Zielsetzung keinen Pluralismus. Die Verfassung versinnbildlicht die Vorstellung einer „guten Ordnung", über die es einen bürgerschaftlichen Dissens nicht geben kann und auch nicht geben darf. Den Weg zu dieser „guten Ordnung" weist ein strenger, väterlicher Erziehungsauftrag, der sich auch in Sternbergers Rede von der „Vater"-landsliebe, vom Verfassungs-„Patrio"-tismus und von der „vater"-ländischen Gesinnung ausdrückt. Dieses patriarchale Bild setzt er explizit von einer

---

[17] Rüstow (1950; 1952; 1957).

[18] Rüstow (1968).

[19] Sternberger (1979; 1982).

mütterlichen, zu Nachsicht und Vermittlung, zu Verständigung und Ausgleich neigenden Haltung ab.[20]

Sternberger – auch er bekanntlich ein einflussreicher Politikberater und Politikererzieher – setzt auf die patriarchalische Durchsetzung dieser in der Verfassung symbolisierten rationalen Herrschaft. In der sachlichen Homogenität des Herrschaftsprogramms liegt für ihn die Integrationsaufgabe des „Verfassungsstaats".

2.3 Verfassung als „symbiotische Gemeinschaft": Carl J. Friedrich

Carl J. Friedrichs Theorie vom „Verfassungsstaat der Neuzeit" unterscheidet sich von den beiden vorgenannten noch einmal fundamental. Sie ist, obwohl bereits in den dreißiger Jahren ausformuliert,[21] moderner. Dies vor allem deshalb, weil Friedrich beansprucht, die Ziele seines Verfassungsverständnisses dem realen Leben der Menschen miteinander abzulesen. Anknüpfend an Johannes Althusius' Vorstellung einer gemeinsamen Lebensführung und einer Symbiose der christlich-menschlichen Gemeinschaft bekommt sein Verfassungsideal pragmatische Züge;[22] es bekommt ein menschlicheres Antlitz. Anders als Sternbergers patriarchalische Strenge und anders als Rüstows kultureller Romantizismus stellt Friedrich den praktischen Lebensprozess der Menschen zumindest in Rechnung. Er stellt ihn freilich nicht in seiner konkreten, empirisch-realen Form in Rechnung, sondern berücksichtigt ihn nach Maßgabe eines christlichen Ideals gelebter Gemeinsamkeit, – der Symbiose.[23] Auch dieses Verfassungsziel bleibt daher noch höchst ideell und normativ. Es gibt sich zwar den Anschein des Pragmatismus und des Bezugs zur Praxis der Lebensführung, doch es idealisiert und – vor allem – es homogenisiert diese Lebensführung nach kulturellen und christlichen Prinzipien. Ein Pluralismus der Ziele ist nicht vorgesehen, trotz eines anerkannten Pluralismus der Menschen. Aber wer andere Ziele verfolgt als das verfassungsstaatliche Ideal, wird legitimes Objekt staatlicher Erziehung und Disziplinierung, kurz: der Staatsräson. In diesem christlichen Gemeinschaftsideal liegt für Friedrich die Integrationsaufgabe der Verfassung.[24]

Die soziale Basis dieses Verfassungskonsenses, und die Tatsache, dass er beansprucht, dem realen Leben abgelesen zu sein, erlaubt es Friedrich allerdings, Wandlungen dieser naturrechtlichen Identität zuzulassen. Dieses „Naturrecht" ist wandelbar. Die „ewige Wahrheit" changiert. Das integrative Verfassungsziel kann

---

20 Sternberger (1947: 20; 1982).

21 Sie liegt ausformuliert bereits in seinem Buch über „Constitutional Government and Politics" (Friedrich 1937) vor.

22 Friedrich (1953; 1975).

23 Friedrich (1955: 111).

24 Er verfolgt dieses Gemeinschaftsideal im übrigen nicht nur als amerikanischer Besatzungsoffizier bei den Verfassungsberatungen der BRD, sondern auch als einer der Verfassungsväter der EWG: Friedrich war als politischer Berater an der Ausarbeitung der ersten Verfassungsdokumente auf europäischer Ebene beteiligt.

mit der Zeit einer vorsichtigen Pluralität, also einem vorsichtigen zeitlichen Wandel, unterworfen werden. Von Epoche zu Epoche kann sich der „natürliche" Konsens der Bürgerinnen und Bürger verändern. Er ist dem Auf und Ab ihrer – freilich immer gemeinsamen, symbiotischen und beständig homogenen – Lebensführung unterworfen. Das Wissen um diesen Wandel und die Festlegung des Inhaltes dieses Wandels unterliegt freilich nicht demokratischen Abstimmungen; der Wandel hängt vielmehr ab von dem Votum eines ausgesuchten Kreises von Sachverständigen. Sie stellen den Wandel der verfassungspolitischen Grundlagen der Gesellschaft fest. Sie konstatieren ihn. Der „Verfassungsstaat", so idealistisch im Modell und so christlich im Anspruch, wird in diesem Modell eines „reflexiven Konstitutionalismus" zum Objekt von „social engineering": so interpretiert es Friedrich selbst.[25] Auf jeden Fall geht es um eine säkulare Definition ewiger Wahrheiten. Friedrich bezeichnet dies als ein Modell des „sozialen Naturrechts".[26]

Wie auch immer der politische Inhalt des deutschen Verfassungsstaates definiert und wie auch immer dabei das integrative Programm des Verfassungsstaats formuliert wurde[27], so ist doch deutlich, dass in dem Mainstream der politischen Theorie, soweit sie sich mit dem Verfassungsstaat befasste, Einigkeit darüber herrschte, dass die Verfassung als ein Instrument normativer, politisch-programmatischer gesellschaftlicher Integration zu dienen habe. Die Verfassung galt als ein Symbol normativer gesellschaftspolitischer Identität.[28] Die Differenzen finden sich lediglich im normativen Ziel der Integration: dieses war mal mehr kulturell, mal mehr sachpolitisch oder eben christlich-gemeinschaftlich geprägt. Da es sich aber jeweils um ein normatives, zwingendes Integrationsprogramm handelte, bestand auch Einigkeit darüber, dass die Verfassung und ihre Prinzipien demokratischen Verfahren keinesfalls zur Disposition stünden. Die Verfassung und ihre inhaltlichen Determinanten sind politischer Meinungsbildung nicht verfügbar. Sie sind der Bürgergesellschaft selbst vorgeordnet und sollen der partizipatorischen Beteiligung der Bürger erst Richtung, Maß und Ziel geben. Es ergeben sich deshalb besondere Spannungen, wenn von einem „demokratischen Verfassungsstaat" die Rede ist. Für ihn ist Demokratie das identitäre programmatische Ziel der Verfassung, niemals aber das Verfahren oder der Weg, dieses Ziel zu bestimmen.[29]

---

25 Friedrich (1955: 112).

26 Z.B. ein Gremium wie das Verfassungsgericht, ob bundesdeutsch oder europäisch, könnte für Friedrich wohl einen solchen Sachverständigenrat zur Definition des Kerns politischer Gemeinsamkeiten und der Grundlagen der Politik darstellen (Friedrich 1955: 111, 138).

27 Es wurden hier mit Rüstow, Sternberger und Friedrich zwar nur wenige, dafür aber markante und vor allem repräsentative und schulbildende Varianten einer Theorie des Verfassungsstaats vorgestellt.

28 Vgl. auch Häberle (1997).

29 In der staatsrechtlichen Debatte gilt noch heute die etwas naive Vorstellung, der demokratische Charakter des Verfassungsstaates bestehe in seiner Verbürgung der Menschenrechte; das rangiert in der politischen Theorie hingegen doch eher unter dem Standard der Rechtsstaatlichkeit, – zumindest kann sich Demokratie in der Rechtsgarantie nicht erschöpfen. Kielmansegg ist sich der falschen Zusammenziehung der Begriffe zwar bewusst, mag aber denoch nicht auf sie verzichten. Er beschreibt den „freiheitlichen Verfassungsstaat" als eine „Domestizierung der Demokratie"; in

3 Verfassungsstaatliche Tradition

In den genannten Neuformulierungen des „Verfassungsstaates" und des konstitutionellen Denkens stoßen wir zugleich auf einen spezifischen Traditionskern. In ihm verdeutlichen sich sowohl die klassischen Traditionen deutschen politischen Denkens wie auch die Traditionen klassischer deutscher politischer Praxis. Denn anders als beispielsweise in den französischen Verfassungstheorien gibt es in der deutschen Tradition z.B. keine schlüssige Verbindung zwischen den Inhalten, d.h. den normativen politischen Zielen, der Verfassung und den demokratischen Verfahren ihrer Bestimmung. Die Idee der Volkssouveränität ist dem Verfassungsdenken weitgehend äußerlich. Volkssouveränität als Element des Konstitutionsaktes ist ihm von vorneherein fremd. Ja, weiter noch: die Idee des deutschen Konstitutionalismus einer „verfassungsstaatlichen", mithin verfassungsförmigen Festlegung der politischen Ziele richtet sich originär gegen die Vorstellung einer Parlamentarisierung und Demokratisierung der Politik.

Anders als im französischen Denken des 18. und 19. Jahrhunderts gibt es – über verwunderte Reiseberichte hinausgehend – in der deutschen politischen Theorie auch keine Rezeption der amerikanischen Revolution und ihrer republikanischen Idee eines „government by the people".[30] Man muss vielmehr im deutschen Verfassungsstaat ein allein von der preußischen Reformbürokratie ausgehendes Projekt erkennen, das darauf zielte, durch die Homogenisierung der politischen Gestaltungsgrundlagen eine Vereinheitlichung des auseinanderstrebenden Herrschaftsgebietes zu bewirken. Hier realisiert sich die vielgerühmte Parole des Paulskirchenparlaments nach „Freiheit und Einheit", und d.h. nach individueller Freiheit und nach staatlicher Einheit, aber nicht nach Partizipation. Darüber hinaus sollte durch die normative Festlegung des politischen Handlungsrahmens die politische Willkür des Monarchen weitgehend eingedämmt werden. Es handelt sich beim deutschen Konstitutionalismus also um eine Modernisierungs- und Vereinheitlichungsstrategie allein von oben, eine reine „top-down"-Strategie. Demokratie war in diesem Modell nicht nur nicht mitbedacht. Demokratie stand zu ihr vielmehr im Gegensatz. Es ging um den Versuch einer oktroierten Einheit. Und es ging um etatistisch festgelegte Homogenisierung und um normativ kontrollierte politische Richtungsentscheidungen.[31] Ihre Festlegung entzieht sich allen Vorstellungen einer demokratischen Partizipation. Sie orientieren sich vielmehr ausdrücklich an rein

---

ihm liege begrifflich die „Konstitutionalisierung der demokratischen Revolution" (Kielmansegg 1988: 22f.).

30 Würtenberger (1994: 92) und Dippel (1978).

31 Zwar gibt es natürlich auch ein zu diesem generellen Trend gegenläufiges politisches Denken in Deutschland. Es findet seinen Ausdruck beispielsweise in den Theorien des großen Kant-Antipoden Christian Wolff oder in den Schriften von Johann Heinrich Gottlob von Justi. Doch sind beide niemals theoretisch traditionsbildend oder gar praktisch einflußreich geworden; sie gelten als in den Theorietraditionen „weitgehend vergessen" (Würtenberger 1994: 79) und verkörpern abgesunkenes Gedankengut. Gänzlich undifferenziert – eher in der Art eines politischen Schlagwortes oder Kampfbegriffs – wird die Terminologie des „demokratischen Verfassungsstaates" bei Backes/Jesse (1993: 29ff.) eingeführt.

naturrechtlichen Traditionen. Und diese legten die Verfassung und die zielleitenden Werte des deutschen Konstitutionalismus etatistisch fest. Die Debatte um die möglichen Ziele und die Formen ihrer Verbindlichkeit wurde zu einem dem demokratischen Prozess entzogenen Privileg der politischen Handlungseliten. Gleichwohl beanspruchte gerade diese Form des deutschen Verfassungsstaates absolute und vorstaatliche Legitimität. Und sie nahm über die konkrete Regierungspraxis hinaus für sich in Anspruch – dies als Reaktion auf den aufkommenden Gestaltungswillen der Gesellschaft, dem politischen Gemeinwesen insgesamt zu seinem angemessenen und einheitlichen Ausdruck zu verhelfen. Eine Verständigung über die Grundlagen dieser kulturellen Gemeinsamkeit oder gar eine gleichberechtigte Herausbildung von Formen der politischen Herrschaft war hierfür weder als notwendig noch als erwünscht ins Auge gefasst. Anders als in anderen europäischen oder transatlantischen Diskursen war dies keine Politik einer „von unten herauf(steigenden)" Aufklärung, sondern eine Handlungsform, wie August L. Schlözer 1791 schrieb, der „cultivierten Souverains". Und er fragte: „Wo gibt es (davon schließlich) mehr ... als in Deutschland?"[32]

War die Wiederaufnahme dieser naturrechtlichen Tradition – und darum handelt es sich bei den deutschen Nachkriegskonstitutionalisten Rüstow, Sternberger und Friedrich – bereits in den 50er Jahren fragwürdig, so musste sie in den letzten 15 Jahren gänzlich unter Legitimationsdruck geraten. Und dies sogar unabhängig von ihrer politisch-normativen Überholtheit. Denn selbst wenn man das politisch-normative Programm des deutschen Konstitutionalismus, d.h. sein Ziel, politische Demokratie wenn nicht zu verhindern, dann zumindest überflüssig zu machen, beiseite stellt, gerät das konstitutionelle Politikmodell schon soziostrukturell in einen fundamentalen Konflikt mit den neueren Entwicklungen in Deutschland und Europa.[33]

4 Homogene Verfassung in einer fragmentierten Welt?

In einer Gesellschaft, in der dieser Modus der programmatischen Harmonisierung und der Festschreibung des politischen Programms auf eine tatsächliche Pluralisierung und Verflüssigung der politischen Einstellungsmuster stößt, kann nämlich gerade eine solche Harmonisierung nicht stattfinden. Ist eine Gesellschaft anstelle von Homogenisierung vielmehr auf den Modus einer Moderierung von Unterschiedlichkeit, auf die Gestaltung von Heterogenität und die tatsächliche Vermittlung gravierend unterschiedlicher Stile der Lebensführung angewiesen, gerät der Spielraum einer etatistischen Vereinheitlichung, z.B. durch ein Verfassungsgericht[34] und eben durch einen „Verfassungsstaat", unmittelbar an die definitiven

[32] August L. Schlözer's Staatsanzeigen LXI (1791: 96). In Schlözers Formulierung liegt eine echte Alternative zur gegenwärtig geläufigen Rede von „top down – bottom up".

[33] Zur gezielten Entpolitisierung als einem konzeptionellen Kern des Konstitutionalismus vgl. ausführlich Lietzmann (2001: 241ff.).

[34] Die Rezeptionsprobleme, vor die sich das Bundesverfassungsgericht neuerdings gestellt sieht, resultieren aus einer ganz ähnlichen Entwicklung: Vgl. Haltern (1997) und Lietzmann (1998).

Grenzen seiner Integrationsfähigkeit. Mit einem solchen Prozess der Segmentierung und Pluralisierung wie auch mit dieser Entwicklung zu einem Nebeneinander unterschiedlicher Kulturen, Einstellungen und Alltagsmuster leben wir aber – wie wir alle wissen und wie die Sozialforschung uns drastisch belehrt – seit geraumer Zeit.[35]

Ich möchte diese Entwicklung unter vier Aspekten, die auch in der Theorie moderner Gesellschaften eine wichtige Rolle spielen, kurz betrachten.

4.1 Säkularisierung

Zunächst beobachten wir allenthalben eine Auflösung der traditionalen, ethischen und auch religiösen Bindungen. Kulturelle, sachpolitische und religiöse Gemeinsamkeiten pulverisieren im Zuge der Pluralisierung und der Mobilität der Lebensverhältnisse. Diese säkulare Entwicklung ist weitgehend bekannt, so dass ich hier – glaube ich – nicht weiter darauf einzugehen brauche. Wir alle erleben die zunehmende Pluralität kultureller, religiöser und ethischer Lebensmuster.

4.2 Politisierung

Mit diesem Prozess der Auflösung sozialer Cleavages ist – *zweitens* – ein Prozess der Politisierung der Lebensverhältnisse verbunden. Damit ist gemeint, dass jedes – früher kulturell selbstverständliche und gemeinsame – Verständnis der Lebensführung und der Alltagsmoral heute in einem oft kontroversen, sehr konkreten und meist sehr pragmatischen Prozess der Verständigung geklärt und – wenn nötig, z.B. zum Schutz von Minderheiten – im Wege politischer Entscheidung unter den Betroffenen demokratisch, meist mit Mehrheit, entschieden werden muss.[36] Verfassungsstaatliche Vorabentscheidungen kultureller, sachpolitischer oder religiöser Art werden von dieser Entwicklung schlicht überholt.

Diesem Prozess der Politisierung entspricht auch ein ausgeprägtes Erleben der gesellschaftlichen Heterogenität. Es ist dies die Erfahrung, sich für die Gestaltung seiner zunehmend *spezifischen* Lebensumstände und deren zunehmend *spezifischen* Lösungsmodelle selbst einsetzen zu müssen, zu wollen und – aufgrund Bildung und anderer Kompetenzen – auch zu können.[37] Diese Erfahrung, dass es für immer mehr

---

35 Helmut Willke wird in allen seinen Schriften der letzten zehn Jahre nicht müde darauf hinzuweisen, dass es zwar „für jedes Teilsystem ... eine Einheit der Gesellschaft gibt, aber gerade deshalb keine übergreifende, für alle Teile verbindliche Einheit des Ganzen" (Willke 1992: 43). Neuerdings spitzt er seine Argumentation in einer Weise zu, aus der eine gewisse Verzweiflung angesichts umgebender theoretischer Hartleibigkeit herauszuhören ist: „All dies ist längst gesellschaftliche Praxis und nur Philosophen und Staatsrechtlern verborgen geblieben" (Willke 1998: 28).

36 Zum Begriff der Politisierung vgl. v.a. Greven (1999).

37 Beispielhaft hierfür stehen die unterschiedlichsten Initiativen für Mutter-Kind-Gruppen, für Alten- oder Krankenpflege oder für Drogenfürsorge u.v.a.m.

Problemstellungen immer weniger gemeinsame, kulturell übergreifende Lösungen gibt, ist – glaube ich – allgemein plausibel.

4.3 Demokratisierung

Politisch drückt sich (*drittens*) dieser Verständigungsdruck unter den betroffenen Bürgern, in der Forderung auch nach zunehmender Partizipation an den Entscheidungsverfahren über die Grundlagen des Zusammenlebens, z.B. in Form von Plebisziten u.a. aus. Er wirkt sich natürlich auch aus in der Forderung nach neuen politischen Verfahren und nach neuen politisch-kulturellen Kooperationen, Kooptationen und Allianzen.

Die Vorstellung des „Verfassungsstaates", man könne bestimmte Werte der Lebensführung von Verfassungs wegen vorpolitisch verpflichtend machen und der gesellschaftlichen Pluralität und Partizipation entziehen, wirkt angesichts dieser gesellschaftlichen Realität weltfremd.[38]

4.4 Europäischer Zusammenschluss

Diese drei Entwicklungsstränge der Säkularisierung, der Politisierung und der Demokratisierung kulminieren heute in dem Gründungsprozess einer Europäischen Union. Sie verdeutlichen und verschärfen sich hierbei. Längst hat die quantitative Erweiterung des politischen Handlungsraums der EU neue Qualitäten der Pluralität geschaffen. Die kulturelle und traditionale Heterogenität des entstandenen Gesamtkomplexes, seiner Institutionen und Kommunikationsräume liegt auf der Hand (also „Säkularisierung"). Die Notwendigkeit, in einzelnen Ländern für selbstverständlich gehaltene Handlungsgrundlagen auf der Brüsseler Ebene politisch zur Disposition zu stellen und einem Abstimmungsverfahren mit kontingentem Ergebnis zu unterwerfen, ist sprichwörtlich für die vermeintliche Unsensibilität der Brüsseler Zentrale („Politisierung"). Die Vielzahl schließlich der Referenden und Abstimmungen über den Beitritt zur EU sowie vor allem die Herausbildung neuer Formen der Selbstverwaltungen und der regionalen Koordination verdeutlichen den geschilderten Ruf nach mehr institutionalisierter politischer Partizipation („Demokratisierung").[39] Es gehört zur Verschränkung dieser drei Entwicklungsstränge, dass wiederum ganz unterschiedliche Formen der politischen Mitbestimmung in den unterschiedlichen politischen Kulturen der Mitgliedsländer eingefordert werden. Wir stehen, mit anderen Worten, vor einem Prozess der gegenseitigen Vervielfälti-

---

[38] Dabei ist es gleichgültig, ob man diesen Bereich stabiler und verbriefter Werte als „unstrittigen Sektor" (E. Fraenkel), „overlapping consensus" (Rawls und Habermas) oder „underlying consensus" (Walzer) nennt.

[39] Der Rücktritt der „Kommission" unter Santer im März 1999 verdeutlicht, dass auch die Handlungseliten diesen Anspruch (wenn auch durch die Not gedrungen) als unausweichlich akzeptieren.

gung und Pluralisierung der drei Entwicklungsstränge: ein Pluralisierungsprozess, der am Beispiel der je nach politischer Regionalkultur unterschiedlich eingeforderten Beteiligungsmuster und Verfahrensformen zugleich verdeutlicht, dass es nicht reicht, sich lediglich auf eine kulturelle Pluralität der politischen Zielwerte und Grundnormen zu einigen. Es folgt aus einer solchen Einigung keine einheitliche Verfahrensform der politischen Entscheidung.[40] Nachdrücklich zeigt sich vielmehr, dass gerade auch die politischen Verfahren normativ geprägt sind, kulturell unterschiedlich verstanden werden und ebenso wie alle anderen Einstellungen in Europa einer Pluralisierung unterliegen.

5 Konsequenzen der Verfassungspolitik

Ich will abschließend meine bisherigen Befunde in den Zusammenhang der Debatte zur europäischen Verfassungspolitik stellen, um zu verdeutlichen, dass es sich bei der vorliegenden Fragestellung nicht um ein Glasperlenspiel handelt; es geht vielmehr um die Bewältigung eines konkreten und bedeutungsvollen konzeptionellen Problems. Dabei will ich freilich ganz besonders hervorheben, dass gerade auch die Autoren, die im Folgenden behandelt werden, vorzugsweise jene, die sich in die Phalanx eines sogenannten „neuen Konstitutionalismus" stellen, wie etwa Joseph H. Weiler, Ulrich K. Preuß und Karol E. Soltan, die bislang hervorgehobenen Perzeptionsprobleme im Auge haben; allerdings begegnen sie diesen Problemen allzu halbherzig und versuchen, sie nur notdürftig neu auszutarieren. Die Konstellationen der modernen fragmentierten Gesellschaften lassen sich aber mit den traditionellen Begriffen und Instrumentarien des „Verfassungsstaates" nicht in den Griff kriegen. Der Neo-Konstitutionalismus und jene, die sich in seinem Fahrwasser bewegen, scheuen – so prominent sie in der Debatte dastehen und so sicher sie selbst sich wähnen – vor einem Perspektivwechsel zurück. Der aber ist angesichts der Entwicklung unabdingbar.

5.1 Moralische Zentrik oder Pluralität

Der von mir benannte Prozess der Pluralisierung der Einstellungsmuster wird dabei durchaus als Herausforderung einer auf Homogenität, auf Wahrheit und Universalisierbarkeit gerichteten Verfassungsstaatsidee thematisiert. So wird die normative Realität des vereinigten Europas z.B. von Weiler als ein Modell „konzentrischer Kreise" beschrieben.[41] Es handele sich um einen lockeren Zusammenhang moralischen Einverständnisses der nurmehr wenig an eine Idealisierung des ohnehin

---

[40] Wolfgang Wagner (1997) hat über die Differenz in der Beurteilung politischer Strategien auf dem Politologentag in Bamberg berichtet; signifikant dabei vor allem der Bericht des Scheiterns eines konsistenten Erklärungsmodells für die Differenzen.

[41] Weiler (1996: 524).

bereits brüchigen kulturellen „europäischen Hauses"[42] erinnert. Doch beharrt auch die „Kon-Zentrik" des Neo-Konstitutionalismus ersichtlich darauf, dass sich das politische Europa um einen Kernbestand an übereinstimmenden Gewissheiten und um einen gesicherten Fundus moralischer Werte gruppieren lasse. Die Möglichkeit einer dauerhaften Verständigung auf solche – normativ basierenden – „fundamental boundaries" (Weiler) erscheint dieser Theorie vorpolitisch und vordemokratisch nach wie vor erreichbar. Eine Pluralisierung scheint deshalb vor diesen Ligaturen haltzumachen. Ein temporärer Wandel auf der Zeitachse scheint sinnvoll. Eine Pluralität quer zur Zeitachse, also innerhalb der Epochen, scheint in Bezug auf diese „konzeptionellen Begriffe" der „Zugehörigkeit und Originalität" nicht erforderlich. Überhaupt scheint die normative Festlegung dessen, was die „Zugehörigkeit" zu Europa bedeutet und die normative Verständigung darüber, was die europäische „Originalität" ausmacht, ein prekäres Unterfangen. Es wirft – je näher man hinsieht – mehr Probleme auf, als es beseitigt. Ratlos hinterlässt einen dieses Modell deshalb auch hinsichtlich der Wege, auf denen diese „Verpflichtung auf die gemeinsamen Werte der Union" verbindlich gemacht werden sollen. Ratlos auch, wie dieser Mindeststandard europäischer Homogenisierung gegen Widerstand legitim durchgesetzt werden soll.[43] Darin freilich besteht die traditionelle Chimäre, die den politischen Vorstellungsraum des neuen Konstitutionalismus erfüllt: Woher soll schließlich ein solches „gemeinsames Ethos und Telos",[44] ein solches „zukünftiges gemeinsames Kultur- und Wertsystem" Europas (so wünschenswert es uns erschiene) seine Substanz erhalten?[45] Wer wüsste es zu definieren – ohne von der Zentrik fortschreitend zum Zentralismus zu geraten?[46]

Auch die Prozessualisierung dieses europäischen Angleichungsaktes in einem, wie Ulrich K. Preuß das nennt,[47] „moralisch-reflexiven Konstitutionalismus", der sich wandelnden Konjunkturen der Ethiken gewachsen zeigen soll, vertraut – es ist ja ganz evident – auf einen Wandel allein auf der Zeitachse. Auch hier gibt es kein beständiges Nebeneinander oder Miteinander, – das eigentliche Problem, die Gleichzeitigkeit von Stabilität, Pluralität und Flexibilisierung hinreichend in den

---

42 Vgl. Stolleis (1995), mit euphorischem Impetus Häberle (1983; 1995).

43 Weiler (1996a: 122, 130).

44 Weiler (1996: 518).

45 Wagner (1997) hat mit seiner quantitativen Studie kürzlich in sehr prosaischer Weise verdeutlicht, dass selbst unter den „grundlegendsten" Begriffen (wie Demokratie, Partizipation u.ä.) im bereits jetzt vereinigten Europa diametral auseinanderdriftende Verfahrensformen und Bewertungen verstanden werden. Schon auf dieser hoch-abstrakten Ebene wäre ein Verfassungs-Konsens nichts als politische Poesie.

46 Dass es in der Verfassungssubstanz der Vereinigten Staaten von Amerika als möglich erscheint, mag die US-amerikanischen Diskutanten zu ihren Thesen verleiten. Es erscheint dennoch nicht vergleichbar. Der nationalstaatlich-konservativen Staatswissenschaft um Josef Isensee erscheint gerade dies als Horrorvision: „Am Ende mag es sein, dass sich Italien und Deutschland zueinander verhalten wie Kansas und Texas, da auch hier der amerikanische Traum aufgeht: von der einen Gesellschaft, multikulturell und unnational. Doch wenn der amerikanische Traum sich auf dem alten Kontinent verwirklichen sollte, wäre der europäische Traum zu Ende. Mit ihm die Realität eines politischen Europa" (Isensee, zitiert nach Weiler (1996a: 101)).

47 Preuß (1990; 1994).

Griff zu bekommen, erscheint weniger denn je gelöst. Dass sich mittels eines „moralisch-reflexiven Konstitutionalismus“ tatsächlich, d.h. in der politischen Realität Europas „ein Raum ohne Tradition und Transparenz“ errichten ließe, dass sich also ein politisches Entscheidungsverfahren ohne normative oder traditionale Konnotationen errichten lässt, mag man ohnehin nicht glauben. Hier wird die traditionelle konstitutionelle Vorstellung des deutschen „Verfassungsstaates“ weitergesponnen von einer entmoralisierten und entdemokratisierten Politik. Eine schöne, vergleichsweise harmonische Vorstellung, gewiss. Doch es ist der irreale Traum von einer Nicht-Politik bzw. von einer entpolitisierten Regierungspraxis und einer gleichmäßigen Integration.[48]

5.2 Vorpolitische Kohärenz?

Damit tritt der zweite Gesichtspunkt wieder in unser Gesichtsfeld. Die zunehmende Politisierung und Verflüssigung der Moralen und der Werte. Es wäre in Europa ein Verfahren zu installieren, dass über die moralischen Grundlagen der Politik politisch entscheidet, ohne diese zugleich in den Status abgeschlossener Wahrheiten zu erheben. Wenn denn nämlich nach dem Modell eines renovierten „Verfassungsstaates“ dieser sich als „Selbstvergewisserung über die verbindlichen Grundlagen seiner Ordnung“[49] definiert, wäre nach dem Umgang mit dem Wandel und dem Modus der Veränderung dieser Grundlagen zu fragen. Handelt es sich doch um die Notwendigkeit einer fortlaufenden politischen Entscheidungsfindung in immer weiteren Bereichen des moralisch-politischen Selbstverständnisses. Diese mit gesellschaftsweiter Verbindlichkeit treffen zu wollen, ist eine Aufgabe, an der gerade das deutsche Bundesverfassungsgericht sich zu zerreiben droht. Der Neue Konstitutionalismus scheint dennoch auf eine vorpolitische und vorstaatliche Verfassungsgebung und Verfassungsfortbildung zu setzen.[50] Die neokonstitutionelle Idee des „Verfassungsstaates“ scheint dabei wie ihre traditionale Vorgängerin nicht zu bedenken, dass gemeinsame Werte und verbindliche Orientierungen – wenn überhaupt – erst am Ende eines politischen Verfahrens, erst am Ende einer

---

48 Weiler (1997: 97) beklagt das politische System Europas als eine „Konstitution ohne Konstitutionalismus“, das hat allerdings reale Gründe, die er nicht berücksichtigt.

49 Lhotta (1998: 165). Zum Gesamtzusammenhang: Vorländer (1981).

50 Soweit der Neokonstitutionalismus überhaupt sich mit so konkreten Fragen wie der Fortbildung der Verfassung beschäftigt, scheint er ein Verfassungsgerichtsmodell, also eine weitgehend autoritative Expertenentscheidung für die pragmatischste aller Lösungen zu halten. Vgl. Pernice (1996), Shapiro/ Stone 1994, und Frankenberg (1994: 218ff.). Dieses sich pragmatisch gebende Ausweichen in Formen der autoritativen Zielsicherung eines vordemokratischen Verfassungsstaates fällt freilich hinter das zurück, was Sozialwissenschaften sowohl normativ wie empirisch als gesicherten Wissensstand verwalten: dass auch prozedurale Formen und Verfahrensregeln an unterscheidbare Ethiken, an divergente Moralen und an politisch-kulturelle Traditionen gebunden sind. Dass also auch hier mit der gleichen Pluralität und Verflüssigung gerechnet werden muss; dass auch diese Prozesse nur auf der Basis einer voraussetzungsvollen, politisch-kulturellen Verständigung und Entscheidung erfolgreich sein können. Sie unterliegen der gleichen Politisierung wie alle anderen Fragen in einer politischen Gesellschaft.

kontroversen Kommunikation stehen können. Sie sind erst das letzte und obendrein vorläufige Ergebnis einer (meist strittigen und konfliktreichen) politischen Konstellation.[51] Politische und soziale Basiswerte können in einem Europa am Ende des 20. Jahrhunderts nicht mehr von vorneherein und außerhalb der Prozesse politischer Verständigung installiert werden: sie sind Ergebnis, nicht Voraussetzung, – sie sind Etappenziel, nicht Ausgangspunkt politischer Praxis.

Dies alles gilt vor allem unter der zwar wünschenswerten, aber dennoch fraglichen und zunehmend unwahrscheinlichen Maßgabe, dass eine Einigung über einen Kanon gemeinsamer Werthaltungen überhaupt möglich wäre. Die Differenzierung von Wertmustern, wie sie im gegenwärtigen Europa der EU bereits erreicht ist und erst recht in einer zukünftigen erweiterten Europäischen Union zu vergegenwärtigen wäre, lässt es allerdings als ausgesprochen heikel erscheinen, einen Institutionalisierungsprozess an das Vorhandensein einer – für Nationalstaaten in der Regel empirisch vorfindlichen, für suprastaatliche Zusammenschlüsse kaum wahrscheinlichen – Kohärenz der moralischen wie politischen Werthaltungen binden zu wollen. Die damit – wie partiell auch immer – in Aussicht genommene auch inhaltlich-politische Kohärenz ist gerade das Problem, mit dem sich moderne Gesellschaften im Zeitalter der Verflüssigung ihrer Grenzen kreativ auseinanderzusetzen haben.

Überhaupt denkt der Konstitutionalismus allenthalben viel zu sehr in Polity- und Policy-Kategorien, also in Mustern institutioneller Arrangements und der in ihnen durchsetzbaren Programmatiken. Erst in einem Austarieren und einer Organisation der Politics, also der unausweichlichen, konflikthaften politischen Praxis lässt sich aber – wenn überhaupt – das erreichen, was der „Verfassungsstaat" bereits vorab und in unrealistischer Verkürzung der Wege zu erreichen und zu garantieren trachtet.[52]

5.3 Politik als gesellschaftliches Risiko

Das Verständnis eines europäischen „Verfassungsstaates" als einer systematischen „Selbstvergewisserung der Bürger über die geistig-moralischen und sozio-ökonomischen Elementarentscheidungen ihrer gemeinsamen Existenz"[53] scheitert deshalb auch an dem zentralen Begriff der „Selbst-Vergewisserung". Es zeigt sich die systematische Kluft, die zwischen verfassungsstaatlichen und zivilgesellschaftlichen Konzepten notabene besteht.[54] Denn auch in der gegenwärtigen Debatte um den Verfassungsstaat wird der Prozess dieser Selbstvergewisserung mitnichten als eine Möglichkeit bürgerschaftlicher Praxis diskutiert. Ohne Dezentralisierung und

---

51 Hierauf weisen Wiener/ Della Sala (1997: 600) hin.

52 Verwiesen sei nur auf die vielfältige, gerade erst anlaufende, Debatte um „governance without governments" bzw. „Politics without policies" (Rhodes 1997). Für Europa mit etwas anderem Zungenschlag Kohler-Koch (1999: Ch. 1).

53 Denninger (1995: 23).

54 Murphy (1993).

partizipatorische Ausgestaltung ist eine Legitimation europäischer Politik aber nicht vorstellbar. In der Installation von Bürgerschaftlichkeit liegt aber – wie gesagt: wenn überhaupt – der Schlüssel zu dem, was der „neue" wie der „alte Konstitutionalismus" sich erhoffen: politische Integration, Gefühle der Verbundenheit, politische Vertrauensbildung, – eben kurz: Legitimität.

So attraktiv es erscheinen mag, mittels konstitutioneller Vorabentscheidungen das zu bändigen, was Ulrich K. Preuß in sehr traditionaler Diktion die „Abgründe und Versuchungen des Politischen" nennt[55], – dieser Traum ist wohl ausgeträumt. Eine „Rationalisierung und Zivilisierung des Politischen", die dem „neuen Konstitutionalismus" vorschwebt, lässt sich unter den Bedingungen moderner Gesellschaften nur im Feld der ebenso voraussetzungsvollen wie riskanten politischen Prozesse selbst erreichen. Dass dies gelingt, kann niemand garantieren. Demokratie ist insofern ein politisch riskantes Verfahren. Die Grundfragen der Vergesellschaftung, gerade ihre sogenannten „Elementarbedingungen" (Denninger) allerdings vorpolitisch und vorpartizipatorisch, d.h. in diesem traditionalen Sinn: „verfassungsstaatlich", entscheiden zu wollen, kann nicht erfolgreich sein. Es beschädigt die womöglich gutgemeinten Ziele ebenso wie den in Aussicht genommenen politischen Prozess. Ohne die Möglichkeit, und das heißt: ohne das Risiko des kontingenten, des unerwarteten und womöglich unbequemen Ausgangs ist Demokratie unter den Bedingungen der Moderne, ist wohl auch ein Europa am Anfang des 21. Jahrhunderts nicht zu haben.

6 Perspektiven?

Dieses Risiko der Politik einzuhegen und es nach Kräften auszuschalten, war der Konstitutionalismus in der deutschen Tradition des 19. Jahrhunderts angetreten. Er war und ist ein Konzept der Entpolitisierung der Politik, der Nicht-Politik.[56] Im 19. Jahrhundert von seiten des preußischen Reformbeamtentums gegen die Kontingenz der Demokratie und die Willkür der Monarchen gerichtet; am Anfang der Bundesrepublik gegen kulturelle Überlagerung (vulgo: Amerikanisierung) bei Rüstow, gegen irrationale Herrschaft bei Sternberger und zur Bewahrung der christlichen „community" bei Friedrich. Es war und ist der „Verfassungsstaat" dabei ein Modell der Vereinheitlichung der Politik. Es leidet selbst im nur mäßig pluralen Rahmen der Bundesrepublik an deutlicher Auszehrung. Der segmentierte kulturelle und politische Rahmen der Europäischen Union, die Vielfalt ihrer sachpolitischen Programme, die Verflüssigung ihrer ethischen Handlungsgrundlagen und Lebensstile stellen hingegen noch eine weit prekärere Basis dar. Ausgangspunkt eines europäischen Denkens hätte deshalb nicht die Vereinheitlichung zu sein. Ausgangspunkt europäischen Denkens ist die Differenz.

---

55 Preuß (1994a: 27). Die Nähe zu Leibholz' Unterscheidung der „Dynamik der Politik" von der „Statik des Rechts" springt ins Auge.

56 Zu Weiterungen siehe Lietzmann (2001: 241ff).

In der Moderation der Differenzen läge eine Möglichkeit europäischer Politik. Ein Modell solcher moderierender politischer Institutionalisierung liegt als erratischer Block, den man nur abzurufen hätte, bislang nicht vor. Erste Versuche, ein solches Institutionensystem zu modellieren, sind freilich erkennbar;[57] an der Untersuchung seiner Grundlagen wird gearbeitet.[58]

Eine solche Moderation der Differenz hätte sich freilich an den Erfahrungen anderer politischer Traditionen als der deutschen, vor allem der anglo-amerikanischen und der nordeuropäischen, kundig zu machen. Denn es scheint symptomatisch, dass sich in diesen, durch Religionskämpfe früh geprägten, Regionen eine signifikante und dauerhafte eigene politische Kultur herausgebildet hat. Aus deren Verarbeitung tiefgreifender moralischer und gesellschaftlicher Differenzen könnte möglicherweise Entscheidendes gelernt werden, denn die Grundeinstellung scheint nachahmenswert: geprägt von dem Versuch pragmatischer Kooperation, der Herstellung konsensualen Handelns dort, wo dies möglich ist, und dem Verzicht auf den Oktroi von Gemeinsamkeit in den vielfältigen Bereichen, wo sich ein Kompromiss nicht finden lässt.[59]

In einer modernen Lesart findet sich dieses Denken bei Hannah Arendt wieder, die seit einiger Zeit – ebenfalls auf reformatorische und angloamerikanische Traditionen zurückgreifend – als Leitfigur eines auf Modernität und Pluralismus orientierten politischen Denkens der gegenseitigen Verständigung und der Respektierung der Differenz in Anspruch genommen wird. Sie bringt auch die Kritik am deutschen Ideal des Verfassungsstaates auf den Begriff, wenn sie sich gegen eine verfassungsstaatliche Verpflichtung zu Identität und Homogenität wendet. Denn nicht der Überwindung von Pluralität, nicht der Stillstellung der Pluralität bei der Aufgabenbestimmung der Politik, nicht der Herstellung einer größtmöglichen Einheitlichkeit der politischen Ziele hat Politik zu dienen. Für Hannah Arendt liegt das Wesen der Politik vielmehr in der Ermöglichung der Pluralität und Differenz. Diese sind die Grundbedingung für eine den Menschen und ihren unterschiedlichen Grundbefindnissen angemessene Kooperation. Kooperation, d.h. politisches Handeln miteinander, ist nur möglich unter Anerkennung der Differenz. Identität und homogene Verfassungsideale stehen hierbei nur im Weg. Sie werden der realen

---

57 Abromeit (1998a, 1998b) und Benz (1998).

58 Schmidt (1998) und Kohler-Koch (1999).

59 Institutionell ausgewiesen in der politischen Kultur einer starken Bürgerschaftlichkeit und in einer Vielzahl politischer Initiativen und Referenden liegt in dieser reformatorisch-kooperativen Politik der Verständigung beinahe das Gegenteil der eher katholisch-hierarchisch geprägten deutschen Verfassungsstaatlichkeit. Konkret zeigt sich dies u.a. in dem gänzlichen Verzicht auf ein autoritatives Organ wie die Verfassungsgerichte in sämtlichen politischen Systemen Skandinaviens. Dessen Aufgaben werden vielmehr von Ombudsmännern und von Parlamentsausschüssen in Form pragmatischer Kompromisssuche gelöst (oder auch nicht gelöst) - eine für die bürgerschaftliche Gegenwart moderner Gesellschaften sehr adäquate Instrumentierung der politischen Konflikte. An die Stelle der Verfassungsdogmatik und der autoritativen Verklärung, mit der sich auch das Bundesverfassungsgericht zur Zeit – wie wir wissen – schwer tut, tritt hier eine eher zivilreligiöse und bürgerschaftlich orientierte Moderation der erkennbaren Differenzen und Meinungsunterschiede.

Differenz nicht gerecht und berauben den Verständigungsprozess seiner politischen Kraft und seiner Potenziale.

Pluralismus ist – wie Hannah Arendt sagt – nicht „conditio sine qua non" der Politik, sondern sie ist die „conditio per quam". Politik kann nur betrieben werden aus der Pluralität heraus und um der Pluralität der Menschen wegen; denn die Anerkennung ihrer Unterschiedlichkeit ist der Ausgangspunkt jedes kooperativen politischen Handelns. Und in ihrer Unterschiedlichkeit liegt der Fundus der Verständigung. Auf die Herstellung solcher Verständigungsprozesse von Unterschiedlichen und die Anerkennung ihrer Differenz müssen moderne Verfassungen gegenwärtiger Gesellschaften angelegt sein, – nicht auf kulturelle Identität und ihre Bewahrung. Und nicht auf sozio-moralische Handlungsimperative.

Das deutsche Modell des „Verfassungsstaats" und jede andere Vorstellung, die sich an dem Bild einer vorpolitischen kulturellen Einheit orientiert, wirkt dagegen nurmehr weltfremd. Es hat seine Rechtfertigung in den tatsächlichen Verhältnissen und auch im Denken der Menschen verloren; es trägt zu der notwendigen politikwissenschaftlichen Debatte um die Möglichkeit einer europäischen Verfassungspolitik nichts bei.

Literatur

Abromeit, Heidrun (1998a): Ein Vorschlag zur Demokratisierung des europäischen Entscheidungssystems. In: Politische Vierteljahresschrift 39. 80-90

Abromeit, Heidrun (1998b): Democracy in Europe. How to legitimize politics in non-state polity. Oxford: Berghahn

Antalovsky, Eugen/ Melchior, Josef/ Puntscher Riekmann, Sonja (Hrsg.) (1997): Integration durch Demokratie. Neue Impulse für die Europäische Union. Marburg: Metropolis

Backes, Uwe /Jesse, Eckhardt (1993): Politischer Extremismus in der Bundesrepublik Deutschland. Bonn: Bundeszentrale für politische Bildung

Baumann, Zygmunt (1997): Schwache Staaten. Globalisierung und die Spaltung der Weltgesellschaft. In: Beck, Ulrich (Hrsg.) (1997): Kinder der Freiheit. Frankfurt am Main: Suhrkamp. 315-332

Beck, Ulrich (Hrsg.) (1997): Kinder der Freiheit. Frankfurt am Main: Suhrkamp

Benz, Arthur (1998): Politikverflechtung ohne Politikverflechtungsfalle - Koordination und Strukturdynamik im europäischen Mehrebenensystem. In: Politische Vierteljahresschrift 39. 558-589

Bieber, Roland (1995): Steigerungsform der Europäischen Union: Eine europäische Verfassung. In: Ipsen, Hans Peter u.a. (Hrsg.) (1995): Verfassungsrecht im Wandel. Köln u.a.: Heymann. 291-304

Beutler, Bengt (1996): 1996 - Auf dem Weg zu einer europäischen Verfassung. In: Kritische Justiz 29. 52-64

Bleek, Wilhelm/ Lietzmann, Hans J. (1999): Schulen der deutschen Politikwissenschaft. Opladen: Leske + Budrich

Brunkhorst, Hauke (Hrsg.) (1998): Demokratischer Experimentalismus. Politik in der komplexen Gesellschaft. Frankfurt am Main: Suhrkamp

Burley, Anne Marie/ Mattli, Walter (1993): Europe before the Court. A Political Theory of Legal Integration. In: International Organization 47. 41-76

Denninger, Erhard (1995): Verfassungsrecht und Solidarität. In: Kritische Vierteljahresschrift für Gesetzgebung 78. 7-24

Dippel, Horst (1978): Germany and the American Revolution 1770-1800. Frankfurt: Zabern

Frankenberg, Günter (1994): Die Verfassung der Republik. Frankfurt am Main: Suhrkamp

Friedrich, Carl Joachim (1937): Constitutional Government and Politics. New York/London: Harper

Friedrich, Carl Joachim (1951/1953): Der Verfassungsstaat der Neuzeit. New York/ Berlin u.a.: Springer

Friedrich, Carl Joachim (1955): Die Philosophie des Rechts in Historischer Perspektive. Berlin u.a: Springer

Friedrich, Carl Joachim (1975): Johannes Althusius und sein Werk im Rahmen der Entwicklung der Theorie von der Politik. Berlin: Duncker & Humblot

Garrett, Geoffrey (1995): The Politics of Legal Integration in the European Union. In: International Organization 49. 171-181

Garrett, Geoffrey / Kelemen, Daniel R./ Schulz, Heiner (1998): The European Court of Justice, National Governments, and Legal Integration in the European Union. In: International Organization 52. 149-176

Greenberg, Douglas u.a. (Ed.) (1993): Constitutionalism and Democracy. Transitions in the Contemporary World. New York/ Oxford: Oxford University Press

Greven, Michael Th. (1999): Die politische Gesellschaft. Opladen: Leske und Budrich.

Guggenberger, Bernd/ Würtenberger, Thomas (Hrsg.) (1998): Hüter der Verfassung oder Lenker der Politik? Das Bundesverfassungsgericht im Widerstreit. Baden-Baden: Nomos

Häberle, Peter (1983): Europa in kulturverfassungsrechtlicher Perspektive. In: Ders. (1992): Rechtsvergleichung im Kraftfeld des Verfassungsstaates. Berlin: Duncker & Humblot. 45-70

Häberle, Peter (1992): Rechtsvergleichung im Kraftfeld des Verfassungsstaates. Berlin: Duncker & Humblot

Häberle, Peter (1995): Die europäische Verfassungsstaatlichkeit. In: Kritische Vierteljahresschrift für Gesetzgebung 78. 298-312

Häberle, Peter (1997): Der Verfassungsstaat in entwicklungsgeschichtlicher Perspektive. In: Verfassungsstaatlichkeit. Festschrift für Klaus Stern. München. 143-166

Haltern, Ulrich R. (1997): Integration als Mythos. Zur Überforderung des Bundesverfassungsgerichts. In: Jahrbuch für Öffentliches Recht (N.F.) 45. 31-88

Ipsen, Hans Peter u.a. (1995): Verfassungsrecht im Wandel. Köln u.a: Heymann

Johnson, Nevil (1993): Constitutionalism in Europe since 1945. Reconstruction and Reappraisal. In: Greenberg, Douglas u.a. (Ed.) (1993): Constitutionalism and democracy. Transitions in the Contemporary World. New York/ Oxford: Oxford University Press. 26-45

Kägi, Werner (1945): Die Verfassung als rechtliche Grundordnung des Staates. Zürich: Polygraphischer Verlag

Kielmansegg, Peter Graf (1988): Das Experiment der Freiheit. Zur gegenwärtigen Lage des demokratischen Verfassungsstaats. Stuttgart: Klett – Cotta

Kohler-Koch, Beate (1999): The Evolution and Transformation of European Governance. In: Kohler-Koch, Beate /Eising, Rainer (1999): The Transformation of Governance in the European Union. London: Routledge.

Lhotta, Roland (1998): Verfassungsreform und Verfassungstheorie. In: Zeitschrift für Parlamentarismusforschung 29. 159-179

Lietzmann, Hans J. (1998): Reflexiver Konstitutionalismus und Demokratie. Die moderne Gesellschaft überholt die Verfassungsrechtsprechung. In: Guggenberger, Bernd /Würtenberger, Thomas (Hrsg.) (1998): Hüter der Verfassung oder Lenker der Politik. Das Bundesverfassungsgericht im Widerstreit. Baden-Baden: Nomos. 233-262

Lietzmann, Hans J. (1999): Politikwissenschaft im Zeitalter der Diktaturen. Die Entwicklung der Totalitarismustheorie Carl J. Friedrichs. Opladen: Leske + Budrich

Lietzmann, Hans J. (1999a): Integration und Verfassung. In: Bleek, Wilhelm/ Lietzmann, Hans J.: Schulen der deutschen Politikwissenschaft. Opladen: Leske + Budrich. 245-267

Lietzmann, Hans J. (2001): Politik und Verfassung: Politischer Konstitutionalismus. In: Lietzmann, Hans J. (Hrsg.): Moderne Politik. Politikverständnisse des 20. Jahrhunderts. Opladen: Leske und Budrich. 241- 276

Lipgens, Walter (1968): 45 Jahre Ringen um die Europäische Verfassung. Dokumente 1939-1984. Bonn: Europa Union Verlag

Mattli, Walter/ Slaughter, Anne Marie (1998): Revisiting the European Court of Justice. In: International Organisation 52. 177-209

Mehring, Reinhard (1994): Integration und Verfassung. Zum politischen Verfassungssinn Rudolf Smends. In: Jahrbuch „Politisches Denken" 1994. Stuttgart: Metzler. 19-35

Moravcsik, Andrew (1993): Preferences and Power in the European Union. A Liberal Intergouvernmentalist Approach. In: Journal of Common Market Studies 31. 473-524

Moravcsik, Andrew (1998): The Choice to Europe. Social Purpose and State Power from Messina to Maastricht. London: UCL Press

Murphy, Walter F. (1993): Constitutions, Constitutionalism, and Democracy. In: Greenberg, Douglas u.a. (Ed.) (1993): Constitutionalism and democracy. Transitions in the Contemporary World. New York/ Oxford: Oxford University Press. 3-25

Pernice, Ingolf (1995): Carl Schmitt, Rudolf Smend und die europäische Integration. In: Archiv des öffentlichen Rechts 120. 100-120

Pernice, Ingolf (1996): Die Dritte Gewalt im europäischen Verfassungsverbund. In: Europa Archiv. 27-43

Pernice, Ingolf (2000): Die Notwendigkeit institutioneller Reformen. Aussichten für die Regierungskonferenz. In: Internationale Politik 55. 11-20

Preuß, Ulrich K. (1990): Revolution, Fortschritt und Verfassung. Berlin: Wagenbach

Preuß, Ulrich K. (1994a): Der Begriff der Verfassung und ihre Beziehung zur Politik. In: Ders. (1994b): Zum Begriff der Verfassung. Frankfurt am Main: Suhrkamp. 7-36

Preuß, Ulrich K. (Hrsg.) (1994b): Zum Begriff der Verfassung. Frankfurt am Main: Suhrkamp

Rhodes, Robert A.W. (1997): Understanding Governance. Policy Networks, Governance, Reflexivity and Accountability. Buckingham: Open University Press

Rüstow, Alexander (1950/1952/1957): Ortsbestimmung der Gegenwart. Eine universalgeschichtliche Kulturkritik. 3 Bände. Erlenbach-Zürich/ Stuttgart: Rentsch

Rüstow, Alexander (1968): Die Staatsverfassung als moralische Anstalt verstanden. In: Ders./ Hillenbrand, Martin J./ Hermens, Ferdinand A. (1968): Zwischen Politik und Ethik. Köln: Westdeutscher Verlag. 30-32

Rüstow, Alexander / Hillenbrand, Martin J. / Hermens, Ferdinand A. (1968): Zwischen Demokratie und Ethik. Opladen: Westdeutscher Verlag

Salisbury, Robert H. (1968): The Analysis of Public Policy. A Search for Theories and Roles. In: Ranney, Austin (Ed.) (1968): Political Science and Public Policy. Chicago: Markham. 151-175

Schlözer, August Ludwig (1791): Stats-Anzeigen. Bd.17. Göttingen: Vandenhoek

Schneider, Heinrich (1997): Verfassungskonzeptionen der Europäischen Union. In: Antalovsky, Eugen u.a. (Hrsg.) (1997): Integration durch Demokratie. Neue Impulse für die Europäische Union. Marburg: Metropolis. 111-142

Schumann, Wolfgang (1996): Neue Wege der Integrationstheorie. Ein policy-orientiertes Modell des politischen Systems der EU. Opladen: Leske + Budrich

Schmidt, Manfred G. (1998): Der Konsoziative Staat. Hypothesen zur institutionellen Struktur und zum politischen Leistungsprofil der Europäischen Union. Manusk./ Bremen

Schwarze, Jürgen (Hrsg.) (2000): Die Entstehung der Europäischen Verfassungsordnung. Das Ineinandergreifen von nationalem und europäischem Verfassungsrecht. Baden-Baden: Nomos

Shapiro, Martin/Stone, Alec (1994): The New Constitutional Politics of Europe. In: Comparative Political Studies 26. 397-420

Sternberger, Dolf (1947): Begriff des Vaterlands. In: Sternberger, Dolf (1980): Staatsfreundschaft. Schriften Bd. IV. Frankfurt am Main: Insel. 9-33

Sternberger, Dolf (1980): Staatsfreundschaft. Schriften Bd. IV. Frankfurt am Main: Insel.

Sternberger, Dolf (1982): Verfassungspatriotismus. Rede bei der 25-Jahr-Feier der „Akademie für Politische Bildung" In: Sternberger, Dolf (1990): Verfassungspatriotismus. Schriften Bd. X. Frankfurt am Main: Insel. 17-31

Sternberger, Dolf (1990): Verfassungspatriotismus. Schriften Bd. X. Frankfurt am Main: Insel

Stolleis, Michael (1995): Das „Europäische Haus" und seine Verfassung. In: Kritische Justiz 78. 275-297

Vorländer, Hans (1981): Verfassung und Konsens. Berlin: Duncker & Humblot

Wagner, Wolfgang (1997): Interessen und Ideen in der Europäischen Verfassungspolitik. Rationalistische und konstruktivistische Erklärungsversuche staatlicher Außenpolitik. Tübingen.: Manuskr./ Bamberg

Weiler, Joseph H.H. (1996): Der Staat „über alles". In: Jahrbuch des öffentlichen Rechts (n.F.) 44. 91-135

Weiler, Joseph H.H. (1996a): European Neo-Constitutionalism. In: Political Studies 44. 517-533

Wiener, Antje / Della Sala, Vincent (1997): Constitution Making and Citizenship Practice – Bridging the Democracy Gap in the EU? In: Journal of Common Market Studies 35. 595-614

Willke, Helmut (1992): Ironie des Staates. Frankfurt am Main: Suhrkamp

Willke, Helmut (1997): Supervision des Staates. Frankfurt am Main: Suhrkamp

Willke, Helmut (1998): Soziologische Aufklärung der Demokratietheorie. In: Brunkhorst, Hauke (Hrsg.) (1998): Demokratischer Experimentalismus. Politik in der komplexen Gesellschaft. 13-32

Wolf, Dieter (1999): Integrationstheorien im Vergleich. Baden-Baden: Nomos

Würtenberger, Thomas (1994): Verfassungsentwicklung in Frankreich und Deutschland in der zweiten Hälfte des 18. Jahrhunderts. In: Aufklärung 9. 75-99

III.
Die Verfassungsgerichtsbarkeit im Integrationsprozess

Empirische Beobachtungen

Die Integrationskraft des Bundesverfassungsgerichts

Jutta Limbach

1 Erziehung zur Demokratie

Nach allgemeiner Ansicht obliegt es dem Bundesverfassungsgericht, integrierend zu wirken. Das Gericht selbst hat in einem seiner ersten Urteile festgestellt, dass es seiner besonderen Funktion entspreche, „das Verfassungsrecht durch Entscheidungen zu entwickeln und den Rechtsfrieden für die Zukunft zu sichern".[1] In den Rückblicken anlässlich des 50jährigen Jubiläums des Grundgesetzes ist wiederholt betont worden, dass „das Bundesverfassungsgericht zu einem integrierenden Bestandteil der rechtsstaatlichen Demokratie des Grundgesetzes" geworden sei. Es habe wesentlich dazu beigetragen, dass das Grundgesetz konkrete Gestalt gewonnen und in unserem politischen Gemeinwesen Wurzeln geschlagen hat.[2] Die Rechtsprechung zu den Grundrechten hat ein Bewusstsein der Bürger und Bürgerinnen dafür geschaffen, dass sie rechtswidrigen staatlichen Maßnahmen nicht wehrlos ausgesetzt sind.

Für das Bundesverfassungsgericht war und ist die mit dem Grundgesetz intendierte Abkehr von autoritärer und totalitärer Herrschaft eines der Leitmotive seiner Rechtsprechung. Zwei frühe Beispiele bieten die Entscheidungen, in denen es die Sozialistische Reichspartei (1951) und die Kommunistische Partei Deutschlands (1956) für verfassungswidrig erklärt hat.[3] Die in jenen Urteilen unter dem Begriff der „streitbaren Demokratie" hervorgehobenen Verfassungselemente, die es als Antwort auf das Scheitern der Weimarer Demokratie und die Entartung des Rechts im Nationalsozialismus betrachtet, werden – nicht nur in der Politikwissenschaft – gern als Inhalt der politischen Kultur der Bundesrepublik in Anspruch genommen.

In dem KPD-Urteil ist die Rede von einer freiheitlichen Demokratie, die die Würde des Menschen zu verteidigen und zu sichern hat. Zu den charakteristischen Vorzügen des Grundgesetzes zählt das Gericht das Bekenntnis zu absoluten Werten, die starke Betonung der „dritten", der richterlichen Gewalt und „das Bestreben, auch Vorgänge des politischen Bereichs, Handlungen politischer Organe in ungewöhnlich weitem Maße der Kontrolle durch unabhängige Gerichte zu unterwerfen und damit die Postulate des Rechtsstaates auch verfahrensmäßig zu realisieren". Zugleich hebt das Bundesverfassungsgericht als Grundvoraussetzung der freiheitlichen Demokratie hervor, dass nur die ständige geistige Auseinandersetzung zwischen widerstreitenden sozialen Interessen und politischen Ideen sowie der sie

---

1 BVerfGE 1, 351 (359).

2 Hesse (1998: 11).

3 BVerfGE 2, 1 und BVerfGE 5, 85.

vertretenden politischen Parteien der richtige Weg staatlicher Willensbildung sei; denn die ständige gegenseitige Kontrolle und Kritik leiste die beste Gewähr für „eine (relativ) richtige politische Linie als Resultante und Ausgleich zwischen den im Staat wirksamen politischen Kräften". Die im Parteiverbot liegende Schranke der Freiheitsgarantie rechtfertigt es mit dem Versuch des Grundgesetzes, eine Synthese zwischen dem Prinzip der Toleranz gegenüber allen politischen Anschauungen und dem Bekenntnis zu bestimmten unantastbaren Grundwerten der Staatsordnung zu finden.[4]

Das sich hier andeutende materielle Verfassungsverständnis findet später in der Interpretation der Grundfreiheiten, seien es die der Meinung, der Kunst oder der Presse, ihren Niederschlag. Der Grundrechtskatalog enthält nicht nur ein Aufgebot von Abwehrrechten, sondern wird zugleich als ein objektives Wertesystem begriffen, das auf alle Gebiete des Rechts ausstrahlt und alle öffentlichen Gewalten in die Pflicht nimmt.[5] Demokratie in diesem geläuterten Sinne erschöpft sich nicht in der Herrschaft des Volkes. Sie ist vielmehr gleichermaßen von der Volkssouveränität wie von grundlegenden Werten wie den Menschenrechten geprägt.

Das Bundesverfassungsgericht war damals mit seinem unbedingten Bekenntnis zum freiheitlich-demokratischen Rechtsstaat dem gesellschaftlichen Denken in der Bundesrepublik weit voraus. Trotz der bitteren Erfahrungen der nationalsozialistischen Schreckensherrschaft war der Start der Bundesrepublik in die Demokratie keineswegs vielversprechender als der der Weimarer Republik. Die Demokratie des Grundgesetzes vollendete im Gründungsjahr des Bundesverfassungsgerichts (1951) ihr zweites Lebensjahr, ohne dass ihr vonseiten des Volkes große Zuneigung entgegengebracht worden wäre. Je nach Lebensalter, persönlichem Schicksal und Weltanschauung sehnten sich die Deutschen nach dem Kaiserreich, den Goldenen Zwanzigerjahren oder gar dem „Dritten Reich" zurück. Nicht einmal drei Prozent identifizierten sich mit der Bundesrepublik.[6] Anfang der fünfziger Jahre war eine demokratische politische Kultur noch nicht einmal im Keim vorhanden. Es galt damals, eine gleichgültige und verdrossene Bevölkerung, die noch weithin obrigkeitsstaatlichem Denken verhaftet war, für Demokratie, Menschen- und Bürgerrechte zu interessieren.

Die fünfziger Jahre werden gern als Phase der „Pubertät der Bundesrepublik" bezeichnet. In diesem Zustand der „Unausgerichtetheit" – wie die Entwicklungspsychologie diese seelische Verfassung bezeichnet – kam dem Bundesverfassungsgericht eine besondere Rolle zu. Es hat vom Anbeginn seiner Tätigkeit immer wieder liberale Impulse ausgesandt und auf diese Weise die Identitätssuche der Republik auf dem Wege zu einem freiheitlich-demokratischen Rechtsstaat unterstützt. Dabei kam dem Gericht gewiss zustatten, dass es als eine Autorität, wenn auch nicht als Obrigkeit im überkommenen Sinne wahrgenommen wurde. Die autoritätsgläubige Mentalität der Deutschen vor allem in den Anfängen der Demokratie vertrug sich – so treffend Bryde – „gar nicht so schlecht mit einem mächtigen Ver-

4 BVerfGE 5, 85 (135ff., 139).

5 BVerfGE 7, 198 (205).

6 Greiffenhagen (1993: 34).

fassungsgericht". Dieses konnte eine aus eher undemokratischen Traditionen resultierende Autorität nutzen, um „die Deutschen zur Demokratie zu erziehen".[7]

2 Die Krise

Es wäre naiv zu glauben, dass das Bundesverfassungsgericht mit jedem seiner Urteile Frieden gestiftet hätte. Das Gericht hat auch Krisen erlebt, die seine unerschütterlich erscheinende Integrationskraft ins Gerede gebracht haben. Das war zum Beispiel Anfang der siebziger Jahre der Fall, als die Paritäten an den Universitäten, das reformierte Abtreibungsstrafrecht und die liberalere Wehrdienstnovelle auf dem Prüfstand des Gerichts standen und nicht dessen Plazet fanden.[8] Der bisher letzte Höhepunkt in der Streitgeschichte ist auf die Jahre 1995/96 zu datieren, in denen sich kontrovers diskutierte Entscheidungen in Gestalt des Kruzifix-, „Soldaten sind Mörder"-, Sitzblockaden-, Cannabis- und DDR-Spionage-Beschlusses häuften. Angesichts der scharfen Kritik dieser Entscheidungen und des zum Teil lautstarken öffentlichen Protestes wurde die Frage gestellt, ob das Bundesverfassungsgericht noch konsensbildend und friedenstiftend wirke. Ulrich Haltern sprach bereits von der „Integration als Mythos"[9]. Luhmann meinte gar, dass die „Vertextung des Staates ihr Ende erreicht" habe.[10] Als Anzeichen für den „Verlust des staatlichen Vermögens zur Integration" wurden die scharfen Angriffe auf das Bundesverfassungsgericht gewertet, die liberale Geister bereits dessen Demontage befürchten ließen.[11]

Die öffentliche Reaktion auf einige jener Entscheidungen aus der Mitte der neunziger Jahre hat sich als eine unversiegbare Kraftquelle und Antriebskraft wissenschaftlichen Nachdenkens über die Autorität des Bundesverfassungsgerichts erwiesen. Das gilt nicht nur für die Rechts-, sondern auch für die Politik- und Sozialwissenschaft. Im Mittelpunkt der Studien stehen die Fragen, worauf es zurückzuführen sei, dass das Gericht, statt mit jenen Entscheidungen Frieden zu stiften, Empörung und Kontroversen ausgelöst hat. Es geht auch um das Verhältnis des Gerichts zu Konsens und Konflikt als den Tugenden eines demokratischen Gemeinwesens.[12] Bei diesen durch eine turbulente Phase des Gerichts herausgeforderten Studien ist eines bemerkenswert: Weder in der Diagnose der Ursachen des Konflikts zwischen Gericht und Öffentlichkeit noch über die Zukunft des Gerichts herrscht Einigkeit. So variieren die Aussagen über die künftige Rolle des Gerichts zwischen der These vom Auslaufmodell bis zum Garanten für die Zukunftsfähigkeit unserer Gesellschaft.[13]

---

7 Bryde (1999: 201).

8 Vgl. BVerfGE 35, 79, BVerfGE 39, 1 und BVerfGE 48, 127.

9 Haltern (1997: 33).

10 Luhmann (1995: 114).

11 Lamprecht (1996).

12 Guggenberger (1998: 203).

13 Vgl. etwa einserseits Lietzmann (1998: 233ff., 259ff.) und Guggenberger (1998) andererseits.

3 Der Begriff der Integration

Wer über die integrierende Kraft der Rechtsprechung des Bundesverfassungsgerichts nachdenkt, bezieht sich gern auf die Integrationslehre Rudolf Smends. Dieser bediente sich bekanntlich des Begriffs der Integration, um den Staat als ein Stück der Wirklichkeit zu betrachten. Für ihn war der Staat nicht ein ruhendes Ganzes, von dem einzelne Lebensäußerungen wie Gesetze ausgehen. Vielmehr existierte für ihn der Staat nur in den verschiedenen Vorgängen, in denen sich staatliches Handeln als Ausdruck eines geistigen Gesamtzusammenhangs aktualisiert. Smend bezeichnet den Staat als eine „geistige Lebenswirklichkeit", die sich in einem ständigen dynamischen Entwicklungsprozess befindet.[14] Der Staat lebt, so Smend, „nur in diesem Prozess beständiger Erneuerung, dauernden Neuerlebtwerdens; er lebt, um Renans berühmte Charakterisierung der Nation ... anzuwenden, von einem Plebiszit, das sich jeden Tag wiederholt".[15] Mit dieser Sentenz von dem sich alltäglich erneuernden Plebiszit will Smend deutlich machen, dass ein Staatswesen von der prinzipiellen Zustimmung und Teilnahme seiner Bürger abhängt.[16] Und gewiss gilt das vornan für die freiheitliche Demokratie.

Eine wichtige Anregung, die wir Smend verdanken, ist sein dynamisches Verfassungsverständnis. Als positives Recht, sei „die Verfassung nicht nur Norm, sondern auch Wirklichkeit", und zwar sei sie „integrierende Wirklichkeit".[17] Klar hat er erkannt, dass die Verfassung das von ihr geregelte Ordnungsgefüge des Staates in ihren Artikeln nicht voll erfassen und durchnormieren kann. Was ihre integrierende Kraft angehe, könne sie diese nur anregen. Denn, ob dieser der Verfassung aufgegebene Erfolg sich einstelle, hänge von dem Zusammenspiel aller politischen Lebenskräfte ab. Er betrachtet das Verhältnis der Verfassung zum politisch-sozialen Sachverhalt als ein dialektisches.[18] Im Hinblick auf die Vag- und Offenheit ihres Normprogramms könne der Sinn der Verfassung nicht ohne Einbeziehung des sich immerfort erneuernden Verfassungslebens ermittelt werden. Die Wandlungs- und Ergänzungsfähigkeit sei der immanente und selbstverständliche Sinn der formulierten Verfassung.[19]

Zweierlei Dinge hat Smend mit aller Klarheit gesehen: Zum einen, dass die Integration nicht ein Maßstab staatlichen Handelns, also auch nicht Maßstab der Interpretation der Verfassung sein kann. Er selbst spricht später von einem Postulat zur pflichtgemäßen Zusammenarbeit.[20] Smend beschreibt vielmehr einen Prozess sinnorientierten, planmäßigen und organisierten Zusammenwirkens aller politischen

---

14 Insoweit befindet sich Smend im Einklang mit Heller (1992: 114), der in der Auseinandersetzung mit Georg Jellinek betonte, dass „der Staat, wie alle anderen politischen Handlungsformen, nur soweit als Institution existiert, als er in dauernder menschlicher Aktion erneuert wird".

15 Smend (1928: 18).

16 Smend (1966: Spalte 804).

17 Smend (1928: 80).

18 Das hebt Leibholz (1971: 32f.) zu Recht hervor.

19 Smend (1928: 78f.).

20 Smend (1966: Fußnote 135).

Kräfte im weiteren Sinne. Zum anderen verdanken wir ihm – die uns heute geläufige – Einsicht, dass die Konkretisierung und Auslegung der Verfassung ohne Bezugnahme auf die politisch-soziale Wirklichkeit schwerlich integrationsfördernd wirken könne.

4 Die Rezeption eines Begriffs

Sowohl in der Rechtswissenschaft als auch in der Sozial- und Politikwissenschaft wird bei dem Aufgebot der Kategorie „Integration" Smend Reverenz gezollt. Die Soziologie definiert den Begriff zumeist schlicht als die Bildung und innere Stärkung der gesellschaftlichen Einheit.[21] Das Ausmaß des Konsenses gilt ihr als Gradmesser der Integration. Das macht die Aussage deutlich, dass Integration in einer Gesellschaft nur gewährleistet sei, „wenn ein breiter Konsens über die Beziehungen zwischen Macht, Geld, Prestige und Fähigkeiten einerseits und deren Verflechtung mit dem System sozialer Arbeitsteilung andererseits besteht".[22]

Auch in der Politikwissenschaft wird soziale Integration durch Rückgriff auf den Konsens definiert, aber nicht allein auf materielle Werte und gesellschaftlichen Status Bezug genommen. Darüber hinaus wird auf die Anerkennung gemeinsamer Grundwerte und Ziele sowie allgemeiner Regeln zur Bewältigung von Konflikten verwiesen, hinsichtlich derer ein Minimalkonsens bestehen müsse.[23]

In der Staatrechtslehre wird der Begriff der Integration zumeist in Anlehnung an Smend als Prozess verstanden und als Hinwirken auf die staatliche Einheit und den politisch-sozialen Zusammenhalt umschrieben. Smends Einsichten werden in der modernen Staatsrechtslehre gern in dem Postulat verdichtet, dass eine Verfassung einheitsstiftend wirken solle.[24] Bei den staatsrechtlichen Definitionsversuchen steht zumeist der Bürger im Vordergrund der Betrachtung. Das mag erklären, dass vornan die Staatsrechtslehrer den öffentlichen Protest auf die Entscheidungen des Jahres 1995 als potenzielles Signal für die nachlassende Integrationskraft des Bundesverfassungsgerichts gedeutet haben. So beschreibt etwa Ernst Benda Integration als das Anstreben und Fördern der Verbindung der Bürger mit ihrem Staat.[25] Roman Herzog hebt hervor, dass die Integration der Individuen – eben jenes Zusammengehörigkeitsgefühl – „nicht nur für den Bestand des Staates, sondern auch für den Bestand und das Funktionieren der Gesellschaft von grundlegender Bedeutung" sei.[26]

---

21 Vgl. Herderlexikon Soziologie (1976: 91), Stichwort „Integration".

22 Vgl. Lautmann (1994: 303), Stichwort „Integration".

23 Vgl. Meyers kleines Lexikon Politik (1986: 211ff.), Stichwort „Integration".

24 Z. B. Stern (1984: 90).

25 Benda (1994: 719ff., Rdnr. 116).

26 Herzog (1971: 81).

5 Konsens und Konflikt

Medien der Integration sind der Kompromiss und der Konsens. Das bedeutet jedoch nicht, dass der Konflikt bei der Suche nach Einheit und Stabilität keine Rolle spielt. Konrad Hesse wie Ernst Benda betonen zu Recht, dass mit der Integrationsaufgabe des Staates nicht die Sehnsucht nach allgemeiner Harmonie zum Verfassungsprinzip erhoben werde.[27] Im Gegenteil, der Konflikt gehört zur Wirklichkeit des menschlichen Zusammenlebens in Staat und Gesellschaft. „Demokratische Gesellschaften werden nicht durch die stumme Eintracht ihrer Bürger zusammengehalten“, so Helmut Dubiel, „sondern durch die Form ihres Streitens“.[28] Diese zeichnet sich dadurch aus, dass sie über Verfahren verfügt, mit deren Hilfe Konflikte überwunden und in einen Kompromiss oder Konsens überführt werden können. Konflikte sind nicht das Ende des demokratischen Verfassungsstaates, sondern – wie Guggenberger treffend hervorhebt –, „das Salz in der Suppe der Demokratie“, sofern – setzt er allerdings umsichtig hinzu – diese nicht außer Kontrolle geraten.[29]

Auf den Spuren von Simmel und Dahrendorf wird in der Soziologie betont, dass Konflikte für das Aktivieren und Bekräftigen von Werten und Normen sowie für das durch den sozialen Wandel erforderliche Anpassen alter Normen integrierende Wirkung haben können. Allerdings wirkten sie nur dann integrativ, wenn die streitenden Parteien noch gemeinsame Grundwerte teilten und soziale Strukturen existierten, „die es zulassen, soziale Konflikte zu tolerieren und zu organisieren“.[30] Konflikte werden daher allgemein als eine bewegende und erneuernde Kraft begriffen, die Reformen herausfordern, wenn sich überkommene Formen den Herausforderungen der Gegenwart als nicht mehr gewachsen erweisen. Wer den politischen Konflikt zu verdrängen strebt, das sei Konrad Hesse zugegeben, setzt die politische und soziale Einheit aufs Spiel.[31]

Folgt man der Einsicht, dass Konsens und Konflikt zum unverzichtbaren Tugendkatalog einer lebensfähigen Demokratie gehören, dann stellt sich die Frage, ob sich die Aufgabe des Bundesverfassungsgerichts darauf beschränkt, Konflikte autoritativ zu beenden. Hat es seine Ordnungsaufgabe verfehlt, wenn es einen Konflikt – ungewollt gewiss – erst richtig entfacht? Oder hat das Bundesverfassungsgericht – wie Guggenberger meint – u.U. einen Konflikt hör- und sichtbar zu machen, was bedeuten könnte, auch einmal „kräftig Öl ins Schwelfeuer einer allgemein zu betulichen demokratischen Bierbankruhe zu gießen“.[32]

So wenig es die primäre Aufgabe des Bundesverfassungsgerichts ist, Konsens in der Gesellschaft zu stiften, genauso wenig kann es sein Ziel sein, eine produktive Unruhe in der Gesellschaft auszulösen. Das Gericht hat die Verfassung zu inter-

---

27 Benda (1994: Rdnr. 201), Hesse (1995).

28 Dubiel (1995: 1103).

29 Guggenberger (1998: 205).

30 So Heidtmann-Frohme (1984: 265), Stichwort „Integration“.

31 Hesse (1995).

32 Guggenberger (1998: 209).

pretieren und anzuwenden, um ihr Respekt zu verschaffen. Wenn seine Entscheidungen zugleich den gesellschaftlichen Frieden wiederherstellen, ist das ein erfreuliches Ergebnis.[33] Die fünfzigjährige Geschichte des Bundesverfassungsgerichts lehrt, dass sowohl die Akzeptanz als auch die Empörung mögliche Reaktionen oder Konsequenzen der Entscheidungen des Gerichts sind. Die kontroverse Aufnahme verfassungsgerichtlicher Entscheidungen ist mitunter unvermeidlich. Denn die Richterinnen und Richter arbeiten in einem Spannungsverhältnis, auf deren einer Seite die Mehrheitsregel und auf der anderen Seite die grundlegenden Werte der Verfassung Beachtung verlangen. Sie haben „dem Gemeinwillen zu trotzen, sobald verfassungsrechtliche Garantien auf dem Spiel stehen".[34] Geht es um den Schutz einer Minderheit, so kann die Besorgnis eines öffentlichen Protestes oder einer öffentlichen Auseinandersetzung das Gericht nicht zur Zurückhaltung verpflichten.

Doch selbst wenn die Geltung von Normen oder Richtersprüchen nicht von ihrer Billigung durch die Adressaten, die Bürgerinnen und Bürger abhängt, kann dem Gericht deren Einstellung zum Recht nicht gleichgültig sein. Wo das Rechtsverständnis der Bevölkerung verloren geht, weil es von vornherein nicht angestrebt wird, stellt sich allmählich Distanz oder Fremdheit gegenüber dem Recht ein. Und je mehr sich die Haltung verbreitet, um so mehr werden auch die Funktionsfähigkeit und schließlich die Verbindlichkeit des Rechts in Mitleidenschaft gezogen. Das Funktionieren eines jeden Rechtssystems hängt nach den Erkenntnissen der rechtssoziologischen Akzeptanzforschung weniger von der psychologischen Wirkung des dem Recht innewohnenden Zwanges als vielmehr von der Rechtsgesinnung der Normadressaten ab.[35] Laut einer Bevölkerungsumfrage sind 80 Prozent der Deutschen der Meinung, dass man sich an die Gesetze auch dann zu halten habe, wenn man mit ihnen nicht einverstanden sei. Diese „Rechtstreue aus Einsicht in die Notwendigkeit demokratisch entstandener Gesetze" dürfte auch davon abhängig sein, dass die Entscheidungen des Gesetzgebers einsehbar sind. Denn der „demokratiebewusste Bürger", so Pichler/Giese, „fordert Einsicht in Motiv und Grundlagen sowie Nachvollziehbarkeit der Prämissen".[36] Das Gleiche dürfte für die Rechtsprechung gelten.

Richter müssen Recht sprechen ohne Rücksicht auf Beifall oder Kritik. Die Urteilsformel „Im Namen des Volkes" hat zwar nicht den Sinn, die Richterinnen und Richter zum bloßen Sprachrohr des Souveräns, d.h. zum Mund des Volkes zu machen. Diese Präambel erinnert sie jedoch daran, dass sie Staatsdiener eines demokratischen Gemeinwesens sind. Daraus folgt zum einen die Kontrollierbarkeit ihres Tuns durch die Öffentlichkeit. Zum anderen müssen sie sich über das gesellschaftliche Handeln, Denken und Wissen informieren. Nüchtern ist zu konstatieren, dass auch das Bundesverfassungsgericht einem Legitimationsdruck seitens der öffentlichen Meinung ausgesetzt ist. Denn judizierte es unbekümmert um das gesellschaftliche Handeln und Denken, so liefe es Gefahr, dass es mit seinem

---

33 Grimm (1995: 10).

34 Dworkin (1994: 172).

35 So Pichler/ Giese (1993: 24).

36 Pichler/ Giese (1993: 44, 52).

Ansehen auch seinen Einfluss einbüßte.[37] Darum dient es der Wirksamkeit des Rechts, wenn die Richter und Richterinnen ihre Macht mit der Einsicht in die gesellschaftlichen Wertvorstellungen ausüben. Denn, so Zippelius, ein „Recht, das von den meisten als gerecht empfunden wird, hat die besten Aussichten auf allgemeinen Rechtsgehorsam".[38]

Die Bürger und Bürgerinnen in einer Demokratie können erwarten, dass sich das Gericht mit abweichenden Meinungen auseinandersetzt, die Prämissen der eigenen Ansichten offen legt und seine Entscheidungen einsehbar begründet. Es hat lesbar zu reflektieren, welche verfassungsrechtlichen Grundwerte seine Entscheidungen leiten und welche veränderten sozialen Anforderungen seine Entscheidung bestimmt haben. Das pflegt das Gericht insbesondere dann zu tun, wenn in hochkontroversen Entscheidungen nicht alle von dem Konflikt Betroffenen oder Interessierten gleichermaßen zufrieden gestellt werden können.

Das Bundesverfassungsgericht muss vor allem in Verfassungskonflikten, die die Gesellschaft spalten, alle Erkenntnismittel nutzen, um zu einer überzeugungskräftigen Entscheidung zu kommen. Über eine mündliche Verhandlung und das Anhören der Betroffenen und an der Sache interessierten Verbände schärft es die eigene, aber auch die Sensibilität der Öffentlichkeit für den gesellschaftlichen Konfliktstoff und die sich daran knüpfende Verfassungsfrage. Darüber hinaus bieten die durch die mündliche Verhandlung ausgelösten Debatten des Für und Wider in den Medien nicht nur wertvolle Anhaltspunkte für die öffentliche Meinung in einer pluralistischen Gesellschaft. Sie bereitet durch das Aufgebot von Rede und Gegenrede die Grundlage für eine verständnisvolle Aufnahme jener Entscheidungen, die nicht alle am Konflikt Beteiligten zufrieden stellen können. Nicht zuletzt wird das Gericht mit Hilfe einer sorgfältigen Analyse des sozialen Hintergrunds versuchen, ein die gegensätzlichen Interessen soweit als möglich ausgleichendes Lösungskonzept zu erarbeiten.

6 Der soziale Hintergrund

Die sorgfältigen Sachverhaltsanalysen haben - wie Hesse zu Recht betont - in der Rechtsgewinnung des Bundesverfassungsgerichts stets eine große Rolle gespielt.[39] Sie haben zu überzeugungskräftigen und damit friedenstiftenden Urteilen verholfen. Die über den Methodenkanon hinausgehende Bedachtnahme auf den geschichtlichen, politischen, sozialen und wirtschaftlichen Hintergrund lässt sich an vielen wichtigen Urteilen des Bundesverfassungsgerichts deutlich machen. Man denke zum Beispiel an die Entscheidungen zum väterlichen Stichentscheid, zur Parteienfinanzierung und an das Apothekenurteil. Aus der jüngsten Zeit sind vor allem jene Entscheidungen zu nennen, in denen das Gericht aus der Wiedervereinigung resultierende Konflikte entschieden hat. So hat sich das Gericht im Wahl-

---

37 So treffend Zippelius (1994: 150).

38 Zippelius (1994: 148f.).

39 Hesse (1995: 8).

vertragsurteil des Jahres 1990 von der Einsicht leiten lassen, dass die Vereinbarkeit einer Sperrklausel mit dem Grundsatz der Gleichheit der Wahl nicht ein für allemal abstrakt beurteilt werden kann. Vielmehr seien die Verhältnisse des Landes, für das sie gelten solle, zu berücksichtigen. Da die erste deutsche Wahl unter besonderen Umständen stattfinde, sei eine unveränderte Anwendbarkeit der Sperrklausel von 5 v.H. nicht erlaubt. Auf diese Weise hat das Gericht dem Umstand Rechnung getragen, dass sich die politischen Parteien kurzfristig auf ein erweitertes Wahlgebiet einstellen mussten. Während einige der politischen Vereinigungen auf eine Ausstattung zurückgreifen konnten, die ihnen in der Zeit der SED-Diktatur aufzubauen möglich war, haben andere Gruppen sich erst nach deren Sturz organisieren und politisch tätig werden können. Einmalig galt deshalb für die ersten gesamtdeutschen Wahlen das Prinzip: Vereint wählen, getrennt zählen.[40]

Die Entscheidungen im Gefolge des Einigungsvertrags sind im In- und Ausland als eine besondere Integrationsleistung des Bundesverfassungsgerichts bewertet worden. Das Gericht habe, so Häberle, „maßgeblich am Grundkonsens Deutschlands mitgearbeitet und ... in klugem Wechselspiel, von „judicial activism" (z.B. in Sachen 5 %-Klausel) und „judicial selfrestraint" (im Bodenreform-Urteil)[41] „viel befriedigende Prätorik geleistet"[42]. Peter Quint etikettiert in seinem Buch „The Imperfect Union" das Bundesverfassungsgericht als einen mächtigen Schlichter. Es habe zwischen konkurrierenden Interessen einen Ausgleich zu finden versucht. Die Wiedervereinigung, so Quint, habe die Herausbildung des Bundesverfassungsgerichts als ein Staatsorgan beschleunigt, das die soziale Integration als eine seiner wichtigsten Aufgaben betrachte.[43]

7 Die Zukunftsaufgaben des Bundesverfassungsgerichts

Quint schließt sein Buch mit einer Überlegung über die Zukunftsaufgaben des Bundesverfassungsgerichts und trifft sich in seiner grundsätzlichen Aussage über dessen künftige Rolle mit Bernd Guggenberger. Quint philosophiert über die Möglichkeit, dass das Gericht in expansiver Interpretation seiner Jurisprudenz zum Sozialstaatsprinzip die soziale Integration in Deutschland fördere; und zwar indem es die Sozialstaatsziele implementiere, die im Verfassungsentwurf des Runden Tisches und in einigen Verfassungen der neuen Länder ihren hochentwickelten Ausdruck gefunden hätten.[44]

In der Meinung, dass auch unter den Bedingungen der Demokratie ganz offensichtlich ein Bedürfnis nach einer aristokratischen Institution fortlebt, will Guggenberger das Bundesverfassungsgericht zum Wächter der allgemeinen Lebensbedingungen machen, um auf diese Weise die Umweltpolitik von dem guten Willen und

---

[40] BVerfGE 82, 322.

[41] BVerfGE 84, 90.

[42] Häberle (1998: 80).

[43] Quint (1997: 314).

[44] Quint (1997: 315).

Wankelmut der Parteien unabhängiger zu machen. Denn es entspräche „einer spezifisch deutschen Verfassungslogik, in Fragen langfristiger Politik- und Zukunftsfähigkeit mehr auf das Bundesverfassungsgericht als auf ‚die Politik' zu vertrauen".[45] Hier wird das Bundesverfassungsgericht mehr als Lenker der Politik denn als Hüter der Verfassung ins Auge gefasst.

Damit werden an das Bundesverfassungsgericht Erwartungen adressiert, die es nicht erfüllen kann und nicht erfüllen darf. Denn dem Gericht obliegt nur die begrenzte Aufgabe, im gerichtsförmigen Verfahren die Verfassung auszulegen und anzuwenden. Es versieht eine vorzugsweise kontrollierende und machtbegrenzende Funktion. Es ist nicht seine Sache zu überprüfen, ob die Politik bei dem Ausgleich widerstreitender Belange die zweckmäßigste, vernünftigste und gerechteste Lösung gefunden hat.[46]

Vor allem bei den Staatszielen wie dem des Sozialstaates und des Umweltschutzes ist behutsames und zurückhaltendes Judizieren angesagt. Zu recht wird der Sozialstaatsklausel eine starke integrationsfördernde Wirkung beigemessen. Zielt sie doch auf das Bemühen, einen Ausgleich der Interessen und die Förderung des Gemeinwohls zu bewirken.[47] Doch das Sozialstaatsprinzip wendet sich im Regelfall an den Gesetzgeber, auch wenn es zugleich als Auslegungsrichtlinie der Gerichte dient. Das Bundesverfassungsgericht hat stets betont, dass nur der Gesetzgeber das Wesentliche zur Verwirklichung des Sozialstaats tun könne. Dieser sei insbesondere verpflichtet, sich um einen erträglichen Ausgleich der widerstreitenden Interessen zu bemühen. Das Bundesverfassungsgericht hat dieses Prinzip immer nur ad hoc, von Fall zu Fall konkretisiert, aber nie versucht, es in allgemeiner Weise zu definieren. Mit dem Hinweis auf das Demokratieprinzip hat es vermieden, aus dem Sozialstaatsprinzip „eine so und nicht anders einzulösende verfassungsrechtliche Verpflichtung" vorzugeben.[48]

Sowohl im Hinblick auf diese Problematik wie auch für die übrigen Politikfelder gilt, dass das Grundgesetz die Aufgabe, widerstreitende gesellschaftliche Interessen auszugleichen, dem Parlament übertragen hat. Mit der Wahl der Abgeordneten ist für ein besonders weites Spektrum von politischen Interessen und sozialen Deutungsperspektiven gesorgt. Auch trägt die Offenheit des politischen Prozesses der Tatsache Rechnung, dass das Grundgesetz die politische Willensbildung einer möglichst breiten politischen Auseinandersetzung überlässt, in der das Gemeinwohl definiert wird.[49] Denn vor allem in Fragen, in denen das Grundgesetz wenig beredt ist, „verlangt das Demokratieprinzip, dass nur entscheidet, wer in der Wahl wiederum zur Verantwortung gezogen werden kann".[50] Eine Rückantwort der Bürger und Bürgerinnen in regelmäßigen Wahlen kennen die Mitglieder des Bundesverfassungsgerichts nicht. Ihre im Grundgesetz garantierte persönliche und

---

45 Guggenberger (1998: 216f.).

46 So ausdrücklich BVerfGE 36, 174 (189); BVerfGE 38, 312 (322).

47 Benda (1994: 796, Rn. 200).

48 BVerfGE 59, 231 (263).

49 Bryde (1999: 343).

50 Grimm (1977: 100).

sachliche Unabhängigkeit soll sie gerade gegenüber politischen Vorgaben immun machen und gewährleisten, dass nur das Recht zu Wort kommt. Das Urteil über die beste Verwirklichung des Gemeinwohls soll dagegen Sache der Politik sein.

Das gilt im Grundsätzlichen selbst dann, wenn die Politik untätig bleibt, weil sie zu zerstritten oder zögerlich ist, etwa weil sie den Konflikt oder eine unpopuläre Entscheidung scheut. Die dem Bundesverfassungsgericht zukommende integrative Funktion für das Staatsganze schafft keine konkrete oder gar zusätzliche Entscheidungsermächtigung. Wie auch umgekehrt – so treffend Bethge – die verfehlte friedenstiftende Funktion einer seiner Entscheidungen deren Verbindlichkeit nicht beeinträchtigt.[51] Feinnervigkeit des Gerichts für die Grenzen richterlicher Verantwortung ist das selbstverständliche Arbeitsethos des Hüters einer Verfassung, die sich für die gewaltengeteilte Demokratie entschieden hat; denn das sensible Bestimmen des eigenen Verantwortungsbereichs ist selbstverständliche Pflicht für ein Staatsorgan, das über die Teilung und den Ausgleich staatlicher Macht von Verfassungs wegen zu wachen hat. Das Gericht büßte seine Autorität und damit auch seine Integrationskraft ein, setzte es sich über die ihm gesetzten Grenzen hinweg.

51 Bethge (2000: Rdnr. 47).

Literatur

Benda, Ernst (1994[2]): Der soziale Rechtsstaat. In: Benda, Ernst/ Maihofer, Werner/ Vogel, Hans-Jochen (Hrsg.) (1994): Handbuch des Verfassungsrechts der Bundesrepublik Deutschland. Berlin: de Gruyter. 719-797

Bethge, Herbert (2000): Einleitung zu § 13 BVerfGG. In: Maunz, Theodor/ Schmidt-Bleibtreu, Bruno/ Klein, Franz/ Ulsamer, Gerhard (2000[19]): Bundesverfassungsgerichtsgesetz. Kommentar. München: Beck

Bryde, Brun-Otto (1999): Die Rolle der Verfassungsgerichtsbarkeit in Umbruchsituationen. In: Hesse , Joachim Jens/ Schuppert, Gunnar Folke/ Harms, Katharina (Hrsg.) (1999[1]): Verfassungsrecht und Verfassungspolitik in Umbruchsituationen. Zur Rolle des Rechts in staatlichen Transformationsprozessen in Europa. Baden-Baden: Nomos. 197-210

Dubiel, Helmut (1995): Gehegte Konflikte. In: Merkur – Deutsche Zeitschrift für europäisches Denken. 1095-1106

Dworkin, Ronald (1994): Gleichheit, Demokratie und die Verfassung. Wir, das Volk und die Richter. In: Preuß, Ulrich K. (Hrsg.) (1994): Zum Begriff der Verfassung. Frankfurt am Main: Fischer. 171-209

Greiffenhagen, Martin/ Greiffenhagen, Sylvia (1993): Ein schwieriges Vaterland. Zur politischen Kultur im vereinigten Deutschland. München [u.a.]: List

Grimm, Dieter (1977): Verfassungsgerichtsbarkeit. In: Hoffmann-Riem, Wolfgang (Hrsg.) (1977): Sozialwissenschaften im Studium des Rechts. Verfassungs- und Verwaltungsrecht. Bd. II. München: Beck. 87-111

Grimm, Dieter (1995): Interview mit der Süddeutschen Zeitung. SZ vom 9.12.1995 (Nr. 284). 10

Guggenberger, Bernd (1998): Zwischen Konsens und Konflikt. Das Bundesverfassungsgericht und die Zukunftsfähigkeit der Gesellschaft. In: Guggenberger, Bernd/ Würtenberger, Thomas (Hrsg.) (1998): Hüter der Verfassung oder Lenker der Politik? Baden-Baden: Nomos. 202-232

Häberle, Peter (1998): Die europäischen verfassungsrechtlichen Erfahrungen der Nachkriegszeit - das Beispiel Deutschland. In: Jahrbuch des öffentlichen Rechts 46. 69-94

Haltern, Ulrich R. (1997): Integration als Mythos. Zur Überforderung des Bundesverfassungsgerichts. In: Jahrbuch des öffentlichen Rechts 45. 31-88

Heidtmann-Frohme, Susanne (1984): Artikel „Integration". In: Kerber, Harald /Schmieder, Arnold (Hrsg.) (1984): Handbuch der Soziologie. Zur Theorie und Praxis sozialer Beziehungen, Reinbek bei Hamburg: Rowohlt. 262-265

Heller, Hermann (1992[2]): Gesammelte Schriften. Bd. III: Staatslehre als politische Wissenschaft. Tübingen: Mohr Siebeck

Herder-Lexikon (1976): Soziologie. Freiburg: Herder

Herzog, Roman (1971): Allgemeine Staatslehre. Frankfurt am Main: Athenäum

Hesse, Konrad (1995[20]): Grundzüge des Verfassungsrechts der Bundesrepublik Deutschland. Heidelberg: Müller

Hesse, Konrad (1998): Stufen der Entwicklung der Deutschen Verfassungsgerichtsbarkeit. In: Jahrbuch des öffentlichen Rechts. Neue Folge 46. 1-24

Lamprecht, Rolf (1996): Zur Demontage des Bundesverfassungsgerichts. Baden-Baden: Nomos

Lautmann, Rüdiger (1994): Artikel „Integration". In: Fuchs-Heinritz, Werner u.a. (Hrsg.) (1994[3]): Lexikon zur Soziologie. Opladen: Westdeutscher Verlag

Leibholz, Gerhard (1971): Der Status des Bundesverfassungsgerichts. In: Bundesverfassungsgericht (1971): Das Bundesverfassungsgericht 1951 - 1971, Karlsruhe: Müller. 31-57

Lietzmann, Hans J. (1998): „Reflexiver Konstitutionalismus" und Demokratie – Die moderne Gesellschaft überholt die Verfassungsrechtsprechung. In: Guggenberger, Bernd/ Würtenberger, Thomas (Hrsg.) (1998): Hüter der Verfassung oder Lenker der Politik. Baden-Baden: Nomos. 233-260

Luhmann, Niklas (1995): Metamorphosen des Staates. In: Luhmann, Niklas. (1995): Gesellschaftsstruktur und Semantik. Studien zur Wissenssoziologie der modernen Gesellschaft, Frankfurt am Main: Suhrkamp. 101-135

Meyers kleines Lexikon Politik (1986): Mannheim: Bibliographisches Institut

Pichler, Johannes W./ Giese, Karin (1993): Rechtsakzeptanz. Eine empirische Untersuchung zur Rechtskultur aus dem Blickwinkel der Ideen und Werte. Wien: Böhlau

Quint, Peter E. (1997): The Imperfect Union. Princeton, NJ: Princeton Univ. Press

Smend, Rudolf (1928): Verfassung und Verfassungsrecht. München: Duncker & Humblot

Smend, Rudolf (1966): Artikel „Integration". In: Kunst, Hermann (Hrsg.) (1966^1): Evangelisches Staatslexikon. Stuttgart: Kreuz

Stern, Klaus (1984^2): Das Staatsrecht der Bundesrepublik Deutschland. Bd. 1. München: Beck

Zippelius, Reinhold (1994^2): Rechtsphilosophie. München: Beck

Integration durch Verfassungsgerichtsbarkeit und ihre Grenzen*

Brun-Otto Bryde

1 Justiziabilität als Integrationsbedingung und Integrationserschwernis

Wenn mein Thema im Rahmen eines Tagungsthemas „Integration durch Verfassung" nicht einfach das Tagungsthema als solches wiederholen soll, dann muss die Betonung offensichtlich auf dem Wortbestandteil „-gerichtsbarkeit" liegen. Die Fragestellung ist m.a.W., welche Folgen es für die Integrationsfunktion einer Verfassung hat, dass sie justiziabel ist. Dass ich auch die Grenzen in den Titel aufgenommen habe, liegt daran, dass ich grundsätzlich fragen will, ob Verfassungsgerichtsbarkeit gerade der Integrationsfunktion der Verfassung dient.

Allerdings mag zunächst eine bloße Fortschreibung der Erkenntnisse über „Integration durch Verfassung" auf die „Integration durch Verfassungsgerichtsbarkeit" näher liegen. Wenn man die Integrationswirkung der Verfassung in der Festschreibung des Grundkonsenses sieht, dann scheint der Beitrag des Organs zur Integration, das diese Festschreibung kontrolliert und garantiert, keine besonderen Probleme aufzuwerfen. Im Gegenteil, würden Konstitutionalisten argumentieren, dass ohne richterliche Kontrolle die Verfassung ihren Integrationsbeitrag nur schlecht wenn überhaupt leisten kann. Prozeduraler Grundkonsens verlangt, dass die vereinbarten Verfahren auch eingehalten werden, und auch die inhaltliche Festlegung des Bereichs, in dem sich die Bürger und Bürgerinnen keiner Mehrheitsentscheidung zu unterwerfen bereit sind, verweist relativ zwanglos auf ein Verfassungsmodell, in dem dieser Bereich vor Gericht verteidigt werden kann. Nun lassen sich normative und justiziable Verfassung nicht einfach identifizieren. Funktionierende demokratische Verfassungsstaaten wie Großbritannien, Neuseeland, die Schweiz, die Niederlande oder auch weniger bekannte skandinavische Beispiele lehren, dass eine Verfassung auch ohne richterliche Kontrolle einen stabilen Rahmen des politischen Prozesses bilden kann. Aber in diesen Ausnahmefällen ist die Verfassung durch eine stabile demokratische politische Kultur, Traditionen und Konventionen abgesichert, die sich nicht ohne weiteres transferieren lassen. Für viele Staaten müsste die Frage, ob die normative Kraft der Verfassung auch ohne effektive und unabhängige Kontrollinstanz gesichert wäre, eher skeptisch beantwortet werden.

Trotzdem möchte ich in meinem Beitrag nicht nur als Ausnahme, sondern ganz grundsätzlich die gleichzeitige Gefährdung der Integrationsfunktion einer Verfas-

* Die Vortragsform wurde im wesentlichen beibehalten. Die Perspektive ist die des wissenschaftlichen Beobachters vom Oktober 1998, also lange vor meiner eigenen Berufung an das Bundesverfassungsgericht im Januar 2001.

sung durch ihre Justiziabilität thematisieren. Nahezu von der Natur der Sache her bringt die Justiziabilität einer Verfassung diese stärker in Streit. In Ländern ohne richterliches Prüfungsrecht ist akademisches „Verfassungsrecht" eher eine gehobene Staatsbürgerkunde, deren Beitrag zur Integration durch die Bestätigung der Gründungsmythen und der konsentierten Verfassungsideen plastisch ist. In einem System, in dem das verfassungsrechtliche Argument helfen kann, Prozesse zu gewinnen und in dem man mit Hilfe eines Gerichts politische Niederlagen in Siege verwandeln kann, ist hingegen fast jedes Wort der Verfassung umstritten.

Darüber hinaus löst Verfassungsgerichtsbarkeit, indem sie Interpretationskonflikte entscheidet, abstrakten Konsens auf. Wenn es Verfassungen überhaupt gelingen kann, den Grundkonsens einer Gesellschaft zu umschreiben, dann ist das angesichts politischen Streits und gesellschaftlicher Interessendivergenzen in einer ausdifferenzierten und komplexen Gesellschaft nur möglich, in dem man solchen Konsens auf einer relativ abstrakten Wert- und Prinzipienebene definiert. Jede – für die justiziable Verfassung typische – Konkretisierung solcher Prinzipien im Einzelfall strapaziert dann auch die Integrationsfunktion der Verfassung.

Wir stehen also vor einem Dilemma: Einerseits spricht viel dafür, dass die Absicherung des Grundkonsenses in der Verfassung der effektiven Kontrolle bedarf, und Verfassungsgerichtsbarkeit ist ein denkbares und erprobtes Instrument solcher Kontrolle. Insoweit ist Integration durch Verfassungsgerichtsbarkeit tatsächlich nur die konsequente Fortschreibung des Themas Integration durch Verfassung.

Andererseits besteht im Prozess dieser Kontrolle, bei der Anwendung konsentierter Verfassungsprinzipien auf den strittigen Einzelfall immer die Gefahr, dass gerade durch die richterliche Konkretisierungsarbeit die Verfassung ihre Konsensfähigkeit verliert. Im Licht der Diskussion über Verfassungsfunktionen kann man auch sagen, dass die symbolische Funktion der Verfassung durch Verfassungsgerichtsbarkeit eher geschwächt, die normative gestärkt wird.

Aufgabe ist es offensichtlich, Wege zu finden, wie Verfassungsgerichtsbarkeit die schwierige Aufgabe bewältigen kann, die Einhaltung des Grundkonsenses zu überwachen, ohne ihn zu gefährden. Mit dieser Aufgabe sind Verfassungsgerichte unterschiedlich zurecht gekommen. Die Aufgabe wird dadurch erleichtert, dass sie sich mit vielem berührt, was an theoretischen Bemühungen für die Erarbeitung der funktionellen Grenzen der Verfassungsgerichtsbarkeit unter Stichworten wie „judicial restraint" geleistet worden ist, denn auch dabei geht es ja darum, den positiven Beitrag, den Gerichte zum Funktionieren von Demokratien haben können, gegen die justizstaatliche Überwältigung der Demokratie zu sichern. Insofern erweisen sich häufig die ältesten Äußerungen zum Thema als ganz frisch und unüberholt.

2 Verfassungsgerichtsbarkeit in Transitionssituationen

Verfassungsgerichtliche Integrationsleistungen können wir insbesondere dort vermuten, wo wir auch eine starke Richterrolle in der Demokratie ohne Einschränkung positiv bewerten. Das scheint mir nach historischen Erfahrungen insbesondere in

Transitionssituationen, bei der Ersetzung einer vor-demokratischen Ordnung durch einen demokratischen Verfassungsstaat der Fall zu sein.[1]

In solchen Situationen wäre die Hoffnung auf die bloß appellative Funktion der Verfassung häufig naiv. Dass demokratische Verfassungsstaaten, die ganz ohne oder doch mit einer sehr reduzierten Rolle von richterlicher Verfassungskontrolle auskommen, i.d.R. alte Demokratien sind, in denen eine sehr starke politische Kultur die Einhaltung der Verfassung sichert, ist ja kein Zufall.

In einer Transitionssituation besteht hingegen ein Konflikt zwischen den Werten und Interessen, die aus dem alten System stammen, und der Legitimität der neuen Verfassungsordnung. D.h. die neue Verfassung ist zwar in einem gesellschaftlichen Kompromiss vereinbart, (gelegentlich allerdings auch mit kräftiger Nachhilfe von außen – Siegermächte, Kolonialmacht, internationale Geldgeber), aber noch keinesfalls akzeptierte Grundordnung geworden. Integration durch Verfassungsgerichtsbarkeit bedeutet dann, dass die Verfassung überhaupt erst einmal zur akzeptierten Grundordnung des Gemeinwesens gemacht worden muss (Verfassungsimplementation) und dabei ist Verfassungsgerichtsbarkeit keinesfalls nur Kontrolleur, sondern Akteur.

3 Verfassungsimplementation

3.1 Frühphase der Bundesrepublik

Die Frühphase der deutschen Nachkriegsdemokratie ist ein gutes Beispiel. Deren Erfolg war ja keinesfalls sicher. Es gab keine demokratischen Traditionen, ein erstes demokratisches Experiment in der Weimarer Republik war gescheitert, eine ganze Generation war nationalsozialistisch indoktriniert worden. Die Anfänge empirischer Forschung über die politische Kultur in Deutschland zeigen eine sehr autoritäre, deutlich anti-pluralistische Haltung. Natürlich war der Nationalsozialismus diskreditiert. Aber undemokratische, autoritäre und anti-pluralistische Traditionen sind in Deutschland älter als 1933. Eine autoritätsgläubige Grundhaltung verträgt sich jedoch gar nicht schlecht mit einem mächtigen Verfassungsgericht. Vergleichende politische Kulturforschung kritisiert die deutsche politische Kultur gerade, weil sie legalistisch und unpolitisch ist: Dass die Gerichte, an ihrer Spitze das Bundesverfassungsgericht, bis heute ein so viel höheres Ansehen genießen, als die politischen Akteure, ist für eine Demokratie nicht besonders gesund. Es liegt nämlich auch daran, dass eine autoritätsgläubige Tradition politischen Kampf als schmutzig ansieht, weisen Männern (die weisen Frauen waren ja zunächst nicht sehr zahlreich) in roten Roben aber vertraut.

Das bedeutet nun für die Rolle des Bundesverfassungsgerichts in der Integration des deutschen Verfassungsstaates eine einzigartige Position: Es konnte eine Autorität, die es eher undemokratischen Traditionen verdankte, nutzen, die Deutschen zur Demokratie zu erziehen. Juristische und administrative Eliten wären

[1] Vgl. zum Folgenden auch Bryde (1999).

möglicherweise wie in Weimar wiederum geneigt gewesen, die neue Verfassung im Sinne überkommener Traditionen zu verharmlosen. Auch wenn man die Leibholzsche Parteienstaatsjudikatur für überzogen hält, muss man anerkennen, welche Bedeutung sie in einer Gesellschaft hatte, die Parteien eher als Bedrohung der Einheit des Volkes ansah. Weder die Bedeutung von Meinungsfreiheit gegenüber traditionellen Strafrechts- und Zivilrechtslehren, noch die rechtsstaatliche Durchdringung besonderer Gewaltverhältnisse, noch Gleichberechtigung wären in vergleichbarer Weise durchgesetzt worden, wenn es Sache von Justiz und Verwaltung allein gewesen wäre und nicht das Bundesverfassungsgericht nachdrücklich die Werte der Verfassung gegen obrigkeitsstaatliche und vormoderne Traditionen gestellt hätte, die noch tief verwurzelt waren.

3.2 Verfassungsgerichte als Vermittler zwischen neuer und alter Ordnung

Auch im Transformationsprozess in Osteuropa spielen Verfassungsgerichte eine zentrale Rolle. Vor allem für die Länder der „Verfassungsrevolution", Ungarn und Polen, wird die Rolle der Verfassungsgerichtsbarkeit neben dem Gedanken der „vereinbarten" Verfassung regelmäßig als zweiter wesentlicher Aspekt des Transformationsprozesses hervorgehoben.[2] Dabei dürfte zwar ähnlich wie in Deutschland nach 1949 ein genereller Reflex gegen „Politik" die Stellung von Gerichten im Transformationsprozess gestärkt haben. Aber, für unser Thema vielleicht entscheidender, ist gerade bei der „vereinbarten" Verfassung die Stellung des Gerichts als Hüter des Grundkonsenses wichtig. Die Partner des friedlichen Übergangs einigen sich an runden Tischen auf Verfassungsprinzipien, die in der Gesellschaft neu sind, und den Experten für dieses neue Verfassungsrecht wächst daher als Spezialisten für den normativen Neubeginn argumentative Macht zu.

3.3 Transition unter Gerichtsaufsicht: Südafrika

Der in den osteuropäischen Reformstaaten eher pragmatisch entwickelte Dreischritt der Verfassungsrevolution – Vereinbarung von Verfassungsprinzipien am runden Tisch, auf dieser aufbauend die Einführung einer westlichen Verfassung und deren Konkretisierung und Effektivierung durch ein Verfassungsgericht – sind in Südafrika mit bemerkenswerter institutioneller Phantasie konstitutionalisiert worden.

Die Aufgabe war, den zwischen altem Regime und ANC friedlich ausgehandelten Systemwechsel in eine neue Verfassungsordnung zu überführen, die gleichzeitig die vereinbarten Verfassungsprinzipien wahrte und dem Prinzip der verfassunggebenden Gewalt des Volkes gerecht wurde. Der Gerichtshof beschreibt dieses Problem in seinem First Certification judgment[3]: „Instead of an outright transmission of power from the old order to the new, there would be a programmed two-

---

[2] Garlicki (1999) und Sajó (1999).

[3] Constitutional Court, September 6, 1996; 1996 (4) SA744 (CC).

stage transition. An interim government ... would govern the country on a coalition basis while a final constitution was being drafted. A national legislature, elected ... by universal adult suffrage, would double as the constitution-making body and would draft the new constitution within a given time. But – and herein lies the key to the resolution of the deadlock – that text would have to comply with certain guidelines agreed upon in advance by the negotiating parties. What is more, an independent arbiter would have to ascertain and declare whether the new constitution indeed complied with the guidelines before it could come into force [§13]".

Dieser Schiedsrichter sollte der Constitutional Court sein. Dass ein Gericht für diese Aufgabe ausgewählt wurde, ist nicht selbstverständlich. Auch die Gerichte waren Teil des Apartheid-Systems. Aber die Schiedsrichteraufgabe, und das ist für die Theorie der Verfassungsgerichtsbarkeit wichtig, wurde ja nicht einfach der Justiz, sondern einem spezialisierten Verfassungsgericht übertragen, das sorgfältig und ausgewogen zusammengesetzt werden konnte.[4] Bei der Überprüfung des Entwurfs (mit einer bemerkenswerten verfassungsvergleichenden Methodik) kommt der Gerichtshof zur Antwort, dass die neue Verfassung sich überwiegend im Rahmen der Prinzipien hält, allerdings wird die Zertifizierung wegen einiger Mängel verweigert. Bemerkenswert erscheint dabei die Diskrepanz zwischen der weiten Auslegung, die das Gericht den Verfassungsprinzipien und der neuen Verfassung durchweg gibt, und der engen, gelegentlich haarspalterischen Interpretation, die das Gericht benutzt, um einige Fehler zu finden. Im Rahmen der Methode, die das Gericht im überwiegenden Teil des Urteils verwendet, hätte es die meisten, wenn nicht alle, Diskrepanzen zwischen Prinzipien und Verfassungstext hinweg interpretieren können. Aber ironischerweise hätte es durch eine solche Rettungstat die Legitimität der Verfassung eher gefährdet. Eine uneingeschränkte Bestätigung bereits in der ersten Runde hätte allzu leicht den Eindruck erweckt, dass das Gericht es nicht wagt, sich gegen die politischen Instanzen durchzusetzen. Nach einigen Nachbesserungen hat das Gericht die neue Verfassung dann bestätigt. Das Gericht hält damit sehr sorgfältig eine Grenze zwischen zu viel richterlichem Übergriff in die Politik und zu viel Nachgiebigkeit ein und legt damit die Grundlage für seine Rolle in der neuen Verfassungsordnung.

3.4 Fazit

Ziehen wir das Fazit aus diesen Beispielen, dann wird deutlich, wie ein Verfassungsgericht bei der Neuverankerung einer Verfassung in einer Gesellschaft zur Integration durch Verfassung beitragen kann, gerade weil es von einer obrigkeitsgläubigen politischen Kultur Autorität leiht und diese zur Durchsetzung einer Verfassung einsetzt, die pluralistische und demokratische Werte verkörpert. In einem neuen Verfassungssystem, in dem es sehr schwer, wenn nicht unmöglich wäre, alle Führungsrollen in Justiz und Verwaltung mit Juristen zu füllen, die fähig und willens zu einem völligen Neuanfang sind, kann man ohne weiteres die Handvoll

---

[4] Klug (2000).

Spitzenjuristen finden, die Ansehen in der Profession mit uneingeschränkter Loyalität zur neuen Verfassung verbinden, die man braucht, um ein Verfassungsgericht zu besetzen. Gerade Beobachter der Anfänge des deutschen Verfassungsgerichts heben daher auch zu Recht die richtersoziologische Diskrepanz zwischen der übrigen hohen Justiz und dem Bundesverfassungsgericht hervor, das als einzige Institution des neuen Staates ziemlich erfolgreich von braunen Flecken freigehalten wurde.[5]

In soziologischer Perspektive mag die Einführung einer Verfassung in einer Gesellschaft, die noch nicht durchgehend auf die neue Verfassungsordnung eingestellt ist, zunächst einmal wie Münchhausens Kraftakt erscheinen, sich am eigenen Schopf aus dem Sumpf zu ziehen. Aber ein Verfassungsgericht kann eine gelungene Institutionalisierung eines solchen Kraftakts sein.

4 Desintegrationsgefahren im Transformationsprozess

Allerdings kann die Durchsetzung der neuen Verfassung in Transitionssituationen auch desintegrierend wirken. Wenn die Schwierigkeit darin besteht, dass die neuen Werte gesellschaftlich noch nicht voll durchgesetzt sind, dann kann die Durchsetzung dieser Werte durch ein Gericht negative gesellschaftliche Reaktionen auslösen.

Das Bundesverfassungsgericht hatte es dabei noch verhältnismäßig leicht, weil das alte System in einer Katastrophe geendet hatte. In den osteuropäischen Reformstaaten sind hingegen vor allem die sozialstaatlichen Aspekte der abgelösten sozialistischen Ordnung keinesfalls im gleichen Maße delegitimiert, wie es der Nationalsozialismus in Deutschland oder das Apartheidsystem in Südafrika waren. In diesem Lichte ist es interessant, wenn in der Literatur den neuen Verfassungsgerichten gelegentlich vorgeworfen wird, dass sie zu zaghaft mit der Durchsetzung der neuen Ordnung sind und dadurch zum Reformhindernis werden.[6] Aber wenn das ungarische Verfassungsgericht soziale Rechtspositionen als Eigentum schützt, tut es das (übrigens ähnlich wie das Bundesverfassungsgericht), weil der Schutz von „Eigentum" sich auf die Rechte erstrecken muss, die für den Großteil der Bevölkerung die vermögensrechtliche Absicherung der Freiheit bedeuten, wenn das Eigentumsgrundrecht nicht seine Funktion verlieren soll. In ehemals sozialistischen Ländern ist das in noch stärkerem Maße der Fall als in westlichen Wohlfahrtsstaaten, so dass ein Eigentumsgrundrecht, das nicht auch das „soziale Eigentum" schützt, die Legitimität der neuen Verfassungsordnung untergraben hätte. Gerade indem das Verfassungsgericht wohlfahrtsstaatliche Errungenschaften sichert, kann

---

5 Kommers (1976: 123ff.) und Bryde (1982).

6 In einem viel beachteten Aufsatz mit dem plastischen Titel „Welfare rights and constitutional court = state socialism redivivus" hat Sajó dem ungarischen Verfassungsgericht vorgeworfen, den Reformprozess durch den Einsatz von Grundrechten zum Schutz sozialistischer Errungenschaften zu behindern.

es vielmehr der neuen Verfassung Legitimität bei den großen Teilen der Bevölkerung erwerben, die sich als Opfer der Reformpolitik fühlen.

5 Strittigkeit von Verfassungsrecht

Selbst in diesen, grundsätzlich sicher als positiv zu bewertenden Beispielen verfassungsgerichtlicher Verfassungsintegrationspolitik taucht also bereits das Problem auf, dass durch die strittige Anwendung konsentierter Prinzipien der Konsens auch verloren gehen kann. Diesem Thema wollen wir jetzt systematisch nachgehen.

Eine verfassungsvergleichende Untersuchung darüber, in welchem Umfang der Inhalt von Verfassungen streitig ist, dürfte eine relativ hohe Korrelation zwischen dem Ausmaß der Justiziabilität einer Verfassung und ihrer Umstrittenheit ergeben. Ein solcher inhaltsanalytischer Vergleich des Stils von Rechtsordnungen ist nicht ganz einfach, und gerade Stil und Soziologie des verfassungsrechtlichen Diskurses sind nach meinem Eindruck sehr viel verschiedener als die Behandlung von Zivil- oder Wirtschaftsrechtsfragen in unterschiedlichen Rechtssystemen. Dafür ist in erheblichem Maße der Grad der Justiziabilität der Verfassung verantwortlich. Dabei würde ich eine solche Untersuchung nicht auf eine schlichte Gegenüberstellung justiziabler und nicht-justiziabler Verfassungen beschränken. Die Justiziabilität einer Verfassung ist ein graduelles Konzept mit einem Spitzenplatz für Deutschland und (schon etwas eingeschränkt) die USA, über Länder, in denen trotz ähnlicher verfassungsrechtlichen Bedingungen Verfassungsfragen sehr viel zurückhaltender oder überhaupt nicht gerichtlich thematisiert werden (Skandinavien), bis zu denen, wo ein richterliches Prüfungsrecht rechtlich ausgeschlossen ist. Meine These wäre, dass parallel zur zunehmenden Vergerichtlichung auch die Strittigkeit von Verfassungspositionen steigt.

Das ist nicht schwer zu erklären. Die nicht-justiziable Verfassung ist für Juristen relativ uninteressant, man kann - sagen wir es ganz prosaisch - kein Geld mit verfassungsrechtlicher Kompetenz verdienen. Genau das ist ja auch der Vorwurf von Emil Boutmy[7] im französisch-amerikanischen Streit über den Ursprung der Menschenrechte gewesen: „Für die Franzosen ist die Deklaration (der Menschenrechte) nur ein oratorisches Meisterstück, die Artikel stehen da in abstrakter Reinheit, allein im Glanz ihrer Majestät und der Herrschaft der Wahrheit über die Menschen. Kein Gericht kann sie als Rechtsmittel verwenden oder sie zur Urteilsbegründung heranziehen. Zur Belehrung der ganzen Welt schrieben die Franzosen; die amerikanischen Verfassunggeber dagegen haben die Artikel ihrer Deklarationen zum Nutzen und zur Annehmlichkeit ihrer Mitbürger verfasst". Schlichter ausgedrückt, in der justiziablen Verfassungsordnung kann das verfassungsrechtliche Argument helfen, Prozesse zu gewinnen, dem Angeklagten die Strafe, dem Steuerzahler die Abgabe zu ersparen. Das führt dann fast zwangsläufig dazu, dass über Verfassungspositionen kontroverser diskutiert wird, als in Verfassungen die nicht derart mobilisiert werden können. Man kann schon ganz schlicht quantitativ

---

7 Zitiert nach Kriele (1975: 150).

feststellen, dass es in solchen Rechtssystemen viel mehr Verfassungsrecht (Kommentare, Lehrbücher, Aufsätze) gibt, aber eben auch, dass sein Inhalt strittiger ist.

Nun habe ich nur von einer weitgehenden, nicht von einer vollständigen Korrelation gesprochen. Tatsächlich kann man der Verfassungsgerichtsbarkeit nicht allein die Strittigkeit von Verfassungsrecht anlasten. Auch wenn Verfassungsrecht nicht praxisrelevant ist, kann es Gegenstand theoretischer Kontroversen sein, und der Grundlagenstreit in Weimar war ja tatsächlich z.T. härter als in der Bundesrepublik, und auch die eher staatsphilosophisch orientierte französische Verfassungsrechtslehre liebt den Streit. Eine vergleichende Analyse des Stils von Verfassungsrecht müsste also zumindest auch noch die Rechtskultur und die Wissenschaftssoziologie berücksichtigen.

Am deutlichsten ist der Zusammenhang zwischen Justiziabilität und Strittigkeit in Rechtssystemen, in denen sich die Bearbeitung des Rechts pragmatisch am Fall orientiert, vor allem also in Common-Law-Jurisdiktionen. Hier besteht eine fast vollständige Korrelation, da ohne richterliche Verfassungskontrolle und entsprechendes Fallmaterial das Verfassungsrecht nur eingeschränkt im Blickfeld akademischer wie praktischer Juristen auftaucht.

Nehmen wir den Idealtypus der nicht-justiziablen Verfassung, Großbritannien, als Beispiel, dann ist eine Vorlesung oder ein Lehrbuch in „Constitutional Law" in erster Linie Verfassungsgeschichte. In der Tradition Burkes geht es um den Nachweis der Vernünftigkeit von Institutionen, die Ergebnis eines jahrhundertealten Erfahrungsprozesses bei der Suche nach richtiger Gestaltung des Gemeinwesens sind. Kritischere und modernere Ansätze werden diesem Mythos politikwissenschaftlich angeleitete Darstellungen der tatsächlichen Staatspraxis entgegenstellen, aber sicher nicht den Versuch, das genauso historisch legitimierte Common Law im Zivil- oder Strafrecht an Verfassungsprinzipien zu messen und jeden gesellschaftlichen Streit durch Berufung auf Verfassungspositionen auszutragen.

Ganz anders ein System, in dem das verfassungsrechtliche Argument helfen kann, Prozesse und Wahlen zu gewinnen wie in den USA. Hier ist nicht nur der Inhalt der Verfassung äußerst umstritten, sondern das verfassungsrechtliche Argument wird auch strittig in fast jede gesellschaftliche Kontroverse eingebracht: Abtreibung ist nicht moralisch gut oder schlecht, sondern ihre Bestrafung ist verfassungsrechtlich geboten oder verboten, die Förderung diskriminierter Minderheiten ist verfassungsrechtliches Gebot oder Verstoß gegen den Gleichheitssatz usw. Weil dem so ist, hat auch der Supreme Court nicht die neutrale Übervaterstellung, die das Bundesverfassungsgericht im Bewusstsein der deutschen Bevölkerung jedenfalls lange hatte, sondern ist Ziel von Demonstrationen, Hass und impeachment-Verfahren.

Natürlich wird der fundamentale Gegensatz der Fallbeispiele Großbritannien und USA nicht monokausal durch das richterliche Prüfungsrecht bestimmt: Verantwortlich ist auch die höhere Verrechtlichung der amerikanischen Rechtskultur und ein Wissenschaftssystem, in dem die Bedeutung der Law Reviews für das akademische Leben einen ständig wachsenden Bedarf nach Aufsatzthemen produziert. Aber beides würde sich andere Gegenstände suchen, wenn sich das verfassungsrechtliche

Argument nicht erfolgreich vor Gericht einbringen ließe, und zwar im „diffusen" amerikanischen System der richterlichen Verfassungskontrolle auf jeder Ebene.

In stärker theoretisch ausgerichteten Rechts-(und Rechtswissenschafts-)Kulturen lässt sich Verfassungsgerichtsbarkeit nicht ganz so einfach für die Strittigkeit von Verfassungsrecht verantwortlich machen. In der Bundesrepublik ist es auch die Struktur des akademischen Qualifikationswesens mit Promotion und Habilitation, die einen ständigen Überschuss an immer neuen Auslegungsvorschlägen produziert. Inzwischen sind wir bei ca. 20 verfassungsrechtlichen Habilitationen im Jahr, kaum eine unter 500 Seiten, und alle sollen der Theorie nach innovativ sein, müssen also neue Inhalte der Verfassung behaupten, die bisher noch niemandem aufgefallen sind. In einem solchen wissenschaftssoziologischen Umfeld, das Anreize zu künstlichen und übertriebenen Streitigkeiten über Verfassungspositionen schafft, kann die Orientierung an der höchstrichterlichen Entscheidung den Diskurs dann sogar in gewissem Umfang in pragmatischeren Grenzen halten.

Trotzdem würde ich an der Behauptung einer Korrelation zwischen dem Ausmaß von Streitigkeit und Justiziabilität festhalten und z.B. das vergleichbare französische System als Beleg heranziehen, in dem sich, und sicher gerade wegen der sehr viel bescheideneren Mobilisierung der Grundrechte durch den Conseil Constitutionnel, zur Differenziertheit und Strittigkeit z.B. der deutschen Grundrechtsdiskussion keine Parallele findet.

6 Die Auflösung von Verfassungskompromissen durch Entscheidung

Noch wichtiger als ihr Beitrag zu einem kontroversen Verfassungsstil scheint mir aber für unser Thema zu sein, dass Verfassungsgerichtsbarkeit durch die Entscheidung von Interpretationskonflikten Konsens auflösen kann.

Man braucht nicht C. Schmitts derogatorischen Ausdruck vom „dilatorischen Formelkompromiss" zu übernehmen, um zu sehen, dass Verfassungen häufig bestehende Divergenzen durch die Einigung auf abstrakte Prinzipien überdecken. Die Lektüre der Diskussionen des Parlamentarischen Rates, aber auch anderer Verfassungsgebungsprozesse lässt mit Händen greifen, wie häufig ganz unterschiedliche Positionen im Raum stehen und es trotzdem gelingt, sich auf gemeinsame Formulierungen zu einigen. Für die Verfassung mit bloß appellativer und symbolischer Bedeutung kann es bei der Festlegung des Grundkonsenses auf dieser Ebene bleiben. In der justiziablen Verfassung wird dieser rhetorische Konsens durch jede Anwendung im Einzelfall gefährdet.

Beispiele sind nicht schwer zu finden. Es gibt niemanden in der Bundesrepublik, der die Formulierung des Lebensschutzes in Art. 2 Abs. 2 Satz 1 GG („Jeder hat ein Recht auf Leben") nicht unterschreiben würde, aber der Streit über die Abtreibung oder die Organtransplantation bei Gehirntoten hat diesen, im Ansatz über jeden Streit erhabenen, Satz der Verfassung zu einem der umstrittensten des Grundgesetzes gemacht.

Ebenfalls allgemein akzeptiert ist das Demokratieprinzip des Art. 20 GG und seine Festschreibung in der Ewigkeitsgarantie des Art. 79 Abs. 3 GG. Aber das

Insistieren des zweiten Senats des Bundesverfassungsgerichts darauf, dass vor dem Grundgesetz nur eine deutsch-nationale und etatistische Demokratietheorie in der Tradition Carl Schmitts erlaubt ist, gibt diesem Prinzip eine parteiische und einseitige Auslegung, bei der sich auf einmal Anhänger des europäischen Bundesstaates (immerhin alle bisherigen Kanzler der Bundesrepublik) als Verfassungsfeinde wiederfinden (gegen die nach dem Gutachten für die Beschwerdeführer im Maastricht-Verfahren Widerstand nach Art. 20 IV GG zulässig ist) und die Anhänger der meisten relevanten international diskutierten Demokratietheorien nicht mehr auf dem Boden der Verfassung stehen.[8]

Am ambivalentesten ist das Verhältnis von Integration und Desintegration bei der verfassungsgerichtlichen Aufgabe des über Grund- und Menschenrechte gesicherten Schutzes von Minderheiten. Auf der einen Seite dient es gerade der Integrationsfunktion der Verfassung, dass Minderheiten, einschließlich der „minority of one", im Verfassungsstaat keine Angst vor Eingriffen der Mehrheit in fundamentale Bereiche zu haben brauchen, und gerade diese Funktion der Verfassung ist mit Hilfe von Verfassungsgerichtsbarkeit effektiver zu organisieren, weshalb ja auch die wenigen Verfassungsstaaten ohne richterliche Kontrolle über deren Einführung nachdenken. Auf der anderen Seite kann die Sorge des Gerichts für Minderheiten die Zustimmung zur Verfassung bei der Mehrheit gefährden, was der Kruzifixstreit plastisch gemacht hat.

7 Verfassungskontrolle ohne Gefährdung des Grundkonsenses

Machen wir uns nun abschließend auf die angekündigte Suche nach einer Strategie für Verfassungsgerichte, die es ihnen erlaubt, ihren Beitrag zur Integration zur Verfassung bei der Anwendung von Verfassungsrecht zu erbringen, ohne diese genau dadurch wieder zu gefährden, so kann man zwei Wege unterscheiden, wobei der eine die Herstellung gerichtlicher Entscheidungen betrifft, der andere ihre Darstellung.

Wie eingangs bereits erwähnt, decken sich die Forderungen für eine erfolgreiche Verfassungsintegrationspolitik zum ersten Punkt sehr weitgehend mit dem, was unter der Überschrift Grenzen der Verfassungsgerichtsbarkeit ohnehin diskutiert wird. Auch verfassungspolitisch, unter dem Gesichtspunkt der Integration, sind die, verfassungsrechtsdogmatisch aus Demokratie- und Gewaltenteilungsprinzip zu entwickelnden Forderungen nach „judicial restraint" begründet.[9]

Eine zu starke Durchsetzung gerichtlicher Auslegungen vager und gerade darum konsensfähiger Verfassungsprinzipien gegenüber dem politischen Prozess muss auch die Integrationsfunktion der Verfassung gefährden. Ob es die katholische Auffassung zum Lebensschutz oder die etatistische zum Demokratieprinzip ist, die verfassungsgerichtliche Behauptung, dass in einer pluralistischen Demokratie partikulare Wahrheiten für alle verbindlich sind und nicht im Wege des

---

[8] Bryde (1994).

[9] Bryde (1982: 299ff.).

politischen Prozesses verändert werden können, ist für die Integrationsfunktion der Verfassung gefährlich. Der Kritik an überzogenen Übergriffen in die Politik ist insoweit wenig hinzuzufügen. Problematisch unter dem hier diskutierten Gesichtspunkt ist dabei insbesondere die Neigung des Gerichts, abstrakteste Verfassungsprinzipien im konkreten Fall zu überziehen: Das Demokratieprinzip des Grundgesetzes z.B. bedarf einer Auslegung, auf dessen Boden sich alle Demokraten wiederfinden können.

Nun kann die Forderung an Verfassungsgerichte nicht einfach nur Zurückhaltung sein, wenn es seinen Beitrag zur Integration gerade auch durch Kontrolle ausüben soll. Die Funktion der Integration von Minderheiten z.B. kann überhaupt nur durch auch spektakulären Schutz solcher Minderheiten gegen Mehrheitsmeinungen erfolgen.

Kern der Arbeit an der Festlegung der Grenzen der Verfassungsgerichtsbarkeit ist dann auch die Unterscheidung des (großen) Bereichs, in dem vom Gericht Zurückhaltung gegenüber den Ergebnissen des politischen Prozesses verlangt wird, von den Bereichen, in denen eine verstärkte Kontrolle gefordert wird. Dabei wurde der bis heute grundlegende Differenzierungsvorschlag gleich zu Beginn der Diskussion um „judicial restraint" von Justice Stone in der berühmten Footnote 4 in US v. Carolene Products[10] gemacht: Bei grundsätzlicher Pflicht zu „judicial restraint" sollte eine verschärfte Prüfung erfolgen von „legislation which restricts those political processes which can ordinarily be expected to bring about repeal of undesirable legislation" und „of statutes directed at particular religious (..) national, or racial minorities" da „prejudice against discrete and insular minorities may be a special condition, which tends seriously to curtail the operation of those political processes ordinarily to be relied upon to protect minorities, and which may call for correspondingly more searching judicial inquiry".

Diese Differenzierung ist bis heute gültig: Der prozessuale Grundkonsens bedarf des Schutzes, insbesondere muss die Minderheit die Chance haben, Mehrheit zu werden, diese Funktion lässt sich mit Zurückhaltung gegenüber dem Mehrheitsgesetzgeber nicht erfüllen. Und Minderheiten, die ihre Interessen nicht über den politischen Prozess verfolgen können, bedürfen des Schutzes gegenüber der Mehrheit. Die wichtigste derartige Minderheit sind in der Bundesrepublik heute die Einwanderer, und bei deren Integration in das Gemeinwesen hat das Bundesverfassungsgericht mit seinen Entscheidungen zum Ausländerwahlrecht besonders deutlich versagt, nicht einfach durch die Verwerfung des Ausländerwahlrechts, darüber kann man lange streiten, sondern durch die Art und den Ton, in dem das geschah, der den Integrationsgegnern den Ehrentitel des Demokraten sicherte, die Integrationsbefürworter aber zu Undemokraten erklärte.

Verfassungsintegration trotz kontroverser Entscheidung von Verfassungsfragen hat aber auch eine darstellerische, public relations-Seite. Auf diese legt das Bundesverfassungsgericht vielleicht mehr Wert, als andere Gerichte, etwa der Supreme Court. Das ist nicht unverständlich. Das Bundesverfassungsgericht bezieht seine Stärke und seinen Einfluss im politischen System ja aus der Tatsache, dass es als

[10] 304 US 144 (1938).

neutrales Sachverständigengremium für die Auslegung des in der Verfassung verkörperten Grundkonsenses der Gesellschaft angesehen wird. Gerade in der Bundesrepublik ist das hohe Ansehen des Gerichts sehr stark auf für die politische Kultur einer Demokratie eher kritikbedürftigen Legalismus und eine noch problematischere negative Einstellung zu politischen Konflikten und „Parteiengezänk" zurückzuführen.

Die Autorität des Gerichts würde daher durch jede zu deutliche Darstellung seiner Tätigkeit als „politisch" gefährdet. Es beruht also nicht nur auf einem idealisierten, aber durchaus handlungsrelevanten Selbstbild der Verfassungsrichterinnen und Verfassungsrichter, wenn sie sich in Selbstdarstellungen und Festreden als nur der Verfassung verpflichtet darstellen. Vielmehr ist politische Zurückhaltung und das Verbleiben im Rahmen eines professionell akzeptierten rechtsdogmatischen Konsenses von erheblicher Bedeutung für die Wahrung seiner Rolle auch im politischen System, in dem es gerade deshalb eine mächtige Rolle spielen kann, weil es als neutrale Korrektur von Politik verstanden wird. Von daher ist es nicht erstaunlich, dass es sich nicht bei jeder wichtigen Frage 4:4 in parteipolitische Fraktionen zerlegt.

Ein simpler richtersoziologischer Ansatz, der Entscheidung und politischen Hintergrund nach dem Muster einer Rechnung ersten Grades korrelierte, würde daher in die Irre führen. In den USA z.B. hat die bewusst einseitige Besetzung des Supreme Court mit konservativen Richtern durch republikanische Präsidenten nicht zu der gewünschten Revolution in der Rechtsprechung des Gerichts geführt, weil einige der Benannten sich vor allem als juristisch konservativ, d.h. an die Kontinuität der Rechtsprechung mit den liberalen Vorgängern gebunden fühlten.[11]

Das Bundesverfassungsgericht geht andere Wege und wird dabei durch die weitgehende Wahrung des Tabus gegenüber einer zu starken Analyse seiner Rechtsprechung ad hominem oder ad feminam gestützt.

Das beginnt mit der Verschleierung von Entscheidungslinien durch die Existenz zweier Senate, die nicht nur juristisch jeweils „das Bundesverfassungsgericht" sind, sondern auch in der öffentlichen Perzeption als Einheit gesehen werden – und zwar nicht nur in den Medien, sondern bis in die juristische Fachliteratur, so dass die Rechtsprechung des Gesamtgerichts als viel ausgeglichener erscheint, als es die der zwei Senate ist.

Innerhalb der Senate wird von der Möglichkeit, Meinungsunterschiede in abweichenden Meinungen zu kennzeichnen, sehr zurückhaltend Gebrauch gemacht. Ideal ist die Einigung auf eine gemeinsame Entscheidung, wobei fortbestehende Differenzen ihre Dokumentation für den genauen Leser in Nuancierungen der Begründung oder obiter dicta finden, die die Entscheidungen des Gerichts nicht widerspruchsfreier machen, sondern häufig allen Beteiligten etwas geben. Fällt das Gericht 4:4 genau an der Parteilinie auseinander, wird gerne auf die namentliche Zuschreibung der beiden Meinungen verzichtet, um die parteipolitische Dimension nicht zu deutlich zu machen.[12]

---

[11] Currie (1998: 524).

[12] BVerfGE 95, 335ff. (Überhangmandate).

8 Schlussbemerkung

In den meisten Staaten ist die Erfüllung der Integrationsaufgabe der Verfassung auf Kontrolle angewiesen, die sich in richterlicher Kontrolle gut organisieren lässt. Gleichzeitig kann richterliche Verfassungskontrolle die Integrationsfunktion gefährden, indem sie die Offenheit des politischen Prozesses zu sehr einschränkt und den Konsens über Verfassungsprinzipien durch deren einseitige Auslegung auflöst. Die Diskussion über Grenzen der Verfassungsgerichtsbarkeit zeigt Wege auf, die Kontrollfunktion zu erfüllen, ohne die Offenheit des politischen Prozesses und den Verfassungskonsens zu beschädigen.

Literatur

Bryde, Brun-Otto (1982): Verfassungsentwicklung. Baden-Baden: Nomos

Bryde, Brun-Otto (1994): Die bundesrepublikanische Volksdemokratie als Irrweg der Demokratietheorie, Staatswissenschaften und Staatspraxis 5. 305-330

Bryde, Brun-Otto (1999): Die Rolle der Verfassungsgerichtsbarkeit in Umbruchsituationen. In: Hesse, Joachim Jens/ Schuppert, Gunnar Folke/ Harms, Katharina (Hrsg.) (1999): Verfassungsrecht und Verfassungspolitik in Umbruchsituationen. Baden-Baden: Nomos. 197-210

Currie, David P. (1998): Neuere Entwicklungen im amerikanischen Verfassungsrecht. In: Jahrbuch des öffentlichen Rechts der Gegenwart 46. 511-525

Garlicki, Lech (1999): Die Rolle des Verfassungsgerichts im polnischen Transformationsprozess. In: Hesse, Joachim Jens/ Schuppert, Gunnar Folke/ Harms, Katharina (Hrsg.) (1999): Verfassungsrecht und Verfassungspolitik in Umbruchsituationen. Baden-Baden: Nomos. 211-227

Klug, Heinz (2000): Constituting Democracy. Cambridge: Cambridge UP

Kommers, Donald P. (1976): Judicial Politics in West Germany. Beverly Hills: Sage

Kriele, Martin (1975): Einführung in die Staatslehre. Reinbek: Rowohlt

Sajó, Andras (1999): Educating the Executive. The Hungarian Constitutional Court's Role in the Transition Process. In: Hesse, Joachim Jens/ Schuppert, Gunnar Folke/ Harms, Katharina (Hrsg.) (1999): Verfassungsrecht und Verfassungspolitik in Umbruchsituationen. Baden-Baden: Nomos. 229-242

Sajó, Andras (1996): Welfare Rights and Constitutional Court = State Socialism Redivivus. In: East European Constitutional Law Review 1 (5). 31-41

Integration durch Institutionenvertrauen?

Das Bundesverfassungsgericht und die Akzeptanz seiner Rechtsprechung*

Hans Vorländer / Gary S. Schaal

Die Analyse des Vertrauens in politische Institutionen erlebt sowohl in der Politikwissenschaft wie auch in der Soziologie eine bemerkenswerte Renaissance.[1] Es ist daher nicht erstaunlich, dass eine Vielzahl rivalisierender und zum Teil inkompatibler Konzeptionalisierungen existiert. Auch die Frage nach der Akzeptanz[2] von Recht – oder konkreter: nach der Akzeptanz von Gesetzen, Verwaltungsentscheidungen und Gerichtsentscheidungen – ist in den letzten Jahren auf großes Interesse in der Rechtswissenschaft und der Rechtssoziologie gestoßen.[3] Trotzdem sind unterschiedliche Diskussionsstände zu konstatieren: Am weitesten fortgeschritten ist die Forschung zur Akzeptanz von Verwaltungsentscheidungen.[4] Die Frage der Akzeptanz einzelner Gesetze ist von der Politikwissenschaft – aus empirischer und demokratietheoretischer Perspektive – bearbeitet worden.[5] Bemerkenswert ist jedoch, dass zum Bundesverfassungsgericht trotz seiner – auch im internationalen Vergleich – außerordentlich hohen Kompetenzfülle und seines unbestrittenen Einflusses (sei es direkt oder indirekt) auf die Politik,[6] aus der Politikwissenschaft und der Rechtssoziologie nur wenige (empirische) Studien zum *Vertrauen* in das Gericht bzw. zur *Akzeptanz* einzelner Entscheidungen vorliegen.[7] Zwar fragen die großen Meinungsforschungsinstitute seit Anfang der 70er Jahre regelmäßig das Vertrauen in das Bundesverfassungsgericht ab, Einstellungen zu einzelnen Ent-

---

* Der Beitrag stützt sich auf den theoretischen Ansatz und die empirischen Daten des Teilprojekts I („Verfassung als institutionelle Ordnung des Politischen") des Dresdner Sonderforschungsbereiches 537 (Leitung: Hans Vorländer). Eine erste Version findet sich in Schaal (2000). Eingang finden in diese, wesentlich erweiterte Fassung Vorländer (2001) und Teile eines Vortrages, den H. Vorländer im Juni 2000 auf Einladung der Richterinnen und Richter des Bundesverfassungsgerichts in Karlsruhe gehalten hat. Eine ausführlichere Analyse und Darstellung wird die 2002 im Westdeutschen Verlag erscheinende Studie – Hans Vorländer/ Gary S. Schaal, Die Deutungsmacht des Bundesverfassungsgerichts. Institutionelles Vertrauen und Entscheidungsakzeptanz – vorlegen.

1 Siehe u.a. Warren (1999), Gabriel (1999; 1995), Newton (1999), Gambetta (1998), Seligman (1997), Misztal (1996), Fukuyama (1995), Putnam (1993), Hardin (1993) sowie die klassische Studie von Luhmann (1968).

2 Vgl. grundlegend zur „Akzeptanz" in Demokratien Lucke (1995).

3 Vgl. Würtenberger (1999: 380), Limbach (1999) sowie aus rechtsphilosophischer Perspektive Krawietz (1996).

4 Vgl. mit weiteren Literaturhinweisen Würtenberger (1996).

5 Pichler/ Giese (1993).

6 Vgl. Limbach (1997), Helms (1999), Kommers (1997), Schaal (2000) und Vorländer (2001).

7 Ausnahmen hiervon sind die Beiträge in Schuppert/ Bumke (2000), Adamovich (1998), Gawron/ Rogowski (1996), Kutscha (1995) und Kniffka (1981).

scheidungen werden jedoch nur punktuell erfasst. Auch die großen, regelmäßig durchgeführten wissenschaftlichen Umfragen – so u.a. der ALLBUS – erheben Einstellungen zum Gericht in eher großen Abständen, so dass kontinuierliche Zeitreihen schwer zu konstruieren sind.

In den folgenden Überlegungen soll die Analyse des Vertrauens in das Bundesverfassungsgericht mit der Analyse der Akzeptanz einzelner Entscheidungen konzeptionell verknüpft werden.[8] Dabei soll von der Annahme ausgegangen werden, dass die Entwicklung des Vertrauens in das Gericht in komplexer Interaktion mit der Akzeptanz einzelner Entscheidungen steht. Es ist zu vermuten, dass das Vertrauen in das Bundesverfassungsgericht und seine Rechtsprechung maßgeblich für die Integrationskraft der Verfassung, die Geltung und Akzeptanz der durch die Verfassung repräsentierten politischen Ordnungsvorstellungen, ist.[9]

1 Das theoretische Modell

Verfassungen besitzen zwei Geltungsdimensionen: eine instrumentelle und eine symbolische.[10] In der instrumentellen Dimension fungieren sie im klassischen Verständnis als Spielregelwerk des Politischen, d.h. sie spezifizieren die Verfahren, Prozeduren, Institutionen etc. des politischen Prozesses.[11] Darin erschöpft sich jedoch nicht ihre Geltung. Konstitutiv – und nicht nur additiv – für Verfassungen ist vielmehr auch ihre symbolische Dimension. Die beiden Dimensionen der Institution ‚Verfassung' können zwar analytisch getrennt werden, doch sind sie in ihrer Leistungsfähigkeit eng miteinander verschränkt.

Verfassungen bringen zentrale politische Leitideen, wichtige politische Ordnungsvorstellungen als *konstitutionelle Ordnungsvorstellungen* symbolisch zur Repräsentation. Die so symbolisch zum Ausdruck gebrachten konstitutionellen Ordnungsvorstellungen können jedoch allein und für sich noch nicht handlungsanleitend wirken, da sie so deutungsoffen sind, dass sie einer konkretisierenden Interpretation bedürfen. Hinzu tritt, dass das Set politischer Ordnungsvorstellungen, das in einer Verfassung gleichsam ‚sedimentiert' ist, nicht notwendigerweise ein kohärentes Ganzes bilden muss. Vielmehr existieren bereits auf der Ebene von Ver-

---

8 Innerhalb der deutschsprachigen Literatur existieren nur wenige Studien, welche die theoretische Frage nach der Akzeptanz von Entscheidungen systematisch an empirische Daten rückbinden (Köcher 1995) bzw. das Verhältnis von Entscheidungspraxis der Richter und empirischen Einstellungen der Bürger diskutieren (Benda 1982; Noelle-Neumann 1982). Eine Vielzahl von Beiträgen bearbeitet diese Frage ausschließlich aus theoretischer Perspektive. Exemplarisch sind hier die Arbeiten von so unterschiedlichen Autoren wie Jutta Limbach (1997; 1999), Hans Peter Schneider (1999), Otfried Höffe (1996), Peter Römer (1989) sowie konzeptionell zur Rechtsakzeptanz allgemein Pichler/ Giese (1993) sowie Pichler (1998) zu nennen. Zu den verfassungspolitischen Implikationen von Akzeptanzunterschieden hat Vorländer (1981) eine ausführliche Studie vorgelegt.

9 Vgl. Gabriel (1999) für eine Diskussion des Zusammenhanges von Integration und Vertrauen bei politischen Institutionen.

10 Vgl. hierzu grundlegend Vorländer (1989; 1997) sowie Gebhardt (1995).

11 Vgl. Lane (1996).

fassungen häufig konkurrierende und konfligierende politische Ordnungsvorstellungen. Deren interner Konflikt ist jedoch gleichsam „ruhig gestellt“. Cass Sunstein argumentiert, dass genau dies die Aufgabe einer Verfassung ist. Für ihn ist Verfassungsrecht immer ein „incompletely theorized agreement“[12], d.h. es ist substanziell hinreichend unspezifisch, um konträre politische Ordnungsvorstellungen symbolisch zu integrieren.[13]

Jedes Verfassungsgericht repräsentiert den instrumentellen wie den symbolischen Geltungsanspruch der Verfassung. Auf der symbolischen Ebene werden im Akt der Verfassungsrechtsprechung die symbolischen Gehalte, die konstitutionellen Leitideen des Grundgesetzes zur Darstellung gebracht. Auf der instrumentellen Dimension spezifiziert und aktualisiert das Gericht im Akt der Verfassungsrechtsprechung eine zuvor strittig gewordene konstitutionelle Ordnungsvorstellung bzw. im rechtlichen Sinne eine Verfassungsnorm. Diese Konkretisierung ist aufgrund des unspezifischen Charakters von Verfassungsrecht immer eine Interpretation,[14] eine Deutung konstitutioneller Leitideen, die jedoch – im Vergleich zu anderen Deutungen – den Anspruch der *Letztverbindlichkeit* erhebt.[15] Die Akzeptanz eines autoritativen Deutungsangebots ist in kulturell heterogenen Gesellschaften jedoch nicht mehr per se gegeben, so dass ein Spannungsfeld zwischen der autoritativen Interpretationshoheit des Bundesverfassungsgerichts und der gesellschaftlichen Akzeptanz konkreter Entscheidungen entsteht. Diese Spannung charakterisiert die *Deutungsmächtigkeit* des Bundesverfassungsgerichts, d.h. seine Fähigkeit, für ein spezifisches Deutungsangebot – notfalls auch gegen eine eigensinnige politische Kultur und gegen widerstrebende politische Ordnungsideen – gesellschaftliche Akzeptanz zu finden.[16] Die *Akzeptanz von Entscheidungen* kann daher als ein Indikator des Erfolgs der Repräsentation von konstitutionellen Ordnungsideen des Grundgesetzes durch das Bundesverfassungsgericht verstanden werden.

Verfassungen und Verfassungsgerichte gehen eine *institutionelle Kaskade* ein. „Konstitutionalismus“ ist wie „Verfassungsgerichtsbarkeit“ selbst eine politische Ordnungsvorstellung. Somit existiert ein *doppelter symbolischer Verwiesungszusammenhang*: Einerseits verweist die Institution symbolisch auf sich selbst, andererseits verhilft sie anderen politischen Ordnungsvorstellungen zur symbolischen Darstellung. Es erscheint daher plausibel anzunehmen, dass das Vertrauen in die Institution Verfassungsgericht einerseits durch seine juristische Performanz,[17] andererseits jedoch auch durch die je individuelle Verankerung der politischen

---

12 Sunstein (1996: 1).

13 Ähnlich auch Grimm (1991: 30), der dem Grundgesetz „oft prinzipienhaft unscharfe Formulierungen“ attestiert. Doch gerade hieraus erwächst für Neidhardt (2000: 27ff.) die integrative Leistung des Grundgesetzes.

14 Vgl. Böckenförde (1999: 147-208) und Vorländer (2000).

15 Vgl. Vorländer (2001).

16 Vgl. Vorländer (1997).

17 Diese wird von den Bürgern vermutlich als demokratische Performanz wahrgenommen (vgl. Schaal 2000a).

Ordnungsvorstellung „Verfassungsgerichtsbarkeit" im Ensemble flankierender demokratischer Werte und Normen beeinflusst wird.

Die symbolische Darstellung konstitutioneller Ordnungsvorstellungen erfolgt auf dem Felde der Verfassungsgerichtsbarkeit nur im Zuge des Strittig-Werdens einer verfassungsrechtlichen Norm. Wenn ein Verfassungsgericht eine solche – von politischen Akteuren oder von den Bürgern kontrovers interpretierte – Norm im Akt der Verfassungsrechtsprechung einer ‚eindeutigen' Interpretation zuführt, erfolgt – qua autoritativer Deutung - eine symbolische Darstellung konstitutioneller Ordnungsvorstellungen. Die Symbolisierungsleistung erfolgt hier also im Zuge der institutionellen Performanz von Verfassungsgerichten. Die einzelne Entscheidung des Gerichts kann auf Zustimmung oder Ablehnung stoßen, kann *akzeptiert* werden oder nicht, dies beeinflusst weder das Vertrauen in die politische Ordnungsvorstellung „Verfassungsgerichtsbarkeit" noch in die konkrete Institution (als Ergebnis der je individuellen Evaluation der *generalisierten Performanz*[18]) unmittelbar. Doch ist es unstrittig, dass Akzeptanz und Vertrauen auf der Ebene der Performanz komplex zusammenspielen. Dieser Beziehung in Verbindung mit der symbolischen Leistung von Verfassungsrechtsprechung widmen wir uns daher im folgenden.

Entscheidungen von Verfassungsgerichten bringen eine politische Ordnungsvorstellung symbolisch zur Darstellung. Nehmen Bürger eine Entscheidung eines Verfassungsgerichts zur Kenntnis, besitzen sie dabei prinzipiell drei Orientierungsmöglichkeiten: indifferent, zustimmend und ablehnend.[19] Die indifferente Haltung resultiert zumeist aus Desinteresse an der strittigen politischen Ordnungsvorstellung und ist daher für unsere weiteren Überlegungen (aber auch nur im Rahmen eben jener) irrelevant. Interessant sind an dieser Stelle die anderen beiden Optionen, Zustimmung und Ablehnung. In unserem Modell soll Ablehnung dahingehend verstanden werden, dass die symbolische Darstellung der strittig gewordenen politischen Ordnungsvorstellung nicht akzeptiert wird. Die Akzeptanz einzelner Entscheidungen resultiert somit aus der Kohärenz der symbolischen Darstellung politischer Ordnungsvorstellungen durch ein Verfassungsgericht mit jenen je eigenen Vorstellungen der Bürgerinnen und Bürger. Ein Mangel an Akzeptanz einzelner Entscheidungen kann daher als Dissens hinsichtlich grundsätzlicher konstitutioneller Ordnungsvorstellungen gedeutet werden. Die gelegentliche Ablehnung einzelner Entscheidungen entzieht dem Gericht jedoch nicht die Basis seines Vertrauens.[20] Hinzu kommt, dass die fehlende Akzeptanz einer Entscheidung nicht gleichbedeutend mit urteilswidrigem Handeln ist.

Prinzipiell ist davon auszugehen, dass *jede* politische Ordnungsvorstellung, die ein Verfassungsgericht behandelt, im Vorfeld – in gewissem Umfang – strittig

---

18 Konzeptionell in Anlehnung an die generalisierte Unterstützung bei Easton (1965).

19 Für eine differenzierendere Analyse vgl. Lucke (1995).

20 Im Gegensatz dazu legen Schuppert/ Bumke (2000: 7) nahe, dass die heftige Kritik Mitte der 90er Jahre am Bundesverfassungsgericht „die Stellung des Gerichts in der bundesrepublikanischen Gesellschaftsordnung und damit sein Selbstverständnis in Frage gestellt [hat]. (...) Wird durch die Kritik die Autorität des Gerichts untergraben (...)?"

geworden sein muss. Das empirische Analysemodell kann daher auch nicht mit der Veröffentlichung der Entscheidung ansetzen, sondern muss den jurisdiktiven Prozess und seine gesellschaftliche/politische Vorgeschichte in den analytischen Blick nehmen. *Unter der Bedingung*, dass die Bürger und Bürgerinnen die Entscheidung kennen und ein reflexiver Verständigungsprozess erfolgte, kann von Akzeptanz des Urteils in dem eingeführten Sinne, d.h. von der Akzeptanz der in der Entscheidung symbolisch zur Darstellung gebrachten politischen Ordnungsvorstellung gesprochen werden.[21] Eine kontroverse Thematisierung in den Massenmedien impliziert jedoch nicht *langfristig* eine geringe gesellschaftliche Akzeptanz – im Gegenteil: Das Ergebnis einer kontroversen Thematisierung kann durchaus die Akzeptanz eines Deutungsangebotes sein. In diesem Fall hätte das Gericht à la longue *einer konstitutionellen Ordnungsvorstellung zu Geltung und Akzeptanz* verholfen, obwohl zunächst deutliche Resistenzen bestanden. Ob dies der Fall ist, erschließt sich jedoch erst einer empirischen Analyse.

Vor dem Hintergrund dieser Überlegungen sind wir jetzt in der Lage, Vertrauen und Akzeptanz zusammenfassend zu charakterisieren. *Vertrauen* ist ein *sozialpsychologisches* Konzept.[22] Vertrauen basiert auf Erfahrung. Die Bürger registrieren die Outputs einer politischen Institution über eine längere Zeit und vergleichen sie mit ihren eigenen politischen Präferenzen. Der *generalisierte Gesamteindruck* der Performanz einer Institution im Verbund mit der Varianz zu den eigenen Präferenzen bildet einen Teil des Grundstocks des Vertrauens zu einer politischen Institution. Das Vertrauen, das dem Bundesverfassungsgericht entgegengebracht wird, basiert darüber hinaus auch auf der je individuellen Anerkennung der politischen Ordnungsvorstellung „Verfassungsgerichtsbarkeit" sowie dem damit verbundenen Set von demokratischen Werten und Normen. Vertrauen basiert auf vergangener Erfahrung, ist aber genuin *zukunftsorientiert*,[23] da dem zukünftigen Handeln einer Institution Vertrauen geschenkt wird, d.h. einem Handeln, das zur Zeit des „Vertrauen-schenkens" noch nicht real existiert. Die *Akzeptanz* einzelner Outputs einer Institution (also hier: Entscheidungen des Bundesverfassungsgerichts) ist im Vergleich dazu gegenwartsorientiert. Gleichwohl befindet sich auch die Akzeptanz nicht im luftleeren Raum. Sie wird ohne Frage auch von vergangenen Erfahrungen beeinflusst. Dies entspricht unserer lebensweltlichen Erfahrung: Vertrauen besitzt einen positiven Einfluss auf die Bereitschaft, spezifische Outputs einer Institution zu akzeptieren.

---

21 Antworten hierauf erschließen sich natürlich nur durch empirische Forschung. Gibson/ Caldeira/ Baird (1998) haben erst jüngst zeigen können, dass die Bürger in den alten Bundesländern im internationalen Vergleich eine sehr gute Kenntnis vom Bundesverfassungsgericht als Institution besitzen. Inwieweit dieses Ergebnis sich auch auf einzelne Entscheidungen beziehen lässt, ist jedoch unklar.

22 Vgl. Almond/ Verba (1963: 14).

23 Vgl. hierzu die weiterhin grundlegende Studie über die temporale Dimension von Vertrauen von Luhmann (1968).

2 Operationalisierung des theoretischen Modells

Der direkte Weg zur Analyse der Akzeptanz von Entscheidungen eines Verfassungsgerichts verläuft über eine komplexe Analyse der Einstellung zum Bundesverfassungsgericht. Eine solche Analyse müsste das Vertrauen zu dem Gericht in Abhängigkeit von konkreten Entscheidungen sowie Einstellungen auf den drei Ebenen von Demokratie (Wert-/Normebene, Institutionenebene, Performanzebene[24]) berücksichtigen. Dies sind (moralische) Einstellungen zu demokratischen Werten und Normen ebenso wie zu Prinzipien des Rechtsstaates, (expressiv-evaluative) Einstellungen auf der Ebene der politischen und juristischen Institutionen sowie ihren personalen Trägern und schließlich Einstellungen zur Performanz des Verfassungsgerichts. Hinzu kämen die ‚klassischen' *SES-Variablen.*[25] Um dynamische Aussagen über die Zeit treffen zu können, wäre hierfür eine Längsschnittanalyse die bevorzugte Analyseform. Die Datenlage in der Bundesrepublik ist hierfür jedoch schlecht: Es existieren keine Studien, die systematisch die Akzeptanz von Entscheidungen auf der Einstellungsebene untersuchen. Nur punktuell sind zu wenigen hoch-konfliktiven Entscheidungen entsprechende Erhebungen durchgeführt worden.[26] Aufgrund der Datenlage ist es für die Bundesrepublik Deutschland daher nicht möglich, den Königsweg der Vertrauens- und Akzeptanzanalyse zu beschreiten. So kann die Akzeptanz einzelner Entscheidungen nur indirekt und nicht in einem strikten Sinne kausal an die Entwicklung des Vertrauens in das Bundesverfassungsgericht gekoppelt werden. Notwendig sind daher zwei alternative Operationalisierungen.

2.1 Die Makroebene

2.1.1 Analyse der Berichterstattung in FAZ, FR und SZ

Aufgrund der eingeschränkten Datenbasis muss die Akzeptanz von Entscheidungen gleichsam invers – am *Konfliktfall* – analysiert werden, d.h. anhand jener Entscheidungen, die in der *massenmedialen Öffentlichkeit* kontrovers diskutiert wurden. Konzeptioneller Ausgangspunkt dieser Analyse ist die Überlegung, dass Bürger in der Regel keine unmittelbare Kenntnis der Entscheidungen des Bundesverfassungsgerichts besitzen. Diese werden vielmehr auf zwei Wegen wahrgenommen: Einerseits über die professionellen Kanäle der Informationsdistribution, über die Massenmedien: Fernsehen, Radio und Zeitungen. Andererseits über die personale, direkte Kommunikation zwischen den Bürgern – doch auch diese Kommunikation bedarf eines Informationsinputs durch die Massenmedien. Damit werden die

---

24 Vgl. ausführlicher hierzu Fuchs (1996; 1997).

25 Die sozio-ökonomischen Variablen sind jene, die die ‚objektive' Lebenssituation eines Befragten charakterisieren, u.a. Alter, Geschlecht und Einkommen.

26 Vgl. für eine zusammenfassende Darstellung empirischer Analysen zu einzelnen Entscheidungen Schaal (2000).

Öffentlichkeit und die öffentliche Meinung zu wichtigen Determinanten des Vertrauens in Verfassungsgerichte.[27] Wir gehen davon aus, dass in den Debatten um Entscheidungen – gleichsam unter einer Lupe – auch die Geltung konstitutioneller Leitideen thematisiert wird. Mit anderen Worten: Die Diskussion betrifft nicht nur – und vielleicht noch nicht einmal vornehmlich – die Performanzebene, sondern schließt im besten Falle immer auch die Prinzipienebene und damit auch die Geltung von konstitutionellen politischen Ordnungsvorstellungen mit ein.

In den Arenen der Öffentlichkeit „(...) befinden sich die Öffentlichkeitsakteure, die zu bestimmten Themen Meinungen von sich geben oder weitertragen: Sprecher und Kommunikateure. Auf den Galerien versammelt sich eine mehr oder weniger große Zahl von Beobachtern, das Publikum. Unter bestimmten Bedingungen können sich aus der Kommunikation in den Arenen Fokussierungen auf bestimmte Themen und Übereinstimmungen in den Meinungsäußerungen zu diesen Themen ergeben. In diesem Falle einer Arenenkonsonanz sind *„öffentliche Meinungen* entstanden – öffentliche Meinungen als herrschende Meinungen unter den Öffentlichkeitsakteuren (...)".[28] Die öffentliche Meinung ist daher *nicht* das Aggregat individueller Einstellungen oder Meinungen der Bürger. Es steht trotzdem außer Frage, dass ein Zusammenhang zwischen der öffentlichen Meinung und den Einstellungen der Bürger besteht.

Die Massenmedien erzeugen und spiegeln die öffentliche Meinung, die als das nur temporär stabile Ergebnis von politisch-moralischen Selbstverständigungsdiskursen, die in unterschiedlichen Foren der (politischen) Öffentlichkeit geführt werden, verstanden wird. Besondere Bedeutung für die öffentliche Meinung besitzen die politischen und kulturellen Deutungseliten: Politiker, Journalisten und *public intellectuals,* die in den Massenmedien Kämpfe um Deutungsmacht führen und eine herausragende Rolle hinsichtlich des *Agenda-Setting* der Medien und der medialen Konjunkturzyklen einzelner Themen spielen.[29] Zwischen der öffentlichen Meinung und der individuellen Akzeptanz von Deutungsangeboten des Bundesverfassungsgerichts in Form seiner Entscheidungen besteht ein komplexes Zusammenspiel. Für die vorliegende Analyse wird von der Annahme ausgegangen, dass die politischen und kulturellen Eliten einen nachhaltigen Einfluss auf die Akzeptanz von Deutungsangeboten besitzen. Daher kann die öffentliche (oder besser: veröffentlichte) Meinung als Indikator der gesellschaftlichen Akzeptanz von Entscheidungen des Bundesverfassungsgerichts verstanden werden.

Die Analyse beschränkte sich aufgrund begrenzter zeitlicher und personeller Ressourcen auf die Berichterstattung in der Presse. Das Projekt profitierte sehr von der freundlichen Unterstützung der Bibliothek – und insbesondere des Pressearchives – des Bundesverfassungsgerichts in Karlsruhe.[30] Das Pressearchiv wertet

---

27 Vgl. theoretisch-konzeptionell hierzu Schulze-Fielitz (2000).

28 Neidhardt (1994: 7).

29 Vgl. Eilders (1997) und Früh (1998).

30 Wir möchten uns an dieser Stelle noch einmal bei dem leitenden Bibliotheksdirektor des Bundesverfassungsgerichts, Herrn Roth-Plettenberg, für den Zugang zum Pressearchiv bedanken. Bei der

systematisch überregionale und regionale Tageszeitungen sowie Wochenzeitungen und Magazine zur Berichterstattung über das Gericht sowie zu einzelnen Entscheidungen aus.[31] Der Betrachtungszeitraum zu einzelnen Entscheidungen ist dabei aufgrund der thematischen Sammlung ausgesprochen groß und umfasst teilweise die Berichterstattung über mehrere Jahre. Das Projekt musste aus forschungspragmatischen Gründen eine Auswahl treffen. Der *Inter-Media Agenda Setting*-These[32] folgend, besitzen Prestigemedien einen großen Einfluss auf das *Agenda Setting* der anderen Printmedien. Innerhalb der Kommunikationswissenschaft besteht weitgehend Konsens darüber, dass drei Prestigetageszeitungen[33] existieren. Daher erfolgte eine Fokussierung auf die drei Qualitätstageszeitungen Frankfurter Allgemeine Zeitung, Frankfurter Rundschau und Süddeutsche Zeitung. Analysiert wurde die Berichterstattung in einem Zeitkorridor von ca. zwei Monate vor bis zwei Monate nach der Veröffentlichung einer Entscheidung. Bei einer stichprobenartigen Durchsicht des Pressearchivmaterials hat sich gezeigt, dass dies der Zeitraum ist, in der eine Entscheidung in der Presse noch mit Referenz zur Entscheidung diskutiert wird.[34] Berücksichtigt wurden Zeitungsartikel im Zeitraum von 1974 bis 1998. Codiert wurden folgende Merkmale: Datum, Artikelart (Meldung, Kommentar, Hintergrundbericht), Thema des Artikels, Länge des Artikels, Seite der Publikation, Autor des Artikels sowie der Publikationszeitpunkt, d.h. ob der Artikel *vor*, *zur* oder *nach* der Urteilsverkündung publiziert wurde. Darüber hinaus wurde der generalisierte Tenor des Artikels codiert.[35]

Die Konfliktträchtigkeit einer Entscheidung wurde mittels eines zweistufigen Verfahrens bestimmt. Zunächst erfolgte eine grundlegende Differenzierung anhand der medialen Aufmerksamkeit, die eine Entscheidung erzielt hat. Diese Aufmerksamkeit resultiert allein aus der Zahl der publizierten Artikel. Als Grenze wurden 10 Artikel pro Entscheidung insgesamt festgelegt. Forschungsprojektintern wurde

---

Recherche und Auswertung sowie der anschließenden Codierung halfen in Dresden Steven Schäller, Sabine Campe und Kenneth Ray. Ihnen gilt ebenfalls unser Dank.

31 Eine genaue Zahl oder Liste der ausgewerteten Medien kann nicht angegeben werden, da sie Aktualisierungen unterliegt. Durchgehend sind jedoch die drei großen überregionalen Qualitätszeitungen ausgewertet worden.

32 Vgl. Noelle-Neumann/ Mathes (1987).

33 In der Regel werden diese Medien auch als „überregionale Qualitätszeitungen" bezeichnet. Dies sind die Frankfurter Allgemeine Zeitung (FAZ), die Süddeutsche Zeitung (SZ) und die Frankfurter Rundschau (FR).

34 Einige Themen – Asylrecht oder Abtreibung – durchziehen natürlich die Publizistik weit über die Grenzen des Beobachtungszeitraumes hinaus.

35 Der generalisierte Tenor folgt keinen „harten" Kriterien der Codierung. Vielmehr geht es darum, welchen subjektiven Eindruck die Lektüre eines Artikels erzeugt. Codiert wurden die Ausprägungen „neutral, negativ, positiv". Als Beispiele jeweils eine entsprechende Überschrift: neutral: „Heute Entscheidung über Fristenregelung." (SZ vom 25.2.1975); negativ: „DGB: Urteil zum Paragraphen 218 skandalös" (SZ vom 11.3.1975); positiv: „Fristlos geschützt" (FAZ vom 26.2.1975). Die methodischen Schwierigkeiten eines solchen, auf ein vollständiges Codebuch verzichtenden Vorgehens liegen auf der Hand. Aufgrund des langen Betrachtungszeitraumes – im Forschungsprojekt 24 Jahre – ist es jedoch aus pragmatischen Gründen nicht möglich, für jede Entscheidung ein vollständiges Codebuch zu erstellen. Aufgrund des einfachen Kategorienschemas konnte trotzdem eine Inter-Coder-Reliabilität von 0.81 erzielt werden.

innerhalb der Gruppe jener Entscheidungen, zu denen mehr als 10 Artikel publiziert wurden, jeweils ein Index gebildet über die Artikelart, die Länge und die Seite der Publikation.[36]

Tabelle 1: Codierte Artikel 1974-1998

Zeitung	*N*
Frankfurter Rundschau	1424
Süddeutsche Zeitung	1531
Frankfurter Allgemeine Zeitung	1720
Summe	*4675*

2.1.2 Die Entwicklung des Vertrauens in repräsentativen Umfragen

Das Bundesverfassungsgericht ist in repräsentativen Umfragen häufig jene Institution, der die Bundesbürger im institutionellen Ensemble der Bundesrepublik zumeist das größte Vertrauen schenken. Trotzdem unterliegt auch dieses Vertrauen Schwankungen. Hierzu bemerkt Gabriel: „Zwar war das Vertrauen zum BVerfG [...] auf hohem Niveau unregelmäßigen und *nicht interpretierbaren Schwankungen* ausgesetzt, verglichen mit den Einstellungen zum Bundestag, der Bundesregierung und den politischen Parteien hielt sich deren Ausmaß jedoch in Grenzen [unsere Hervorhebung]."[37] Im Gegensatz zu Gabriel wird hier jedoch die These vertreten, dass die Schwankungen im Institutionenvertrauen u.a. durch Akzeptanzkrisen der Gerichtsentscheidungen hervorgerufen werden. Der Medienwerttheorie[38] folgend wird davon ausgegangen, dass eine intensive Berichterstattung über Entscheidungen in den Medien als Indikator für ihre Konflikthaftigkeit zu werten ist. Im Anschluss an Easton[39] erscheint es darüber hinaus plausibel anzunehmen, dass intensive negative Berichterstattung in den Medien auf das Vertrauen in die Institution „durchschlägt", d.h. dass *andauernde* und intensive öffentliche Kritik nicht nur die Akzeptanz einzelner Entscheidungen beeinflusst, sondern langfristig auch dazu führt, dass das Vertrauen in das Bundesverfassungsgericht sinkt. Daher kann sinkendes Vertrauen in die Institution als ein Indikator – neben anderen – für eine geringe Akzeptanz von zeitlich koinzidierenden kontroversen Entscheidungen verstanden werden.

Die Einstellungen zu den politischen Institutionen werden von den großen Instituten für Demoskopie regelmäßig erhoben. Daten über die Entwicklung des Vertrauens in das Bundesverfassungsgericht liegen – wenn auch diskontinuierlich –

---

36 Auf diese Ergebnisse wird im Kontext dieses Beitrages jedoch nicht näher eingegangen, daher wird auf eine ausführlichere Darstellung des Indexes verzichtet.

37 Gabriel (1999: 214).

38 Vgl. Eilders (1997).

39 Vgl. Easton (1965).

durch Erhebungen von Allensbach, ALLBUS sowie Emnid seit 1974 vor.[40] Gesucht wurde nach markanten Punkten in der Entwicklung des Vertrauens, die zeitlich mit kontroversen Thematisierungen von Entscheidungen des Bundesverfassungsgerichts in den Massenmedien zusammenfallen.

2.2 *Die Mikroebene: Analyse repräsentativer Umfragedaten*

Um einen genaueren Einblick zu gewinnen, welche Faktoren auf der individuellen Ebene das Vertrauen in das Gericht beeinflussen, wurden zwei unterschiedliche Modelle konstruiert und mit Hilfe von ALLBUS-Daten für die Jahre 1984 und 1994 getestet. Die beiden Modelle folgen unterschiedlichen Überlegungen: Das erste Modell beinhaltet die klassischen *SES-Variablen.* Aufgrund der gesicherten Erfahrung der politischen Soziologie, dass sozio-demographische Variablen über die Zeit einen immer geringeren explanativen Wert besitzen, dient es nur als Test-Modell. Forschungsleitend für das zweite Modell war die Fragestellung, ob das Gericht als ein „politisches Gericht" wahrgenommen wird und daher das „Vertrauen-schenken" von Faktoren wie dem politischen Interesse und der Parteineigung ist.

3 Empirische Ergebnisse

3.1 *Makroebene: Analyse der Berichterstattung in der FAZ, der SZ und der FR*

Zunächst soll gefragt werden, welche Aufmerksamkeit Entscheidungen des Bundesverfassungsgerichts überhaupt in den Printmedien finden, d.h. wie selektiv die Zeitungen in ihrer Berichterstattung verfahren. Ein angemessener Indikator hierfür ist das Verhältnis zwischen den Pressemitteilungen, die das Bundesverfassungsgericht herausgibt und die Zahl der Entscheidungen, über die in der *Frankfurter Allgemeinen Zeitung*, der *Frankfurter Rundschau* und der *Süddeutschen Zeitung* berichtet wird. Zu 95 Prozent aller vom Bundesverfassungsgericht getroffenen Entscheidungen veröffentlichte die Pressestelle pro Jahr im Durchschnitt eine Pressemitteilung.[41] Von allen Pressemitteilungen finden in den betrachteten Jahren durchschnittlich knapp 50 Prozent Erwähnung in den drei Zeitungen. Das Verhältnis zwischen den Pressemitteilungen und den in den drei Qualitätszeitungen publizierten Artikeln zu einzelnen Entscheidungen bleibt über die Jahre hinweg relativ konstant.

Als erstes Indiz für die Konflikthaftigkeit der Spruchpraxis des Bundesverfassungsgerichtes kann die Publikationsdichte in den drei analysierten Zeitungen

---

[40] Die Institute unterschieden sich in ihrer konkreten Fragestellung: Während Allensbach die „Meinung" abfragt, ermittelt ALLBUS das „Vertrauen" in politische Institutionen. Obwohl mit „Vertrauen" und „Meinung" auf den ersten Blick Unterschiedliches abgefragt wird, ähneln sich die Ergebnisse im zeitlichen Verlauf doch sehr.

[41] Quelle: Mitteilung der Pressestelle des Bundesverfassungsgerichts.

angesehen werden (Abbildung 1). Offensichtlich unterliegt die Berichterstattung über das Bundesverfassungsgericht spezifischen „Konjunkturzyklen". Es ist auf jeden Fall bemerkenswert, dass das Publikationsvolumen im Beobachtungszeitraum zwischen ca. 80 und fast 400 Artikeln sehr stark variiert. Mit den Jahren 1975, 1986 und 1995/96 sind drei Höhepunkte der Berichterstattung zu identifizieren, auf die sich die weiteren Betrachtungen auch konzentrieren werden. Es könnte jedoch sein, dass der Artikel als Maßeinheit nicht sensibel genug für die Schwankungen in der Intensität der Berichterstattung ist. So ist denkbar, dass sich die Intensität der Konfliktivität nicht nur in der Zahl, sondern vor allem in der Länge der publizierten Artikel spiegelt.[42] Orientiert man sich an diesem Indikator, so ergibt sich ein verändertes Bild: Während 1986 weiterhin ein – aus rein quantitativ-publizistischer Sicht – herausragendes Jahr bleibt, nähern sich 1995/96 und 1975 einander an (Abbildung 2). Ein Vergleich der durchschnittlichen Artikellänge zeigt, dass 1975 sehr viele, eher kurze Artikel publiziert wurden, während die Berichterstattung 1986 und 1995/6 im Mittel länger war. Angesichts eines allgemein diagnostizierten Trends hin zur kürzeren und oberflächlichen Berichterstattung in den 90er Jahren ist dies ein bemerkenswertes Ergebnis (siehe Tabelle 2).

Tabelle 2: Durchschnittliche Artikellänge ausgewählter Jahre

Jahr	1974	1975	1985	1986	1987	1995	1996
Standardisierte Länge	21,29	22,07	30,62	28,10	29,87	32,66	27,048

Die Thematisierung von Entscheidungen des Bundesverfassungsgerichts kann in unterschiedlichen Foren einer Zeitung erfolgen, die ihre Entsprechung in unterschiedlichen Typen von Zeitungsartikeln finden. Für das vorliegende Erkenntnisinteresse erscheint eine Differenzierung in den meinungsbildenden Kommentar und der – zumindest dem Anspruch nach – neutralen Berichterstattung ausreichend.

42 Den folgenden Berechnungen liegt ein standardisiertes Längenmaß zugrunde, das jedoch nicht identisch mit Druckzeilen ist.

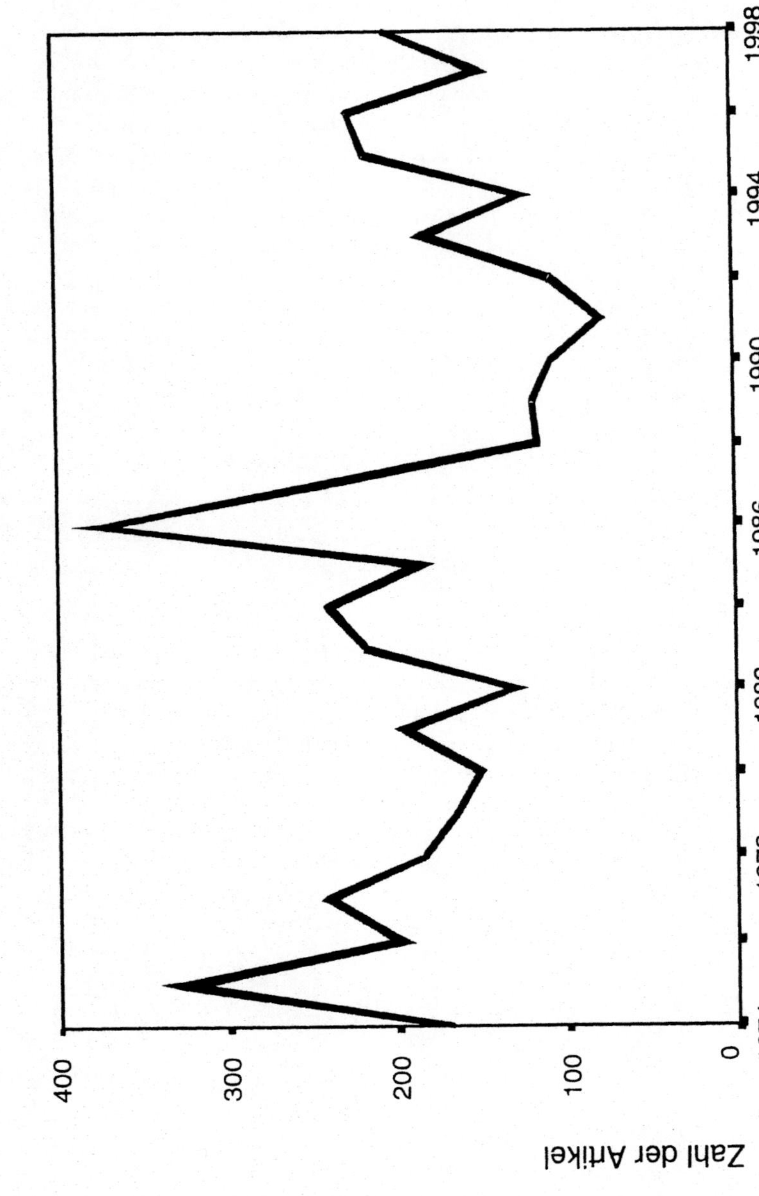

Abbildung 1: Kumulierte Zahl aller publizierten Artikel in FAZ, FR und SZ 1974-1998

Abbildung 2: Publikationsvolumen über die Artikellänge (FAZ, SZ und FR)

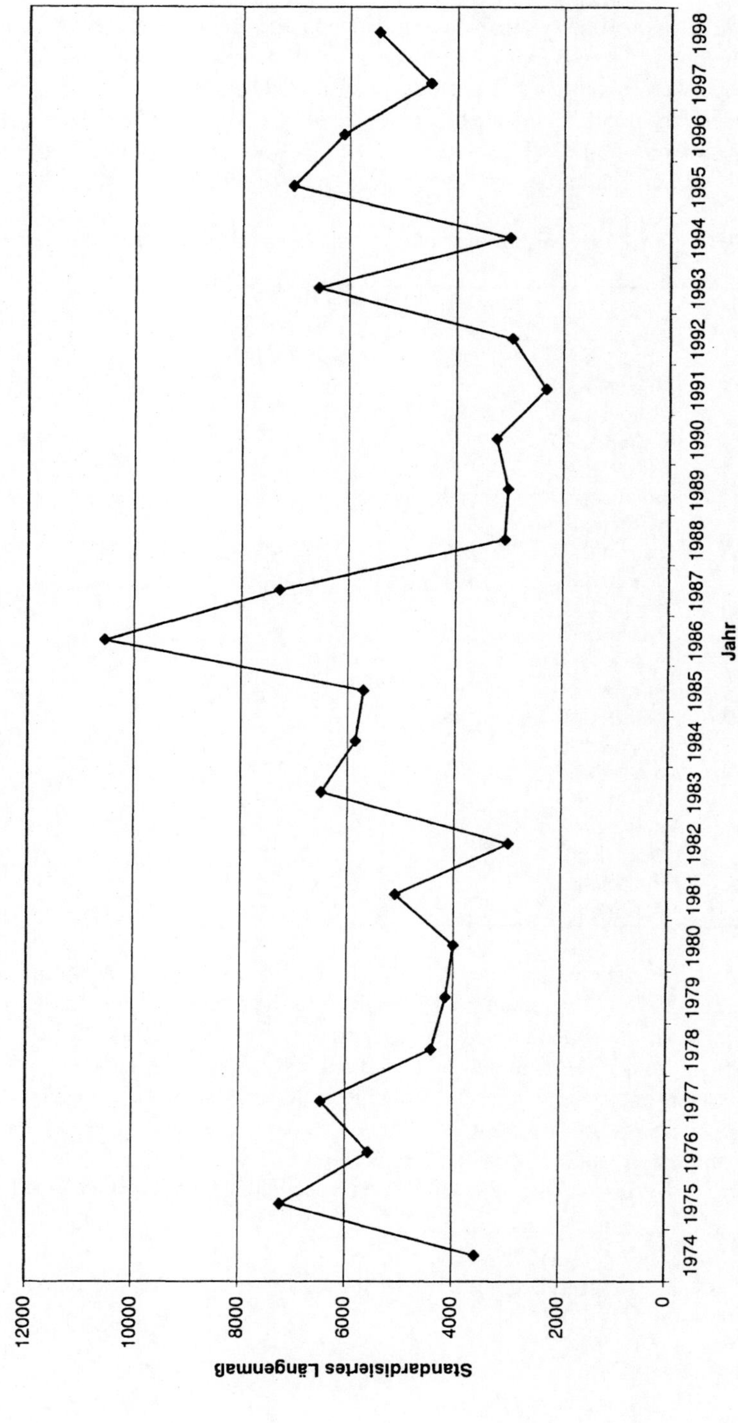

Werden nur die drei publizistischen Höhepunkte in der Berichterstattung über Entscheidungen des Bundesverfassungsgerichts betrachtet, so ist ein eindeutiger Trend auszumachen: Das Verhältnis von meinungsbildenden Kommentaren zu neutralen Nachrichten verschiebt sich nachhaltig zugunsten der Kommentare. Die Zeitungen greifen in den 90er Jahren stärker *als Akteure* in den meinungsbildenden Prozess, in den Kampf um die Deutung des Grundgesetzes ein (Tabelle 3).

Tabelle 3: Verhältnis von Kommentaren und Nachrichten in ausgewählten Jahren

Jahr	*Typ*	*Anzahl*	*Ratio*
1974	Kommentar	23	6,3
	Nachricht	145	
1975	Kommentar	47	5,9
	Nachricht	280	
1976	Kommentar	26	6,1
	Nachricht	172	
1984	Kommentar	39	5,1
	Nachricht	201	
1985	Kommentar	22	7,5
	Nachricht	164	
1986	Kommentar	56	5,6
	Nachricht	319	
1987	Kommentar	38	5,4
	Nachricht	206	
1993	Kommentar	39	3,6
	Nachricht	143	
1994	Kommentar	27	3,9
	Nachricht	98	
1995	Kommentar	48	3,5
	Nachricht	168	
1996	Kommentar	46	3,9
	Nachricht	180	

Innerhalb der sozialwissenschaftlichen Literatur ist von einigen Autoren[43] vor dem Hintergrund von vier hochkontroversen Entscheidungen[44] die These vertreten worden, dass das Bundesverfassungsgericht in den 90er Jahren die Grenzen der Akzeptanz seiner Jurisdiktion in der Bevölkerung erreicht habe. Die Zahl der konfliktiven Entscheidungen – so die gängige Kritik – sei in den 90er Jahren weitaus höher gewesen als in den Jahrzehnten zuvor. Zu einer anderen Einschätzung gelangen Wesel[45] und Vorländer[46]. Beide Autoren argumentieren, dass die Arbeit des Bundesverfassungsgerichts in Phasen von unterschiedlich intensivem *judicial*

[43] So Höffe (1996).

[44] Dies sind: die Entscheidung zum Schwangerschaftsabbruch II, „Soldaten sind Mörder" I&II sowie der Kruzifix-Beschluss.

[45] Wesel (1995; 1997).

[46] Vorländer (1999).

activism differenziert werden kann und die 90er Jahre hinsichtlich der Konflikthaftigkeit spezifischer Entscheidungen *nicht exzeptionell* sind. Die vorliegende Analyse zeigt zweierlei: In den Beobachtungszeitraum fallen drei publizistische Höhepunkte: 1975, 1986 sowie 1995/96. Quantitativ sind diese drei konfliktiven Phasen zwar vergleichbar, qualitativ hat sich jedoch die Berichterstattung verändert: Die Artikel werden länger, die Verfassungsrechtsprechung wird zunehmend häufiger kritisch kommentiert. Exzeptionell ist die Krise in den 90er Jahren nicht, es scheint jedoch eine Tendenz hin zu einer kritischeren und ‚tabuloseren' Thematisierung des Gerichts und seiner Entscheidungen zu bestehen. Zweitens ist es trotz dieser medieninternen Entwicklungen wichtig festzuhalten, dass die wenigsten Entscheidungen des Bundesverfassungsgerichts kontrovers werden. Im Beobachtungszeitraum liegt die Zahl der kontrovers gewordenen Entscheidungen (also jene, über die die Zeitungen in zehn oder mehr Artikeln berichten) zwischen zwei und fünf Prozent aller Entscheidungen pro Jahr.[47] Nicht das Kontroverswerden ist daher die Regel, sondern die faktische oder stillschweigende Akzeptanz einer Entscheidung – und damit zugleich der korrespondierenden konstitutionellen Ordnungsvorstellung.

3.2 Makroebene: Entwicklung des Vertrauens in das Bundesverfassungsgericht

Im deutschsprachigen Raum existieren unserem Wissen nach keine frei verfügbaren empirischen Untersuchungen, die auf individueller Ebene *systematisch* die Akzeptanz von Entscheidungen des Bundesverfassungsgerichts abfragen. Daher wurde ersatzweise die Entwicklung des Vertrauens in das Bundesverfassungsgericht analysiert. Hintergrund hierfür ist die Hypothese, dass die konflikthafte Thematisierung von Entscheidungen in den Massenmedien auf das individuelle Vertrauen in das Bundesverfassungsgericht gleichsam „durchschlägt".

Die Einstellungen zu den politischen Institutionen werden von den großen Instituten für Demoskopie regelmäßig erhoben, jene zum Bundesverfassungsgericht liegen seit 1974 vor. Einen ersten Anhaltspunkt für die Entwicklung des Vertrauens in das Bundesverfassungsgericht über die Zeit liefert eine Zusammenstellung der „Meinung vom Bundesverfassungsgericht" auf Basis der Daten von Allensbach für den Zeitraum von 1974 bis 1999 (Abbildung 3a und 3b). Hierzu muss ergänzt werden, dass die Bürger vom Bundesverfassungsgericht eine weitaus bessere Meinung haben als von den anderen politischen Institutionen, von denen entsprechende Daten vorliegen (Abbildung 4a und 4b).

Gleichwohl unterliegt auch die gute Meinung vom Bundesverfassungsgericht Schwankungen, insofern ist der Einbruch 1995 – wie einige Kommentatoren anmerkten – historisch keineswegs einmalig. Für die neunziger Jahre lässt sich ein größerer Trend identifizieren: Die besten Meinungswerte (sehr gute, gute Meinung) sinken, während die beiden anderen Kategorien (teils/teils; schlecht) ansteigen. Offensichtlich erfolgt ein Austausch zwischen der sehr guten und der mittleren Bewertung.

---

47 Welche Entscheidungen dies konkret sind, wird im nächsten Abschnitt analysiert.

Abbildung 3a: Vertrauen in das Bundesverfassungsgericht 1984-1998 (1990ff. alte Bundesländer)

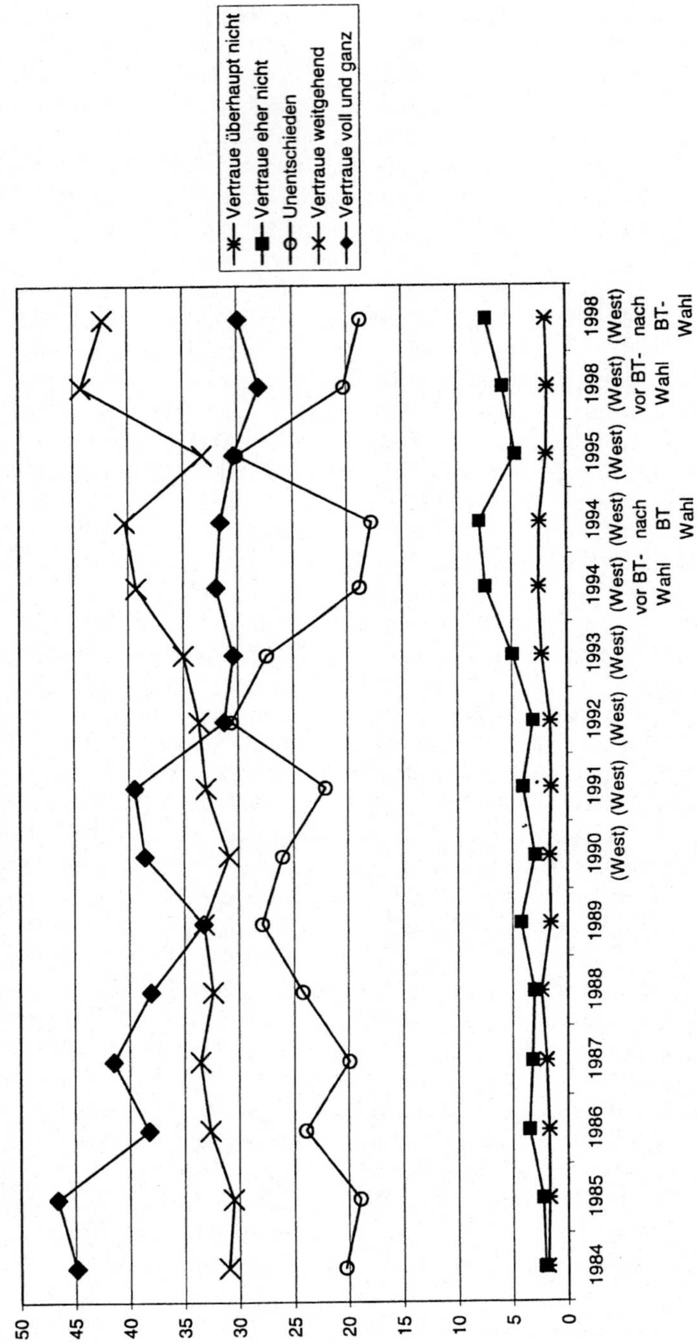

Quelle: IPOS 1983-1993, 1995 & Wahlstudie Falter/Gabriel 1994,1998

Abbildung 3b: Vertrauen in das Bundesverfassungsgericht 1991-1998 (neue Bundesländer)

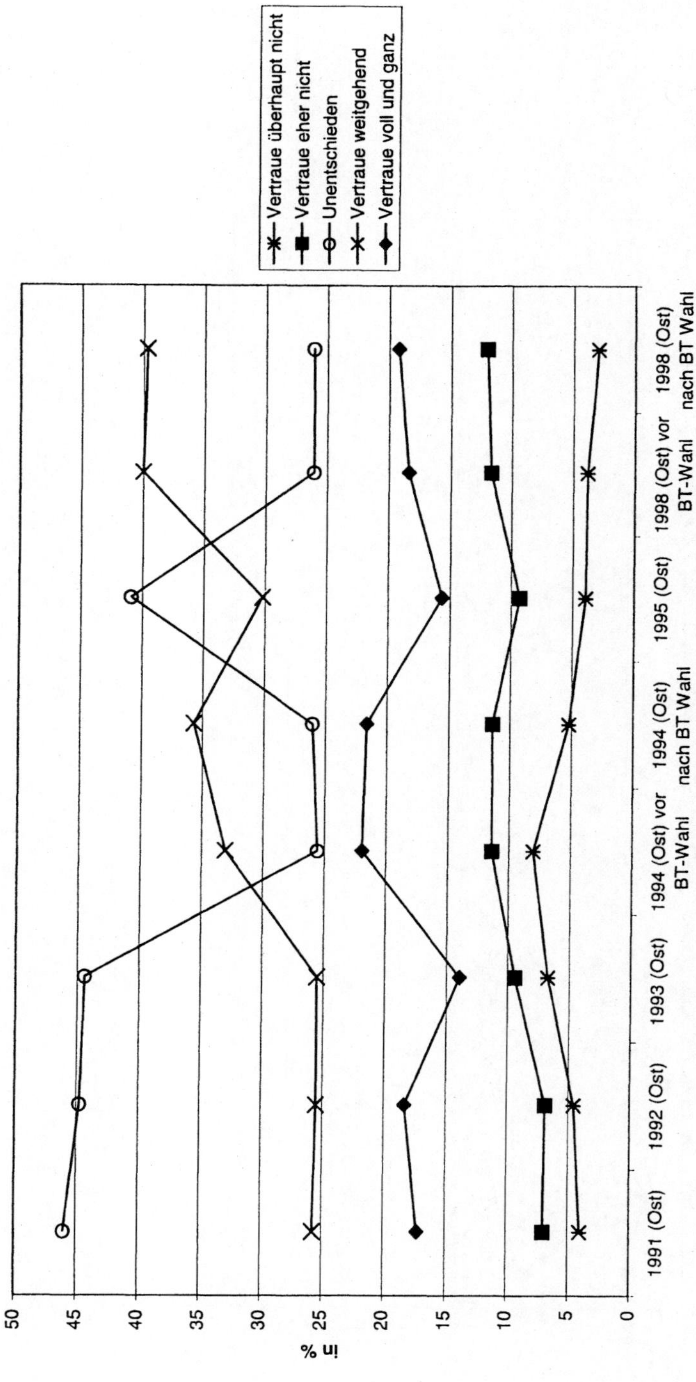

Quelle: IPOS 1991-1993, 1994, Wahlstudie Falter & Gabriel 1994, 1998

Abbildung 4a: Volles Vertrauen in vier Institutionen 1984-1998 (alte Bundesländer)

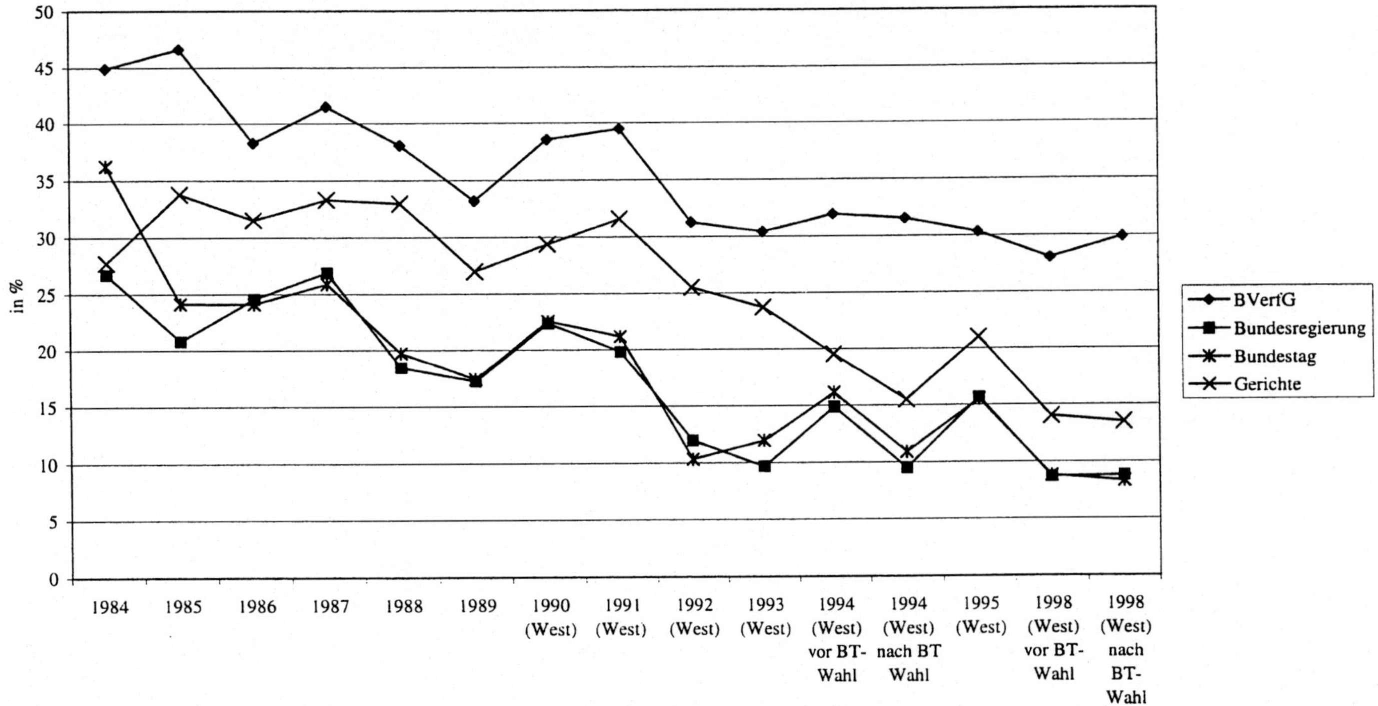

Quellen: IPOS: "Einstellungen zu aktuellen Fragen der Innenpolitik 1984-1995" sowie DFG-Projekt „Politische Einstellungen, politische Partizipation und Wählerverhalten im vereinigten Deutschland", 1994/1998, Projektleiter Professor Dr. Oscar W. Gabriel, Professor Dr. Jürgen W. Falter und Professor Dr. Hans Rattinger

Abbildung 4b: Volles Vertrauen in vier Institutionen 1991-1998 (neue Bundesländer)

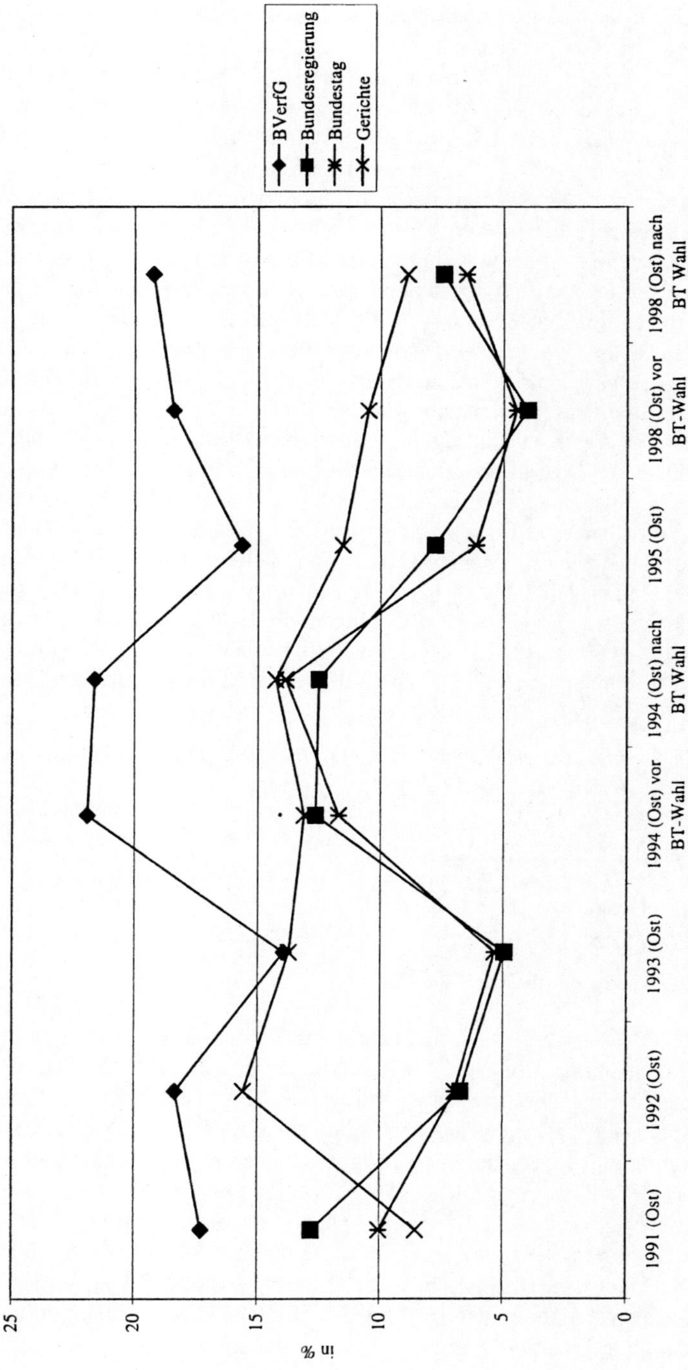

Quelle: IPOS 1991-1993, 1995 sowie Falter & Gabriel 1994, 1998

Kann davon ausgegangen werden, dass ein systematischer, kausaler Zusammenhang zwischen der guten Meinung bzw. dem Ansehen des Bundesverfassungsgerichts innerhalb der Bevölkerung einerseits und urteilsspezifischen Faktoren andererseits besteht? Hierzu werden im Folgenden exemplarisch die Ergebnisse einer Inhaltsanalyse der FAZ und der SZ für die Jahre 1975/76 präsentiert. In den beiden analysierten Qualitätszeitungen entfielen von allen Artikeln zu Entscheidungen des Bundesverfassungsgerichts 72,9 Prozent allein auf drei Entscheidungen: *Schwangerschaftsabbruch I,* den *Radikalenbeschluss* sowie das *Diäten-Urteil.* Differenziert man innerhalb dieser drei publizistischen Großereignisse weiter, so entfallen 17 Prozent auf die Diäten, 22,14 Prozent auf den Radikalenerlass und 33,8 Prozent auf den Schwangerschaftsabbruch. Diese Zahlen sagen jedoch noch nichts über die *inhaltliche* Ausrichtung der Debatten aus. Daher erfolgte eine Analyse des generalisierten Tenors der Artikel. Das Interesse richtete sich auf das Bild, das dem Leser vermittelt wird: Gewinnt er beim Lesen eines Artikels den Eindruck, dass er neutral über eine Entscheidung informiert wurde, oder überwiegt für den Leser ein (positiver oder negativer) Gesamteindruck? Vor dem Hintergrund dieser Überlegungen wurden drei Gruppen von Artikeln differenziert: Erstens jene, die neutral über eine Entscheidung berichten, zweitens jene, die einen negativen sowie drittens jene, die einen positiven generalisierten Gesamteindruck erzeugen.

Die beiden Jahre (1975/1976) zeigen im Vergleich eine je charakteristische und sehr unterschiedliche Verteilung innerhalb der drei Differenzierungskategorien. Während 1975 die negative Bezugnahme mit 54,4 Prozent eindeutig dominiert, sind im folgenden Jahr 67,3 Prozent aller Artikel zu spezifischen Entscheidungen neutral (vgl. Tabelle 4).

Tabelle 4: Inhaltsanalyse der Berichterstattung über Entscheidungen des BVerfG in der FAZ und SZ 1975/76

	1975	*1976*
Positiv	9,7	16,4
Negativ	54,5	16,4
Neutral	38,5	67,3

in %, Quelle: eigene Analyse

In welchem Verhältnis steht nun die Bezugnahme auf eine Entscheidung mit ihrer Regelungsmaterie? Um diese Frage zu beantworten, wurde eine Detailanalyse der Berichterstattung über die drei kontroversen Entscheidungen 1975 durchgeführt. Die Inhaltsanalyse zeigt, dass zwar alle drei Entscheidungen publizistisch bedeutend waren, dies jedoch auf sehr unterschiedlichen Ebenen (vgl. Tabelle 5).

Über das Diäten-Urteil wurde maßgeblich *neutral* berichtet, die wertenden Artikel erzeugten einen überwiegend positiven Gesamteindruck. Das Moment der *neutralen Berichterstattung* tritt jedoch beim Radikalenerlass und noch deutlicher beim Schwangerschaftsabbruch in den Hintergrund: Hier überwiegen die negativ darstellenden Artikel eindeutig. Gerade beim Schwangerschaftsurteil wird deutlich, dass das Interpretationsangebot – die Judikatur des Bundesverfassungsgerichts:

Abtreibung ist illegal – in der publizierten Meinung innerhalb der untersuchten Zeitungen nicht mehr akzeptiert wurde. Auch 1995 ergingen in schneller Folge Entscheidungen, die kontroverse politische Ordnungsideen adressieren. Es erscheint daher zunächst plausibel, das sinkende Vertrauen in das Bundesverfassungsgericht kausal auf den kontroversen Mediendiskurs zurückzuführen. In welchem Verhältnis die kontroverse Thematisierung von Entscheidungen in den Massenmedien und die Entwicklung des Vertrauens in das Bundesverfassungsgerichts steht, soll die folgende Grafik plausibilisieren (Abbildung 5).

Tabelle 5: Inhaltsanalyse der Berichterstattung über einzelne Entscheidungen in der FAZ und SZ 1975

	Diäten-Urteil	*Radikalenbeschluss*	*Schwangerschafts-Urteil*
Negativ	37,5	55,9	74,3
Positiv	4,2	17,6	10,0
Neutral	58,3	36,5	15,7

in %, Quelle: Eigene Analysen

Diese Zusammenstellung legt folgende Einschätzung nahe: Wenn das Bundesverfassungsgericht in den Medien ist, dann eher als Zentrum oder Initiator einer kontroversen Debatte. Diese Debatte wird innerhalb der Zeitungen als „Krise" kommentiert und von den Lesern auch als solche gedeutet. Zusammenfassend konnte die Längsschnittanalyse zeigen, dass die Einbrüche im Vertrauen tatsächlich immer dann zu verzeichnen sind, wenn hoch-kontroverse Entscheidungen getroffen werden, über die in den Medien tendenziell eher kritisch-negativ berichtet wird: Dies sind 1975 der Schwangerschaftsabbruch I, der Radikalenbeschluss sowie der Diätenbeschluss, 1986 die Entscheidung der Strafbarkeit von Sitzblockaden sowie 1995 die Entscheidungen „Soldaten sind Mörder", Sitzblockaden II sowie der Kruzifix-Beschluss. Die zum überwiegenden Teil positive Berichterstattung über das Bundesverfassungsgericht im Vorfeld des Volkszählungsurteils scheint auf der anderen Seite einen nicht unwichtigen Beitrag zu den einmalig hohen Vertrauenswerten 1983 beigetragen zu haben.[48]

[48] Aus empirischer Sicht ist es für die Tragfähigkeit des Arguments wichtig festzuhalten, dass die Umfragen zum Vertrauen in das Bundesverfassungsgericht jeweils nach den oben erwähnten Entscheidungen durchgeführt wurden, so dass der konstatierte Zusammenhang bestehen kann. Gleichwohl liegen z.T. einige Monate zwischen dem Kontrovers-Werden eines Urteils und der Erhebung der empirischen Daten. Wir argumentieren, dass eine hoch-kontroverse Thematisierung einer Entscheidung bei den Bürgern über einen längeren Zeitraum Einfluss auf ihre Einstellungen zum Bundesverfassungsgericht ausübt.

Abbildung 5: Vertrauen in das Bundesverfassungsgericht / Konfliktive Entscheidungen

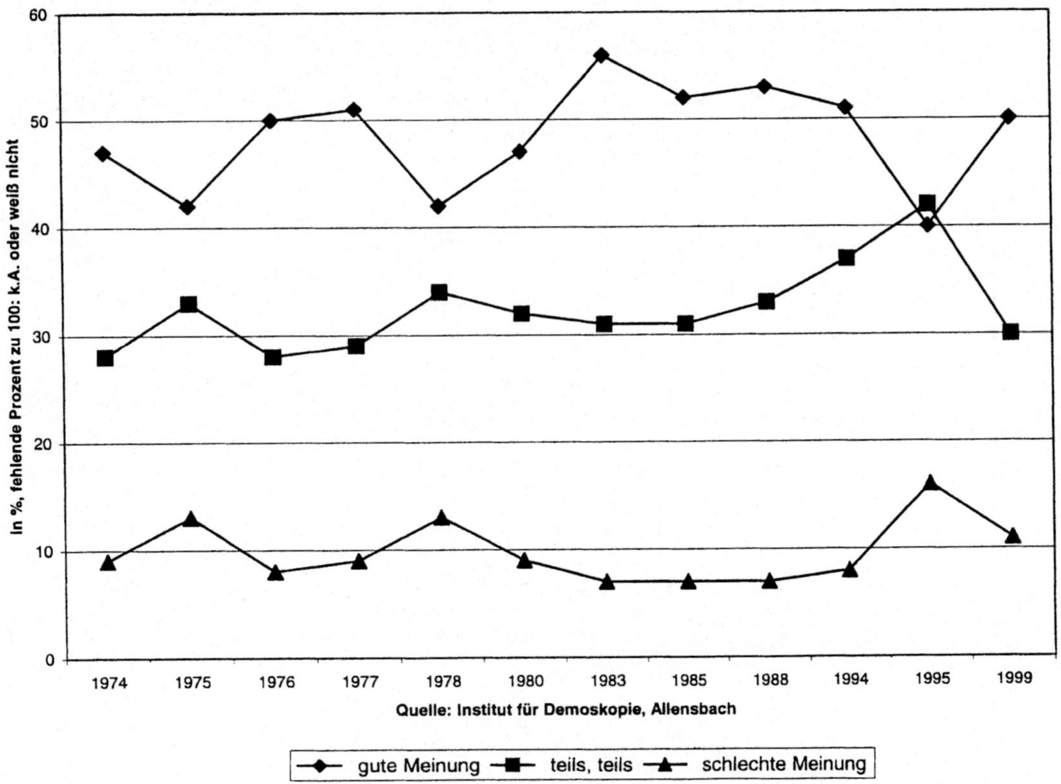

Hochkonfliktive Entscheidungen des Bundesverfassungsgerichts 1974-1999

1975: Schwangerschaftsabbruch I, Radikalenbeschluss
1977: Öffentlichkeitsarbeit der Parteien, Numerus Clausus
1978: Wehrpflichtnovelle
1979: Mitbestimmung
1981: Privater Hörfunk
1983: Volkszählung
1984: Atomwaffenstationierung
1985: Brokdorf
1986: Sitzblockaden I
1987: 5. Rundfunkentscheidung
1991: Enteignungen in der SBZ
1993: Schwangerschaftsabbruch II, Maastricht
1994: "Soldaten sind Mörder"
1995: Kruzifix, Sitzblockaden II
1996: Drittstaatenregelung
1997: Überhangmandate
1998: Familienlastenausgleich
1999: Finanzausgleich

3.3 Mikroebene: Individuelle Korrelationen des Vertrauens in das Bundesverfassungsgericht

Die bisherige Analyse ging von der Prämisse aus, dass der massenmedial vermittelte Diskurs über Entscheidungen des Bundesverfassungsgerichts die Einstellungen zum Gericht, insbesondere das *Vertrauen* zu ihm, beeinflusst. Es steht jedoch außer Frage, dass weitere Faktoren und Einstellungen das Vertrauen beeinflussen. Um diese – jedoch nur *ergänzend* zu den bisherigen Betrachtungen – in den Fokus zu nehmen, wurden mit repräsentativen Umfragedaten des ALLBUS für die Jahre 1984 und 1994 (getrennt nach Neuen und Alten Bundesländern) Analysen durchgeführt. Für beide Jahre wurden jeweils zwei Modelle gebildet. Das erste Modell umfasst die klassischen *SES*-Variablen Alter, Einkommen und Konfession.[49]

Ergänzend zu dem ersten Modell wurden einfaktorielle ANOVAS – also Gruppenvergleiche – gerechnet.[50] Einbezogen wurden die Variablen „Einschätzung der wirtschaftlichen Lage der Bundesrepublik", „politisches Interesse" sowie die „Links-Rechts-Selbstpositionierung". Diese einfache Methode besitzt eine geringere Erklärungskraft als die im ersten Modell durchgeführten Regressionsanalysen.[51]

---

[49] Obwohl es innerhalb der politischen Soziologie inzwischen zum gesicherten Wissensbestand gehört, dass diese Variablen eine stetig abnehmende Aussagekraft besitzen, existieren in der Literatur – v.a. im Rekurs auf die älteren Arbeiten zum Vertrauen in den U.S. Supreme Court – noch Interpretationsstrategien, die auf diese Variablen setzen. Die erste zu prüfende These geht davon aus, dass ein Modell, das ausschließlich SES-Variablen berücksichtigt, eine geringe Erklärungskraft besitzt, die darüber hinaus im Zeitlauf noch abnimmt. Innerhalb dieser Annahme sind folgende Thesen zu prüfen: a.) Mit steigendem Alter erhöht sich die Wahrscheinlichkeit, dass dem Gericht Vertrauen geschenkt wird. b.) Einer christlichen Konfession anzugehören erhöht die Wahrscheinlichkeit, dem Gericht zu vertrauen, da die individuelle Disposition, Autoritäten zu vertrauen, höher ist. c.) Je höher das Einkommen, desto geringer das Vertrauen. Diese These geht davon aus, dass Einkommen und formale Schulbildung in engem Zusammenhang stehen. Je besser die Schulbildung, desto wahrscheinlicher ist die Ausbildung eines kritischen politischen Bewusstseins.

[50] Aufgrund des Skalenniveaus der ALLBUS-Daten konnten leider keine Regressionsanalysen durchgeführt werden.

[51] Daher sind die zugrundeliegenden Annahmen auch zurückhaltender: a.) Das Vertrauen in das Gericht wird durch die Entscheidungspraxis beeinflusst. Bestimmte Entscheidungen wurden in den Medien als eher „progressiv", andere als eher „konservativ" kommentiert. Daher steht zu erwarten, dass die Links-Recht-Selbstpositionierung kontextabhängigen Einfluss auf das Vertrauen besitzt. Anfang der 80er Jahre wird eine „linke"-Selbsteinschätzung eher zu geringerem, in den 90ern eher zu höherem Vertrauen führen. b.) Die Einschätzung der wirtschaftlichen Lage sollte ohne Einfluss auf das Vertrauen in das Gericht sein, da – von wenigen Ausnahmen abgesehen – keine direkte Verbindung zwischen juristischem und ökonomischen System besteht. Gleichzeitig ist die Zufriedenheit mit der Wirtschaftslage ein wichtiger Faktor für die Akzeptanz der grundlegenden demokratischen Strukturen und Institutionen in einer Demokratie. Bleibt das Bundesverfassungsgericht unbeeinflusst von der Einschätzung der ökonomischen Performanz? c.) Ein höheres politisches Interesse schließlich sollte zu einer differenzierteren Wahrnehmung des Gerichts führen, was wiederum zu insgesamt höheren Vertrauenswerten führen müsste.

Tabelle 6: Modell 1 (lineare Regression), 1984/1994 (Ost/West)

	1984 Beta	1994 West Beta	1994 Ost Beta
Einkommen	,181**	,239**	,064
Alter	,131**	-,099*	-,066
Konfession	,153**	-,024	,081
Adj. r^2	,071	,065	,001

Wie bereits erwartet wurde, ist die Erklärungskraft des ersten Modells gering und nimmt über die Zeit ab. Für die fünf neuen Länder kann es sogar zur Gänze zurückgewiesen werden. Für die alte Bundesrepublik kann im Rahmen der geringen Erklärungskraft zumindest folgendes festgehalten werden: Je höher das Einkommen, desto eher wird dem Gericht vertraut. Dieses Ergebnis deckt sich mit jenen des Gruppenvergleichs hinsichtlich der Einschätzung der wirtschaftlichen Lage der Bundesrepublik. Anscheinend wird das Vertrauen in das Bundesverfassungsgericht weder in den alten noch in den neuen Bundesländern unabhängig von der ökonomischen Performanz bewertet. Für 1984 wird unsere Altershypothese bestätigt, für 1994 kehrt sich dieser Zusammenhang jedoch um: Das Vertrauen sinkt mit steigendem Alter. Ähnlich verhält es sich mit der Konfession. Während 1984 die Hypothese, dass die Zugehörigkeit zu einer christlichen Konfession das Vertrauen erhöht, bestätigt wird, verliert der Zusammenhang 1994 seine Signifikanz. Als erklärende Faktoren bieten sich hierfür einerseits die sinkende Verankerung des *praktizierten* christlichen Glaubens, andererseits die überaus umstrittene zweite Entscheidung zum Schwangerschaftsabbruch 1993 an, die weder liberale Abtreibungsbefürworterinnen, noch die Gruppe der Gegner substanziell zufrieden stellen konnte.

Für die Gruppenanalysen bestätigen sich unsere Hypothesen. Innerhalb des Links-Rechts-Spektrums besitzen die eher „Linken" eindeutig geringere Vertrauensmittelwerte als die „liberale" und die eher „rechte" Gruppe (vgl. Tabelle 7). Dieser Unterschied ist 1984 größer als 1994, eine Differenz, die sicherlich in engem Zusammenhang mit der Urteilspraxis des Gerichts im Zeitraum 1968-1979 steht. Die höhere Akzeptanz in der „liberalen" Gruppe könnte durch den stärkeren Grundrechtsschutz – wie er paradigmatisch im Volkszählungsurteil deutlich wird – erklärt werden. Im Zeitvergleich verringern sich jedoch die Mittelwertdifferenzen – ob dies jedoch bereits als Zeichen einer „entideologisierten" Wahrnehmung des Gerichts gewertet werden darf, erscheint fraglich. Interessant ist zudem, dass jene Gruppe, die ein hohes politisches Interesse aufweist, höhere durchschnittliche Vertrauenswerte besitzt. Hier erhöhen sich sogar die Unterschiede im Zeitvergleich.

Tabelle 7: Gruppenvergleiche 1984/1994 (Ost/West)

	1984			1994 West			1994 Ost		
	Mittelwert	F	Signifikanz	Mittelwert	F	Signifikanz	Mittelwert	F	Signifikanz
Wirtschaft		*41,706*	*,000*		*21,362*	*,000*		*17,975*	*,000*
Sehr gut / gut	5,5285			5,1619			4,1136		
Durchschnitt	5,2413			5,0663			4,1393		
Negativ	5,1873			4,6749			3,5215		
Links-Rechts		*28,991*	*,000*		*4,648*	*0,10*		*,713*	*,490*
Links	4,9959			4,8452			3,9703		
Mitte	5,5122			4,9409			3,9620		
Rechts	5,2600			5,1380			4,1867		
Politisches Interesse		*3,804*	*,022*		*20,148*	*,000*		*4,220*	*,015*
Hoch	5,2673			5,1789			4,0174		
Mittel	5,1005			4,9365			4,0423		
Niedrig	5,1887			4,6523			3,7378		

Die Skalierung der Variable „Vertrauen in das Bundesverfassungsgericht“ reichte von 1 (überhaupt kein Vertrauen) bis 7 (sehr großes Vertrauen)

Zusammenfassend zeigen die Analysen mit Individualdaten zunächst, dass auch hinsichtlich des Vertrauens in das Bundesverfassungsgericht eine eindeutige Differenz zwischen den alten und den neuen Bundesländern besteht. Damit setzt sich ein Trend fort, der für demokratische Werte und Normen sowie für andere politische Institutionen bereits kritisch bemerkt wurde.[52] Die präsentierten Modelle besitzen eine geringe Erklärungskraft. Forschungspragmatisch spricht dies einerseits für eine intensivere Analyse der (massenmedial vermittelten) Diskurse über das Gericht und seine Entscheidungen, andererseits für die Entwicklung von differenzierten empirischen Modellen, die stärker als dies aufgrund der Datenlage hier getan werden konnte, systematisch demokratische Werte und Normen sowie die Performanz des politischen und des ökonomischen Systems als erklärende Variablen des Vertrauens in das Bundesverfassungsgericht berücksichtigen sollten.

4 Schlussbemerkungen

In empirischer Hinsicht ist der Zusammenhang von generalisiertem Institutionenvertrauen und spezifischer Entscheidungsakzeptanz für das Bundesverfassungsgericht evident: Das Vertrauen in die Institution der Verfassungsgerichtsbarkeit ist hoch und dies auf lange Sicht auch unabhängig von den konkreten Entscheidungen, ihrer Akzeptanz oder ihrer Ablehnung. Daraus kann der verallgemeinernde Schluss gezogen werden, dass Akzeptanzverweigerung nur bedingt, situativ und kurzfristig, auf das allgemeine Vertrauen, das dem Bundesverfassungsgericht entgegengebracht wird, durchschlägt. Im Kontext hoch-konfliktiver Entscheidungen, wie es beispielsweise der Kruzifix-Beschluss war, kann das generalisierte Vertrauen für kurze Zeit nachlassen, dann aber wieder sehr schnell zurückkehren.[53]

Das generalisierte Institutionenvertrauen gegenüber dem Bundesverfassungsgericht ist also hoch. Das gilt im übrigen nicht nur für die Bundesrepublik Deutschland, es lässt sich auch für die USA und für den amerikanischen Supreme Court nachweisen.[54] Daraus kann man ableiten, dass in fortgeschrittenen Grundrechts- und Verfassungsdemokratien die Institution der Verfassungsgerichtsbarkeit von einer großen Akzeptanz der Bürger getragen ist. Es lässt sich auch feststellen, dass die Institution der Verfassungsgerichtsbarkeit einen Vertrauensvorsprung vor anderen, im engeren Sinne politischen Institutionen wie der Gesetzgebung, der Exekutive oder politischen Parteien genießt. Das generelle Vertrauen gegenüber der Institution der Verfassungsgerichtsbarkeit ist die Machtressource des Bundesverfassungsgerichtes.

Erstaunlich ist, dass diese Ressource bislang nicht nachhaltig durch Konflikte um einzelne Entscheidungen des Verfassungsgerichts beschädigt oder verbraucht

---

52 Vgl. Fuchs (1996; 1997) und Schaal (2000).

53 Vgl. hierzu und zum folgenden Vorländer (2001).

54 Vgl. Gibson/ Caldeira/ Baird (1998).

worden ist.[55] Im Gegenteil, von den maßgeblichen Verfassungsorganen der grundgesetzlichen Ordnung genießt das Verfassungsgericht, in Ost- wie in Westdeutschland, das höchste Vertrauen.[56] Eine Garantie für die Zukunft bedeutet dieser Befund nicht. Der generalisierte Vertrauensüberschuss des Gerichtes würde auf Dauer eine hoch-konfliktive Entscheidungspraxis nicht neutralisieren können.

Nun zeigt die bisherige Praxis, dass nicht alle Entscheidungen zu Konflikten führen; genau genommen handelt es sich nur um eine kleine Minderheit. Darüber hinaus werden keineswegs alle Entscheidungen – gerade einmal die Hälfte – überhaupt in der Öffentlichkeit wahrgenommen. Wie konflikthaft eine Entscheidung wird, liegt keineswegs an der Entscheidungsmaterie selbst, sondern hängt von der öffentlichen Debatte, von der Thematisierung und den Thematisierungsstrategien in den Massenmedien, ab. Dabei lassen sich ganz bestimmte Gattungen und Typen von umstrittenen Entscheidungen identifizieren.

Eine Tendenz zur Konflikthaftigkeit scheinen jene Entscheidungen zu besitzen, die eine soziomoralische Konfliktlinie berühren. Bei solchen Entscheidungsmaterien kann nicht davon ausgegangen werden, dass sie auf unbestrittene Akzeptanz stoßen. Beispiele sind hier die Entscheidungen zum Schwangerschaftsabbruch oder der Kruzifix-Beschluss. Sie zeigen zugleich die Grenzen der Deutungs- und Interpretationsmacht der Bundesverfassungsrichter auf. Trifft – wie in der Kruzifix-Entscheidung – das Verfassungsgericht die soziokulturelle, religiöse Vorstellungswelt des – bayerischen – Adressaten nicht, läuft das Deutungs- und Interpretationsangebot leer. Die Akzeptanz eines verfassungsrichterlichen Deutungsangebotes in pluralistischen Gesellschaften ist nicht per se gegeben, so dass prinzipiell ein Spannungsfeld zwischen der autoritativen Interpretationshoheit des Verfassungsgerichtes und der gesellschaftlichen Akzeptanz konkreter Entscheidungen besteht.

Ähnliches scheint für Entscheidungen zu gelten, die in ein parteipolitisch polarisiertes Umfeld fallen. Immer dort, wo sich gesellschaftliche und politische Lager um brisante politische Themen ausgebildet haben, eine im parlamentarischen Gesetzgebungsprozess unterlegene Gruppe das Verfassungsgericht anruft, in der Hoffnung, die parlamentarische Niederlage in einen schlussendlichen Erfolg vor dem Verfassungsgericht umzumünzen, da ist der Konflikt um die Entscheidung der Verfassungsrichter vorprogrammiert. Die Auseinandersetzungen um die Reformgesetze der sozial-liberalen Regierungskoalition in den 1970er Jahren, von der Ostpolitik über die Gesellschafts- und Bildungspolitik bis hin zur Wehrpolitik, haben dies gezeigt.[57] In beiden Kontexten, dem soziomoralischen und dem parteipolitisch polarisierten Umfeld, kann die Entscheidungspraxis des Verfassungsgerichtes keineswegs befriedend oder streitschlichtend, sondern sehr wohl auch konfliktverlängernd wirken: Karlsruhe locuta, causa non finita.

---

55 Vgl. für eine Bestandsaufnahme der Konflikte um Entscheidungen des Bundesverfassungsgerichts Lamprecht (1996).

56 Die Analyse hat jedoch auch gezeigt, dass das Vertrauen in das Gericht in den neuen Bundesländern durch andere Faktoren motiviert wird, als dies in den alten Bundesländern der Fall ist.

57 Vgl. Vorländer (1981) und Häußler (1994).

Von hoher Aufmerksamkeit und öffentlicher Wahrnehmung begleitet, jedoch von niedriger Konfliktpotenzialität sind solche Entscheidungen, die das Verfassungsgericht als Anwalt des Bürgers, zum Teil auch gegen das politische System und seine Akteure, auszeichnet. Ein Beispiel ist hier die Entscheidung zur Volkszählung, die ein Gesetz, das mit überwältigender, fast einstimmiger Mehrheit des Deutschen Bundestages verabschiedet worden war, im Interesse der datenschutzrechtlichen „informationellen Selbstbestimmung" des Bürgers für verfassungswidrig erklärte. Ähnlich verhält es sich dort, wo das Verfassungsgericht zum Ausfallbürgen für die Politik wird und der Untätigkeit der Legislative durch eigene Entscheidungen abhilft, wie es zuletzt im Familien- und Steuerrecht geschehen ist. Von einem eher niedrigen Grad der Konflikthaftigkeit sind solche Entscheidungen, die im „technischen" Bereich des Staatsorganisationsrechtes anzusiedeln sind.

Das Bundesverfassungsgericht hat einen wichtigen Beitrag zur *politischen* Integration des bundesdeutschen Gemeinwesens geleistet, der sich in der hohen Akzeptanz jener konstitutioneller Ordnungsprinzipien widerspiegelt, denen das Gericht symbolisch zur Darstellung verholfen hat. Dass vereinzelt Entscheidungen – sowohl von der Politik, wie auch von den Bürgern - äußerst kontrovers kommentiert wurden, bedeutet nicht, dass sie desintegrativ wirkten; vielmehr kann argumentiert werden, dass die erreichte ‚Konfliktkultur' den Konflikt selbst integrativ werden lässt. Damit kommt in den Blick, dass die Integrationsleistung des Bundesverfassungsgerichts immer auch ein Beitrag zur *demokratischen* Integration war. So mag die Kritik, wonach das Gericht ‚Werte' mit ‚Normen' verwechsle, aus heutiger Perspektive normativ zutreffend sein[58]; auch die Kritik, das Gericht habe autoritativ – ‚von oben' – demokratische Werte in die Gesellschaft hinein getragen[59], ist aus gegenwärtiger Sicht plausibel - für die Entwicklung einer demokratischen Kultur in den 1950er und 1960er Jahren war diese Praxis der Rechtsprechung aber womöglich unverzichtbar.[60]

Die vielfach konstatierten neuen gesellschaftlichen und politischen Herausforderungen, die die Integrationsleistung des Bundesverfassungsgerichts in näherer Zukunft schmälern könnten – Prozesse der Differenzierung, Pluralisierung und Denationalisierung der jurisdiktiven Kompetenzen –, scheinen das Gericht noch nicht erreicht zu haben. Die vorgelegten Daten zumindest legen nahe, dass es seine Ausnahmestellung im institutionellen Ensemble der Bundesrepublik behalten und damit auch weiterhin einen wichtigen Beitrag zur politischen Integration leisten wird.

---

[58] Habermas (1992).

[59] Lietzmann (1998).

[60] Vgl. hierzu ausführlich Vorländer/ Herrmann/ Schaal (2002).

Literatur

Adamovich, Ludwig (1998): Akzeptabilität und Akzeptanz von Gerichtsentscheidungen am Beispiel der Verfassungsgerichtsbarkeit. In: Pichler, Johannes W. (Hrsg.) (1998): Rechtsakzeptanz und Handlungsorientierung. Wien: Böhlau. 247-255

Almond, Gabriel A./ Verba, Sidney (1963): The Civic Culture. Princeton: Princeton University Press

Beck, Ulrich (1986): Risikogesellschaft. Auf dem Weg in eine andere Moderne. Frankfurt am Main: Suhrkamp

Benda, Ernst (1982): Konsens, Meinungsforschung und Verfassung. In: Die Öffentliche Verwaltung 1982. 143-161

Böckenförde, Ernst-Wolfgang (1999): Staat, Nation, Europa. Studien zur Staatslehre, Verfassungstheorie und Rechtsphilosophie. Frankfurt am Main: Suhrkamp

Czybulka, Detlef (1993): Akzeptanz als staatsrechtliche Kategorie? In: Die Verwaltung. 27-37

Easton, David (1965): A System Analysis of Political Life. New York: Wiley

Edelman, Murray (1990): Politik als Ritual. Die symbolische Funktion staatlicher Institutionen und politischen Handelns. Frankfurt am Main: Campus

Eilders, Christiane (1997): Nachrichtenfaktoren und Rezeption. Eine empirische Analyse zur Auswahl und Verarbeitung politischer Informationen. Opladen: Westdeutscher Verlag

Frankenberg, Günther (2000): Tocquevilles Frage. Zur Rolle der Verfassung im Prozeß der Integration. In: Schuppert, Gunnar Folke/ Bumke, Christian (Hrsg.) (2000): Bundesverfassungsgericht und gesellschaftlicher Grundkonsens. Baden-Baden: Nomos. 31-57

Früh, Werner (1998): Inhaltsanalyse. Theorie und Praxis. Konstanz: UVK Medien

Fuchs, Dieter (1996): Welche Demokratie wollen die Deutschen? Einstellungen zur Demokratie im vereinigten Deutschland. In: Gabriel, Oscar W. (Hrsg.) (1996): Politische Einstellungen und politisches Verhalten im Transformationsprozeß. Opladen: Leske+Budrich. 81-113

Fuchs, Dieter (1997): Wohin geht der Wandel der demokratischen Institutionen in Deutschland? Die Entwicklung der Demokratievorstellungen der Deutschen seit ihrer Vereinigung. In: Göhler, Gerhard (Hrsg.) (1997): Institutionenwandel. Opladen: Westdeutscher Verlag. 253-284

Fuchs, Dieter (1999): The Democratic Culture of Unified Germany. In: Norris, Pippa (Ed.) (1999): Critical Citizens. Global Support for Democratic Governance. Oxford: Oxford University Press. 123-145

Fukuyama, Francis (1995): Trust: The Social Virtues and the Creation of Prosperity. New York: Free Press

Gabriel, Oscar W. (1995): Political Efficacy and Trust. In: Deth, Jan W./ Scarbrough, Elinor (Eds.) (1995): Beliefs in Government. Volume Four. The Impact of Values. Oxford: Oxford University Press. 357-389

Gabriel, Oscar W. (1999): Integration durch Institutionenvertrauen? Struktur und Entwicklung des Verhältnisses der Bevölkerung zum Parteienstaat und zum Rechtsstaat im vereinigten Deutschland. In: Friedrichs, Jürgen/ Jagodzinski, Wolfgang (Hrsg.) (1999): Soziale Integration. Opladen: Westdeutscher Verlag. 199-235

Gambetta, Diego (Ed.) (1988): Trust: Making and Breaking Cooperative Relations. Oxford: Basil Press

Gawron, Thomas/ Rogowski, Ralf (1996): Effektivität, Implementation und Evaluation. Wirkungsanalyse am Beispiel von Entscheidungen des Bundesverfassunsgerichtes. In: Zeitschrift für Rechtssoziologie 17, 2. 177-220

Gebhardt, Jürgen (1987): Verfassungspatriotismus. Anmerkungen zur symbolischen Funktion der Verfassung in den USA. In: Akademie für Politische Bildung (Hrsg.) (1987): Zum Staatsverständnis der Gegenwart. München. 111-130

Gebhardt, Jürgen (1995): Die Idee der Verfassung: Instrument und Symbol. In: Kimmel, Adolf (Hrsg.) (1995): Verfassungen als Fundament und Instrument der Politik. Baden-Baden: Nomos. 9-24

Gerhards, Jürgen (1994): Politische Öffentlichkeit. In: Neidhardt, Friedhelm (Hrsg.) (1994): Öffentlichkeit, öffentliche Meinung, soziale Bewegungen. Kölner Zeitschrift für Soziologie und Sozialpsychologie, Sonderheft 34. Opladen: Westdeutscher Verlag. 77-105

Gibson, James L./ Caldeira, Gregory A./ Baird, Vanessa A. (1998): On the Legitimacy of National High Courts. In: American Political Science Review 92, 2. 343-358

Grimm, Dieter (1991): Die Zukunft der Verfassung. Frankfurt am Main: Suhrkamp

Habermas, Jürgen (1992): Faktizität und Geltung. Frankfurt am Main: Suhrkamp

Hardin, Russell (1993): The Street-Level Epistemology of Trust. In: Politics and Society 21. 505-529

Hardin, Russell (1999): Do we Trust in Government? In: Warren, Mark E. (Ed.) (1999): Democracy and Trust. Cambridge: Cambridge University Press. 22-41

Häußler, Richard (1994): Der Konflikt zwischen Bundesverfassungsgericht und politischer Führung. Berlin: Duncker & Humblot

Helms, Ludger (1999): Entwicklungslinien der Verfassungsgerichtsbarkeit in der parlamentarischen Demokratie der Bundesrepublik Deutschland. In: Jesse, Eckard et al. (Hrsg.) (1999): 50 Jahre Bundesrepublik Deutschland. Berlin: Duncker & Humblot. 141-164

Höffe, Otfried (1996): Vernunft und Recht. Bausteine zu einem interkulturellen Rechtsdiskurs. Frankfurt am Main: Suhrkamp

Kniffka, Rolf (1981): Das Ansehen der Justiz in der Öffentlichkeit. In: Zeitschrift für Rechtssoziologie 2. 225-240

Köcher, Renate (1995): Hüter oder Herrscher. Die öffentliche Wahrnehmung des Bundesverfassungsgerichts ändert sich. In: Frankfurter Allgemeine Zeitung vom 25.10.1995. 5

Kommers, Donald P. (1997): The Constitutional Jurisprudence of the Federal Republic of Germany. London: Durham

Krawietz, Werner (1996): Anerkennung als Geltungsgrund des Rechts in modernen Rechtssystemen. In: Haney, Gerhard/ Maihofer, Werner/ Sprenger, Gerhard (Hrsg.) (1996): Recht und Ideologie. Festschrift für Hermann Klenner zum 70. Geburtstag. Freiburg/Berlin: Haufe. 104-146

Kutscha, Martin (1995): Götterdämmerung in Karlsruhe? Akzeptanzprobleme des Bundesverfassungsgerichts. In: Blätter für deutsche und internationale Politik 10. 1213-1222

Lamprecht, Rolf (1996): Zur Demontage des Bundesverfassungsgerichts. Beweissicherung und Bestandsaufnahme. Baden-Baden: Nomos

Lane, Jan-Erik (1996): Constitutions and Political Theory. Manchester: Manchester University Press

Lietzmann, Hans J. (1998): „Reflexiver Konstitutionalismus" und Demokratie. Die moderne Gesellschaft überholt die Verfassungsrechtsprechung. In: Guggenberger, Bernd/ Würtenberger, Thomas (Hrsg.) (1998): Hüter der Verfassung oder Lenker der Politik? Das Bundesverfassungsgericht im Widerstreit. Baden-Baden: Nomos. 233-261

Limbach, Jutta (1997): Die Akzeptanz verfassungsgerichtlicher Entscheidungen. Münster: Regensberg

Limbach, Jutta (1999): Die Integrationskraft des Bundesverfassungsgerichts. In: dies. (Hrsg.) (1999): Im Namen des Volkes. Macht und Verantwortung der Richter. Stuttgart: Deutsche Verlags-Anstalt. 148-164.

Listhaug, Ola/ Wiberg, Matti (1995): Confidence in Political and Privat Institutions. In: Klingemann, Hans-Dieter/ Fuchs, Dieter (Eds.) (1995): Citizens and the State. Oxford: Oxford University Press. 298-322

Lucke, Doris (1995): Akzeptanz. Legitimität in der „Abstimmungsgesellschaft". Opladen: Leske + Budrich

Luhmann, Niklas (1968): Vertrauen. Ein Mechanismus der Reduktion sozialer Komplexität. Stuttgart: Enke

Luhmann, Niklas (1990): Die Wissenschaft der Gesellschaft. Frankfurt am Main: Suhrkamp

Marshall, Thomas R. (1989): Public Opinion and the Supreme Court. Boston: Hyman

Misztal, Barbara (1996): Trust in Modern Societies. Cambridge: Polity Press

Neidhardt, Friedhelm (1994): Öffentlichkeit, öffentliche Meinung, soziale Bewegungen. In: Neidhardt, Friedhelm (Hrsg.) (1994): Öffentlichkeit, öffentliche Meinung, soziale Bewegungen. Kölner Zeitschrift für Soziologie und Sozialpsychologie Sonderheft 34. Opladen: Westdeutscher Verlag. 7-41

Neidhardt, Friedhelm (2000): Formen und Funktionen gesellschaftlichen Grundkonsenses. In: Folke Schuppert, Gunnar/ Bumke, Christian (Hrsg.) (2000): Bundesverfassungsgericht und gesellschaftlicher Grundkonsens. Baden-Baden: Nomos. 15-30

Newton, Kenneth (1999): Social and Political Trust in Established Democracies. In: Norris, Pippa (Ed.) (1999): Critical Citizens. Global Support for Democratic Governance. Oxford: Oxford University Press. 169-187

Noelle-Neumann, Elisabeth (1982): Das Bundesverfassungsgericht und die ungeschriebenen Gesetze – eine Antwort auf Ernst Benda. In: Die Öffentliche Verwaltung 1982. 187-195
Noelle-Neumann, Elisabeth/ Köcher, Renate (Hrsg.) (1997): Allensbacher Jahrbuch der Demoskopie 1993-1997. München: Saur
Noelle-Neumann, Elisabeth/ Mathes, Rainer (1987): The ,Event as Event' and the ,Event as News'. The Significance of ,Consonance' for Media Effects Research. In: European Journal of Communication 2. 391-414
Offe, Claus (1999): How Can We Trust our Fellow Citizens? In: Warren, Mark E. (Ed.) (1999): Democracy and Trust. Cambridge: Cambridge University Press. 42-87
Pichler, Johannes W. (1998): Rechtsakzeptanz und Handlungsorientierung. Wien/Köln: Böhlau
Pichler, Johannes W./ Giese, Karin J. (1993): Rechtsakzeptanz. Wien/Köln: Böhlau
Putnam, Robert (1995): Bowling Alone: America's Declining Social Capital. In: Journal of Democracy 6, 1. 52-64
Putnam, Robert/ Leonardi, Robert/ Nanetti, Raffaella (1993): Making Democracy Work. Princeton, NJ: Princeton University Press
Rehberg, Karl-Siegbert (1997): Institutionenwandel und Funktionsveränderungen des Symbolischen. In: Göhler, Gerhard (Hrsg.) (1997): Institutionenwandel. Leviathan Sonderheft 1996. Opladen: Westdeutscher Verlag. 94-118
Römer, Peter (1989): Im Namen des Grundgesetzes. Eine Streitschrift für die Demokratie. Hamburg: VSA-Verlag
Sarcinelli, Ulrich (1989): Symbolische Politik und politische Kultur. In: Politische Vierteljahresschrift 30. 292-309
Schaal, Gary S. (1999): Die Integrationsleistung ethisch neutraler Verfassungen. In: Vorgänge 146. 24-32
Schaal, Gary S. (2000): Die Karlsruher Republik? Das Bundesverfassungsgericht und die Entwicklung der Demokratie. In: Vorgänge 150. 44-57
Schaal, Gary S. (2000a): Integration durch Verfassung und Verfassungsrechtsprechung? Über den Zusammenhang von Demokratie, Verfassung und Integration. Berlin: Duncker & Humblot
Schaal, Gary S. (2000b): Ost-/westdeutsche Demokratiedifferenzen. Oder: Wie homogen muss eine vereinte demokratische Kultur sein? In: Vorgänge 152. 33-41
Schaal, Gary S. (2000c): Vertrauen in das Bundesverfassungsgericht und die Akzeptanz seiner Entscheidungen als Indikatoren der Geltung und Akzeptanz konstitutioneller Ordnungsvorstellungen. In: Zeitschrift für Rechtssoziologie 21. 419-446
Schneider, Hans Peter (1999): Richten und Schlichten. In: Aus Politik und Zeitgeschichte. Beilage zur Wochenzeitschrift Das Parlament B16. 9-19
Schulze-Fielitz, Helmut (2000): Das Bundesverfassungsgericht und die öffentliche Meinung. In: Schuppert, Gunnar Folke/ Bumke, Christian (Hrsg.) (2000): Bundesverfassungsgericht und gesellschaftlicher Grundkonsens. Baden-Baden: Nomos. 111-144
Schuppert, Gunnar Folke/ Bumke, Christian (Hrsg.) (2000): Bundesverfassungsgericht und gesellschaftlicher Grundkonsens. Baden-Baden: Nomos
Seligman, Adam B. (1997): The Problem of Trust. Princeton: Princeton University Press
Sunstein, Cass R. (1996): Legal Reasoning and Political Conflict. New York: Harvard University Press
Vollmer, Hendrik (1996): Akzeptanzbeschaffung: Verfahren und Verhandlungen. In: Zeitschrift für Soziologie 2. 147-162
Vorländer, Hans (1981): Verfassung und Konsens. Der Streit um die Verfassung in der Grundlagen- und Grundsatzdiskussion der Bundesrepublik Deutschland. Berlin: Duncker & Humblot
Vorländer, Hans (1987): Forum Americanum. Kontinuität und Legitimität der Verfassung der Vereinigten Staaten von Amerika 1787-1987. In: Jahrbuch des Öffentlichen Rechts der Gegenwart, Neue Folge (Tübingen) 36. 451-488
Vorländer, Hans (1989): Verfassungsverehrung in Amerika. Zum konstitutionellen Symbolismus in den USA. In: Amerikastudien 34. 69-82
Vorländer, Hans (1997): Verfassung als institutionelle Ordnung des Politischen. In: Melville, Gert (Hrsg.) (1997): Institutionalität und Geschichtlichkeit. Ein neuer Sonderforschungsbereich stellt sich vor. TU Dresden. 115-125
Vorländer, Hans (1999): Die Verfassung. Idee und Geschichte. München: Beck

Vorländer, Hans (2000): Die Suprematie der Verfassung. Über das Spannungsverhältnis von Demokratie und Konstitutionalismus. In: Leidhold, Wolfgang (Hrsg.) (2000): Politik und Politeia. Formen und Probleme politischer Ordnung. Würzburg: Königshausen und Neumann 373-383

Vorländer, Hans (2001): Der Interpret als Souverän. In: Frankfurter Allgemeine Zeitung, 17.4.2001. 14

Vorländer, Hans/ Herrmann, Dietrich/ Schaal, Gary S. (2002): The Triumph of Constitutionalism. In: Georgi-Findlay, Brigitte/ Mohr, Hans-Ulrich (eds.) (2002): Millennial Perspectives. Lifeworlds and Utopias. Heidelberg: Winter (i. E.)

Warren, Mark E. (Ed.) (1999): Democracy and Trust. Cambridge: Cambridge University Press

Wesel, Uwe (1995): Die zweite Krise. In: DIE ZEIT vom 29.9.1995. 13-15

Wesel, Uwe (1997): Geschichte des Rechts. München: Beck

Würtenberger, Thomas (1996): Die Akzeptanz von Verwaltungsentscheidungen. Baden-Baden: Nomos

Würtenberger, Thomas (1999): Die Akzeptanz von Gesetzen. In: Friedrichs, Jürgen/ Jagodzinski, Wolfgang (Hrsg.) (1999): Soziale Integration. Opladen: Westdeutscher Verlag. 380-397

Integration durch Neutralität?

Der amerikanische Supreme Court und der Konflikt um die Religion

Dietrich Herrmann

Wenn man von Integration spricht, muss die Einheit benannt werden, auf die sich der Prozess der Integration bezieht. Die Integrationsleistung von Verfassungen und Verfassungsgerichtsbarkeit bezieht sich auf ein verfassungsrechtlich konstituiertes Gemeinwesen, im vorliegenden Falle jenes der USA. Die Frage lautet, inwieweit die Verfassung der USA und die Institution, die die Verfassung verkörpert, der Supreme Court, zur Integration des Gemeinwesens USA beitragen kann und dies in der Praxis auch tun.

Ein Gemeinwesen ist dann politisch integriert, wenn die Bürger die dem Gemeinwesen zu Grunde liegenden (und in der Verfassung festgehaltenen) politischen Ordnungsvorstellungen akzeptieren. Ein Verfassungsgericht kann durch seine Rechtsprechung die Akzeptanz dieser Ordnungsvorstellungen erhöhen; gleichzeitig ist die Konflikthaftigkeit der Rechtsprechung ein Indikator für das Ausmaß der Integration des Gemeinwesens.[1] In kulturell heterogenen Gesellschaften existieren miteinander konkurrierende politische Ordnungsvorstellungen; ein Verfassungsgericht muss im konkreten Fall eine Entscheidung treffen und für diese Entscheidung Akzeptanz gewinnen. Damit wird allerdings der Konflikt zwischen den im konkreten Fall konkurrierenden Ordnungsvorstellungen nicht zugunsten *einer* Richtung aufgelöst, denn in einer nächsten, ähnlich gelagerten Entscheidung kann sich ein untergeordnetes Gericht oder das Verfassungsgericht selbst einer *anderen* Ordnungsvorstellung wieder größeres Gewicht geben. Die für die Bürger sichtbare Repräsentation *unterschiedlicher* politischer Überzeugungen und Ordnungsvorstellungen in einem Verfassungsgericht kann damit zur Integration in einer kulturell heterogenen Gesellschaft beitragen, wenn gleichzeitig die Fiktion einer konsistenten Rechtsprechung aufrecht erhalten wird.[2] Die Aufrechterhaltung dieser Fiktion wird auch nicht dadurch behindert, dass in den Sondervoten (dissenting opinions) zur Mehrheitsmeinung konkurrierende Deutungen zum Ausdruck kommen. Die Voten tragen dazu bei, dass die unterschiedlichen Standpunkte, die in der Breite der Gesellschaft über eine Verfassungsfrage bestehen, für jedermann offensichtlich auch am Verfassungsgericht repräsentiert sind.

Zur politischen Integration kann darüber hinaus beitragen, wenn sich Bürger bzw. unterschiedliche gesellschaftliche Gruppen in der Verfassung und im Verfassungsgericht nicht nur über ihre politischen Vorstellungen, sondern auch personell repräsentiert finden, wenn beispielsweise ein Angehöriger einer distinkten Bevölkerungsgruppe Richter am Supreme Court wird.

---

1 Vgl. Vorländer/ Schaal in diesem Band.

2 Zur „Konsistenz" der Rechtsprechung des Supreme Court unter dem Aspekt von Dauer und Wandel vgl. Herrmann (2002).

Die Verfassung und die sie interpretierende Verfassungsgerichtsbarkeit trägt durch effektiven Schutz von Minderheiten- und Individualrechten zur Integration von Minderheiten bei, deren Stimme in den gewählten Organen Parlament und Regierung oft unzureichend repräsentiert ist. In den USA ist dies nicht zuletzt aufgrund des dominierenden Mehrheitswahlrechts, wo Minderheiten nur schwer in Parlamente gelangen können, von besonderer Bedeutung.

Der amerikanische Supreme Court nimmt, wie die Verfassungsgerichte anderer Länder auch, nur einen geringen Teil der eingereichten Fälle zur Entscheidung an.[3] Wie die nachfolgenden Beispiele zeigen, reicht aber allein die Existenz der Institution Verfassungsgerichtsbarkeit häufig schon aus, um liberalen Abwehrrechten Geltung zu verleihen. Die Drohung der Anrufung des Verfassungsgerichts gehört zum Alltag nicht nur parlamentarischer Minderheiten, sondern auch von Einzelpersonen und kann daher bereits im Vorfeld legislativer und administrativer Entscheidungen eine wichtige Rolle bei der Stärkung bzw. dem Erhalt von Minderheiten-Positionen spielen.

Eine große Bedeutung für das Ansehen der Institution Verfassungsgerichtsbarkeit, für die Akzeptanz von Entscheidung und letztlich für deren Fähigkeit zur Integration hat das Vertrauen in die Rechtmäßigkeit der Verfahren.[4] Es muss also alles „mit rechten Dingen" zugegangen sein. Diese Einschätzung ist unabhängig von den konkreten inhaltlichen Entscheidungen.[5]

In den Vereinigten Staaten wird mit dem Begriff „Integration durch Verfassung und Verfassungsgerichtsbarkeit" unmittelbar die Integration schwarzer Amerikaner und der Abbau der Rassentrennung in der Folge der Entscheidung *Brown v. Board of Education of Topeka* assoziiert.[6] Neben den Maßnahmen zum Abbau der Rassentrennung, die in Folge der *Brown*-Entscheidung – wenn auch mit Verzögerung – implementiert wurden, war es auch und gerade die Berufung von Thurgood Marshall an den Supreme Court, die die Identifizierung der größten Minderheitengruppe mit der Institution Supreme Court signifikant stärkte. Marshall war im doppelten Sinne Repräsentant der Schwarzen: Er war der erste schwarze Richter am Supreme Court, stand aber gleichzeitig durch seine langjährigen Aktivitäten als Anwalt der Bürgerrechtsorganisation NAACP auch inhaltlich für einen Abbau der Rassentrennung und eine stärkere Repräsentanz der Schwarzen in der amerikanischen Gesellschaft.[7]

---

3 Epstein et al. (1996²: 80-83): Der Anteil der zur Entscheidungen angenommen Fälle sank allein zwischen 1970 und 1995 von 0,11% auf 0,04%.

4 Tyler (2000).

5 Die Untersuchung zum hoch-konfliktiven Abtreibungsfall *Roe v. Wade* zeigt die Bereitschaft zur Akzeptanz, wenn beim Gericht die Neutralität gewährleistet ist – Neutralität vor allem im Sinne von Ehrlichkeit und guter Information als Basis für die Entscheidung. Keinen Einfluss hat dabei die Einstellung zur Abtreibungsfrage. Vgl. Tyler/Mitchell (1994).

6 Diese Assoziation ist beispielsweise offensichtlich, wenn man in sozialwissenschaftlichen oder juristischen Datenbanken eine verknüpfte Suche nach „Integration" und „Supreme Court" startet. Vgl. Tyler (2000).

7 Die Notwendigkeit der Unterscheidung zwischen den beiden Aspekten von Repräsentation wird dann offensichtlich, wenn man den Nachfolger Marshalls auf dem „Black Seat", Clarence Thomas, betrachtet. Einerseits ist er Schwarzer, steht aber überhaupt nicht für die Programmatik, die von den

Neben der ethnischen Heterogenität sorgte auch die konfessionelle Heterogenität der amerikanischen Gesellschaft von der Kolonialzeit bis in die Gegenwart hinein immer wieder für Spannungen, die seit der Mitte des 20. Jahrhunderts auch zu Streitfällen vor dem Supreme Court wurden. Höhepunkte der Auseinandersetzungen über die Rolle der Religion im öffentlichen Raum waren und sind die Streitfälle um die Zulässigkeit des organisierten Gebets in den öffentlichen Schulen der USA. In den über 50 Jahren der Rechtsprechung über diese Fragen hat sich der Supreme Court im Kern gegen organisierte Schulgebete ausgesprochen. Meinungsumfragen in der Bevölkerung zeigen hingegen immer wieder eine starke Befürwortung von organisierten Schulgebeten durch die Bevölkerung. In anderen Fällen entschied der Supreme Court – vor allem seit Mitte der achtziger Jahre – für eine „weiche" Trennung von Staat und Religion.

Der vorliegende Beitrag befasst sich mit den Regelungen zur Rolle von Religion im öffentlichen Raum in der Verfassungstradition der USA und der Rechtsprechung des Supreme Court zu diesem Problemkomplex, insbesondere zur Zulässigkeit von organisierten Gebeten in öffentlichen Schulen. Die Frage wird gestellt, welche Rolle Verfassung und Verfassungsrechtsprechung zur Rolle von Religion im öffentlichen Raum für den Integrationsprozess in einer kulturell und konfessionell heterogenen Gesellschaft spielen.

1 „Somebody's Tampering with America's Soul" – Die erste Schulgebetsentscheidung des Supreme Court 1962

Neben der *Brown*-Entscheidung Mitte der fünfziger Jahre und jüngst *Bush v. Gore* ist die Entscheidung *Engel v. Vitale* (Juni 1962) zum Verbot organisierter Schulgebete in den öffentlichen Schulen der USA wohl die am heftigsten kritisierte Entscheidung des Supreme Court nach dem Zweiten Weltkrieg. Damit musste eine seit Jahrzehnten übliche Praxis in vielen Schulen des Landes abgestellt werden. Grundlage für die Entscheidung war die im First Amendment enthaltene „establishment clause", die dem Kongress Gesetzgebung untersagte, die die Etablierung von Religion betrifft.

Die Reaktionen auf die Entscheidung konnten kaum schärfer sein: Politiker aus dem Süden verdammten die Entscheidung einmütig, Vertreter protestantischer und katholischer Organisationen übten Kritik wie der Präsident der amerikanischen Juristenvereinigung ABA, Richter von einzelstaatlichen obersten Gerichten sahen in der Entscheidung auf der Basis des First Amendment eine Bevorzugung von Verbrechern und Kommunisten. Die Versammlung der Gouverneure aller Einzelstaaten verabschiedete einmütig die Aufforderung an den Kongress, alsbald eine Verfassungsergänzung zur Korrektur der Entscheidung herbeizuführen.

---

wichtigen Organisationen der Schwarzen vertreten werden, weshalb ein großer Teil dieser Organisationen seine Bestätigung im Senat bekämpfte. Vgl. zu seinem Nominierungsverfahren u.a. Meyer/ Abramson (1994).

Demgegenüber standen nur eine Reihe von jüdischen Organisationen und einzelne Politiker und Kommentatoren, die die Entscheidung begrüßten. Die Entscheidung bildete den Auftakt zu einer Auseinandersetzung über die Rolle von Religion im öffentlichen Raum in den USA, die bis in die Gegenwart andauert und auch durch die jüngsten Supreme Court-Entscheidungen *Santa Fe v. Doe* (2000) und *Good News Club v. Milford* (2001) fortgesetzt wird.

Im folgenden werden in einer knappen Skizze die historischen Hintergründe der konkurrierenden politischen Ordnungsideen rekonstruiert, die einerseits die USA als ein religiös fundiertes politisches Gemeinwesen begreifen und andererseits die Neutralität des Staates in konfessionellen Fragen als Voraussetzung einer konfessionell und kulturell heterogenen Gesellschaft verstehen.

2 Religiosität als Grundlage für das politische Gemeinwesen

Für die nordamerikanischen Kolonien war Religiosität eine wichtige, wenn nicht die zentrale Voraussetzung für die Ordnung des politischen Gemeinwesens. Konfessionelle Differenzen waren häufig der Ausgangspunkt gewesen für die Auswanderung nach Nordamerika; dort angekommen, war die Idee des christlichen Gemeinwesens insbesondere für die Puritaner in Massachusetts die Grundlage jeglicher staatlicher Organisation. In Anknüpfung an britische Denktraditionen, die nicht allein in der Konstruktion geeigneter Institutionen eine Gewähr für Stabilität und Wohlgeordnetheit des politischen Gemeinwesens sahen, sondern darüber hinaus die Notwendigkeit staatsbürgerlicher Tugend bei den Bürgern und den politisch Handelnden erkannten,[8] wurde auch in den nordamerikanischen Kolonien protestantische Religiosität als Grundlage für die Tugendhaftigkeit eines politischen Gemeinwesens verstanden.[9] Nichts illustriert diese Überzeugung besser als ein Abschnitt aus der Verfassung von Massachusetts von 1780:

„As the happiness of a people, and the good order and preservation of civil government, essentially depend upon piety, religion and morality; and as these cannot be generally diffused through a community, but by the institution of the public worship of God, and of public instructions in piety, religion and morality: Therefore, to promote their happiness and to secure the good order and preservation of their government, the people of this commonwealth have a right to invest their legislature with power to authorize and require, and the legislature shall, from time to time, authorize and require, the several towns, parishes, precincts, and other bodies politic, or religious societies, to make suitable provision, at their own expense, for the institution of the public worship of God, and for the support and maintenance of public Protestant teachers of piety, religion and morality, in all cases where such provision shall not be made voluntarily.“[10]

---

8 Hierzu Ottow (1999).

9 Vorländer (1997: 107-126).

10 http://www.state.ma.us/legis/const.htm#cp10s03.htm (Aug. 2001).

Wie die Passage zeigt, wurde mit der Idee des christlichen Gemeinwesens zugleich die aktive Förderung der Religiosität durch den Staat verbunden, sei es durch öffentliche religiöse Bekundungen, sei es durch die staatliche Unterstützung für Religionslehrer und Geistliche der etablierten Konfessionen. Aus dem Konzept des spezifisch konfessionellen Gemeinwesens wurde eine Exklusivität hinsichtlich des Zugangs zu öffentlichen Ämtern gefolgert, d. h. nur Angehörige der etablierten Konfessionen schienen die Gewähr hinreichender staatsbürgerlicher Tugend zu bieten, weshalb beispielsweise in Massachusetts Angehörige nicht-etablierter Konfessionen vom passiven und teilweise auch vom aktiven Wahlrecht ausgeschlossen waren.[11]

In der Gegenwart wird der Bezug auf die religiöse Fundierung des Gemeinwesens an zentralen Stellen des öffentlichen Lebens deutlich gemacht, nicht zuletzt durch den Supreme Court selbst. Jede mündliche Erörterung des Supreme Court wird mit dem Spruch „God may save the United States and this Honorable Court" begonnen. Die Sitzungen der beiden Kammern des Kongresses werden seit jeher vom aus Steuergeldern finanzierten Congressional Chaplain mit einem Gebet eröffnet. Diese Praxis sei Teil der Struktur der Gesellschaft geworden, stellte der Supreme Court 1983 in einer Entscheidung fest, die eine entsprechende Praxis in Nebraska für verfassungsgemäß erklärte.[12] Darüber hinaus ist der Bezug bei offiziellen Anlässen wie der Vereidigung des Präsidenten, im Text der Nationalhymne und auf den Münzen („In God We Trust") erkennbar.[13] In *Zorach v. Clauson* (1952) hatte der Supreme Court selbst formuliert: „We are a religious people whose institutions presuppose a Supreme Being."[14] Auf dieser Argumentationslinie bewegen sich auch die heftigen dissenting opinions von Justice Rehnquist in *Wallace v. Jaffree* (1985) und in *Santa Fe Independent School District v. Doe* (2000). In seiner Rekonstruktion der Entstehungsgeschichte des First Amendment versuchte Rehnquist zu zeigen, dass es dem ersten Kongress lediglich um die Verhinderung einer landesweiten Religion und gegen die Bevorzugung einer einzelnen Konfession gegangen sei, nicht aber um eine völlige Neutralität des Staates hinsichtlich Religion. Auch im 19. Jahrhundert sei diese Linie in den Arbeiten der großen Verfassungs-

---

11 Boles (1965: 35).

12 *Marsh v. Chambers* (1983). „The opening of sessions of legislative and other deliberative public bodies with prayer is deeply embedded in the history and tradition of this country. From colonial times through the founding of the Republic and ever since, the practice of legislative prayer has coexisted with the principles of disestablishment and religious freedom." In seiner Begründung verwies Chief Justice Burger auch darauf hin, dass der Kongress 1791 in der gleichen Woche, in der er das *First Amendment* mit der *Establishment Clause* verabschiedete, die ersten bezahlten Congressional Chaplains einstellte. 463 U.S. 783, 786f. „In light of the unambiguous and unbroken history of more than 200 years, there can be no doubt that the practice of opening legislative sessions with prayer has become part of the fabric of our society. To invoke Divine guidance on a public body entrusted with making the laws is not, in these circumstances, an ‚establishment' of religion or a step toward establishment; it is simply a tolerable acknowledgment of beliefs widely held among the people of this country." C.J. Burger 463 U.S. 783, 792.

13 Die vermeintliche Analogie zur Schulgebetsproblematik, auf die Richter Douglas in seiner concurring opinion in *Engel v. Vitale* hinwies, war ein wesentlicher Faktor für den öffentlichen Aufruhr in Folge dieser Entscheidung. 370 U.S. 421, 439.

14 343 U.S. 306, 313.

rechtler Story und Cooley bestätigt worden.[15] Rehnquist berücksichtigte allerdings noch in keiner Weise die größere konfessionelle Heterogenität der USA im 20. Jahrhundert, sondern allein die christliche Prägung. In seiner dissenting opinion zu *Santa Fe Independent School District v. Doe* (2000) knüpfte er an diese Argumentation an und hielt der Mehrheitsmeinung vor, sie „strotze vor Feindschaft gegenüber Religion".[16]

Der Staat Texas, der gemeinsam mit einigen anderen Staaten im Verfahren *Santa Fe v. Doe* ein amicus curiae brief einreichte, stützte sich ebenfalls auf diese Linie.[17] Dementsprechend kündigte der damalige Gouverneur George W. Bush bereits in seiner Wahlkampagne für die Präsidentschaft an, der Religion einen größere Rolle im öffentlichen Raum zu geben, wie sie der historischen Tradition entspreche.[18] In Auseinandersetzungen vor Einzelstaats- und Bundesgerichten hat sich der „American Center for Law and Justice" mit Jay Sekulow als Lobbygruppe und Prozessvertreter etabliert, der eine stärkere Rolle von (christlicher) Religion in der Öffentlichkeit propagiert.[19]

3 „Staatliche Neutralität in konfessionellen Fragen" als politische Ordnungsidee der amerikanischen Revolution

In vielen nordamerikanischen Kolonien dominierte seit Beginn der Besiedelung bis weit ins 18. Jahrhundert hinein in Übereinstimmung mit der englischen Tradition jeweils eine einzelne Konfession. Dies bedeutete, dass beispielsweise Personen, die nicht der formal etablierten Konfession angehörten, vom Zugang zu öffentlichen Ämtern ausgeschlossen waren. Nach und nach entwickelte sich nicht nur in den ohnehin konfessionell liberalen Rhode Island und Pennsylvania, sondern auch in den anderen Kolonien ein konfessioneller Pluralismus. Dies machte politische Lösungen erforderlich, wenn nicht auf Dauer ganze Bevölkerungsteile aufgrund ihres Glaubens von der vollen Eingliederung in die Gesellschaft ausgeschlossen bleiben sollten. Rhode Island und Pennsylvania konnten bereits auf gute Erfahrungen bei der Toleranz von Minderheiten verweisen. Als paradigmatisch für die Entwicklung in den Vereinigten Staaten kann aber der Fall von Virginia betrachtet werden: Auch eine Kolonie mit einer dominierenden etablierten Konfession (Anglikaner), war Virginia in der zweiten Hälfte des 18. Jahrhunderts bereits konfessionell sehr

---

15 Rehnquist wandte sich damit gegen die Verwendung des Konzepts einer Mauer zwischen Kirche und Staat, das mit Bezug auf ein Zitat Jeffersons seit *Everson v. Board of Education*, 330 U.S. 1, 16 (1947) in Entscheidungsbegründungen angeführt worden war. *Wallace v. Jaffree* 472 U.S. 38, 91-107. Tatsächlich wurde die „wall of separation" nach *Jaffree* in keiner lead opinion mehr zitiert.

16 Rehnquist in dissenting opinion zu *Santa Fe Independent School District v. Doe* 530 U.S. 290 (2000), Slip Opinion: 1.

17 *Santa Fe Independent School District v. Doe* in the Supreme Court of the U.S. (99-62), Amici Curiae Brief of the State of Texas et al., Austin, Tex., o. J. (2000), http://supreme.nytimes.findlaw.com/briefs/99-62/99-62fo11/brief.pdf.

18 Bruni/ Goodstein (2001).

19 www.aclj.org. Sekulow agierte u.a. als Prozessvertreter des Santa Fe Independent School District.

heterogen. In einer unter anderem von James Madison und Thomas Jefferson getragenen Bewegung sträubte sich die Mehrheit im Parlament von Virginia gegen die Erhebung von Steuern zugunsten von christlichen Gemeinden. Madison und Jefferson ging es dabei auch ganz konkret darum, dass Angehörige nicht-etablierter Konfessionen nicht durch die Steuererhebung von der Gesellschaft ausgeschlossen blieben. Sie argumentierten mit Erfolg, dass mit der gleichen Begründung, mit der nun die Benachteiligung der nicht-christlichen Religionen gerechtfertigt wurde, ebenso spezifische nicht etablierte christliche Konfessionen ausgeschlossen werden könnten.[20]

Die Idee der Neutralität des Staates in konfessionellen Fragen erlangte mit der Verabschiedung und Ratifizierung der Bill of Rights Verfassungsrang auf Bundesebene. Bis zur Überwindung etablierter Kirchen in den Einzelstaaten dauerte es noch bis in die 1830er Jahre. Doch bezog sich das First Amendment, in dem sowohl die positive Religionsfreiheit als auch das Verbot der Anerkennung etablierter Kirchen enthalten waren, auch weiterhin nur auf die Bundesebene. So standen in der amerikanischen Verfassungstradition zwei in der konkreten Praxis konfligierende Ordnungsprinzipien gegenüber: Dem Konzept der religiösen bzw. christlichen Fundierung des Gemeinwesens, das nach dem Verständnis seiner Verfechter für die Integration der Gesellschaft erforderlich war, stand die Idee der konfessionellen Neutralität des Staates gegenüber, die der kulturellen und konfessionellen Heterogenität der Gesellschaft Rechnung zu tragen versuchte.

Somit wurde in die Bundesverfassung ein Konflikt übernommen, der aus der englischen und kolonialen Verfassungstradition stammte und der im Grunde theoretisch nicht aufzulösen ist. Innerhalb des liberalen Paradigmas dominiert die Verfassung und mit ihr das Gebot der konfessionellen Neutralität des Staates, innerhalb des republikanischen Paradigmas liegt die Religiosität – und im konkreten Fall eine spezifisch christlich geprägte Religiosität – dem Gemeinwesen und damit auch der Verfassung zu Grunde. Im republikanischen Paradigma gehört sie damit zu den Grundlagen der Verfassung, die diese selbst nicht garantieren kann.[21]

Eine (partielle) Klärung des Konflikts zwischen partikular ausgerichteter Religiosität als Grundlage des Gemeinwesens und Neutralität des Staates in konfessionellen Fragen ist allenfalls in konkreten Konfliktfällen durch eine Rechtsprechung möglich, die die beiden Ordnungsprinzipien gegeneinander abwägt. Der Konflikt bleibt daher erhalten, eine „Lösung" kann allenfalls darin bestehen, dass der Konflikt auf Grund äußerer Umstände an Bedeutung verliert, beispielsweise weil es keine konkreten Konfliktfelder mehr gibt.

Unter den Richtern standen und stehen besonders William Brennan und John Stevens für die Position der Neutralität; die Organisationen ACLU und Americans United arbeiten als Lobbygruppen und stellten Prozessvertreter in mehreren

---

[20] *Memorial and Remonstrance Against Religious Assessments*, zit. in Flowers (1994: 148). Vgl. Kurland (1986) und Sky (1966).

[21] Böckenförde (1976: 60).

prominenten Gerichtsverfahren.[22] Demgegenüber unterstützen die Richter William Rehnquist, Antonin Scalia und Clarence Thomas eher die Position, dass sich aus der religiösen Fundierung des amerikanischen Gemeinwesens geradezu eine Aufgabe zur Förderung der Religion im öffentlichen Raum ergibt; als Lobbygruppen agiert neben anderen vor allem die von Pat Robertson initiierte Gruppe American Center for Law and Justice.

4 Einzelstaatliche Auseinandersetzungen um Religion im öffentlichen Raum

Im 19. Jahrhundert konzentrierten sich die Auseinandersetzungen um Religion im öffentlichen Raum häufig auf die Frage, welche Bibelübersetzung in den öffentlichen Schulen benutzt werden sollte. Diese Frage wurde einerseits durch die wachsende Bedeutung des öffentlichen, nicht-kirchlichen Schulwesens und andererseits durch die zunehmende konfessionelle Pluralisierung durch die Einwanderung katholischer, jüdischer, orthodoxer und lutherischer Gruppen virulent. Meist war für den Unterricht und die (häufig obligatorische) Bibellesung die protestantische King James-Übersetzung vorgeschrieben, sei es durch einzelstaatliches Gesetz, sei es durch Entscheidung der örtlichen Schulbehörden.

Auf Einzelstaatsebene hatten die dortigen Verfassungsordnungen Vorrang, die zwar häufig ähnlich lautende Einschränkungen wie in der Bundesverfassung kannten, woran sich aber in der Praxis nicht selten Streit an der Bevorzugung dominierender protestantischer Konfessionen entzündete. Aufgrund der beschränkten Geltung der Regelungen der Bundesverfassung bis zur Mitte des 20. Jahrhunderts müssen hilfsweise einzelstaatliche Verfassungen und deren Regelungen über Religionsfreiheit und staatliche Neutralität für die Betrachtung herangezogen werden.

Die Verfassung von Texas enthält bis heute beispielsweise sehr viel spezifischere Aussagen zur Bedeutung von Religion im öffentlichen Raum. Der Kernkonflikt zwischen positiver Religionsfreiheit einerseits und der Rolle des Staates gegenüber den Konfessionen andererseits bleibt auch hier offen. Gegenüber der Bundesverfassung erhält die Religionsfreiheit in der texanischen Verfassung aber eine eigene Note: Sie ist dort eine „Freedom to Worship Almighty God according to the dictates of [...] conscience". Dementsprechend wird auch das in der Bundesverfassung bestehende Verbot religiöser Tests als Voraussetzung für den Zugang zu öffentlichen Ämtern durch die Ergänzung eingeschränkt, dass von Bewerbern die Anerkennung der Existenz eines Höchsten Wesens verlangt werden kann.[23] Diese

[22] Brennan in concurring opinion zu *Abington v. Schempp* (1963) und opinion in *Lemon v. Kurtzman* (1971) 403 U.S. 602, 642-661, Stevens in den lead opinions zu *Wallace v. Jaffree* (1985) und *Santa Fe v. Doe* (2000). www.aclu.org; www.au.org.

[23] Texas Constitution, Präambel, Art. 1, Sec. 4, Sec. 6: „All men have a natural and indefeasible right to worship Almighty God according to the dictates of their own consciences. No man shall be compelled to attend, erect or support any place of worship, or to maintain any ministry against his consent. No human authority ought, in any case whatever, to control or interfere with the rights of conscience in matters of religion, and no preference shall ever be given by law to any religious society or mode of worship. But it shall be the duty of the Legislature to pass such laws as may be

Formulierungen entsprechen sehr direkt einer christlichen Tradition; für nicht-christliche, aber insbesondere für nicht-monotheistische Religionen oder Agnostiker wirkt die Anrufung „des Allmächtigen" ausschließend.

5 Die Anwendung der Incorporation Doctrine auf das First Amendment

Bis weit in das zwanzigste Jahrhundert hinein spielten sich die Konflikte um die Rolle von Religion auf der Ebene der Kommunen und Einzelstaaten ab. Die lange Zeit dominierende Rechtsauffassung ging davon aus, dass die Garantien aus der Bill of Rights der Bundesverfassung lediglich als Schutz gegenüber der Bundesregierung galten. Der Supreme Court war vor den Vierzigerjahren des 20. Jahrhunderts kaum mit Fragen befasst, die aus dem First Amendment herrührten. In der Entscheidung *Palko v. Connecticut* (1937) wurde erstmals von der Mehrheit des Gerichts argumentiert, dass einige Grundrechte derart fundamentaler Natur seien, dass auch die Einzelstaaten direkt an sie gebunden seien.[24] In der Entscheidung *Cantwell v. Connecticut* (1940) wurde dieses Prinzip erstmals auf die Religionsfreiheit angewendet: „The fundamental concept of liberty embodied in [the fourteenth] Amendment embraces the liberties guaranteed by the First Amendment. The First Amendment declares that Congress shall make no law respecting an establishment of religion or prohibiting the free exercise thereof. The Fourteenth Amendment has rendered the legislatures of the states as incompetent as Congress to enact such laws."[25]

In der Entscheidung *Everson v. Board of Education* (1947) wurde die „Incorporation Doctrine", die besagt, dass mit der Verabschiedung des 14. Amendment die Grundrechte für die Bürger aller Bundesstaaten direkt Geltung erlangten, schließlich auf die „Establishment Clause" des First Amendment ausgeweitet.[26] In *Everson* wurde nach dem Prinzip, dass die Förderung in erster Linie dem Kind zugute komme („child benefit theory"), die Bezuschussung der Schulbusbeförderung für kirchliche Privatschulen durch die Einzelstaaten für rechtmäßig erklärt. In *McCollum v. Board of Education* im Jahr darauf verbot der Supreme Court den Religionsunterricht in öffentlichen Schulen, auch wenn für die nichtteilnahmewilligen Schüler ein

necessary to protect equally every religious denomination in the peaceable enjoyment of its own mode of public worship."

24 302 U.S. 319, S. 323ff. (Lead Opinion Richter Cardozo) – Richter Sanford vertrat schon in der dissenting opinion zu *Gitlow v. People* (268 U.S. 652 (1925), S. 666) diese Position. Zur Erläuterung der „Incorporation Doctrine" und des „fundamental rights approach" siehe auch Richter Stone in der berühmten Footnote Four der *lead opinion* in *United States v. Carolene Products Co.*, 304 U.S. 144 (1938: 152), und Richter Frankfurter in der *separate opinion* zu *Brown v. Allen* 344 U.S. 443 (1953: 497ff).

25 *Cantwell v. Connecticut* (1940), 310 U.S. 296, 303 (9:0-Entscheidung); vgl. Harrison (1962: 370). Eine ausführliche Auseinandersetzung mit der Anwendung des 14. Amendments auf das 1. Amendment unternimmt Smith (1987).

26 *Everson v. Board of Education of the Township of Ewing* (1947) 330 U.S. 1 (5:4-Entscheidung, doch bestand Konsens hinsichtlich der Geltung des First Amendment auch für die Einzelstaaten).

Ersatzangebot gemacht wurde.[27] 1952 entschied der Supreme Court in *Zorach v. Clauson*, dass ein „released time"-Programm des Staates New York, das Schülern während des Schultages die Teilnahme an Religionsunterricht außerhalb des Schulgeländes ermöglichte, nicht gegen die Verfassung verstößt.[28]

6 Die Fälle *Engel v. Vitale* (1962) und *Abington v. Schempp* (1963)

Hat nun die „Establishment Clause" und die Rechtsprechung des Supreme Court zur Trennung von Kirche und Staat seit den 1940er Jahren einen Beitrag zur Integration geleistet? Um diese Frage näherungsweise zu beantworten, werden wir im folgenden die Reaktionen auf die Supreme Court-Entscheidungen *Engel v. Vitale* (1962) und *Abington v. Schempp* (1963) einerseits vergleichen mit den Reaktionen auf die Entscheidung *Santa Fe Independent School District v. Doe* (2000).

In der Entscheidung *Engel v. Vitale* untersagte der Supreme Court dem School District von New Hyde Park im Bundesstaat New York die Verwendung eines täglichen Gebets, dessen Text unter Mitwirkung der staatlichen Schulbehörde von New York (New York State Board of Regents) zu Stande gekommen war.[29] Die Entscheidung fiel mit 6 zu 1 Stimmen.

Richter Black bezog sich in seiner Mehrheitsmeinung auf die Probleme, die sich aus der Etablierung der Kirchen in der Kolonialzeit ergeben hatten, und suchte durch diesen historischen Rekurs den Hintergrund für die „establishment clause" im First Amendment zu erläutern. Während sich Black in seinen Ausführungen lediglich mit der Verfassungsmäßigkeit des konkreten Falles auseinandersetzte, verglich Richter Douglas in seiner *concurring opinion* die Praxis in New York mit den religiösen Praktiken von Supreme Court und Kongress. Diese Bemerkungen *obiter dicta* bot den Ansatzpunkt für Spekulationen, welche religiösen Praktiken in der Öffentlichkeit der Supreme Court in der Zukunft verbieten werde:

„What New York does on the opening of its public schools is what we do when we open court. Our Crier has from the beginning announced the convening of the Court and then added ‚God save the United States and this Honorable Court.' ...

What New York does on the opening of its public schools is what each House of Congress does at the opening of each day's business. ...

In New York the teacher who leads in prayer is on the public payroll; and the time she takes seems minuscule as compared with the salaries appropriated by state legislatures and Congress for chaplains to conduct prayers in the legislative halls."[30]

---

27 *Illinois ex rel. McCollum v. Board of Education of School District No. 71, Champaign County, Illinois* (1948) 333 U.S. 203; Patric (1957).

28 *Zorach v. Clauson* (1952) 343 U.S. 306. Die öffentliche Reaktion und Wirkung von *Zorach* untersucht Sorauf (1959).

29 Hierzu ausführlich Herrmann (1999).

30 370 U.S. 421, S. 439-441. Die Befürchtungen des Kongresses wurden beispielsweise in der Anhörung des Senats-Rechtsausschusses formuliert: U.S. Congress. Senate. Committee on the Judiciary (1962: u.a. 18, 38, 46).

Gleichzeitig verteidigte Richter Stewart in seiner dissenting opinion die Tradition der USA als christlich fundiertes Gemeinwesen. Er könne die von den Klägern vorgebrachte und von Black bestätigte „constitutional wall of separation between Church and State" nicht in der Verfassung finden. „What is relevant to the issue here," so Stewart, „is not the history of an established church in sixteenth century England or in eighteenth century America, but the history of the religious traditions of our people, reflected in countless practices of the institutions and officials of our government."[31] Stewart rekonstruierte die amerikanische Geschichte als die Geschichte eines religiösen Gemeinwesens und leitete daraus die Folgerung ab, ein nichtkonfessionelles Gebet widerspreche nicht der Verfassung.

In *Abington Township School District v. Schempp* (1963) entschied der Supreme Court mit 8:1 Stimmen, dass das organisierte Beten des Vater Unser und eine tägliche Bibellesung unzulässig sei. In der Mehrheitsmeinung von Richter Clark und der concurring opinion von Richter Brennan spiegelte sich schon die Kritik wider, die das Gericht nach *Engel v. Vitale* hatte einstecken müssen. Clark erklärte erstens mit Verweisen auf frühere Gerichtsentscheidungen, dass die Entscheidungen in *Engel* und *Schempp* in der Konsequenz bisheriger Rechtsprechung lagen. Zweitens räumte er wie selbstverständlich ein, dass die Vereinigten Staaten eine religiöse Nation seien und wiederholte die historischen Belege hierfür. Drittens führte er aber auch aus, dass religiöse Freiheit und, daraus abgeleitet, die Notwendigkeit zur Trennung von Kirche und Staat ebenso zur amerikanischen Tradition gehörten.[32] Als fundamentales Kriterium bei der Beurteilung der Zulässigkeit von religiösen Praktiken im öffentlichen Raum formulierte Clark die Frage nach Absicht und unmittelbaren Folgen der Praktiken: „The test may be stated as follows: what are the purpose and the primary effect of the enactment? If either is the advancement or inhibition of religion then the enactment exceeds the scope of legislative power as circumscribed by the Constitution. That is to say that to withstand the strictures of the Establishment Clause there must be a secular legislative purpose and a primary effect that neither advances nor inhibits religion."[33]

Brenann setzte sich intensiv mit den Argumentationslinien der Kritiker der *Engel*-Entscheidung auseinander, insbesondere mit dem Argument der historischen Tradition der USA als religiösem Gemeinwesen, das sein Kollege Stewart ins Zentrum seiner *dissenting opinion* in *Engel v. Vitale* gestellt hatte. Ausgangspunkt seiner Argumentation war allerdings zunächst die heftige öffentliche Kritik, auf die er ohne expliziten Hinweis Bezug nahm, so etwa auf die Kritik, das Urteil in *Engel v. Vitale* sei feindlich gegenüber Religion: „It should be unnecessary to observe that our holding does not declare that the First Amendment manifests hostility to the practice or teaching of religion."[34]

Brennan griff den vorherrschenden Argumentationsansatz der Kritiker im wesentlichen in vier Punkten an: Erstens seien die historischen Tatsachen im Hin-

---

[31] 370 U.S. 421, 425, 445f.

[32] 374 U.S. 203.

[33] 374 U.S. 203, 222.

[34] 374 U.S. 232.

blick auf die aktuelle Fragestellung bestenfalls zweideutig, denn während die Gründerväter zwar sicherlich eine Staatskirche nach englischem Muster ablehnten, so hatte Brennan doch „keinen Zweifel", dass sie sich keine Gedanken gemacht hätten hinsichtlich der konkreten Frage, ob die Establishment Clause Andachten („devotional exercises") in öffentlichen Einrichtungen verbiete. Zweitens habe sich das amerikanische Bildungswesen seit der Gründungsphase fundamental verändert. Während im 18. Jahrhundert die meisten Schulen in privater, d. h. in aller Regel konfessioneller Hand gewesen seien, werde im modernen Amerika viel Wert auf das Angebot öffentlicher Schulen gelegt. Die zu entscheidende Frage habe sich also im 18. Jahrhundert gar nicht gestellt. Drittens habe sich die konfessionelle Vielfalt in den Vereinigten Staaten gegenüber der Gründungsphase stark weiterentwickelt. Damals seien allenfalls die Unterschiede zwischen den protestantischen Konfessionen bekannt gewesen; nunmehr schließe die Vielfalt beträchtliche Minderheiten anderer Religionen mit unterschiedlichen religiösen Praktiken ein. Schließlich sei gerade die Entwicklung des amerikanischen Systems der kostenlosen öffentlichen Schulen eng verbunden mit der Verbreitung der konfessionellen Heterogenität. In dieser Situation habe die staatliche Neutralität für die notwendige Entspannung in konfessionellen Konflikten gesorgt. Die öffentlichen Schulen würden praktisch überall voll und ganz mit öffentlichen Mitteln finanziert, und nicht allein von Angehörigen bestimmter Konfessionen. „It is implicit in the history and character of American public education that the public schools serve a uniquely [374 U.S. 242] public function: the training of American citizens in an atmosphere free of parochial, divisive, or separatist influences of any sort -- an atmosphere in which children may assimilate a heritage common to all American groups and religions. ... This is a heritage neither theistic nor atheistic, but simply civic and patriotic."[35]

Brennan wies darauf hin, dass nicht nur der Atheist an der Praxis der Bibellesung in öffentlichen Schulen Anstoß nehme, sondern auch der Tiefgläubige, der darin eine unzulässige Säkularisierung erkenne. Dies bezog sich vor allem auf den Versuch, durch die Verwendung von sogenannten „non-sectarian prayer" das Gebot der Neutralität zu umgehen. Gebete, die nicht anstößig für irgendeine Konfession waren, mussten aber bereits weitgehend von Inhalt entleert sein. „Our tradition of civil liberty rests not only on the secularism of a Thomas Jefferson, but also on the fervent sectarianism . . . of a Roger Williams."[36]

Brennan legte ausführlich anhand einer Rekonstruktion der Konflikte um religiöse Unterweisung seit dem 19. Jahrhundert dar, dass die Leitidee der staatlichen Neutralität ebenso zur amerikanischen Tradition gehörte. Aus den Konflikten um den Gebrauch unterschiedlicher Bibelübersetzungen resultierten mancherorts Anordnungen der Schulverwaltung oder von Gerichten, die Bibellesung in den Schulen generell zu beenden. Die Idee der staatlichen Neutralität sei also keineswegs, wie sein Kollege Stewart und die Kritiker der *Engel*-Entscheidung behaupteten, radikal oder völlig neu.[37] Diese Diktion illustriert den verteidigenden bzw.

---

[35] 374 U.S. 237-242.

[36] *School Dist. of Abington Township v. Schempp* 374 U.S. 203, 254-257, 266f. Brennans Zitat in: Freund (1961: 84).

[37] *Abington v. Schempp* 374 U.S. 266f., 274.

rechtfertigenden Charakter von Brennans Ausführungen gegenüber der öffentlichen Kritik am Supreme Court in der Folge von *Engel v. Vitale*.

Auf beide Entscheidungen hin gab es großen Protest aus Politik und Kirchenkreisen. Im Süden der USA fiel die Kritik über die Entscheidung heftig aus, nachdem sich die dortige Gesellschaft bereits durch die Entscheidungen des Supreme Court zur Überwindung der Rassentrennung wenige Jahre zuvor in ihrem Selbstverständnis in Frage gestellt fühlte. Den Zusammenhang zwischen beiden Entscheidungskomplexen illustriert der Ausspruch des Kongressabgeordneten Andrews (Alabama) nach den Schulgebetsentscheidungen: „First they put the negroes in the school, now they 've kicked God out".[38]

Die Akzeptanz der Verbote von organisierten Schulgebeten war sehr uneinheitlich, wobei aber gewisse regionale Muster erkennbar sind. Einige Staaten vor allem im Süden, mit Alabama an der Spitze, stellten sich offensiv gegen den Supreme Court. Alabamas Gouverneur Wallace weigerte sich, die Verbote durchzusetzen und forderte seine Mitbürger ebenfalls zur Missachtung des Verbots und zu offenem Protest gegen den Supreme Court als Institution auf.[39] In einigen Staaten wurde versucht, die Verbote zu umgehen, indem entsprechende Richtlinien geändert wurden, aber ohne etwas an der Praxis selbst zu ändern. Die tatsächliche Implementierung der Entscheidung, die Durchsetzung der Verbote blieb häufig im Entscheidungsgeflecht von Einzelstaatsregierung und Behörden, örtlichen Schulbehörden, Schulrektoren und den einzelnen Lehrern hängen.

Trotz des weitverbreiteten direkten oder indirekten Widerstands veränderte sich die Praxis in den Schulen zwischen 1962 und 1964/65 deutlich. Eine Umfrage unter 1728 Grundschullehrern im ganzen Land von 1965 zeigte, dass die Quote der Schulen, in denen Gebete gesprochen bzw. aus der Bibel vorgelesen wurde, zwischen 1962 und 1964/65 von 60 auf 28 Prozent bzw. von 48 auf 22 Prozent fiel. Auch sind hier deutliche regionale Unterschiede festzustellen, wie die folgende Tabelle zeigt:[40]

Tabelle 1: Anteil der Grundschullehrer, die Morgengebete abhielten – vor und nach den Schulgebetsentscheidungen des Supreme Court

	Percentage of 1712 Elementary School Teachers Using Morning Prayers			
Region	Pre 1962	1964-65	Difference	Percentage Reduction
West	14	5	-9	64
Midwest	38	21	-17	45
East	83	11	-72	87
South	87	64	-23	26

38 Alley (1994: 108f).

39 Beaney/ Beiser (1964: 486f).

40 Dolbeare/ Hammond (1971: 31f). Ausführlicher zur Problematik der Umsetzung siehe Herrmann (1999: 17-21).

Meinungsumfragen zeigen übereinstimmend, dass eine große Mehrheit der Amerikaner organisierte Schulgebete in den öffentlichen Schulen favorisiert. Die Zustimmung liegt seit den ersten Befragungen in den sechziger Jahren bei ungefähr zwei Dritteln, mit leichten Abweichungen je nach konkreter Fragestellung.[41]

Während im Süden und teilweise im Mittleren Westen die Implementierung der Entscheidungen teils offen verweigert, teils verzögert oder umgangen wurden, führten *Engel* und *Schempp* zu einer deutlichen Veränderung der Praxis des Schulgebets im Nordosten, wo das organisierte Schulgebet um 1960 noch weitverbreitet gewesen war. Dies legt die Vermutung nahe, dass in den kulturell und konfessionell heterogeneren Regionen ein größeres Verständnis für die Entscheidungen des Supreme Court entwickelt worden war und damit eine höhere Bereitschaft zur Anerkennung der Entscheidung bestand.

Im Nordosten gab es diese Sensibilität eigentlich schon vor der Entscheidung. Gerade die Konstruktion des organisierten Schulgebets in New York zeigt die prinzipielle Anerkenntnis der Ordnungsidee der staatlichen Neutralität in konfessionellen Fragen: Die staatliche Schulbehörde hatte das Gebet den verantwortlichen Stellen der wichtigsten Konfessionen im Staate New York vorgelegt und deren Billigung erhalten. Genau damit hatten sie allerdings den beteiligten Konfessionen (Katholiken, Juden, Protestanten) einen quasi-etablierten Status eingeräumt, was für den Supreme Court aber genau der Stein des Anstoßes war.

Im Süden hingegen wurde das nahezu einstimmig ergangene Verbot der bisherigen Praxis von der weißen Bevölkerungsmehrheit nach der einstimmig ergangenen *Brown*-Entscheidung als weiterer Schritt der Ausgrenzung verstanden. So standen sich in den Fällen zur Überwindung der Rassentrennung der bewusste Versuch zur Integration der Schwarzen und die demgegenüber empfundene Zurücksetzung der Weißen im Süden gegenüber. In den Schulgebetsfällen standen sich der Versuch, die Angehörigen nicht-protestantischer bzw. nicht-christlicher Konfessionen (und die Atheisten) von der Ausgrenzung durch die protestantisch geprägte Gebetstradition zu befreien, dem Bemühen gegenüber, die christliche Tradition als Grundlage des politischen Gemeinwesens USA zu festigen. Diese Bemühungen werden immer wieder unterstützt durch überwältigende Ergebnisse in Meinungsumfragen sowie durch Gesetzesinitiativen und Entscheidungen von Behörden, die die Rolle von Religion im öffentlichen Raum verstärken sollen. Hier sichern die Verfassung und die Verfassungsgerichtsbarkeit die Rechte der Minderheiten und tragen somit zu deren Integration bei. Andererseits muss die Verfassungsrechtsprechung auch durch Bezugnahme auf die sozio-moralischen Grundlagen des Gemeinwesens, die für die Mehrheit der Amerikaner nach wie vor in einer protestantisch-christlich geprägten Religiosität verortet sind, die Integration eben dieser Mehrheit gewährleisten. Der Supreme Court und die untergeordneten Gerichte bewegen sich in dieser fortdauernden Spannung.

---

41 NORC General Social Survey („Proportion Favoring the Required Reading of the Lord's Prayer or Bible Verses") 1974: 67,9%, 1982: 59,7%; Elifson/Hadaway (1985: 321); Gallup Poll: („Allowing Daily Prayer to be spoken in the Classroom") 1999: 70%, http://www.gallup.com/poll/releases/pr990709.asp (März 2001).

7 Der Fall *Santa Fe Independent School District v. Doe* (2000)

Seit den sechziger Jahren hat der Supreme Court immer wieder Fälle zur Entscheidung angenommen, die die Rolle der Religion im öffentlichen Raum zum Gegenstand hatten. Dies betraf unter anderem die staatliche Mitfinanzierung bestimmter Aktivitäten an konfessionellen Schulen,[42] die Möglichkeit, religiöse Symbole auf öffentlichem Raum auszustellen,[43] die Möglichkeit konfessioneller Gruppen, öffentliche Gebäude und insbesondere die Räumlichkeiten von Schulen zu nutzen.[44] Einige Fälle knüpften direkt an die Schulgebetsproblematik der Fälle *Engel v. Vitale* und *Abington v. Schempp* an.[45] In *Wallace v. Jaffree* (1985) erklärte der Supreme Court ein Gesetz von Alabama für verfassungswidrig, das einen „Moment of Silence and Prayer" an den Schulen vorsah.[46] Ebenso wurde in *Lee v. Weisman* (1992) die Praxis der religiösen Invocations bei Schulabschlussfeiern für verfassungswidrig erklärt.[47]

Eine ähnliche Problemstellung enthielt der Fall *Santa Fe Independent School District v. Doe*, der im Frühjahr 2000 verhandelt wurde, und zwar, ob eine Regelung der örtlichen Schulbehörde (*Board of Education*) zulässig ist, die eine alljährliche Abstimmung der Schülerschaft über die Frage vorsah, ob den Spielen der Football-Mannschaft eine Anrufung („invocation") vorausgehen sollte. Eine zweite Abstimmung sollte dann die Person aus der Mitte der Schülerschaft bestimmen, die diese Anrufung sprechen würde.

Bereits in der Anhörung für den Fall *Santa Fe v. Doe* hatte sich gezeigt, dass die Beteuerungen des Schulbezirks von Santa Fe, bei den Gebeten anlässlich der High School-Football-Spiele handele es sich um die von der Verfassung geschützte „private speech", bei der Mehrheit der Richter auf Zweifel stieß. Ebenso deutlich wurde aber auch, dass die Richter Rehnquist und Scalia dagegen die Teilnahme am Football-Spiel bzw. dessen Besuch als eine rein freiwillige Angelegenheit unabhängig vom organisierten Schulunterricht betrachteten, was wiederum den privaten Charakter hervorhob.[48] Mit einer 6:3-Mehrheit entschied der Supreme Court gegen

---

42 *Everson v. Board of Education for the Township of Ewing* 330 U.S. 1 (bereits 1947).

43 *Lynch v. Donnelly* 465 U.S. 668 (1984): Die Aufstellung einer Weihnachtsszene mit Rentier, Nikolaus und Weihnachtsbaum auf öffentlichem Grund mit öffentlichen Geldern ist zulässig, da die gezeigten Symbole nicht einer Konfession zuzuordnen sind, sondern allgemein jahreszeitliche Symbole sind („plastic reindeer rule").

44 *Board of Education v. Mergens*, 496 U.S. 226 (1990): Der „Equal Access Act" ist zulässig; d.h. Schüler dürfen in Schulräumen in Eigeninitiative religiöse Treffen abhalten; Unterscheidung zwischen „government speech endorsing religion" (verboten) und „private speech endorsing religion" (erlaubt). Dies wurde bestätigt im jüngsten Fall von *Good News Club v. Milford Central School* 99-2036 (Zulässigkeit der Überlassung von Schulräumen für eine konfessionelle Gruppe für Grundschüler).

45 Die Schulgebetsproblematik vor dem Supreme Court diskutiert der jüngste Artikel von Nancy E. Drane (2000).

46 Bei Betrachtung des Gesetzgebungsverfahrens wurde durch die nachträgliche Einfügung von „prayer" eine Bevorzugung festgestellt. 472 U.S. 38.

47 505 U.S. 577.

48 Official Transcript U. S. Supreme Court 99-62, 29.3.2000, http://www.aclj.org/USSC/Transcripts/SANTA%20FE%20TRANSCRIPT.pdf, Bericht von der Anhörung durch Nina Totenberg in der Sendung *All Things Considered* in National Public Radio, March 29, 2000; http://www.npr.org/

diese Praxis. Die Begründung von Richter Stevens orientierte sich dabei im wesentlichen an den Prinzipien aus *Lee v. Weisman*, wo unter anderem eine deutliche Unterscheidung vorgenommen wurde zwischen Jugendlichen und Erwachsenen und die formale Freiwilligkeit, an einer Schul-Abschlussfeier teilzunehmen, durch den in der Realität bestehenden peer group pressure als ausgehöhlt gesehen wurde. Mit der Regelung, die noch während des bereits laufenden Verfahrens eine frühere Vorschrift abgelöst hatte, in der noch von „Prayer" die Rede war, war der Schulbezirk aber nach Ansicht der Mehrheit des Supreme Court zu sehr involviert. Hintergrund für die deutlichen Worte, die Stevens in seiner Entscheidungsbegründung wählte, war sicherlich auch die Serie der Verstöße des Schulbezirks gegen die Establishment Clause, so das Gebet des Klassensprechers bei der Absolventenfeier von der Bühne – ein Verstoß gegen *Lee v. Weisman* – sowie offen christliche Gebete über die Lautsprecheranlage bei Football-Spielen der Schulmannschaft.[49] Stevens warf dem Schuldistrikt unter anderem vor, nichts zu tun, um die religiösen Minderheiten zu schützen. Die Abstimmung über die Anrufung und den Schüler, der während des ganzen Schuljahres diese Anrufung spricht, könne zwar, so Richter Stevens für die Mehrheit des Gerichts, die Repräsentation der meisten Schüler sichern, tue aber nichts zum Schutz der Minderheit, sondern könne diese im Gegenteil noch stärker kränken.[50] Die Vor-Geschichte des Falles belege, dass es in der Wahrnehmung der Schüler und der Öffentlichkeit um ein Gebet, also um eine religiöse Aktivität gehe, und nicht um eine Anrufung mit vornehmlich säkularer Zielsetzung.[51] Stevens zitierte Richterin O'Connor in ihrer concurring opinion zu *Lynch v. Donnelly* (1984): „School sponsorship of a religious message is impermissible because it sends the ancillary message to members of the audience who are nonadherants ‚that they are outsiders, not full members of the political community, and an accompanying message to adherants that they are insiders, favored members of the political community.'"[52]

Für Stevens war nicht allein der Akt des Gebets ein Verstoß gegen die Establishment Clause, sondern bereits die Regelung an sich. Die *dissenting opinion* von Chief Justice Rehnquist beginnt mit heftiger Polemik. Rehnquist unterstellte Stevens, die Mehrheitsmeinung „strotze vor Feindschaft" gegenüber allem Religiö-

---

ramfiles/atc/20000329.atc.01.ram (Aug. 2001), Linda Greenhouse, „Court Seems Reluctant to Allow Prayer at High School Ballgames," *New York Times* 30.3.2000, Joan Biskupic, „Tex. School Prayer Policy Scrutinized. 2 Swing Justices Seem Skeptical," *Washington Post* 30.3.2000, A08 (http://www.washingtonpost.com/wp-dyn/politics/fedpage/supremecourt/19992000/A42453-2000Mar29.html , Aug. 2001), Joan Biskupic, „Texas Prayer Case Seen as Kickoff to Bigger Issue for Court," *Washington Post* 27.3.2000 A02 (http://washingtonpost.com/wp-dyn/politics/fedpage/supremecourt/19992000/A21924-2000Mar27.html, Aug. 2001).

49 Stevens in lead opinion *Santa Fe Independent School District v. Doe*, 530 U:S. 290 (2000), Slip Opinion, 3.

50 Stevens in lead opinion *Santa Fe Independent School District v. Doe*, 530 U:S. 290 (2000), Slip Opinion, S. 13.

51 „Secular purpose" ist seit *Lemon v. Kurtzman*, 403 U.S. 602, 612f. (1971), eines der Kriterien für die Anwendung der Establishment Clause, dort bezogen auf die bedingte Förderung von Schülern in konfessionellen Schulen (*Lemon Test*).

52 465 U. S. 668, S. 688.

sen im öffentlichen Leben: „The Court distorts existing precedent to conclude that the school district's student-message program is invalid on its face under the Establishment Clause. But even more disturbing than its holding is the tone of the Court's opinion; it bristles with hostility to all things religious in public life. Neither the holding nor the tone of the opinion is faithful to the meaning of the Establishment Clause, when it is recalled that George Washington himself, at the request of the very Congress which passed the Bill of Rights, proclaimed a day of ‚public thanksgiving and prayer, to be observed by acknowledging with grateful hearts the many and signal favors of Almighty God'."[53]

Rehnquist stellte Stevens' Behauptung in Frage, schon die Regelung als solche sei verfassungswidrig, sondern allenfalls eine bestimmte Praxis (was aber erst in einem späteren Verfahren auf der Grundlage der dann konkreten Praxis würde geklärt werden können). Sowohl Stevens als auch Rehnquist zitieren auffällig häufig Passagen von Entscheidungsbegründungen aus der Feder von Richterin O'Connor, offensichtlich um deren für die Mehrheitsbildung zentrale Stimme auf ihre Seite zu ziehen.[54]

Das Potenzial für die Akzeptanz einer solchen Entscheidung in der Bevölkerung und bei den Deutungs- und Funktionseliten ist von vorne herein deutlich geschwächt, denn die heftigste Kritik an der Entscheidung kam buchstäblich aus der Mitte des Gerichts, nämlich aus der Feder des Chief Justice William Rehnquist. Anders als 1962 sind seit einiger Zeit die Entscheidungstexte innerhalb weniger Minuten in aller Welt zugänglich. So fand Rehnquists Vorwurf an die Mehrheit, die Entscheidungsbegründung „bristles with hostility" gegenüber jeder Form von Religion im öffentlichen Leben, unmittelbar Eingang in viele Presse-Meldungen. Noch bevor die Nachrichtenagenturen vorbereitete Kommentare von Lobbygruppen verbreiteten, lief um 11.11 Uhr Ortszeit – wenige Minuten nach Bekanntgabe der Entscheidung – Rehnquists Kritik über den Ticker von Associated Press. Im Vergleich zu den Anmerkungen Rehnquists waren die kritischen Äußerungen von Kommentatoren, Politikern und Vertretern von Lobbygruppen moderat. Die Interessenvertreter konnten sogar mit dem Bezug auf den obersten Richter ihrer Kritik gewissermaßen eine höhere Autorität verleihen.[55]

Der Schuldistrikt beschloss kurz nach der Entscheidung, entgegen der eigenen Überzeugung die kritisierte Regelung außer Kraft zu setzen.[56] Zu Beginn des neuen Schuljahres versuchten Kritiker der Entscheidung vor dem Beginn des ersten Football-Spiels in Santa Fe demonstrativ gemeinsam das „Vater Unser" zu beten. Doch statt der angekündigten 10 000 Demonstranten kamen nur etwa 200, und deren

---

53 530 U.S. 290 (2000), Slip Opinion Rehnquist dissenting, S. 1.

54 Als wechselweise mit dem konservativen Block Rehnquist, Scalia, Thomas und Kennedy und dem moderaten Block Stevens, Souter, Breyer und Ginsburg stimmende Richterin war O'Connor in der Mitte des Gerichts im ganz wörtlichen Sinne; sie war in nur fünf Fällen des Jahres 1999-2000 in der Minderheit. Linda Greenhouse, „The Court Rules, America Changes," *New York Times* 13.7.2000.

55 So beispielsweise der Vertreter des „American Center for Law and Justice", Jay Sekulow im Interview mit PBS am Tag der Entscheidung. http://www.newshour.org/newshour/bb/law/jan-june00/scotus_6-19.html (Aug. 2001)

56 Meldung der Associated Press vom 7.7.2000.

Bemühungen gingen in der Lautsprecher-Ansage über die Aufstellung der Gastmannschaft unter. An anderen Orten wurde die Praxis der Gebete vor den Spielen fortgesetzt.[57] Der erwartet große Proteststurm vor Ort blieb aus; ein Internet-Forum zum Thema „Pre-Game Prayer" auf der Web-Site der örtlichen Tageszeitung zeigt den letzten von zehn Einträgen vom September 2000.[58] Regionale und nationale Lobby-Gruppen versuchen das Thema weiterhin aktuell zu halten, doch ist zweifelhaft, ob dies mit dem konkreten Fall von *Santa Fe* gelingt.[59]

In einem anderen, ähnlich gelagerten Fall aus Alabama, den der Supreme Court ohne Aussagen zum Inhalt mit dem Hinweis auf die *Santa Fe*-Entscheidung an das Appellationsgericht zurückverwiesen hatte, bekräftigte das Appellationsgericht in Atlanta, dass kein Verstoß gegen die „Establishment Clause" vorliege, weil dort die Regelung eindeutig von schüler-initiierten Gebeten spreche, und diese wegen der „Free Exercise Clause" nicht verboten werden dürften. Die Kläger wiesen jedoch ebenso wie die Lobby-Gruppen AU und ACLU darauf hin, dass die von Schülern initiierten Gebete auch über die schulinterne Lautsprecheranlage verbreitet würden, und dass weiterhin mit Billigung der Schulleitungen die Bibeln der Gideon-Gesellschaft verteilt wurden.[60]

Der Gedanke der Integration liegt beiden Grund-Positionen zum Schulgebet paradigmatisch zugrunde: Die „accomodationist"-Position geht davon aus, dass das Gemeinwesen einer ethisch-moralischen Grundlage bedarf, für die wiederum Religiosität ein zentraler Faktor ist, wie die Aussage „We are a religious people whose institutions presuppose a Supreme Being" aus *Zorach v. Clauson* (1952) unterstreicht.[61] Diese Religiosität müsse dann auch im öffentlichen Raum sichtbar sein; eine Verdrängung aus dem öffentlichen Raum könne umgekehrt als Missbilligung von Religion verstanden werden. Umgekehrt legt die „separationist"-Position den Fokus auf die Inklusion auch derjenigen Mitglieder des Gemeinwesens, die nicht

---

57 Kevin Moran, „10,000 May Say Prayer in Santa Fe," CNN.com 30.8.2000 http://www.cnn.com/2000/LOCAL/southwest/08/30/hci.prayer.football/index.html (Aug. 2001); „Texas turnout falls short in protest of Supreme Court school-prayer ban," CNN.com 2.9.2000 http://www.cnn.com/2000/US/09/02/football.prayer/index.html (Aug. 2001). „Protest drowned out where school prayer debate began," AP 2.9.2000.

58 Die *Galveston County Daily News* haben inzwischen auch die Hintergrundberichterstattung zum Thema vom Netz genommen. http://forums.galvnews.com/WebX?50@250.WbKvaVmbyDk^0@.ee6b40e.

59 Die regionale Gruppe „No PRAY. No PLAY" fühlte sich zwar vom damaligen Präsidentschaftskandidaten George W. Bush unterstützt, doch über die Verbreitung von einigen tausend Werbe-T-Shirts kam sie offenbar nicht hinaus. Ihre Internetseite www.nopraynoplay.org war bereits im Sommer 2001 nicht mehr erreichbar.

60 *Chandler v. Siegelman* No. 976898OP2 - 10/19/00 http://caselaw.lp.findlaw.com/cgi-bin/getcase.pl?court=11th&navby=case&no=976898OP2 (Aug. 2001), *Chandler v. James* (7/13/1999, No. 97-6898) http://www.law.emory.edu/11circuit/july99/97-6898.man.html (Aug. 2001); Bob Johnson, „Federal appeals court upholds school prayer ruling," AP 20.10.2000; http://www.au.org/pcases.htm (Aug. 2001); „In Long-Awaited Victory, High Court Vacates Alabama Decision Allowing Public School Prayer," Pressemitteilung ACLU 26.6.2000 http://www.aclu.org/news/2000/n062600c.html (Aug. 2001); vgl. weitere Fälle zur Zulässigkeit von Gebeten in öffentlichen Schulen bei Drane (2000: 526-540).

61 343 U.S. 306, S. 313.

einer Mehrheitskonfession angehören. Sandra Day O'Connor, eigentlich eine allenfalls moderate Vertreterin der separationist doctrine, skizzierte in ihrer concurring opinion in *Lynch v. Donnelly* (1984) das grundlegende Problem der Rechtsprechung zur Establishment Clause mit Hinblick auf die Integration des Gemeinwesens: „The Establishment Clause prohibits government from making adherence to a religion relevant in any way to a person's standing in the political community. ... The [...] more direct infringement is government endorsement or disapproval of religion. Endorsement sends a message to nonadherents that they are outsiders, not full members of the political community, and an accompanying message to adherents that they are insiders, favored members of the political community. Disapproval sends the opposite message."[62]

Besonders virulent wird der Konflikt immer wieder dadurch, dass es um die Rolle von Religion in einem besonderen Bereich des öffentlichen Raums, den öffentlichen Schulen, geht. Waren doch gerade die öffentlichen Schulen für das amerikanische Gemeinwesen seit der ersten Hälfte des 19. Jahrhunderts und durch die Zeiten großer Einwanderungsströme, konfessioneller, sozialer und ethnischer Konflikte hindurch die öffentliche Institution, die die Integration der Gesellschaft zum Programm machte. In einem Sondervotum zu *McCollum v. Board of Education* (1948) erklärte Felix Frankfurter die besondere Bedeutung der „public school" für die Einheit der amerikanischen Nation auch aus historischer Perspektive: „The sharp confinement of the public schools to secular education was a recognition of the need of a democratic society to educate its children, insofar as the State undertook to do so, in an atmosphere free from pressures in a realm in which pressures are most resisted and where conflicts are most easily and most bitterly engendered. Designed to serve as perhaps the most powerful agency for promoting cohesion among a heterogeneous democratic people, the public school must keep scrupulously free from entanglement in the strife of sects. The preservation of the community from divisive conflicts, of Government from irreconcilable pressures by religious groups, of religion from censorship and coercion however subtly exercised, requires strict confinement of the State to instruction other than religious, leaving to the individual's church and home, indoctrination in the faith of his choice. ...The public school is at once the symbol of our democracy and the most pervasive means for promoting our common destiny."[63]

8 39 Jahre nach *Engel v. Vitale* und ein Jahr nach *Santa Fe v. Doe*

Das Problem der Integration ist in kulturell so heterogenen Gesellschaften wie den Vereinigten Staaten besonders virulent. Gerade in Fragen der Religiosität, der Bedeutung von Religion im öffentlichen Raum und der konfessionellen Ausrichtung ist diese Heterogenität auch regional zu verorten. In den Staaten des Südens und des

---

62 *Lynch v. Donnelly* 465 U.S. 668 (1984: 687f.).

63 333 U.S. 203, 216f., 231.

mittleren Westens ist Religiosität – insbesondere protestantische Religiosität – sehr viel stärker ausgeprägt als in den anderen Regionen Nordamerikas. Gerade in Regionen wie Texas, wo der Fall *Santa Fe v. Doe* verortet ist, dominieren protestantische Konfessionen; nicht-protestantische oder nicht-christliche Konfessionen sind im öffentlichen Raum marginal.

Das Deutungsangebot des Supreme Court bezieht sich immer auf das politische Gemeinwesen als ganzes in seiner Breite und Vielfalt. Deshalb ist es nicht verwunderlich, dass das Deutungsangebot unterschiedlich angenommen wird, wobei im vorliegenden Fall besonders regionale Unterschiede relevant sind. Im konkreten Fall wurden die Mehrheitsentscheidungen von *Engel*, *Schempp* und *Santa Fe* dort besser angenommen, wo eine konfessionell heterogene Gesellschaft besteht, denn dort ist das Verständnis für die politische Ordnungsidee „staatliche Neutralität in konfessionellen Fragen" stärker ausgeprägt. Insgesamt trifft dieses Prinzip im Jahr 2000 auf eine breitere Akzeptanz als 1962/63. Anders als 1962 artikulierten Fachleute keine heftige Kritik. Die bestehende Spannung zwischen der politischen Ordnungsidee „staatliche Neutralität in konfessionellen Fragen" und dem Konzept der amerikanischen Gesellschaft als christlich-protestantischer Gesellschaft wird als solche wahrgenommen und damit auch die Notwendigkeit von Entscheidungen in konkreten Fällen.

Der Supreme Court stößt aber mit seinem Deutungsangebot zweifellos an Grenzen. Wenn sich bereits vor der Entscheidung wichtige Akteure, die den Deutungs- und Funktionseliten zuzuordnen sind, eindeutig positioniert haben, so ist alles andere als eine einstimmige Entscheidung kein Deutungsangebot, das eine gute Chance auf breite Akzeptanz hat. Der grundlegende Konflikt zwischen den Leitideen „USA als christlich-fundiertes Gemeinwesen" und „staatlicher Neutralität in konfessionellen Fragen" erscheint auf einer theoretischen Ebene nicht auflösbar; der Supreme Court könnte aber begrenzte Problemlösungen für konkrete Konflikte in der Praxis anbieten, die allerdings – wie im vorliegenden Fall geschehen – innerhalb des Supreme Court unumstritten sein müssten. Es ist sicherlich pure Spekulation, ob eine einstimmige oder nahezu einstimmige Entscheidung bezogen auf die konkrete Praxis der Gebete vor den Football-Spielen und nicht bezogen auf die entsprechende Verordnung des Schulbezirks eine andere Resonanz gehabt hätte. Das Fehlen einer dissenting opinion hätte den vorhandenen institutionellen Gegnern der Supreme Court-Rechtsprechung zum Verhältnis von Kirche und Staat (u. a. American Center for Law and Justice) eine Opposition im konkreten Fall erheblich schwerer gemacht.

Wenn aber grundsätzlich unterschiedliche Positionen, die in der Bevölkerung und in den politischen und gesellschaftlichen Eliten fest verankert sind, im Supreme Court und in den untergeordneten Gerichten nicht repräsentiert wären – wenn auch als Minderheitenposition –, so könnte dies das Vertrauen in die Verfassungsgerichtsbarkeit gefährden.

Eine mangelnde Akzeptanz oder „Friedensstiftung" bedeutet nicht notwendigerweise, dass Verfassung und Verfassungsgericht nicht zur Integration beitragen können. Integration geschieht nicht zuletzt auch durch Repräsentation, Repräsentation der eigenen Person, des eigenen Standpunkts, der eigenen Gruppe in einer Institution, die für das ganze Gemeinwesen steht, auf die die Integration bezogen ist.

Im konkreten Fall bedeutet dies, dass die Repräsentation kontroverser Standpunkte, wie sie durch Personen, aber auch durch die gegensätzlichen Standpunkte im Supreme Court vertreten sind, die Identifikation mit dem Gemeinwesen stärkt und damit auch die Integration betreibt. Verfechter des organisierten Gebets an öffentlichen Schulen sehen sich also beispielsweise in Rehnquist, Scalia und Thomas und der von Rehnquist verfassten *dissenting opinion* ebenso repräsentiert wie in den Appellationsgerichten, die weitere Streit-Fälle zum Schulgebets-Konflikt anders entschieden haben.[64] Dies gilt auch für den Fall, dass in weiteren Streit-Fällen zur Establishment Clause die „accomodationist"-Position als „Sieger" hervorgeht. Geschehen ist dies beispielsweise bei dem Fall *Good News Club v. Milford Central School*, den der Supreme Court im Juni 2001 entschieden hat. Mit einer 6:3-Mehrheit entschied das Gericht, dass eine private kirchliche Vereinigung die Räume einer öffentlichen Grundschule für Versammlungen mit Grundschülern nutzen darf, wobei allerdings umstritten bleibt, zu welchem Ausmaß der missionarische Charakter solcher Versammlungen zulässig ist.[65]

Lobby-Gruppen für beide Seiten feiern Erfolge vor Gerichten und besonders vor dem Supreme Court als Bestätigung ihrer Position in der Gesellschaft, wie ein Blick auf deren Pressemitteilungen zeigt. So erklärt der American Center for Law and Justice (ACLJ) eine Entscheidung eines untergeordnetes Bundesrichters zu einem „major victory", die durch Gebete vor dem Capitol die Establishment Clause nicht verletzt sah. Und die Entscheidung in *Chandler v. Siegelman* durch das 11. Bundesbezirksgericht, die sich in Gegensatz zu *Santa Fe v. Doe* stellte, applaudierte der ACLJ.[66] Americans United for the Separation of Church and State wiederum begrüßte Santa Fe v. Doe und sah darin einen Sieg eigener Bemühungen ebenso wie die American Civil Liberties Union, die darin gar einen „totalen Sieg" erkannte.[67] Umgekehrt sahen sich Repräsentanten der religiösen Gruppen in der Mehrheits-Entscheidung in *Good News Club* in ihrer Position bestätigt.[68]

Neben den Teil-„Erfolgen" für die jeweiligen Lobby-Gruppen und ihre Positionen ist aber auch das Vertrauen in die Fairness der Verfahren eine wichtige Voraussetzung für die Akzeptanz von Entscheidungen, aber damit auch für die Integra-

---

64 Übersicht der Fälle bei Drane (2000).

65 Mündliche Verhandlung am 28.2.2001; Linda Greenhouse, „Supreme Court Hears Case of Bible Study at Public School," *New York Times* 1.3.2001; Linda Greenhouse, „Top Court Gives Religious Clubs Equal Footing in Grade Schools," *New York Times* 12.6.2001, Slip Opinion 99-2036 vom 11.6.2001.

66 Pressemitteilung des ACLJ vom 4.4.2000: „ACLJ SECURES COURT VICTORY PROTECTING PRAYER AT U.S. CAPITOL" http://www.aclj.org/news/NR_000404.asp; 20.10.2000: „ACLJ APPLAUDS FEDERAL APPEALS COURT RULING PROTECTING FREE SPEECH FOR STUDENTS IN ALABAMA" http://www.aclj.org/news/nr_001020.asp.

67 Pressemitteilung AU 19.6.2000: „SUPREME COURT RULING ON FOOTBALL PRAYER A VICTORY FOR INDIVIDUAL FREEDOM, SAYS AMERICANS UNITED" http://www.au.org/press/pr61900.htm (Aug. 2001); Pressemitteilung ACLU: „ACLU Hails ‚Total Victory' for Religious Liberty In High Court's Rejection of School Stadium Prayers," http://www.aclu.org/news/2000/n061900a.html (Aug. 2001).

68 Linda Greenhouse, „Top Court Gives Religious Clubs Equal Footing in Grade Schools," *New York Times* 12.6.2001.

tionsfähigkeit der Institution Verfassungsgerichtsbarkeit. Wenn diese prozedurale Fairness in den Augen der Öffentlichkeit oder bestimmter Gruppen nicht mehr gewährleistet zu sein scheint, wächst der Anteil derer, die eine grundsätzliche Kritik am Supreme Court und der Verfassungsgerichtsbarkeit als Institution üben. Umgekehrt sind selbst diejenigen eher zur Akzeptanz und zur Umsetzung einer Entscheidung bereit, wenn sie der Überzeugung sind, dass es ordentliche und faire Verfahren gegeben hat. Entsprechende Ergebnisse liegen für den Konflikt über die Abtreibungsentscheidungen des Supreme Court vor.[69] Bei der Betrachtung, ob ein Gericht oder die Justiz insgesamt auf der Grundlage fairer Verfahren entscheidet, muss die einzelne Entscheidung in den Kontext weiterer Entscheidungen zum gleichen Themenbereich eingebettet werden.

Insgesamt zeigt sich, dass die Problematik von Integration durch Verfassung und Verfassungsgerichtsbarkeit auf empirischer Ebene weitaus stärker ausdifferenziert betrachtet werden muss als in Deutschland. Gerade die Existenz von Lobby-Gruppen, deren Arbeit sich häufig darauf konzentriert, *politische* Interessen vor Gericht zu vertreten, ist ein Phänomen, das es in Deutschland in dieser Weise nicht gibt und vermutlich in absehbarer Zeit auch nicht geben wird. Für die Bundesrepublik Deutschland konnte Jutta Limbach feststellen, dass das Sondervotum bislang „von unzufriedenen Bürgerinnen und Bürgern nicht als Fanfare für eine zweite Attacke missverstanden" worden ist.[70] Für den Supreme Court der USA ist aber eine andere Faktenlage zu konstatieren: Gerade die heftige dissenting opinion von Rehnquist in *Santa Fe v. Doe* ist für amerikanische Interessengruppen eine bestärkende Aufforderung, das Thema Religion, insbesondere in seiner christlich-protestantischen Ausprägung, nach wie vor, und vielleicht auch stärker als zuvor, öffentlich zu Gehör zu bringen.

Um den Begriff von der „Integration als Mythos" (Ulrich Haltern)[71] aufzugreifen: Auch in der Gesellschaft der Vereinigten Staaten, die eine viel heterogenere Gesellschaft als die der Bundesrepublik Deutschland ist, ist eine Integration durch Verfassung und Verfassungsgerichtsbarkeit *möglich*. Die Institution Verfassungsgerichtsbarkeit kann nicht – so jedenfalls der empirische Befund – Konflikte zwischen politischen Leitideen auflösen. Sie kann aber zum einen solche Konflikte in ganz spezifischen *konkreten* Fällen entscheiden, und sie kann integrierend wirken, indem sie faire Verfahren gewährleistet und den Anschein von Einseitigkeit vermeidet. Darüber hinaus kann sie durch die personelle wie inhaltliche Repräsentation von heterogenen Gruppen und Vorstellungen integrierend wirken.

---

[69] Tyler/ Mitchell (1994: 765-778). Erste Meinungsumfragen deuten darauf hin, dass die Entscheidung *Bush v. Gore* in großen Teilen der Bevölkerung genau auf Grund der Skepsis hinsichtlich der Fairness des Verfahrens kritisiert wird.

[70] Limbach (1999: 158f.).

[71] Haltern (1997).

Literatur

Adams, William C. (1975): American Public Opinion in the 1960s on Two Church-State Issues. In: Journal of Church and State 17. 477-494

Alley, Robert S. (1994): School Prayer: the Court, the Congress, and the First Amendment. Buffalo, N.Y.: Prometheus

Beaney, William M./ Beiser, Edward N. (1964): Prayer and Politics: The Impact of *Engel* and *Schempp* on the Political Process. In: Journal of Public Law 13. Nr. 2. 475-503

Birkby, Robert H. (1966): The Supreme Court and the Bible Belt: Tennessee Reaction to the „Schempp" Decision. In: Midwest Journal of Political Science 10, Nr. 3. 304-319.

Böckenförde, Ernst-Wolfgang (1976): Staat, Gesellschaft, Freiheit. Frankfurt/M.: Suhrkamp

Boles, Donald. E. (1965): The Bible, Religion, and the Public Schools. Ames, Iowa: Iowa State UP

Bowman, Karlyn/ Ladd, Everett Carll (1995): Prayer in Schools. In: American Enterprise 6, Nr. 6. 108.

Bruni, Frank/ Goodstein, Laurie (2001): New Bush Office Seeks Closer Ties to Church Groups. In: New York Times vom 29.1.2001

Dierenfield, Bruce J. (1997): „Somebody is Tampering With America's Soul": Congress and the School Prayer Debate. In: Congress and Presidency 24, Nr. 2. 167-204

Dolbeare, Kenneth M./ Hammond, Phillip E. (1971): The School Prayer Decisions: From Court Policy to Local Practice. Chicago: University of Chicago Press

Drane, Nancy E. (2000): The Supreme Court's Missed Opportunity: The Constitutionality of Student-Led Graduation Prayer in Light of the Crumbling Wall Between Church and State. In: Loyola University of Chicago Law Journal 31. 497-556

Elifson, Kirk/ Hadaway, C. Kirk (1985): Prayer in the Public Schools: When Church and State Collide. In: Public Opinion Quarterly 49. 317-329

Epstein, Lee/ Segal, Jeffrey A./ Spaeth, Harold J.; Walker, Thomas G. (1996^2): The Supreme Court Compendium. Data, Decisions, and Developments. Washington: Congressional Quarterly

Flowers, Ronald B. (1994): That Godless Court? Supreme Court Decisions on Church-State Relationships. Louisville: Knox

Freund, Paul A. (1961): The Supreme Court of the United States. Cleveland: World Publ.

Gallup Poll (1999): („Allowing Daily Prayer to be spoken in the Classroom")

Green, John C./ Guth, James L. (1989): The Missing Link: Political Activists and Support for School Prayer. In: Public Opinion Quarterly 53. 41-57

Haltern, Ulrich R. (1997): Integration als Mythos. Zur Überforderung des Bundesverfassungsgerichts. In: Jahrbuch für Öffentliches Recht (N.F.) 45. 31-88

Hachten, William A. (1962): Journalism and the Prayer Decision. In: Columbia Journalism Review 1. 4-9

Harrison, Joseph (1962): The Bible, the Constitution and Public Education. In: Tennessee Law Review 29, Nr. 2. 363-418.

Herrmann, Dietrich (1999): Die Debatten um die Schulgebetsentscheidungen des amerikanischen Supreme Court. Dresdner Beiträge zur Politischen Theorie und Ideengeschichte Heft 6. TU Dresden

Herrmann, Dietrich (2002): Die Prinzipien von „original intent" und „stare decisis" in der Rechtsprechung des amerikanischen Supreme Court. In: Müller, Stephan/ Schaal, Gary S./ Tiersch, Claudia (Hg.) : Dauer durch Wandel. Wien: Böhlau (i.E.)

Johnson, Bob (2000): Federal Appeals Court Upholds School Prayer Ruling. In: Associated Press vom 20.10.2000

Kurland, Philip B. (1986): The Origins of the Religion Clauses of the Constitution. In: William and Mary Law Review 27. 839-861

Kurland, Philip B. (1962): The Regents' Prayer Case: „Full of Sound and Fury, Signifying..." In: Supreme Court Review. 1-33

Kurland, Philip B. (1963): The School Prayer Cases. In: Dallin H. Oaks (ed.) The Wall between Church and State. Chicago/London: University of Chicago Press. 142-179

Laubach, John Herbert (1969): School Prayers. Congress, the Courts, and the Public. Washington: Public Affairs Press

Levy, Leonard W. (1986): The Establishment Clause. Religion and the First Amendment. New York: Macmillan

Limbach, Jutta (1999): Die Integrationskraft des Bundesverfassungsgerichts. In: Limbach, Jutta (1999): Im Namen des Volkes. Stuttgart: DVA. 148-164

McConnell, Michael W. (1990): The Origins and Historical Understandings of Free Exercise of Religion. Harvard Law Review 103, Nr. 7. 1410-1512

Meyer, Jane/ Abramson, Jill (1994): Strange Justice: The Selling of Clarence Thomas. Boston: Houghton Mifflin

Muir, William K., Jr. (1967): Prayer in the Public Schools. Law and Attitude Change. Chicago/London: University of Chicago Press

Nagel, Stuart/ Erikson, Robert (1966/67): Editorial Reaction to Supreme Court Decisions on Church and State. In: Public Opinion Quarterly 30. 647-655

Newland, Chester A. (1964): Press Coverage of the United States Supreme Court. In: Western Political Quarterly 17. 15-36

NORC General Social Survey 1974 („Proportion Favoring the Required Reading of the Lord's Prayer or Bible Verses")

Ottow, Raimund (1999): Politische Institutionen und der Ort der Tugend im politischen Diskurs der frühen Neuzeit. Dresdner Beiträge zur Politischen Theorie und Ideengeschichte Heft 1. TU Dresden

Patric, Gordon (1957): The Aftermath of a Supreme Court Decision. In: Journal of Public Law 6. 455-464

Pollak, Louis H. (1963): Foreword: Public Prayers in Public Schools. In: Harvard Law Review 77. 62-78

Reich, Donald R. (1968): The Impact of Judicial Decision-Making: The School Prayer Cases. In: David H. Everson, ed. The Supreme Court as Policy Maker: Three Studies on the Impact of Judicial Decisions Carbondale, Ill.: Southern Illinois UP. 44-81

Sky, Theodore (1966): The Establishment Clause, the Congress and the Schools: A Historical Perspective. In: Virginia Law Review 52. 1395-1466

Smith, Rodney K. (1987): Public Prayer and the Constitution. A Case Study in Constitutional Interpretation. Wilmington: Scholarly Resources. 133-170

Sorauf, Frank (1959): Zorach v. Clauson: The Impact of a Supreme Court Decision. In: American Political Science Review 53. 777-791

Tyler, Tom R. (2000): Multiculturalism and the Willingness of Citizens to Defer to Law and to Legal Authorities. In: Law and Social Inquiry 25. 983-1019

Tyler, Tom R./ Mitchell, Gregory (1994): Legitimacy and the Empowerment of Discretionary Legal Authority: The United States Supreme Court and Abortion Rights. In: Duke Law Journal 43. 703-815

U.S. Congress. Senate. Committee on the Judiciary (1962): Hearings on Prayer in Public Schools and Other Matters. 87th Cong., 2d sess. Washington, DC: GPO.

Vorländer, Hans (1997): Hegemonialer Liberalismus. Politisches Denken und Politische Kultur in den USA 1776-1920. Frankfurt/M.: Campus.

Vorländer, Hans (1999): Die Verfassung. Idee und Geschichte. München: Beck

Way, H. Frank, Jr. (1968): Survey Research on Judicial Decisions: The Prayer and Bible Reading Cases. In: Western Political Quarterly 21. 189-205

Der Beitrag der kanadischen Verfassungsgerichtsbarkeit zur Integration nationaler Minderheiten

Die Föderalismus- und Sprachenfrage in Quebec

Romy Messerschmidt

Verfassungen können eine integrierende Funktion ausüben, wenn sie die Leitideen der jeweiligen Gesellschaft repräsentieren.[1] Diese symbolische Funktion von Verfassungen trifft dort auf besondere Schwierigkeiten, wo die politische Kultur aufgrund von ethnokultureller Vielfalt stark divergierende Leitideen beinhaltet. Eine Gesellschaft, auf die das in besonderem Maße zutrifft, ist die kanadische. Der kanadische Bundesstaat ist seit längerem von einer anhaltenden Tendenz zur Desintegration gekennzeichnet. Deren wichtigster Grund ist das Streben der Provinz Quebec nach verfassungsmäßiger Anerkennung ihres besonderen Charakters als Heimat von 90 Prozent der kanadischen Frankophonen und nach einem höheren Maß an Autonomie innerhalb der kanadischen Föderation. Seit den 1960er Jahren hat sich in Kanada eine lebhafte Verfassungsdebatte entwickelt, die auch 1982 mit dem *Constitution Act* kein Ende fand, da Quebec seine Zustimmung zur Verfassungsreform verweigerte. Diese steht bis heute aus, weil wesentliche Forderungen – die Anerkennung als *société distincte* und ein damit verbundener Sonderstatus in der Föderation, der sich unter anderem in einem Vetorecht bei Verfassungsänderungen ausdrücken könnte – bisher nicht erfüllt wurden. Versuche, Quebec in die kanadische Verfassungsfamilie zurückzuholen, sind bislang gescheitert: Der *Meech Lake Accord* (1987) überstand das Ratifizierungsverfahren in zwei Provinzen nicht, der *Charlottetown Accord* (1992) wurde per Referendum durch die kanadische Bevölkerung gekippt. Auch nach dem Referendum im Oktober 1995, bei dem Kanada einem Votum der Quebecer für einen eigenen Staat knapp entging, hat es an Erklärungen bezüglich des besonderen Charakters der frankophonen Provinz nicht gefehlt. Diese Integrationsversuche sind, wie auch die Erklärung von Calgary 1997 zeigt, jedoch immer an den Grundsatz der Gleichheit aller Provinzen gebunden, was den Vorstellungen Quebecs von einem föderalen System Kanadas widerspricht.

Mit dem *Constitution Act* von 1982 wurden Leitideen konstitutionalisiert, die zwar von der englischsprachigen Mehrheit nach wie vor akzeptiert werden, die von der nationalen Minderheit der Quebecer aber nicht geteilt, sondern vielmehr als bedrohlich empfunden werden. Damit kann die Verfassung nicht integrieren, sie wirkt im Gegenteil desintegrativ. Die Nicht-Kodifizierung der Leitideen von einem Fünftel der kanadischen Gesellschaft zieht ein massives Integrationsdefizit nach sich, das sich im Fall Quebecs in der Forderung nach Separation niederschlägt. Die Regierung der frankophonen Provinz verfehlte im Oktober 1995 nur knapp das

[1] Vgl. Gebhardt (1995), Vorländer (1997; 1999a; 1999b) und die Einleitung in diesem Band.

Mandat der Bevölkerung, das zu Verhandlungen über eine Neuordnung der Beziehungen zwischen Quebec und Kanada geführt hätte.[2] Vor diesem Hintergrund lautet die Fragestellung: Welche Möglichkeiten hat unter diesen Bedingungen die Verfassungsgerichtsbarkeit, zur Integration nationaler Minderheiten wie Quebec beizutragen? Entgegen der häufig, und vor allem von Mitgliedern solcher Minderheiten,[3] vertretenen Meinung, Verfassungsrechtsprechung habe *per se* eine unitarisierende Wirkung, wird hier argumentiert, dass die Verfassungsgerichtsbarkeit durchaus einen Beitrag zur Integration so ethnokulturell heterogener Gesellschaften wie der kanadischen leisten kann. Wenn – so die These – desintegrative Tendenzen dadurch bewirkt werden, dass wichtige Leitideen von Minderheiten keinen Eingang in die Verfassung finden, dann müsste Verfassungsrechtsprechung dann integrierend wirken können, wenn es ihr gelänge, auch jene nicht-kodifizierten Leitideen zu berücksichtigen. In diesem Aufsatz sollen relevante Urteile des kanadischen *Supreme Court* diesbezüglich untersucht werden. Als relevant sind jene Urteile anzusehen, in denen der kanadische *Supreme Court* eine implizite oder explizite Einordnung Quebecs innerhalb der ethnokulturellen Vielfalt Kanadas vornimmt. Soll die frankophone Minderheit lediglich eine unter den vielen anderen ethnischen Minderheiten sein, oder wird Quebec eine eigene sozietale Kultur[4] zugesprochen? Ob ersteres oder letzteres zutrifft, wird daran deutlich, welchen Schutz die französische Sprache als Fundament der kollektiven Identität Quebecs genießt: Wird sie lediglich als Instrument individuellen Ausdrucks angesehen oder als die die spezifische Kultur Quebecs konstitutierende Institution? Deshalb werden im ersten Teil Urteile zur Sprachgesetzgebung analysiert. Wenn Quebec eine eigene sozietale Kultur bildet, dann hätte das Auswirkungen auf seinen Status innerhalb der kanadischen Föderation. An die Stelle der häufig mit dem Erfordernis individueller Gleichheit begründeten Gleichheit der Provinzen[5] träte dann ein asymmetrisches Design des kanadischen Föderalismus. Zur Frage, welchen Platz Quebec in der kanadischen Föderation einnehmen soll, werden im zweiten Teil drei Rechtsgutachten, die der *Supreme Court* 1981, 1982 und 1998 erstellt hat, analysiert. Der Fokus liegt dabei vor allem auf den Leitideen zum Verfassungsprinzip des Föderalismus.

---

2 50,6 Prozent der Bevölkerung Quebecs sprachen sich gegen, 49,4 Prozent für ein souveränes Quebec aus.

3 Vgl. Chevrier (1996: 22).

4 Der Begriff wurde von Kymlicka (1998) übernommen und wird im folgenden Abschnitt näher erläutert.

5 Vgl. z.B. Cooper (1994).

1 Sprachpolitik als – umstrittenes – Mittel zur Anerkennung nationaler Minderheiten

1.1 Individuelle versus kollektive Sprachrechte

Kanada ist nicht in einem einzigen Akt der Staatsgründung entstanden. Bereits vor der Gründung der Föderation 1867 existierten zwei große Bevölkerungsgruppen neben der englischsprachigen Bevölkerungsmehrheit[6], die deshalb als nationale Minderheiten bezeichnet werden können: Dies sind die Ureinwohner und die Frankophonen in Quebec. Zu diesen drei Bevölkerungsgruppen kamen durch Immigration weitere, in unterschiedlichsten Kulturen wurzelnde ethnische Minderheiten hinzu, die seit 1971 im *Multiculturalism Act* ihre Anerkennung finden. Im Gegensatz zu ethnischen Minderheiten (*ethnic groups*)[7], deren Angehörige ihr Land verlassen, um Mitglieder einer anderen Gesellschaft zu werden, bilden nationale Minderheiten eigenständige, sich selbst verwaltende Gesellschaften, die Teil eines größeren Staates sind („distinct and potentially self-governing societies incorporated into a larger state")[8]. Das besondere Merkmal nationaler Minderheiten gegenüber ethnischen Minderheiten besteht darin, dass jene bereits über eine eigene sozietale Kultur (*societal culture)* verfügen, bevor sie durch eine Föderation oder Eroberung Teil eines Staates werden, in dem die sozietale Mehrheitskultur die kulturellen Standards vorgibt. Sozietale Kultur wird definiert als „territorially concentrated culture centred on a shared language that is used in a wide range of societal institutions, including schools, media, law, the economy and government".[9] Dementsprechend beanspruchen nationale Minderheiten, dass in ihrem Territorium weite Teile der öffentlichen Sphäre, wie Schulwesen, Verwaltung, die Immigrationspolitik, aber auch die Ökonomie, auf ihrer spezifischen sozietalen Kultur basieren.

Da die Sprache das zentrale Unterscheidungsmerkmal der nationalen Minderheit darstellt, lässt sich deren Anerkennung als solche durch die gesamte Gesellschaft daran ablesen, inwieweit dem Schutz und der Förderung ihrer Sprache Rechnung getragen wird. Die Minimalbedingung für eine solche Anerkennung besteht darin, sprachliche und kulturelle Assimilation nicht zum Ziel der sozialen Integration zu machen. Darüber hinaus kann sich die Gesellschaft den Schutz der Sprache ihrer nationalen Minderheit(en) zur Aufgabe machen – und zwar auf unterschiedliche Art und Weise. Sie kann aktiv für die freiwillige, individuelle Zweisprachigkeit eintreten, indem sie z.B. Sprachunterricht fördert. Ein Nachteil dabei ist, dass diese Art der Förderung eine extrem hohe Kooperationsbereitschaft der Mitglieder der Gesellschaft voraussetzt. Dort, wo die nationale Minderheit über ein Territorium und Gesetzgebungskompetenzen verfügt, ist aber auch eine eigene Sprach-

---

6 Diese war übrigens bis in die späten 1840er Jahre in der Minderheit.

7 Zur Unterscheidung von ethnischen und nationalen Minderheiten vgl. Kymlicka (1995) und (1998).

8 Kymlicka (1995: 19).

9 Kymlicka (1998: Kap. 2).

politik denkbar, die darauf abzielt, den Gebrauch der Sprache in der öffentlichen Sphäre dieses Territoriums obligatorisch zu machen. Die Gefahr hierbei ist die potenzielle Kollision mit den Anerkennungsansprüchen ethnischer Minderheiten. Die höchste Form symbolischer Anerkennung ist die Aufnahme von Sprachrechten in die Verfassung. Verfassungen können Sprachrechte von nationalen Minderheiten nach deren Vorstellungen normieren – oder gegen diese; dann aber ist die Wahrscheinlichkeit groß, dass die Verfassung in ihrer Integrationsfunktion scheitert.

Die Provinz Quebec erhebt nicht von ungefähr einen Anspruch auf besonderen Schutz des Französischen. Nach der *Révolution tranquille*, also der sozialen Modernisierung in den 1960er Jahren und dem damit einhergehenden Bedeutungsverlust der katholischen Religion und dem Machtverlust der Kirche, wurde die französische Sprache zum einzigen Kristallisationskern der Identität Quebecs.[10] Jeder Versuch, ihren Gebrauch in Quebec einzuschränken, wird als Angriff auf die *nation québécoise* schlechthin gesehen. Hinzu kam, dass Frankophone bis in die 1960er Jahre vor allem im ökonomischen Bereich gegenüber Anglophonen stark benachteiligt waren. Die Leitung der Wirtschaft Quebecs war im wesentlichen die Angelegenheit der anglophonen Minderheit und Englisch war die allgemeine Unternehmenssprache. Die anglophone Dominanz der sozialen ‚Höhenlagen' blockierte die Aufstiegsbewegung der durch die soziale Modernisierung entstehenden neuen frankophonen Mittelschicht. Zwei weitere Faktoren, die den Gebrauch des Französischen reduzierten, sind die im Zuge der gesellschaftlichen Modernisierung schnell sinkende Geburtenrate und die starke Tendenz von Immigranten, sich in die anglophone Gemeinschaft zu integrieren. Ein Ziel der Regierungen Quebecs seit Beginn der 1960er Jahre war daher, die französische Sprache innerhalb der Provinz zu stärken. Dazu diente eine Sprachpolitik, die in mehreren Schritten[11] zu einer zunehmenden Bevorteilung des Französischen in allen Lebensbereichen führte.[12] Dieser Sprachpolitik liegt nicht zuletzt die Erfahrung zugrunde, dass das Französische außerhalb Quebecs durch Assimilation mehr und mehr verschwindet. So erhöhte sich die Assimilationsrate, d.h. das Verhältnis von frankophonen Muttersprachlern, die im Privatleben mehr Englisch als Französisch sprechen, von 27 Prozent im Jahr 1971 auf 34,8 Prozent 1991.[13] Diesen Kontext muss man sich vor Augen halten, wenn man die Sprachpolitik Quebecs betrachtet, die immer auf dem Prinzip der Territorialität beruht.[14] Diesem liegt die Auffassung zugrunde, dass die Assimilation der Frankokanadier nur verhindert werden kann, wenn sich die frankophone Sprachgemeinschaft auf einem bestimmten Territorium, Quebec, konzentriert, wo sie in der Mehrheit ist. Das territoriale Prinzip bedeutet Schutz und

---

10 Vgl. Epinette (1998: 37f.).

11 *Act pour promouvoir la langue française* 1969, *Act sur la langue officielle* 1974, schließlich die besonders umstrittene *Charte de la langue française* (*Loi 101*) 1977.

12 Ausführlich zu den einzelnen Etappen der Sprachpolitik siehe Chevrier (1997) und Epinette (1998).

13 Zensusdaten zit. n. McRoberts (1997: 103).

14 Vgl. McRoberts (1997: 100).

Förderung dieser Mehrheit – die in Kanada wohlgemerkt eine Minderheit darstellt –, problematischer Weise selbst auf Kosten der ‚eigenen', anglophonen Minderheit.

Es liegt auf der Hand, dass die englischsprachigen Provinzen der Einfügung solcher Schutzmaßnahmen für das Französische in die kanadische Verfassung nicht zustimmen mochten. Unter der Federführung Pierre E. Trudeaus, dem vor kurzem verstorbenem langjährigen *Prime minister* und erklärten Gegner jeglicher Sonderwege Quebecs, wurde mit dem *Official Languages Act* 1969 ein Sprachgesetz verabschiedet, dessen Ziel in der Förderung einer ‚pankanadischen', individuellen Zweisprachigkeit bestand. Bilingualität war für Trudeau nur als Fähigkeit von Individuen – als personales Prinzip – denkbar; die Anerkennung zweier Sprachgruppen, von denen jede beansprucht, auf einem bestimmten Territorium in der Mehrheit zu sein, wäre für ihn der Anerkennung zweier unabhängiger Staaten gleichgekommen. Als Verfechter des personalen Prinzips lehnte Trudeau es strikt ab, kanadischen Frankophonen qua Sprachgruppe oder gar Quebec als mehrheitlich frankophoner Provinz verfassungsmäßige Anerkennung zu geben.

1.2 Sprachrechte in Verfassung und Verfassungsrechtsprechung

Der Streit um die Sprachpolitik Quebecs und das Zugeständnis einer Sonderrolle für die frankophone Provinz spiegelt sich auch im *Constitution Act* von 1982, vor allem in seinem wichtigsten Bestandteil, dem Grundrechtskatalog, wider. Die Entstehung der *Canadian Charter of Rights and Freedoms* lässt sich hauptsächlich aus dem Bemühen erklären, mit einem Grundrechtskatalog die nationale Einheit Kanadas zu sichern. In den 1970er Jahren drängten neben Quebec auch die anderen Provinzen nach einer größeren Eigenständigkeit (*province-building*). Der bilaterale Konflikt zwischen Quebec und dem Bund hatte sich quasi multilaterialisiert.[15] Die Verfassungsreform sollte dazu beitragen, der fortschreitenden Dezentralisierung des Landes Einhalt zu gebieten: „The new federalism had to be a positive response to the province-building forces based on the powerful realities of dualism and regionalism".[16]

Die „profoundly nationalizing experience for Canadians"[17] sollte nach dem Willen der liberalen Regierung Trudeau vor allem von der Erhebung von Sprachrechten in den Verfassungsrang ausgehen. Nach dem Prinzip des Minderheitenschutzes wurden die freie Schulwahl unabhängig von der Muttersprache und die freie Sprachwahl im Umgang mit staatlichen Behörden als Grundrechte in der *Charter of Rights and Freedoms* festgehalten. Dem *Official Languages Act* wurden damit höchste Weihen zuteil: Er wurde unter dem Titel *Official Languages of Canada* in die Artikel 16 bis 22 der *Canadian Charter of Rights and Freedoms* aufgenommen. Dies war Teil der Trudeauschen Strategie des *nation-building*, deren Ziel es war, alle Kanadier in der gleichmäßigen Bindung an ein bilinguales

---

15 Vgl. McWhinney (1982: 3ff.).

16 Cairns (1983: 32).

17 Cairns (1983: 80).

Kanada zu vereinen.[18] Die Bestimmungen zum Sprachschutz hatten eine doppelte Funktion: Sie sollten nicht nur das Ideal eines bilingualen Kanadas symbolisieren, sondern, zusammen mit dem Recht auf Freizügigkeit, als Barriere gegen die Herausbildung rein anglo- bzw. frankophoner Sprachgebiete wirken.[19] Dass diese Erwartung überzogen war, belegt die Ablehnung der Artikel durch Quebec, aber auch durch alle anderen Provinzen außer Neu-Braunschweig. Zudem machten die Artikel 16 bis 22 den offiziellen Bilingualismus nur für öffentliche Institutionen verbindlich, was im alltäglichen Sprachgebrauch keine effektive Förderung der Minderheitensprache bewirkt hätte.

Bedeutsamer – und für alle Provinzen bindend – war dagegen Artikel 23, in dem *Minority language educational rights* festgehalten sind: das Recht auf den Schulbesuch in der Muttersprache für Anglophone in Quebec und für Frankophone in den anderen Provinzen, und auf die öffentliche Finanzierung dieser Schulen. Zudem hat jeder kanadische Bürger, der seine Schulbildung auf englisch oder französisch erhalten hat und in einer Provinz lebt, wo dies die Sprache der Minderheit ist, das Recht, auch seine Kinder in der jeweiligen Sprache ausbilden zu lassen. Nicht nur McRoberts ist der Meinung, dass diese Regelung, *Canada-clause* genannt, explizit in die Charter aufgenommen wurde, um der sogenannten *Quebec-clause* der *Loi 101* einen Riegel vorzuschieben: „There can be little doubt that the primary purpose of the Charter was the entrenchment of the right to minority-language education. Moreover, this right is conceived in a resolutely pan-Canadian fashion".[20] Die *Quebec-clause* hingegen sollte auf der Basis des territorialen Prinzips die Integration aller Neu-Quebecer in die frankophone Sprachgemeinschaft sichern und sprachlichen Minderheitenschutz nur den angestammten Anglophonen sichern. Der Schulbildung in französischer Sprache wurde dabei eine integrative Wirkung für die politische Gemeinschaft Quebecs zugeschrieben,[21] die die Einfügung der *Canada-clause* verhindern sollte.

Im englischsprachigen Kanada hat die Charter die intendierte integrative Wirkung erzielt. Sie wird von anglo- und allophonen Kanadiern als Referenzpunkt für eine gemeinsame Identität akzeptiert.[22] Dies liegt nicht zuletzt daran, dass die relative Bevorzugung von anglo- bzw. frankophonen Kanadiern durch den verfassungsmäßigen Schutz des Multikulturalismus gemildert wurde. Wie Martin Thunert etwas polemisch resümiert, „ersparte die Grundrechtspolitik (...) dem anglophonen Teil des fragilen kanadischen Bundesstaates vorerst das Schicksal einer ‚losen Konföderation von Einkaufszentren'."[23] Für Quebec aber hatte die Charter den gegenteiligen Effekt: Der Graben zwischen Quebec und ‚dem Rest' von Kanada wurde vertieft, weil die Charter das für Quebec unumgängliche territoriale Prinzip

---

18 Vgl. Knopff/ Morton (1985).

19 Vgl. Russell (1983).

20 McRoberts (1993a: 123).

21 Vgl. Chevrier (1996: 23).

22 Vgl. Taylor (1993a: 161).

23 Vgl. Thunert (1992: 330). Die ‚lose Konföderation von Einkaufszentren' ist ein Ausdruck von Pierre E. Trudeau.

und das kulturelle Gebundensein von Sprache vollkommen außer Acht lässt und dafür den mit dem Multikulturalismus gekoppelten offiziellen Bilingualismus vorzieht. Damit war sie als Integrationsmechanismus gescheitert: „(T)he Charter clashes with basic Quebec policy ..."[24]

Die Wirkung der Charter ist also der ursprünglichen Intention entgegengerichtet. Sie hat in grundsätzlichen Fragen kein integratives Potenzial aufzubringen vermocht. Was heißt das für die Verfassungsgerichtsbarkeit? Welche Möglichkeiten bestehen, um eine für die nationale Minderheit akzeptable Rechtsprechung zu leisten? Eine solche müsste, wenn sie den Leitideen der nationalen Minderheit mehr Raum geben will, mindestens die relevanten Artikel restriktiv interpretieren. Darüber hinaus kann sie die Deutungsoffenheit der Charter nutzen, um mit individuellen Grundrechten konfligierenden, nicht-konstitutionalisierten Werten dennoch Verfassungsrang zuzusprechen.

Im Folgenden sollen die wichtigsten Urteile, in denen sich der *Supreme Court* mit der Sprachpolitik Quebecs auseinandersetzt, analysiert werden. Letztere wurde bereits vor Inkrafttreten der Charter auf Grundlage des Artikels 133 *British North American Act* gerichtlich angefochten. Durch diesen Artikel wurde 1867 ein – stark begrenzter – offizieller Bilingualismus auf Bundesebene und in der Provinz Quebec eingeführt.[25] In *Attorney General of Québec v. Blaikie* (1979) trat der Bilingualismus der *BNA Act* in Konflikt mit dem Abschnitt 1.3 der *Charte de la langue française* (*Loi 101*), der den Sprachgebrauch in der Nationalversammlung und den Gerichten Quebecs regelte. Dort wurde festgelegt, dass Französisch die offizielle Sprache im Parlament und den Gerichten sei, ohne dass das Englische explizit aus diesen verbannt wurde. Gesetze und Verordnungen sollten weiter in beiden Sprachen gedruckt werden, aber nur die französische Fassung sollte als offiziell gelten. Die Regierung Quebecs argumentierte, dass sie Artikel 133, insofern er sich auf die Provinz Quebec bezieht, nach Artikel 92(1) auch ohne die Zustimmung Ottawas verändern könne. Sie betonte damit ihre legislative Selbstständigkeit, die sie im *BNA Act* gegeben sah. Der *Supreme Court* bestätigte jedoch das Urteil des obersten Gerichtes der Provinz, das die Regelung der *Charte* als Kompetenzüberschreitung der Regierung angesehen hatte. Die einseitige Änderung von Artikel 133 wurde für verfassungswidrig erklärt. Dieser wurde zudem sehr breit interpretiert:[26] Gesetze und Rechtsverordnungen sollten nicht nur auf Französisch und Englisch gedruckt und veröffentlicht werden, sondern auch offiziellen Status besitzen. Das sollte nicht nur für normale Gerichte, sondern auch für Verwaltungen, die gerichtsähnliche Entscheidungen fällen, gelten. Schließlich wurde das bis dahin auf natürliche Personen beschränkte Recht, Englisch oder Französisch zu benutzen, auf

24 Taylor (1993b: 89).

25 Danach darf a) in Parlamentsdebatten sowohl Französisch als auch Englisch gesprochen werden, b) die Sitzungsprotokolle müssen in beiden offiziellen Sprachen ausgeführt werden, c) beiden Sprachen können vor Gerichten der Bundesebene und der Provinz Quebec benutzt werden und d) Gesetze Kanadas und Quebecs müssen in Englisch und Französisch gedruckt und publiziert werden.

26 Vgl. Russell et al. (1989: 617).

juristische Personen ausgedehnt.[27] Indem der *Supreme Court* das eigentlich limitierte bilinguale Regime der *BNA Act* ausdehnte, schrieb er sich in diesem Urteil eine aktive Rolle in der Ausgestaltung der kanadischen Verfassungswirklichkeit zu, was angesichts des langen Festhaltens an einer konservativen Haltung zu unterstreichen ist. Damit nehmen die Richter wesentliche Züge der Verfassungsrechtsprechung vorweg, die – so die gängige Darstellung – erst durch die Existenz des Grundrechtskataloges der *Charter* angeregt worden sein soll.

Procureur général du Québec v. Quebec Protestant School Boards (1984) ist der erste bedeutende Fall, der sich mit Sprache und Erziehung unter dem Regime der Charter befasst. Deren Inkrafttreten führte zu einem unausweichlichen Konflikt zwischen der ,*Quebec clause*' in Artikel 71 und 72 der *Loi 101* und der ,*Canada clause*' in Artikel 23(1)(b) der Charter. Erstere beschränkte den Zugang zu englischsprachiger Schulbildung auf Kinder anglophoner Familien, die bereits in Quebec lebten. Letztere garantiert allen Kanadiern das Recht auf den Schulbesuch in der Muttersprache unabhängig von ihrem Minderheitenstatus in einer Provinz. Aus Sicht der Verteidigung war das Französische in Kanada durch Migration und Einwanderung derart bedroht, dass eine Einschränkung der freien Schulwahl nach Unterrichtssprache „reasonable limits" im Sinne von Artikel 1 seien.[28] Die von der Verteidigung vorgebrachten Beweismittel wurden vom *Supreme Court* jedoch nicht akzeptiert. Die Richter gingen in ihrer Begründung explizit auf die gegenläufigen Intentionen der *Loi 101* und der *Charter* ein. Dabei betonten sie die besondere Bedeutung des Artikel 23 als kanadische Besonderheit, die bewusst in Abgrenzung zur Sprachpolitik einiger Provinzen formuliert worden sei. Es sei nicht Aufgabe des Obersten Gerichts, diese Entscheidung des Gesetzgebers zu revidieren.[29] Durch sein Insistieren darauf, dass der Artikel 23 eine Art Wiedergutmachung für die Einschränkung der Minderheitenrechte durch Quebec sei – diese Gegenüberstellung erfolgte sechs Mal in einem sonst relativ kurzen Urteil – verwies der *Supreme Court* immer wieder darauf, dass nicht seine eigene Auffassung, sondern die der *Charter*-Väter hinter dem Urteil stehe. Der *Supreme Court* nahm explizit und wiederholt davon Abstand, eine ,eigene' Position zum Bilingualismus zu entwickeln, obwohl er diesen implizit durch den Rückgriff auf den *original intent* der Verfassungsgeber verteidigte. Von dem Aktivismus, der das Gericht noch in *Blaikie* und im allgemeinen zu Beginn der 1980er Jahre ausgezeichnet hatte, war dabei nicht mehr viel zu spüren. Dieser Widerspruch in der Argumentationsweise darf aber nicht darüber hinwegtäuschen, dass das Ergebnis gleichermaßen auf eine Bestätigung des offiziellen Bilingualismus der *Charter* hinausläuft.

In den drei Parallelfällen *MacDonald v. City of Montréal*, *Bilodeau v. Attorney general of Manitoba* und *Société des Acadiens v. Association of Parents* (alle

---

27 Vgl. Russell et al. (1989: 618f.).

28 Art 1. der *Charter* erlaubt die Einschränkung von Grundrechten, wenn es sich dabei um „reasonable limits as can be demonstrably justified in a free and democratic society" handelt. Seit 1986 prüft der *Supreme Court* die Zulässigkeit solcher Einschränkungen mit Hilfe des nach dem gleichnamigen Urteil benannten *Oakes*-Testes.

29 *Attorney gerneral of Quebec v. Quebec Protestant School Boards*, [1984] 2 R.C.S. 66, S. 79.

1986),[30] stand wiederum das Verhältnis des Supreme Court zum offiziellen Bilingualismus im Mittelpunkt. Kurzgefasst ging es dabei um die Frage, ob Bürger und Bürgerinnen ein Recht darauf haben, dass staatliche Behörden mit ihnen in jedem Fall in ihrer Muttersprache kommunizieren. Die Richter waren sich uneins, ob sich das Gericht eine expansive oder eine restriktive Interpretationsweise von Sprachrechten zueigen machen sollte.[31] In allen drei Urteilen sprach sich die Mehrheit[32], zu der immer auch die Verfassungsrichter Quebecs gehörten, für eine restriktive Interpretation aus. Die Begründung lautete, dass es nur Sprachrechte, keine ‚Sprachpflichten' gäbe. Das Recht, sich im Parlament oder vor Gericht in der eigenen Sprache zu bedienen, schließe nicht das Recht ein, auch verstanden zu werden. Dies käme einer Einschränkung der Sprachfreiheit der anderen Sprecher gleich. Mag diese Unterscheidung für parlamentarische Debatten oder Gerichtsverhandlungen haarspalterisch erscheinen, da jederzeit die Übersetzung des Gesprochenen möglich ist, so ist sie im vorliegenden Fall doch von Bedeutung: Ein Bürger, der eine Vorladung vor Gericht erhält, dieser aber nicht folgen kann, weil er sie nicht versteht, ist gegenüber anderen benachteiligt. Das Recht, verstanden zu werden, gehört dem Supreme Court zufolge aber nicht zu den Sprachrechten, sondern ist Bestandteil des Rechts auf einen fairen Prozess. Letzteres sei jedoch nicht eingeklagt worden.

In diesen Urteilen wurde die Politik des Bilingualismus nicht implizit unterstützt wie in *Quebec Protestant School Boards*, sondern eine Begrenzung des Bilingualismus vertreten: Obwohl es wünschbar sei, dass alle Vorladungen zweisprachig verfasst werden, könne dies nicht aus dem Artikel 33 *BNA Act* abgeleitet werden.[33] Dieser sollte nach Auffassung des *Supreme Court* kein allgemeines bilinguales System, sondern einen auf die Legislativen Kanadas und Quebecs begrenzten, aber obligatorischen Bilingualismus, kombiniert mit einer noch eingeschränkteren Form eines „unilinguisme optionnel" in den parlamentarischen Debatten und vor Gericht einführen. Die Richter verwiesen darauf, dass sich darin der historische Kompromiss widerspiegele, der die Gründung der Konföderation erst ermöglichte.[34] Ausdrücklich wurde darauf hingewiesen, dass es nicht dem Gericht obliege, durch Interpretation der Verfassung diesen historischen Kompromiss zu verbessern oder anderweitig zu verändern. Darin scheint der *Supreme Court* noch

---

30 Der Quebecer Anglophone Duncan *MacDonald* und der manitobaer Frankophone Roger *Bilodeau* sahen sich beide mit Strafzetteln wegen Falschparkens konfrontiert, die nicht in ihrer Sprache ausgestellt waren. Im Fall *Société des Acadiens* ging es um die Frage, ob jemand, der vor Gericht aussagt, das Recht darauf hat, von einem Richter gehört zu werden, der seine Sprache spricht.

31 „Together with the *MacDonald* and *Bilodeau* parking-ticket cases, *Acadiens* occasioned one of the earliest and most dramatic disagreements among judges about the issue of judicial activism versus restraint." Russell (1989: 644).

32 Beetz, Estey, Chouinard, Lamer, LeDain, Dickson (Letzterer stimmt im Ergebnis überein, aber mit abweichender Begründung.) Wilson in der Minderheit vertritt in einer auf individuellen Rechten fußenden Argumentation eine expansivere Haltung gegenüber dem Bilingualismus und unterscheidet zudem nicht zwischen Sprachrecht und dem Recht auf einen fairen Prozess.

33 Russell (1989: 476).

34 Russell (1989: 496).

stärker als im obigen Fall von einer aktivistischen Verfassungsinterpretation abzurücken. Während in *Quebec Protestant School Boards* noch die Entstehungshintergründe des Artikel 23 der Charter als Reaktion auf die *Loi 101* – die zur Zeit des Urteils noch in der Gesellschaft aktuell waren – als Begründung dienten, bezieht er sich hier auf eine historische Situation, die mehr als ein Jahrhundert zurückliegt.[35]

Ford v. Attorney General of Quebec (1988) ist eines der bedeutendsten Urteile in der kanadischen Verfassungsrechtsprechung nach 1982. Es ist nicht nur eines der politisch folgenreichsten, sondern auch eines, an dem man die Versuche des *Supreme Court*, verschiedene Deutungen der Charter und verschiedene Verfassungsverständnisse zu vereinen, ablesen kann.[36] 1984 hatten Montrealer anglophone Geschäftsleute gegen die Provinz Quebec geklagt, weil die Artikel 58 und 69 der *Loi 101* die Einsprachigkeit von Werbetafeln in Quebec forderte. Die *Cour d'appel* von Quebec hatte der Klage jedoch nur teilweise entsprochen, so dass die Kläger in Berufung gingen. Die Aufgabe des *Supreme Court* war es nun zu entscheiden, ob die *Loi 101* gegen Artikel 2(b) der *Canadian Charter of Rights and Freedoms* bzw. Artikel 3 der *Charte des droits et libertés de la personne* von Quebec verstiessen.

Der *Supreme Court* vertrat in dem Urteil einerseits eine sehr breite Definition der Ausdrucksfreiheit. In diese baute er ein neuartiges, universales Sprachrecht ein: das Recht, in der eigenen Sprache zu kommunizieren, das essenziell zur Bewahrung der eigenen Identität ist.[37] Im Gegensatz zu *MacDonald*, wo nur das Recht auf den aktiven Sprachgebrauch in der Muttersprache geschützt wurde, stellte das Gericht in diesem Urteil auch den passiven Sprachgebrauch unter den Schutz der Ausdrucksfreiheit. Beide, so die Richter, bildeten einen wichtigen Bestandteil der Autonomie des Individuums. Dieser Gedanke war schon im Minderheitenvotum von Wilson in *MacDonald* zum Ausdruck gebracht worden.

Die Betonung der individuellen Autonomie war jedoch keineswegs ohne Einschränkungen. Zunächst betonte der *Supreme Court*, dass Sprache nicht nur zum Ausdruck individueller Identität diene, sondern auch die kulturelle Identität von Völkern ermögliche. Die Ausdrucksfreiheit im kommerziellen ebenso wie im politischen Bereich sollten unter dem Schutz der Verfassung stehen, weil sie dazu diene, individuelle ebenso wie kollektive Werte sichtbar zu machen und damit zu fördern: „(La langue) est pour un peuple un moyen d'exprimer son identité culturelle. C'est aussi le moyen par lequel on exprime son identité personnelle et son indivi-

---

[35] Russell (1989: 493).

[36] Ford ist nicht zuletzt deshalb einer der wichtigsten Fälle des *Supreme Court* nach 1982, weil er besonders tiefgreifende politische Folgen nach sich gezogen hat. Die Regierung Bourassa hat auf das Urteil mit einer Gesetzesnovelle, der *Loi 178*, reagiert, in der zweisprachige Innenbeschilderung erlaubt war, die Außenbeschilderung aber immer noch ausschließlich französisch zu sein hatte. Um erneute Anfechtungen vor Gericht zu vermeiden, wurde der *legislative override clause* (Artikel 33) auf das Gesetz angewendet. Die Folge dessen war nicht nur, dass drei anglophone Minister des Kabinetts Bourassa zurücktraten, sondern auch die Suspendierung der parlamentarischen Debatte über den *Meech Lake Accord* im Parlament von Manitoba. Premier Gary Filmon begründete diese Entscheidung mit dem „very negative anti-Quebec backlash", den diese Debatte provozieren könne. Damit war das Scheitern des *Meech Lake Accords* endgültig besiegelt.

[37] *Ford v. Attorney general of Quebec* [1988] 1. R.C.S. 712, S. 716.

dualité."[38] Die zweite Einschränkung besteht darin, dass das individuelle Recht auf Ausdrucksfreiheit durch den Staat beschnitten werden darf, wenn es sich dabei um *reasonable limits* im Sinne von Artikel 1 der kanadischen *Canadian Charter of Rights and Freedoms* bzw. Artikel 9(1) der *Charte des droits et libertés de la personne* handelt. Die Richter befanden, dass das Ziel Quebecs, die französische Sprache durch ihre Dominanz zu bewahren, unter Artikel 1 zu rechtfertigen sei, solange das Englische nicht völlig ausgeschlossen werde. Das Verbot des exklusiven Gebrauchs des Französischen schließe aber nicht aus, dass es durchaus eine *prédominance nette* geben dürfe.[39] Es sei legitim, die Dominanz des Französischen im *visage linguistique* zu fördern, allerdings dürfe dabei die Ausdrucksfreiheit so wenig wie möglich eingeschränkt werden.[40] In *Ford* war der *Supreme Court* also um einen Ausgleich zwischen einer individuelle Autonomie und einer kollektive Sprachrechte betonenden Interpretation der Charter bemüht. Während die Bewahrung der französischen Sprache durchaus als wichtiges und legitimes Ziel anerkannt wurde, sah es das Gericht nicht als erwiesen an, dass das Verbot aller anderen Sprachen notwendig zur Verteidigung des Französischen beiträgt und zwingend zur Verbesserung seiner Situation in Kanada führt.

Als Zwischenfazit lässt sich festhalten: Während Ende der 1970er und zu Beginn der 1980er Jahre individuelle Sprachrechte unter Ausdehnung des offiziellen Bilingualismus (erst der des *BNA Act*, dann der der *Charter*) gestärkt wurden, stellt der *Supreme Court* Mitte der 1980er Jahre seine Argumentation eher auf kollektive Sprachrechte ab und interpretiert Bilingualismus restriktiver. Es hat sich gezeigt, dass die *reasonable limits* des Artikel 1, denen Grundrechte *as can be demonstrably justified in a free and democratic society* unterliegen können, eine Schlüsselrolle in der Verfassungsrechtsprechung einnehmen. Von ihrer Auslegung hängt die Balance zwischen individualistischen und kollektivistischen Werten in der Verfassungsrechtsprechung ab. Diese fällt in *Quebec Protestant School Boards* (1984) eindeutig zugunsten der ersteren aus, in *Ford* jedoch spiegelt die Interpretation des *Supreme Court* eine Mischung aus beiden wider. An der Handhabung des *Oakes*-Tests, die ab 1986 weniger restriktiv wird, lässt sich eine größere Neigung des Verfassungsgerichts zur Anerkennung von kollektiven Rechten ablesen.[41] Dies bedeutet nicht, dass der *Supreme Court* dem individuelle Rechte betonenden Verfassungsverständnis vollkommen entsagt – er nuanciert es zugunsten nationaler Minderheiten, wie auch Katherine Swinton feststellt: „(T)here is a distinctive jurisprudence emerging, which is sympathetic to the claims of various communities for recognition and protection."[42]

Konnte die Verfassungsrechtsprechung auch aus der Sicht Quebecs integrierend wirken? Der Befund ist widersprüchlich. Yves de Montigny konstatiert, dass

---

38 *Ford v. Attorney general of Quebec* [1988] 1. R.C.S. 712, S. 716.

39 *Ford v. Attorney general of Quebec* [1988] 1. R.C.S. 712, S. 717.

40 *Ford v. Attorney general of Quebec* [1988] 1. R.C.S. 712, §§ 77f.

41 de Montigny (1997: 17f.).

42 Swinton (1995: 307) In der dazugehörigen Fußnote verweist Swinton neben *Ford* auf Urteile, die kollektive Ansprüche der kanadischen Ureinwohner behandeln.

die Rechtsprechung des *Supreme Court* unter der Charter im allgemeinen nicht die befürchtete einschränkende Wirkung auf die Gesetzgebung Quebecs hatte.[43] Diese positive allgemeine Einschätzung kann auf die Urteile zur Sprachgesetzgebung nicht ohne weiteres übertragen werden, denn durch die Verfassungsrechtsprechung wurde zweifelsohne ein für die Bewohner Quebecs besonders wichtiger, weil mit ihrer Selbstwahrnehmung unmittelbar verbundener Bereich eingeschränkt. Diese Urteile haben, so differenziert auch Montigny seine Einschätzung, einen bitteren Nachgeschmack in Quebec hinterlassen. Obwohl der *Supreme Court* sonst nicht unsensibel für die der Charter inhärente Tendenz zur Zentralisierung gewesen sei, habe es ihm in diesem Punkt doch an Sensibilität gemangelt. Es bleibt festzuhalten, dass die Sprachgesetzgebung der frankophonen Provinz in den 1990er Jahren in etwa dem entspricht, was der *Supreme Court* 1988 in *Ford* nahegelegt hatte: Sie verbietet den Gebrauch anderer Sprachen nicht, solange das Französische *très nettement dominant* bleibt. Damit wurde – wenn auch nicht ganz freiwillig – ein Mittelweg gefunden zwischen den individualistischen Werten, die in der *Charter* festgehalten sind, und der Betonung kollektiver Rechte und der Vorreiterrolle Quebecs beim Schutz der französischen Sprache. Letztere erkennt der *Supreme Court* an, indem er die Möglichkeit einer klaren Dominanz des Französischen konzediert, ersteren trägt er Rechnung, indem er eine Verletzung des Minderheitenschutzes verhindert.

2 Die Verfassungsrechtsprechung zum Konflikt über die Gestaltung des föderalen Systems

2.1 Föderale Leitideen

Föderalismus stellt in einer bestimmten Form ein geeignetes Instrument dar, nationale Minderheiten in einen Staat zu integrieren bzw. die Zustimmung dieser Minderheiten zur Gründung dieses Staates zu erlangen. Dabei genügt nicht jeder föderale Staatsaufbau den Ansprüchen von nationalen Minderheiten auf Selbstbestimmung. Im Folgenden soll auf zwei konfligierende Vorstellungen von Föderalismus eingegangen werden, die in Kanada aufeinandertreffen. Sie unterscheiden sich in ihrer Eignung zur Integration nationaler Minderheiten.

Ein föderales System kann aus zwei Intentionen heraus angestrebt werden: zum einen als Mittel zur Maximierung individueller Freiheit wie im klassischen föderalen System amerikanischer Prägung, in dem die Kompetenzen zwischen den gleichberechtigten Gliedstaaten und der darüber liegenden Bundesebene aufgeteilt sind, zum anderen als institutionelle Umsetzung von Selbstbestimmungsansprüchen nationaler Minderheiten wie etwa in der Schweiz oder in Belgien, wo die Rechte von kulturellen Gemeinschaften einen höheren Stellenwert und einen wesentlichen Einfluss auf die Ausformung des föderalen Systems haben.[44] Beide stehen in einem

---

43 de Montigny (1997: 22).

44 Vgl. Elazar (1987: 95).

Spannungsverhältnis zueinander: Der Mehrheitsstatus der nationalen Minderheit auf einem bestimmten Territorium ermöglicht die Durchsetzung kollektiver Ziele, was potenziell die Einschränkung von individuellen Rechten oder von Rechten anderer ethnischer Gruppen bedeuten kann.

Aus den beiden Zielvorstellungen resultieren auch unterschiedliche Leitideen über die institutionelle Gestaltung des föderalen Systems. Wo die Einzelstaaten ‚nur' Instrumente zur Maximierung individueller Freiheit sind und sich die Bürger zunächst mit dem Nationalstaat identifizieren, hat die Idee einer föderalen Gesellschaft, also eines Bündnisses aus zwei oder mehreren sozietalen Kulturen, keinen Platz. Wenn sich die Einzelstaaten nur durch regionale und ökonomische Disparitäten unterscheiden und nicht dadurch, dass sie *homelands* für nationale Minderheiten bilden, kann kein Einzelstaat legitimer Weise mehr oder andere Ansprüche stellen als ein anderer. Dieser Idee von Föderalismus zufolge sollen alle Einzelstaaten den gleichen Status haben, was mit der liberalen Idee von formaler Gleichheit eines jeden Individuums korreliert. Das klassische, vom amerikanischen Vorbild inspirierte Föderalismusmodell basiert auf der juristischen Gleichheit oder Symmetrie der Einzelstaaten ohne Ansehen von sozio-politischen Unterschieden. Damit ist es ungeeignet, eine föderale Gesellschaft, die kulturell, sprachlich oder religiös segmentiert ist, in einen entsprechenden Staatsaufbau zu kleiden: „The classical federal system seems most viable, as a paradigm or model, for culturally more or less homogeneous societies where the differences referred to can be more easily accomodated through the basis federal institutions and processes."[45] Gesellschaften mit nationalen Minderheiten müssen jedoch nicht *per se* einen asymmetrischen Bundesstaat, d.h. ein föderales System, in dem die Gliedstaaten unterschiedlich viele Kompetenzen haben, nach sich ziehen. Wo alle Einzelstaaten je eine nationale Gruppierung repräsentieren wie z.B. in Belgien, kann die Föderation bei einem hohen einzelstaatlichen Autonomieniveau auch eine symmetrische Kompetenzverteilung aufweisen.

Dies wird komplizierter, wenn wie in Kanada nur in einem Einzelstaat eine nationale Minderheit die Mehrheit bildet. In der kanadischen Föderation existieren beide Zielvorstellungen gleichzeitig: „Canada (was founded) on the often clashing principles of ethnocultural and individual liberty."[46] Die Maximierung individueller Freiheit als Zielvorgabe wird vertreten von der englischsprachigen Mehrheit, das Ziel der Sicherung nationaler Selbstbestimmung steht für Quebec im Mittelpunkt. Im englischsprachigen Kanada dominiert die Vorstellung, dass alle Provinzen den gleichen Status haben, unabhängig davon, ob sie historisch der kanadischen Föderation vorausgehen oder nicht. Quebec ist nach diesem Verständnis eine von zehn Provinzen, *une province comme les autres*. Aus der Perspektive Quebecs hat Kanada eine föderative, aus zwei Gründungsnationen bestehende Gesellschaft, womit der Anspruch auf einen Sonderstatus der frankophonen Provinz gerechtfertigt wird. Problematisch sind nicht die beiden Intentionen an sich, sondern ihr Aufeinanderprallen innerhalb ein und derselben Föderation. Während es im englischsprachigen

---

45 McWhinney (1998: 495).

46 Elazar (1987: 93).

Kanada indiskutabel ist, den Provinzen unterschiedlich viele Rechte und Kompetenzen zuzusprechen, also eine asymmetrische Verteilung zuzulassen, sieht Quebec genau darin die Voraussetzung für den Verbleib in der kanadischen Föderation. Für die frankophone Provinz ist eine Symmetrie nur auf der übergeordneten Ebene der nationalen Gesellschaften, die die Föderation ausmachen, vorstellbar. Werden Streitfälle zum Föderalismus vor den *Supreme Court* gebracht, muss dieser entscheiden, welche der beiden Leitideen über den größeren Geltungsanspruch verfügt.

2.2 Föderalismus in Verfassung und Verfassungsrechtsprechung

Bundesstaatlichkeit ist nicht nur ein deutungsoffenes, sondern in Kanada auch ein ungeschriebenes Verfassungsprinzip in dem Sinne, als im *British North American Act* (1867) nicht genau definiert wird, auf welchen Grundsätzen die Föderation fußt. Dass Kanada ein Bundesstaat ist, wird in der Präambel nur angedeutet.[47] Föderalismus war für die Verfassungsgeber die pragmatische Lösung der ethnischen, sicherheitspolitischen und ökonomischen Probleme, vor denen die *Union of Canada* in den 1860er Jahren stand. Ein einheitliches theoretisches Konzept existierte aber nicht, woraus sich die existierende Vielfalt an Leitideen über das föderale System erklärt.[48] Daraus resultiert die große Deutungsoffenheit dieses Verfassungsprinzips, die sich in der Geschichte der kanadischen Verfassungsrechtsprechung, die dezentralistische ebenso wie zentralistische Phasen kennt, niedergeschlagen hat.

Es wurden in der bisherigen Darstellung zwei Leitideen von Föderalismus angesprochen: das klassische Modell und die Zwei-Nationen-Idee. Bei der folgenden Analyse dreier höchstrichterlicher Gutachten zur (Re-)Konstruktion des kanadischen Föderalismus soll es als Hinweis auf die Zwei-Nationen-Idee gelten, wenn Quebec ein Vetorecht bei Verfassungsänderungen und sonstige Sonderrechte zugesprochen werden oder wenn die Quebecer als Volk oder Nation bezeichnet werden, was einer symbolischen Anerkennung gleichkommt. Das klassische Föderalismus-Modell wird angezeigt durch den Grundsatz provinzieller Gleichheit und durch die prinzipiell erforderliche Zustimmung bei Verfassungsänderungen, wobei große Mehrheiten ausreichend sind.

Nachdem die Verhandlungsrunde zur Verfassungsreform im September 1980 gescheitert war, zog die Bundesregierung die Regie der Verfassungsdebatte mit der Ankündigung an sich, sie werde einseitig ein sogenanntes *„people's package"*

---

47 „Whereas the Provinces of Canada, Nova Scotia and New Brunswick have expressed their Desire to be *federally united* into One Dominion under the Crown of the United Kingdom of Great Britain and Ireland, with a Constitution similar in Principle to that of the United Kingdom ..." *BNA Act* 1867, zit. n. Reesor (1992: 422, Hervorheb. R.M.).

48 Die Darstellung des klassischen Föderalismusmodells als anglokanadisch und der Zwei-Nationen-Idee als frankokanadisch ist eine Verkürzung. Seit Gründung der Föderation haben die Leitideen zum Föderalismus sowohl im englischsprachigen Kanada wie auch in Quebec einen Wandel durchgemacht, der hier aus Platzgründen nicht detailliert beschrieben werden kann.

schnüren, dessen Hauptbestandteile der Grundrechtskatalog und die ,Heimholung' der bis dato *de jure* in den Händen des britischen Parlaments befindlichen Verfassungsänderungskompetenz sein sollten. Die Provinzen – außer Ontario und Neu-Braunschweig – lehnten dieses einseitige Vorgehen ab, weil es der ihrer Meinung nach fest etablierten Verfassungskonvention widersprach, wonach es für Verfassungsänderungen, die die föderale Kompetenzverteilung betreffen, der Zustimmung der Provinzen bedurfte. Manitoba, Quebec und Neufundland wandten sich mit den Fragen an den *Supreme Court*, ob es eine in der Verfassung festgehaltene Bestimmung (*constitutional requirement*) oder eine Verfassungskonvention gäbe, die die provinzielle Zustimmung für eine solche Verfassungsänderung erforderlich macht.

Die *Patriation Reference* wurde vom *Supreme Court* am 28. September 1981 unter einer bis dahin nie dagewesenen Medienaufmerksamkeit bekanntgegeben. Sie gilt als eines der wichtigsten und zugleich als eines der widersprüchlich-sten Urteile in der Geschichte der kanadischen Verfassungsrechtsprechung.[49] Das Urteil lautete in Kurzform, dass (I) die Zustimmung der Provinzen nicht durch das Gesetz, aber (II) durch die Verfassungskonvention erforderlich sei. Ein einseitiges ,Heimholen' der Verfassung wäre damit legal und dennoch nicht verfassungsgemäß gewesen.

Das Urteil der Mehrheit I (Laskin, Estey, McIntyre, Dickson, Beetz, Lamer, Chouinard) fußt auf einem engen positivistischen und historisch–statischen Verständnis des kanadischen Verfassungsrechts,[50] das sowohl die gesamte Entwicklung des kanadischen Föderalismus wie auch den Fakt, dass Kanada seit 1931 ein unabhängiger Staat ist, außer Acht lässt. Nach der Argumentation der Mehrheit I existiert überhaupt kein legaler Weg der eigenständigen, kanadischen Verfassungsänderung, solange es kein britisches Gesetz gibt, das Kanada die Kompetenz zur Verfassungsänderung ,übergibt' und die Rolle der Provinzen dabei festlegt.[51] Die Richter Martland und Ritchie, bei der ersten Frage in der Minderheit, gehen hingegen davon aus, dass sich das Verfassungsrecht seit 1867 der Entwicklung Kanadas zur Föderation angepasst habe. Anhand einer Betrachtung des *British North American Act*, des Statuts von Westminster und einigen Urteilen des *Judicial Committee of the Privy Council* bzw. des *Supreme Court* vor dem Hintergrund der kanadischen Verfassungsgeschichte zeigen sie, dass schon der föderale Charakter Kanadas selbst die Zustimmung der Provinzen erforderlich macht. Der Versuch der einseitigen ,Heimholung' sei „,... unique because in the 114 years of Confederation the Senate and the House of Commons of Canada have never sought, without the consent of the provinces, to obtain such an amendment nor, apparently, has that

---

49 Vgl. u.a. Lederman (1982: 44), McWhinney (1982: Kap. 9), Monahan (1987: 192f.), Mandel (1994: 27ff.).

50 Lederman (1982: 47).

51 Interessanterweise erlaubt diese eng gefasste Definition den sieben Richtern der Mehrheit I, sich zum Wesen des kanadischen Föderalismus nicht näher äußern zu müssen, da dieser ohne ein entsprechendes Gesetz ohnehin nicht relevant ist. Da, wie bei der Frage nach der Verfassungskonvention sichtbar werden wird, die Auffassungen der Richter diesbezüglich sehr stark divergieren, war die enge Definition und damit die Ausblendung des föderalen Themas die Voraussetzung für das Zustandekommen der ersten Mehrheit.

possibility ever been contemplated".[52] Zudem beschreiben sie den kanadischen Föderalismus als ‚klassisches', d.h. auf einer strikten Kompetenztrennung beruhendes System, in dem beide Ebenen gleichermaßen souverän im eigenen Kompetenzbereich sind.[53]

Die Minderheit I kommt damit zu demselben Ergebnis wie die Mehrheit II (Dickson, Beetz, Lamer, Chouinard, Martland, Ritchie) , die die Zustimmung der Provinzen aufgrund der Verfassungskonvention als notwendig erachtet.[54] Das föderale Prinzip, wie es in der Präambel des *BNA Act* und in vielen höchstrichterlichen Urteilen enthalten ist, sei unvereinbar mit der Modifikation der provinziellen Kompetenzen durch eine einseitige Handlung der Bundesebene.[55] Obwohl die Richter der Mehrheit II nur eine sehr begrenzte Auswahl von Präzendenzfällen in Betracht ziehen, kommen sie zu dem Schluss, dass keine der relevanten Änderungen ohne die Zustimmung der davon betroffenen Provinzen beschlossen wurde. Wie aber gerade die häufigen Versuche, Kanada ein Verfahren zur Verfassungsänderung zu geben, zeigten, fehle die Anerkennung einer solchen Konvention durch die politischen Akteure.[56] Deren Aufgabe, nicht die des Verfassungsgerichts, sei es, einen Konsens darüber herzustellen. Der *Supreme Court* könne lediglich feststellen, „that at least a substantial mesure of provincial consent is required".[57]

Die Minderheit II, die sich nur aufgrund des Mehrheitsvotums überhaupt auf eine Beantwortung der Konventionen-Frage einlässt, interpretiert diese völlig anders, nämlich als Frage nach der Einstimmigkeit und nicht nach der prinzipiellen Zustimmung der Provinzen.[58] Gerade weil das Maß und die Art der Teilnahme der Provinzen an der Verfassungsänderung aber seit jeher in der kanadischen Föderation umstritten ist, könne man nicht von der Existenz einer solchen Konvention ausgehen.[59] Laskin, Estey und McIntyre argumentieren weiter, dass die *BNA Act* keinen vollständigen Bundesstaat geschaffen habe.[60] Die Besonderheit des kanadischen Föderalismus bestehe gerade darin, dass das Bundesparlament über einige

---

[52] *Patriation Reference* (1981), zit. n. Russell (1989: 728).

[53] *Patriation Reference* (1981), zit. n. Russell (1989: 729).

[54] Für deren Nachweis verwendet sie den sogenannten Jennings-Test, nach dem erstens in Präzedenzfällen ein Bezug zu der fraglichen Konvention hergestellt werden, die Akteure müssen zweitens ihr Handeln nachweislich an der Konvention ausrichten und diese muss drittens auf einem feststellbaren Prinzip beruhen. Vgl. *Patriation Reference* (1981), zit. n. Russell (1989: 743).

[55] Bevor die Mehrheit II die Existenz der Konvention überprüft, nimmt sie eine wichtige Einschränkung vor, die in vielen Kommentaren zu dem Urteil nicht beachtet wird: Sie interpretiert die dritte Frage nicht wie die Anwälte Manitobas, Neufundlands, Quebecs, British Columbias, Prince Edward Islands und Albertas, die eine Zustimmung *aller* Provinzen durch die Konvention verlangt sahen, sondern schließt sich der Argumentation Saskatchewans an, die nur ein hinreichendes Maß an Zustimmung für notwendig erachtete. (wie z.B. bei Lederman (1982). Damit lassen sich bereits an dieser Stelle eine Leitidee von Föderalismus ausschließen, die nicht die Basis für das Gutachten bilden kann: Das ist die Zwei-Nationen-Idee, die Quebec ein Veto einräumen würde.

[56] Vgl. *Patriation Reference* (1981), zit. n. Russell (1989: 749).

[57] *Patriation Reference* (1981), zit. n. Russell (1989: 749).

[58] Vgl. *Patriation Reference* (1981), zit. n. Russell (1989: 751).

[59] Vgl. *Patriation Reference* (1981), zit. n. Russell (1989: 755).

[60] Vgl. *Patriation Reference* (1981), zit. n. Russell (1989: 758).

Kompetenzen wie z.B. das Vetorecht gegen Provinzgesetze verfüge, die ihm eine Vorrangstellung einräumten. In der Tatsache, dass diese Kompetenzen im *BNA Act* zwar aufgeführt sind, aber schon lange nicht mehr zur Anwendung kommen, zeigt sich wieder das bereits bei der Analyse des Mehrheitsvotums I festgestellte positivistische und historisch-statische Verständnis der kanadischen Verfassung.

Es ist festzuhalten, dass das Urteil der Mehrheit II auf demselben ‚klassischen' Föderalismus-Konzept wie das der Minderheit I beruht: Die Föderation besteht demnach aus einer gleichberechtigten Partnerschaft zwischen den Provinzen auf der einen Seite und dem Bund auf der anderen Seite. Unterlegt man der kanadischen Verfassungsgeschichte und Rechtsprechung dieses Modell, dann muss zwangsläufig eine hinreichende Zustimmung der Provinzen für die Verfassungsänderung vorhanden sein, wenn nicht der föderale Charakter der Verfassung beschädigt werden soll. Dass der *Supreme Court* mit diesem Gutachten Bund und Provinzen wieder an den Verhandlungstisch gebracht hat, indem er in der Konventionen-Frage eine föderalistische Position einnahm, ist unumstritten. Unumstritten ist ebenfalls, dass die Mehrheit II mit ihrer Auslegung dieser Frage die Möglichkeit eröffnet hat, einen Konsens über den Kopf einer Provinz hinweg zu finden, die eine wichtige Rolle bei der Gestaltung der Verfassungsverhandlungen gespielt hat: Quebec. In einem gewissen Sinn nimmt der *Supreme Court* die Frage damit aus dem Kontext heraus. Dieser gab eine Akkomodierung Quebecs – vor allem nach dem Versprechen Trudeaus in der Referendumskampagne 1980 – zwingend vor. Daraus erklärt sich das erneute Anrufen des *Supreme Court* im April 1982.

Die *Assemblée Nationale* von Quebec lehnte den Konsens, den die neun englischsprachigen Provinzen und der Bund im November 1981 gefunden hatten, ab und wandte sich mit der Frage an den *Supreme Court*, ob das Vorgehen ohne Quebecs Zustimmung verfassungswidrig im konventionellen Sinn ist. Diese Frage wurde in der *Quebec Veto Reference* (April 1982) abschlägig beantwortet. Vor dem Hintergrund der *Patriation Reference*, in der alle Richter die Forderung nach Einstimmigkeit zurückgewiesen hatten, war vorauszusehen, dass der *Supreme Court* der Auffassung Quebecs nicht zustimmen würde. In einem einstimmigen Urteil bezog sich das Gericht, das aus denselben Richtern wie 1982 zusammengesetzt war, auf die Begründung der damaligen Mehrheit II, die mit Hilfe des Jennings-Tests die Existenz der Konvention überprüft hatte. Mit dieser Methode sei auch Quebec damals einverstanden gewesen. Inhaltlich war die Argumentation der Provinz allerdings eine andere. In der *Patriation Reference* hatte Quebec wie alle anderen Provinzen außer Saskatchewan die Einstimmigkeit gefordert, ohne sich über deren Grundlage zu äußern. Im zweiten Urteil basierte die Argumentation ausdrücklich auf der Zwei-Nationen-Idee: Quebec sollte aufgrund seines besonderen Charakters, der sich in der spezifischen Lesart des kanadischen Dualismus ausdrückt, über ein Vetorecht verfügen. Der *Supreme Court* verweist explizit darauf, dass das Verständnis Quebecs der *dualité canadienne* nicht der gängigen, d.h. anglokanadischen Interpretation entspricht. Dieser zufolge wird dieser Terminus auf die beiden größten Sprachgruppen Kanadas bezogen, die durch den offiziellen Bilingualismus geschützt würden.[61] Dem Verständnis der Provinz nach meint Dualismus weit mehr als das, nämlich alles, was Quebec zu einer *société distincte* mache: nicht nur Sprache und Kultur, sondern weitere gesellschaftlichen Aspekte: ihre Werte, ihr Rechts- und Ausbildungssystem, ihre Naturressourcen, ihre Regierung und die Souveränität der *Assemblée Nationale* über alle regionalen Angelegenheiten.[62] Obwohl der *Supreme Court* eingestand, dass diese Definition von Dualismus von vielen politischen Akteuren Kanadas vertreten werde, könne von einer Verfassungskonvention nicht gesprochen werden, da Quebec keine ausdrückliche oder implizite Anerkennung nachweisen konnte. [63] Ein solcher Nachweis wäre eine entsprechende Aussage von Seiten des Bundes und der anderen Provinzen. Die weitere Argumentation des Gerichts war widersprüchlich: Einerseits, so die Verfassungsrichter, sei eine große Menge an Material (Reden, Parlamentsdebatten, Berichte von *Royal Commissions*, Meinungen von Historikern, Politikern, Verfassungsrechtlern) ausgebreitet worden, die gezeigt habe, dass der Dualismus nach dem Verständnis Quebecs durchaus Anerkennung findet. Andererseits reiche dieses Material für den Nachweis einer solchen nicht aus. Mit diesem Urteil nahm der *Supreme Court* explizit gegen die von Quebec vertretene Leitidee von Föderalismus als Pakt zweier Gründervölker Stellung.

Mit den beiden Gutachten von 1982 hat der *Supreme Court* dazu beigetragen, dass zwischen Quebec einerseits und dem Bund nebst englischsprachiger Provinzen andererseits viel Porzellan zerschlagen wurde. Außerdem hing dem Verfassungsgericht seitdem der Ruf an, voreingenommen gegenüber der frankophonen Provinz zu sein. Mit der Ablehnung des *Meech Lake Accord* (1986) durch die Provinzen Manitoba und Neufundland und des *Charlottetown Accord* (1992) durch die Bevölkerung scheiterten beide Versuche, das durch die Ablehnung des *Constitution Act* durch die frankophone Provinz verursachte Integrationsdefizit zu beheben. Auf das Referendum im Oktober 1995, bei dem die Regierung von Quebec knapp das Mandat für eine Neuverhandlung der Beziehungen zum „Rest of Canada" verfehlte, reagierte die Bundesregierung mit der Bitte um ein Rechtsgutachten, die sie im September 1996 beim *Supreme Court* vorlegte. Dieser sollte die rechtlichen Bedingungen aufzeigen, unter denen die Provinz Quebec sich rechtmäßig von der Föderation trennen könne. Das Gericht, das am 20. August 1998 mit der *Reference re Secession of Quebec* vor die Öffentlichkeit trat, sollte zu diesem Zweck klären, ob sich Quebec auf der Grundlage der kanadischen Verfassung (1) oder aufgrund internationalen Rechts, besonders des Rechts auf nationale Selbstbestimmung (2), einseitig von der kanadischen Föderation trennen könne, und welche dieser beiden Grundlagen Vorrang hätte, sollten die Ergebnisse nicht übereinstimmen (3).[64] Der Tenor des Gutachtens lautete, dass das anglophone Kanada mit der Provinz Quebec in Verhandlungen über eine Neugestaltung der Föderation eintreten müsse, wenn

---

61 *Quebec Veto Reference* (1981), zit. n. Russell (1989: 767).

62 Vgl. *Quebec Veto Reference* (1981), zit. n. Russell (1989: 768) Der *Supreme Court* zitiert hier aus dem Plädoyer des Quebecer Generalstaatsanwalts.

63 Vgl. *Quebec Veto Reference* (1981), zit. n. Russell (1989: 768).

64 Vgl. *Reference re Secession of Quebec* [1998] 2 R.C.S. 217, §2.

sich bei einem Referendum eine hinreichende Anzahl von Quebecern auf eine hinreichend klar formulierte Frage für einen eigenen Staat aussprechen würde. Weder könne sich Quebec ohne Verhandlungen einseitig abspalten noch könne der Bund Verhandlungen einfach ablehnen.

Ottawa hatte darauf plädiert, dass dabei das von der Verfassung vorgesehene Verfahren für wichtige, die ganze Föderation betreffende Änderungen angewendet werden müsse. Dieses erfordert die einhellige Zustimmung aller Provinzen und des Bundes, was eine einseitige Abspaltung Quebecs faktisch unmöglich machen würde.[65] Der *Supreme Court* beschränkte sich aber nicht darauf, ein solches Vorhaben auf seine Legalität zu überprüfen, sondern er befasste sich auch mit der politischen Legitimität, die aus dessen Befürwortung einer Mehrheit der Quebecer erwachsen könnte. Anstatt im engen Rahmen des Verfassungstextes zu bleiben, stützte sich das Gericht bei seiner Antwort auf die vier seiner Meinung nach wichtigsten ungeschriebenen Verfassungsprinzipien: Föderalismus, Demokratie, Rechtsstaatlichkeit und Minderheitenschutz,[66] besonders aber auf die ersten zwei. Von besonderer Bedeutung für das Gutachten ist, dass diese Prinzipien absolut gleichrangig sind und einander nicht einschränken dürfen.[67]

Bei der Betrachtung des Föderalismus oszilliert der *Supreme Court* zwischen dem oben erwähnten klassischen föderalen Modell[68] und einer positiven Bewertung oder zumindest Anerkennung der faktischen Asymmetrie in der Föderation. Das föderale Prinzip sei – das Gericht zitiert die Minderheit I aus der *Patriation Reference* 1981 – das „principe dominant du droit constitutionnel canadien".[69] Die bestehenden Unterschiede zwischen den Provinzen und die daraus resultierende unterschiedliche Anwendung von Bundesgesetzen, so die Richter mit Bezug auf zwei frühere Urteile, seien ein normaler Bestandteil der politischen Realität. Das föderale Prinzip erleichtere geradezu die Durchsetzung kollektiver Ziele durch kulturelle oder sprachliche Minderheiten, die in einer Provinz die Mehrheit bilden: „C'est le cas au Quebec, où la majorité de la population est francophone et qui possède une culture distincte. (...) La réalité sociale et démographique du Quebec explique son existence comme entité politique et a constitué, en fait, une des raisons essentielles de la création d'une structure fédérale pour l'union canadienne en 1867."[70]

In dieser asymmetriefreundlichen Passage ergänzt der *Supreme Court* das klassische föderale Modell um die Vorstellung, dass Provinzen in Abhängigkeit ihrer soziokulturellen Situation über besondere Befugnisse verfügen können, was in besonderem Maße für Quebec gilt. Das Gericht wendet sich dann dem Demokratie-

---

65 Vgl. Woehrling (1999: 12).

66 Vgl. *Reference re Secession of Quebec* [1998] 2 R.C.S. 217, § 32.

67 Vgl. *Reference re Secession of Quebec* [1998] 2 R.C.S. 217, § 49.

68 Föderalismus sei die Anerkennung der Diversität der Provinzen und der Autonomie, mit der die Provinzregierungen über ihre Kompetenzbereiche verfügen könnten. Vgl. *Reference re Secession of Quebec* [1998] 2 R.C.S. 217, § 58.

69 *Reference re Secession of Quebec* [1998] 2 R.C.S. 217, § 57.

70 *Reference re Secession of Quebec* [1998] 2 R.C.S. 217, § 59.

prinzip zu. Der Supreme Court macht sich die Argumentation des *Amicus curiae*[71] zu eigen, wonach in einem Referendum die Souveränität des Volkes der Provinz Quebec zum Ausdruck kommt, was der Entscheidung für die Abspaltung der Provinz die notwendige Legitimität verleihe. Die Bedeutung dieses Prinzips werde allerdings durch die anderen Verfassungsprinzipien relativiert. Aus dem Zusammenspiel von Demokatie und Föderalismus resultiere, dass es mehrere gleichermaßen legitime Mehrheiten gebe, von denen keine ‚legitimer' als die andere sei. Der *Constitution Act* von 1982 gibt jedem Mitglied der Föderation das Recht, eine Verfassungsänderung vorzuschlagen. Die Auslegung dieses Rechts durch den *Supreme Court* ist für das Gutachten sehr bedeutsam: „(L)'existence de ce droit impose aux autres participants de la Confédération l'obligation réciproque d'engager des discussions constitutionnelles pour tenir compte de l'expression démocratique d'un désir de changement dans d'autres provinces et d'y répondre".[72]

Obwohl aus einem Referendum kein Recht zur Separation abgeleitet werden könne, erfordere das Demokratieprinzip „... d'accorder un poids considérable à l'expression claire par la population du Quebec de sa volonté de faire sécession du Canada."[73] Das föderale Prinzip in Verbindung mit dem Demokratieprinzip impliziere nach Meinung des Gerichts also die gegenseitige Verpflichtung aller Provinzen und des Bundes, Verhandlungen über die von einer Seite gewünschte Verfassungsänderung einzugehen. Schließlich dürfe das Demokratieprinzip nicht zu Lasten des Rechtsstaatsprinzips gehen, was sich in der notwendigen Vereinbarkeit der Verfassung einschließlich der moralischen Werte, auf denen sie fußt, und der Mehrheitsentscheidung niederschlage. Eine einfache Mehrheitsentscheidung genüge nicht, um die Verfassung zu umgehen oder zu ändern.[74] Damit das Referendum den Verhandlungsbemühungen der Regierung Quebecs Legitimität verleihen kann, müssen zwei Bedingungen erfüllt sein: Es muss auf eine klar formulierte Frage eine klare Mehrheit geben, die die Separation bejaht.

Das Zusammenspiel der Verfassungsprinzipien führe, so der *Supreme Court*, zur Zurückweisung beider Extrempositionen. Einerseits bestünde für die Bundesregierung und die übrigen neun Provinzen keine Verpflichtung, der Abspaltung einer Provinz unter deren Bedingungen ihre Zustimmung zu geben. Andererseits könne der klare Ausdruck des Selbstbestimmungswillens einer Provinz nicht ohne Reaktion von Seiten der anderen Mitglieder der Föderation bleiben.[75] Dementsprechend verlange der Verhandlungsprozess einen Ausgleich zwischen den beiden gleichermaßen legitimen Mehrheiten, „à savoir une claire majorité de la population du Quebec et une claire majorité de l'ensemble du Canada quelle qu'elle soit."[76]

---

71 Die Regierung der Provinz bezweifelte die Legitimität des Gutachtens mit der Begründung, der *Supreme Court* usurpiere die demokratische Entscheidungsmacht des Volkes von Quebec, und ließ sich deshalb nicht vor Gericht vertreten.

72 *Reference re Secession of Quebec* [1998] 2 R.C.S. 217, § 69.

73 *Reference re Secession of Quebec* [1998] 2 R.C.S. 217, § 87.

74 Vgl. *Reference re Secession of Quebec* [1998] 2 R.C.S. 217, §§ 67, 75, 77.

75 Vgl. *Reference re Secession of Quebec* [1998] 2 R.C.S. 217, §§ 90-92.

76 *Reference re Secession of Quebec* [1998] 2 R.C.S. 217, § 93.

Indem die Richter von zwei Mehrheiten ausgehen – Quebec einerseits und das übrige Kanada andererseits – bilateralisieren sie den Konflikt und erheben die frankophone Provinz implizit zum gleichrangigen Partner Kanadas in der Föderation, was der Leitidee Quebecs von zwei Gründernationen nahe kommt.[77]

Welche Auswirkungen das Gutachten von 1998 hat, ist noch nicht abzusehen. Der nächste Schritt müsste nun in der Definition dessen bestehen, was eine klare Frage und eine klare Mehrheit ist. Eine Verständigung der beiden „majorités légitimes" ist darüber bisher nicht eingetreten. Vielmehr hat Ottawa in einer eigenwillig einseitigen Interpretation des Gutachtens im Februar letzten Jahres einen eigenen Gesetzesentwurf präsentiert, indem es die Bedingungen festlegt, unter denen die Bundesregierung bereit wäre, im Fall eines Referendums mit Quebec zu verhandeln. Der *Clarity Act* (Bill C-20) ist umstritten. Anglokanadische Kommentatoren, wie der Verfassungsrechtler Peter W. Hogg, verteidigen den *Clarity Act* mit der Begründung, angesichts der unklaren, Konsequenzen verdeckenden Referendumsfrage von 1995 müsse von vornherein sicher sein, dass den Wählern Quebecs „aucune promesse apaisante"[78], wie etwa eine Wirtschafts- und Währungsunion oder die Beibehaltung der gemeinsamen Staatsbürgerschaft, gemacht werde. Der Verfassungsrechtler Henri Brun aus Quebec hingegen sieht in dem Gesetz einen Versuch der Einschüchterung („stratégie d'intimidation"[79]). Die Formulierung der Fragestellung sei dem Gutachten nach allein in Quebecs Hände gelegt. Beiden Meinungen ist eine Einseitigkeit zueigen, die nicht mit dem hier herausgestellten Sinn des Urteils übereinstimmen: Dieser besteht eben darin, ein einseitiges Vorgehen auszuschließen. Sollten beide Seiten auf ihrem Standpunkt beharren, würden Kanada und Quebec erneut in eine Sackgasse geraten und das aufgezeigte Integrationspotenzial des höchstrichterlichen Urteils bliebe ungenutzt.

Die Analyse der drei Gutachten hat gezeigt, dass zu verschiedenen Zeitpunkten unterschiedliche föderale Leitideen einflussreich waren. In den beiden ersten Gutachten von 1981/82 schwankten die Verfassungsrichter zwischen einer bundesfreundlichen, zur Zentralisierung neigenden und einer provinzfreundlichen Auffassung. In dem Gutachten von 1998 vertrat der *Supreme Court* das klassische Föderalismus-Modell, wobei die Argumentation allerdings mit Elementen aus der Zwei-Nationen-Theorie durchzogen ist. Wie lässt sich dieser Befund erklären? Kommentatoren begründen das Urteilsverhalten der Richter unterschiedlich. Mal wird die Tendenz zu einem zentralistischen bzw. föderalistischen Verfassungsver-

---

77 Auf die zweite Frage, ob eine einseitige Separation Quebecs nach dem Völkerrecht möglich sei, soll nicht weiter eingegangen werden, da sie föderale Leitideen nur am Rande streift. Es bestand – auch von Seiten des *Amicus curiae* – Konsens darüber, dass Quebec völkerrechtlich nicht zur Bildung eines eigenen Staates berechtigt sei. Interessant ist dennoch die Diskussion des Gerichts, ob man Quebec als Volk bezeichnen könne oder ob die Provinz mehrere Völker beheimate: Obwohl sich das Gericht nicht festlegt, ob das Volk Quebecs die ganze Bevölkerung der Provinz ausmacht oder nur einen Teil, stellt es immerhin fest, dass es ein solches gibt. Wenn man diese zusammenliest mit der Aussage von den zwei legitimen Mehrheiten, findet die Zwei-Nationen-Idee hier eine weitere Untermauerung. Vgl. *Reference re Secession of Quebec* [1998] 2 R.C.S. 217, § 125.

78 Peter W. Hogg (2000: www.ledevoir.com).

79 Henri Brun (2000: www.ledevoir.com).

ständnis,[80] mal die Neigung zu liberalen oder konservativen Werthaltungen[81] als Erklärung angeführt. Jedoch lässt sich mit keiner der beiden Varianten das Urteilsverhalten schlüssig begründen. Wie erklärt man beispielsweise das Verhalten der vier Richter „on roller-skates",[82] die zu *beiden* Mehrheiten in der *Patriation Reference* gehörten? Dieses scheinbar unentschlossene Schwanken zwischen zwei Standpunkten ist mehr oder weniger stark kritisiert worden.[83] Es ist offenbar nur mit dem Bestreben zu erklären, ein Machtgleichgewicht zwischen Bund und Provinzen herzustellen, das eine Kooperation zwischen den beiden Ebenen erforderlich macht und jegliche Einseitigkeit verhindert. Dem Urteil der drei ‚liberalen' Richter (Laskin, Estey, McIntyre) zufolge hätte der Bund einseitig vorgehen können, die konservativen Richter Martland und Ritchie dagegen hätten in dem Streit den Provinzen den Vorrang gegeben. Durch die vier übrigen Richter, denen Peter H. Russell „bold statescraft"[84] bescheinigt, mussten sich Bund und Provinzen erneut am Verhandlungstisch einfinden. Mit einem ähnlichen Ausgleichsbestreben lässt sich auch das Gutachten *Re Secession of Quebec* erklären. Der *Supreme Court* gibt das klassische föderale Modell keinesfalls auf, aber er ergänzt es gewissermaßen um Elemente aus der Zwei-Nationen-Theorie. Damit verdeutlicht er, dass der Bund einerseits eine Abspaltung unter Berufung auf die Verfassung nicht einfach als unrechtmäßig abtun und Quebec den Bund andererseits nicht vor vollendete Tatsachen stellen kann. Eine starke Aufwertung erhält die Argumentation des Gerichts dadurch, dass die vier Verfassungsprinzipien nicht bloße Konvention, sondern rechtlich bindend sind. Damit wird ein Verhandlungszwang geschaffen für den Fall, dass ein hinreichend klares Votum eines Mitglieds der Föderation für eine Verfassungsreform vorliegt.

Zusammenfassend lässt sich Folgendes festhalten: Wenn die Berücksichtigung der spezifischen Leitideen Quebecs als einziges Kriterium gilt, dann hat die Verfassungsrechtsprechung des *Supreme Court* seit Mitte der 1980er Jahre zunehmend integratives Potenzial entfaltet. Dies wurde in den beiden letzten Kapiteln anhand der Anerkennung des Anspruchs auf besonderen Schutz von Sprache und Kultur in *Ford* und der Zwei-Nationen-Idee durch die Bilateralisierung des Verhandlungen bei einer eventuellen Abspaltung Quebecs in *Re Secession of Quebec* verdeutlicht. Dass die *Canadian Charter of Rights and Freedoms* ein Instrument der Unitarisierung sei, welches kulturelle und föderale Unterschiede einebne, hat sich damit als überzogene Annahme erwiesen. Die Urteilsanalyse zeigt, dass ein vorsichtiger Optimismus, was die Differenzierungsmöglichkeiten der Verfassungsrechtsprechung angeht, durchaus angemessen erscheint.

Dieses Ergebnis gilt jedoch nicht uneingeschränkt, sondern ist vom institutionellen Kontext abhängig. Es versteht sich von selbst, dass die wichtigste, verbindliche Institution die Verfassungsnormen selbst sind, die die Verfassungsrecht-

---

80 Vgl. Lederman (1982: 50f.).

81 Vgl. McWhinney (1982: 81).

82 McWhinney (1982: 82).

83 Vgl. Russell (1982: 27), McWhinney (1982: 80ff.).

84 Russell (1982).

sprechung nicht aus dem Blick verlieren darf, wenngleich sie Deutungsoffenheit zur Einbeziehung konträrer Werthaltungen nutzen kann. Die Integrationskraft wird auf Seiten des Verfassungsgerichts beeinflusst vom richterlichen Verständnis der Verfassung und seiner eigenen Rolle bei deren Auslegung. Dadurch wird bestimmt, inwieweit deutungsoffene Stellen zur Aufnahme minoritärer Leitideen genutzt werden. Die wichtigste Einschränkung besteht jedoch darin, dass Urteile nicht *per se* integrativ wirken können, wenn sie nicht von den politischen Akteuren entsprechend akzeptiert und umgesetzt werden. Anhand von *Ford* ließe sich aber exemplarisch zeigen, dass sich auch die Akzeptanz von Urteilen über die Zeit verändern kann. Während der Richterspruch 1988 in Quebec heftig angefeindet wurde und indirekt, nämlich über seine Aussetzung durch die Regierung Quebecs mittels Artikel 33 *Constitution Act*, sogar desintegrativ gewirkt hat, empfinden die Quebecer die durch *Ford* geschrumpfte *Loi 101* heute als ausreichend für den Schutz der französischen Sprache und sprechen sich gegen eine Verschärfung der Sprachpolitik aus.[85] Gegen eine solche wendet sich inzwischen selbst die Mehrzahl der Mitglieder des *Parti québécois*.[86] Und die Bundesregierung verteidigt die Sprachgesetzgebung der Provinz gegen die Anfechtung von Seiten anglophoner Quebecer vor der UNESCO mit der Begründung, dass der besondere demographische Kontext und die prekäre Situation des Französischen in Nordamerika sowie die Erhaltung der kulturellen Identität entsprechende Gesetze erforderten.[87]

Was die Rechtsprechung zur Gestaltung des föderalen Systems betrifft, sollte hervorgehoben werden, dass der *Supreme Court* sich nie dazu aufgeschwungen hat, eine ‚endgültige Lösung' vorzuschreiben. Er beschränkt sich vielmehr darauf, die Auseinandersetzung zu kanalisieren und die Verhandlungen ‚aus der Sackgasse zu führen'. Etwas spitz könnte man fragen, ob eine Lösung des Problems im Gegensatz zur Sprachpolitik vielleicht gerade deshalb aussteht, weil der *Supreme Court* den Ball bisher immer, so auch 1998, an die politischen Akteure zurückgespielt hat. Dort ist er aber häufig schwankenden Mehrheiten und in größerem Maße der öffentlichen Meinung ausgesetzt, was eine Einigung ungleich schwieriger macht. Nicht umsonst hat man sich auf den Grundrechtskatalog mit seinen Sprachrechten nur bei Abwesenheit Quebecs einigen können. Die für die nationale Minderheit ungünstige Entscheidungssituation ist in *Re Secession of Quebec* durch eine Bilateralisierung Quebec – *Rest of Canada* abgefedert worden. Ob dies eine Problemlösung erleichtert, wird die Zukunft zeigen.

---

85 55,6 Prozent der Quebecer lehnen eine Abschaffung der die *Loi 101* nach *Ford* modifizierenden *Loi 86* zugunsten einer Wiedereinführung einsprachiger Werbeschilder ab und 54,6 Prozent sprechen sich dagegen aus, dass der Zugang von Kindern Allo- und Frankophoner zusätzlich zur Primar- und Sekundarschule auf französischsprachige Berufsschulen beschränkt werden sollte. Vgl. O'Neill (2000: www.ledevoir.com).

86 „En élisant Marie Malavoy à la direction de leur parti, les péquistes ont choisi une militante qui incarne la ligne de la modération, le statu quo linguistique." O'Neill, Pierre (2000: www.ledevoir.com).

87 Vgl. Cardinal (2000). Man vergleiche die Argumentation des Generalstaatsanwalt der Provinz Quebec in *Ford*!

Literatur

Agnew, John (1995): Federalism in the Post-Cold War Era. In: Smith, Graham (1995): Federalism. The Multiethnic Challenge. London u.a.: Longman. 294-302

Ajzenstat, Janet (1994): Constitution-Making and the Myth of the People. In: Cook, Curtis (Hrsg.) (1994): Constitutional Predicament. Canada after the Referendum of 1992. Montreal & Kingston: McGill-Queen's University Press. 112-125

Baker, Judith (Hrsg.) (1994): Group Rights. Toronto u.a.: University of Toronto Press

Banting, Keith/ Simeon, Richard (Hrsg.) (1983a): And No One Cheered. Federation. Democracy and the Constitution Act. Toronto u.a.: Methuen

Banting, Keith/ Simeon, Richard (1983b): Federalism, Democracy and the Constitution. In: Banting, Keith/ Simeon, Richard (Hrsg.) (1983a): And No One Cheered. Federation. Democracy and the Constitution Act. Toronto u.a.: Methuen. 2-26

Balthazar, Louis (1993): The Faces of Quebec Nationalism. In: Gagnon, Alain G. (Hrsg.) (1993[2]): Quèbec. State and Society. Scarborough/ont.: Nelson Canada. 2-17

Beaudoin, Gerald-A. (Hrsg.) (1986): The Supreme Court of Canada. Proceedings of the 1985 Conference. Cowansville/Qué: Ed. Yvon Blais

Beaudoin, Gerald-A. (Hrsg.) (1992): The Charter: Ten Years Later. Cowansville/Qué.: Ed. Yvon Blais

Brown-John, Lloyd (1990): The Meech Lake Accord in Historical Perspective. In: Burgess, Michael (Hrsg.) (1990): Canadian Federalism. Past, Present, and Future. Leicester: Leicester University Press. 176-203

Brown-John, Lloyd (1993): Canada. Consensus Report on the Constitution. The Charlottetown Agreement of August 28, 1992. In: Kramer, Jutta (Hrsg.) (1993): Föderalismus zwischen Integration und Sezession. Chancen und Risiken bundesstaatlicher Ordnung. Baden-Baden: Nomos.145-167

Brun, Henri/ Tremblay, Guy (1997[3]): Droit constitutionnel. Cowansville/Qué.: Ed. Yvon Blais

Brun, Henri (2000): Le Clarity Act est inconstitutionnel. In: Le Devoir 23. Februar 2000. www.ledevoir.com

Burgess, Michael (Hrsg.) (1990): Canadian Federalism. Past, Present, and Future. Leicester: Leicester University Press

Burgess, Michael/ Gagnon, Alain G. (Hrsg.) (1993): Comparative Federalism and Federation. Competing Traditions and Future Directions. Toronto: University of Toronto Press

Bzdera, André (1993): Comparative Analysis of Federal High Courts: A Political Theory of Judicial Review. In: Canadian Journal of Political Science 26. 1. 3-29

Cairns, Alain C. (1983): The Politics of Constitutional Conservatism. In: Banting, Keith / Simeon, Richard (Hrsg.) (1983): And No One Cheered. Federation. Democracy and the Constitution Act. Toronto u.a.: Methuen. 28-54

Cairns, Alain C./ Williams, Cynthia (Hrsg.) (1985): Constitutionalism, Citizenship and Society in Canada. Toronto: McClelland & Stewart

Cairns, Alain C./ Williams, Douglas E. (Hrsg.) (1991a): Disruptions: Constitutional Struggle from the Charter to Meech Lake. Toronto: McClelland & Stewart

Cairns, Alain C. (1991b): Citizens (Outsiders) and Governments (Insiders) in Constitution-Making. The Case of Meech Lake. In: Cairns, Alain C. / Williams, Douglas E. (Hrsg.) (1991a): Disruptions: Constitutional Struggle from the Charter to Meech Lake. Toronto: McClelland & Stewart. 108-138

Cairns, Alain C. (1992): Reflections on the Political Purposes of the Charter. The First Decade. In: Beaudoin, Gerald-A. (Hrsg.) (1992): The Charter: Ten Years Later. Cowansville/Qué.: Ed. Yvon Blais.161-191

Cardinal, François (2000): Ottawa défend la loi 101 à l'Unesco. In: Le Devoir, 1. Juli 2000 : www.ledevoir.com

Chambers, Simone (1999): Constitutionalism In a Divided Political Culture: Canada. In: Gebhardt, Jürgen (Hrsg.) (1999): Verfassung und politische Kultur. Baden-Baden: Nomos.109-127

Chevrier, Marc (1996): Le fédéralisme canadien et l'autonomie du Québec perspective historique. Quebec: Ministère des Relations internationales

Chevrier, Marc (1997): Des lois et des langues au Québec. Principes et moyens de la politique linguistique québécoise. Quebec: Ministère des Relations internationales

Cook, Curtis (Hrsg.) (1994): Constitutional Predicament. Canada After the Referendum of 1992. Montreal & Kingston: McGill-Queen's University Press

Cooper, Barry (1994): Looking Eastward, Looking Backward: A Western Reading of the Never-Ending Story. In: Cook, Curtis (Hrsg.) (1994): Constitutional Predicament. Canada After the Referendum of 1992. Montreal & Kingston: McGill-Queen's University Press Cook. 89-108

Croisat, Maurice (1999): Le fédéralisme asymétrique: l'expérience canadienne. In: Revue française de droit constitutionnel 37. 1. 29-47

Elazar, Daniel (1987): Exploring Federalism. Tuscaloosa, London : University of Alabama Press

Epinette, Françoise (1998): La question nationale au Québec. (Que sais-je? 3313) Paris: Presses Universitaires de France

Gagnon, Alain-G. (1990): Quebec-Canada Relations: The Engineering of Constitutional Arrangements. In: Burgess, Michael (Hrsg.) (1990): Canadian Federalism. Past, Present, and Future. Leicester: Leicester University Press. 95-119

Gagnon, Alain-G. (Hrsg.) (1993^2): Québec. State and Society. Scarborough/Ont.: Nelson Canada

Gagnon, Alain-G. (1993): Quebec-Canada: Constitutional Developments 1960-92. In: Gagnon, Alain-G. (Hrsg.) (1993^2): Québec. State and Society. Scarborough/Ont.: Nelson Canada. 96-115

Gebhardt, Jürgen (1995): Die Idee der Verfassung. Symbol und Instrument. In: Kimmel, Adolf (Hrsg.) (1995): Verfassungen als Fundament und Instrument der Politik. Baden-Baden: Nomos. 9-23

Gebhardt, Jürgen (Hrsg.) (1999): Verfassung und politische Kultur. Baden-Baden: Nomos

Groß, Philipp Oliver (1999): Ein föderales System? Identität, shared values und Föderalismus in Kanada und Europa. Sinzheim: Pro-Universitate-Verlag

Hiebert, Janet L. (1996): Limiting Rights: The Dilemma of Judicial Review. Montreal u.a.: McGill-Queen's University Press

Hogg, Peter (1979): Is the Supreme Court Biased in Constitutional Cases? In: Canadian Bar Review 57. 721-739

Hogg, Peter (1986): Judicial Review on Federal Grounds: Canada compared to the United States. In: Beaudoin, Gerald-A. (Hrsg.) (1986): The Supreme Court of Canada. Proceedings of the 1985 Conference. Cowansville/Qué: Ed. Yvon Blais. 26-34

Hogg, Peter (1997): Constitutional Law of Canada. 4. Aufl. Toronto: Carswell

Hogg, Peter (2000): La loi " sur la clareté " est conforme au droit constitutionnel. In: Le Devoir 25. Februar 2000. www.ledevoir.com

Institute of Comparative Law in Japan (Hrsg.) (1998): Toward Comparative Law in the 21st Century. Tokio: Chuo University Press

Karmis, Dimitrios/ Gagnon, Alain G. (1996): Fédéralisme et identités collectives au Canada et en Belgique: des itinéraires différents, une fragmentation similaire? In: Canadian Journal of Political Science 29. 3. 435-468

Kimmel, Adolf (Hrsg.) (1995): Verfassungen als Fundament und Instrument der Politik. Baden-Baden: Nomos

Knop, Karen (Hrsg.) (1995): Rethinking Federalism: Citizens, Markets, and Governments in a Changing World. Vancouver: UBC Press

Knopff, Rainer/ Morton, F.L. (1985): Nation-Building and the Canadian Charter of Rights and Freedoms. In: Cairns, Alain C./ Williams, Cynthia (Hrsg.) (1985): Constitutionalism, Citizenship and Society in Canada. Toronto: McClelland & Stewart. 133-182

Kramer, Jutta (Hrsg.) (1993): Föderalismus zwischen Integration und Sezession. Chancen und Risiken bundesstaatlicher Ordnung. Baden-Baden: Nomos

Kymlicka, Will (1994): Individual and Community Rights. In: Baker, Judith (Hrsg.) (1994): Group Rights. Toronto u.a.: University of Toronto Press. 17-33

Kymlicka, Will (1995): Multicultural Citizenship. A Liberal Theory of Minority Rights. Oxford u.a.: Clarendon

Kymlicka, Will (1998): Finding Our Way. Rethinking Ethnocultural Relations in Canada. Toronto u.a.: Oxford University Press

Lajoie, Andrée (1997): Jugements de valeurs. Le discours judiciaire et le droit. Paris: Presses Universitaires de France

Landfried, Christine (Hrsg.) (1988): Constitutional Review and Legislation – An International Comparison. Baden-Baden: Nomos
LaSelva, Samuel V. (1996): The Moral Foundation of Canadian Federalism. Paradoxes, Achievements, and Tragedies of Nationhood. Montréal u.a.: McGill-Queen's University Press
Lederman, William (1982): The Supreme Court of Canada and Basis Constitutional Amendment. In: Russell, Peter H. et al. (1982): The Court and the Constitution: Comments on the Supreme Court Reference on Constitutional Amendment. Kingston/Ont: Inst. of Intergovernmental Relations. 43-55
Lhotta, Roland (1995): Imperiale Verfassungsgerichtsbarkeit und Föderalismus: das Judicial Committee of The Privy Council und die British North American Act. Baden-Baden: Nomos
Mandel, Michael (1994^2): The Charter of Rights and the Legalization of Politics in Canada. Toronto: Thompson Educational Publication
Manfredi, Christopher (1993): Judicial Power and the Charter. The Paradox of Liberal Constitutionalism. Toronto: McClelland & Stewart
Mayer, Valérie (1991): La Cour suprême du Canada et le processus démocratique. Redéfinition et impact politique. In: Pouvoirs 59. 143-15
McRoberts, Kenneth/ Patrick Monahan (Hrsg.) (1993): The Charlottetown Accord, the Referendum, and the Future of Canada. Toronto u.a.: University of Toronto Press
McRoberts, Kenneth (1993a): English-Canadian Perceptions of Quebec. In: Gagnon, Alain-G. (Hrsg.) (1993^2): Québec. State and Society. Scarborough/Ont.: Nelson Canada. 116-129
McRoberts, Kenneth (1993b): Disagreeing on Fundamentals: English Canada and Quebec. In: McRoberts, Kenneth/ Patrick Monahan (Hrsg.) (1993): The Charlottetown Accord, the Referendum, and the Future of Canada. Toronto u.a.: University of Toronto Press. 249-263
McRoberts, Kenneth (1997): Misconceiving Canada. The Struggle for National Unity. Toronto u.a.: Oxford University Press
McWhinney, Edward (1982): Canada and the Constitution 1979-1982. Toronto u.a.: University of Toronto Press
McWhinney, Edward (1986): The Supreme Court of Canada and the Constitutional Division of Powers. In: Beaudoin, Gerald-A. (Hrsg.) (1986): The Supreme Court of Canada. Proceedings of the 1985 Conference. Cowansville/Qué: Ed. Yvon Blais. 55-76
McWhinney, Edward (Hrsg.) (1992): Federalism-in-the-Making: Contemporary Canadian and German Constitutionalism, National and Transnational. Dordrecht u.a.: Kluwer
McWhinney, Edward (1998): Re-thinking Federal Constitutional Law Theory: The Contemporary Limits of Classical, Juridical Federalism. In: Institute of Comparative Law in Japan (1998): 487-497
Melville, Gert (Hrsg.) (1997): Institutionalität und Geschichtlichkeit. Ein neuer Sonderforschungsbereich stellt sich vor. Dresden: Technische Universität
Milne, David (1993) Whither Canadian Federalism? Alternative Constitutional Futures. In: Burgess, Michael/ Gagnon, Alain G. (Hrsg.) (1993): Comparative Federalism and Federation. Competing Traditions and Future Directions. Toronto: University of Toronto Press. 203-226
Monahan, Patrick (1987): Politics and the Constitution – The Charter, Federalism and the Supreme Court Of Canada. Toronto u.a.: Carswell
Monahan, Patrick (1991): Meech Lake: The Inside Story. Toronto u.a.: University of Toronto Press
Monahan, Patrick (1993): The Sounds of Silence. In: McRoberts, Kenneth/ Patrick Monahan (Hrsg.) (1993): The Charlottetown Accord, the Referendum, and the Future of Canada. Toronto u.a.: University of Toronto Press. 222-248
Montigny, Yves de (1997): The Impact (Real or Apprehended) of the Canadian Charter of Rights and Freedoms on the Legislative Authority of Quebec. In: Schneiderman, David/ Sutherland, Kate (Hrsg.) (1997): Charting the Consequences. The Impact of Charter of Rights on Canadian Law and Politics. Toronto u.a.: University of Toronto Press. 3-33
Morin, Jacques-Yvan (1998): La sécession du Québec et la Cour suprême du Canada. In: L'Action nationale 88. 4. 117-135
Morin, Jacques-Yvan/ Woehrling, José (1994): Les Constitutions du Canada et du Québec du Régime français à nos jours. 2 Bde. Montréal: Les Éditions Thémis
Norman, Wayne J. (1994): Towards a Philosophy of Federalism. In: Baker, Judith (Hrsg.) (1994): Group Rights. Toronto u.a.: University of Toronto Press. 79-100

O'Neill, Pierre (2000): Sondage: les Québécois prônent le statu quo linguistique. In: Le Devoir 5. Mai 2000. www.ledevoir.com

O'Neill, Pierre (2000): Les péquistes choisissent la voie de la modération sur la question de la langue. In: Le Devoir 8. Mai 2000. www.ledevoir.com

Rawls, John (1971): A Theory of Justice. Cambridge: Belknap Press

Rawls, John (1996^2): Political Liberalism. With the „Reply to Habermas". New York: Columbia University Press

Reesor, Bayard (1992): The Canadian Constitution in Historical Perspective. Scarborough/Ont.: Prentice-Hall Canada

Rémillard, Gil (1983): Legality, Legitimacy and the Supreme Court. In: Banting, Keith/ Simeon, Richard (Hrsg.) (1983a): And No One Cheered. Federation. Democracy and the Constitution Act. Toronto u.a.: Methuen. 189-209

Resnick, Philip (1991): Toward a Canada-Quebec Union. Montréal u.a.: McGill-Queen's University Press

Rivières, Paule des: Bouchard dénonce le caractère colonial du renvoi du fédéral devant la Cour suprême. In: Le Devoir 13. Februar 1998. www.ledevoir.com

Romney, Paul (1999): Provincial Equality, Special Status and the Compact Theory of Canadian Confederation. In: Canadian Journal of Political Science 32. 1. 21-39

Rosa, Hartmut (1998): Identität und kulturelle Praxis. Politische Theorie nach Charles Taylor. Frankfurt/M.: Suhrkamp

Russell, Peter H. et al. (1982): The Court and the Constitution: Comments on the Supreme Court Reference on Constitutional Amendment. Kingston/Ont: Inst. of Intergovernmental Relations

Russell, Peter H. (1983): Political Purposes of the Canadian Charter of Rights and Freedoms. In: Canadian Bar Review 61. 30-53

Russell, Peter H. (1987): The Judiciary in Canada: the Third Branch of Government. Toronto: McGraw-Hill Ryerson

Russell, Peter H. (1988): Canada's Charter of Rights and Freedoms: A Political Report. In: Public Law 3. 385-401

Russell, Peter H. et al. (1989): Federalism and the Charter: Leading Constitutional Decisions. Ottawa: Carleton University Press

Russell, Peter H. (1990): The Jurisdictional Pendulum within Canadian Federalism. In: Burgess, Michael (Hrsg.) (1990): Canadian Federalism. Past, Present, and Future. Leicester: Leicester University Press. 40-59

Russell, Peter H. (1991): Can Canadians Be a Sovereign People? In: Canadian Journal of Political Science 24. 4. 691-709

Russell, Peter H. (1995): Canadian Constraints on Judicialization From Without. In: Tate, C. Neal (Hrsg.) (1995): The Global Expansion of Judicial Power. New York: New York University Press. 137-150

Schneiderman, David/ Sutherland, Kate (Hrsg.) (1997): Charting the Consequences. The Impact of Charter of Rights on Canadian Law and Politics. Toronto u.a.: University of Toronto Press

Schultze, Rainer-Olaf/ Schneider, Steffen (Hrsg.) (1997): Kanada in der Krise. Analysen zum Verfassungs-, Wirtschafts- und Parteiensystemwandel seit den 80er Jahren. (Kanada-Studien 20) Bochum: Brockmeyer

Seymour, Michel (Hrsg.) (1995): Une nation peut-elle se donner la constitution de son choix? Montréal: Bellarmin

Seymour, Michel (1997): La souveraineté du Québec. Un objectif légitime. In: L'Action nationale 88. 5. 109-139

Smiley, Donald (1983): A Dangerous Deed. The Constitution Act 1982. In: Banting, Keith/ Simeon, Richard (Hrsg.) (1983a): And No One Cheered. Federation. Democracy and the Constitution Act. Toronto u.a.: Methuen. 74-95

Smith, Graham (Hrsg.) (1995): Federalism: The Multiethnic Challenge. London u.a.: Longman

Smith, Graham (1995a) Mapping the Federal Condition: Ideology, Political Practice and Social Justice. In: Smith, Graham (Hrsg.) (1995): Federalism: The Multiethnic Challenge. London u.a.: Longman. 1-28

Snell, James G./ Frederick Vaughan (1985): The Supreme Court of Canada. Toronto u.a.: University of Toronto Press

Stein, Michael B. (1997): Improving the Process of Constitutional Reform in Canada: Lessons From the Meech Lake and Charlottetown Constitutional Rounds. In: Canadian Journal of Political Science 30. 2. 308-338

Stevenson, Garth (Hrsg.) (1989): Federalism in Canada. Toronto: McClelland & Stewart

Stevenson, Garth (1993): Ex Uno Plures: Federal Provincial Relations in Canada, 1867-96. Montréal u.a.: McGill-Queen's University Press

Stevenson, Garth (1994[3]): Unfulfilled Union: Canadian Federalism and National Unity. Toronto: Gage Educational Publication Co

Swinton, Katherine (1990): The Supreme Court and Canadian Federalism. Toronto u.a.: Carswell

Swinton, Katherine (1995): Federalism, the Charter, and the Courts. In: Knop, Karen (Hrsg.) (1995): Rethinking Federalism: Citizens, Markets, and Governments in a Changing World. Vancouver: UBC Press. 294-315

Tate, C. Neal (Hrsg.) (1995): The Global Expansion of Judicial Power. New York: New York University Press

Taylor, Charles (1993a): Reconciling the Solitudes. Essays on Canadian Federalism and Nationalism. Montreal u.a.: McGill-Queen's University Press

Taylor, Charles (1993b): The Deep Challenge of Dualism. In: Gagnon, Alain-G. (Hrsg.) (1993[2]): Québec. State and Society. Scarborough/Ont.: Nelson Canada. 82-95

Taylor, Charles (1997): Multikulturalismus und die Politik der Anerkennung. Frankfurt/M.: Suhrkamp

Thomas, David M. (1997): Whistling Past the Graveyard. Constitutional Abbeyances, Quebec, and the Future of Canada. Toronto u.a.: Oxford University Press

Thunert, Martin (1990a): Eine Institution wird erwachsen: Zum Funktionswandel der Verfassungsgerichtsbarkeit in Kanada. In: Zeitschrift für Parlamentsfragen 21. 2. 241-256

Thunert, Martin (1992): Grundrechtspatriotismus in Kanada? Zur politischen Integrationsfunktion der Canadian Charter of Rights and Freedoms. (Kanada-Studien 12) Bochum: Brockmeyer

Thunert, Martin (1997): Kanada – Ein Land mit „blockierter" Verfassung? In: Schultze, Rainer-Olaf/ Schneider, Steffen (Hrsg.) (1997): Kanada in der Krise. Analysen zum Verfassungs-, Wirtschafts- und Parteiensystemwandel seit den 80er Jahren. (Kanada-Studien 20) Bochum: Brockmeyer. 75-119

Trudeau, Pierre E. (1968): Le fédéralisme et la société canadienne-française. Paris: Laffont

Vipond, Robert C. (1991): Liberty and Community: Canadian Federalism and the Failure of the Constitution. Albany: State University of New York Press

Vorländer, Hans (1987): Forum Americanum. Kontinuität und Legitimität der Verfassung der Vereinigten Staaten von Amerika 1787 – 1987. In: Jahrbuch des Öffentlichen Rechts der Gegenwart. Neue Folge (Tübingen) 36. 451-488

Vorländer, Hans (1997): Verfassung als institutionelle Ordnung des Politischen. In: Melville, Gert (Hrsg.) (1997): Institutionalität und Geschichtlichkeit. Ein neuer Sonderforschungsbereich stellt sich vor. Dresden: Technische Universität. 115-125

Vorländer, Hans (1999a): Die Verfassung. Idee und Geschichte. München: Beck

Vorländer, Hans (1999b): Verfassung und politische Kultur. Anmerkungen aus aktuellem Anlaß. In: Gebhardt, Jürgen (Hrsg.) (1999): Verfassung und politische Kultur. Baden-Baden: Nomos. 75-84.

Webber, Jeremy (1994): Reimagining Canada. Language, Culture, Community, and the Canadian Constitution. Montréal u.a.: McGill-Queen's University Press

Williams, Colin H. (1995): A Requiem for Canada? In: Smith, Graham (Hrsg.) (1995): Federalism: The Multiethnic Challenge. London u.a.: Longman. 31-72

Woehrling, José (1999): L'avis de la Cour suprême du Canada sur l'éventuelle sécession du Québec. In: Revue française de droit constitutionnel 37. 1. 3-27

Autorenverzeichnis

Dr. phil. *Reinhard Blänkner*, Wissenschaftlicher Assistent am Lehrstuhl für vergleichende Europäische Geschichte der Neuzeit, Europa-Universität Viadrina, Frankfurt/Oder

Dr. phil. (des.) *André Brodocz*, Wissenschaftlicher Mitarbeiter am Lehrstuhl für Politische Theorie und Ideengeschichte, Technische Universität Dresden.

Dr. jur. *Brun-Otto Bryde*, Richter im Ersten Senat des Bundesverfassungsgerichts, Professor für Öffentliches Recht und Wissenschaft von der Politik, Justus-Liebig-Universität Gießen

Dr. phil., Dr. jur. *Günter Frankenberg*, Professor für Öffentliches Recht, Rechtsphilosophie und Rechtsvergleichung, Johann Wolfgang Goethe-Universität, Frankfurt am Main

Dr. phil. *Jürgen Heideking*†, Professor für Anglo-Amerikanische Geschichte, Universität Köln

Dr. jur. *Wilhelm Hennis*, Professor em. für Politikwissenschaft, Universität Freiburg

Dr. phil. *Dietrich Herrmann*, Wissenschaftlicher Mitarbeiter am SFB 537 „Institutionalität und Geschichtlichkeit", Technische Universität Dresden

Dr. phil. *Detlef Lehnert*, Professor für Politikwissenschaft, Freie Universität Berlin.

PD Dr. phil. *Hans J. Lietzmann*, z. Zt. Vertretung eines Lehrstuhls für Politikwissenschaft an der Universität GH Essen

Dr. jur. *Jutta Limbach*, Präsidentin des Bundesverfassungsgerichts, Professorin für Bürgerliches Recht, Handels- und Wirtschaftsrecht und Rechtssoziologie an der Freien Universität Berlin

Romy Messerschmidt, M.A., Wissenschaftliche Mitarbeiterin am SFB 537 „Institutionalität und Geschichtlichkeit", Technische Universität Dresden

Dr. phil. *Gary S. Schaal*, Wissenschaftlicher Mitarbeiter am SFB 537 „Institutionalität und Geschichtlichkeit", Technische Universität Dresden, ab Oktober 2001 Wissenschaftlicher Assistent am Institut für Sozialwissenschaften, Universität Stuttgart

Dr. phil. *Hans Christoph Schröder*, Professor em. für Neuere Geschichte, Technische Universität Darmstadt

Dr. phil. *Hans Vorländer*, Professor für Politikwissenschaft, insbes. Politische Theorie und Ideengeschichte, und Projektleiter SFB 537 „Institutionalität und Geschichtlichkeit", Technische Universität Dresden

MIX
Papier aus verantwortungsvollen Quellen
Paper from responsible sources
FSC® C105338

Printed by Books on Demand, Germany